Knaus

Christian Schmidt-Häuer

Das sind die Russen

wie sie wurden, wie sie leben

Albrecht Knaus

11.–15. Tausend

Schutzumschlag Manfred Limmroth unter Verwendung eines Fotos von
W. Bauer / Agentur Hamann
Gesetzt aus Korpus Times
Gesamtherstellung Bercker, Kevelaer
Printed in Germany
ISBN 3–8135–8534–4

Für Gustav Gentzen

Inhalt

Vorwort

Die ersten Postkarten, die ich als Kind bekam, enthielten ein halbes Dutzend Wörter in Blockschrift mit der lila Farbe eines angefeuchteten Kopierstifts. Daneben standen viele vorgedruckte Zeichen, die ich nicht entziffern konnte. Die Postkarten kamen aus Rußland. Sie stammten von einem Kenner und Freund der russischen Literatur, der auch das Sowjetsystem ohne Vorurteile oder Feindschaft sah – und der dennoch, durch den Wahn Hitlerdeutschlands, zum Gefangenen dieses von ihm so geachteten Landes geworden war. Mein Onkel, dem dieses Buch gewidmet ist, hatte nie Soldat werden wollen. Er wurde als Arzt eingezogen, in russischer Gefangenschaft war er Lagerarzt im Raum von Rjasan. Als er 1948 zurückkehrte, erzählte er mit unerschöpflicher Anteilnahme von Größe und Schönheit, von Armut und Unglück dieses Landes, von seinen russischen Patienten, von der Großzügigkeit vieler kleiner Leute, denen es damals häufig kaum besser ging als den deutschen Gefangenen, und die dennoch teilten – und tauschten. Zusätzlich gab mir mein Onkel die spannendsten und für mich gerade verständlichen Erzählungen der russischen Klassiker. Ich konnte mir damals keine andere fremde Welt so ausmalen wie die des Akakij Akakijewitsch, des Taras Bulba, des Pjotr Rabenschrei.

Dann kamen andere Entdeckungen, das Interesse an Rußland trat in den Hintergrund. Als der Rückgang des Kalten Krieges Ende der fünfziger Jahre die ersten Journalistenreisen in die Sowjetunion ermöglichte, erweckten die Zeitungsberichte darüber wieder meine Neugier. Zehn Jahre später wurde ich selber Auslandskorrespondent und lernte aus dem direkten Erleben jene Seiten russischer Politik kennen, die in den Augen vieler Menschen nahezu allein das Bild dieses Landes prägen. 1968/69 war ich in der Tschechoslowakei Zeuge der Intervention gegen die

Prager Reformer. Während meiner Zeit als Balkan-Korrespondent zwischen 1970 und 1975 gehörte die Außenpolitik der Sowjetunion gegenüber den sozialistischen Ländern zwangsläufig zu den Hauptthemen der Berichterstattung.

Bevor ich im Januar 1976 nach Moskau ging, sprach ich mit vielen Rundfunkredakteuren über meine künftige Arbeit. Alle klagten, daß aus der Sowjetunion stets zuviel über Weltpolitik und zuwenig über das Alltagsleben berichtet werde. Das wollte ich anders machen. Doch schon bald mußte ich erfahren, daß sich das konkrete Interesse der meisten Rundfunkredaktionen an den jeweils letzten Meldungen der Nachrichtenagenturen orientierte. In meinen Balkan-Metropolen hatte ich den Kollegen zu Hause fast alle Themen selbst vorgeschlagen, hier war es umgekehrt. Ich mußte den Sondertribut des Korrespondenten an ein Zentrum der Weltpolitik erbringen: Arafat in Moskau; die Sowjets in Angola, Äthiopien und Afghanistan; die Pläne des Kreml für Westberlin und Osteuropa, für Nordvietnam und Südafrika; Rüstung und Raketen; Truppenreduzierung und Entspannungsoffensive – darüber wollte man stets mehr erfahren, als ich wußte. Der sowjetische Alltag mußte hinter die Aktualität zurücktreten. Deshalb entschloß ich mich, die Beobachtungen dreier Jahre in einem Buch zusammenzufassen. Denn gerade das, was ich abseits von der großen Politik erfahren konnte, half mir am ehesten, Erklärungen zu finden für das sowjetische Auftreten in der Weltarena; für die Grenzen der Großmacht und für ihren geostrategischen Opportunismus, der jüngst in Afghanistan die Welt schockierte.

Dieses Buch wäre nicht zustande gekommen ohne die Anregungen und Erläuterungen, den Mut und das Vertrauen meiner Freunde und Bekannten unter den Sowjetbürgern verschiedener Nationalitäten. Ihre Güte und Großzügigkeit haben mich trotz aller kritischen Urteile in der Überzeugung bestärkt, daß dieses Land über viele ungenutzte Reserven für eine menschlichere Welt verfügt. Auf ihre Förderung hoffe ich mit meinen Freunden.

Der größte Dank gebührt meiner Frau und Kollegin Eva-Maria Alves. Ihre Beobachtungen und Analysen haben viele Passagen dieses Buches entscheidend beeinflußt.

Da das Informationsmonopol der kommunistischen Partei noch immer die funktionstüchtigste Einrichtung des Sowjetsystems ist, sind die Moskauer Korrespondenten mehr als irgendwo sonst auf Zusammenarbeit angewiesen, auf den Austausch und die Überprüfung ihrer Nachrichten. Mein Dank für ungezählte Beispiele kollegialer Hilfe gilt einem großen Teil des Pressecorps aus Ost und West. Besonders verpflichtet fühle ich mich meinen Freunden und Kollegen Klaus Bednarz, Heinz Lathe, Fritz Pleitgen und dem in Moskau verstorbenen Korrespondenten der *Frankfurter Allgemeinen Zeitung,* Hermann Pörzgen. Ein Glückslos bei der Verteilung von Korrespondentenplätzen hat mich in Prag und in Wien, auf dem Balkan und in Moskau mit einem der brillantesten Journalisten und besten Kenner der Sprachen und Mentalitäten osteuropäischer Länder zusammengeführt: mit Demetrio Volcic vom italienischen Rundfunk und Fernsehen (RAI). Von ihm habe ich unschätzbare Ratschläge erhalten.

In besonderem Maße sind die Korrespondenten in der Sowjetunion auch auf Diplomaten angewiesen – und umgekehrt. Vor meiner Zeit in Moskau bin ich niemals diplomatischen Vertretern begegnet, die soviel Verständnis für den Journalistenberuf hatten und so bereitwillig Hilfen und Anregungen gaben wie Alexander Arnot, Gerold von Braunmühl und Reiner Möckelmann aus der Botschaft der Bundesrepublik Deutschland. Ich müßte noch eine ganze Reihe anderer Namen nennen, Namen auch von Osteuropäern. Als Stellvertreter für alle mir behilflichen ausländischen Diplomaten mag Richard Combs von der amerikanischen Vertretung meinen Dank entgegennehmen; ihn habe ich auf meiner Informationssuche oft schon vor acht Uhr um sein ungestörtes Frühstück in der Snackbar der US-Botschaft gebracht.

Den Herausgebern der ZEIT, Marion Gräfin Dönhoff, Theo Sommer und Diether Stolze, meinen Kollegen aus der politischen Redaktion, vor allem aber dem Leiter dieses Ressorts, Kurt Bekker, möchte ich für wertvolle Ratschläge und kollegiale Unterstützung danken. Viele Fragen haben mir meine Kollegen Uta Wagner und René Drommert beantwortet, auch ihre Unterstützung werde ich nicht vergessen.

Hamburg, im Januar 1980 C. S.-H.

Einleitung

Am Ende der Ära Breschnew: Folgen und Nachfolge

Am Abend des 23. Februar 1979 besuchte ich zusammen mit dem Botschafter der Bundesrepublik Deutschland, Hans-Georg Wieck, das Moskauer *Taganka*-Theater. Wir wollten noch einmal die herausragende Inszenierung der siebziger Jahre sehen: Jurij Ljubimows *Meister und Margarita* nach Michail Bulgakows satirischem Roman über die frühe Stalin-Zeit. Das *Taganka,* einst eine heruntergekommene Vorstadtbühne, ist heute die einzige Stelle in Moskau, an der ein exponierter Dissident unversehens auf einen Mann aus der höchsten Parteispitze stoßen kann. Die besten Inszenierungen dieser Bühne sind, nach dem Andrang berechnet, auf mehr als zehn Jahre ausverkauft. Ein einfacher Sowjetbürger hat kaum eine Chance, an Karten zu gelangen. Sie gehören zu den wenigen sowjetischen Gütern, die auf einer Stufe mit westlichen Luxusimporten stehen. Selbst privilegierte Ausländer stellen, wenn sie Billetts für das *Taganka* erhalten, andere Termine zurück.

Es war kein gewöhnlicher Abend, dieser 23. Februar 1979. Der überraschende Angriff Chinas auf Vietnam hatte seinen ersten Höhepunkt erreicht. Die Welt blickte mit Sorge nach Moskau. Würden die Sowjets Peking ein Ultimatum stellen? Wie wäre dann die Reaktion des amerikanischen Präsidenten, der sich bis dahin so ungeschickt und unerfahren im Umgang mit dem Kreml verhalten hatte?

Carters damaliger Mann in Moskau, Botschafter Malcolm Toon, dem die Sowjets nur mit Widerwillen das Agrément erteilt hatten, saß zufällig im Theater vor uns. Links von ihm hatten drei seiner Mitarbeiter aus der Presse- und Kulturabteilung der Botschaft Platz genommen. Sicherheitsbeamte, die in fast jeder anderen Hauptstadt der Welt zur Begleitung gehört hätten, waren Toon nicht gefolgt – jedenfalls keine amerikanischen. Kurz bevor das Licht erlosch, drängte sich ein untersetzter, älterer Mann mit kahlem Schädel, wulstigen Lippen und kräftigem Nacken durch die enge Stuhlreihe. Er setzte sich direkt neben Toon. Während auf der Bühne bereits der Teufel in Gestalt des schwarzen Magiers Voland das Moskau der Stalin-Zeit heimsuchte, zog der Mann mit den massigen Konturen, der da im Halbdunkel vor uns saß, meine ganze Konzentration auf sich. Wo war ich ihm schon begegnet?

Dann fiel es mir ein. Ich sah ihn in den ersten Augusttagen 1968 in Bratislava. Die Führer des Warschauer Paktes waren in die slowakische Hauptstadt gekommen, um den Prager Reformern jene Formel aufzunötigen, mit der wenig später der Einmarsch in die ČSSR begründet wurde: Die Bruderstaaten würden es niemals und niemandem erlauben, einen Keil zwischen die sozialistischen Länder zu treiben. Bevor diese Formel von Bratislava in einem Gewerkschaftssaal über der Donau unterzeichnet wurde, kamen drei sowjetische Politbüromitglieder die schmale Stiege zum Fluß hinunter. Vor den Korrespondenten wollten sie gute Laune demonstrieren. Es waren der ausnahmsweise lächelnde Ministerpräsident Kossygin, der hochaufgeschossene Chefideologe Michail Suslow und ein kleiner, fülliger Mann mit kahlem Schädel – Petr Schelest, damals Parteichef der an die ČSSR grenzenden Ukraine und militanter Gegner der Prager Reformer.

Dieser Mann aus dem Zentrum der Macht, dem ich bei seinem Abstieg zur Donau im Gedränge einige Fragen gestellt hatte, saß nun in der Theaterreihe vor mir – ein vergessener Staatspensionär. Es ist verwunderlich, daß Schelests Rolle und sein Sturz im Westen keine größere Beachtung gefunden haben. Denn dieser bärbeißig wirkende, intelligente Mann war die symbolträchtigste Gegenfigur zu den grauen Herren der Breschnew-Ära. So wie sich der kleine Parteitechnokrat Alexander Dubček vom liberalen Bürgertraum der Tschechen und Slowaken emportragen ließ, so führte Dubčeks Intimfeind Petr Schelest zu Beginn der siebziger Jahre plötzlich den nationalen Bürgerunmut der Ukrainer an. Sein Fall hat blitzartig die heutige Lage in der UdSSR erhellt: Nicht Demokratisierung und Menschenrechte, sondern die nationalen Spannungen können die Sicherungen bis in die Zentren der Parteiführungen durchschlagen.

Schelest wandte sich dagegen, daß immer mehr russische Führungskräfte in seiner Republik das Heft in die Hand nahmen. Er forderte, was gerade wieder sehr aktuell ist, mehr Veröffentlichungen in ukrainischer Sprache und schritt gleich selbst zur Tat. Sein Buch *Unsere sowjetische Ukraine* verherrlichte Vergangenheit und Kultur dieser slawischen Nation. Das war das Ende seiner politischen Karriere. Petr Schelest wurde 1972 von Moskau aus – und nicht von der ukrainischen Partei, die ihn gewählt hatte – als Erster Sekretär abgesetzt. Im April 1973 schied er zusammen mit Gennadij Woronow auch aus dem Politbüro. Schelest und Woronow waren die ersten Spitzenfunktionäre, die seit Chruschtschows Sturz 1964 aus dem höchsten Parteigremium verstoßen wurden. An ihrer Stelle holte der Generalsekretär der KPdSU jene Männer ins Politbüro, die die drei Säulen des Sowjetstaates vertraten: Armeechef Andrej Gretschko, Außenminister Andrej Gromyko und den KGB-Vorsitzenden Jurij Andropow. Das erste Kapitel der Breschnew-Ära, die Phase der latenten Machtkämpfe, war abgeschlossen. Schelest wurde vor und nach seinem Sturz als außenpolitischer Falke hingestellt. Wie stark dabei seine politischen Gegner per Flüsterpropaganda nachhalfen, ist schwer zu durchschauen. Als Moskau im Frühjahr 1972 den Besuch des US-Präsidenten Richard Nixon vorbereitete, obwohl die Amerikaner die nordvietnamesischen Häfen verminten, soll der Ukrainer gemeutert haben. Er werde – so wurden seine Worte kolportiert – Nixon auf keinen Fall in Kiew empfangen, weil dessen Hände mit dem Blut Vietnams befleckt seien.

Wie auch immer die Rolle von Petr Schelest genau ausgesehen haben mag – es bedarf keiner Phantasie, um sich auszumalen, was diesem Manne in der Stalin-Ära widerfahren wäre. Von den 139 Mitgliedern und Kandidaten des Zentralkomitees, die der 17. Parteitag 1934 wählte, wurden 98 bis Ende 1937 liquidiert. Daran mußte ich an jenem Februarabend denken, als ich den gestürzten Opponenten Breschnews, knapp sechs Jahre nach seinem Abgang, im Theater wiederentdeckte – vom Zufall auch noch an die Seite des US-Botschafters geführt. In diesen Stunden steigender Sorge über den neuen Vietnam-Konflikt, der nun nicht mehr von den Amerikanern, sondern vom sozialistischen Brudervolk der Chinesen verschärft wurde, versanken Schelest und Toon dennoch ganz in den Bann der Bühne. Über die Rampe zog die Frühzeit der Stalin-Ära als magischer Spuk, mit Anspielungen auf das Moskau von heute. Menschen wurden verhext, denunziert, verschwanden von der Bildfläche. Schelest blieb bis zuletzt und spendete Beifall. Für mich wurde an diesem Abend der Zuschauerraum zur Bühne. Ich sah ein Nachspiel aus der Geschichte der Breschnew-Ära, das unter Stalin undenkbar gewesen wäre.

Die Funktionäre leben heute ungefährdet – doch die stalinistische Vergangenheit, ohne deren Aufdeckung es «keinen Zugang zu den Problemen der Zukunft geben kann» (George F. Kennan), bleibt unbewältigt. Auch die Gegenwart wird weiter gefälscht. Breschnews gesammelte Reden erscheinen mit Korrekturen. Als der Parteichef im Frühjahr 1977 zusätzlich noch das Amt des Staatsoberhauptes anstrebte und der Ukrainer Nikolai Podgornyj den Posten nicht ohne weiteres hergeben wollte, wurde dieser dritte Mann der langjährigen Kreml-Troika (neben Breschnew und Kossygin) kurzerhand aus dem Politbüro gefeuert. Der zwölf Jahre residierende, feierlich gewählte Staatschef der UdSSR hatte sein staatliches Amt offiziell noch gar nicht niedergelegt, da gab es in Moskau bereits kein Bild des Ukrainers mehr. Im *Haus der Bücher* am Kalininprospekt wurde sogar das Inhaltsverzeichnis über alle ausliegenden Porträts der Kremlführer fein säuberlich abgeschnitten, damit der Name der neuen Unperson getilgt war. Damals entdeckte ich den letzten Podgornyj in Moskaus zentraler Ausstellungshalle, der *Manege,* auf einem ikonografischen Hofgemälde mit dem ganzen Politbüro, verfertigt von dem Armenier D. A. Nalbandjan. Einige Monate später fand ich das Ölbild zufällig wieder: in der berühmten Tretjakow-Galerie. Es hing zwar in der Abteilung für die Kunst der Gegenwart, war aber bereits restauriert: Nikolaj Podgornyj fehlte. Bei jeder Tagung des Obersten Sowjets freilich sitzt dieser Mann, der auf einem schlechten Museums-Schinken nicht einmal mehr als Randfigur existieren darf, noch mitten im Plenum. Auf dem Empfang zum Jahrestag der Oktoberrevolution, im November 1978, begrüßte er die Genossen aus dem Politbüro, die ihn so schmählich verstießen, mit Bruderküssen.

Als Josef Stalin vor über einem Vierteljahrhundert starb, am 5. März 1953, hatten selbst seine Handlanger sofort erkannt, daß keiner von ihnen das Land im Stil des monströsen Tyrannen weiter regieren konnte. Schon wenige Tage nach dem Tode des georgischen Diktators folgte eine Massenamnestie wie sonst nur bei freudigen Anlässen. Nikita Chruschtschow versuchte 1956 auf dem 20. Parteitag, mit seinen Enthüllungen über die Verbrechen Stalins den Schatten des Despoten für immer zu bannen. Er tat das nicht aus reinem Humanismus. Er wollte sich von den Oligarchen, die mit ihm um das Erbe stritten, als der große Erneuerer absetzen. Doch nach achtjährigem Kampf unterlag Chruschtschow dem toten Diktator. Leonid Breschnew zog daraus die Lehre, die Verbrechen Stalins zuzudecken, um das grenzenlose Versagen der

Partei zu verhüllen. Der Sowjetführer, den selbst der ausgebürgerte General Grigorjenko als einen anständigen Vorgesetzten charakterisiert hat, baute allerdings die Methoden Stalins und die Kommandowirtschaft Chruschtschows weiter ab. Freilich warb er nicht um das «Vertrauen der Massen» gegen die Parteielite – wie Chruschtschow es getan hatte. Breschnew wurde der Mann der maßvollen Restauration. Er versuchte, wieder eine geschlossene Gesellschaft zu etablieren, indem er sich auf das «Vertrauen in die Parteikader» beschränkte. Er sicherte damit der Bürokratie Ruhe und ungestörte Privilegien. Den Generalen bescherte er den gewaltigsten militärischen Aufschwung in der Geschichte und die Parität mit Amerika. Die Armee ist das einzige Instrument, das dem Kreml Stärke und Einfluß sichert – im Innern wie nach außen. Der revolutionäre Ruhm ist auf Waffenexporte geschrumpft. Auf der 5. Welthandels- und Entwicklungskonferenz (UNCTAD V) in Manila mußte sich 1979 der Moskauer Delegierte in der Gruppe für Ost-Süd-Fragen vom Sprecher der Entwicklungsländer sagen lassen, Platitüden wie die Plenumsrede des stellvertretenden sowjetischen Außenhandelsministers habe die Dritte Welt nun endgültig satt. Taten statt Versprechungen seien erforderlich. Der sowjetische Einmarsch in Afghanistan wurde in der UN-Vollversammlung von 56 blockfreien Ländern verurteilt.

Immerhin hat Leonid Breschnew der sowjetischen Bevölkerung die längste Periode der Stabilität seit der Oktoberrevolution gesichert. Doch aus Stabilität ist Stagnation geworden. In der Innenpolitik stehen alle Räder still, weil Breschnews Herz nicht mehr Schritt hält. Seine Ära ist zu Ende. Was wird ihr folgen? Diadochenkämpfe wie nach Stalin? Umbrüche und Umschläge wie in China nach Maos Tod? Weiter «Wandel durch Kontinuität»? Was ist das für eine Gesellschaft, auf die diese Wachablösung zukommt? Wie weit hat sie sich, hundert Jahre nach Stalins und Trotzkijs Geburt, von den Versprechungen und den Verheerungen der Vergangenheit entfernt?

Als Stalin starb, erhielt der Kollektivbauer 24 Kopeken pro Tag und eine Hose pro Jahr. Heute verdient er um die 100 Rubel im Monat. Das ist umgerechnet weniger als die Hälfte der bundesdeutschen Arbeitslosenunterstützung. Aber es muß gemessen werden an der Geschichte eines Landes, in dem vor der Revolution die Löhne unter dem Existenzminimum lagen und 1933 rund vier Millionen Menschen verhungerten – als Stalin auf dem Rükken der Bauern die Industrie aufbaute. Heute hat der Bauer mehr vom Industriekonsum als von der eigenen Ernte. Fernsehantennen auf den Holzdächern – aber selbst bei offiziellen Gastmählern auf Kolchosen bekam ich oft Konserven vorgesetzt. «Erst kommen Kuba und die sozialistischen Bruderländer, dann unsere nationalen Minderheiten – der russische Bauer zahlt noch immer für alle.» Das sagen Parteifunktionäre und Regimekritiker. Die einen mit pathetischer Opfermiene, die anderen als Erklärung für chauvinistische Anfälligkeit der Russen.

In dem Vierteljahrhundert seit Stalins Tod hat sich der Pro-Kopf-Konsum verdoppelt. Aber die Wachstumsrate der Arbeitsproduktivität ist seit den sechziger Jahren um die Hälfte zurückgegangen. Statt mit Stalins Besen wird die Planerfüllung der Betriebe mit Selbstbetrug gesichert. In die Schuhfabrik Nr. 2 von Baku rollten in einem einzigen Vierteljahr 105 Wagen mit 100 000 Schuhpaaren, die zurückgeliefert wurden: Ausschußware. In zwei Jahren brachte es die Fabrik auf 250 000 Paar Ausschuß.

Was geschah damit? Die Aussage einer Augenzeugin: «Die miserabel verarbeiteten Schuhe wurden oft mit neuen gemischt und wieder in den Handel zurückgeschickt. Man legte sie in neue Kartons und wischte manchmal nicht einmal die Kreidezeichen ab, die diese Schuhe als Ausschuß kennzeichneten.»

Die Auflösungserscheinungen in der Sowjetgesellschaft sind unsichtbarer und weniger apokalyptisch als der Zerfall von New York. Mafiosi gibt es nur in der Partei. Morde und offenes Elend sind immer noch selten. Die wenigen Jugendbanden beschränken sich zumeist darauf, Jeans-Träger zu überfallen. Schüler bedrohen ihre Lehrer nicht physisch, wie es in Amerika immer häufiger vorkommt, sondern psychisch: durch apathisches Schweigen. Plünderungen sind unbekannt. Aber kleine Diebstähle im Betrieb gelten kaum noch als Delikt, sondern als Verbesserung der Arbeitsplatzbedingungen. Es gibt wenig Drogen und keine Slums. Doch viele Städte sind so grau und einheitlich, daß der Fremde gleich bei der Ankunft das Gefühl hat: in dieser Stadt kenn ich mich aus.

Die Verstädterung ohne urbane Kultur, Gastronomie und ausreichenden Wohnraum fördert Trunksucht und Scheidungsinflation. Die Geburtenraten im industrialisierten Westen der UdSSR sinken rapide. Die Arbeitskraftreserven versiegen, sie werden 1987 einen absoluten Tiefpunkt erreichen. Industrie und Armee sind auf Nachwuchs aus den zivilisatorisch rückständigen Gebieten Mittelasiens angewiesen. Konjunktur, Industrieproduktion und Energieversorgung drohen weiter abzufallen, die Inflation hat sich längst über das Dogma hinweggesetzt. Das bisherige Wachstumsmodell (extensiver Einsatz von Kapital und Arbeit) funktioniert nicht mehr, ein neues ist nicht in Sicht. Für die Entpolitisierung durch Wohlstand – jene Beschwichtigungstherapie, die Moskau nach dem Prager Frühling den Osteuropäern und auch den eigenen Nationen verordnete – fehlen neben Reformen auch die Mittel. Die Staaten der Planwirtschaft erhalten zwar weiter Arbeitsplätze in den kapitalistischen Ländern, indem sie die Importe von Technologie und Getreide fortsetzen und sogar steigern. Ihr eigener Standard aber stagniert, weil sich das sozialistische Lager gegen Rohstoffverteuerung und Inflation nicht abriegeln kann. Schon im Mai 1979 stellte Breschnews wichtiger ideologischer Berater, Professor W. Sagladin, zusammen mit I. Frolow in der Prawda fest: «Wir wollen natürlich keineswegs bestreiten, daß in der heutigen Welt selbst eine Teillösung der globalen Probleme das Zusammenwirken der zu gegensätzlichen Systemen gehörenden Staaten voraussetzt.» Und weiter: «Es muß gesagt werden, daß im Westen verbreitete, konkrete Untersuchungen über spezielle (in erster Linie wissenschaftlich-technische und technologische) Aspekte der globalen Probleme so manche interessanten, positiven Momente enthalten... Die Marxisten dürfen das nicht unterschätzen. Im Gegenteil, man muß diese Ergebnisse von den Positionen unserer Methodologie aus kritisch überarbeiten und sie bei der Suche nach Lösungen für die globalen Probleme nutzen. Letzteres trifft unter anderem auch auf einige Modelle zu, die vom sogenannten Club of Rome entwickelt wurden.»

Im Sommer 1978 besuchte eine Delegation der sowjetischen Plankommission (GOSPLAN) die Siemens AG. Die Staatsplaner waren völlig überrascht, wie weit in der Bundesrepublik vorausgeplant wird. Sie bekundeten spontan Interesse an einem Austausch, um Erfahrungen der langfristigen Planung zu sammeln. Etwa zur gleichen Zeit erschien in Moskau ein Buch des Kybernetik-Experten Lew Wolgin. Er stellte darin fest: «Heute ist der Strom der Informationen so groß, daß die Führung diese Daten nicht verarbeiten, keine korrekten Entscheidungen treffen und die Informationen nicht einmal richtig interpretieren kann. Die Führung gibt vor, eine optimale Kontrolle des Systems auszuüben, aber in Wirklichkeit steckt der Planungsprozeß voller Fehler. Nur die Kybernetik kann zu einer optimalen Kontrolle des Systems führen.»

Das Buch wurde verurteilt, der Verlag zur Rechenschaft gezogen. Die Begründung für die Maßnahmen: das Buch beinhalte «ein vulgär-mechanisches Plädoyer für die Anwendung kybernetischer Methoden bei der Analyse sozialpolitischer Phänomene».

Ökonomisch-technologische Rationalität und gesamtgesellschaftliche Bestandsaufnahmen werden verhindert, weil die Parteibürokratie ihr Monopol mit der «Kontinuität eines falschen Weltbildes» (Rudolf Bahro) legitimiert. Das Theoriedefizit ist noch größer als der Fleischmangel. Die Agitatoren klagen bei der Akademie der Wissenschaften vergeblich ideologische Modelle ein. Die Sowjetunion ist heute ein ungleich offeneres Land als unter Stalin. Aber ihre Führung hat erfahren müssen, was Freud über die Religionen sagte: Kollektive Illusionen setzen Denkhemmungen und verzerren das Bewußtsein von sich selber. Aus diesem Getto finden die Funktionäre nicht heraus, auch wenn sie sich keine Illusionen mehr machen.

Wie wirken sich diese Führungsprobleme am Ende der Breschnew-Ära auf die Gesellschaft aus – in einem Land, dessen Herrschern die Wechselbeziehungen zwischen Staat und Gesellschaft immer fremd waren? Nach außen hin vollzieht sich die Begegnung zwischen Volk und Führung bei Staatsbesuchen, Mai- und Revolutionsparaden noch immer ähnlich dem Ritual, das der österreichische Freiherr Sigismund zu Herberstein vor 450 Jahren in Moskau notierte: «Alle Gewerbe- und Handwerksbetriebe werden geschlossen; selbst die Käufer und Händler vom Markte werden vertrieben, damit alles Volk vor dem Schlosse zusammenkomme. Dies geschieht, daß die Ausländer, die Gesandten, an der Zahl der Gaffer und an deren Gehorsam die Macht des Großfürsten erkennen sollen. Auch die Untertanen sollen aber die Macht und Bedeutung ihres Fürsten daran sehen, daß mächtige ausländische Fürsten Botschafter zu ihm schicken.»

Den Erlöserglauben, den das Volk seinen Despoten zur Verzweiflung aller Revolutionäre so oft entgegenbrachte, kann die Altherrenriege im Kreml heute bei niemandem mehr erwecken. Ihre innenpolitische Passivität löst andererseits auch keine breite Forderung nach mehr Dynamik aus. Dynamik würde Mitverantwortung voraussetzen. Doch die Sowjetbürger vermengen auf einzigartige Weise Loyalität und Opposition zur Ablehnung von Verantwortung. So weicht man seit jeher dem Mißtrauen der Obrigkeit aus. Und dieses Mißtrauen ist noch immer groß. Bis heute sind die Statistiken über Betriebsunfälle geheim. Bis in die zweite Hälfte des 19. Jahrhunderts war der Haushaltsplan ein Staatsgeheimnis, bis zu Beginn des 18. Jahrhunderts überhaupt jede Nachricht des In- und Auslandes. Inzwischen hört jeder zweite Sowjetbürger gelegentlich Westsendungen. Moskau feiert das Zeitalter der Himmelslabore und ist den Amerikanern in der Raumfahrt ebenbürtig oder sogar voraus. Doch westliche Monteure bekamen vor gar nicht langer Zeit einen Plan der Industriestadt Kuibyschew in die Hand gedrückt: grün eingezeichnete Straßen durften sie betreten, rote waren verboten.

Zwar können die nicht-engagierten Durchschnittsbürger und selbst die gemäßigten Regimekritiker heute in Ruhe schlafen. Dennoch ist die Sowjetunion ein totaler Überwachungsstaat geblieben, der nicht nur die Sicherheitsorgane für sich arbeiten läßt. War im 19. Jahrhundert die Denunzierung der Andersdenkenden und die Verletzung des Beichtgeheimnisses selbstverständliche Pflicht der Priester, so schreiben heute Studenten in Wochenendschichten die Taufregister von Provinzgemeinden ab. Der Durchschnittsbürger findet sich damit ab. Pluralismus ist für ihn Unordnung – für viele Dissidenten auch. Die Hauptforderungen, die man in fast jeder Schlange hören kann, lauten: Mehr Konsum und mehr Disziplin. Bei der Diskussion um die neue Verfassung 1977 erhielt die *Prawda* angeblich 40 000 Leserbriefe, in denen die Schreiber mehr Disziplin verlangten. Wenn in Eisenbahnabteilen oder Bierhallen über Wirtschaftsprobleme, Versorgungsmängel und Schlamperei räsoniert wird, heißt das Fazit nicht selten: «Bei Stalin hätte es das nicht gegeben.» In der Tat: «Der Stalinismus», so hat es Stalin-Biograph Adam B. Ulam formuliert, «das bedeutete vieles, aber am wichtigsten war die erbarmungslose Produktionsschlacht. Alles, außer der Macht des Diktators, wurde auf dem Altar der Industrialisierung geopfert. Die Untertanen wurden nicht nur nach ihrem Gehorsam beurteilt, sondern auch nach ihrer Fähigkeit, genausoviel zu produzieren, wie der Despot befahl. Die tägliche Arbeit war eine tägliche Erprobung der Loyalität.»

Heute ist, zum Glück der meisten Sowjetbürger, das Gegenteil der Fall. Und jene, die verstärkt nach Disziplin rufen, halten sich selbst nicht daran. Immer häufiger wird der Arbeitsplatz gewechselt, 16 bis 18 Millionen Sowjetbürger ändern jedes Jahr ihren Wohnsitz. Niemand hat Angst, etwas zu verlieren, da die Betriebe nicht bankrott gehen und die Arbeitsplätze nicht wegrationalisiert werden; sie bleiben oft doppelt und dreifach besetzt. Das ganze System der materiellen Anreize zur Steigerung der Arbeitsproduktivität ist ohne Wirkung geblieben.

Hier liegt das Dilemma Breschnews. Es ist das Dilemma Rußlands seit Peter dem Großen. Um Macht und Prestige, ökonomische Leistungskraft und Militärtechnik gegenüber dem fortgeschrittenen Westen steigern zu können, appellierte die Obrigkeit stets an Fleiß und Gemeinschaftssinn des Volkes (heute an Solidarität und Initiative). Doch schon die Idee einer eigenen Mitbestimmung an der Gesetzgebung, an den Entscheidungen des absolutistischen Regimes, wurde unter Strafe gestellt. Machtschwund ohne ausgleichenden Zuwachs an demokratischen Strukturen war die Folge.

Das Dilemma ist geblieben. Weil die Steigerung der Arbeitsproduktivität heute das Gebot der Stunde ist, soll die neue Verfassung von 1977 die Eigeninitiative der Bürger fördern. Sie hat in Artikel 49 das Recht verbrieft, Mängel in der Arbeit der Staatsorgane zu kritisieren – «die Verfolgung wegen Kritik ist verboten». Aber die Rechte des einzelnen sind der Loyalität untergeordnet. Die Bürger haben «die Interessen des sowjetischen Staates zu wahren, zur Stärkung seiner Macht und seines Prestiges beizutragen». Die kleine Wählergruppe, die 1979 in Übereinstimmung mit Verfassung und Gesetz den marxistischen Regimekritiker Roy Medwedjew als ihren Kandidaten für den Obersten Sowjet aufstellen wollte, wurde mit kümmerlichen Begründungen zurückgewiesen. Die individuelle Mitwirkung außerhalb der Funktionärskaste ist unmöglich, auch wenn die Forderung danach längst nicht mehr Kopf und Kragen kostet.

Das gilt auch für Eigeninitiative innerhalb der Partei. Bekannt sind die märchenhaften Privilegien der Hierarchie, weniger bekannt die Versuche von Genossen, auf diese Vorzüge zu verzichten. Der Parteisekretär einer weißrussischen Stadt wollte keinen Dienstwagen fahren, sondern zu Fuß gehen. Er wollte keine größere Wohnung haben und in keinem Sonderladen kaufen. Er erweckte damit das Mißtrauen der anderen Funktionäre. Der Parteisekretär eines zentralrussischen Betriebes machte folgende Erfahrung: «Mir genügt meine Bezahlung», sagte er, «ich will keine Sonderration und Luxuswaren.» Er wurde zur Rede gestellt: «Was willst du damit eigentlich demonstrieren? Daß wir schlecht handeln? Du kannst mitmachen, oder du mußt ausscheiden!»

Privilegien sind zugleich ein Mittel, um Würdenträger und Diener des Systems bei der Stange zu halten. Manche KGB-Offiziere begleiten Delegationen nicht zuletzt deshalb in den Westen, weil auch die Staatssicherheit ihren Mitarbeitern Vorzüge wie Auslandsreisen bieten muß. Das KGB hat seine Sonderkontingente an Privilegien bis zu *Camel*-Filter am Büfett der Lubjanka, dem zentralen Sitz des Geheimdienstes in Moskau.

Der Kreml beherrscht seine Kontrollinstrumente. Und doch plagt ihn das Bewußtsein schwindender Kompetenz. Was ist das für ein Land, in dem Lenin so viele Denkmäler gesetzt werden, daß manche kleinen Kinder Lenins Namen als Synonym für das Wort Denkmal ansehen und stolz auf ein «Lenin Puschkin» zeigen? Die Reproduktion Lenins durch einen ganzen Industriezweig, die Ordensschwemme für Breschnew haben Fetischcharakter: Magischer Ersatz für verlorene Führungskraft. Dieser innere Substanzverlust in einem Riesenland, in dem Macht stets mit territorialer Ausdehnung gleichgesetzt worden ist, fördert die Beharrlichkeit, mit der Moskau seinen Besitzstand und sein Vorfeld zu sichern trachtet. Stalin hat indessen die UdSSR mit Lehen und Landmasse belastet, die den heute herausgebildeten Herrschaftsformen und Lenkungsmethoden entwachsen. Die westliche Orientierung des Baltikum, die Anfälligkeit der Ukrainer für alle osteuropäischen Reformströmungen, das vitale Streben der Kaukasier nach kultureller Autonomie, die Evolution des Islam unter den pragmatischen Mullahs Mittelasiens – diese zentrifugalen Tendenzen sind nicht zu neutralisieren. Die Sorge um den Besitzstand, die russische Tradition, mit imperialen Ansprüchen das sozio-ökonomische Defizit im Innern zu kompensieren, halten den Kreml in den Spuren jener stalinistischen Tradition, die sich einst im finnischen Winterkrieg besonders ausgeprägt zeigte. Das Beispiel Afghanistans hat bestätigt: Moskau ist weiter zu jedem Zugriff bereit, wenn sich unterhalb der Risikoschwelle eine Chance bietet. Wie Stalin, der die große Konfrontation mit Amerika mehr fürchtete als Chruschtschow, ist Breschnews Führung zwar bis zum Ende der siebziger Jahre jeder ernsthaften Kollisionsgefahr ausgewichen. Als die Sowjetunion aber schließlich – verleitet durch Präsident Carters Schwächen – mit der Ostpolitik des amerikanischen Präsidenten weder Hoffnungen noch Befürchtungen verband, stieß sie in das Machtvakuum zwischen Orient und Asien vor, rückte sie den Quellen der westlichen Rohstoffversorgung mit alarmierender Entschlossenheit näher. Doch betrachten wir hier zunächst weiter das innere Gefüge der Sowjetunion.

Leonid Breschnew hat sich durch demokratischere Umgangsformen innerhalb der Partei zur Integrationsfigur der Bürokratie aufschwingen können. Es ist nicht wahrscheinlich, aber auch nicht auszuschließen, daß diese Formen bei einem Machtkampf um die Nachfolge zerstört werden. Längerfristig liegt die größte potentielle Gefahr darin, daß die Auflösungstendenzen und die «Verwestlichung» des Sowjetsystems zu einer Allianz zwischen dem stalinistischen Parteiflügel und den russischen Nationalisten aller Schichten (bis zu den extremen Dissidenten) führen.

Da die Armee und der Konsum die einzigen Faktoren sind, die alle Nationen und Schichten des riesigen Fossils aus den Tagen der multinationalen Reichsbildungen verbinden, bleibt zu fragen: Welche Rolle werden Militärs und Manager bei der Übergangsperiode im Kreml spielen? Der militärindustrielle Komplex hat seit Stalin erheblich an Umfang und Einfluß gewonnen – wie in den Vereinigten Staaten auch. Die Militarisierung der Sowjetgesellschaft wird mit Nachdruck betrieben. Aber sie geht nicht über jene Tradition hinaus, die Peter den Großen öffentliche Schulen gründen ließ, weil er Schreibkundige für Ballistik und Logistik brauchte, und die Nikolaus veranlaßte, seine schönsten Stunden mit dem Entwerfen von Uniformen zu verbringen. Das Zarenreich wurde durch die Militärpolitik zusammengehalten, aber nie von Offizieren beherrscht. Im Sowjetstaat sieht es vorerst nicht anders aus. Gegenwärtig wächst der Einfluß der Armee etwas stärker. Aber auf dem 25. Parteitag 1976 war der Anteil der Militärs im Zentralkomitee noch von 7,5 auf 6,8 Prozent gesunken. Die jüngere Generation der Fachexperten, Manager, Diplomaten hat eine wesentlich größere Distanz zu ihrer Rolle und zum Dogma. Ob sie eines Tages ihre kühle Sachkompetenz nicht mehr bloß in den Dienst der eigenen Karriere stellt und sich damit zur Gegenmacht entwickelt, das ist für Breschnews unmittelbare Nachfolge noch ohne aktuelle Bedeutung.

Die Summe der Zwänge wird jeder Führung im Kreml nur wenig Spielraum lassen. Die Frage, wer an Breschnews Stelle tritt, ist aus der gegenwärtigen Sicht relativ müßig. Denn die Sowjetmacht steht nicht *Vor dem Sturz,* wie ein reißerisches Buch vor einiger Zeit suggerierte. Doch wo steht sie? Auf den ersten Blick erscheint sie als verfestigtes System struktureller Widersprüche. Wie diese Widersprüche mit den Mitteln des Systems entschärft und verringert werden können, ist nicht erkennbar. Diese Feststellung konnte freilich auch schon vor Jahren getroffen werden, ohne daß die Widersprüche bisher dramatische Zuspitzungen zur Folge hatten. «Die Widersprüche in der sowjetischen Gesellschaft weisen u. E. nicht darauf hin, daß in der UdSSR eine Katastrophe bevorsteht. Gesellschaften mit Widersprüchen, gar Provisorien, sind sehr dauerhaft», hat Hans-Heinrich Nolte kürzlich in seinem Entwurf über *Gruppeninteressen und Außenpolitik* (Göttingen 1979) angemerkt. «Es lassen sich konkret mehr Widersprüche systemintern lösen als theoretisch vorhersehbar ist; das gilt für den Kapitalismus seit 1848 und gilt für den Sozialismus der Gegenwart.»

Doch wie weit sind die Lösungen in der Sowjetunion noch «systemintern»? Wie weit führen sie zu Auflösungen des Systems? Darauf wollen wir in den folgenden Kapiteln über den sowjetischen Alltag unser Hauptaugenmerk richten. Wir wollen Beispiele anführen für die unfreiwillige Reprivatisierung der Sowjetgesellschaft – bedingt durch die Ohnmacht der Planer, die heute in der Konsumgüterproduktion fünf bis sechs Jahre hinter ihre Pläne zurückgefallen sind. Die Ideologen haben abgewirtschaftet, und die Pragmatiker können nicht wirtschaften, weil jede ökonomische Dezentralisierung ohne Dogma sogleich politische und nationale Zentrifugalkräfte fördert. So kann das Konzept von der Entpolitisierung durch Wohlstand auch ohne Rohstoffkrise kaum funktionieren – die staatliche Versorgung hält mit den wachsenden Ansprüchen nicht Schritt. Die UdSSR steuert trotz aller Gleichschaltung der Nationalitäten nicht auf die *Staatsgemeinschaft des Sowjetvolkes* (Verfassung) zu, sondern von ihr weg: in einen politikabgewandten Staat der gesellschaftlich passiven Selbstversorger und der privaten Exile.

Breschnews Verfassung von 1977 proklamiert den «Staat des ganzen Volkes», den Karl Marx einst verspottete. Wie weit ist dieser *Staat des ganzen Volkes* eigentlich zu vereinbaren mit dem außenpolitischen und militärischen Engagement der Sowjetmacht – einer Macht, deren imperialer Drang und deren Raison der Selbsterhaltung nur die Russen befriedigt? Wie weit wird andererseits die Außenpolitik des Kreml beeinflußt durch die Auswanderungsbewegungen, die in den siebziger Jahren so resolut geworden sind, durch das wachsende Selbstbewußtsein der Nationen im Süden und Südosten der UdSSR? Auch das sind Fragen, die wir anschneiden wollen. Wenn wir am Beispiel der unfreiwilligen Reprivatisierung der Sowjetgesellschaft und der nationalen Gegenkulturen auf die Grenzen von Macht und Wachstum hinweisen, übersehen wir nicht die Risiken, die der Kreml der Welt zumutet durch die unbewältigte stalinistische Vergangenheit im Innern und die Fortsetzung des zaristischen Expansionismus nach außen. Das zwingt aber nicht dazu, jenen zu folgen, die ausschließlich Moskau für den Niedergang der Entspannungspolitik verantwortlich machen. Die Frage, in welchem Ausmaß der Westen das begrenzte sowjetische Interesse an der Détente verödet und durchkreuzt hat, wird von den Lobbyisten einer unverminderten Rüstungspolitik erst gar nicht gestellt und von den gebrannten Abrüstungsanhängern derzeit nicht offen genug beantwortet. So unentschuldbar der Übergriff auf das blockfreie Afghanistan ist – selbst die Moskauer Lügenpropaganda wagte zum ersten Mal nicht das Etikett «Befreiung vom Neokolonialismus» anzuwenden –, so unverkennbar zeichneten sich seit Jahren zwei Entwicklungen ab. Erstens: Die Entspannung zahlte sich für den Kreml nur dort aus, wo er sie unterlief. Wo die Sowjetunion auf Détente baute, wurde sie vom amerikanischen Partner oft enttäuscht. Auch der Kreml mußte manche Illusion begraben – von der Erweiterung der Handelsbeziehungen über die Genfer Nahost-Konferenz bis zum SALT-II-Abkommen. Zweitens: Die Sowjetunion hat das abstrakte Dogma von der weltweit unteilbaren Entspannung nie anerkannt. Sie hat seit 1975 sieben moskaufreundlichen Regierungen in Asien und Afrika in den Sattel geholfen. Sie hat aber auch konsequent auf Gegendruck in Berlin verzichtet, als Frankreich im Kongo und im zentralafrikanischen Kaiserreich intervenierte.

Indem wir die Sowjetgesellschaft der siebziger Jahre eingehender betrachten, wollen wir zugleich versuchen, die tieferliegenden Motive für die Westpolitik des Kreml etwas deutlicher zu erkennen.

1. Kapitel

Vorschulen der Anpassung

Es ist nur wenige Jahre her, da war die «Bucht der Freude» noch ein Ort der Stille. Saubere Strände, Kiefern bis zum See, Mooslager unter grünen Laubdächern. Russische Familien gaben sich ungezwungen. Die Damen nahmen Sonnenbäder in üppig gewölbten Dessous, die Herren mühten sich eifrig, Decken und Planen zu zeltartigen Bauten zu verknoten. Heute verkehrt am schönsten Badeplatz in Moskaus Umgebung die große Ausflugswelt: Bikinis, maßgeschneidert nach westlichen Illustrierten, Kofferradios mit der Stimme Amerikas. Der Wagenpark reicht bis ans Wasser. Die Zelte sind mit Anbauten oder Überdächern aufgestockt worden. Der alte Kesselwagen mit dem nationalen Sauertrank Kwaß wird von fahrbaren Souvenir-Ständen umrundet. Sie bieten Sonnenbrillen, Sportembleme, Kindermützchen. Das sind zwar Ladenhüter und nicht die Devotionalien der industriellen Messen unserer Freizeit-Planung. Dennoch verblüfft auf den ersten Blick die Konvergenz des Konsumverhaltens. Doch paßt die neue Generation der Sowjetbürger wirklich so glatt zu den westlichen Schnittmustern, denen sie sich in der «Bucht der Freude» angleicht?

Vom See tönt der Lärm der Badefreuden herauf. Ein kleiner Junge steht am Rande der sanften Böschung. Seine dicke Hand wird von der Babuschka gehalten. Trotz der Hitze trägt der Kleine über seinen Strumpfhosen noch ein kurzes Wollhöschen und auf dem Kopf ein helles Käppi, dessen Ohrenklappen heruntergezogen sind. «Ich möchte auch ins Wasser, laß uns gehen, Babuschka!» Der Junge zerrt an ihrer Hand.

«Sergej, Serjosha – laß gut sein, das ist doch nichts für dich!» Die Großmutter wiederholt sich geduldig. Serjosha hat sich ihrer Hand langsam entwunden. Nun könnte er den kleinen Abhang hinunterkullern und dem begehrten Ziel ganz nahe kommen. Doch er bleibt auf seinen strammen, dreijährigen Beinchen wie angewurzelt. «Babuschka, komm, zum Wasser!» Sein Ton ist eher klagend als aufsässig. «Serjoshalein, schau einmal dort, wie viele Vögel in der Luft sind!» Die alte Frau zeigt zum Himmel, um Sergejs Blick vom Wasser wegzuziehen. Gleichzeitig greift sie wieder fest nach seiner Hand. Dabei spricht sie weiter, ohne jede Nervosität, ohne Drohung – eine einförmige, beschwichtigende Litanei.

Ganz langsam, fast unmerklich, dreht sie mit Sergej von der Böschung ab, zu den kleinen Verkaufsständen hinüber. «Da, schau sie dir nur an, wie sie fliegen, Serjoshalein, eins, zwei . . . na, wieviel Vöglein sind's? Du kannst doch so schön zählen.» Sergej hat seinen Blick schon von der Bucht abgewendet. Er sieht auf das Gras hinunter und sagt: «Siebzehn!» Das kommt nicht maulig oder trotzig. Serjosha zerrt nicht mehr an Babuschkas Hand. Er marschiert mit durchgedrückten Knien brav neben ihr. Mit dem Rücken zum Wasser.

Die Babuschkas gehören zu den Säulen des Sowjetsystems. Fast alle Mütter sind berufstätig. Die 10 Millionen Plätze in Krippen und Kindergärten reichen nur für ein Drittel der jungen Sowjetbürger im Vorschulalter. Daran ist leicht erkennbar, daß die Babuschkas eine festeingeplante Größe der Volkswirtschaft sind. Das ist schon oft glossiert worden. Weniger beachtet wird dagegen, daß die Babuschka auch eine Schlüsselfigur systemkonformer Pädagogik ist. Sie verbindet tradierte Erziehungsformen des alten Rußland und den Lenkungsanspruch des Sowjetsystems zu prästabilierter Harmonie im künftigen Untertan.

Die Duldsamkeit und Leidensfähigkeit ihres Volkes, «Knechtschaft und Seele», überwältigten viele Klassiker der russischen Literatur. Die Anpassung der Sowjetbürger läßt Dissidenten an der Realität verzweifeln, beschäftigt Historiker und Ideologie-Kritiker. Sie interessiert zumeist besonders der Aspekt der politischen Indoktrinierung. Wir wollen mit unseren Beobachtungen in einem früheren Stadium beginnen, bei den ersten Formen erzieherischer Einflußnahme und bei der sprichwörtlichen Kinderliebe der Russen.

Der Psychoanalytiker Erik H. Erikson hat am Rande seiner Studie *Childhood and Society* (New York, 1950) auf die Tradition in der zentralrussischen Ebene verwiesen, Kinder bis zum Hals zu wickeln. Einfache Russen hätten auf Fragen nach diesem Brauch erstaunt zurückgefragt: Wie anders könne man denn ein kleines Kind herumtragen, vor dem russischen Winter warmhalten und daran hindern, sich selbst zu kratzen und zu verletzen? Erikson hat die Ansicht vertreten, daß ein solcher Brauch eine «grundlegende, präverbale Indoktrination» erzeugen helfe, «demgemäß Menschen zu ihrem eigenen Besten streng eingeschränkt werden müssen, während man ihnen hin und wieder Möglichkeiten bietet, zusammengedrängte Gefühle zu entladen». Der Autor vermeidet weiterreichende, verallgemeinernde Rückschlüsse auf politische Strukturen, aber er zitiert Maxim Gorkij: «Wenn ein Mann es müde ist, auf der einen Seite zu liegen, so dreht er sich auf die andere; aber wenn er seiner Lebensbedingungen müde ist, dann murrt er nur.» Sich umdrehen, so Erikson, kann das gewickelte Kind am allerwenigsten. «Es kann nur zurücksinken, nachgeben, geduldig sein und halluzinieren, . . . bis der Moment der lokomotorischen Befreiung wieder über es hereinbricht.»

Als ich in einem der modernsten Moskauer Krankenhäuser eine Bekannte besuchte, die gerade ein Baby zur Welt gebracht hatte, erläuterte mir die Kinderschwester ihre private Auffassung: «Am besten ist es, Kinder zur Nacht ganz fest zu wickeln. Die Beinchen werden sonst nicht gerade und die Händchen nicht ruhig.» Ähnliche Ansichten hatte ich von Babuschkas oft gehört.

Aber ich glaubte nicht, daß sie noch in die Tat umgesetzt würden – bis ich eines Abends als Gast einer modernen Künstlerfamilie selbst Zeuge einer solchen Prozedur wurde. Die Kinderfrau vom Lande umwickelte den Körper des Babys einschließlich der Arme fest mit einer Decke aus leichtem Wollstoff, die sie vorher kunstvoll gefaltet hatte. Dann verschnürte sie das Bündel mit einer Baumwollbinde von etwa 15 Zentimetern Breite vom Bauch bis zu den Beinchen wie eine kleine Mumie. Die junge Mutter, sonst aufgeschlossen und experimentierfreudig, zeigte sichtlich Wohlgefallen an dem handwerklichen Meisterstück der Babuschka. Viele Überlieferungen kommen heute zu neuem Ansehen.

Kennzeichnend für den Erziehungsstil der Babuschkas ist ein Höchstmaß an Geduld, Beharrlichkeit und Trostzuspruch. Nie habe ich gesehen, daß ein Kind durch kurze, unerklärte Befehle gelenkt wurde («Laß das! Finger weg!», etc.). Statt dessen stand es unter einer ewig rieselnden, gleichmäßig temperierten Dusche lauwarmer Beschwörungen. Wie oft haben wir beobachtet, daß eine vom Kopf gezogene oder gefallene Schapka dem Kind ein dutzendmal wieder aufgesetzt wurde – ohne eine nervöse Reaktion. Als Folge davon – wir haben das weiter oben an Serjosha beobachtet – bleibt der Gegensatz zwischen dem Erziehenden und dem zu Erziehenden ohne scharfe Konturen, ohne Feinderlebnis. Welche Folgen hat die milde Berieselung durch die Babuschka für die Handlungsimpulse des Kindes?

Die Außenleitung wird vom Kind kaum registriert. Wenn die unermüdliche Wächterin die Schapka nicht mehr aufsetzt, bleibt sie eben vom Kopf. Da wirkt keine bewußte Entscheidung mit, sondern nur der Zufall. Er ereignet sich hin und wieder. Diesen gelegentlich verzögerten oder ganz ausbleibenden Eingriff der Obrigkeit beziehen die Sowjetbürger seit der Kindheit in ihre Erwartungen ein. In *Die einsame Masse* hat David Riesman die amerikanische Gesellschaft mit drei Charaktertypen konfrontiert. Die *traditions-geleiteten* überwiegen in Gesellschaften mit hohem Bevölkerungsumsatz. Die *innen-geleiteten* tendieren dahin, sich frühzeitig ein Schema von verinnerlichten Lebenszielen anzueignen. Die *außen-geleiteten* wiederum sichern ihr Verhaltenskonformität durch die Tendenz, für die Erwartungen und Wünsche anderer empfänglich zu sein. In der sowjetischen Gesellschaft verbinden sich in gewisser Weise *traditions-geleiteter* und *außen-geleiteter* Charakter. Die Außenlenkung wird nicht verinnerlicht; die gebetsartige Beschwörung der Babuschka, später die unendlich wiederholten Parolen der Spruchbänder, die ideologische Berieselung an den Mineralwasser-Tafeln der Parteikonferenzen – das alles wird nur mechanisch empfangen.

Die ausufernde Schlamperei und der Disziplinschwund im heutigen Rußland sind keine gezielte Sabotage. Wenn die Schapka nicht aufgesetzt wird, bleibt sie eben vom Kopf. Wenn die Außenlenkung nachläßt, gehen die Sowjetbürger ihre eigenen Wege, ohne damit eine gezielte Entscheidung zu treffen. Das ist ihr politischer Verhaltensstil, der sich in der Breschnew-Ära verstärkt hat.

«Na, warte!» heißt die beliebteste sowjetische Zeichentrickfilmserie. An jedem Sonntagmittag gibt es den Sturm auf das *Barikada,* das Kino im Zentrum Moskaus, in dem die neuesten Folgen gezeigt werden. Man muß im Frühling, Herbst oder Winter einmal beobachtet haben, wie das liebevoll verschnürte, kälteisolierte Bündel Kind in das *Barikada* stapft. Der Mantel ist von Unterkleidern so ausgestopft, daß die Ärmchen wie bei Gewichthebern abstehen. Das vermummte Köpfchen wird vom Rumpf förmlich abgebunden durch einen Schal, der über den hochgeschlagenen Mantelkragen wie ein Verband nach einer Halswirbelverletzung angelegt ist. Und nun das Auswickeln: die Eltern oder Babuschkas in der Hocke, knöpfend, die Kinder geduldig Balance haltend. Am Ende der Vorstellung wiederholt sich das Ganze wie ein zurückgedrehter Film. Insgesamt dauert das An- und Ausziehen der Kinder etwa so lange wie das Kinoprogramm selbst. Wärme, Überfütterung, Fürsorge erdrücken die Kleinen nahezu.

In den russischen Kindergärten sitzen auch die Dreijährigen schon mehrere Stunden lang still. Alle tun das gleiche. Spielzeuge werden in bemessenen Fristen ausgeteilt und wieder eingesammelt. Streng wird auf die Mittagsruhe im Gemeinschaftsschlafsaal geachtet. Störenfriede müssen als Strafe noch länger stillsitzen. In Zweierreihen marschieren die Kleinen zum nächsten Spielplatz. In der Schule haben die Kinder dann betont aufrecht zu sitzen, die Arme vor sich verschränkt. Wenn sie sich melden, stellen sie den rechten Unterarm angewinkelt empor, der Ellbogen bleibt auf der Schulbank. Wer sich zu stürmisch meldet, erhält den gleichen Tadel wie derjenige, der die vielfach eingepaukte Antwort nicht weiß. In den Pausen gehen die Kinder gewöhnlich zu zweit im Kreis durch den Schulflur.

Unter Lernen verstehen die Russen vor allem Einpauken. Was die Kinder memorierend herunterrasseln, nehmen sie nicht wirklich auf – wie die Ermahnungen der Babuschka. Es kommt vor, daß Schüler, die weiterdenken wollen, dennoch in mechanischen Reflexen gefangenbleiben. Ein Bekannter berichtete einmal davon, wie er in den Sprachunterricht Shakespeare einführte. Am Ende der ersten Stunde fragte der beste und eifrigste Schüler, er habe nicht verstanden, was dieser Stoff mit Lenin zu tun habe. Der Lehrer fühlte sich provoziert und forderte den Schüler unwirsch auf, die Frage zu wiederholen. Da sagte dieser ganz kleinlaut und mit naiver Ehrlichkeit, die alle Zweifel des Lehrers beseitigte: «Es muß doch eine Beziehung zu Lenin geben, und mir ist sie diesmal offenbar entgangen.» Es war ein Junge, der nicht nur nachbeten, sondern mitdenken wollte. Vor einigen Jahren erschien in Moskau eine etwas hausbackene, aber engagierte Erzählung über die Feier eines Schulabschlusses, *Die Nacht der Entlassung* (deutsche Ausgabe: Frankfurt/Main, 1976) von Wladimir Tendrjakow. Darin fand ich einen Satz, der den sowjetischen Lernstil aphoristisch kennzeichnet: «Den Menschen angewöhnen, ein Wort richtig zu schreiben, und ihnen abgewöhnen, es zu lieben – das entspricht genau dem Bemühen, das Leben eines Menschen so sehr in die Kategorien hoher Moral hineinzuzwingen, daß ihm ihre Werte gleichgültig werden.»

Die Liebe der Russen zu ihren Kindern ist sprichwörtlich. Sie beeindruckt fast alle Ausländer in Moskau – und manche wissen sie auch zu nutzen. Man nehme, so ein beliebter Rat, sein Kind an die Hand, wenn man dringend ein Taxi anhalten muß. Aber die Liebe der Russen gilt dem unselbständigen Kind. Man tut sein Bestes, um es lange in Abhängigkeit zu halten, und vermeidet alles, was zu früher Unabhängigkeit führen könnte. Verkehrsunterricht findet keine Verbreitung, statt dessen führen die Mütter noch ihre Twens an der Hand über die Straße. Eine Bekannte von uns machte sich schreckliche Sorgen, weil ihr 21jähriger Sohn, ein Englisch-Student, heiratete. Nicht daß ihr die Braut mißfiel. Aber wie sollte der gute Junge nun satt werden und den Straßenverkehr überleben – bisher hatte er buchstäblich an der Hand der Mutter gehangen.

Das sind die Vorschulen, die die Bereitschaft fördern, sich abzufinden, sich an der Rolle des Untertanen nicht spontan zu stoßen, sogar zur Karriere noch geführt zu werden – auch wenn ein General dabei herauskommt. «Und unsere Kinderfrauen», so spottete Dostojewskij in *Der Idiot,* «singen doch mit Vorliebe Wiegenlieder, in denen sie die Zukunft des Kindes so schön wie nur irgend möglich ausmalen: ‹Wirst noch goldne Kleider tragen, wirst ein General einst sein!› Wenn aber unseren Kinderfrauen das General-Sein als höchstes russisches Glück erscheint, so muß das doch das populärste nationale Ideal eines ruhigen, ungetrübten, seligen Lebens sein! Und in der Tat: Wer konnte bei uns, wenn er vorschriftsmäßig die Examina bestanden und 35 Jahre abgedient hatte, schließlich nicht General werden und sich auf der Bank eine gewisse Summe zusammensparen? So hat denn der Russe fast ohne jede Anstrengung seinerseits schließlich eine Stellung einnehmen können, die eigentlich einem tüchtigen Praktiker zukommt. Genaugenommen konnte ja bei uns nur der originelle, d. h. der unruhige Mensch *nicht* General werden.»

Nach dem Kind bekommt der Gast am stärksten die Fürsorglichkeit und die Beschützerrolle der Russen zu spüren. Ihm wird nachgeschenkt und nachgeschüttet, zugeprostet und zugeredet, bekräftigend auf Schulter und Bauch geklopft, daß mancher Mitteleuropäer soviel Nachstopfen schon als Eingriff in die Intimsphäre empfindet. Die Russen geben lieber, als daß sie sparen. Einmal kamen wir nach einem langen Tagesausflug mit ausländischen Besuchern zu Moskauer Freunden, unangemeldet. Sie trugen gerade ein kleines Festessen auf: gebackenen Stör, ein Stückchen für jedes Familienmitglied. Sofort wurden uns die Teller zugeschoben, aber wir alle dankten und malten in langen Märchen aus, wie gut wir unterwegs gegessen hätten. Mir jedoch sah man den Hunger offenbar so sehr an, daß die russischen Freunde mich wie das schwächste Glied in der Kette bearbeiteten – bis ich am Ende zugriff. Da sagte der Hausherr: «Sie sind der beste Gast. Nehmen ist bei uns höflicher als dankend ablehnen.»

Schrankenlos geben und schrankenlos nehmen, beides gehört zusammen. Wenn man Bekannten anbietet, ihnen einen Wunsch zu erfüllen, dann kommen sie häufig mit einem ganzen Katalog. Wenn man Freunde nach einem bestimmten Buch fragt, dann stellen sie halb Moskau auf den Kopf und bringen schließlich zehn Bände. Wenig später bitten sie um die Beschaffung von einem Dutzend Medikamenten. Trotz aller offiziellen Propaganda über westliche Krisen und Arbeitslosigkeit glaubt fast jeder Sowjetbürger, daß die Kapitalisten unbegrenzt aus dem vollen schöpfen und aus dieser Fülle ihre Freunde selbstverständlich versorgen – wie es die meisten Russen umgekehrt tun, wenn es in ihren Möglichkeiten steht. Die Frau eines westlichen Diplomaten fragte vor einer Einkaufsreise nach Helsinki die ihr offiziell vermittelte Sprachlehrerin, ob sie einen speziellen Wunsch habe. Daraufhin zog die Lehrerin eine vorbereitete Liste mit einigen Dutzend Posten aus der Tasche.

Von Ware-Geld-Beziehungen haben die Sowjetbürger keine realistischen Vorstellungen, ein Überangebot mit hohen Preisen paßt nicht in ihre Vorstellungswelt. Niemand glaubt so fest an das fast kostenlose Paradies des Kapitalismus wie die Russen.

Die Maßlosigkeit im Geben und im Nehmen, die Überfülle der Emotionen, der schnelle Ausbruch in selbstzerstörerischen Alkoholkonsum bei Feiern und Festen stehen nicht in Widerspruch zur systemkonformen Anpassung. Sich führen lassen und sich gehenlassen sind kein Gegensatz. Bei einer Vernissage traf ich eine Reihe mir bekannter Maler. Nachdem die geladenen Gäste gegangen waren, sollte ein kleiner Umtrunk folgen. Aber wo? Mit zwanzig Personen kann man in keinem der wenigen Moskauer Restaurants ohne Vorbestellung Platz finden. Schließlich machten wir uns auf zu meiner Wohnung, vorbei an der Miliz, die alle Ausländer-Blöcke bewacht, um die Sowjetbürger an Kontakten zu hindern. Über meine Wohnung ergoß sich an diesem Abend eine Sintflut von Emotionen, Eruptionen und Alkohol-Visionen. Meine Künstler machten mich zum Gast, häuften alle Vorräte zusammen, mischten unbekümmert die ihnen unbekannten Gewürze, schälten Kartoffeln und Zwiebeln noch um Mitternacht, füllten Pfannen, Töpfe, Teller, stellten alles auf den Kopf, auch die Sektflaschen, damit die Korken besser knallten, bedienten und überboten einander in Fürsorge. Als sich alle Vorräte dem Ende zuneigten, kochten sie mir sogar eine Suppe für den nächsten Morgen – um sie dann doch noch selbst zu verzehren. Familiendramen, Eifersuchtsszenen und Zecher, die ein paarmal der Länge nach hinschlugen – aber alle versicherten mir, wo immer ich sie wiedertraf, wie gut es ihnen gegangen sei, wie gelöst sie sich gefühlt hätten, eine «freie Nacht».

Von der besonderen Gemütlichkeit gleiten viele russische Feiern und selbst kleinere Gesellschaften noch immer in überbordende Maßlosigkeit ab. Wir wollen im Kapitel *Die Flucht: Der Pakt mit dem Wodka* noch auf diesen Hang eingehen, Selbstverwirklichung in der Beseitigung von Selbstkontrolle zu suchen.

Hier soll nur kurz auf den gesellschaftspolitischen Kontext solchen «Aussteigens» verwiesen werden. Überflüssig zu sagen, daß diese Realitätsflucht mit dem gezielt-alternativen oder quietistischen Rückzug von der in Frage gestellten Wachstumsgesellschaft westlicher Länder nicht identisch ist. Auf Parallelen zu dieser Abkehr werden wir im Kapitel *Der Rückzug: Von der Ideologie zu Mystik, grüner Welle und Dorfliteratur* verweisen.

Dem russischen Verständnis von persönlicher Freiheit fehlt jene «publikumsbezogene Privatheit» der lateinisch-westlichen Familie, aus der die bürgerliche Öffentlichkeit hervorging. Sie verstand ihre Aufgabe darin, so hat es Jürgen Habermas formuliert, «mit den Erfahrungen einer intimisierten Privatsphäre gleichsam im Rücken» der etablierten Autorität die Stirn zu bieten. Mit Öffentlichkeit, Bürgerinitiativen und der Freiheit des einzelnen verbinden auch heute die wenigsten Russen konkrete politische Vorstellungen. Sie haben jene westliche Erfahrung nie nachgeholt, die Habermas in *Strukturwandel der Öffentlichkeit* umrissen hat: «Mit dem spezifischen Begriff der Humanität verbreitet sich im Bürgertum eine Auffassung vom Bestehenden, das vom Zwang des Bestehenden Erlösung verspricht, ohne in ein Jenseits auszubrechen.»

Kurze Ausbrüche in ein makabres Jenseits setzten die bäuerlichen Massen dem zaristischen Absolutismus entgegen. «Unser Volk versteht Freiheit als Wolja», so schrieb im vergangenen Jahrhundert der große Gesellschaftskritiker und westlichste Vertreter der ersten Intellektuellen-Generation Rußlands, Wissarjon Beljinskij. «Und Wolja heißt für das Volk, sich gehenzulassen. Die befreite russische Nation würde sich nicht auf den Weg ins Parlament machen, sondern in die Schenke laufen, um Schnaps zu trinken, Gläser zu zerschlagen und die Dworjane zu hängen.» (*Dworjane* waren Dienstleute, die auf den Hofgütern der Teilfürsten Verwaltungsfunktionen ausübten.)

Dieses Wechselspiel zwischen Ausbrüchen und der mystischen Hingabe an den Absolutismus als Überkompensation der anarchischen Antriebe ist ein besonders auffälliger Zug in der russischen

Geschichte. Wie nachhaltig hat er die Gesellschaft geprägt? «Schon das Wort Freiheit ist für die Mehrheit des Volkes gleichbedeutend mit Unordnung», hat Andrej Amalrik, einer der profiliertesten sowjetischen Dissidenten, in seiner polemischen Schrift «Kann die Sowjetunion das Jahr 1984 erleben?» festgestellt.

Die Gastlichkeit und Großzügigkeit, die Güte und Herzlichkeit, die Hilfsbereitschaft gegenüber Freunden, zu welcher Tages- und Nachtzeit auch immer – diese angenehmsten Seiten vieler Russen kann der Moskau-Tourist nur mit Mühe entdecken.

Der erste Mensch, der sich mit ihm eingehend beschäftigt, ist ein junger Paßkontrolleur mit zumeist bäuerlichen Zügen und semmelblonden Haaren unter der olivgrünen Uniformmütze der Grenztruppen. Unbewegten Gesichtes blättert, stempelt und schreibt er in den Reisedokumenten, bis er sich schließlich die Schirmmütze so bedenklich aus der Stirn schiebt, als sei das Problem eigentlich nicht mehr zu lösen. Das kündigt die baldige Rückgabe des Passes an. Bei der Zollkontrolle steht unser Neuankömmling dann zunächst einmal in einer Schlange, die sich eine halbe Stunde lang überhaupt nicht zu bewegen scheint. Schließlich geht es etwas schneller, bis das alte russische Ehepaar mit den vielen zusammengebundenen Koffern an der Reihe ist. Die ungelenken Finger der Alten müssen alles aufschnüren und auspacken, bis zum Kulturbeutel. Die bescheidenen Utensilien stapeln sich neben den Koffern. Dann kommt ein kleiner Zwischenspurt der Zollbeamten. Drei westliche Wirtschafts-Repräsentanten können passieren, ohne ihre Samsonites zu öffnen; die einzige Frage: «Haben Sie Zeitungen, den Playboy?»

Nun ist die Reihe an den zwei netten jungen Männern aus der Dritten oder Vierten Welt. Aus ihren Koffern werden zwölf fabrikneue Jeans gefördert und noch mehr Oberhemden in Klarsicht-Verpackung. Auch da geht alles in Ruhe seinen sozialistischen Gang. Der Zöllner ruft eine Kollegin herbei, zeigt die Ware, plaudert mit ihr, und schließlich verschwinden alle vier mit den Jeans- und Hemden-Stapeln im Hintergrund des Flughafens. Die Zollschranke bleibt für ein Viertelstündchen geschlossen, wenn unser Tourist Glück hat. Wenn er es nicht hat, stellt er sich in der nächsten Schlange an und ist nun schon ein erfahrener Zeuge der Abfertigung, die sich am nächsten Durchlaß in fast der gleichen Form wiederholt.

Wenn unser kofferbepackter Freund am Ende sein Hotel betritt, läßt ihm ein eiliger Einheimischer mit ziemlicher Gewißheit die Pendeltür fast an den Kopf fallen. Danach beginnt der Existenzkampf gegen den permanenten Bummelstreik der Damen von der Administration. Wenn sie den Störfall eines Gastes zur Kenntnis nehmen, das Finger-Lackieren einstellen oder das sprudelnde Telefongespräch langsam versiegen lassen – dann weicht schlagartig alle Lebensfreude von ihnen. In diesem Augenblick kann es dem Neuankömmling passieren, daß ihn ein Landsmann der Damen mit lauthals vorgebrachtem Anliegen unbekümmert zur Seite schiebt. Unser Tourist ist nun wirklich angekommen: in der stehenden Luft sowjetischer Bürokratie.

Warum sind die Moskauer in Ämtern und Geschäften, beim Einkauf und in der Metro von geradezu brachialer Ruppigkeit, während viele dieser Leute privat soviel Fürsorge und Herzlichkeit ausströmen können? Die Herrschaft der Parteibürokratie setzt eine Tradition des alten Rußlands fort, die von Marxismus und Oktoberrevolution für immer ausgerottet werden sollte: Die Behörden, jedwede Administration, behandeln die Menschen und deren Angelegenheiten wie staatliches Eigentum. Beim alten russischen Verwaltungsapparat war das kein Wunder. Er ging schließlich aus den Ämtern hervor, die die Privatdomänen der Teilfürsten verwalteten. Russische Provinzbeamte, so hat es der Historiker und langjährige Direktor des Russian Research Center der Harvard-Universität, Richard Pipes, sinngemäß formuliert, lebten vom Land wie ausländische Besatzer inmitten eines fremden Volkes.

Der Königlich Preußische Geheime Regierungsrat August Freiherr von Haxthausen urteilte in seinen 1847 erschienenen Rußland-Studien: «Die Tschinowniks (Beamte) aber verderben das Volk, sie ersticken jedes Rechtsgefühl in ihm, ihre Befehle erscheinen überall als die Willkür kleiner Despoten, niedrige Habsucht oder stolze Überhebung blicken überall bei ihren Befehlen durch, nirgends väterliche Fürsorge, oder auch nur väterlicher strenger und unbedingter Wille. Darum erzeugt er nur den sclavischen Gehorsam, nicht den kindlichen!»

In einem Reich mit solcher Tradition perpetuiert der verstaatlichte Dienstleistungssektor die Entfremdung der Bevölkerung von Selbstwertgefühlen. Aufgeschlossenheit reduziert sich auf den überschaubaren Bereich der Privatsphäre. Die Männer um Leonid Breschnew haben begriffen, daß die Menschen, wenn sie von den Behörden wie staatliches Eigentum behandelt werden, auch keine privaten Initiativen beisteuern. So wird in der neuen Verfassung von 1977 durch Artikel 58 ein Recht auf Beschwerde vor Gericht über «Handlungen von Funktionären, staatlichen Organen und gesellschaftlichen Organisationen» zugestanden. Dieses Recht wird freilich nur in Einzelfällen die behördliche Willkür mildern.

Unhöflichkeit und Ruppigkeit der Russen im Alltag sind allerdings nicht nur Folgen traditioneller und sozialistischer Menschenverwaltung. Die Mehrheit der Millionen in den Städten wohnt und schläft zwar dort. Aber zu Hause ist sie nicht in der urbanen Welt. Das dörfliche Milieu ist ihre Heimstatt geblieben. Man muß sich immer wieder vor Augen halten, daß noch im 18. Jahrhundert nur drei Prozent der Gesamtbevölkerung in Städten lebten. Zu Beginn der Oktoberrevolution waren es rund zwanzig Prozent. Heute wandert eine Million Menschen pro Jahr vom Land in die Stadt ab. Außerdem ziehen täglich ländliche Heerscharen auf der Suche nach Waren durch die großen Städte. Diese sind bei weitem besser versorgt als die Dörfer, weil die Partei die Lektion ihrer eigenen Machtergreifung vor über 60 Jahren nicht vergessen hat. Die russische Revolution wurde in Petrograd durch Lebensmittelknappheit und Meuterei der hauptstädtischen Garnison ausgelöst.

Moskau wird jeden Tag von ein bis zwei Millionen Menschen zusätzlich bevölkert. Diese Massen ziehen und hasten durch die Metropole wie durch einen unendlich ausgedehnten Warteraum ohne Speisesaal. Auch im vorolympischen Jahr kam auf rund 50 000 Hauptstädter nur ein Restaurant. «Durch Moskau hindurch ergießt sich in Strömen die großrussische Volkskraft nach Rußland hinein», schrieb einst Ostrowskij. Dabei ist es nicht geblieben. Die Ausdehnung der «russischen Volkskraft» auf ein Sechstel der Erdoberfläche läßt sich am lebendigen Modell bestaunen: auf den neun Moskauer Bahnhöfen, die stets überfüllt sind von abenteuerlich bepackten Sibirjaken und Armeniern, Kasachen und Kirgisen, Kalmücken, Tataren, Burjäten. Pelzvermummte Gestalten und sommerliche Miniröcke direkt nebeneinander auf den Wartesaalbänken vermitteln plastischer als jeder Atlas, aus wieviel Klimazonen sich die Menschen «durch Moskau ergießen».

Gestoße und Geschubse in Geschäften und Metro, engste Tuchfühlung, körperliche Berührungen, Dunstschwaden in überfüllten Räumen lösen bei der Mehrheit der Russen keine Platzängste aus, kein Verlangen nach Abstand und Distanz. Angerempelt, fast umgerannt zu werden, empfinden sie nicht als Aggression – während sich viele Ausländer dadurch geradezu persönlich attackiert fühlen. Das Drängen bedeutet nicht unbedingt Hetze. Es muß nicht zwangsläufig auf ein besonderes Ziel gerichtet sein. Auch wenn genügend Brot vorhanden ist, schubst der Hintermann den Vordermann, der sich deshalb kaum einmal verwundert umdreht. Die selten ausreichenden Löffel, mit denen alle Käufer das Brot auf seine Frische abtasten, werden dem langsameren Kunden vom Nachrückenden ohne ein verbindliches Wort weggeschnappt. Der Zugriff der Russen ist direkt. Zivilisatorisch gebundene Formen der Zurückhaltung, der Aufschiebung sind den meisten fremd geblieben – schon seit den Kindheitserfahrungen der Überfütterung, der oralen Überstimulierung.

Gebrüllt wird überall, als verständige man sich noch über die Dorfstraße hinweg. Schimpftiraden begleiten selbst den Kauf von Dingen, die im Überfluß vorhanden sind, wie etwa Buskarten. Bei Waren, die es immer gibt, gehen die Käufer mit durchschnittlicher Stoßkraft, das heißt ohne gezielten Ellbogeneinsatz zur Sache. Rare Angebote, die aber nicht so selten sind, daß sie kämpferischen Einsatz lohnen – harte Wurst, Nagellack oder Plätze im Restaurant –, werden besonders konzentriert und diszipliniert erwartet. Bei Mangelwaren erster Ordnung – wir erlebten einmal die Schlacht um Unterwäsche aus der DDR – wird das Gedränge zum Kampf, werden Aggressionen frei.

Was die Menschen im städtischen Alltag so grob erscheinen läßt, ist auch ihre mangelhafte Orientierung. Abstraktionsvermögen hat das bäuerliche Denken in Rußland nie ausgezeichnet. Die Literatur von Gogol bis zur modernen Dorfprosa liefert dafür eine Kette von Belegen. Auch Historiker haben plastisch darauf verwiesen, daß dem Bauern Begriffe wie Entfernung, Staat, Nation, Verwaltung überhaupt nur näherzubringen waren, wenn darin ihm bekannte Personen und Verhaltensformen der nächsten Umgebung auftauchten. Davon ist manches geblieben. Im Kreise der Freunde, an der Arbeitsstätte, im vertrauten und überschaubaren Bereich wirkt die große Mehrheit der Russen ungleich entspannter, entgegenkommender.

Unvermögen oder Unlust, über den ersten Schritt hinauszuplanen, ist nicht nur eine Eigenheit der gerade erst in die Stadt gezogenen Schichten. Diesen Eindruck gewannen wir unter anderem bei einem Sonderauftritt der Primaballerina Maja Plissezkaja anläßlich ihres 50. Geburtstages und bei einem Konzertabend, bei dem Swjatoslaw Richter Dietrich Fischer-Dieskau begleitete. Da stürmten Hunderte von Musikfreunden ohne Karten die Foyers. Die Veranstaltungen begannen über eine Stunde später, weil die Miliz so lange brauchte, um Billett-Besitzer und -Besitzlose zu trennen. Das war nicht die Ekstase oder Kraftmeierei westlicher

Fans, sondern ein Sturmlauf schlichter Kurzstrecken-Mentalität: Bist du erst einmal hineingelangt, wird sich alles weitere finden. Der Mangel an Abstraktionsvermögen trägt auch dazu bei, daß die Russen weniger in Frage stellen, weniger analysieren, ihr Leben vielmehr in der Synthese eingerichtet haben. Die Grenzen ihres kritischen Denkens sind nicht ausschließlich ein Ergebnis der unmittelbaren Einschüchterung und ideologischen Entmündigung, wie es viele Dissidenten behaupten.

Einmal brachte ich eine ältere Frau aus unserem Bekanntenkreis ganz ungewollt in Zorn. In der *Iswestija* war an diesem Tag eine kleine, versteckte Meldung erschienen über die Hinrichtung von drei Männern, die – dem Zeitungsbericht zufolge – verantwortlich waren für das blutige Attentat auf die Moskauer Metro, das Anfang 1977 die Sowjetmetropole mit Entsetzen und Spekulationen erfüllt hatte. Bis zu dieser Vollzugsmeldung über die Hinrichtung war nicht einmal bekanntgegeben worden, daß und wo die Männer (es waren Armenier, was in der Notiz ebenfalls nicht erwähnt wurde) vor Gericht standen. Ich merkte zu der Mitteilung nur beiläufig an, daß sich westliche Demokratien eine derart verstümmelte Informationspolitik nicht leisten könnten, auch wenn sich Vertuschungsmanöver manchmal so lange ausdehnen würden wie der Watergate-Skandal. Darauf antwortete unsere Bekannte, die gewiß keine glühende Anhängerin des Sozialismus war: «Diese Meldung ist sicher so kurz, damit niemand auf die Familien der Attentäter mit den Fingern zeigen kann. Finden Sie es richtig, daß Ihre Presse die Schicksale von Menschen im Unglück auch noch allen Lesern zum Fraß vorwirft?» «Aber muß man nicht einen Weg suchen, um die Öffentlichkeit sachlich zu informieren, ohne zu weit in die Privatsphäre einzudringen? Muß man einen Prozeß nicht zumindest vorher ankündigen, um behaupten zu können, er sei öffentlich zugänglich?»

Die Antwort, mit erregter Stimme: «Denken Sie gar nicht an die Kinder der Familien? Die können für ihr ganzes Leben Schaden erleiden, wenn bei einem solchen Prozeß die Namen und die Missetaten in aller Öffentlichkeit ausgebreitet werden.» «Und was ist mit den Kindern von oppositionellen Sowjetbürgern, die öffentlich angeprangert werden? Was wird aus jenen, die sogar die Schule verlassen müssen, weil ihre Väter aus politischen Gründen ihre Posten verloren haben?»

Das war das Ende der Unterhaltung. Unsere resolute Bekannte hatte nicht nur ein goldenes Herz, sondern auch ein abgerundetes Bild von allem. Was nicht in den Rahmen paßte, stand nicht zur

Diskussion. Hätte sie ihr großes Engagement, hätte sie die Identifikation mit den eigenen Kindern und denen der Nachbarn auf die fernen Kinder der abstrakten Dissidenten ausgedehnt, wäre sie aus ihrer Welt der Synthese ausgebrochen.

Die Neigung der Russen zur Synthese vereint oder entschärft Gegensätze, die wir viel strenger beachten, auch wenn wir von ihnen wechselseitig Gebrauch machen. Das gilt zum Beispiel für Wahrheit und Lüge. Die plumpen Märchen der Propaganda durchschauen die meisten Sowjetbürger, aber nur wenige regen sich darüber auf. Auch das Wissen oder die Ahnung von den großen Fälschungen der jüngsten Geschichte drängt kaum jemanden zur Wahrheitsfindung. Die Welt, das eigene Geschäft runder und widerspruchsloser aussehen zu lassen, mit einer blumigen Tarnkappe zu überziehen – das ist byzantinische und bäuerliche Tradition zugleich.

Alexander Solschenizyn, der die russische Vergangenheit verherrlicht, hat die Lüge in seinem *Offenen Brief an die sowjetische Führung* (1973) alleine dem heutigen Regime angelastet: «Alles ist in Lüge versumpft, und alle wissen das, und in privaten Gesprächen sprechen sie offen darüber und lachen und geben ihren Widerwillen zu ... Diese allgemeine Zwangslüge, zu deren Gebrauch man genötigt wird, wurde die quälendste Seite der Existenz der Menschen in unserem Lande ...» Die Wahrheit aber ist: Heuchelei war schon die einzige Waffe des Leibeigenen. Und Heuchelei ist heute eine Art *Contrat social* des ersten «Arbeiter- und Bauernstaates» (bei dieser Bezeichnung beginnt sie schon). Generationen von Rußlandreisenden haben es als Kränkung empfunden, getäuscht und belogen worden zu sein. Doch für die Russen war und ist die Lüge kein persönlicher Bruch. «Leere Worte und Aufrichtigkeit, Lüge und Wahrheit – alles zusammen war's», läßt Dostojewskij den Lebedew zum Fürsten Myschkin sagen, «und jedes war echt, war wirklich echt! ‹Wahrheit und Aufrichtigkeit› bestehen bei mir in der aufrichtigen Reue ... ‹leere Worte und Lüge› bestehen in dem teuflischen und immer gegenwärtigen Gedanken, wie ich auch hier ... aus den Tränen der Reue Vorteile ziehen könnte!»

Sucht man nach weiter zurückliegenden Gründen für den Mangel an Abstraktionsvermögen, wird jeder Historiker auf den kulturellen Einfluß durch Byzanz verweisen. Die russisch-orthodoxe Theologie kannte weder eine Scholastik, noch schuf sie ein geistiges Klima, das Philosophien und Schulen abstrakten Denkens außerhalb der kirchlichen Kreml-Mauern gedeihen ließ. Die bis Peter I. bestehende Unkenntnis des römischen Rechtes ließ die Institution des Privateigentums keine feste Verankerung finden, obwohl sie im mittelalterlichen Westeuropa schon ein fester Bestandteil der politischen Theorie war. Das Wesen des Gesetzes blieb überhaupt unverstanden, weil das Gesetz ein Instrument der Autokratie war – sofern es Anwendung fand. Noch heute richten sich Ärger und Unzufriedenheit verurteilter Gesetzesbrecher oft gegen den Richter und Ankläger persönlich. Der norwegische Journalist und Politologe N. M. Udgaard zitiert in *Der ratlose Riese* (Hamburg, 1979) einen entlassenen Strafhäftling: «Die Gesetze und die politischen Organe, die sind so hoch und so weit weg, daß sie sich außerhalb der Begriffswelt des Sträflings befinden.»

Am Ende des Zweiten Weltkrieges, auf einem Festbankett im Kreml, hob Josef Stalin sein Glas auf das Wohl des russischen Volkes, das er die führende Nation der Sowjetunion nannte. Der georgische Diktator besaß den einmaligen Zynismus, dieser führenden Nation ins Gesicht zu sagen: Die politische Leitung habe vor und in der ersten Kriegszeit viele Fehler begangen. Jedes andere Volk hätte mit dieser Regierung kurzen Prozeß gemacht. Nicht so die Russen, schloß Stalin. Statt kurzer Prozesse eine lange Gefangenschaft: In dem ungeheuren Maße, mit dem sich die Russen geduldig mit allen Tragödien identifizierten, haben sie ihre Autokraten auch an die Despotie gefesselt und nicht in die Rolle des Souveräns entlassen. Herrschen ist schwerer als unterdrücken, so lautet die Erfahrung der Breschnew-Ära. Dieser Übergang ist zum Engpaß geworden, in dem es weder vorwärts noch rückwärts zu gehen scheint. Das System sitzt fest, die Bürger zwängen sich durch die Lücken. Ihre Lage läßt ihnen kaum eine andere Wahl. Sehen wir uns ihren Alltag an.

2. Kapitel

Von der Unwirtlichkeit des Alltags

I. Breschnew auf Zimmersuche

Im Jahre 1960 erschien in der angesehenen Zeitschrift *Nowyj Mir* ein Aufsatz unter der Überschrift «Arbeiteralltag und Kommunismus». Darin prophezeite der Ideologe S. G. Strumilin, die Sowjetmenschen würden in der Zukunft Kommunepaläste mit Wohnflächen bis zu 40 000 Quadratmetern bewohnen. Im Erdgeschoß sollten alle Serviceräume für Post und *Parikmacherskaja* (Friseursalon), für Krankenrevier und Wäscherei untergebracht werden. Die übrigen Stockwerke sah Strumilin für die 2000 bis 2500 Kommuneangehörigen vor: «In der zweiten Etage werden z. B. in einem Flügel die Kinderzimmer untergebracht, in anderen die pflegebedürftigen Alten und das sie betreuende Personal, in der dritten Etage die Zwei- bis Dreizimmerwohnungen für Verheiratete, in der vierten Einzelzimmer für die arbeitende Jugend, Studenten und Junggesellen.»

Auf jeder Wohnetage sollten 800 bis 1000 Quadratmeter für Kinderspielzimmer, Speisesäle, Musikzirkel, Chöre und Sportler eingeräumt werden. Großzügig gestattete Strumilin: «Alle Individualisten aus Berufung und aufgrund der Erziehung sowie geborene Misanthropen, Eigenbrötler und Sonderlinge werden auf Wunsch auch künftig außerhalb der Kommune als Einzelgänger verbleiben können.» Das wurde vor zwanzig Jahren geschrieben und zeigt inzwischen, wie nüchtern und ernüchtert der Sowjetstaat heute ist.

«Biete 3 Zimmer (20, 16, 18 m^2), Küche (8,5 m^2), Bad und Toilette getrennt, 4. Stock eines fünfstöckigen Ziegelhauses, Balkon, 7. Parkstraße, Rayon Ismailowskij-Park. Suche 2 Einzelzimmerwohnungen mit Balkon und Telefon und ein Zimmer in größerer Wohnung – gez. *Breschnew.*»

Ein Namensvetter des sowjetischen Parteichefs gab diese Anzeige Ende 1977 im Moskauer *Bulletin für Wohnungstausch* auf. Der Inseraten-Bestseller, der inzwischen auf über 60 kleinbedruckte Seiten angewachsen ist, erscheint an jedem Donnerstag. Er kann nicht abonniert, sondern nur gekauft werden und ist sofort vergriffen, obwohl er nur Angebote aus Moskau enthält. Annoncenteile gibt es nicht in den sowjetischen Zeitungen und Zeitschriften, keine Stellengesuche, kein Anzeigengeschäft, keine Werbung westlichen Zuschnitts. Nur die Zeitung *Moskau am Abend* verkauft mittwochs und samstags für fünf Kopeken ein kleines Anzeigenblättchen, das ebenfalls schnell vergriffen ist.

Die meistgesuchte Ware in der Sowjetunion sind Wohnungen. Der von den Behörden seit 1937 offiziell gestattete Wohnungstausch läßt, als Ersatz für die fehlenden Annoncenteile, eine geradezu exotische Anzeigen-Plantage sprießen. Inseraten-Träger sind Bäume und Schaukästen mit behördlichen Vordrucken, in die der Sowjetbürger sein Tauschangebot selbst eintragen kann. Es gibt Tafeln in Hausfluren und auch lebendige Litfaßsäulen – Männer und Frauen, die sich Plakate mit ihren Tauschangeboten umgehängt haben. Denn der traditionelle Weg der Wohnungsbeschaffung über das Exekutivkomitee des Bezirkssowjets oder über den Betrieb ist ein ermüdender Marathonlauf, oft über viele Jahre hin.

Der einzige Ausweg, der den Marathonlauf wenigstens zum Hindernislauf macht, ist der Wohnungstausch. Er birgt sogar ein gewisses Marktelement. Er kann privat angekurbelt und abgesprochen werden, oft sind Dutzende von Personen in eine Transaktion verwickelt. Für einen überschüssigen Quadratmeter bei einem Tausch im Zentrum Moskaus kann es – unter der Hand – einen Abschlag bis zu einigen hundert Rubeln geben. «Nach Vereinbarung» heißt die Deckformel in den Tauschanzeigen. Am Ende muß aber auch eine noch so verwickelte Transaktion den Segen der Behörden erhalten. Ein sowjetisches Theaterereignis, das dem Leben ausnahmsweise ganz nahe kam, war die Dramatisierung einer Erzählung von Jurij Trifonow (*Der Tausch*), die eine solche Wohnungs-Transaktion mit all ihren Ermüdungen und Erniedrigungen beschreibt. Es war wieder Ljubimows Taganka-Bühne, die das Wagnis dieser Inszenierung unternahm. Als Theaterprogramm diente das behördliche Formular für einen Wohnungstausch.

Das Zentrum des Handels mit Quadratmetern, die sichtbare Spitze einer kafkaesken Welt, ist das *Städtische Büro für Woh-*

nungstausch. Es liegt in einer bröckelnden Seitenstraße, nahe dem Moskauer Friedens-Prospekt, gegenüber einem Dampfbad. Vor dem Tauschbüro steht eine ganze Anzeigenkolonne: zumeist ältere und schwergewichtige Männer und Frauen. Sie haben Plakate um den Hals oder im Knopfloch hängen, zum Beispiel: «Tausche 3 Räume, 32 Quadratmeter». Der Innenhof bildet eine Galerie von Aushangkästen, an denen man ablesen kann, wie eng die gute Stube der Sowjetbürger trotz der Bau-Bemühungen in der Breschnew-Ära noch immer ist. Zwei- und Drei-Zimmerwohnungen; 14, 16, 17 m^2 pro Raum; Anzeige neben Anzeige: ein Zettel-Alptraum.

Hunderte ziehen hier am Samstagvormittag suchend, notierend vorbei. Sie begutachten die Angebote der Männer, die sich mit ihren Plakaten wie bei einer Schönheitskonkurrenz nebeneinander aufgebaut haben. Da steht ein dandyhafter Mittdreißiger mit Bärtchen, hohem, steifem Hut, blauem Oberhemd, feierlich dunkler Krawatte, Fischgräten-Mantel und echten Jeans. Sein Nachbar wirkt dagegen wie ein verstädtertes Kolchos-Bäuerlein. Unter einem derben Steppmantel trägt er einen modernen Trainingsanzug. Der nächste in der Reihe «inseriert» mit einem Plakat, das er wie ein Heft umschlagen kann: auf den einzelnen Seiten hat er alle Zimmer der Wohnung, die er zum Tausch anbietet, maßstabgerecht aufgezeichnet. In den Innenräumen des *Städtischen Büros für Wohnungstausch* kann man mit Hilfe von Konsultanten und einigen Kopeken aus einer Vielzahl von Fächern Angebote aus allen Teilen der Republik fischen.

Ein paar Ecken weiter weht der rauhe Wind der Marktwirtschaft. Hier treffen sich auf einem freien Grundstück diejenigen, die vorübergehend Einzelzimmer in kommunalen Wohnungen vermieten bzw. mieten wollen. Die Räume kosten nicht selten hundert Mark im Monat. Hier herrscht gepflegte Atmosphäre: die Zimmer-Suchenden haben sich sorgfältig zurechtgemacht, geschminkt, sie sind sichtbar um einen seriösen Eindruck bemüht. Ein junges, dunkeläugiges Pärchen aus dem Süden zum Beispiel: sie mit hochhackigen Lackstiefeln, einem flott geschnittenen Mantel aus schwarzem Ziegenfell und einer rostroten Strickmütze. Daneben eine wohlproportionierte Schönheit, die eine Idealbesetzung wäre, gäbe es moderne Lebedamen auf der sowjetischen Bühne: die dunkel getönten Haare toupiert, sorgfältige Lidschatten über den wasserblauen Augen, einen gelben Schal um den hochgeschlagenen Kragen des dunklen Kunstpelzes. Zwei Mädchen aus der Provinz mit giftgrünen Stoffmänteln und Rosenmustern auf dem Kopftuch; einige Soldaten, zwei in Marineuniformen.

Immer wieder bilden sich kleine, stille Grüppchen, im Mittelpunkt zumeist ältere Frauen. Eine mächtige Babuschka, deren Profil und Ausdruck dem Betrachter alle Bedeutungen des Wortes barsch aufdrängen, bietet von ihrer kommunalen Zweizimmerwohnung einen Raum an, 17 Quadratmeter, «alle Bequemlichkeiten, Bad, Dusche, Licht, warm, freundlich, günstige Lage». Und sie zählt, was immer dazu gehört und von allen Umstehenden eifrig notiert wird, präzise die Bus- und Metro-Verbindungen auf. Sie wünscht nur eine alleinstehende Frau zur Untermieterin. Eine Jüngere versichert immer wieder, sie sei völlig allein, und hält standhaft Wache neben der Babuschka, während diese noch mit anderen verhandelt. Eine Frau mit 14jähriger Tochter erscheint ihr akzeptabel, ein junges Pärchen flüstert enttäuscht: «Nichts für uns.»

Die Atmosphäre ist gedämpft, aber kommunikativ. Man streut etwas Lebensphilosophie ein («Frauen sind da ja anders...»). Eine alte Dame mit feinen, verwelkten Zügen und einem grell geschminkten Mund hat sich mit einem Militär und dessen Frau geeinigt, das von ihr angebotene Zimmer zu besichtigen. Wie ein Feldherr malt sie mit ihrem Stock die Lage der Wohnung in die Luft. Zu dritt gehen sie davon, vorbei an einem schönen alten Holzhaus, vor dem Wäsche zum Trocknen hängt. Sie schreiten langsam in Richtung der Neubau-Silos, den grauen Helfern aus der Wohnungsnot, die so ganz anders aussehen als Strumilins Visionen von den Kommunepalästen.

Vier Hauptgründe gibt es für den großen Nachholbedarf, den der Wohnungsbau der UdSSR bis in das 21. Jahrhundert hinein nicht sättigen kann. Es sind: 1. Die völlige Vernachlässigung des Wohnungsbaus durch Stalin; 2. die Zerstörungen durch den Zweiten Weltkrieg; 3. der Zuzug von Millionen Landbewohnern in die Städte; 4. die niedrigen Mieten, die zu den billigsten der Welt gehören, die aber kaum ein Drittel der Instandhaltungskosten tragen.

Die Mieten für Staats- und Betriebswohnungen betragen etwa vier Prozent eines durchschnittlichen Familieneinkommens, für das in der Regel zwei Verdiener sorgen. 1921 waren die Mieten ganz abgeschafft worden, wenige Jahre später mußte diese Entscheidung revidiert werden. 1928 wurden neue Mieten festgelegt, ihr Maßstab gilt bis heute. Von 1922 stammt ein Gesetz, das jedem Sowjetbürger Anspruch auf neun Quadratmeter Wohnfläche (ohne Flur, Küche und Bad) zuerkennt. Dieses alte Ziel wird de facto in zwei, drei Jahren erreicht werden. Jahr für Jahr ziehen über zehn Millionen Menschen in neue Quartiere. Die Anstrengungen der vergangenen zwanzig Jahre sind beträchtlich gewesen, doch die letzten beiden Fünfjahrpläne brachten keine Steigerung mehr. Der Wohnungsbau hat sich bei 109 Millionen Quadratmeter pro Jahr eingependelt. Bei diesem Bautempo gewinnt der Sowjetbürger mit jedem Fünfjahrplan einen Quadratmeter mehr. Wenn das erste Viertel des 21. Jahrhunderts um ist, wird die Idealnorm von 22 Quadratmetern erreicht sein, die der Staat inzwischen selbst vorgegeben hat. Sie entspricht dem westeuropäischen Standard von heute.

Wenn eine sowjetische Familie ihre einheitlich zugeschnittene Neubauwohnung (für die ganze Sowjetunion plant ein Leningrader Architekturbüro) bezieht, dann kann es neue Wartezeiten geben. In den grob zusammengefügten Fertigteil-Klötzen fehlt es oft an Ausrüstungen und Anschlüssen. 1977 löste die *Literaturnaja gasjeta* eine Lawine von Zuschriften aus, als sie diese Mängel mit geradezu protokollarischer Präzision dokumentierte. Ausgelöst wurde der Artikel durch den Brief einer Leserin, in dem es hieß:

«Schon seit zwei Monaten ergreife ich Besitz von der neuen Wohnung, und die ganze Zeit kämpfe ich geduldig mit den Unfertigkeiten, in der Hoffnung, daß sie gleich zu Ende gehen. Aber dieses Ende entfernt sich immer irgendwohin... Nachdem ich die Wohnungsschlüssel erhalten hatte, stellte ich mich in die Schlange für die Armaturen: dort sollte ich die Wasserhähne, Mischer, Klinken, Schalter bekommen... Ich nahm, was man mir gab, schleppte mich mit dem ganzen Gewicht (etwa 20 Kilogramm) zur neunten Etage (ohne Aufzug) und stellte fest: ein Wasserhahn war unbrauchbar, die Hälfte der Klinken fehlte, der Widerstand paßte nicht in den Herd, er war verbogen. Ob man mir einen Stöpsel für die Badewanne hätte geben müssen, weiß ich bis heute nicht. Ebensowenig ist mir bekannt, wer eigentlich verpflichtet ist, all diese Dinge zu montieren. Der Elektroherd tat es eineinhalb Monate nicht. Einen Elektriker bestellen konnte ich nicht: Er kommt normalerweise tagsüber, wenn ich zur Arbeit bin. Zweimal hatte man mich aufgefordert, um jeden Preis zu Hause zu bleiben, da man die Heißwasserleitung in Gang setzen wollte. Ich nahm mir frei – auch andere taten das –, doch das Wasser hat man an diesen Tagen natürlich nicht angestellt.»

Sowjetbürger haben uns gegenüber den Verdacht geäußert, daß solche Schlamperei gelegentlich sogar eingeplant ist. Die Bautrupps würden auf diese Weise Handwerkern, mit denen sie unter einer Decke steckten, Gelegenheit zur Schwarzarbeit geben. Was diese Nachbesserungen «na ljewo» (auf die linke Tour) kosten, ging gleichfalls aus der Leserzuschrift an die *Literaturnaja gasjeta* hervor: «Der Elektriker besserte während der Arbeitszeit den Elektroherd aus – fünf Rubel; er brachte eine Klingel und einen Schalter an – einen Dreier; der Installateur zog zwei, drei Schraubenmuttern an – drei Rubel. Er bot einen Stöpsel für die Badewanne an: ‹Brauchen Sie einen?› ‹Ich brauche einen.› ‹Einen Rubel.› . . .» Zum Vergleich: ein Durchschnittsgehalt liegt bei 163 Rubeln.

Wer ist nun eigentlich für die Wohnungen zuständig? Wer vergibt und besitzt sie? Viele glauben: nur der Staat. Doch das Wohnungswesen in der Sowjetunion ist komplizierter. Es gibt vier Hauptgruppen, denen Wohnungen gehören und unterstehen: 1. *den lokalen Sowjets;* 2. *den staatlichen Organisationen, Gewerkschaften und anderen genossenschaftlichen Institutionen* (vereinigt zum «Ressortfonds»); 3. *den Wohnbaugenossenschaften* (sie gibt es seit 1962, ihre Mitglieder müssen vor Baubeginn 40 Prozent der Baukosten auf den Tisch legen, für eine Dreizimmerwohnung sind das etwa 6000 Rubel); 4. *den privaten Bauherren* (kleine Einfamilienhäuser und Datschen in Dörfern, Kleinstädten und zum Teil in den Außenbezirken größerer Städte).

Der bei weitem größte Anteil der Wohnungen untersteht den lokalen Sowjets. Sie müssen für die in ihrem Verwaltungsbezirk lebenden Menschen Wohnraum zur Verfügung stellen, unabhängig von deren Arbeitsplatz. Der von den Gewerkschaften und anderen Institutionen verwaltete Wohnraum ist für die Mitglieder dieser Organisationen bestimmt: Künstlerverband, Konsumgenossenschaften etc. Die mit den Mitteln des «Ressortfonds» erbauten Wohnungen werden von den staatlichen Betrieben und Institutionen an ihre Mitarbeiter vergeben.

Diese Konstellation hat hinter den Kulissen zu einem Interessenkonflikt geführt, auf den ich ganz zufällig stieß, als ich die öffentliche Diskussion um den Verfassungsentwurf vom Juni 1977 auswertete. Da schrieb ein Leser namens G. Sacharow aus Weißrußland, daß die neue Verfassung den Wohnungen der Betriebe und Behörden den gleichen Status geben müsse wie den staatlichen Wohnungen. «Die Administration verschiedener Unternehmen», so der weißrussische Ingenieur, nutze die Bindung der Wohnungen an die Betriebszugehörigkeit aus, «um Kritik abzustellen und Menschen zu hindern, den Arbeitsplatz zu wechseln.»

Wohnungen sind zu einem wesentlichen Posten des Entlohnungssystems und der Arbeitskräfte-Sicherung geworden. Zahlreiche Institutionen und Betriebe bieten Wohnungen an, um Fachleute an sich zu ziehen und sie zu binden. «Der Erfolg jedes Betriebes ist eng verbunden mit den Wohnsiedlungen seiner Arbeiter», so heißt es in einer großen Studie über die sibirische Stadt Omsk. «Die Betriebe, die den Bau von Wohnhäusern vorantreiben, erzielen höhere Produktionsziffern und haben eine geringere Fluktuation der Arbeitskräfte.» Dieser «Konzentrationsprozeß» zu Lasten rückständiger Betriebe bestärkt die Überzeugung einer starken Fraktion, daß das gesamte staatliche Wohnungswesen in die Hände der lokalen Sowjets gelegt werden müsse. So schwelt hier ein typischer, für den Außenstehenden kaum sichtbarer Interessenkonflikt zwischen kommunaler Bürokratie und dem Management der erfolgreichen Betriebe.

Das sind freilich abstrakte Strukturprobleme für junge Ehepaare, die dringlich Wohnungen suchen, um dann doch in die zermürbend zusammengepferchte Gemeinschaft mit den Schwiegereltern zu ziehen. «Jede Ehe ist nicht, wie gemeinhin angenommen, die Vereinigung zweier Menschen, sie ist eine Vereinigung oder der Zusammenprall zweier Clans», heißt es in Jurij Trifonows Roman *Das andere Leben* (deutsche Ausgabe: München, 1976). Selbst überdurchschnittliches Einkommen hilft so schnell nicht weiter. Wir hatten einen Bekannten in Moskau, der verdiente gut und besaß eine kleine Dreizimmerwohnung. Ein Zimmer bewohnte seine geschiedene Frau, das zweite die Großmutter mit seinem halberwachsenen Sohn aus dieser ersten Ehe, im dritten, kleinen Zimmer lebte er selbst. Seine zweite Frau, Mitte zwanzig, wechselte mit dem gemeinsamen, dreijährigen Kind noch immer die Quartiere bei Moskauer Verwandten und Bekannten.

«Das Liebesboot zerschellt am grauen Alltagsleben», so klagte 1977 die *Freundschaft,* das Blatt der deutschsprachigen Minderheit in der Sowjetrepublik Kasachstan. Dabei besteht in Mittelasien weniger Grund zur Sorge. Wohnungsenge und Landflucht treffen Zentralrußland und den industrialisierten Westen der Sowjetunion viel ernster: Die Scheidungsziffern steigen seit Jahren unaufhaltsam und die Geburtenraten sinken. Durch den Zug in die Städte verringert sich die Zahl der Dorfbewohner jährlich um eine Million. Die Volkszählung von 1979 hat ergeben, daß bereits 62 Prozent der Sowjetbürger (163,6 Millionen) in den Städten leben und nur noch 38 Prozent (98,8 Millionen) auf dem Land. Zur Zeit der Oktoberrevolution waren vier Fünftel der Bevölkerung

Bauern. Bei der Zählung im Jahre 1959 besaß die Landbevölkerung mit 52 Prozent gegenüber 48 Prozent noch einen kleinen Vorsprung. Der Zug in die Städte ist in den am wenigsten entwikkelten, traditionsgeleiteten Sowjetrepubliken Mittelasiens mit 5 auf 1000 Einwohner am geringsten.

Ein ähnliches Gefälle gilt für die Scheidungsziffern. In Moskau werden heute sechsmal mehr Ehen geschieden als in Usbekistan. In der Sowjetmetropole und in Leningrad scheitert nahezu jede zweite Ehe, im Landesdurchschnitt fast schon jede dritte. Bei unseren älteren Freunden gaben wir es oft auf, noch auseinanderzuhalten, wer von den häufig hereinschneienden Kindern und Enkeln aus wessen Erst- oder Zweitehe stammte. Rund 2,4 Millionen Sowjetbürger heiraten jährlich. 1973 ließen sich 678 000 scheiden, zwei Jahre später 783 000. Und 1976 gingen bereits 861 000 Ehepaare auseinander – dreimal mehr als 1960.

Die Scheidungsinflation wird durch das 1968 liberalisierte Scheidungsrecht gefördert. Wenn kein Kind vorhanden ist, braucht die Scheidung nur registriert zu werden. Manche Ehen werden alleine zu dem Zweck geschlossen, die Zuzugsgenehmigung für eine der begehrten Großstädte zu erhalten. Der Schwarzmarkt-Preis für einen solchen Ehe-Transfer nach Moskau liegt nicht unter umgerechnet 10 000 Mark und oft sehr viel höher. Außer Moskau sind rund zwei Dutzend Großstädte für den legalen Zuzug geschlossen, damit die Armut an Wohnraum nicht zur direkten Not wird. Zu den gesperrten Städten gehören so attraktive Orte wie Leningrad, Kiew und Tiflis. Zu steigenden Scheidungsziffern und sinkenden Geburtenraten erheblich beigetragen hat die stärkere berufliche Konzentration und die materielle Selbständigkeit der Frauen in den Städten. Die sowjetischen Männer wünschen heute mehr Kinder als ihre Frauen, nach einer Umfrage um genau 18 Prozent. Die meisten Frauen haben gute Gründe für ihre größere Zurückhaltung. Sie sind fast alle berufstätig (80 Prozent unter 55 Jahren). Doch viele von ihnen können sich nicht auf eine gleiche und gerechte Verteilung der häuslichen Lasten stützen. Zwar fällt jedem Ausländer sofort ins Auge, wieviele Männer tagsüber – und ganz offensichtlich auch während der Arbeitszeit – den häuslichen Einkauf besorgen. Junge Russen schieben Kinderwagen oder führen ihre Kleinen mit pflichtbewußter Zuwendung durch die Parkanlagen. Dennoch bestätigen Untersuchungen, darunter eine Studie aus Leningrad, daß die Arbeitszeit der Frauen länger ist. Viele haben eine 70-Stunden-Woche: 40 Stunden im Beruf, 30 zu Hause. Eine Umfrage in den baltischen Republiken ergab, daß das Kochen noch immer zu 87 Prozent und das Wäschewaschen sogar zu 98 Prozent in den Händen der Frauen liegt. Die Hausarbeit ist wesentlich aufreibender als im Westen. Es gibt keine vollautomatischen Waschmaschinen und keine Geschirrspüler. Die Staubsauger zerfallen zumeist nach wenigen Wochen, weshalb der Käufer oft gleich zwei erwirbt – den einen als Ersatzteillager.

Trotz ihrer oft größeren Belastung nutzen die Frauen aller Schichten aktiver als ihre Männer die Kultur- und Volksbildungsangebote – wie schlicht diese auch immer sein mögen. Einmal fuhren wir mit einer älteren russischen Bekannten zu einem abgelegenen Moskauer Vorstadt-Theater. Wir verirrten uns und gerieten in große Zeitnot. Da entdeckte ich mehrere Passanten und bremste, um sie nach dem Weg zum Theater zu fragen. «Lassen Sie, fahren Sie weiter», stieß mich unsere Bekannte spontan an, «das sind alles nur Männer. Jetzt können uns nur noch Frauen helfen.» Ähnlichen Reaktionen und Einschätzungen sind wir im Alltag sehr oft begegnet. So verwundert es nicht, daß immer mehr Frauen die Grobheit, Trinkgewohnheiten oder mangelnde Hilfsbereitschaft ihrer Männer zum Anlaß einer Scheidungsklage nehmen.

Der Rückzug der Sowjetmenschen aus der Ehe bereitet dem Staat große Sorgen. Er sieht in der Auflösung der bürgerlichen Familie den Zerfall eines Ordnungsfaktors und Grundpfeilers der sozialistischen Gesellschaft. Schon vor einigen Jahren mahnte der Soziologe Nikolaj G. Jurkewitsch aus der weißrussischen Hauptstadt Minsk in der *Komsomoljskaja prawda:* «Jede Scheidung ergibt zwei erwachsene Personen, die sich außerhalb des Ehestandes befinden. Das ungeregelte persönliche Leben führt nicht selten zu einer Unordnung des Betragens. Der Gesundheit, der Sittlichkeit, der Geburtenzahl und der Erziehung der Kinder wird ein erheblicher Schaden zugefügt.»

Schauen wir uns nun an, wie eine solche konservative Maxime – die Erhaltung der Familie als Ordnungsfaktor – durch eine andere konservative Maxime, nämlich die ideologisch bedingte Negation bürgerlicher Öffentlichkeit und privater Initiative, zum Nachteil des Systems blockiert wird. In der Sowjetunion sind 10,4 Millionen Männer und 18,2 Millionen Frauen zwischen 20 und 59 Jahren unverheiratet. Viele Frauen, die geschieden sind oder erst später den Wunsch entwickeln, zu heiraten, werden durch die Unwirtlichkeit der Sowjetgesellschaft in ungewollter Kontaktarmut gehalten. Die wenigen ausgebuchten Restaurants und Cafés, die zum überwiegenden Teil Hochzeitsfeste, Familienfeiern und Delegationen abspeisen, die sich durch livrierte Rentner gegen unangemeldete Gäste absperren – sie sind keine Orte individueller Bedienung und Begegnung. Es fehlen außerbetriebliche Clubs, Interessengemeinschaften und die Möglichkeit, private Reisen zu improvisieren. Heiratsanzeigen, die für Millionen Sowjetmenschen ein emotionales Ventil darstellen würden, erscheinen der Partei noch immer als ein ideologischer Seitensprung in die bürgerliche Aufweichung.

So fand ich gelegentlich in Moskaus Vorstädten an Bäumen, an denen auf handgeschriebenen Zetteln Wohnungen zum Tausch angeboten wurden, auch kleine Papierchen mit regenverwaschenen Zeilen wie: «Einsame Frau von 40 sucht männliche Gesellschaft.» Heiratsannoncen wären, gäbe es in den sowjetischen Zeitungen einen Anzeigenmarkt, die begehrteste Frucht. Sie ist den Sowjetbürgern vor Jahren einmal hingehalten worden, aber dann nie ausgereift. Am 17. November 1976 erschienen in der *Literaturnaja gasjeta* zwei Sätze, die eine Flut von Leserbriefen auslösten. Sie lauteten: «Alleinstehender Mann, 48, literarisch gebildet, häuslich, wünscht Begegnung mit blonder Dame bis 35, die Theater und sinfonische Musik liebt.» Der zweite Satz: «Geschiedene Frau, 32/1,62, mit sechsjährigem Kind, Bautechnikerin, wünscht Bekanntschaft mit sportlich interessiertem, lebensfrohem Mann, der nicht trinkt.»

Es waren dies die ersten beiden Heiratsanzeigen, die in der Sowjetunion veröffentlicht worden sind. Sie erschienen zusammen mit dem Kommentar, daß keine weiteren Annoncen veröffentlicht würden. Die Leser sollten nur ihre Meinung zu diesem Problem äußern. Eine Gruppe von Soziologen und Demographen würde die Antworten als Material für eine Untersuchung verwenden. In wenigen Tagen stapelten sich dennoch – was die Soziologen sicherlich nicht überraschte – Berge von Heiratsanzeigen in der Literatur-Zeitung. Beigefügt waren Fotos, auch Angaben über Verdienste und Wohnverhältnisse. Ein Meister des Kunstgewerbes hatte das Arbeitszeugnis seines Kombinates mit Siegel und Unterschrift des Direktors beigelegt. Darin hieß es, daß er ein taktvoller, sehr fleißiger, höchst begabter, aber leicht aufbrausender Mann sei. Gleichzeitig versprach der heiratswillige Meister, das Rauchen aufzugeben, das Kochen zu übernehmen, beim Waschen zu helfen – das sei schließlich keine Schande.

Die Briefschreiber stammten aus nahezu allen Berufssparten: Lehrer und Chauffeure, Schlosser und pensionierte Offiziere. Besonders viele Anzeigen kamen von Akademikerinnen mit humanistischer Bildung. Leser boten der *Literaturnaja gasjeta* an, eine Eheanbahnung größeren Stils selbst zu organisieren.

Da zeigte sich nun der Weg, so manches «ungeregelte persönliche Leben außerhalb des Ehestandes» – wie es der Soziologe Jurkewitsch in seiner Klage formuliert hatte – in geordnete Familienbahnen zu lenken. Doch nichts geschah. *Die Literaturnaja gasjeta* berichtete erst eineinhalb Jahre später ausführlicher und mit einer gewissen Verlegenheit über den Verlauf des Experiments. Unter den ersten tausend Anzeigen hätten die Computer einige Bewerber ausgesondert und kombiniert, die wahrscheinlich zueinander paßten. «Unsere Bräute und Bräutigame werden davon natürlich nichts erfahren, weil vor dem Abschluß der großen Vorbereitungsarbeiten und vor der Verabschiedung der entsprechenden Beschlüsse» niemand ein Vermittlungsbüro eröffnen könne.

Die Literaturzeitung war auch deshalb so vorsichtig, weil sie ein gebranntes Kind der Heiratsvermittlung ist. Vor über zehn Jahren informierte das Organ des Schriftstellerverbandes die sowjetische Öffentlichkeit zum erstenmal über die Erfolge der amerikanischen Heiratsinstitute mit Computerhilfe. Für die Sowjetunion ist diese Methode, zumindest als Notlösung, besonders naheliegend. Im Fünfjahrplan von 1976 bis 1981 sind auf der Landkarte der UdSSR 90 Bevölkerungszentren im Range einer Stadt neu entstanden. Immer wieder bilden sich durch große Erschließungsprojekte und durch eindimensionale Planung ganze Zentren mit weiblichem oder männlichem Bevölkerungsüberschuß. In den mittelrussischen Textilgebieten gibt es die «Städte der Bräute», denen – so ein Gebietsparteisekretär – «die reale Perspektive der Ehelosigkeit droht». Im Ural und in Westsibirien existieren Städte, die fast nur von Männern bewohnt sind. So war es kein Wunder, daß die Informationen über die amerikanische Computervermittlung schon vor mehr als zehn Jahren ein ebenso großes Leserecho auslösten wie die beiden Heiratsanzeigen von 1976. Die Diskussion wurde damals von höchster Stelle gestoppt. Die *Prawda* befand, daß Ehen eine Sache des «tiefen, flammenden und erhabenen Gefühls» seien. Heiraten aus Berechnung und aus dem Computer könne die sowjetische Moral nicht dulden.

Inzwischen haben die demographischen Zwänge und der Druck der einsamen Herzen immerhin zu Experimenten mit Computern und zur Gründung von Kontakt-Clubs geführt. 1978 veröffentlichte die Zeitung *Moskau am Abend* eine enthusiastische Reportage über die Anbahnung von Beziehungen im *Werk für automati-*

sche Taktlinien: «Das Foyer noch nach Neujahr geschmückt. Milde, halbgelöschte Beleuchtung und die von Lichtern glänzende Tanne schaffen eine Atmosphäre der Intimität und Ruhe. Stille, unaufdringliche Musik. Zum Tee sind kleine Tischchen vorbereitet worden. Auf einer kleinen Bühne, die eine bunte Ampel beleuchtet, liegen Musikinstrumente . . . Auf den Einladungskarten steht trocken: Sitzung. Den Abend leitet der Studio-Regisseur vom Moskauer Haus der Lehrer, Oschtschepkow, ein. So fein, so taktvoll nimmt er den fünfzig Menschen die natürliche Hemmung. Unter Leuten, die einander bisher völlig unbekannt waren, entsteht vor meinen Augen ein Wunder menschlichen Verkehrs.» Ich habe dieses Wunder nicht überprüfen können. Trotz vieler Bemühungen und zahlreicher Telefonate wurde mir nicht gestattet, an einer solchen Begegnung teilzunehmen.

Obwohl bürgerliches und staatliches Interesse hier eindeutig zusammenfallen, verschleppt der ideologisch bedingte Immobilismus die Gründung neuer Ehen und Familien von Jahr zu Jahr. Plastischer als jeder Kommentar ist eine Mitteilung der *Literaturnaja gasjeta* über die nächsten Schritte: «In Moskau», so die Information, «bestätigten das Büro des Stadtparteikomitees und das Exekutivkomitee von Mossowjet einen Plan von Maßnahmen für die Verbesserung der demographischen Umstände und der Stimulierung des natürlichen Wachstums der Bevölkerung der Stadt Moskau. Das Exekutivkomitee von Mossowjet und der Moskauer Stadtrat der Gewerkschaften werden beauftragt, die Frage zu erörtern und einen Vorschlag zu entwickeln bezüglich der Bildung eines Dienstes, der zur Ehe einsamer Personen beitragen wird. Der Termin ist für 1987 vorgesehen.»

So werden es sich die Sowjetbürger noch lange durch die Bäume sagen müssen – mit kleinen, handgeschriebenen, regenverwaschenen Zetteln: «Einsame Frau von 40 sucht männliche Gesellschaft.» Und sie werden weiter an die Zeitungen schreiben, wie eine Mutter an *Literaturnaja gasjeta:* «Die Diskussion hat schon begonnen, als meine Tochter 24 Jahre alt war. Jetzt ist sie 32. Ich weiß nicht, ob ich das Ende der Diskussion noch erleben werde, oder ob sie hilft, daß meine nette und gebildete Tochter doch noch einen Mann bekommt.»

II. Baby-Schock und Sex-Service

Durch das sowjetische Imperium geht ein Riß, der im vor uns liegenden Jahrzehnt noch spürbare Folgen haben wird. Es ist die West-Ost-Spaltung des Landes in Baby-Schock und Baby-Boom. Der industrialisierte Westen der UdSSR hat sein demographisches Verhalten in einer Weise verändert, daß die Schere der Geburtenraten das Riesenreich statistisch in zwei Kontinente zerschneidet. Vom Baby-Schock betroffen ist jener Teil, in dem vor genau hundert Jahren eine ungeahnte Bevölkerungsexplosion die gerade von der Leibeigenschaft befreiten Bauern in noch größere Not stürzte.

Im alten Rußland besaß das Millionenheer der Armen nur *eine* Chance auf höhere Lebenserwartung: möglichst viele Kinder mußten Hunger, Kälte und Kriege überleben, damit die Alten von ihren Nachkommen ernährt werden konnten. Heute haben soziale Fürsorge und der Sieg gegen den Hunger, gewachsener Konsum und höhere Lebensansprüche, Urbanisierung und Emanzipation, Wohnungsmangel und Scheidungsinflation die Geburtenrate rapide absinken lassen. Auch insofern können wir den russischen Teil der Sowjetunion als eine *außen-geleitete* Gesellschaft ansehen, weil zu deren Kennzeichen nach Riesmans Definition besonders die Phase der beginnenden Bevölkerungsschrumpfung gehört.

Den hohen Bevölkerungsumsatz dagegen, der für *traditions-geleitete* Gesellschaften charakteristisch ist, erleben wir in den zentralasiatischen Sowjetrepubliken. Dort sind die Geburtenraten heute – wie die Volkszählung von 1979 bestätigt hat – vier- bis fünfmal so groß wie in der Russischen Föderativen Republik (RSFSR) oder in der Ukraine. Die «neue historische Menschengemeinschaft, das Sowjetvolk» (Breschnew 1971) wird die Hälfte ihres Wachstums bis zum Jahre 2000 den Asiaten zu danken haben – die bisher nur ein Zehntel der Bevölkerung ausmachen.

Welche Auswirkungen der slawisch-baltische Baby-Schock und der mittelasiatisch-islamische Baby-Boom haben, zeigt eine Übersicht der Bevölkerungsentwicklung in den 15 Sowjetrepubliken:

	Volkszählung		Zuwachs seit 1970
(in 1000)	1970	1979	in Prozenten
Sowjetunion	*241 720*	*262 442*	+ *9*
Russ. Föd. (RSFSR)	130 079	137 552	+ 6
Ukraine	47 126	49 757	+ 6
Usbekistan	11 799	15 391	+ 30
Kasachstan	13 009	14 685	+ 13
Weißrußland	9 002	9 559	+ 6
Aserbajdshan	5 117	6 028	+ 18
Georgien	4 686	5 016	+ 7
Moldau-Republik	3 569	3 948	+ 11
Tadshikistan	2 900	3 801	+ 31
Kirgisien	2 934	3 529	+ 20
Litauen	3 128	3 399	+ 9
Armenien	2 492	3 031	+ 22
Turkmenien	2 159	2 759	+ 28
Lettland	2 364	2 521	+ 7
Estland	1 356	1 466	+ 8

Die Russen, die heute noch knapp über 50 Prozent der Bevölkerung stellen und die in Politbüro und Ministerrat, Partei und Zentralkomitee, Bildung und Wissenschaft mit mehr als 60 Prozent Anteilen überrepräsentiert sind – sie werden in ihrem eigenen Imperium in die Minderheit geraten, noch bevor die Oktoberrevolution hundert Jahre alt ist. Nach den Angaben des sowjetischen Demographen M. B. Tatimow wird der Anteil der Russen bis zum Jahre 2000 auf 46 bis 47 Prozent absinken. Die Zahl der Gesamtbevölkerung wird auf rund 300 Millionen steigen, darunter bereits über 50 Millionen Asiaten. Roman Szporluk von der Universität Michigan (USA) errechnete für die Jahrtausendwende sogar einen noch geringeren Anteil der Russen: 44,3 Prozent oder knapp 142 Millionen bei einer Gesamtbevölkerung von über 320 Millionen.

Das hat natürlich keine unmittelbaren politischen Folgen. Die Russen werden von den weit über hundert Nationen und Nationalitäten nicht majorisiert werden. Auch ist zu erwarten, daß die hohen Geburtenraten in Mittelasien und im Kaukasus aufgrund fortschreitender Zivilisation und Industrialisierung allmählich abnehmen werden. Doch die Wachstums- und Gleichgewichtsstörungen, die dem Koloß UdSSR in den nächsten Jahren zu schaffen machen werden, sind so erheblich, daß wir sie in unsere Bestandsaufnahme einbeziehen müssen.

An der Wiege des Imperiums, in der Kiewer Rus, lebten höchstens fünf Millionen Einwohner. Zu Beginn der Herrschaft von Peter I., also Ende des 17. Jahrhunderts, waren es kaum mehr als zwölf Millionen. Polen hatte damals schon elf Millionen Einwohner. Der steile Anstieg der Geburtenraten begann in Rußland – wie im übrigen Europa – um die Mitte des 18. Jahrhunderts. In hundert Jahren, bis 1850, wuchs die Bevölkerungszahl von etwa 17 auf 58 Millionen, dazu kamen noch rund zehn Millionen aus eroberten Gebieten. Von da an folgte eine Bevölkerungsexplosion – und das fast ohne neue Gebietsgewinne (das eroberte Turkestan war arm an Menschen). 1882 kam das russische Imperium bereits auf 100 Millionen.

Bei Hitlers Überfall 1941 stand die Sowjetunion kurz vor der 200-Millionen-Grenze. Sie wurde erst 1956 erreicht, nachdem über 20 Millionen Sowjetbürger im Krieg gefallen waren. Von 1950 bis 1974 hat die Bevölkerung nach sowjetischen Angaben (*Soziologitscheskije issledowanija,* Heft 2/1977) um 40 Prozent zugenommen. Inzwischen ist der Wachstumstrend jedoch rückläufig. Zwischen den Volkszählungen von 1959 und 1970 stieg die Einwohnerzahl um 32,9 Millionen, das waren 1,3 Prozent jährlich. Von 1970 bis zur Volkszählung von 1979 wuchs sie nur noch um 20,7 Millionen. Die Zunahme liegt jetzt bei nur 0,92 Prozent pro Jahr.

Schon die Volkszählung von 1970 hatte ergeben, daß die Russische Föderative Republik, die Ukraine, Lettland und Estland die Nettoreproduktionsrate von 1 (2200 Geburten auf tausend Frauen im gebärfähigen Alter – was eine unverminderte Bevölkerungszahl gewährleistet) nicht mehr erreichten. Diese statistischen Befunde ergeben eine recht düstere Diagnose: 1. Die Arbeitskraft-Ressourcen versiegen, der Tiefpunkt dieser Entwicklung wird 1987 erreicht sein. 2. Die Rote Armee wird von Personalmangel und ethnischen Veränderungen betroffen werden. 3. Die Disproportionen in der Altersstruktur der Bevölkerung werden sich verschärfen. Moskau hat heute schon zwei Millionen Rentenempfänger, während in Mittelasien 55 Prozent der Bevölkerung weniger als 20 Jahre alt sind.

Wir hatten festgestellt, daß der Zug der Sowjetbürger in die Städte die steigenden Scheidungsziffern und die sinkenden Geburtenraten in den industrialisierten Regionen erheblich beeinflußt hat. Es wird auch in den kommenden Jahren schwierig sein, diesen Trend umzukehren. Ein Blick auf den Umfang der Verstädterung in den siebziger Jahren macht das besonders deutlich. Zu Beginn des Jahrhunderts gab es in Rußland nur 18 Städte mit über hunderttausend Einwohnern. Zu Beginn dieses Jahrzehnts zählte die Sowjetunion zehn Millionenstädte. Bis 1979 überschritten acht weitere Orte die Millionengrenze. Sie sind in unserer Tabelle kursiv hervorgehoben:

Stadt	Einwohnerzahl (in 1000)
Moskau	8 011
Leningrad	4 588
Kiew	2 144
Taschkent	1 779
Baku	1 550
Charkow	1 444
Gorkij	1 344
Nowosibirsk	1 312
Minsk	1 276
Kuibyschew	1 216
Swerdlowsk	1 211
Dnjepropetrowsk	1 066
Tiflis	1 066
Odessa	1 046
Tscheljabinsk	1 031
Donezk	1 021
Jerewan	1 019
Omsk	1 014

Es ist bezeichnend, daß 14 dieser 18 Millionenstädte in den drei Republiken mit dem geringsten Bevölkerungszuwachs liegen (Russische Föderation, Ukraine, Weißrußland). Die Geburtenexplosion Mittelasiens ist landgebunden, Taschkent ist die einzige Millionenstadt in dieser Region geblieben. Wir werden noch ausführlicher auf Lebensgewohnheiten, soziale Strukturen und Wanderungsbewegungen der mittelasiatischen Gegengesellschaft innerhalb des Sowjetsystems eingehen, wenn wir uns mit den Nationen und Nationalitäten befassen.

Ohne den großen Zug in die Städte wäre die extensive Industrialisierungs-Politik der Sowjetunion in den sechziger Jahren nicht möglich gewesen. Sie beruhte auf der Mobilisierung ländlicher Arbeitskraftreserven. Ein halbes Jahrhundert gehörte der Überschuß an Arbeitskräften zu den Konstanten der sowjetischen Volkswirtschaft. Stalin rekrutierte seine Fließband-Armeen, auf deren Rücken er die UdSSR zu Beginn der dreißiger Jahre ins Industriezeitalter katapultierte, rücksichts- und erbarmungslos aus der Landwirtschaft. Seit seinem Tode ist der Einsatz von Menschen als Wegwerfmaterial vorbei. Doch auch von 1950 bis 1970 lag die jährliche Wachstumsrate an Beschäftigten (ohne Landwirtschaft) durchschnittlich bei 3,9 Prozent. Diese Ressourcen sind erschöpft. Im laufenden Fünfjahrplan (1976–1981) ist der Zuwachs an Beschäftigten unter ein Prozent pro Jahr gesunken. Im jetzigen Jahrzehnt wird diese Wachstumsrate sogar unter 0,5 Prozent bleiben. In der Industrie wird der Zuwachs völlig versiegen. Bereits 93 Prozent der Bevölkerung im arbeitsfähigen Alter sind in Produktion und Ausbildung eingespannt. Vor zwanzig Jahren waren es nur 82 Prozent. Damals arbeitete auch nur jeder zehnte Rentner weiter, heute tut es jeder vierte.

Wir haben zu Beginn dieses Abschnittes festgestellt, daß die Schere der Geburtenraten die Sowjetunion in zwei Kontingente zerschneidet. Auch der Arbeitsmarkt teilt sich an dieser Trennungslinie. In den industrialisierten, dichtbesiedelten Gebieten um die Millionenstädte der Russischen Föderation und der Ukraine werden Arbeitskräfte am dringendsten gebraucht. Auch in den Agrargebieten der Nicht-Schwarzerde-Zone, im nördlichen Zentralrußland mit seinem unfreundlichen Klima herrscht bereits ein beträchtlicher Mangel an helfenden Händen. In bestimmten Agrarregionen Mittelasiens dagegen wächst der Überschuß an Arbeitern. Die mittelasiatischen Großfamilien würden sich aber im Norden, in den russischen Großstädten zumal, kaum assimilieren können. Integrationsprobleme solcher «Gastarbeiter» würden – ganz ähnlich wie im Westen – jeder größeren Migrationsbewegung folgen. Die Bewohner der einstigen Khanate, die zu den rückständigsten Winkeln des Islam gehörten und heute vergleichsweise florierende Regionen sind, zieht es auch gar nicht in den europäischen Teil. Sie wandern allenfalls innerhalb dieser fünf mittelasiatischen Sowjetrepubliken, im gemeinsamen Kulturraum.

So ziehen von den 16 bis 18 Millionen Bürgern, die jährlich ihren Arbeitsplatz wechseln, bei weitem nicht alle dorthin, wo sie am dringendsten gebraucht werden. Früher holte der Staat bei seiner Ausdehnung nach Osten in Sibirien immer wieder russische Siedler ein, die sich aus seinen Grenzen und aus ihrem Untertanendasein davongemacht hatten. Heute wandern die Nachfahren der Pioniere aus dem Fernen Osten, aus Sibirien und aus dem Ural zurück. Es lebt sich leichter im Westen, auch Untertanendasein und Disziplin sind nicht mehr wie ehedem. Daran freilich kann sich unter Umständen einiges ändern. Alle großen Entwicklungsprojekte des Landes stehen im Schatten der Geburtenraten und der demographischen Rückwirkungen auf den Arbeitsmarkt. Viele Posten in Fabriken und Büros sind heute immer noch zwei- oder dreifach besetzt. Eine Straffung der Personalbestände kann ebenso zur dringenden Notwendigkeit werden wie eine strengere Verplanung der in den Arbeitsprozeß eintretenden Jahrgänge. Geburten- und Arbeitskräftemängel bieten also Anlässe für eine Politik der verschärften Disziplin – unabhängig von den subjektiven Intentionen der Nachfolger Breschnews.

Schon in den letzten Jahren sind Plätze an wissenschaftlichen Institutionen wegen Arbeitskräftemangel gestrichen worden, von Leningrad (Mathematik) bis Tiflis (40 Prozent der Linguistik). Die sinkende Zahl junger Wissenschaftler und Techniker wird zu einem verdeckten Tauziehen zwischen Armee und Industrie führen. Im Frühjahr 1977 ist die Militärzeit für Jugendliche mit abgeschlossener höherer Ausbildung von ein auf zwei Jahre erhöht worden. Die geburtenschwächeren Jahrgänge im Militäralter werden schon in diesem Jahrzehnt bewirken, daß das Bild des semmelblonden Sowjetsoldaten einen etwas dunkleren Teint bekommt – wie auf dem Kasaner Bahnhof in Moskau, wo die Rekruten in Richtung Mittelasien an- und abreisen.

Seit Mitter der siebziger Jahre werden Geburtenrückgang und Scheidung im sowjetischen Westen mit einer Kampagne zur Steigerung der Natalität bekämpft, die reichlich durchsichtig als *Sexualaufklärung* verkleidet ist. Wir wollen auf diese Kampagne etwas näher eingehen, weil sie ein weiteres Beispiel dafür ist, daß die Obrigkeit nur paternalistisch, aber nicht dialogisch mit den Bürgern verkehren kann. Die automatische Inanspruchnahme des staatlichen Monopols auf Erziehung verengt von vorneherein jede andere Perspektive. Interessenkoalitionen über materielle und soziale Hebel auszutarieren, das übersteigt die Vorstellungskraft. Machbar erscheint nur, was angeordnet, allenfalls angeraten wird. Die materiellen Anreize versagen, da sie nur Konzession und nicht Teil einer Konzeption sind.

Nach einem halben Jahrhundert des staatlich verordneten Puritanismus haben sich die sowjetischen Zeitungsspalten seit einigen Jahren für sexuelle, hygienische und psychologische Ratschläge geöffnet. Die vergleichsweise reißerischen Titel heißen «Mädchenehre», «Das Alter von Braut und Bräutigam», «Mythen und Vorurteile». Das Magazin *Gesundheit* versetzte zu Beginn der Kampagne sogar seine ältesten Leser noch in gute Hoffnung. «Der Herbst des Lebens ist nicht das Ende der Intimbeziehungen. Auch bei ihrem Untergang wärmt die Sonne noch», so blumig stieß das populäre Blatt in bis dahin unberührte Klimazonen vor. Nach den Erkenntnissen der Gerontologen seien «viele Leute im Alter von über 90 Jahren noch fähig nicht nur zum Eheleben, sondern auch zur Vaterschaft». Der Verheißung folgten praktische Hinweise auf Ernährung und richtigen Rhythmus. Zu gleicher Zeit machte sich die Moskauer Forschungsabteilung für Psychiatrie an die Planung für einen «Sexuologischen Service» zur Beratung von Ehepaaren.

Dieses Projekt wird seither bis in die Provinz propagiert, aber vorläufig nur ganz begrenzt und provinziell praktiziert. Zu einer wirklichen Auseinandersetzung mit der Rolle der Sexualität wird es auch in absehbarer Zukunft nicht kommen. Sie täte freilich not. Die Berieselung der Bürger mit Polit-Moral und die Verdrängung der Sexualität haben zu einem Resultat geführt, das wir nun schon aus anderen Bereichen kennen. Die Sowjetmenschen haben als Reaktion auf die monotone Verhaltenslehre keine eigenständigen, ausgeprägten Beziehungen entwickelt – weder zur Moral noch zur Sexualität.

Sowjetische Umfragen, die einer breiteren Öffentlichkeit freilich kaum zugänglich gemacht werden, haben bestätigt, daß voreheliche Sexualkontakte und Promiskuität ebenso verbreitet wie selbstverständlich sind. Aber dieses Verhalten ist nicht der Ausdruck einer Befreiung, wie sie August Bebel von der (sozialistischen) *Frau in der Zukunft* erhoffte: «Die ... Tatsache, daß jene blöde Scheu und lächerliche Heimlichtuerei, über geschlechtliche Dinge zu sprechen, verschwindet, wird den Verkehr der Geschlechter weit natürlicher gestalten, als dies heute der Fall ist.»

Die Heimlichtuerei ist geblieben, dank der Tabuisierung von oben. Promiskuität schützt nicht vor Prüderie. Wohnungsenge und Mangel an Gelegenheiten fördern Verklemmungen und hemmen erotische Sensibilität. Sogar aus sowjetischen Publikationen kann man gelegentlich entnehmen, daß ein Teil der Männer Liebe nur als einen einseitigen Kraftakt begreift. Es gebe viele traurige Briefe von Frauen, so die *Gesundheit.* Das Magazin zitierte aus dem deprimierten Bekenntnis einer Leserin über die erste Liebesnacht: «Er warf sich auf mich wie ein Raubvogel und fiel dann sofort in Schlaf. Als er am Morgen aufwachte, war er erstaunt, daß ich geweint hatte ...» Nicht nur Promiskuität ist weit verbreitet, sondern auch Frigidität – der Unterschied ist nur, daß letzterer noch schamhafter begegnet wird. Ein sowjetischer Wissenschaftler erzählte einmal, daß die Zensur eine Untersuchung über Frigidität nicht durchgehen lassen wollte, bevor die Autoren ihre Daten über die Anzahl der Fälle nicht reduzierten.

Die Zensur hielt sich da durchaus an Lenin, der einst gegenüber Clara Zetkin bekannte: «Die Freudsche Theorie ist jetzt auch solch eine Modenarrheit. Ich bin mißtrauisch gegen die sexuellen Theorien der Artikel, Abhandlungen, Broschüren usw., kurz: gegen die Theorien jener spezifischen Literatur, die auf den Mistbeeten der bürgerlichen Gesellschaft üppig emporwächst. Ich bin mißtrauisch gegen jene, die stets nur auf die sexuelle Frage starren wie der indische Heilige auf seinen Nabel ... In der Partei, beim klassenbewußten, kämpfenden Proletariat, ist kein Platz dafür.»

Lenins Mißtrauen war gut, aber Kontrolle ist besser, so sagt sich die Partei heute. Da sie für ihr Herrschaftswissen ergründen will, was in der Gesellschaft und in deren Unterbewußtsein vor sich geht, kommt sie an Freud und seinen Nachfolgern nicht mehr völlig vorbei. Band 23 der großen sowjetischen Enzyklopädie, der 1976 erschien, informiert unter den Stichworten *Sexuologie* und *Sexualpathologie* auf mehr als zwei Seiten über die internationalen Forschungen in diesen Bereichen. In der geschichtlichen Einleitung werden Sigmund Freuds Entdeckungen nicht mehr als «ultraindividualistisch» oder «antiwissenschaftlich» abgetan. Ohne Polemik führt das sowjetische Nachschlagewerk aus:

«Eine wichtige Rolle bei dieser Neuorientierung (der *Sexuologie*) spielte Freud, der die Aufmerksamkeit auf die psychologischen Abläufe der Persönlichkeit konzentrierte sowie auf die unbewußten, extragenitalen und sublimierten Formen der Sexualität. Nach seiner Theorie sind sexuelle Perversionen die Fixierung der früher schon vorangegangenen Phasen der psychosexuellen Entwicklung oder der Rückkehr zu ihnen. Zum einzigen Verfahren für ihre Heilung wurde die Psychotherapie. Obwohl später viele Theorien der Freudschen Lehre von der Libido (frühkindliche Sexualität, Sublimierung, Latenzperiode) einer ernsten Kritik unterzogen und auch in der Psychoanalyse neu definiert wurden, haben sie dennoch einen starken Impuls gegeben für die Entwicklung der Psychologie der Sexualität.»

Ein klassischer Vorwurf vieler Marxisten lautet, Freuds Psychologie sei auf keinen sicheren physiologischen Grundlagen aufgebaut. Auch diese, früher rigoros vorgebrachte Kritik ist in der Sowjetenzyklopädie erheblich abgemildert worden: «Freud erkannte zwar die biologische Bedingtheit des Seelenlebens an und vertrat die Ansicht, daß die Biologie seiner Zeit für diese Aufschlüsselung noch ungenügend entwickelt war. Dennoch förderte er die Trennung der Psychologie der Sexualität vom Studium ihrer physiologischen Grundlagen, was bis heute zu spüren ist.»

Das sowjetische Nachschlagewerk informiert außerdem sachlich über den Kinsey-Report sowie über die Untersuchungen von Masters und Johnson. Das ist schon deshalb bemerkenswert, weil damit die große Bedeutung empirischer Befunde eingestanden wird und gleichzeitig auch die Tatsache, daß es immer noch keine sowjetischen Kinseys gibt. In der Enzyklopädie heißt es: «Kinsey befragte mit seinen Mitarbeitern über 1200 gesunde Männer und Frauen und gewann dabei zum erstenmal das statistische Massenbild des psychosexuellen Verhaltens der Amerikaner (Intensität des Geschlechtsverkehrs, Dynamik seiner verschiedenen Formen, Altersvariationen usw.). Obwohl diese Arbeit einer ernsthaften methodologischen Kritik unterzogen wurde, ist sie durch die Vielfalt ihrer Angaben bis heute unübertroffen ... In der klinischen Sexualforschung gewannen Masters und Johnson ausführliche physiologische Charakteristiken der Geschlechtsakte durch objektive Verfahren und nicht aus Selbstberichten von Befragten.»

Diese sachlicheren Darstellungen ebenso wie die publizistischen Ratschläge der Psychologen bis zum «sexuologischen Service» bedeuten nicht, daß die Wissenschaftler freie Hand erhalten haben, um mit psychoanalytischen Methoden ernsthaft gesellschaftlichen Zusammenhängen nachzuspüren. Vielmehr werden Verhaltenskorrekturen angestrebt: therapeutische Behandlung nach den Normen einer Gesellschaft, die sich selbst nicht analysiert. Der Mißbrauch der Psychiatrie zur Ausschaltung von Gesellschaftskritikern als Geisteskranke ist von Zeugen ausführlich geschildert worden. Wir können uns hier mit einem Hinweis auf die zahlreichen Publikationen über diese Extremfälle begnügen. Denn für unsere Darstellung ist ja von vorrangigem Interesse, wie der Staat den Normalbürger manipuliert und wo die Grenzen dieser Manipulation liegen, wenn auf extreme Repression verzichtet wird. Wie also wird die «Sexuologie» verwendet als Mittel der Einflußnahme gegen sinkende Geburtenraten und steigende Scheidungsziffern?

«Bei einer leichtfertigen Einstellung zu frühen Sexualbeziehungen drohen den jungen Leuten größte moralische Verluste und ernste physische Gefahren», mahnte das Magazin *Gesundheit* zu Beginn der sexuellen Service-Welle 1976. Zwischen sozialer und sexueller Reife, die heute zwei bis drei Jahre früher eintrete als im vergangenen Jahrhundert, entstehe eine immer größere Lücke. Die jungen Leute überschätzten die Bedeutung des Intimlebens. Am häufigsten ließen sich gerade die scheiden, die im Alter zwischen 18 und 20 geheiratet hätten.

«Viele Leute haben davon gehört», so die beiden Autoren, zwei Mediziner, «daß vorehelicher Geschlechtsverkehr dabei hilft, schnell die volle Harmonie im Eheleben zu erreichen. Wir möchten dieses Vorurteil entthronen. Lassen wir einmal das moralische Problem und die Gefahr der Geschlechtskrankheiten beiseite ... Frühes Sexualleben kann, im Gegenteil, die Bemühungen um Harmonie komplizieren und zu Verwirrungen und falschen Vorstellungen führen. Voreheliches Geschlechtsleben ist in der Regel unregelmäßig. Es kann Schwankungen in der Potenz des Mannes verursachen, die das Selbstbewußtsein beeinträchtigen und manchmal zu neurotischen Störungen führen ...»

Als hätten Marx und Freud nie die ökonomischen beziehungsweise kulturellen Widersprüche der überkommenen gesellschaftlichen Normen behandelt, wird mit der «menschlichen Erfahrung vieler Jahrhunderte» argumentiert. Diese Erfahrung habe die «Mädchenehre» immer als einen moralischen Wert eingestuft. Zum Petting meint die *Gesundheit:* «In einzelnen Fällen kann es Schwangerschaften geben ohne direkte Verletzung des Hymen. Es ist auch möglich, anatomisch eine Jungfrau zu bleiben, aber eine gefährliche Geschlechtskrankheit zu bekommen.»

So darf die Komsomolzin an der Werkbank ihren Mann im Arbeitskittel stehen, doch für Küche, Kinder, Kommunismus wird ihr wieder das Schnürleibchen bürgerlicher Konventionen angepriesen. Freuds Erkenntnis, daß die Triebansprüche des Individuums mit den kulturellen Normen der Gesellschaft kollidieren, wird von dieser zweckgebundenen «Sexuologie» ausgeklammert. Dem Manne wird der wohlmeinende Rat erteilt, mehr «innere Kultur» zu entwickeln. Wenn etwas schiefgehe, müsse er sich zuerst fragen, ob er keine psychologischen Fehler gemacht habe. Junge Leute sollten die leider oft rüden und zynischen Männer-Konversationen meiden. Denn aus solchen Kreisen stammten die Mythen, daß «anatomische Qualität» bei der «sexuellen Funktion» eine Rolle spielten. Die Einbildung, daß man eine «falsche Konstitution» habe, könne – nach «Pannen in den ersten Wochen des Ehelebens» (nicht des Sexuallebens!) – zu neurotischer Potenzstörung führen.

Zwar zeigt selbst dieses Sitten-Brevier, wie weit Stalins Ära mit den Verboten von Ehescheidungen, Abtreibungen und Verhütungsmitteln zurückliegt. Aber Trotzkijs alte Kritik trifft im Kern immer noch zu: «Das gebieterische Motiv für den heutigen Familienkult ist zweifellos das Bedürfnis der Bürokraten nach einer stabilen Hierarchie der gesellschaftlichen Beziehungen und nach der Disziplinierung der Jugend.» Dieses Motiv ist fast nahtlos verbunden mit dem Ziel, die demographische Stabilität wiederherzustellen. Die *Literaturnaja gasjeta* fand die kürzeste Formel: «Je mehr Scheidungen, desto weniger Kinder.»

Deshalb vertrat der Gynäkologe Leonid Semjonowitsch Persjaninow, Mitglied der Akademie der Medizinischen Wissenschaften, 1978 in einem Aufsatz die Ansicht: «Was die Gesundheit betrifft, ist es unnatürlich für eine Frau, nicht zu gebären. Früher oder später bringt die Weigerung, zu gebären, ein Gefühl der Inferiorität, eine Unzufriedenheit mit dem Leben hervor ... Die Natur selbst hat den weiblichen Organismus für Schwangerschaft und Geburt vorprogrammiert ... Es ist kein Zufall, daß nach dem Gebären viele funktionale Störungen und Neurosen verschwinden ... Nach der Geburt eines Kindes ist die Frau generell hübscher, kräftiger und freundlicher von Natur.»

Auf ähnliche Plädoyers laufen auch alle guten Ratschläge der *Gesundheit* hinaus: «Die Familie wird nur durch die Geburt eines Kindes zur Familie in der vollen Bedeutung dieses Wortes. Außerdem verlieren viele Frauen ihre Frigidität nach der Geburt des ersten Kindes. Daraus ergibt sich ganz klar, daß das beste Heiratsalter die Zeit sein muß, die besonders günstig ist, um das erste Kind zur Welt zu bringen und aufzuziehen.»

Die Absichten dieser zweckgerichteten «Aufklärung» sind offenkundig. Wie aber sieht es mit dem «sexuologischen Service» in der Praxis aus? Sexualkunde gibt es offiziell seit 1972. Aber voll integriert in den Schulunterricht ist sie nur in Lettland mit 12 Stunden im Jahr. In den anderen Republiken wird sie in einigen Schulen getestet. «Die sexuelle Unwissenheit junger Menschen», so das Organ des kommunistischen Jugendverbandes, *Komsomoljskaja prawda*, «verursacht immer wieder einen Ozean von Dramen und ein Meer von Tränen.» Antibaby-Pillen gibt es kaum; am bekanntesten war längere Zeit ein ungarisches Präparat, das vielen Frauen Kopfschmerzen bereitete. Da die übrigen Verhütungsmittel erst recht von unerquicklicher Qualität sind, betrachtet ein nicht geringer Teil der Bevölkerung die Abtreibung als Mittel der Geburtenregelung. Eine westliche Analyse geht von

7,5 Millionen Schwangerschaftsunterbrechungen pro Jahr aus, das sind nahezu zwei Abtreibungen auf eine Geburt. Die Fristenlösung ist seit 1955 freigegeben, die Unterbrechung der Schwangerschaft darf in den ersten zwölf Wochen erfolgen. Jedoch müssen Amtsarzt und nächste Verwandte zu Rate gezogen werden, manchmal sogar Psychologen. In den Frauenkliniken hängen Plakate mit einer gutbürgerlichen Wiege und der Unterschrift: «Die Abtreibung beraubt Sie Ihres eigenen Glückes.»

Doch die Freude am Glück reicht zumeist nur für ein Kind. Eine langfristige Umfrage unter jungen Frauen in Moskau ergab, daß sie zwar zunächst zwei bis drei Kinder als ideal ansahen, dann aber nur ein Kind zur Welt brachten. Die Summe der sozialen Bedingungen schafft keine Anreize. Zwar beträgt der bezahlte Schwangerschaftsurlaub 112 Tage, das Kindergeld hingegen ist noch immer zu niedrig. Zu umfangreich dürfen die Investitionen auch nicht sein – sonst könnten am Ende doch zu viele Frauen den heimischen Herd vorziehen und dem Arbeitsmarkt verlorengehen. Da aber 80 Prozent bis zum 55. Lebensjahr berufstätig sind, fehlt den meisten für mehrere Kinder nicht nur der Raum, sondern auch die Zeit. Die meisten Babuschkas haben ebenfalls nur für ein Kind Kraft. Russische Babysachen sind oft sehr schön, aber nicht pflegeleicht. Es gibt keine Papierwindeln, keine Gummihöschen und kaum Fertigmenüs. 1975 wurde zwar ein Vertrag mit den Abbot Laboratories (USA) über die Zusammenarbeit bei der Herstellung von Babynahrung geschlossen – doch bis zum Markt ist der Brei noch nicht gekommen.

Das sind die Gründe, warum der «sexuologische Service» den Baby-Schock in absehbarer Zukunft nicht mindern wird. Zu den größten Bürden der Sowjetbürger gehört die Misere auf dem gesamten Dienstleistungssektor. Davon handeln unsere nächsten Abschnitte.

III. Kostenlose Krankenhäuser und ihr Preis

Am letzten Abend meiner Korrespondentenzeit in Moskau brachte sich die russische Kinderfrau meiner Freunde in der Küche eine tiefe Schnittwunde bei. Ich fuhr mit ihr in die nächste Ambulanz. Wir liefen in verschiedene Stockwerke, ohne einen Arzt zu finden. Schließlich stießen wir auf eine Sanitäterin. «Warum kommen Sie zu uns?» keifte die knapp fünfzigjährige

Frau. Sie fragte nicht: «Was ist passiert?», obwohl ihr die Patientin den völlig durchgebluteten Notverband flehentlich unter die Augen hielt. Ungerührt ging die Schimpfkanonade weiter: Ob wir denn nicht gefälligst wüßten, daß die Ambulanz an diesem Abend keinen Dienst habe, sondern die Klinik Nr. 28? Wir wohnten in der Nachbarschaft? Da könnte ja jeder kommen. Nur einen neuen Verband anlegen? Das sei schon gar nicht zu verantworten. Gezänk und Flehen dauerten fünfzehn Minuten. Dann desinfizierte der weibliche Feldscher die Wunde, machte einen neuen Verband und entwickelte am Ende eine erleichterte, robuste Redseligkeit. Mit genauen Wegbeschreibungen entließ uns der Halb-Drache in Weiß zur diensthabenden Ambulanz.

Es war der Vorabend des Frauentages: Hätte ich unsere Sanitäterin wenige Stunden später privat mit ihren Kindern gesehen, wahrscheinlich wäre ich von ihrer Fürsorglichkeit und Geduld höchst beeindruckt gewesen. Wie ist es zu erklären, daß sich in der Behandlung von Menschen so unterschiedliche Welten auftun?

Die barsche Zurechtweisung von Bürgern, die nach Auskünften, Hilfen, Genehmigungen heischen, erfolgt zunächst einmal automatisch aus dem Reflex, jede Übernahme von Verantwortung grundsätzlich abzuschieben. Diese Tradition wird dadurch verschärft, daß der gesamte Dienstleistungsbereich völlig unterbezahlt ist. Der geringe Stellenwert, den er auf dem sowjetmarxistischen Prioritäten-Katalog jahrzehntelang besessen hat, kommt durch den Terminus «nicht-produktiver Sektor» deutlich zum Ausdruck. Die minimal entlohnten Beschäftigten halten sich in der Tat treu an dieses Etikett. Wer sie produktiv machen will, muß sich bei ihnen als Privatkunde oder Privatpatient einkaufen. Die Steigerung der Produktivität richtet sich nach den persönlichen Einlagen des Kunden: ob er nur Rubel gibt, Naturalien oder gar irgendeine Westware. So existiert heute im sowjetischen Service ein Zustand, den man ohne allzu große Übertreibung als Doppelentlohnungs-Abkommen bezeichnen kann: der staatliche Grundtarif sichert die Anwesenheit der Beschäftigten – doch erst die private Zusatzvergütung läßt sie zur Dienstleistung übergehen.

Die UdSSR ist stolz auf ihr sozialistisches System der medizinischen Gratisversorgung, das nach offizieller Definition aus der Gesundheit der Menschen kein Kapital schlägt. Die sowjetische Gesundheitsfürsorge nimmt in der Tat einen der oberen Plätze im Weltrang ein, da sie die Leistungen der meisten Entwicklungsländer erheblich übertrifft. Die Zahlen klingen imponierend. 24 000 Krankenhäuser mit über 3 Millionen Betten, 35 000 Ambulanzen und Polikliniken, ganze Armeen in weißen Kitteln: 5,5 Millionen Beschäftigte, darunter 865 000 Ärzte. Doch diese beeindrukkende Basisbetreuung bleibt auf einem unbefriedigenden Niveau, weil die Investitionen zu gering sind. Einfache Ärzte verdienen inzwischen zwar auch soviel wie ein normaler Facharbeiter, aber sie werden zu größerer Einsatzbereitschaft nicht durch zusätzliche Aufwendungen motiviert. Pflegepersonal und medizinisch-technische Assistentinnen, die sogenannten Heilhilfskräfte, sind sträflich unterbezahlt mit 70 bis 90 Rubeln (umgerechnet 210 bis 270 Mark), das ist ungefähr die Hälfte des monatlichen Durchschnittsverdienstes in der UdSSR. Ihre Ausbildung ist schlecht, ihr Interesse aufgrund der niedrigen Bezahlung gering. Ihre Fähigkeiten, die technischen Apparaturen zu bedienen, zu spritzen, zu sterilisieren liegen auf dem Lande oft an der Grenze des Zumutbaren, so die private Einschätzung russischer Ärzte. Die technischen Ausrüstungen der meisten Bezirkskrankenhäuser in den mittleren Städten sind mangelhaft. Das wird in der Propaganda für das Ausland zwar stets bestritten. Doch das Zentralkomitee der KPdSU und die sowjetische Regierung räumten im Oktober 1977 auf einer gemeinsamen Sitzung ein, daß das «Netz von Behandlungs- und Vorbeugeeinrichtungen, besonders auf dem Lande» hinter den wachsenden Ansprüchen zurückbleibe. Der Bedarf der Bevölkerung und der Heilanstalten «an Medikamenten, Brillengläsern, medizinischen Geräten, Sanitätskraftwagen, medizinischen Möbeln, Mitteln der Kleinmechanisierung» werde nicht vollständig gedeckt.

So zerfällt das sowjetische Gesundheitswesen in zwei Teile. Es gibt die Volksfürsorge, angefangen bei immerhin kostenloser und regelmäßiger Massenabfertigung in überfüllten Stadtteil-Kliniken bis zum Niveau der Feldscher-Verarztung in der tiefen Provinz. Und es gibt die Spitzenleistungen des Kreml-Krankenhauses, der Ausländer-Klinik, der Sonder-Hospitäler für die Spitzen von Apparat, Armee und Kunst. Wer nicht zur privilegierten Minderheit gehört und eine Behandlung zwischen diesen beiden Extremen erreichen möchte, der muß in der Regel etwas bieten: dem Arzt eine günstige Kaufquelle zum Beispiel, den Heilhilfskräften ein Rubelchen hier, ein Kasettchen da. Wer den entsprechenden Posten oder das Geld hat, kann sich eine Hornhautverkrümmung beheben lassen mit dem Spezial-Schnitt aus der Schule eines weltweit anerkannten sowjetischen Fachmannes. Wer wenig Geld hat und auch noch das Pech, seine Brille zu zerschlagen, muß oft monatelang warten, weil ein Glas seiner Stärke nicht lieferbar ist.

In der armenischen Zeitung *Kommunist* warnte der Arzt und Schriftsteller Sori Balajan die Patienten vor der Versuchung, zur Selbstbehandlung überzugehen. Das ist bemerkenswert – denn in einem Land mit gut funktionierender medizinischer Gratisbetreuung dürfte es dafür eigentlich keine Motive geben. Balajan versicherte: «Bei uns kann jedermann jederzeit in seiner Revier-Poliklinik einen beliebigen Facharzt aufsuchen, unentgeltlich. Dort kann er auch alle erforderlichen Analysen, Röntgenaufnnahmen oder ein Elektrokardiogramm machen lassen.» Wie sieht die Wirklichkeit aus? Erstens: Der Patient kann, wenn er sich an die Gratisversorgung hält, keinen Arzt seiner Wahl suchen. Denn die normalen Sterblichen eines Stadtteils sind an ihre Revier-Klinik gebunden. Zweitens: Diese Kliniken sind oft so überfüllt, daß die Ärzte bei genauerer Untersuchung, bei eingehender Beschäftigung mit dem Patienten, einen Zusammenbruch der Sprechstunde, einen Aufstand im Wartezimmer verursachen würden. Die Sowjetbürger erzählen sich dazu folgenden Witz: In einer Revierklinik stauen sich die Patienten. Eine Frau, die am längsten gewartet hat, stürzt sich auf den ersten Mann in weißem Kittel, zieht sich aus und befiehlt dazu: «Untersuchen Sie mich endlich, ich warte seit Stunden!» Der Mann in Weiß schaut zunächst überrascht in die Runde und sieht sich dann die Frau etwas näher an. «Na, alles in Ordnung?» fragt diese. «Auf mich machen Sie einen hervorragenden Eindruck», lautet die Antwort des Betrachters, «aber wir wollen doch lieber abwarten, bis der Arzt kommt.»

Daß dieser Witz nicht ohne Grund die Runde macht, bestätigten Zentralkomitee und Regierung in ihrem schon erwähnten Beschluß. Darin verfügten sie, «eine Verkleinerung der therapeutischen Reviere vorzunehmen und die Zahl der zu betreuenden erwachsenen Bevölkerung je Reviertherapeut 1982 durchschnittlich auf 2000 Personen und zum Jahre 1985 auf 1700 Personen zu senken».

Zu den vernünftigen Einrichtungen für die Entlastung der Mediziner gehört – wenn man zum Vergleich an die ermüdenden Autotouren westlicher Landärzte denkt – das ambulante System. Arzt, Heilhilfskraft und Fahrer bilden jeweils ein Team. Wenn Ausländer einen Arztbesuch brauchen, ist der rot-weiße Kleinbus sofort da. Wenn ein russischer Durchschnittsbürger Hilfe nötig hat, wird ihm zwar auch versichert, daß die Ambulanz gleich komme, aber es kann doch Stunden dauern. Jeder Fahrer der Ersten Hilfe hat «seine» Krankenhäuser. Im Ernstfall kann es geschehen, daß die nächstgelegene Poliklinik nicht zur «Planstelle» des Fahrers gehört. Für wirkliche Notaufnahmefälle wird überall Platz geschaffen. Aber was unter dieser höchsten Alarmstufe liegt, wird zumeist recht unsanft an die zuständige Revier-Klinik verwiesen – ohne Rücksicht auf die Entfernungen und die schlechten Verbindungen in den Millionenstädten. Man kennt auch aus der Bundesrepublik Vorkommnisse wie die Abschiebung eines Hilfesuchenden mit Herzinfarkt, dem irrtümlich ein leichterer Herzanfall attestiert wird, an die nächste Klinik. In der Sowjetunion ist die Abweisung von harmloseren oder vermeintlich harmloseren Fällen, von Menschen unter Schockeinwirkung, oft geradezu rabiat.

Ein sowjetischer Bekannter, dessen Liebenswürdigkeit ebensogroß war wie seine Bereitschaft, dem Regime zu dienen, kam eines Abend sichtlich aufgelöst zu unserer Verabredung. Er begann, auf das sowjetische Gesundheitswesen zu schimpfen. Seine Frau, im fünften Monat schwanger, war bei einem Spaziergang mehrere Steinstufen hinuntergestürzt. Hände und Knie bluteten, ihr Mann fuhr sie aufgeregt zum nächsten Krankenhaus. Dort lautete die erste Antwort: «Bei uns nicht!» Dann folgt die Frage: «Wo wohnen Sie?» und der barsche Rat: «Fahren Sie also in ihre Klinik!» Nach der Fahrt durch die ganze Stadt – zum Glück gehörte der Mann zur kleinen Minderheit der Autobesitzer – erhielt seine Frau in «ihrer» Klinik als erstes eine Tetanusspritze. Der besorgte Ehemann, der ein medizinischer Laie war und keine Ahnung hatte, ob eine solche Injektion kontraindiziert sein könnte, fragte schüchtern: «Und Folgen für die Schwangerschaft braucht man von Tetanus nicht zu befürchten?» Die ruppige Antwort: «Was fragen Sie – bin ich Gynäkologe?» Der Gynäkologe im nächsten Krankenhaus: «Wie ist die Frau gestürzt?» . . . «Na, was kann ich da sagen? Abwarten!»

Dieses Beispiel darf nun wieder nicht verallgemeinert werden. Ich habe russische Ärzte kennengelernt, deren schlichte Wärme und persönliche Anteilnahme weitaus beruhigender wirkten als die glatte Sachlichkeit mancher westlicher Routiniers. Aber die Prinzipien des sowjetischen Gesundheitswesens sind bürokratisch, strikt, obrigkeitsstaatlich. Würden die Bestimmungen mit preußischer Genauigkeit eingehalten, ginge es den Patienten – angesichts der dünnen Versorgungsdecke – relativ miserabel.

Der Bürokratie können auch Ausländer, die insgesamt mit Fürsorge überhäuft werden (und dafür bezahlen müssen), nicht entkommen. Die Mitarbeiterin einer bundesdeutschen Firmenvertretung in Moskau, die sich bei einem Unfall den Oberschenkel brach und schwere Prellungen zuzog, wurde in zwei Tagen von einem

Dutzend Universitätsärzten untersucht und mit aller nur erdenklichen Aufmerksamkeit behandelt. In der Nacht des Unfalls aber, zwischen schmerzstillenden Spritzen und erstem Richten des Beines, hatte die Ärmste auf Tragbahre und Operationstisch für jeden Handgriff eine Unterschrift zu leisten, mußte sie als Zeugin mitansehen, wie drei Schwestern das von ihr mitgeführte Kleingeld zählten. Als gegen Morgen die Morphium-Injektion endlich ihre Wirkung tat, holte eine Pflegerin die Hand der schon halb Entschlummerten noch unter der Decke hervor, da es immer noch Formulare zu signieren galt.

Wer sein Kind in die Klinik bringen muß, bekommt ein Merkblatt in die Hand gedrückt: «Achtung Eltern! Informationen über den Gesundheitsstand der Kinder geben Ärzte persönlich jeden Tag (außer Sonntag) von 14 bis 14.30 Uhr. In der 2. und 5. Abteilung täglich Auskunft über Fieber telefonisch von 10 bis 22 Uhr. Abgegeben werden dürfen Dienstag, Donnerstag und Samstag von 13.30 bis 15 Uhr: Saft und Kompott in Fabrikgläsern; Früchte 500 Gramm; Gebäck, Waffeln – 1 Päckchen; Konfekt in Schachteln (keine Schokolade) – 100 Gramm; Bücher, neu, nicht aus Bibliothek. Die Sendungen sind in Polyäthylen-Packungen zu überreichen.» Woher die Bürger den Kunststoff haben sollen in einem Lande, in dem eine Verpackungsindustrie praktisch nicht existiert und schon Packpapier Mangelware ist, bleibt rätselhaft.

Mit den Auskünften ist es ebenfalls nicht so einfach, wie das Merkblatt verspricht. Das Recht des Bürgers auf Information wird auch im Gesundheitswesen besonders mißachtet. Eine berufstätige Mutter, deren Sohn am Abend operiert werden sollte, versuchte am nächsten Morgen – vor ihrer langen Busfahrt zum Arbeitsplatz, in dessen Nähe es kein Telefon gab –, nur einen kurzen Bescheid über den Verlauf der Operation zu erhalten. «Nur, nur! Das kennen wir. Es ist keine Auskunftszeit!» schnarrte die Schwester am anderen Ende der Leitung und knallte den Hörer auf. Als ich einmal befreundete russische Künstler besuchte, traf ich dort ein sehr stilles junges Ehepaar. Die Gastgeberin nahm mich nach einiger Zeit beiseite und flüsterte mir zu: «Wundern Sie sich bitte nicht über Nadja und Jewgenij. Sie haben vor einiger Zeit ihr kleines Söhnchen verloren. Es geschah unter besonders tragischen Umständen. Die Eltern mußten das Kind mit einer plötzlichen, schweren Virusinfektion in die Klinik bringen. Dort sagte man ihnen, sie sollten nicht selber anrufen. Die zuständige Krankenabteilung würde sie über den Gesundheitszustand telefonisch informieren. Erst nach geraumer Zeit erreichte sie eine Mitteilung: Das

Kind war tot – schon seit mehreren Tagen.» Ich gewann von Nadja und Jewgenij an diesem Abend den Eindruck, daß beide nicht zu Übertreibungen neigten. Dennoch blieb ich skeptisch – bis ein ähnlicher Fall in der Ausländer-Kolonie geschah. Ein hochrangiger Diplomat, in dessen Familie ein plötzlicher Krankheitsfall auftrat, erhielt von der Klinik über Stunden keine Auskünfte. Er wurde sogar hingehalten mit einer Andeutung, die klang, als ob Hoffnung bestünde auf eine Wende zum Besseren. Als er sich schließlich selbst Zugang zur Klinik verschaffte, war der Patient bereits seit einigen Stunden tot.

An dieser Stelle könnte nun der Eindruck entstehen, daß eine seelenlose Gesundheitsmaschinerie in den Kliniken Mitgefühl und menschliche Kommunikation ausschaltet. Das eben ist nicht der Fall – und wir haben hier wiederum ein Beispiel für die «Privatisierung», die die Bürokratisierung aufweicht. Eine jüngere Russin aus unserem Bekanntenkreis, die möglichst häufig bei ihrem kranken Kind in der Klinik sein wollte, überwand die strengen Hygiene- und Besuchsregelungen sehr einfach. Sie verdingte sich am Wochenende als Putzfrau in der Abteilung, in der ihr Sohn lag. Vor sowjetischen Entbindungsstationen kommt es häufig zum Auflauf frischgebackener Väter. Da sie zu Mutter und Kind grundsätzlich nicht vorgelassen werden, versammeln sie sich auf der Straße. Die jungen Mütter lehnen am Fenster, Lunchpakete werden an Stricken heraufgezogen. So wird die alte Hygienevorschrift formal beachtet, aber faktisch außer Kraft gesetzt – welcher nur halbwegs mitfühlende Russe könnte sich auch vorstellen, daß eine junge Mutter ohne doppelten oder dreifachen Eigenverzehr ein gesundes Kind hochpäppeln könnte. Doch selbst die Kranken vieler Isolierstationen hängen mit gestreiften Pyjamas aus den Fenstern und stehen mit den Verwandten und Freunden auf der Straße in regem «Bodenkontakt».

Ausländer haben leichteren Zutritt, wenn sie nichtsowjetische Staatsbürger im Krankenhaus besuchen. Sie werden sogar zu Wöchnerinnen vorgelassen, wobei sie ihren Mantel an der Garderobe gegen einen nicht gerade blütenweißen Kittel eintauschen müssen. Ich habe junge Mütter aus unserem Freundeskreis besucht und befragt. Fast alle waren von Hilfsbereitschaft und schlichter Natürlichkeit angetan: die Wöchnerinnen stillten zusammen in einem größeren Raum, gaben einander Ratschläge. «Der unmittelbare Kontakt, der Austausch von simplen Lebensphilosophien und Erfahrungen, selbst von negativen, war einfach wärmespendend», so sagte mir eine italienische Bekannte.

Selbst die technischen Mängel, die schlechte Organisation, der Kampf ums Überlisten der Bürokratie, der Ärger über die kleinen Schmiergelder für das Hilfspersonal haben noch Beiwerte, die psychisch stimulieren können. Sie verringern die Gefahr, daß der Kranke sich isoliert fühlt, schaffen Ablenkung, sind eine Art unbeabsichtigter Beschäftigungstherapie. Patienten und ihre Verwandten sind gezwungen, wenn es nur irgend geht, den Versorgungsstand durch Eigeninitiative auf die gewohnte Lebensnorm anzuheben. Die Kost ist in den meisten Kliniken so mäßig, daß zusätzliche Verpflegungspakete nahezu eine feste Größe des Ernährungsplanes sind. Damit sie ihren Adressaten auch erreichen, muß dem Personal immer wieder ein Rubelchen mit auf den Weg gegeben werden. Selbst in der sowjetischen Presse sind gelegentlich Klagen und Glossen darüber zu finden, daß die Schwestern in manchen Krankenhäusern nur dann frische Bettwäsche austeilen, Spritzen verabfolgen, Fieberthermometer reichen, wenn der Strom des Trinkgeldes nicht versiegt.

«Nachdem der Notarztwagen in den Hof des städtischen Krankenhauses Nr. 1 in Odessa eingebogen war», so die *Iswestija* in einer Satire, die auf wahren Details beruhte, «vergaßen die Sanitäter aus irgendeinem Grunde, den Kranken hineinzutragen. Als er die Tür des Wagens öffnete, erfuhr er von einem zufälligen Passanten, daß die Männer von der Ambulanz für immer fortgegangen waren – möglicherweise zur Gewerkschaftsversammlung oder auch nach Hause. Doch K. behielt die Fassung. Er rief mit letzten Kräften einen Mann in weißem Kittel: ‹Tucktuck› (Hühnerlockruf). Der Mann drehte sich um, ein beredter Blickaustausch, wenige Minuten später waren zwei Rubel in den Taschen des Herbeigerufenen und seines Kollegen – und K. auf dem Operationstisch.»

Der Innenminister der Sowjetrepublik Aserbajdshan, D. Weliew, teilte im April 1979 mit, daß Stichproben in mehreren Krankenhäusern finanzielle Unregelmäßigkeiten und ein hohes Ausmaß an Korruption ergaben. So hätte das Personal einiger Spitäler Patienten beraubt und erpreßt, in mehreren Fällen auch Nahrungsmittel der Kranken für die eigene Tasche abgezweigt. Oft sei über Arzneien und Verbandsmaterial kaum Buch geführt worden, so daß in verschiedenen Krankenhäusern wichtige Medikamente fehlten, in anderen dagegen dringend benötigte Präparate gehortet wurden.

Städtische Krankenhäuser sind oft überfüllt, ländliche Kliniken bleiben nicht selten unterbelegt. Denn dort sind technische Ausrüstung und medizinische Versorgung schlechter, die qualifizierteren Ärzte und Spezialisten ziehen die großen Bevölkerungszentren vor. Die Zeitung *Selskaja shisnj* (Dörfliches Leben) berichtete 1977, in der Sowjetrepublik Georgien (die über das reichste und attraktivste Landleben in der UdSSR verfügt) stünden in den ländlichen Krankenhäusern 20 bis 25 Prozent der Betten leer. Fast die Hälfte der Betten in den größeren Städten (genau: 48 Prozent) seien von Patienten aus Dörfern belegt. Partei und Ministerrat haben auf ihrer schon erwähnten Gesundheitskonferenz die Regierungen der Sowjetrepubliken aufgerufen, dafür Sorge zu tragen, daß «junge Spezialisten» in ländlichen Revierkrankenhäusern und Ambulanzen eingestellt würden.

Am schlechtesten ergeht es Körperbehinderten und Dauer-Pflegefällen, die von der sozialen Fürsorge vernachlässigt, vom sowjetischen Dienstleistungssystem abgedrängt und vom offiziellen Heroenkult der optimistischen Menschengemeinschaft verstoßen werden. Der Staat der gesunden Helden isoliert Krüppel noch stärker, als es die Länder der strahlenden Konsumenten tun. Während in der Bundesrepublik wenigstens Zeitungen und Initiativgruppen junger Pfleger unhaltbare Zustände aufdecken, von Hamburg-Alsterdorf bis zum Münchner Spastikerzentrum, schweigt sich die sowjetische Presse über Schicksal und Leiden der Behinderten völlig aus. Moskau ist zwar Olympiastadt – doch die sowjetischen Körperbeschädigten dürfen nicht dabeisein, wenn sich die Versehrten aus aller Welt zu ihren eigenen Olympischen Wettkämpfen treffen. Dafür werden von den Körperbehinderten in der UdSSR Hochleistungen beim Marathonlauf des Einkaufs und im Gedränge der öffentlichen Verkehrsbetriebe verlangt, die sie nicht erbringen können. Der Dienstleistungssektor läßt ihnen kaum Chancen für günstige Gelegenheitskäufe, was ihren Lebensstandard über die niedrigen Renten hinaus noch weiter beeinträchtigt. Am Beispiel der Versehrten enthüllt Moskau besonders ungeniert, daß das Sowjetsystem kein Arbeiter-Staat, sondern eine Arbeitskräfte-Verwaltung ist. Wer weder in die Planung noch in das offizielle Menschenbild einzupassen ist, der landet im äußersten Winkel. Diese Wirklichkeit relativiert die an sich berechtigte Feststellung, daß die Sowjetunion ihre Bürger nicht durch offene Arbeitslosigkeit sozial diskriminiert – wie dies die kapitalistischen Länder noch immer tun.

Kriegsinvaliden haben Anspruch auf einen kostenlosen Kleinwagen Marke *Saporoshez,* die übrigen Versehrten erhalten nicht einmal Preisnachlässe und damit auch nicht die Chance für den

Kauf eines Autos. Sie sind auf Rollstühle angewiesen, für die es kaum Ersatzteile gibt. Die Preise für Taxis und Benzin sind 1977 verdoppelt worden, auch viele andere Produkte haben sich erheblich verteuert. Die Inflation hat vor den Dogmen der sowjetischen Politökonomie nicht haltgemacht – aber die Renten für die Invaliden sind seit vielen Jahren nicht erhöht worden, eine Koppelung mit Lohn- und Preissteigerungen existiert nicht. Opfer von Unfällen oder Schädigungen am Arbeitsplatz erhalten Renten von umgerechnet 210 bis höchstens 360 Mark (Invalidengruppe I), 135 bis 360 Mark (Invalidengruppe II), 63 bis 180 Mark (Invalidengruppe III). Versehrte, die berufstätig waren, aber ihre Körperschäden nicht am Arbeitsplatz erlitten, erhalten im Durchschnitt geringere Renten. Nur die Niedrigst- und Höchstgrenzen entsprechen der oben angegebenen Staffelung. Eine weitere Herabsetzung dieser zweiten Kategorie der Invaliden besteht darin, daß ihr Recht auf Rentenbezüge an eine bestimmte Dauer der Berufstätigkeit geknüpft ist – das System mißt wie ein Großkapitalist alter Schule und nicht wie ein Sozialstaat. Junge Männer, die zwischen 21 und 23 Jahren zum Invaliden werden, müssen der Produktion zumindest zwei Jahre gedient haben, Frauen dieser Altersstufe ein Jahr. Wer zwischen 36 und 43 Jahren Versehrter wird, muß zehn Jahre Berufstätigkeit hinter sich haben etc. Wer diese Bedingungen nicht erfüllt und wer seit Geburt körperbehindert ist, erhält nur eine klägliche staatliche Unterstützung, die eindeutig unter dem Existenzminimum liegt.

Im Mai 1978 gründeten drei körperbehinderte Arbeiter eine Aktionsgruppe für die Verteidigung der Rechte der Versehrten. In ihrem ersten Bulletin veröffentlichten sie verschiedene Erfahrungsberichte von Invaliden. Dazu gehörte auch die Beschreibung der Zustände in einem Invalidenheim, die ein besonders verbitterter Autor mit Namen I. S. Gajda so darstellte: «Es war keine Stätte für Versehrte, sondern ein lebendes Grab oder ein Tierheim ... die Pflege war ärmlich, und es herrschte Kälte wie in einem Keller. Das Essen war schlecht.» Der Fisch habe gestunken, die Eier seien faul und die Grützegerichte versalzen gewesen. Manche Invaliden seien durch die Zustände in den Selbstmord getrieben worden, behauptete der Bericht. Ob alle diese Einzelheiten stimmen oder ob hier die Summe der schlimmen Erfahrungen einer ausufernden Empörung allzu freien Lauf ließ, das ist nicht von entscheidender Bedeutung. Unbestreitbar bleibt, daß der Staat die Diskriminierung der Invaliden kaum gemildert hat, seit vor einem Vierteljahrhundert dreißig Schwerbeschädigte in motorisierten Rollstühlen am Zentralkomitee der Partei in Moskau vorfuhren. Sie forderten vergeblich einen eigenen Interessenverband. Es war das Jahr 1956, in dem Chruschtschow die Abrechnung mit Stalin einleitete, der die Entlassung von Millionen Gefangenen und die Auflösung des *GULAG* folgte. Die Körperbehinderten aber leben noch heute auf einem Archipel, abgeschnitten von der Gesellschaft.

Zu den Schwächen der medizinischen Basisbetreuung in der Sowjetunion gehört die Versorgung mit Arzneimitteln. Die Bevölkerung leidet seit Jahrzehnten unter dem Mangel an Medikamenten. Die pharmazeutische Industrie ist ein verkümmerter Zweig geblieben. Hochwertige Präparate kommen aus dem Westen und erreichen nur die dünne Oberschicht und die Unterwelt. In besonders ernsten Fällen geben manche Ärzte Familienangehörigen den Tip, wie sie ein dringend benötigtes Präparat auf dem schwarzen Markt finden können. Medikamente für Spezialbehandlungen sind kostenlos. In Apotheken muß ein sehr geringer Preis entrichtet werden. Ihm entsprechen das Angebot und das Niveau der Beratung.

Bei Ausländern, die viele sowjetische Bekannte haben, klingelt das Telefon gelegentlich wie in einer Nachtapotheke. Da benötigt jemand dringend ein bestimmtes Herzmittel, da soll auf dem schnellsten Wege ein Leberschutz-Präparat aus der Schweiz besorgt werden, da fehlt Diät-Milchpulver für einen Säugling mit Ernährungsstörung. Apotheker aus dem Gebiet Nikolajew am Schwarzen Meer stellten einmal alle Arzneimittel zusammen, die es in diesem Gebiet zumindest zeitweilig nicht gab. Sie schickten die Liste der 330 Präparate an die *Literaturnaja gasjeta.* Die Aufstellung reichte von Nitroglyzerin, Penicillin, Streptomycin, Validol über Kampferöl, Borsäure, Papaverin, Sacharin, Heidelbeerfrüchte, Birkenpilz, Lindenblüte bis zu Brennesselblättern.

Die Literaturzeitung hatte diesen Brief selbst ausgelöst, und zwar durch ihre offene Berichterstattung über die «Kasaner Tragödie». So wurde, wie es das Blatt selbst formulierte, «ein in seiner Grausamkeit ganz unwahrscheinliches, tatsächliches Ereignis genannt, durch das die Herzkranken einer großen Stadt lange Zeit gelitten haben». Zu dem Vorfall kam es in einem für die Entwicklung des russischen Reiches besonders geschichtsträchtigen Ort: Kasan, heute Hauptstadt der Autonomen Tatarischen Sowjetrepublik, einst Sitz der Goldenen Horde, bis Iwan der IV. (der Schreckliche, genauer: der Drohende) Mitte des 16. Jahrhunderts die Tatarenherrschaft endgültig brach.

In der großen Stadt an der Wolga, deren Bevölkerungszahl sich heute auch schon der Millionengrenze nähert, versiegte im Sommer 1975 das Herzberuhigungsmittel *Validol.* Das war um so unverständlicher, als es sich bei *Validol* um ein höchst einfaches Medikament handelt, das im Westen schon lange nicht mehr hergestellt wird. In der Sowjetunion ist es – durch seine etwas stärkere Baldrian-Konzentration – für viele ältere Menschen mit Herzbeschwerden und für die Apotheker in der Provinz ein nahezu heiliges Hausmittel geblieben. Deshalb führte die Apothekenverwaltung der Autonomen Republik einen erbitterten Kampf um das Präparat. Denn wenn die Versorgungsmängel einen empfindlichen Nerv der ohnehin nicht verwöhnten Gesellschaft treffen, dann werden alle Mittel der Beschwörung eingesetzt, um überhaupt eine Reaktion und einen Rest des Anteils zu erhalten. So zitierte die *Literaturnaja gasjeta* aus dem Telegrammwechsel Kasan–Moskau–Kiew:

9. Juni. Von Kasan an Kiew, chemisch-pharmazeutische Fabrik in Darniza: «Ich bitte dringend darum, die Übersendung von Validol in Tablettenform zu beschleunigen.» *Die Stellvertreterin des Leiters der tatarischen Apothekenverwaltung, Popowa.*

26. Juni. Von Moskau an Kiew, chemisch-pharmazeutische Fabrik in Darniza . . .: «Senden Sie dringend Validol in Tablettenform an die tatarische Apothekenverwaltung . . . Äußerst schwierige Lage.» *Handelsverwaltung der RSFSR für chemisch-pharmazeutische Produkte, Sholtikowa.*

1. August. Kasan an Kiew, chemisch-pharmazeutische Fabrik in Darniza: «Wegen des äußersten Notstandes bitte ich dringend, Validol in Tablettenform zu schicken . . . Die Situation ist ernst.» *Die Stellvertreterin des Leiters der tatarischen Apothekenverwaltung, Popowa.*

20. August. Kasan an Moskau, Hauptverwaltung der Industrie für fertige Arzneimittel des Ministeriums für medizinische Industrie der UdSSR: «Erbitten Mithilfe, damit die chemisch-pharmazeutische Fabrik in Darniza . . . Validol in Tablettenform schickt . . . Es fehlt völlig. Die Situation ist sehr ernst.» *Die Stellvertreterin des Leiters der tatarischen Apothekenverwaltung, Anissimowa.*

28. August. Kasan an Kiew, chemisch-pharmazeutische Fabrik in Darniza: «Ich bestehe auf einer sofortigen Zusendung von Validol in Tablettenform. Die Lage ist katastrophal.» *Die Stellvertreterin des Leiters der tatarischen Apothekenverwaltung, Popowa.*

29. August. Kasan an Moskau, Ministerium für medizinische In-

dustrie der UdSSR – an Moskau, Apothekenverwaltung der RSFSR – an Kiew, chemisch-pharmazeutische Fabrik in Darniza: «Ich bitte Sie zu helfen, daß die chemische Fabrik in Darniza die fondsmäßig zustehenden Arzneimittel, Validol in Tablettenform, zusendet. Durch das Fehlen des Medikamentes ist eine äußerst schwierige Lage für die dringendsten medizinischen Hilfeleistungen entstanden.» *Die Stellvertreterin des Leiters der tatarischen Apothekenverwaltung, Popowa.*

Schuld an der «Kasaner Tragödie» war nach den Recherchen der *Literaturnaja gasjeta* eine Angestellte mittleren Ranges in der pharmazeutischen Fabrik des Kiewer Stadtteils Darniza. Sie hatte die Belieferung der tatarischen Apothekenverwaltung im zweiten und dritten Jahresquartal nach eigenem Gutdünken reduziert und wollte das im vierten Quartal wieder ausgleichen. Nachdem die Zeitung über den vermeintlichen Einzelfall so ausführlich berichtet hatte, kamen Leserbriefe aus vielen Orten, darunter aus Taschkent, die über den Mangel an Validol Klage führten. Aus dem Kurort Sotschi, aus den nahe an Moskau gelegenen Städten Kalinin und Nowomoskowsk trafen Botschaften ein, daß ein noch dringenderes Mittel fehle: Nitroglyzerin.

Die weiteren Nachforschungen führten die *Literaturnaja gasjeta* zu dem Schluß, daß das Gesundheitsministerium der UdSSR «einfach nicht präzise weiß, wieviel von dieser oder jener Arznei benötigt wird, und für alle Fälle weniger anfordert». So sei von diesem Ministerium 1974 an das Ministerium für medizinische Industrie der Auftrag zur Anfertigung von 63,5 Millionen Packungen Validol ergangen. 1975 sei die Bestellung um fünf Millionen Packungen verringert worden. Als das Ministerium den dadurch entstandenen Engpaß entdeckt habe, sei der Auftrag 1976 gleich um 14 Millionen Packungen erhöht worden. Ähnlich, so folgerte das Blatt, müsse es sich wohl auch mit anderen Präparaten verhalten, die nach Angaben der Leser fehlten, im Ministerium für medizinische Industrie aber in der Rubrik der reibungslos gelieferten Medikamente geführt würden. «Die Antworten der beiden Ministerien haben gemeinsam», so resümierte die Zeitung, «daß sie kunstvoll Zahlen verwenden, die von der konkreten Sache losgelöst sind, Zahlen der ‹Bruttoproduktion› . . .»

Da liegt in der Tat, neben den viel zu geringen Investitionen in den *nicht-produktiven Sektor,* ein weiterer Kardinalfehler. Die Planer sollen und wollen die Bedürfnisse der Bevölkerung umfangreicher als früher befriedigen. Aber sie können diese Bedürfnisse erst gar nicht befriedigend ermitteln. Das Erbe der Tonnen-Ideologie lastet noch immer schwer auf der sowjetischen Planwirtschaft. Moskauer Wirtschaftsjournalisten haben als größten Feind des Konsumenten schon häufiger den «Herrn Brutto» identifiziert. Ihm widmete die *Prawda* sogar eine der originellsten Glossen der letzten Jahre.

In einer Fabrik, so fabulierte das Parteiorgan, sei ein Neuerer auf eine rettende Idee gekommen: Warum, so fragte er, zersägen wir die Holzbalken in kleine Streichhölzerchen? Wir müssen das Zündpulver gleich auf die ganze Holzladung auftragen. Die Vorteile? Bitte sehr: Die Balken müssen nicht von den Waggons abgeladen werden, es gibt keine Ladearbeit, keinen Stillstand, keine Strafen – die Arbeitsproduktivität steigt um 1202 Prozent. Da meldete sich ein Skeptiker mit der Bemerkung: Aber gibt es denn eine Reibfläche für ein so großes Streichholz? Und ist es überhaupt zweckmäßig, eine Zigarette mit einem Balken anzuzünden? Der Neuerer belehrte den Frager: Unsere Sorgen sind der Brutto-Ausstoß und die uns gesetzmäßig zustehenden Rubel. Worüber Sie sich den Kopf zerbrechen, das ist schon die Privatsache des Verbrauchers.

Soviel beißende Ironie in der *Prawda* überrascht. Aber wir sind ja bereits auf eine Reihe von Fällen gestoßen, in denen die sowjetische Presse erstaunlich offen bestimmte Mißstände rügte. Die Schelte mündet nie in Systemkritik ein, aber sie ist oft schärfer und origineller formuliert als etwa in Rumänien, der DDR und der ČSSR unter Gustav Husák. Die Rolle der Pressepolemik hat eine historische Tradition, auf die wir später noch kurz eingehen werden. Da die Medien freilich seit Jahrzehnten ein Instrument der Propaganda sind und deshalb weder das schiefe Weltbild der Partei zurechtrücken noch Radikalkuren empfehlen dürfen, haben auch ihre Mängelrügen und moralischen Appelle nur wenig Resonanz und kaum Ventilfunktion. Der Grundzug selbst der scharfen Detailkritiken wird am besten durch das Vorwort Lermontows zu *Ein Held unserer Zeit* gekennzeichnet: «Es mag genügen, die Krankheit gezeigt zu haben, wie sie jedoch zu heilen ist – weiß nur Gott allein.» Warum die verstärkten Bemühungen der Medien, die das Niveau der Dienstleistungen durch Appelle und Kritik heben sollen, nur sehr beschränkten Erfolg haben, wird im folgenden Abschnitt noch verdeutlicht werden.

IV. Auf den Spuren der verlorenen Zeit: Service, Verkehr, Einzelhandel

Wenn Mohammed Ibrahimowitsch aus Taschkent seinem Freund Sergej Alexandrowitsch ein paar seltene Bücher nach Moskau schicken will, geht er zum zentralen Post- und Telegrafenamt der mittelasiatischen Millionenstadt. Dort legt er seine Bücher unverpackt auf den Tresen. Die Postbedienstete der usbekischen Sowjetrepublik schätzt den Umfang der Warensendung ab und gibt Mohammed eine Holzkiste mit offenem Deckel. Dieser geht zum Nebentisch, auf dem Nägel und Hämmerchen ausliegen. Ein paar schnelle Schläge, die meisten Postkunden haben darin Routine, und Mohammeds Bücherkiste ist verschlossen. Nun gibt er sie wieder am Tresen ab. Die Postbedienstete wiegt die Kiste, steckt sie in einen Sack aus echtem Leinentuch und näht die Öffnung mit ein paar geübten Stichen zu. Daraufhin schreibt Mohammed am Nebentisch, wo Paketkarten, Tinte und Federhalter bereitliegen, Adresse und Absender auf. Das ausgefüllte Papier gibt er ab, die Anschrift wird von der Frau hinterm Schalter mit Wäschetusche und in schwungvoller Schrift auf das Postsäckchen übertragen. Nun muß sich Mohammed nur noch zum Bezahlen anstellen.

Die ganze Prozedur ist keine usbekische Spezialität, sondern russische Tradition. Wertpakete ins Ausland und nach Orten des Inlandes, die nicht an einer Bahnstrecke gelegen sind, aber auch Pakete mit größerem Gewicht, so merkt *Baedekers Russland* von 1912 an, «müssen in Leinwand eingenäht sein». Denkt man an die Entfernungen und die Klimaunterschiede des Riesenreiches, dann erscheint der große Umstand immerhin als ein solides Erbe. Und angesichts des heute vorhandenen Verpackungsmaterials ist die Methode sogar fast unvermeidlich.

Bindfäden sind aus Papier, kleinere Kartons kaum vorhanden, gefütterte Briefumschläge unbekannt. In der Verpackungs- und Versandtechnik hat die Sowjetunion das Industriezeitalter noch nicht erreicht. Die Planwirtschaft, die im Westen im Ruf steht, alles in ein festes Schema zu pressen, hat bis heute keine einheitlichen Normen für Gewicht, Abmessung und Stabilität geschaffen. Der Packstil aus der Karawanenzeit kostet den Staat dringend benötigte Arbeitskräfte und den schlangestehenden Bürger umgerechnet viele freie Tage pro Jahr. Nach den Berechnungen sowjetischer Soziologen geht durch Einkaufen und Anstehen pro Jahr umgerechnet die gesamte Arbeit von viereinhalb Millionen Menschen verloren. Noch plastischer: Jeder Sowjetbürger büßt im

Kampf mit Geschäften und Dienstleistungsbetrieben mehr als einen Jahresurlaub an Freizeit ein. Hinzu kommt der Zeitverlust durch Arbeiten, die der Dienstleistungssektor den Bürgern nicht abnimmt und die gleichzeitig durch rückständige Haushaltsgeräte erschwert werden.

Die Sowjetmenschen waschen ihre schmutzige Wäsche kaum öffentlich. Von 29 Kilo Textilien, die ein Bürger der UdSSR pro Jahr zu säubern hat, nimmt ihm die Wäscherei nur ein Kilo ab. Rund 14,5 Milliarden Stunden pro Jahr werden für Waschen und Bügeln im Haushalt verbraucht. Die Waschmaschinen sind nur halbautomatisch (ohne Schleuder und Trockenvorrichtung). Würde das Dienstleistungsangebot öffentlicher Wäschereien um das Zehnfache erhöht, gewännen die Sowjetfrauen sieben Milliarden Stunden im Jahr. Immer mehr Zeit müssen die Bürger für die Renovierung ihrer Wohnungen, für technische Reparaturen und für die Benutzung der öffentlichen Transportmittel aufwenden. Dieser Zuwachs beträgt seit längerem kontinuierlich zwei Milliarden Stunden pro Jahr.

Solche Rechenexempel zeigen, daß das Grundrecht der 41-Stunden-Woche, das die neue Verfassung von 1977 verbürgt, ein sehr dehnbarer Begriff ist. Der Bürger muß die Vernachlässigung der Dienstleistungen durch den Staat im wahrsten Sinne des Wortes ausbügeln. Er holt sich notgedrungen einen Teil der gestohlenen Zeit zurück, in lem er seine Arbeitszeit «teilprivatisiert». Die Folgen für die Qualität der Industrieproduktion, aber auch für die wissenschaftliche Forschung sind enorm. Die satirische Zeitschrift *Krokodil* veröffentlichte einmal die Karikatur eines großen, aber halbgeleerten Büros. An der Wand hingen nicht die üblichen Graphiken über Produktionssteigerungen, sondern riesige Tabellen, auf denen die Mitarbeiter wie an der Börse notierten, was für Produkte in welchen Stadtteilen während der Arbeitszeit zu erhalten waren.

Eine große Zahl der Büroangestellten verspätet sich regelmäßig und erheblich, wobei die schlechten Verkehrsverbindungen immer wieder eine willkommene Ausrede bieten. Bis man sich zur Arbeit begibt, vergeht zusätzliche Zeit, weil ständig Informationen über Tauschgeschäfte, Transaktionen, Kaufgelegenheiten ausgetauscht werden. Die Mittagspause wird bis zu einer Stunde überzogen: Es gibt zwar Schuhreparaturen an jeder Straßenecke, doch für einen guten Schuster geht man meilenweit. Und dessen Lohn für häufige Vorzugsbehandlung, ein Fläschchen vom einfachsten armenischen Kognak, muß zunächst noch bei einem befreundeten Kellner gegen ein Konzertbillett eingetauscht werden. Die Verspätung nach der Mittagspause wird durch verstärkten Arbeitseifer ausgeglichen: Man muß sich schon deshalb beeilen, weil der Aufbruch für den abendlichen Einkauf einige Zeit vor dem Büroschluß beginnt. Die kurze Zusammenfassung mag leicht «pointillistisch» erscheinen, aber so sehen die Abläufe vieler Arbeitstage in der Stadt konkret aus. Dieser Zustand wirft die Frage nach der disziplinierenden Funktion des knappen Angebots auf. Wie groß ist der Verlust an privater Initiative, an aktivem Engagement für eine als wichtig angenommene Sache, wenn die Menschen viele Stunden in überfüllten Verkehrsmitteln und Geschäften auf der Jagd nach Vitaminen und Speiseöl, Kinderstrumpfhosen und Waschpulver verbringen müssen? In diesem Handelsnetz geht soviel Potential an Spontaneität und Eigeninitiative verloren, daß der Staat seine primären Kontrollmittel reduziert halten kann. Der Preis ist freilich hoch und für Länder mit anderer Tradition nahezu untragbar – wie die angespannte Lage der osteuropäischen Nachbarn zeigt. Der Verlust an beruflicher und schöpferischer Spannkraft rächt sich bitter. In Jahrzehnten hat die Sowjetunion an Innovationen für die Welt der Verbrauchsgüter einzig den elektrischen Samowar geliefert.

Auf dem Land verliert die Bevölkerung noch mehr Zeit und Geld, bedingt durch die kärgliche Ausstattung der Dorfläden. «Wir haben Geld und verbrauchen es», so ein Mechanisator, den die *Prawda* im Gebiet von Kirow im Nordosten der Russischen Föderation interviewte. «Aber fragen Sie nicht, was wir in unserem Dorfladen gekauft haben. Der Kühlschrank hier ist aus Kirow. Der Farbfernseher auch. Gut, daß wir dort Verwandte haben. Die lassen sich für uns in die Lieferlisten einschreiben. Und wenn sie an der Reihe sind, geben sie uns gleich Bescheid. Im vergangenen August stieg ich ein paar Tage aus der Ernte aus, weil ich den Kühlschrank aus der Stadt holen mußte. Der Kolchosvorsitzende hat mir freigegeben – was sollte er schon machen. Nun rechnen Sie mal selbst: für den Kühlschrank 4000 Rubel, für die Lieferung 50 Rubel, für meine Hinfahrt zehn Rubel und Trinkgelder. Außerdem zwei Tage Erntezeit verloren – ein goldenes Schränkchen ist das geworden.»

Die *Prawda,* die in den Dörfern des Kirower Gebietes recht genaue Recherchen anstellte, lieferte zahlreiche Beispiele für Zeitverluste durch fehlenden Service. Eine Melkerin, Mutter von vier Kindern, müsse regelmäßig in die Stadt fahren, um Kinderschuhe, Schuluniformen oder Spielzeug zu kaufen. Der Ausgabenetat für

Dienstleistungen sei in den Dörfern zwölf- bis zwanzigmal größer als in der Stadt. «Wenn in Falenki eine Waschmaschine kaputt ist, muß man sie mit der Eisenbahn nach Sujewka transportieren. Das kostet einen Tag. Fährt man sie abholen, stellt sich heraus, daß es keine Ersatzteile gibt. Wieder ist ein Tag verloren. Und so geht es weiter. Die ausgefallenen Arbeitstage der Melkerinnen, Mechanisatoren, Traktoristen kosten den Staat unvergleichlich mehr, als er für die vielen Fahrkarten vom Dorf in die Stadt und zurück einnimmt», schloß das Parteiorgan seine Reportage.

So ist es erklärlich, daß viele Sowjetbürger einen Zeitbegriff entwickelt haben, der nach westlichen Maßstäben völlig «unökonomisch» ist. Menschen, die wir während unserer Reisen in Sibirien, in Mittelasien oder im Kaukasus kennengelernt hatten, tauchten manchmal plötzlich in Moskau auf. Sie nahmen tagelange Bahnfahrten auf sich – nur um ein Radio ausländischer Fabrikation oder ein paar Textilien abzuholen, die ein Freund mit Beziehungen für sie besorgt hatte. Reisen mit dem Zug haben allerdings auch einen besonderen Stellenwert.

Die Eisenbahn ist der Ort, an dem die Russen einander rücksichtsvoller, aufgeschlossener und vertrauensseliger begegnen als irgendwo sonst. Wenn die livrierte Waggonbeschließerin signalisiert hat, daß alle ihre Gäste eingestiegen sind, wenn sich der lange Fernzug ruckend in Bewegung setzt, wenn die Schaffnerin in Uniformbluse nebst Krawatte mit kurzen Verbeugungen die erste Runde dampfenden Tees bringt – dann fühlt man sich geradezu wie auf einer exterritorialen Servicestation. Die Fenstergardinen und Bettbezüge der Schlafwagenabteile sind weißer als in den meisten Hotels. Die Speisewagen sind zwar oft geleert und geschlossen, aber selbst da sind positive Überraschungen möglich. Einmal kämpften wir uns noch in der Stunde vor Mitternacht, also zu einer Zeit, da in Moskau kein Restaurant mehr geöffnet ist, durch die Waggons zum Speisewagen. Dort wurden wir für sowjetische Verhältnisse rührend und reichlich bewirtet.

Den besten Service gibt es geradezu demonstrativ in den Zügen, die aus den baltischen Republiken nach Moskau fahren. Eines Abends, gleich nach der Abreise aus Riga, kam eine Kellnerin in unser Plüschabteil aus Dampfroßtagen, das mit einem herrlich altmodischen Fauteuil ausgestattet war. Das stämmige Mädchen, das sich offensichtlich stets mühevoll in seine knappe und verbeulte Uniform zwängen mußte, zückte Block und Bleistift und fragte, was sie uns zum Abendessen und zum Frühstück servieren dürfe. Wir bestellten, geradezu überrumpelt, Schnitzel mit Erbsen

– aber wir trauten dem Braten noch nicht. Ungläubig liefen wir durch die anderen Waggons, um zu sehen, ob nicht nur die Ausländer am Ende des Zuges eine Vorzugsbehandlung erhielten. Aber überall nahmen gutgelaunte, salopp uniformierte Kellnerinnen Bestellungen auf.

In der Transsibirischen Eisenbahn tauchen gelegentlich Kellner mit großen Blechgestängen auf, die wie Weihnachtsbäume behängt sind mit schön geformten, metallenen Kesseln. Darin sind Suppen und Fleischgerichte. Man muß beides nehmen, zwei Kesselchen – oder gar nichts. Eine Fahrt mit der Transsibirischen Eisenbahn ist zu Recht der Traum vieler Touristen geblieben. Wer auf einer Fahrt durch Rußland noch die Begegnung von Wirklichkeit und Legende sucht, die alte Reisebeschreibungen so reizvoll vermitteln, sollte im Winter zumindest einen Tag lang in die Transsibirische steigen. Während im warmen Waggon das offene Feuerchen unter dem Teewasser-Bottich bullert, steht noch der Mond über dem samtblauen Morgenhimmel, der einen fast violetten Schimmer über verschneite Taiga und weiße Fichtenwälder wirft. Rauch steigt steil auf über den Holzhäusern der Dörfer, in denen dickvermummte Frühaufsteher mit Fausthandschuhen vor Kälte ihre Pelzmützen auf die Ohren drücken. Hingeduckte, manchmal buntbemalte Bauernkaten ziehen vorbei. Schon am frühen Nachmittag sinkt die Sonne tief, aber ihr roter Ball hält sich noch lange und wandert mit über die bizarr gefrorenen Flüsse.

Doch wo immer der Reisende die Eisenbahn verläßt – die Unwirtlichkeit der Dienstleistungen hat ihn wieder, kaum daß er aus dem Bahnhof tritt. Welche Witterung ihn auch empfängt, er muß darauf gefaßt sein, am Ende einer Schlange zu stehen, die auf Taxis wartet. Bis zum 1. April 1977 war das Anstehen völlig unvermeidlich. An diesem Tage aber machte die Inflation auch in der Sowjetunion einen großen Schritt voran: Die Taxigebühren wurden wegen der Ölverknappung um hundert Prozent heraufgesetzt. Bis dahin war der Kilometerpreis mit umgerechnet 32 Pfennigen für westliche Begriffe sehr niedrig. Aber die Sowjetbürger, die ein unvergleichlich geringeres Durchschnittseinkommen haben und nur selten ein Auto besitzen, sind auf die staatlichen Taxis angewiesen. Die einfachen Verkehrsmittel sind zwar spottbillig. Doch die Trabantenviertel der Millionenstädte, die sich wie Betonsaurier in die Landschaft fressen, haben oft miserable Verbindungen ins Zentrum. Die Busse sind vollgepfercht und schaukeln wie eine Arche Noah auf den nicht selten überschwemmten, noch unbefestigten Zufahrtswegen von den Mikrozentren stadtwärts. Selbst das Paradepferd der sowjetischen Verkehrsbetriebe, die Moskauer Metro mit ihren kandelaberbestückten Operettensälen und Großgalerien sozialistischer Fassaden- und Emblemkunst, selbst diese vielgerühmte Metro hält mit dem Ausbau der Mikrozentren nicht Schritt.

So reagierten die Sowjetbürger, denen die Taxipreis-Verdoppelung vom April 1977 einen neuen Geld- oder Zeitverlust aufbürdete, mit einem monatelangen Boykott. Die Diktatur einer mächtigen Schicht des Dienstleistungsgewerbes wurde vorübergehend erschüttert. Die Taxifahrer waren bis dahin Willkürherrscher im Verkehr. Mit den gespreizten Fingern einer Hand mußte ein eiliger Passant den vorbeibrausenden, hellgrünen Wolgas signalisieren, daß er für die Fahrt fünf Rubel – ein Dreißigstel des monatlichen Durchschnittlohnes – ausgeben werde. Einmal sah ich nach Mitternacht im Zentrum Moskaus ein Brautpaar – sie in langem Kleid und Schleier, er in schwarzem Anzug – lange Zeit vergeblich nach einem Taxi winken. Im Frühjahr 1977 aber standen überall in der Sowjetunion die Taxis Schlange – eine ungewöhnliche, landesweite Demonstration des Bürgerunmutes. Wir bestellten uns am Morgen des 1. April ein Taxi zum Test. Die Zentrale, auf die man sonst quälend lange warten mußte, meldete sich sofort. In der Stimme der Telefonistin schwang Erstaunen mit: «Sie wissen, daß sich die Preise verdoppelt haben – und Sie wollen dennoch fahren – na dann, bitte!» Inzwischen haben die Sowjetbürger ihre Boykottstrategie längst aufgegeben. Aber Taxifahren ist, verglichen mit früher, ein kleiner Luxus geworden.

Die Aeroflot, der Jumbo und billige Jakob unter den Fluggesellschaften der Welt, erhöhte ihre Preise 1977 um zwanzig Prozent. Doch die Aeroflot ist noch immer so preisgünstig, daß sie für die Städte im Norden die grüne Brücke bildet: Bauern fliegen mit den Produkten ihres privaten Hoflandes, verpackt in Koffern und Beuteln, aus dem Kaukasus oder Mittelasien über Tausende Kilometer nach Sibirien und in die Millionenstädte des europäischen Teils. Dort verkaufen sie ihre Salate und Tomaten, ihre Rosen, Tulpen und Gladiolen für so gepfefferte Preise, daß der Erlös das Flugticket für Hin- und Rückreise übersteigt.

Dem Flugpreis der Aeroflot entspricht freilich auch der Service. Die Wartehallen sind stets überfüllt mit schlafenden, übermüdeten, aus dem Rucksack lebenden Passagieren. Eingemummt in plumpe Wintermäntel, Schapkas und rosenverzierte Wolltücher – selbst in überhitzter Halle – warten sie auf verspätete Maschinen oder auf Ersatz für einen ausgefallenen bzw. überbuchten Flug.

Die Gründe für die Verspätungen und die neuen Abflugszeiten werden fast niemals bekanntgegeben. Nicht einmal oberflächliche Floskeln der Entschuldigung gehören zum Vokabular der Ansagerinnen.

Alltagserlebnisse auf innersowjetischen Linienflügen: Erst werden die Ausländer zur Maschine geführt. Dann folgen einige privilegierte Sowjetbürger. Danach zählen die Stewardessen die Passagiere sorgfältig mit dem Finger. Diesmal sind nach ihrer Berechnung zwanzig Plätze übrig. Zwölf Personen dürfen zunächst zusteigen. Doch nun sind plötzlich nur noch sieben Plätze frei. Also beginnt eine neue Volkszählung.

Als die Flugzeugentführungen in aller Welt zunahmen, sogar in der Sowjetunion, da führte auch die Aeroflot Gepäckkontrollen ein. Dabei ging es weniger gründlich zu als im Westen, aber lautstärker und unhöflicher. Einmal erlebte ich, wie sich der Passagier aus einem sozialistischen Bruderland über die rabiate Behandlung empörte. «Ich habe eine ungarischen Paß», so herrschte er den Dragoner im Aeroflot-Kostüm an, «ich muß kein Flugzeug entführen wie Ihre Staatsbürger, um dieses Land verlassen zu können. Ich brauche keine Pistole, sondern nur diesen guten ungarischen Paß, wenn ich mal in den Westen möchte. Können Sie das begreifen?»

Sowjetische Stewardessen wirken oft wie Sergeanten. Wenn man sie anlächelt, hat man gleich ein schlechtes Gewissen: so als habe man einen Bestechungsversuch unternommen. Die Erfüllung von Sonderwünschen, man sieht es ja ein, kann bei den billigen Flugtickets wirklich nicht verlangt werden. Doch selbst ein Schluck auf eigene Kosten ist nicht gestattet. Als ich einmal, nach zwei Stunden Flugzeit, die eigene Wodkaflasche öffnete und auch dem Nachbarn anbot, schnarrte mein platinblonder Feldwebel in achttausend Meter Höhe: «In der Öffentlichkeit, das wissen Sie doch genau, Genosse, ist es verboten, Alkohol zu trinken.» Nur bei mehr als drei Stunden Flugzeit wird Essen serviert, darf geraucht und Alkohol konsumiert werden.

Ein Flugzeugunglück wird in der Sowjetunion noch immer wie ein Staatsgeheimnis behandelt. Meine Kollegen von den westlichen Nachrichtenagenturen bekamen ein paarmal den ersten Hinweis auf eine Katastrophe von den Repräsentanten ausländischer Fluggesellschaften. Aber selbst dann hielten sich die sowjetischen Behörden mit der offiziellen Bestätigung noch lange zurück, ergänzende Informationen blieben überhaupt aus. Sicherheitsvorkehrungen werden im sowjetischen Flugwesen generell laxer gehandhabt. Mit dem Gebrauch von Sauerstoffmasken und Schwimmwesten, wenn diese überhaupt vorhanden sind, werden die Fluggäste nicht vertraut gemacht. Berücksichtigt man aber, daß in der Sowjetunion rund 110 Millionen Passagiere pro Jahr befördert und 5000 Flugplätze angeflogen werden, dann gilt trotz allem: Die Aeroflot ist eine äußerst erfahrene Fluggesellschaft, die auch nicht überproportional von Abstürzen betroffen wird.

Überproportional sind allerdings die Ausfälle. Jedes Jahr fordern fast hunderttausend Passagiere Rückzahlungen wegen Verspätungen, Überbuchungen oder Streichungen von Flügen. In der Halle des größten Moskauer Flughafens Domodjedowo hörten wir eines Morgens durch Zufall das Telefongespräch einer schwedischen Reiseleiterin mit. Sie schimpfte mit dem Wortschwall einer Südländerin: «Meine Reisenden haben die ganze Nacht auf dem Flughafen herumhängen müssen, weil die Maschine nach Usbekistan am Abend wegen Nebel nicht gestartet ist. Als ich Ihren Leuten von der Aeroflot hier gesagt habe, daß es doch ein Grundrecht des Menschen auf Schlafstellen gebe, haben die nur geantwortet: Soldaten können ja auch im Stehen schlafen.»

In der Tat wird der Kunde in der Sowjetunion gedrillt – auf die Rolle des Bittstellers. Theaterkassen, Fahrkartenschalter, Tankstellenbüros sind oft völlig verhängt. Ein kleines Sprechfenster in Gürtelhöhe fordert dem Kunden von vornherein demutsvolle Haltung ab. Die resoluten Tankwartinnen flößen sogar den *Prawda*-Redakteuren erheblichen Respekt ein. «Trittst du an eine solche Königin der Zapfsäule heran», so klagte das Parteiorgan im Herbst 1979, «dann kommst du dir vor wie ein kläglicher Bittsteller.» Ausländer und die Fahrer der kleineren Prominenz aus Partei, Regierung, Wissenschaft und Kunst haben unter diesem Kundendrill noch am wenigsten zu leiden. Sie erhalten *Super*-Gutscheine und können an der bereits isoliert aufgestellten Zapfsäule Benzin mit 95 oder 98 Oktan tanken. Doch die LKW-Chauffeure und die kleinen PKW-Fahrer müssen durch ein Labyrinth von kreuz und quer geparkten Wagen, von ölbefleckten, staubbedeckten Zapfsäulen, um nach langen Wartezeiten ihre Gutscheine in ein kleines Holzfach legen zu können. Dieses Fach zieht die feindliche «Königin» dann zu sich herein in die Festung.

«Nimmt die ruppige Keiferei aus dem Glasfensterchen die Färbung des Einverständnisses an», so beschrieb es mein langjähriger Moskauer Kollege Uwe Engelbrecht einmal besonders anschaulich im *Kölner Stadt-Anzeiger*, «stürzt der Kunde selig zurück zur bereits tickernden Benzinsäule, denn die Königin der Zapfsäulen hat schon an einem Schaltpult hantiert und die gewährte Menge Benzin in Marsch gesetzt.» Der selige Fahrer muß dabei nur achtgeben, daß die Benzinsäulen-Uhr haargenau die wirklich gewünschte Menge anzeigt. Denn die «Königinnen» drehen ihren Kunden gerne den Hahn ab, bevor der Zeiger den letzten Fünf-Liter-Satz getan hat, und mehren so die Überschüsse ihres Reiches.

Die größten unterirdischen Ströme verlassen den *nicht-produktiven Sektor* im Hotelgewerbe. Die Gastronomie hat zwar ein ähnlich dürftiges Niveau wie die sowjetische Verpackungsindustrie. Doch was die kleinen Mafiosi dieses Zweiges für sich selbst abpakken, das ist bestens portioniert. Die Hotelkollektive sind ein Staat im Staate. Braucht ein Kellnerteam ein neues Mitglied, wird – wenn irgend möglich – ein Verwandter oder enger Bekannter eingeschleust. Er kann am schnellsten und zuverlässigsten in das Spiel mit falschen Etiketten und halben Portionen integriert werden. Wer sich den Usancen nicht in wenigen Wochen weitgehend anschließt, wird schnell wieder aus dem Geschäft gedrängt.

Kleine Einblicke in die Praktiken vieler Hotels und Restaurants vermittelte ein Prozeß gegen vier Angestellte des Hotels *Rossija* in Taschkent. Diese hatten offenbar den branchenüblichen Betrug zu weit getrieben oder aber versäumt, einigen Vertretern der staatlichen Inspektion Gewinnbeteiligung zu verschaffen. Das brachte ihnen am Ende Freiheitsstrafen bis zu acht Jahren ein. Zu ihren Tricks hatte gehört, im *Rossija* allabendlich das Schild «Alles belegt» aufzustellen. Wer jedoch einen Geldschein in seinen Paß legte, bekam sofort ein Zimmer. Manche Gäste erkauften sich ihre Übernachtungen auch mit Naturalien. Darunter waren Bisampelze, Räucherfische und gerupfte Hühner, Krimsekt und Schokolade, wie der Gerichtsbericht genüßlich ausbreitete.

Was nie vor Gericht kommt, aber jedem bekannt ist: Nicht wenige Kellner bringen selbstgebrannten Schnaps ins Restaurant mit und füllen ihn auf Flaschen mit den Etiketten der besten Wodkasorten um. Bei Hochzeiten, Familienfeiern, Empfängen wird oft ein Teil der bestellten und bezahlten Getränke und Portionen in der Küche abgezweigt, sobald die Selbstkontrolle der Gäste leicht verschwimmt in feuchter Fröhlichkeit. Sogar in Moskaus Herberge für Staatsgäste, dem *Sowjetskaja,* lassen sich die Kellner durch ausländische Gäste nicht davon abbringen, für ihre Rechnung einige Wodka und Champagner doppelt zu sehen. Hotels machen ihr Geschäft mit dem *Bron.* Wer ein Zimmer reservieren läßt, muß für einen Tag im voraus bezahlen. Das ist besonders für Ausländer eine Quelle steten Ärgers, weil sie den vierfachen

Zimmerpreis der Sowjetbürger entrichten müssen und damit auch einen viermal so teuren *Bron*. Dennoch passiert es bei der Ankunft oft, daß ein Zimmermädchen über den Gang gelaufen kommt: «Warten Sie zehn Minuten. Wir müssen noch eben die Betten beziehen.» Mit anderen Worten: Das Hotel hat das reservierte und für einen Tag im voraus bezahlte Bett doppelt genutzt. Die *Iswestija* nannte diese Methode einmal ironisch «*Vergrößerung der Produktivität auf derselben Produktivfläche*». Diesem Ziel dient augenscheinlich auch die verstärkte Öffnung großstädtischer Restaurants für das horizontale Gewerbe. Offiziell existiert es bekanntlich nicht. Inoffiziell aber ist es in den Großstädten häufig mit den Kellner-Kollektiven assoziiert.

Bis unmittelbar vor den Olympischen Spielen kam in Moskau ein Restaurant auf gut 50 000 Einwohner. Dieses Mißverhältnis, das in anderen sowjetischen Großstädten ähnlich ist, bekommt jeder ausländische Neuankömmling schon am ersten Abend zu spüren. In das Restaurant seines Hotels wird er von einem Pförtner gelotst, der ihm die Saaltür mit dem Schild «Besetzt» nur so kurz aufhält, daß wartende Sowjetbürger nicht mit hineinschlüpfen können. Das Restaurant macht auf den Neuling den Eindruck, als erlebe es gerade an diesem Tag den umsatzreichsten Abend des Jahres. Fröhliche, von Tanz, Gesang oder Alkohol gerötete Gesichter, lärmende Betriebsamkeit, ein Brautvater, der sich unter dem Beifall des Nebentisches als Tenor versucht, ein Meer von halbgeleerten Kalten Platten, von Wodka-, Wein- und Champagnergläsern, die Mehrheit der Kellner in der Nähe des Kücheneingangs, vom Saal abgewendet, im Gespräch versunken.

Die meisten Tische werden für Familienfeiern und kleine Gesellschaften im voraus bestellt. Viele Sowjetbürger gehen nur zwei-, dreimal pro Jahr, und dann mit Freunden, in ein besseres Restaurant. Diesen Abend kosten sie voll aus. Ihren Drang zu intensiver Geselligkeit und zu schnellem Konsum verstärkt die Erfahrung, daß pünktlich um 22.45 Uhr mit den Lichtschaltern zum Aufbruch gemorst wird; um 23.00 Uhr schließen die Lokale.

Am größten sind in sowjetischen Restaurants die Speisekarten. Sie offerieren eine Unmenge an wohlklingenden Gerichten, oft in mehreren Sprachen. Vorrätig sind aber in der Regel nur zwei, drei Angebote von zumeist mäßiger Qualität. Stets verlassen kann man sich nur auf die Sakusski, die wohlschmeckenden Vorspeisen. Sie sind geblieben vom großen Glanz der «Restaurants ersten Ranges», über die der *Baedeker* von 1912 berichtete: «Hier kann der Fremde die russische Küche in ihrer Vollendung kennenlernen.»

Der Baedeker fand damals allerdings auch: «Die Gasthäuser der Gouvernementsstädte und vor allem der Kreisstädte genügen durchschnittlich nur mäßigen Anforderungen und lassen an der nötigen Reinlichkeit nur zu oft fehlen; trotzdem führen sie häufig Bezeichnungen wie Grandhotel usw... Bier- und Teestuben, Speisewirtschaften werden nur vom einfachen Volk besucht. – Cafés gibt es nur in wenigen Städten.» Soviel hat sich also nicht geändert. Es sind vor allem die Genüsse der Oberschicht, die aus der staatlichen Gastronomie verschwunden sind und seither hinter den verschlossenen Türen der neuen, mittlerweile ergrauten Klasse gereicht werden.

Bierstuben und Speisewirtschaften, heute *Stolowajas* geheißen, werden auch weiterhin nur vom einfachen Volk besucht. Sie sind etwas besser als ihr Ruf, aber schon das Inventar und die Berge benutzten Geschirrs auf den Tischen wirken appetitzügelnd. Cafés gibt es immer noch selten. Deshalb träumen viele Russen von den baltischen Republiken mit ihren kleinen Stuben in skandinavischem Design und von Café-Pavillons am Schwarzen Meer. Mit Blick auf die Olympischen Spiele legte Moskau bereits vor einigen Jahren die ersten Fundamente, um öffentliche Gastlichkeit aus dem Boden zu stampfen. Für Tausende von Kellnern und Taxifahrern begannen Sprachkurse. In großen Hotels liefen die ersten Selbstbedienungsrestaurants mit verbesserten und erweiterten Speiseplänen an. All diese Bemühungen ändern wenig daran, daß für die Russen der Schritt von der Gastlichkeit zur Gastronomie mit wenig Vorstellungen und geringen traditionellen Vorgaben verbunden ist. Es geschah in der zweiten Hälfte der siebziger Jahre, daß sich die ungarischen Kellner des Moskauer Hotels *Budapest* dazu bereit fanden, für einen zusätzlichen Rubel Zimmerservice zu erbringen. Das Unternehmen scheiterte an den sowjetischen Kollegen. Sie traten in Streik, weil ihnen eine so mühevolle Dienstleistung unbegreiflich erschien. Schon dem *Baedeker* fiel auf, daß unter den Kellnern der guten Restaurants kurz nach der Jahrhundertwende «oft Tataren» waren.

Auch den Frauen fehlen die «traditionellen Vorgaben» im Service. In seinen Rußland-Studien merkt Haxthausen 1847 an: «Selbst in modernen Putzladen und Modewarenhandlungen sieht man wohl Französinnen, Deutsche etc. als Directricen und Verkäuferinnen, aber keine Russinnen, wenigstens habe ich keine gefunden; unter den stickenden und nähenden Demoisellen mögen sich wohl auch Russinnen finden, aber sie treten nicht als Verkäuferinnen vor.»

In Moskau mußten wir einmal ein Pelzatelier aufsuchen, weil wir Anfang Oktober einen drei Zentimeter langen Riß in einem der Wintermäntel entdeckten. Die Frau an der Reparaturannahme sah sich den Schaden erst gar nicht an, sondern brüllte sofort: «Kommen Sie im März wieder!» Wir versuchten ihr verständlich zu machen, daß wir den Mantel im Frühling nicht mehr brauchten. «Gehen Sie», war die Antwort, «wir haben jetzt zuviel Arbeit.» Wir sahen zwar, daß die meisten Angestellten sich nicht gerade überanstrengten und munter miteinander plauschten, aber wir waren damals noch neu in Moskau, nahmen die Grobheit als ernste Auskunft und wollten uns zum Gehen wenden. Eine russische Bekannte, die mitgekommen war, hielt uns zurück. Sie begann, ganz ohne Aufregung, zu erzählen und auszuschmücken, daß unser schöner ausländischer Pelz nicht nur ein besonders gutes Stück, sondern auch ein ausgefallenes Modell sei. «Hier, man muß sich das anschauen», sagte sie und streichelte über das Fell. Mehrere der Frauen befühlten den Pelz schon, eine fragte, ob sie ihn einmal anziehen dürfe. Dann besahen sich alle den Schaden. Es sei schwierig, da mit ihren Maschinen heranzugehen, man müsse so etwas mit der Hand nähen, und das könne Nina am besten. Nina, die schon die Pensionsgrenze überschritten haben mochte und stiller an ihrer Arbeit saß als die jüngeren Frauen, kam nach vorne, befühlte den Pelz und erklärte sich bereit, ihn zu nähen. Wir fragten, wann wir wiederkommen dürften. «Bleiben Sie, ich werde es jetzt machen», antwortete sie. Nach kurzer Zeit war Nina fertig und wollte keine Kopeke dafür haben; alle standen um uns herum, auch die Frau, die uns anfangs so grob abzuweisen versuchte. Wir verließen das Atelier, begleitet von Wünschen, daß Gott uns behüten und noch viele Jahre mit dem schönen Pelz geben möge.

Ein älterer russischer Freund, dem ich von diesem Erlebnis erzählte, verriet mir daraufhin seine besondere Einkaufsmethode. «Es bringt nichts, wenn der Kunde gegen die Mauer der Ablehnung anrennt», erläuterte er. «Ich begebe mich von vornherein in die Rolle des unmündigen Kindes und bitte: ‹Geben Sie mir irgendein Stück Fleisch, ganz nach Ihrem Gutdünken – nur so, daß meine Frau nicht mit mir schimpft.›» Nun helfen die größten Talente und Taktiken wenig, wenn das Fleisch so knapp wird wie nach der Mißernte und den Notschlachtungen 1975/76, wenn die Textilindustrie vor allem Ladenhüter produziert, wenn die handwerkliche Verarbeitung ständig unzureichend ist und jeder Transport zur Zerreißprobe wird. In einem Warenhaus in Baku fand ich sechs fabrikneue Motorräder: Alle hatten Schrammen und Beulen. Zwei standen sogar ohne Tankverschlüsse da. In einem Möbelgeschäft sahen wir einmal einen Mann, der auf einen neuen Schrank einhämmerte. Als er fertig war, beschwor er die Verkäuferin, daß sie ihm nun aber auch wirklich dieses Exemplar sichern müsse – er habe es schließlich eigenhändig repariert. In Schneiderwerkstätten und Bekleidungsgeschäften fiel mir mehrfach auf, daß der Kunde den Sitz seines Jacketts oder seines Kostüms nur sehr schwer überprüfen kann. Viele Spiegel geben ein verzerrtes Bild vom Betrachter, manche Anprobe wird zum Lachkabinett.

Dienstleistungen, Einzelhandel und Handwerk sind Stiefkinder des Sowjetsystems – aber sie waren auch vorher schon unterentwickelt. Als in Westeuropa Kaufmannsgilden und Familienwerkstätten entstanden, war die Masse der russischen Bevölkerung dem Adel leibeigen. Unter diesen Bedingungen konnten sich die Voraussetzungen für einen soliden Mittelstand – nämlich Privatwirtschaft, Handwerkerinnungen und Vereinigungen von Kaufleuten – nicht herausbilden. Noch Mitte des vergangenen Jahrhunderts beobachtete Haxthausen für seine Rußland-Studien: «Aber das, was dem Deutschen so charakteristisch eigen ist, die Anhänglichkeit und Liebe für seinen Stand, sein Gewerbe, seine Arbeit, kennt der Russe gar nicht. Der ächte Deutsche liebt seinen Stand, er mag ihn nicht mit einem anderen vertauschen ... Nicht so der Russe; zumeist bestimmt der Zufall, welches von den vielen Talenten, die der Knabe besitzt, zunächst zur Ausbildung kommen soll. Der Gutsherr sucht unter den Knaben seiner Leibeigenen ohne große Wahl aus, wer Schuster, wer Schmidt, wer Koch, wer Schreiber etc. werden soll ... Wenn nun aber auch der Russe ein reicher Kaufmann oder Fabrikant geworden ist, so liebt er und hängt deshalb doch keineswegs an seinem Stande und seinem Gewerbe. Er sieht das letztere nur als Mittel, reich zu werden, an ... Allein immer fehlt dann doch noch der eigentliche Kern, der untere oder geringere Bürgerstand. Der höhere wird in Rußland stets mit dem Adel früher oder später in eins zusammenfallen, für die Bildung eines ehrenwerthen und zahlreichen niedern Bürgerstandes ist aber vorläufig gar keine Hoffnung vorhanden. Die Classen, welche denselben repräsentieren, die Handwerker, Krämer, kleinen Gewerbsleute sind in Rußland durchgängig gänzlich demoralisiert.»

Die Vernichtung der Privatwirtschaft und die rücksichtslose Industrialisierungspolitik der Sowjets hat die «Handwerker, Krämer, kleinen Gewerbsleute» und obendrein den gesamten Einzelhandel jahrzehntelang mehr als demoralisiert. Seit Beginn der siebziger Jahre – also fünfzig Jahre nach Lenins Bemühen um Ankurbelung der Warenzirkulation durch die *Neue Ökonomische Politik* (NEP) von 1921 – haben sich der Ausbau des Einzelhandels und die Umstellung auf das Selbstbedienungssystem relativ zügig entwickelt. Bezeichnenderweise wurden die innovativen Verbesserungen zu einem guten Teil durch Importe realisiert. Von der Bundesrepublik bezog die Sowjetunion Mitte der siebziger Jahre rund achtzig Supermärkte. Auf die Grenzen dieser Bemühungen hat Albrecht Martiny in einer sachorientierten Analyse hingewiesen (*Osteuropa,* Heft 5/1978). Die Zahl der Beschäftigten im *nicht-produktiven* oder *tertiären* Sektor hat sich in der UdSSR zwischen 1928 und 1958 ungefähr verdoppelt. In Japan und den USA, wo die moderne Industrialisierung wie in der Sowjetunion auf einen relativ wenig entwickelten tertiären Sektor gestoßen war, hatte es zuvor einen ganz ähnlichen Anstieg der Beschäftigung im Handel- und Dienstleistungsbereich gegeben. Martiny folgert daraus, daß die UdSSR «mit ihrer zentralen Planung dem westlichen Modell im Grunde folgte». Was indessen fehlte, war die ökonomische Stimulierung oder, wie die östlichen Planer sagen, der Hebel der *materiellen Interessiertheit.* Im Klartext: Die Angestellten in Handel und Dienstleistung wurden und werden unterbezahlt. Bei der Verteilung des Sozialproduktes auf die volkswirtschaftlichen Hauptzweige (Landwirtschaft, Industrie, tertiärer Sektor) bekam der tertiäre Bereich 1928 noch fast ein Viertel, 1958 nur mehr ein Fünftel des Kuchens. Das monatliche Durchschnittseinkommen im Handels- und Dienstleistungsbereich liegt um ein Viertel unter dem Durchschnittseinkommen in der Gesamtwirtschaft. Das wird freilich, wie wir gesehen haben, etwas abgemildert durch den «privaten» Zugang zu begehrten Waren. Dennoch ist Martinys Schlußfolgerung zuzustimmen: «Ohne eine branchenspezifische Einkommenspolitik dürfte der tertiäre Sektor weiterhin ein von Arbeitskräftefluktuation, Mängellagen und Bürgerunmut gebeuteltes Stiefkind bleiben.»

Ein Warnsignal erhielt die Partei Anfang 1977 von jener Schicht, vor der sie die größte Angst hat, weil sie ihr gegenüber das schlechteste Gewissen haben müßte. Arbeiter streikten in der zentralrussischen Stadt Tula. Kurze, spontane Arbeitsniederlegungen wegen schlechter Versorgung kommen gelegentlich vor. Wenn das in volkswirtschaftlich wichtigen Betrieben geschieht, wird die Stimmung manchmal sogar mit Sonderrationen verbessert. Was sich aber in Tula ereignete, war etwas ganz anderes. Die Arbeiter in zwei größeren Betrieben holten plötzlich ihren Lohn nicht ab.

«Wozu brauchen wir das Geld – man kann sich dafür ja doch nichts kaufen!» lautete ihre Begründung. Sie hielten ihre Demonstration gegen den Konsummangel mehrere Tage durch. Weitere Einzelheiten habe ich nicht in Erfahrung bringen können. Die Information stammte von einem seriösen Bekannten, der zufällig in Tula gewesen war. Dennoch war ich zunächst nicht ganz von ihrem Wahrheitsgehalt überzeugt. Doch dann fuhr Leonid Breschnew nach Tula und ernannte den Ort aus heiterem Himmel zur Heldenstadt – wegen seiner Verdienste im Zweiten Weltkrieg. Heldenstadt zu sein, das bedeutet: einer besseren Versorgungskategorie anzugehören.

In Osteuropa ist das Problem der Versorgung längst zu einer Sicherheitsfrage erster Kategorie geworden. Die Empfindlichkeit dieses Sektors wird in den kommenden Jahren noch zunehmen. In großen Teilen der UdSSR ist die Versorgungslage, verglichen mit den Satellitenstaaten, zwar noch schlechter, aber weniger brisant. Die sowjetischen Schlangen sind noch immer geduldiger. Es lohnt, einen etwas längeren Blick auf sie zu werfen.

V. Das Gesetz der Schlange, Lex Schaschlikbude und die Paradiese der Privilegierten

Es begann mit einem Leserbrief an die Zeitung *Sozialistische Industrie.* «Liebe Redaktion», schrieb Boris Kostikow aus Moskau im Frühjahr 1978, «von Beruf bin ich Ingenieur und in der Freizeit Alpinist. Ich habe schon manchen steilen Hang erstiegen, aber an einer Wand bin ich bisher gescheitert, an der Wand *Mirage.* Sie erhebt sich nicht in einem unzugänglichen Gebirge, sie steht im benachbarten Möbelgeschäft. Vor zwei Jahren habe ich mir für die neue Wohnung die Möbelwand *Mirage* ausgesucht, aber wie und wann kann ich sie kaufen? Der Kampf um sie kostet soviel Zeit und soviel Kraft – was geht bei uns im Möbelhandel eigentlich vor?»

Eine Reporterin der Zeitung machte sich zu dem erwähnten Geschäft Nr. 28 in der *Otkrytoje*-Landstraße auf. Sie fand Möbel im Überfluß und auch die begehrten Wände *Carmen, Tanja* und *Mirage.* Sie wandte sich an ein fast pausenlos telefonierendes und zwischendurch gelangweiltes Mädchen und erkundigte sich nach den Kaufmöglichkeiten. «Nur nach Voranmeldung», war die Antwort. «Dann tragen Sie mich bitte in die Warteliste ein», sagte die Reporterin. «Die nächste Eintragung erfolgt im kommenden Jahr», murmelte die Verkäuferin, und von da an ging sie auf keine Frage mehr ein. Wenn man am letzten Freitag des Monats in das Geschäft Nr. 28 gehe, so die sowjetische Journalistin, dann könne man mitunter von Stammgästen erfahren, wie man auf die Warteliste komme. Man müsse das Geschäft von hinten umgehen und sich an einen Zaun stellen, wo eine ansehnliche Menschenmenge einige wichtige Personen mit großen Büchern umdränge. «Hier kann man sich in eine Liste eintragen lassen, um einen Platz auf einer zweiten Liste zu bekommen, auf der man dann aufrückt, bis einem der Kauf einer Möbelgarnitur zusteht», so erfuhr die Reporterin von einer vor ihr wartenden Ingenieurin. «Schauen Sie», erläuterte die Ingenieurin, Galina mit Namen, «unsere Schlange ist nur eine Amateurschlange – aber wer diese Reihe erfolgreich bewältigt, der kommt auf die offizielle Liste des Geschäftes. Hier am Zaun muß man sich erst einmal eintragen lassen und dann», Galina zeigte auf das große Buch, «regelmäßig zum Appell kommen. Solange wir noch am Ende der Liste stehen, melden wir uns einmal pro Monat. Wenn wir allmählich aufrücken, kommen wir einmal pro Woche. Nur die Stärksten überstehen das. Als ich mich eintragen ließ, war meine Nummer 2400, heute bin ich schon die Nummer 1450 – ich bin aufgerückt durch Selektion.»

Wie aber könne man wissen, so forschte die Journalistin der *Sozialistischen Industrie* weiter, an welchem Tag man von der Amateurliste auf die offizielle Warteliste gesetzt werde? «Man muß», so Galina, «auf Wache stehen, wenn diese Bekanntmachung aufgehängt wird. Dann versperrt ein riesiger Haufen Menschen die ganze Straße, die Miliz ist mit Lautsprechern dabei. An der Tür quetschen sich diejenigen, die zu den ersten Hunderten auf der Amateurliste gehören. Sie stehen dicht gedrängt die ganze Nacht, damit nur ja niemand zu der heiligen Pforte durchdringen kann. Und nur jene, die ganz vorne stehen, bekommen schließlich das Recht, im Geschäft Postkarten zu hinterlassen mit ihren Adressen, damit sie benachrichtigt werden können, wenn für sie das begehrte Möbelstück da ist. Der große Rest muß sich noch lange am Zaun zum Appell melden.»

Sowjetische Bekannte haben mir von ganz ähnlichen Erlebnissen berichtet. Sie zündeten sich nachts sogar wärmende Feuer an, nur um am nächsten Morgen die Chance zu haben, eventuell auf die Warteliste für einen PKW zu kommen (bis zu dessen Auslieferung können dann noch Jahre vergehen). Ich habe hier bewußt das Beispiel aus der sowjetischen Presse den ausführlichen Schilderungen meiner Bekannten vorgezogen. Einmal sichert es gegen mögliche Vorwürfe ab, das Bild der Schlangen übertrieben dargestellt zu haben. Und zum anderen steht auch dieses Beispiel wieder für die Bemühungen von oben, die schlechte Organisation der Dienstleistungen durch Appelle und Kampagnen kurzfristig zu verbessern, wo es an langfristiger Förderung durch verstärkte Investitionsspritzen fehlt.

Der alltägliche Mangel an Konsumgütern, der Sumpf der Bürokratie und die imitative Reproduktion kollektiven Verhaltens – das sind die drei Faktoren, die die Sowjetbürger in die Rolle des «optimistischen Nachzüglers» drängen. Das klingt wie Ironie. Was sind «optimistische Nachzügler»? Der australische Sozialpsychologe Leon Mann hat sie am Beispiel der (bisherigen) Überflußgesellschaft beschrieben. «Optimistische Nachzügler» treten dort auf, wo eine gesuchte Ware in weit geringerem Umfang angeboten wird, als es die Nachfrage verlangt. Im Jahre 1956 wurde in New York das Musical *My Fair Lady* uraufgeführt, und jeden Abend gab es eine große Schlange. Die Menschen warteten an der Vorverkaufskasse, die erst am nächsten Vormittag öffnete. Dort wurden, wie allgemein bekannt war, jeden Tag dreißig Stehplatzkarten verkauft für die Aufführung am folgenden Abend. Alle anderen Billetts waren längst ausverkauft. Dennoch staute sich eine riesige Menge – das dicke Ende der Schlange ignorierte den unumstößlichen Tatbestand, daß die Aussichten auf Karten gleich Null waren.

Dieses Zwischenspiel aus den ersten Tagen von *My Fair Lady* wiederholt sich in der Sowjetunion ständig in ungezählten Variationen. Überdimensionale Schlangen stehen nicht nur vor der großen Möbelwand *Mirage*, sondern auch vor dem kleinsten Kästchen mit roten Kinderlutschern in Bärenform. Die Schlangen wachsen aus Mangel – doch sie sind keine graue, gleichförmige Brut der Not. Es gibt die Alltagsschlange, die Schlange nach Statussymbolen, die spontane Schlange und für manche sogar die Schlange, die ihm einfach Abwechslung verspricht.

In die Alltagsschlange gerät man in fast jedem Laden. Schauen wir Andrej Andrejewitsch zu, der schnell ein einfaches Abendbrot für die Familie kaufen will. Er geht im Lebensmittelgeschäft erst an die Theke mit der längsten Schlange. Da er die Preise für Grundnahrungsmittel, die seit vielen Jahren gleichgeblieben sind, im Kopf hat, fragt er nur über die Schultern der Wartenden: «Haben Sie Schwezarskij-Käse?» Wenn ihm das – lautstark oder mufflig – bestätigt wird, stellt er sich in die Schlange an der Kasse und bezahlt für 500 Gramm Schwezarskij. Mit dem Bon reiht er sich in die Schlange an der Käsetheke. Weil sie in diesem Fall am längsten ist, kann er seinen Hintermann bitte , ihm den Platz in der Reihe freizuhalten. So erledigt er – nach der gleichen Prozedur – schnell den Kauf am weniger belagerten Milchstand, um danach wieder an seinen Platz in der Käseschlange zurückzukehren. Hat er den Käse im Korb, kauft er nach der gleichen Methode Wurst – wenn sie vorhanden ist. Wer es weniger eilig hat als Andrej Andrejewitsch, wendet andere Methoden an. Gibt es zum Beispiel, was selten vorkommt, die besonders beliebten Dauerwürste, wird manchmal nur ein Exemplar pro Person abgegeben. Wenn die Schlange groß genug ist, stellen sich einige Käufer nach Erwerb der einen Wurst gleich wieder hinten an, um ihr Glück ein zweites Mal zu versuchen.

Das Selbstbedienungssystem hat sich praktisch nur bei Konserven, haltbaren Waren und beim Brotverkauf durchgesetzt. Bei frischen Produkten scheitert es an fehlenden Kühlanlagen, Verpakkungen und Portionierungs-Techniken. Komplette Selbstbedienung gibt es nur in den Sondergeschäften der Privilegierten und im Moskauer Devisenladen für die Ausländer. So haben manche westliche Diplomaten und ihre Familien niemals in einer Schlange gestanden und die Stimmung in der Bevölkerung aus eigener Anschauung erfahren. Die relativ beste Stimmung herrscht in Kino-Schlangen; beim Verkauf von begehrten Importwaren sind Gekeife und Zank um die Plätze besonders groß; am stärksten räsoniert wird beim Warten auf Fleisch. Einmal hörte ich diesen Wortwechsel mit: «Gäbe es mehr Disziplin, wie früher, dann wäre auch mehr Fleisch da», sagte einer. «Was meckerst du, es geht uns doch besser als vor dreißig Jahren», schnitt ihm sein Vordermann das Wort ab. Beide standen seit einer Stunde in der Reihe. Der Normalbürger muß unter Umständen sogar in der Alltagsschlange einen ganzen Tag verbringen, zum Beispiel beim Warten auf Fahrkarten für eine längere Bahnreise.

Die Schlangen, die auf große Beute aus sind, haben nicht nur langlebige Verbrauchsgüter zum Ziel. Neben dem Sturm auf die Wartelisten für die Möbelwand *Mirage*, für Teppiche und für die wenigen Kleinwagen gibt es die Schlangen vor Sondergastspielen. Seltene Auftritte wie die von Swjatoslaw Richter, Maurice Béjart oder von westlichen Pop-Gruppen locken eine Menge an, die keine Chancen hat – wie einst bei «My Fair Lady». Hier kommt eine Motivation hinzu, die vielen «besseren» Schlangen Zulauf verschafft: die Sucht nach Statussymbolen. Ein exemplarischer

Fall war das Gastspiel der Pop-Gruppe *Boney M* im Dezember 1978. Die Moskauer standen Stunden, ja einen ganzen Tag über in der Kälte. Der normale Kartenpreis betrug fünf Rubel, umgerechnet 15 Mark. Der Schwarzmarktpreis war mehr als zwanzigmal so hoch und überstieg auf dem Höhepunkt der Nachfrage ein durchschnittliches Monatsgehalt. Ministerien hatten sich ganze Kartenkontingente sichern lassen – doch auch davon kam nur die Hälfte oder ein Drittel an – der Rest landete wiederum auf dem schwarzen Markt.

In der Schlange erschienen die älteren Semester in der Überzahl, darunter sogar verdiente Sowjetbürger mit Ordensspangen. Nicht die musikalische Neugier war die treibende Kraft, sondern der Wunsch nach Repräsentation. Zum großen Ereignis selbst traten einige Herren in dunkel und mit silbernen Bindern an. Mehrere Damen kreuzten in langen Abendkleidern oder Kaminröcken, frisch- und hochtoupiert durch das Popkonzert. Es ist eine Geschichte für sich, wie zunächst das Gerücht und dann die Kunde von diesem Gastspiel durch die Sowjetmetropole lief – Tips für «Sonderangebote» verbreiten sich stets per Flüsterpropaganda.

Das Konzert wurde erst im allerletzten Augenblick und nur in wenigen Zeitungen mit ein paar versteckten Zeilen angekündigt. Dabei wurde die Gruppe nicht einmal mit ihrem Namen *Boney M* bezeichnet, sondern als «vokal-instrumentales Ensemble aus den Ländern der Karibischen See». Das ist ein typisches Beispiel dafür, daß in der Sowjetunion eine öffentliche Kommunikation via Massenmedien nicht existiert. Es gibt die Scheinöffentlichkeit der offiziellen Propaganda und die private Kommunikation der Flüsterpropaganda, die allerdings in Moskau kaum noch hinter vorgehaltener Hand verbreitet wird. Auch das ist wieder eine Variation unseres Themas von der unfreiwilligen Reprivatisierung der Sowjetgesellschaft. Wesentlicher Bestandteil der privaten Kommunikation sind inzwischen die Nachrichten und bunten Informationen der Westsender. Diese wiederum popularisieren mit ihrem musikalischen Begleitprogramm *Boney M* und andere Popgruppen. So drangen die Gerüchte über das bevorstehende Gastspiel langsam von West nach Ost vor. Aus der DDR und aus Ungarn kamen die ersten Anrufe, in denen Verwandten oder Bekannten in Moskau die frohe Botschaft verkündet wurde. Dann zeigte die populäre sowjetische Fernsehsendung *Internationales Panorama* einen kleinen Streifen über *Boney M,* ohne ein Wort über das Gastspiel selbst. Aber das war für alle Interessenten die endgültige Bestätigung. Die Telefone begannen zu klingeln, die guten Drähte mußten sich bewähren. Westliche Wirtschaftsvertreter zum Beispiel waren besonders hinter Karten her: Wer so gefragte Billetts in die richtige Hand leitet, der kann zähe Vertragsverhandlungen einen Schritt weiterbringen. Doch wir sind an dieser Stelle noch die Beschreibung der übrigen Schlangen schuldig.

Die spontane Schlange entsteht nicht durch Flüsterpropaganda, sondern durch Beobachtung. Jeder Sowjetbürger weiß, daß an einem normalen Kiosk neben einigen Tageszeitungen nur Ladenhüter ausliegen: von Lenin-Anstecknadeln bis zu billigen Stadtführern. Entsteht Andrang vor einer solchen Bude, dann müssen ausnahmsweise bessere Modezeitschriften aus der ČSSR oder der DDR eingetroffen sein. Es kommt vor, daß sich in großen Warenhäusern spontane Schlangen nur deshalb bilden, weil Verkäufer einige große Pappkartons vorbeiziehen. Im berühmten *GUM* am Roten Platz – dem Gebäude im pseudorussischen Stil, das schon Ende des vergangenen Jahrhunderts Moskaus größtes Warenhaus war – haben wir mehr als einmal jene legendären Schlangen gesehen, die sich über mehrere Stockwerke erstreckten. Noch längere Reihen entstehen oft im *Djetskij Mir,* dem größten Kinderkaufhaus der UdSSR, das vor dem Neujahrsfest täglich vier Millionen Mark umsetzt. Nicht immer haben wir erfahren, welches Produkt jeweils den spontanen Ansturm auslöste. Auf die Frage «Schto dajut?» (wörtlich: Was geben sie aus?), erhielten wir bisweilen nur ein mürrisches Achselzucken als Antwort. Viele Leute in einer solchen Reihe kommen aus der Provinz, sind auf der Suche nach den großen Gelegenheiten. Der spontanen Schlange schließt sich mancher an, der erst nach längerer Wartezeit in Erfahrung bringt, wofür er steht. Was auch immer an eine spontane Schlange verkauft wird – es ist nützlich. Wenn man das Produkt nicht selbst brauchen kann, ist es für jemanden, dessen gute Beziehungen bei anderer Gelegenheit hilfreich sein werden. Wenn man es gebrauchen kann, nimmt man die doppelte Menge. Gute Freunde werden mit bedacht; denn wer weiß, ob nicht gerade sie schon übermorgen einen bedeutenden Fund tun.

Trotz aller Zeitverluste, die der staatliche Handel schon verursacht, warten die Sowjetbürger auch noch auf Eis und mittelmäßige Filme, an Schießbuden und bei Karussellfahrten in langen Schlangen. Sie stellen sich selbst für Vergnügen, die bei der nächsten Gelegenheit «außer der Reihe» zu haben sind, an. Da mischen sich Konformität und «Alternativprogramm». Erlebnisreicher als die Enge der vier Wände erscheint vielen ein zielloser Bummel – unterwegs schließt man sich einer Schlange aus Gewohnheit oder Neugier an. Manche Büroangestellte ziehen einen Vormittag in «besseren» Schlangen dem Schreibtisch vor. Wer auf Eisenbahnkarten, Theaterbilletts oder gar am Vorverkaufsschalter eines Intourist-Hotels wartet, der kann den Hintermann im Tauschverfahren für eine halbe Stunde Platz halten lassen. Das bringt Zeit, um die Souvenirstände nach Anstecknadeln für die Kinder durchzuschauen, Postkarten zu suchen, kleine Einkäufe zu erledigen.

Doch selbst das Talent, noch das Beste aus den Schlangen zu machen, ändert nichts daran: das Anstehen bleibt eine der ungeheuren Zumutungen, die das Sowjetsystem den Bürgern alltäglich bereitet. Das wird von der Presse, wie wir bereits gezeigt haben, begrenzt eingestanden. Die *Literaturnaja gasjeta* erhielt einmal eine Reihe verärgerter Briefe über die schlechte Organisation der Annahmestellen für Altpapier (die Ablieferung bestimmter Mengen erbringt Buchprämien). Daraufhin antwortete der stellvertretende Leiter der Behörde für Altwaren, S. Danilow: «Die Schlangen, die sich an den Annahmestellen bilden, sind nur ein Zeugnis dafür, daß die ausgegebenen Bücher eine große Nachfrage finden.» Die Literaturzeitung nahm den armen Altwaren-Genossen unter Beschuß, als sei allein er für alle Schlangengruben des Systems verantwortlich. «Solche Denkweise kann uns ja weit führen. Du stellst dich wegen Kwaß an – freue dich, die Nachfrage nach Kwaß ist groß. Du stehst zwei Stunden lang Schlange, um deine Wohnungsmiete zu bezahlen – sei froh, es sind viel zu viele neue Wohnungen gebaut worden. Es stehen lange Schlangen an den Türen von Maßschneidereien, Werkstätten, Wäschereien – sei glücklich, es wächst ja der Wohlstand des Volkes ... Wir wollen uns kein Beispiel am Genossen Danilow nehmen: der Anblick der Schlangen erfreut uns nicht. Denn eine Schlange ist fast immer das Ergebnis einer schlechten Organisation.»

Für andere Leute ist die Schlange freilich Justitia – die Göttin der Gerechtigkeit – vor einer fast leeren Waage. Den folgenden Dialog fand ich am Rande eines langen Interviews der *Literaturnaja gasjeta* über das Thema, wie das Recht auf Wohnung verwirklicht wird. Die Zeitung fragte den weißrussischen Funktionär G. Bartoschewitz: «Um das Recht auf Wohnung zu realisieren, ist es doch nötig, sich anzustellen?» «Ja», lautete die Replik, «schlangestehen ist das Gerechteste, was man sich vorstellen kann, wenn etwas nicht ausreicht.» «Aber die Schlange», so die Gegenantwort, «ist eine äußerst äußerliche Gerechtigkeit – der eine braucht eine Wohnung schneller, der andere könnte warten.»

Viel ärgerlicher als die *äußerliche* Gerechtigkeit ist für die Sowjetbürger die *höhere* Gerechtigkeit, durch die sich eine ganze Klasse den Schlangen entzieht. Diese Zurücksetzung und die Erschöpfung durch das nie endende Anstehen zerstört auch die Prinzipien des geradlinigsten, geduldigsten Sowjetbürgers. Die Konsequenzen beschreibt der scharfsinnigste Systemkritiker, dem ich in der Sowjetunion begegnet bin, der inzwischen ausgebürgerte Philosoph und hochbegabte Satiriker Alexander Sinowjew, in seinem Buch *Lichte Zukunft* (deutsche Ausgabe: Zürich, 1979): «Nehmen Sie die Schlangen. Einmal anstehen – unerheblich. Hundertmal – unerheblich. Aber wenn das tagaus, tagein, Jahr für Jahr so geht? Immer und überall? Dann kann das einen Menschen zur Verzweiflung treiben. Der Ausweg? Sich in eine Position hinaufarbeiten, in der es keine Schlangen mehr gibt. Bonzenläden, Sondergeschäfte. Warenlieferungen frei Haus. Bekanntschaften, Verbindungen. Dafür muß man eine entsprechende Position einnehmen ... Da wird rundum ein verschärfter Kampf um Privilegien geführt, und das schändlichere Geschöpf siegt. Und dieses Geschöpf wird für diesen Kampf erzogen.»

Nun landen freilich die wenigsten, die sich den Schlangen zu entziehen versuchen, in der kleinen Klasse der wirklich Privilegierten. Die große Mehrheit versucht, durch mühevolle Operationen den Embolien des staatlichen Handels zu entgehen. Durch ständige materielle Transfusionen wird ein Kreislauf privater Geschäfte und Beziehungen in Bewegung zu halten versucht. Die Deutschen benutzten unmittelbar nach dem Zweiten Weltkrieg eine Bezeichnung, die diese selbsttätige Belebung einer abgestorbenen Warenzirkulation besonders gut kennzeichnete: etwas «organisieren». Im Sinne dieses Wortes existiert in der Sowjetunion heute ein zweiter Markt, wächst ein privater Wirtschaftssektor. Man zweigt am Arbeitsplatz, gewissermaßen als Lohnzulage, Materialien ab. Die meisten Sowjetbürger unterscheiden gewissenhaft zwischen dem Diebstahl von staatlichem und privatem Eigentum, nur letzterer gilt als ehrenrührig. Jeder Autofahrer ist durch den Ersatzteilmangel fast vollständig auf den zweiten Markt angewiesen. Man bezahlt mit Naturalien. Man schafft und pflegt ständig die Voraussetzungen, um sofort an einem Ringtausch teilnehmen oder ihn bei Bedarf in Gang setzen zu können.

Als Gratifikationen oder auch als erste Stufe dieser Beziehungen dienen Mitbringsel. Die tatkräftige und gewitzte Hausangestellte eines sowjetischen Künstlers erzählte mir einmal, sie müsse im kommenden Sommer auf den Urlaub im Kaukasus verzichten.

Den Bekannten und Verwandten dort seien so viele spezielle Dinge aus Moskau mitzubringen, daß sie der Einkauf zu sehr erschöpfe, der Urlaub könne das nicht wettmachen. Im Jahr zuvor waren sie, ihr Mann und ihre beiden Töchter wochenlang ausgeschwärmt nach Mitbringseln – die ihnen wiederum einen Versorgungsstrom aus dem Kaukasus garantierten. In Moskau gastierte im August 1977 das Operettentheater aus Swerdlowsk mit *Hallo Dolly.* Als die Schauspieler den Beifall des Publikums entgegennahmen, schoben sie auch den etwas zögernden Regisseur auf die Bühne. Der Mann im zünftigen Rollkragenpullover und schwarzem Anzug hielt eine Hand krampfhaft auf dem Rücken. Von der Seitenloge konnte man sehen, daß er ein Bund Bananen festhielt. Bananen sind schon in Moskau eine begehrte Rarität. In Swerdlowsk mußte dieses Mitbringsel einen exquisiten Rang haben – solche Kostbarkeit durfte selbstverständlich nicht unbewacht hinter den Kulissen liegenbleiben.

Die wichtigsten Mitbringsel aus Moskau kaufte man am Ende der Zarenzeit an der mondänen Ecke um *Kusnezkij most,* wo es damals unter anderem französische Modegeschäfte gab. Heute bietet der Lenin-Prospekt am ehesten die Chance für Gelegenheitskäufe: Handtaschen und Schuhe aus Polen und der ČSSR, Baumwollunterwäsche aus der DDR, Wein aus Ungarn, mal ein Paar Damenstiefel aus Finnland. Etwas bessere Herrenmode aus den Bruderländern fehlt im normalen Kaufangebot.

Die Grenze zwischen Mitbringsel und kleiner Bestechung ist schwer zu ziehen. Ein Sowjetbürger, der viel mit Ämtern, Institutionen und Dienstleistungsbetrieben Kontakt haben muß, hat eine Liste von Präsenten im Kopf, die seine Ansprechpartner schätzen oder sammeln. Er ruft in der Tierklinik an und bringt zunächst in Erfahrung, wann «sein» Arzt Dienst hat. Er will einen Tisch im Restaurant bestellen und fragt nach der Arbeitszeit «seines» Oberkellners. Nach diesen Erkundigungen werden die Mitbringsel besorgt, und erst dann macht man sich auf den Weg. Der Direktor eines Moskauer Restaurants sammelte Kakteen. Der Administrator eines wichtigen Dienstleistungsbetriebes bemüht sich um eine Kollektion kleiner Alkoholfläschchen aus allen Ländern der Erde. Die Leiterin einer Bankfiliale schätzt Kalender mit westlichen Schauspielern und Rennsporthelden. Das ist das Wissen der Vorstufe, auf der man sich über die schlimmsten Schlangen erhebt.

Der einfache, aber etablierte Ringtausch sieht so aus: Larissa hat eine Tante, die Logenbeschließerin im Bolschoj Theater ist. Die wertvollen Karten, die sie durch diese Beziehung erlangt, tauscht sie bei einer Freundin aus dem *Progress*-Verlag gegen Kinderbücher. Larissas Söhne sind zwar schon auf Fachschulen, aber eine Nachbarin hat Enkelkinder und arbeitet als Etagenfrau in einem der großen Intourist-Hotels. Sie verdient dort zwar nur die Hälfte eines durchschnittlichen Monatseinkommens. Doch sie kann ein wenig Deutsch, dank ihrer baltischen Mutter. Sie hilft ausländischen Neuankömmlingen auf ihrer Etage bei den ersten Schritten durch die Hotelbürokratie, sie «organisiert» nachts noch ein paar Flaschen Bier für Handlungsreisende mit Nachdurst. Ihr «Trinkgeld» sind vor allem Strumpfhosen, Kugelschreiber, Kassetten und westliche Zigaretten. Larissa kann von dieser Auswahl am besten Strumpfhosen gebrauchen, die sie gegen die besonders guten Kinderbücher eintauscht – so schließt sich der Kreis.

Der Rubel ist auf diesem zweiten Markt nur eine Ersatzwährung, Leitwerte sind die westlichen Importe. In den Erholungszentren am Schwarzen Meer und im Kaukasus «durchleuchten» die Ankäufer des zweiten Marktes Ausländer systematisch auf absetzbare Mitbringsel. «Verkaufen Sie Ihre Jeans? Aber vielleicht Ihren Pulli? Na, die Sandalen, die könnten Ihnen etwas einbringen. Nein? Dann wenigstens die Ohrringe und die Haarspangen? Sehen Sie, Ihre Frau lacht schon, die hat doch noch genug von den Sachen.» Mehrmals wurde ich sogar gefragt, ob ich nicht meine Brille versetzen wolle. Auf den Hinweis, daß ich dann kaum noch etwas sehen könne, winkten die flanierenden Promenaden-Händler ab: «Nitschewo . . .» – das mache doch nichts, ich sei ja im Urlaub. Am Schluß solcher Dialoge bekommt man gelegentlich zu hören: «Wenn Sie nichts zum Verkaufen mitgebracht haben – was wollen Sie dann eigentlich hier?»

Grundsätzlich verbessert sich jede Dienstleistung, sobald westliche Importwaren das Entgelt sind. Die Mädchen der gehobenen Kosmetiksalons von Moskau, in denen es recht gute Pflegemittel aus der DDR und manchmal sogar aus Österreich gibt, kassieren von den ausländischen Kundinnen Modezeitschriften und Pullis, Tonbänder und Kassetten mit westlichen Hits. Diese Kosmetikerinnen nehmen sich viel Zeit und werden allgemein gelobt. Ein besonderes Kapitel ist der Service, der sowjetischen Matrosen in Odessa geboten wird, wenn sie T-Shirts mit westlichen Emblemen, Marken-Jeans und ähnliche Produkte mitbringen. «Viele meiner Kommilitoninnen», so erzählte uns eine Germanistikstudentin aus Odessa, «tun alles, um einen Matrosen zu heiraten.» Privilegierte Sowjetbürger, die ins Ausland reisen dürfen, können westliche Mitbringsel – zum Beispiel ein modernes Tonbandgerät

– legal an die sogenannten Kommissionsläden verkaufen (wir werden auf sie noch eingehen). Gleichzeitig aber gibt es, über ganz Moskau verstreut, kleinere Warenlager des zweiten Marktes für westliche ausländische Importe. Gelegentlich kann man an Bäumen unauffällige Anzeigen entdecken mit Texten wie: «Westliche Stiefel, Gr. 38, pelzgefüttert, billig abzugeben». Größere Kollektionen werden allerdings durch strenge Geheimhaltung abgeschirmt. Eine russische Freundin von uns fuhr einmal mit Metro und Bus durch die ganze Stadt zu einer solchen Adresse. Die Frau, die ihr aufmachte, führte sie nach einigem Zögern durch ein ganzes Lager mit Stiefeln und Mänteln. Eine andere «Kundin» sah gerade gelangweilt die internationale Stiefel-Kollektion durch und erklärte, daß sie schon elf Paar besäße und nur einmal schauen wollte.

Der zweite Markt lebt aber nicht allein von Importen und von dem am staatlichen Arbeitsplatz abgezweigten Bedarf. Er wird auch von der einheimischen Privatproduktion beliefert. Die «Heimindustrie», die die Lücken der staatlichen Versorgung füllt, wird von der Partei mit ideologischem Mißtrauen beobachtet. Zwar würde die Versorgung mit Kartoffeln und Gemüse, Fleisch und Geflügel bei einem Verbot der kleinen, privaten Hofparzellen katastrophale Einbrüche erleiden. Aber gleichzeitig fürchtet die Partei, daß «bürgerliches Gewinnstreben» privater Kleinproduzenten die zentralistische Gewalt unterhöhlen und die Industriearbeiter mit Neid erfüllen könnte. In der neuen Verfassung von 1977 präzisiert Artikel 17 die Zulassung von privatem Kleingewerbe. Diese «Lex Schaschlikbude» fängt aber nicht einmal die regional längst veränderte Wirklichkeit ein. Der Süden des Landes setzt sich durch Privatinitiative immer wieder ab. Durch den Kaukasus ging zum Beispiel 1976 eine Strickwelle. Lehrer und Tierärzte, Arbeiter und Bauern knüpften Socken, Schals und Pullover und ließen ihre Arbeitsplätze verwaisen. Fliegende Händler brachten die warmen Sachen auf den Billigrouten der Aeroflot in den kalten Norden, bis nach Murmansk. Ein Veterinär und seine Frau verdienten durch ihre Strickarbeit in drei Monaten umgerechnet 27 000 Mark, wie die *Prawda* mißbilligend enthüllte.

So löste denn auch der Artikel 17 – bei der öffentlichen Diskussion über den neuen Verfassungsentwurf 1977 – die heftigsten ideologischen Flügelkämpfe unter den sowjetischen Lesern aus. Der Artikel lautet in der Endfassung: «In Übereinstimmung mit dem Gesetz sind in der UdSSR individuelle Arbeit im Bereich des Handwerks, der Landwirtschaft und der Dienstleistung für die

Bevölkerung zugelassen, außerdem andere Tätigkeiten, die ausschließlich auf persönlicher Arbeit der Bürger und der Mitglieder ihrer Familien beruhen. Der Staat regelt die individuelle Arbeit, indem er deren Nutzung im Interesse der Gesellschaft gewährleistet.»

Die *Prawda* druckte damals Leserbriefe, in denen extrem unterschiedliche Positionen bezogen wurden, nebeneinander ab. Der Arzt W. Sanosdra aus Nowgorod bekannte: «Meiner Meinung nach ist es nicht von grundsätzlicher Bedeutung, wo der Werktätige im sozialistischen Staat arbeitet: in der Fabrik, im Unternehmen oder im eigenen Heim ... Das Leben zeigt, daß erfahrene Meister oder Techniker die besonders dringenden Reparaturen von Schuhen und Haushaltswaren oder auch Näharbeiten zu Hause viel operativer, schneller und billiger (bei vernünftigen Steuern) ausführen ... Deshalb schlage ich vor, den Artikel 17 dahingehend zu ergänzen, daß die örtlichen Sowjetorgane günstige Bedingungen für die vom Gesetz gestattete individuelle Arbeitstätigkeit gewährleisten müssen.» Eine extreme Haltung gegen die «Lex Schaschlikbude» vertrat der Lektor und Ideologe M. Schub aus Orenburg. Die Notwendigkeit des Artikels 17 sei anzuzweifeln. Das private Handwerk könne den staatlichen Bereich überfluten. Die Erziehung des neuen Menschen zu hoher kommunistischer Moral werde negativ beeinflußt. Die Privatinitiativen würden zu individueller Bereicherung und Habgier führen.

Angesichts der kontroversen Positionen bat die *Prawda* einen Schiedsrichter um genauere Auslegung des Artikels 17. Der Wirtschaftswissenschaftler und Leiter der Abteilung für die Statistik der Haushalte, D. Dumnow, nannte die Befürchtungen des Ideologen Schub unbegründet. Der Anteil der Privatberufe wie Tischler, Ofensetzer, Klempner, Schuster, Näher, Strickerin, Stickerin, Künstler, Musiklehrer, Zahnarzt liege bei 0,1 Prozent und sei damit so gering, daß diese Arbeiten sogar mit mehr Aufmerksamkeit bedacht werden müßten. Das private Hofland sei eine zuverlässige Stütze des Familienbudgets, aber keine Profitquelle.

Neben den Dienstleistungen und Gewerben, die von den staatlichen Finanzabteilungen registriert und besteuert werden, wie Teppichflechten, gewisse Bauarbeiten und Autoreparaturen, wird es laut Dumnow auch künftig keine Konzessionen geben für: private Transportmittel; die Herstellung von kosmetischen Erzeugnissen und Arzneien; die Vervielfältigung von Filmen, Tonbändern und Schallplatten. Die zugelassenen Gewerbe und privaten

Tätigkeiten aber, so der Experte in der *Prawda,* «werden selbst bei sehr gut organisierten staatlichen Leistungen noch lange Zeit unverändert Bedeutung haben».

Unverändert Bestand haben wird auch jener geheime, unbegrenzt finanzierte Zweig des Dienstleistungsgewerbes, der das Paradies der Privilegierten unterhält. Die Welt hinter den Sichtblenden, in der laut Volksmund der Kommunismus auf Kosten des Proletariats schon verwirklicht ist, haben jene detailliert beschrieben, die mit ihr brachen – Stalins Tochter Swetlana zum Beispiel. Wir wollen dennoch kurz auf die fortdauernde Diskrepanz eingehen zwischen der Mystifikation des kommunistischen Führungsanspruches und seiner alltäglichen Deformation, deren Metastasen sich immer weiter ausbreiten. In der Broschüre *UdSSR – 100 Fragen und Antworten,* die der Verlag *APN* 1977 zum 60. Jahrestag der Oktoberrevolution herausgab, lautet eine der Fragen: «Ich habe wiederholt gelesen, daß die Kommunisten in der UdSSR viel größere Vorrechte genießen als die übrigen Bürger. Stimmt das?» Die Antwort: »Wenn man als Vorrecht die Möglichkeit betrachtet, etwas zu bekommen, was für andere unerreichbar ist, so haben die sowjetischen Kommunisten keine Vorrechte. Wer die Parteimitgliedschaft auszunutzen versucht, um solche Vorrechte zu ergattern, wird ausgeschlossen. Parteimitglied zu sein bedeutet, die Interessen des ganzen Volkes stets über die persönlichen zu stellen.«

Diese Antwort ist ein Beispiel für die Unverfrorenheit, mit der in der Sowjetunion stets dann gelogen wird, wenn sich ein allgemein offenbarer Zustand nicht einmal durch ideologische Spitzfindigkeiten beschönigen läßt. Selbst wenn die Kommunisten untereinander sind, im ausgewählten, formal höchsten Kreis, beim großen Parteitag der KPdSU – selbst dann genießen die *einen* Vorrechte, die für die *anderen* unerreichbar sind. Auf dem 25. Parteitag im Frühjahr 1976 gab es vier Säle, wie mir ein osteuropäischer Kommunist anvertraute. Der erste Saal war für Mitglieder und Kandidaten des Politbüros, für die obersten Militärs und für allerhöchste Gäste von Fidel Castro bis Erich Honecker reserviert. Im zweiten Saal trafen sich höhere Partei- und Regierungsfunktionäre und zweitrangige Gäste. Der dritte Saal war bestimmt für Mitglieder des Zentralkomitees und für die unteren Ränge der Gastdelegationen. Im vierten Saal schließlich kamen die einfachen Parteitagsdelegierten, die nicht-offiziellen Gäste und andere untere Chargen zusammen. Ein Genosse aus diesem vierten Rang verirrte sich in den dritten Saal. Er wurde sogleich hinauskomplimentiert. Doch da er mit einigen Gläschen besonderen Enthusiasmus getankt hatte, beschwerte er sich laut. «Was hätte», so rief er in den für ihn unerreichbaren Saal, «Lenin wohl zu einer solchen Gesellschaft gesagt, Genossen!»

In den untersten Parteirängen sind die rein materiellen Vorrechte nicht so groß, wie manchmal dargestellt. Zu den wichtigsten Privilegien auf dieser Ebene gehört der Informationsvorsprung, der Zugang zu Nachrichten, die dem übrigen Teil der Bevölkerung vorenthalten werden. Die Parteimitgliedschaft sichert außerdem alle Vorrechte für die Karriere. Der Eintritt in den Kommunistischen Jugendverband (Komsomol) erleichtert den Weg zur Universität, zur Dissertation, in den Beruf. Die privilegierte Position eines Professors, eines Journalisten, eines Kolchosvorsitzenden ist praktisch nur durch die Partei zu erreichen. Auf der höheren Funktionärsleiter weitet sich der Katalog für die Selbstbedienung am volkseigenen Sozialprodukt mit jeder Stufe aus. Zwar reicht dieses Kastensystem nicht an die Privilegien der zaristischen Aristokratie heran, doch die höchsten Funktionäre leben unbegrenzt nach ihren Bedürfnissen. Sie haben lange mediterrane Küstenstriche und geschlossene Dörfer für ihre Datschen. Ihnen dienen ganze Gemeinden, «tote Seelen», hochdotiert und unsichtbar für den Normalbürger. Eine eigene Dienstleistungsschicht wirkt hinter den übermalten Fenstern der versteckten Prominenten-Hospitäler und Erholungsstätten, der Schneidereien und Wäschereien, der Kosmetiksalons und Sonderläden mit allen westlichen Luxusgütern. Den verwöhnten Töchtern und Söhnen der Prominenz steht jede Tür offen, sie besitzen alles – bis auf ein familiendynastisches, politisches Erbrecht. Leonid Breschnews Sohn Jurij ist 1976 mit 43 Jahren zum Stellvertretenden Außenhandelsminister ernannt worden, 1979 rückte er zum Ersten Stellvertretenden Außenhandelsminister vor. Außenminister Gromykos Sohn Anatolij wurde Ende 1976 zum Direktor des Afrika-Instituts an der Akademie der Wissenschaften ernannt. Doch spricht bisher alle Erfahrung dafür, daß sich der Aufstieg dieser Männer nach dem Abgang ihrer Väter verlangsamen wird.

Protektion ist eines der Übel, das alle Eliten verbindet. In der Sowjetunion dient sie aber nicht nur der persönlichen Karriere bzw. der Reproduktion von Funktionsträgern. Sie verstärkt dazu noch die soziale Deprivation der nichtprivilegierten Mehrheit. Einflußreiche Genossen der mittleren und unteren Ebene bringen ihre Verwandten nicht selten dort unter, wo Konsumgüter abzuzweigen sind. Auch Aushilfsjobs in ausländischen Botschaften, die von den sowjetischen Behörden vermittelt werden, sind verlokkende Posten. Privilegierte Parteibürokraten schustern sie gerne ihren Verwandten zu, weil solche Positionen Zugang zu importierten Gütern und Ersatzteilen verschaffen.

Nach vagen westlichen Schätzungen zählen zur sowjetischen Elite etwa 250 000 Personen. Die Privilegien der breiten Basis sind für westliche Maßstäbe von materiell geringem Umfang, sie wachsen nur im Vergleich mit dem Standard der gesamten Sowjetgesellschaft. Im einzelnen verteilen sich die Elitegruppen auf: Hauptamtliche Parteifunktionäre (95 000), Verwaltung von Staat und Gewerkschaft, Komsomol (60 000), Militär, Diplomatie, Polizei (30 000), Betriebsleiter (22 000), führende Intelligenzschicht, Wissenschaftler, Künstler (43 000).

Wir wollen uns nun ansehen, welche Konsequenzen die übrigen Sowjetbürger aus ihrer Lage ziehen. Für diese Betrachtung haben wir zwei Ausgangspunkte. Erstens: Der Sowjetstaat bietet der großen Masse seiner Bürger, die sich nicht oppositionell organisieren, heute Sicherheiten, wie es sie nie zuvor in Rußland gegeben hat. Auskommen und Arbeitsplatz sind gegenwärtig weitgehend garantiert. Zweitens: Das System bietet keinerlei Leistungen, mit deren Hilfe die Bürger einen Mehrwert an Lebensqualität gewinnen können. Im Gegenteil, es mutet den Menschen einen für uns kaum vorstellbaren Reibungsverlust und Kräfteverschleiß zu. Das hat zur Folge, daß die Bürger die staatliche Verplanung mit privatem Rückzug beantworten. Dieser Rückzug führt sie immer weiter vom System fort und das System partiellen Auflösungserscheinungen entgegen.

3. Kapitel

Die Konsequenzen

1. Die Abwanderung: Graue Märkte, roter Schwindel und der kleine Diebstahl von Millionen

Bei der Imbißstuben-Vereinigung der Stadt Nowomoskowsk, 230 Kilometer südlich von Moskau, klingelte das Telefon. «Hier spricht die Abteilungsleiterin der Staatsbank-Filiale, Frau Kolikolnikowa. Bitte holen Sie umgehend 50 000 Rubel ab!» Der Oberbuchhalter verstand die Welt nicht mehr: «Wofür sollen wir denn das Geld nehmen?» «Nehmen Sie es zum Beispiel für den Einkauf von landwirtschaftlichen Produkten ...» «Aber soviel Geld steht uns dafür nicht zu ...» «Die Bank weiß besser, was Ihnen zusteht. Schicken Sie einen Kassierer – und möglichst schnell.» Zur gleichen Stunde läutete es bei der Vereinigung für Leichtindustrie-Erzeugnisse. Frau Tostjakowa, eine führende Angestellte der Staatsbank in Nowomoskowsk, überfiel den Oberbuchhalter mit dem undurchschaubaren Ansinnen: «Wir geben Ihnen 50 000 Rubel für den Lohnfonds. Sie werden uns diese Summe umgehend als Verkaufserlös zurückerstatten. Keine Angst, das Geld verläßt die Staatsbank nicht. Es ist nur ein Handel auf dem Papier.»

Als der Oberbuchhalter zögerte, klingelte es im Kabinett des Genossen Rybkin, dem Direktor der Leichtindustrie-Vereinigung. Die Leiterin der örtlichen Staatsbank, Frau Saranzewa, flötete ihm ins Ohr: «Ach, Pjotr Alexandrowitsch, nicht wahr, wir werden mit Ihnen noch lange zusammenarbeiten müssen ...» Der Wink war unüberhörbar. Schließlich kann ein verantwortungsbewußter Direktor nicht die Chancen seines Unternehmens auf außerplanmäßige Betriebsmittel-Kredite der Staatsbank schmälern ... Von nun an brauchten die Bank-Ladies nur noch Kommandos zu erteilen: «Ist dort die Gebietsvertriebsstelle? Schicken

Sie den Kassierer mit leerem Scheck, wir tragen die Summe selbst ein!» Die Bauverwaltung der *Nowomoskowsker Kohle* hatte noch zehn Rubel auf dem Lohnfondskonto. Mit dem Scheck Nr. 644 118 überwies ihr die Staatsbank 50 150 Rubel. Noch am selben Tag zahlte die *Nowomoskowsker Kohle* bei der Staatsbank haargenau diese Summe ein – als Erlös der Verkaufsstelle Nr. 14. In Wirklichkeit hatte die Verkaufsstelle nur 130 Rubel umgesetzt.

Worin lag das Geheimnis der rätselhaften Transaktionen? Die Angestellten erhöhten auf dem Papier den Bargeldumsatz der Staatsbankfiliale. Denn nur, wenn sie den sogenannten Kassenplan erfüllten, konnte die Filiale eine Jahresprämie von umgerechnet 20 000 DM kassieren. So ließen die Damen auf dem Papier eine Million Rubel (3 Millionen Mark) durch Nowomoskowsk zirkulieren. Nach den Bankunterlagen tranken die 150 00 Bürger des Chemiezentrums einen See voller Joghurt, sie verschlangen Berge von Kuchen, ihre Schränke quollen von Kleidern über.

Die Speisung der 150 000 auf dem Papier zeigt besonders plastisch, daß die Bindung des Erfolges an irreale Planziffern oft zu absurden Handlungen führt – statt zu Ertragssteigerungen. Die Transaktionen von Nowomoskowsk waren besonders pikant, weil gerade die Filialen der Staatsbank ein Instrument der Plankontrolle sind. Sie erhalten die Kopien der vierteljährlichen Umsatz- und Beschaffungspläne der Betriebe. Wenn die Pläne nicht erfüllt werden, kann die Staatsbank eingreifen. Wie mächtig sie ist, zeigt sich in Nowomoskowsk noch nach der Aufdeckung des Schwindels. Die fachlich hochgeschätzten Prämienschummler wurden nur schriftlich verwarnt.

Dieses Beispiel zeigt, daß in der Sowjetunion nicht nur Schieber und Hehler ihre Vorteile aus der schlechten staatlichen Versorgung zu ziehen versuchen, sondern daß auch die *white-collar-crimes* zunehmen. So wie sich in der Bundesrepublik Kredit- und Subventionsbetrug, Konkursvergehen und Schwindelfirmen immer weiter ausbreiten, hat sich auch in der UdSSR eine dem System angepaßte Wirtschaftskriminalität herausgebildet. Ihr Hauptfeld ist die Fälschung von Planstatistiken mit dem Ziel, die Prämien für die Übererfüllung des Plansolls zu kassieren. Viele dieser Manipulationen bleiben jahrelang unentdeckt, weil sich der Kreis der Beteiligten über den Einzelbetrieb hinaus bis in die staatlichen Kontrollstellen erstreckt. Die Verluste an Prämien sind dabei nicht so gravierend wie die Irreführungen der zentralen Wirtschaftsplanung. Denn für eine relativ geringe Prämie müssen die Planleistungen auf dem Papier oft gewaltig heraufgesetzt werden – wie wir im Falle des Joghurt-Sees von Nowomoskowsk gesehen haben.

Dabei waren die Kommunisten einst ausgezogen, um die Sümpfe des alten Systems trockenzulegen. Öffentliche Korruption und großer Schwindel haben in Rußland Tradition. Ihre Auswüchse verhalfen den klassischen Satiren zu vielen Pointen. Gogol malte eine «Schwindelfirma» in *Die toten Seelen* aus: «Tschitschikow aber tat sich bald ein bedeutend weiteres Betätigungsfeld auf: es wurde nämlich eine Baukommission für die Errichtung irgendeines ärarischen Kolossalgebäudes eingesetzt . . . die Kommission ging sogleich ans Werk. Ganze sechs Jahre gab sie sich mit dem Bau ab; aber lag es am Klima oder war das Material schon einmal so – jedenfalls gedieh dieser ärarische Bau nie über die Fundamente hinaus. Dafür aber tauchten am anderen Ende der Stadt das eine und das andere hübsche Haus in gutbürgerlichem Stil auf, bis ein jedes Mitglied der Kommission sein eigenes hatte. Offenbar war der Grund dort besser . . . Da wurde auf einmal an Stelle der früheren Schlafmütze ein neuer Vorgesetzter ernannt . . . Er forderte Abrechnungen, sah auf den ersten Blick, daß gar nichts stimmte, stellte auf Schritt und Tritt fest, daß Geld fehlte, entdeckte im nächsten Augenblick auch schon die hübschen Häuser im gutbürgerlichen Stil – und schon war die Untersuchung da! Die Beamten wurden ihres Dienstes entsetzt, die hübschen Häuser im gutbürgerlichen Stil aber gingen an das Ärar über und wurden in allerhand gottgefällige Anstalten und Kantonistenschulen umgewandelt.»

Sieht man von den gottgefälligen Anstalten und Kantonistenschulen einmal ab, so könnte der Fall auch heute spielen – aber eben als jederzeit aufdeckbares Betrugsunternehmen. Gogols Bauschwindel hat jedoch über den klassischen Fall hinaus im Sowjetsystem eine Variation erfahren, die von keinem «neuen Vorgesetzten» mehr entfilzt werden kann, die gegen die sozialistische Gesellschaftsordnung verstößt und die sie doch gleichzeitig davor bewahrt, noch tiefer in die Sackgasse zu geraten. In der UdSSR gibt es offiziell keinen Handel mit Baubedarf. Er ist eine Mangelware, die von den Planstellen ganz knapp bemessen verteilt wird. Der Mangel schlägt auf den Wohnungsbau durch. Die materiell nicht interessierten, staatlichen Bauhandwerker produzieren Betonblöcke, die in den wenigsten Fällen wirklich bezugsfertig sind. So wächst ein Heer schwarzer Brigaden, die in die staatlichen Rohbau-Wohnungen gegen hohe Löhne den «privaten» Rahmen einsetzen, d. h. weitgehend die Installation nachholen. Allein die Moskauer geben pro Jahr umgerechnet 30 Millionen Mark für schwarze Reparaturarbeiten aus. Die nötigen Utensilien dafür werden selbstverständlich von den Materiallagern der «Kolossalgebäude» staatlicher Wohnungsplanung abgezweigt und «tauchen am anderen Ende der Stadt» auf. Unter der Überschrift «Wenn Edik kommt ...» hat die *Literaturnaja gasjeta* den gutbürgerlichen Service der schwarzen Brigaden besonders plastisch beschrieben:

«Alles begann wie in einer Kinoreklame. Die Klingel läutete, der Hausherr öffnete die Tür – und in die Wohnung, die sich noch nicht ganz vom Umzugsfieber erholt hatte, trat seine Hoheit der Service in Gestalt einer jungen Person von erlesener Höflichkeit und mit gewandtem Geschäftsgebaren. ‹Wünschen der verehrte Herr Neubezieher, daß wir Fenstergesimse einsetzen oder die Tür polstern? ... Wann kann man zu Ihnen kommen? Geben Sie eine Ihnen genehme Zeit an.› ‹Am Samstag von sechs bis sieben Uhr abends›, platzte der Hausherr heraus ... Doch die Abgesandte des unbekannten Kontors wurde durch diese menschenfresserische Bedingung nicht in Verlegenheit gebracht. ‹Gut›, nickte sie und machte einen Vermerk ins Notizbuch ... Zum ausgemachten Zeitpunkt erschien die Brigade der Fenstersetzer: der Handwerker und seine Hilfsarbeiterin. Der Meister erwies sich als ein Mensch von sehr intelligentem Aussehen. Er trug eine weite Strickjacke, die an eine Künstlerbluse erinnerte, und Jeans einer gewissen legendären Firma. Das Ensemble ergänzte eine elegante Tasche mit einer weißen Aufschrift in englischer Sprache: Kurz, der Meister sah aus wie ein Modenarr ... Der Maestro arbeitete schnell, leicht, künstlerisch, er und der Hausherr warfen sich geistreiche Bemerkungen zu, die ersteren als einen belesenen, nicht durchschnittlichen Menschen auswiesen. Zum Einsetzen der zwei Gesimse brauchte er eine halbe Stunde, er empfing die ihm zustehenden 24 Rubel, sammelte sein Werkzeug ein und betrachtete mit schnellem Blick sein Werk: ob er keine Risse, Staubkörnchen, Schmutzflecken hinterlassen hatte. Doch alles war wohlgetan. Und nun gestattete sich der Maestro zum Abschied einen, wie anzunehmen ist, seltenen Luxus: Er befriedigte die Neugier des verblüfften Hausherrn. Ja, ganz richtig, er sei nicht als Fachmann für das Einsetzen von Fenstersimsen in die Welt gezogen. Doch dieses Hobby bringe ihm nicht wenig Geld, bis zu 200 Rubel pro Tag. Davon könne er sogar seinen Agenten noch 50 Rubel zahlen, die ihn genau darüber informierten, wann und wo ein neues Haus mit vielen Wohnungen bezogen werde.»

Die schwarzen Helfer aus allen Nöten – wie der «Maestro» – werden im Volksmund *Schabaschnik* genannt. Die Bezeichnung ist vom russischen Wort für Hexensabbat abgeleitet. Die Hexerei des Schabaschnik besteht darin, daß er alles zur Hand hat, was es nicht gibt, und daß er alles erledigt, was die staatlichen Service-, Bau- und Werkstätten nicht zuwege bringen, nicht als der Mühe wert empfinden oder nicht beschaffen können. Der Schabaschnik hilft sogar Ausländern, wenn diese den Hexenmeister über gute sowjetische Freunde auftreiben können. Der frühere Korrespondent der *Süddeutschen Zeitung* in Moskau, Rudolph Chimelli, erlebte einmal, wie ein Schabaschnik nach Verabredung eine westliche Limousine unter einer Straßenlaterne reparierte. Die staatliche Werkstatt hatte keinen Rat gewußt. Der schwarze Retter kam mit einem eigenen PKW zum Treff. Doch er hatte vorsichtshalber das Nummernschild abmontiert, um seine Identifizierung zu erschweren. (Ein Auto, das neu ist oder seinen Besitzer gewechselt hat, darf in der Sowjetunion bis zum Ende der Anmeldungsprozeduren ohne Nummernschild gefahren werden.) Materialien und Ersatzteile bezieht der Schabaschnik direkt aus der Produktion oder er beschafft sie sich auf dem Parallelmarkt. Das ist eine Quelle, die sich gleich wieder in viele Arme teilt, vom schwarzen Handel bis zu den sogenannten Trödel- oder «Stoß»-Märkten. Sie «stoßen» aus, was dringend benötigt wird, haben undurchsichtige Zulieferer und geraten leicht an den Rand der Legalität – wie der berühmte, inzwischen geschlossene Markt von Odessa.

Zum großen Geheimtip wurde Mitte der siebziger Jahre der Markt von Tula – jener Stadt rund 200 Kilometer südöstlich von Moskau, der Breschnew im Frühjahr 1977 eine bessere Versorgung verschaffte, indem er sie zur Heldenstadt ernannte. Sonntag für Sonntag strömten bis zu 15 000 Eingeweihte aus Riga und Tallinn, aus Minsk und Moskau, aus Kaluga und aus Breschnews politischer Heimat Dnjepropetrowsk auf den Markt von Tula. Schon auf den Bahnsteigen der Stadt wurden Waschmittel und Lippenstifte angeboten. Auf dem Weg zum Markt waren Auto-Ersatzteile oder Abendstolas erhältlich. Wer sich am Ende zu den Ständen mit dem Schild «Kulturwaren» durchgedrängelt hatte, konnte unter fabrikneuen Kondensatoren, Dioden und Dynamos seine Wahl treffen. Die Ware wurde frisch vom Werk *Tulasantechnika* nachgeschoben. Im Sommer 1977 brachte die Gewerkschaftszeitung *Trud* in Erinnerung, daß das Exekutivkomitee des Gebietes von Tula schon im Dezember 1973 einen Erlaß gegen solche Praktiken verabschiedet hatte. Trödelmärkte, so war in dem Erlaß verfügt worden, dürften ausschließlich Privatbesitz von Sowjetbürgern anbieten, nicht aber fabrikneue Industrieerzeugnisse. Wie weit hatte sich die Markt-Wirtschaft von Tula in nur vier Jahren von diesem Erlaß entfernt?

Der private Verkauf der funkelnagelneuen Staatshandelsprodukte florierte unter den Augen der Gesetzeshüter. Da hielt zum Beispiel ein Milizionär einen Mann an, der Elektrolampen absetzte. Der fliegende Händler hatte sich nicht einmal die Mühe gemacht, die Lampen aus den Kartons zu nehmen, auf denen noch die Firmenadresse stand. Die Verpackung? Die, so gab der Befragte zu Protokoll, habe er sich auf einem Abfallhaufen gesucht. Nach diesem Bescheid stellte der Milizionär seine Amtshandlung ein. Kontrolliert wurde auch ein 28jähriger Händler aus Moskau, der in Tula moderne Schallplatten, Krimis, westlichen Puder, Schampoo und Wimperntusche unter die Leute brachte. «Ich habe mir die Sachen gekauft, dann gefielen sie mir nicht mehr, und jetzt verkaufe ich sie weiter», gab er an. Seine Waren wurden vorübergehend beschlagnahmt. Doch nach einiger Zeit schrieben ihm die Behörden nach Moskau, er könne die Sachen aus Tula wieder abholen. Der selbstbewußte Handelsmann antwortete schriftlich, wochentags habe er aus familiären Gründen keine Möglichkeit, sich mit der Miliz zu treffen. Wenn die Behörden die Zeit hätten, den Menschen ihr Eigentum wegzunehmen, dann sollten sie auch die Zeit aufbringen, um es selbst wieder heranzuschaffen. «Wenn ich die Sachen nicht zurückbekomme, dann werde ich mich gezwungen sehen, höhere Instanzen einzuschalten», so schloß der Brief.

«Die Frechheit der Schieber», so kommentierte ein Inspektor in Tula resignierend, «entwickelt sich proportional zur Hilflosigkeit, die wir ihnen gegenüber an den Tag legen.» Hilflosigkeit ist eine zutreffende Bezeichnung. So schleppten Mitglieder des kommunistischen Jugendverbandes zum Beispiel den jungen Ingenieur Wladimir Koslow vom *Werk für Elektro-Elemente* in Tula direkt zur Miliz, weil er Radiozubehör direkt ab Werk in den Handel brachte. Der Fall war klar, die Schiebung nicht zu leugnen – doch am Ende erhielt Koslow nur einen milden Tadel von der Komsomolzenversammlung. Die Unentschlossenheit hatte gute Gründe. Die Planerfüllung von Betrieben und Kolchosen, die Freigabe von Neubauten hängt immer wieder ab von Umschlagplätzen wie diesem Trödelmarkt. Der Beweis dafür lag in Tula gleich um die Ecke. Da gab es in der *Clara-Zetkin-Straße* ein vielstöckiges Wohngebäude, das längere Zeit nicht bezogen werden konnte, weil ein Ersatzteil für den Fahrstuhl fehlte. Erst als der Bauleiter nach Wochen zum Trödelmarkt ging, fand er das dringend gesuchte Bauelement sofort. Dennoch wurde der Markt von Tula am 1. Oktober 1977 geschlossen. Er hatte die verschwommene Grenze zwischen roter Pannenhilfe und schwarzem Markt allzu eindeutig überschritten.

Die Schwarzhändler von Tula haben schnell Unterschlupf und neue Quellen gefunden. Der Staat kann den illegalen Wirtschaftszweig nicht absägen, an den sich selbst Großbetriebe klammern müssen, wenn ihnen die Zentralverwaltungswirtschaft durch knappe oder falsche Lieferungen die materiellen Grundlagen entzieht. Ein Kolchosvorsitzender, der vor Gericht stand, weil er Kisten von Schwarzhändlern bezogen hatte, um die Apfelernte zu verpacken, faßte das Dilemma in einer kurzen, rhetorischen Frage zusammen: «Was ist das größere Verbrechen», so wandte er sich an seine Richter, «für ein paar Rubel bei Hehlern zu kaufen oder die Ernte zu verlieren?» Was dem Staat jährlich durch private Initiativen, durch illegalen Handel und durch Schwarzarbeit an Verlusten und Verzweiflung erspart wird, weiß er vermutlich selber nicht. Kein Geheimnis ist, daß durch die kleinen Diebstähle im ganzen Land Jahr für Jahr mehr Milliarden Rubel vom Staatseigentum abgezweigt werden.

Über das zaristische Rußland pflegte der konservative Historiker Nikolaj Karamsin zu sagen: Wenn man die Frage «Was geht im Lande vor?» mit einem einzigen Wort beantworten müsse, könne dieses Wort nur «Diebstahl» lauten. Mehr als sechzig Jahre nach der Oktoberrevolution sieht es auf den ersten Blick kaum anders aus. Aber die Selbstbedienung, mit der sich die Bevölkerung einen kleinen Teil des ihr vorenthaltenen Mehrproduktes zurückholt, ist doch etwas differenzierter zu sehen. Zwar besteht kein Zweifel daran, daß jene zwielichtigen Gestalten waschechte Schieber sind, die in Geheimtip-Wohnungen oder vor den Moskauer Kommissionsläden an der Pferderennbahn und am Gartenring westliche Kassettenrecorder im Werte von 200 Mark für den sechsfachen Preis verkaufen, die noch DDR-Textilien mit doppeltem Aufschlag verhökern oder mit Devisen en gros handeln. Doch etwas anderes ist es schon, wenn auf dem legalen Gebrauchtwagenmarkt im Südhafen von Moskau Käufer und Verkäufer einen Vertrag über das staatliche Unternehmen abschließen, aber gleichzeitig ihre eigenen Preise vereinbaren. Diese Preise liegen dann oft bis zu einem Drittel über dem offiziell taxierten Wert des Autos. Auf diese und andere Weise helfen Hunderttausende von

Sowjetbürgern, das Mißverhältnis zwischen Angebot und Nachfrage wenigstens etwas zu regulieren.

Auch die Privatinitiative, die Wasib Hasanowitsch Dawletschin 1978 in Tscheljabinsk vor Gericht brachte, war kein purer Diebstahl. Der bis dahin unbescholtene Mann aus der Direktion des magistralen Rohrleitungsbaus hatte an private Kunden und an staatliche Organisationen das Holz aller Schneisen verkauft, die für den Rohrleitungsbau geschlagen wurden. Diese Schneisen, so hatte der unternehmerische Tatarensprößling erkannt, führten in ein Niemandsland der Planwirtschaft. Das Ministerium für Waldwirtschaft gibt für den Bau von Trassen nur Holzfällerkarten aus. Das geschlagene Holz – pro Jahr rund 80 Millionen Kubikmeter – wird von keinem Plan aufgefangen. Denn die staatliche Holzinspektion kontrolliert nur die Organe der Waldwirtschaft, und diese sind ausschließlich für gehegten Wald, nicht aber für Schneisen zuständig. Die Baufirmen haben die Gesetzesauflage, die Baustelle aufgeräumt zu hinterlassen. Um Geldbußen zu entgehen, pflegen sie ganze Wälder in Gruben zu beerdigen oder zu verbrennen. Ein solcher Raubbau ist nicht allein mit der Abstumpfung durch die Planwirtschaft zu erklären. Forstadministration hat in Rußland keine sehr tiefreichenden Wurzeln. Sie wurde erst unter Peter dem Großen begründet – und auch da zunächst nur, um für den Holzbedarf der entstehenden Seemacht zu sorgen.

Der tüchtige Wasib Hasanowitsch, der in Tscheljabinsk vor Gericht kam, hatte wenigstens Geschäftssinn für Holz. Er brachte es unter die Leute und bewahrte die Volkswirtschaft vor größerem Schaden. Doch weil er das mit Eigengewinn tat, traten die Behörden auf den Plan, die bis dahin der Verbrennung und Beerdigung ganzer Wälder zugesehen hatten. Gedankenlose Verschwendung bekümmert wenige – Privatinitiativen und Geschäftssinn aber erregen Mißtrauen und Neid. Immerhin bewiesen am Ende die Richter in Tscheljabinsk, daß sie keine ideologischen Hinterwäldler mehr sind. Sie setzten die relativ geringe Strafe für Wasib Hasanowitsch Dawletschin zur Bewährung aus.

Der schwarze Markt bietet nicht nur Dynamos, Damenstiefel und Dienstleistungen, sondern auch Dumas, Diderot und Dostojewskij. Über die Stadt Kiew brach in der zweiten Hälfte der siebziger Jahre sogar eine Flut unzüchtiger Schriften herein. Sie kamen nicht aus dem westlichen Ausland, das ja laut Propaganda mit Pornografie die Sowjetgesellschaft zersetzen will. Die Schriften illustrierten vielmehr in feinstem Druck und Stich das Intimleben der hochmögenden Geschlechter am russischen Hof. Ein Zarinnen-Report, antiquarisch: das Liebesleben Katharina II., die Tagebücher ihrer Günstlinge, Biografien von Gardeoffizieren und als Zugabe Zeitschriften über die militärischen Unternehmungen der alten Reichsarmee. Alle diese Druckerzeugnisse waren einmalige Originale vom Ende des 18. und Anfang des 19. Jahrhunderts. Sie tauchten plötzlich vor den Kommissionsgeschäften und unter den Torbögen der ukrainischen Hauptstadt auf und verschwanden sogleich wieder gegen Liebhaberpreise. Die kostbaren Schätze stammten aus der staatlichen Bibliothek des Institutes für Geschichte. Der wissenschaftliche Mitarbeiter des Institutes Wadim Timofejewitsch Krjukow hatte im Laufe der Zeit über 350 Bände im Werte von umgerechnet 40 000 Mark auf die Seite und unters Volk geschafft.

Der Prozeß gegen Krjukow, der zu zehn Jahren verschärfter Lagerhaft verurteilt wurde, brachte vor allem heraus, daß sein Geschäft mit der schwarzen Kunst durch Schlamperei und viele zugedrückte Augen begünstigt wurde. In der Staatsbibliothek kümmerte sich niemand um die säuberlich-bürokratisch ausgearbeiteten Regeln für die Benutzung von Büchern. Sie besagten, daß jedem Leser maximal zehn Leseeinheiten ausgehändigt werden dürften, nur Akademiemitglieder und Dozenten könnten bis zu 20 Exemplare erhalten. Statt dessen hatten manche Leser über hundert Bücher mitgenommen und einen Teil nie wieder abgeliefert. Der ehemalige Direktor des Institutes, der pikanterweise auch den Vorsitz in der staatlichen Gesellschaft der Bücherliebhaber innehatte, brachte mehr als zwanzig Bände nicht zurück und «ersetzte» einige Raritäten durch billige Bücher. Krjukow, den diese Zustände zum großen «Buchvertrieb» anregten, fand mühelos Helfer. Zu ihnen gehörte der Konstrukteur der *Schöpferischen Produktionswerkstätten* von Kiew, Ingenieur Skatschkow. Er verwandte seine Talente darauf, die Stempel der Staatsbibliothek in den Büchern so unkenntlich zu machen, daß nur bei bestem Willen der rechtmäßige Besitzer der Bände noch auszumachen war. Den guten Willen besaß ohnehin kaum jemand: die Schwarzhändler schon gar nicht, aber auch die Angestellten der Kommissionsgeschäfte für Antiquariate und die Buchkäufer schauten nicht so genau hin. Bis heute fehlen zahlreiche Bände, von denen sich die unbekannten Liebhaber ganz offensichtlich nicht mehr zu trennen beabsichtigen.

Ein besonders krasses Beispiel dafür, daß die «Reprivatisierung» bis in die Kontrollinstrumente des Systems reicht, war der Fall Andrej Sokolow. Noch in der Tauwetterperiode der

Chruschtschow-Ära hatte er begonnen, den schwarzen Markt mit der besonders gefragten Literatur zu versorgen, die von der staatlichen Zensurbehörde *Glawlit* beschlagnahmt wurde. Als stellvertretender Vorsitzender der Zweiten Abteilung von *Glawlit,* die alle ausländischen Druckerzeugnisse kontrolliert, saß er direkt an der Quelle. Fünfzehn Jahre lang betrieb er mit verbotenen Büchern, die er als «vernichtet» registrierte, einen schwunghaften Handel. 1975 wurde der Mann, der noch selbst in der Einrichtung der staatlichen Zensur eine Marktchance erkannte, zu sieben Jahren Zwangsarbeit verurteilt.

Zu den bleibenden Eindrücken, die ich aus der Sowjetunion mitgenommen habe, gehört die unveränderte Bücherliebe der Russen. Zyniker sagen gerne, die schlechten Dienstleistungen, die langen Schlangen, in denen man die Wartezeit mit Lektüre überbrücke, hätten halt volksbildenden Charakter.

Aber die Lesebegeisterung breiter Bevölkerungsschichten sitzt tiefer. Die Menschen dieses Staates stehen eben nicht nur nach Fleisch, sondern auch und gerade nach ihren Dichtern und nach den Werken der Weltliteratur Schlange. In keinem Land der Erde haben so viele Menschen die Übersetzung von Thomas Mann, Ernest Hemingway oder Heinrich Böll gelesen. Vor einigen Jahren erschien ein alttibetanisch-russisches Wörterbuch. Obwohl in der Sowjetunion, wie mir ein Bekannter erzählte, nur ganz wenige Spezialisten Alttibetanisch kennen, war das Büchlein sofort vergriffen. Und es ist von vielen Käufern mit Sicherheit eingehend studiert worden.

In der UdSSR stehen ungezählte Bücher auf der Zensurliste oder in den «Spezialkammern» der Bibliotheken, die nur von Privilegierten mit Sonderausweis betreten werden können. Dennoch sind weit weniger Werke der Weltliteratur verboten als im Deutschland der Hitlerzeit. Aber wenn man sich vor Augen hält, wie sehr die Deutschen schon in den wenigen Jahren nationalsozialistischer Isolierung den Anschluß verloren hatten an Welt-, Sach- und Fachliteratur, wie sie Jahre brauchten, um die großen Vertriebenen unseres Sprachraums zu rezipieren, Freud, Fromm, Erikson, Horkheimer, Adorno – um nur einen Ausschnitt zu nennen –, dann drängt sich schmerzhaft die Frage auf: Welches Potential muß einem Lande verlorengehen, dessen lesewillige Bürger seit Jahrzehnten durch Zensur und zu niedrige Auflagen behindert werden? Ein führender Soziologe, der sogar zu Kongressen ins Ausland reisen durfte und den wir deshalb fragten, ob er nicht Fachliteratur aus dem Westen beziehen könne, antwortete uns:

«Hier habe ich zu allem Zugang, aber Fachliteratur per Post kommt nicht an – dafür bin ich nicht hoch genug.»

In der Sowjetunion besteht ein riesiger Nachfrageüberhang bei Belletristik. Die Chance, in einem normalen Buchladen ein kleines Bändchen von Dostojewskij oder Puschkin, Tolstoj oder Anna Achmatowa zu bekommen, ist gleich Null. Trotz ihrer Bücherliebe müssen viele Bürger selbst schöngeistige Literatur in Bibliotheken lesen. Etwa ein Drittel der gesamten Jahresauflage ist zwar Belletristik. Dennoch wird die Nachfrage nach schöngeistiger Literatur, so offizielle Angaben, nur zu 25 bis 30 Prozent befriedigt. Der Bedarf an Groschen-Romanen und Science-fiction-Lektüre wird noch weniger gedeckt. Begründet werden diese Rückstände mit Papiermangel. Es gibt ihn in der Tat – nur bleiben Berge von Propagandaschriften ungelesen liegen.

Für gute Literatur müssen die Sowjetbürger einen ermüdenden Kampf auf sich nehmen, der schon bei der Subskription beginnt. Die Warteliste bildet sich bereits, bevor der Stichtag für die Subskription offiziell bekanntgegeben wird. Deshalb sind Listen für die Neuausgaben von Weltliteratur mit Auflagen um 100 000 oft schon nach wenigen Stunden überzeichnet. «In der Regel muß man am Buchladen nicht weniger als zwölf Stunden Schlange stehen, manchmal in Kälte und Regen, der Staatskommunalverlag ist ja nicht interessiert daran, daß die Subskription bei gutem Wetter stattfindet», schrieben Leser an die *Literaturnaja gasjeta.* Sie hatten sieben Monate auf der Warteliste für die Subskription zu einer Gesamtausgabe der Werke von Alexander Dumas gestanden. Dann wurde die Subskription aufgehoben und die Ausgabe nur den Bibliotheken zur Verfügung gestellt.

So ist erklärlich, daß nicht nur die konsumhungrigen, sondern auch die lesebegierigen Bürger zur Selbsthilfe schreiten. Zu den privaten Büchertreffs in Torbögen oder vor Antiquariaten kommen Lehrer und Dozenten, Regisseure und Chefingenieure, Ärzte und Chemiker. Oft suchen oder bieten sie Fachliteratur. Auch hier ist die Grenze zwischen grauem und schwarzem Markt wieder fließend. Es ist nicht verboten, zu tauschen – nur tut das niemand. Die Fiktion vom Büchertausch wird nur für die Miliz aufrechterhalten, die es selbstverständlich auch besser weiß. Wie bei der Bestrafung von Planerfüllungs-Schwindel und beim Verkauf von fabrikneuen Erzeugnissen auf Trödelmärkten zeigen die Behörden auch beim privaten Bücherhandel Unentschlossenheit und regional unterschiedliche Reaktionen. So benachrichtigte zum Beispiel die Miliz in Leningrad die Arbeits- und Dienststellen der «schwärzesten»

Buchhändler. Doch nach einer Weile wurde ihr das erstaunlicherweise von der Staatsanwaltschaft untersagt. Die *Komsomoljskaja prawda* berichtete über einen Assistenten am Lehrstuhl für Philosophie in Leningrad, den die Miliz fünfmal im Torbogen verwarnt habe. Erst beim sechstenmal sei er von den Behörden wegen Schwarzhandels zur Verantwortung gezogen worden und habe dann den feierlichen Schwur geleistet: «Ich verpflichte mich, daß ich nicht mehr im Torbogen des Hauses Litenin-Prospekt Nr. 85 und im Garten hinter dem Haus Nr. 57 erscheinen werde ...»

Die Preise der grauen Buchmärkte am Leningrader Litenin-Prospekt, vor Kiews Antiquariaten oder nahe dem Moskauer Dsershinskij-Denkmal werden von Angebot und Nachfrage bestimmt. Während ein normales Buch im Geschäft umgerechnet etwa drei bis zehn Mark kostet, wechseln beim Freilufthandel die *Drei Musketiere* oder Jewtuschenkos Verse für 80 Mark den Besitzer. Die bedeutenden Schriftsteller seit sowjetischer Zeitrechnung, Bulgakow, Paustowskij, Platonow, Mandelstam, Pasternak oder auch Trifonow (*Haus am Kai*) sind bereits um einiges teurer. Eine Stefan-Zweig-Ausgabe in vier Bänden kostet 650 Mark, Maupassants gesammelte Werke 1600 Mark. Auch für eine eingeschmuggelte russische Ausgabe des *Archipel Gulag* von Alexander Solschenizyn müssen die Interessenten – und sie gibt es im Übermaß – mehr als 1000 Mark bezahlen. Aber so heiße Ware wie Solschenizyn, wie die Exilzeitschrift *Kontinent* oder wie Samisdat-Lektüre (die im Selbstverlag gedruckte Literatur sowjetischer Oppositioneller) hat selten jemand unter den Torbögen auf Lager, d. h. unterm Mantel oder in der Aktentasche. Zu «bestellen» ist die Exilliteratur jedoch – nur muß der Käufer dazu erst einmal das Mißtrauen des Händlers überwinden.

Einen ebenso zünftigen wie symbolträchtigen Platz hat die private Bücher-Gilde in Moskau gefunden. Der Treffpunkt liegt nicht weit vom Roten Platz, aber noch dichter am ockerfarbenen Klotz des einstigen Lubjanka-Gefängnisses, das heute die Residenz des KGB ist. Am nächsten jedoch steht den Händlern das Denkmal des Iwan Fjodorow. Er war Rußlands erster Buchdrukker vor rund vier Jahrhunderten und wurde als Ketzer ins Exil gejagt. Von seinem Sockel schaut Iwan Fjodorow jeden Samstag auf eine ungewöhnliche Schar von Jüngern, die der schwarzen Kunst in doppeltem Sinne verbunden sind.

II. Die Jugend: Pferde-Rocker und die Vorhut des Materialismus

Die Schlange ließ uns wenig Hoffnung. Doch wir schafften es am Ende bis zur Glastür, an die ich meinen Korrespondentenausweis preßte. Der Kontrolleur im Rentenalter kam nicht einmal näher und winkte von ferne routiniert ab. «Gäste aus der BRD», rief ich laut durch den winzigen Spalt zwischen den beiden Glastürflügeln – da schlurfte der Veteran herbei und schloß auf. Ein *Aeroflot*-Pilot schob sich mit uns hinein. «Er gehört zu uns», sagten wir, das genügte. Das Restaurant war eines der wenigen in der Sowjetunion, das Andrang verdiente. Die Bedienung war flotter, das Varieté-Programm frecher, der Sekt kühler, die Stimmung heißer als in Moskau. Ein halbes Dutzendmal spielte die Band den Hit, der *Boney M* beim Gastspiel in der Sowjetmetropole noch untersagt worden war: «Rasputin – the Russian Love-Machine». Der ganze Saal sang mit bei «Money, Money, Money, must be funny in a rich man's world».

Die Stadt, in der Rasputin und eine reiche Welt so laut besungen und Bundesbürger besonders höflich behandelt werden, diese Stadt hieß einmal Zarizyn. Sie ist der Geburtsort des sowjetischen Personenkultes. Schon 1922 – Lenin lebte noch – wurde Zarizyn in Stalingrad umbenannt. Um diesen Namen auszulöschen, opferte Hitler Hunderttausende, statt die fast ungeschützten sowjetischen Ölfelder im Süden zu besetzen. Heute ist Stalins Namen getilgt. In Wolgograd – wie die erste Endstation schrecklichster deutscher Verblendung inzwischen heißt – türmen sich zwar die Heldendenkmäler in den Himmel, aber um die «Schlacht an der Wolga», so die jetzige Umschreibung für den Kampf um Stalingrad, ist es seit Jahren still geworden. «Malaja semlja», die «kleine Erde», ist heute das erste Thema der offiziellen Geschichtsschreiber und der inoffiziellen Witze. Bei dem unbedeutenden Scharmützel im Kubangebiet hatte der Politoffizier Leonid Breschnew Feindberührung.

Die harten Schnitte zwischen Gegenwart und Vergangenheit fallen einem Deutschen in Wolgograd besonders auf. Aber drei Eindrücke sind überall gleich. Erstens: Die Sowjetunion ist von Brest-Litowsk bis Wladiwostok noch immer eine Kultstätte des heiligen Krieges, in dem die Vernichtung der deutschen Wehrmacht nach Hitlers Überfall weihevoll ausstaffiert wird – mit bombastischer Architektur und drastischen Fotos, mit Chopin und Schumann vom Tonband, mit Granatensplittern unter Glasvitrinen, mit zerfetzten Militärmänteln lokaler Helden und Ahnentafeln kommunistischer Partisanen. Zweitens: Selbst an diesen Stätten begegnen die Russen den Deutschen unbefangen, nie mit Feindschaft und ganz selten reserviert. Zu dieser Versöhnlichkeit gehört allerdings auch, daß es den meisten Russen gleichgültig ist, welche Schuld die Sowjetunion gegenüber anderen Völkern auf sich geladen hat. Drittens: Die sowjetische Jugend orientiert sich nicht im geringsten an den Helden des fernen Krieges, sondern am nähergerückten Konsum des Westens. Wozu dann aber die Kriegsmuseen und Panorama-Schaukästen mit bunten, pseudorealistischen Sandkasten-Schlachten gegen Teutonen und Tataren? Warum das jährliche Übersoll an Breitwand-Filmen, die die alten Fronten immer wieder, immer bunter aufrollen? «Sie müssen auf der Leinwand seit fast 35 Jahren weiter Krieg führen, weil sie sonst keine Ideale anzubieten haben», pflegte einer unserer Moskauer Freunde, der marxistische Regimekritiker Roy Medwedjew, auf solche Fragen drastisch zu antworten. In der Tat fördert heute nur noch der Konsum gemeinsame Zielvorstellungen der Sowjetvölker. Und als einzige, zwingend zugreifende Klammer, die die Jugend vorübergehend einer aktiven Beteiligung unterwirft, bleibt die Armee. Sie ist eine Grundfeste des Systems, und die Rüstungspolitik dient u. a. dazu, die Rolle des staatserhaltenden Militärs zu legitimieren. Gleichzeitig wird die systemsichernde Aufrüstung verbrämt als defensive Interessenwahrung – und davon kündet jedes sowjetische Militärmuseum. Die Leinwandschinken über den *Großen Vaterländischen Krieg*, die die Russen ganz unbefangen *Epopöen* nennen, nach dem bei uns veralteten, griechischen Wort für Heldengedicht, haben noch eine zusätzliche Aufgabe. Da die Partei die dreißiger Jahre – vom Höhepunkt der mörderischen Kollektivierungskampagne bis zum ungeheuren Massenterror Stalins – nicht aufarbeitet, sondern als weißen Fleck behandelt, wird der Krieg gegen Hitler unterschwellig als Rehabilitierung, als zweite Geburt des Systems vermittelt.

Mir drängte sich dieser Eindruck besonders in dem Film *Soldaten der Freiheit* auf, der 1977 zum 60. Jahrestag der Oktoberrevolution anlief. Das achtstündige Leinwandopus feierte den Vormarsch der Sowjets von Stalingrad bis Berlin als Schöpfungsgeschichte des proletarischen Internationalismus. Die Leitartikel der *Prawda* von heute werden gleichsam mit verteilten Rollen vorgetragen durch die Akteure von gestern, durch Dimitrow, Stalin, Pieck, Bierut, Thorez, Togliatti. Die lichtesten Verheißungen verkündet ein sowjetischer Politkommissar. Beim *ersten* Einmarsch der Roten Armee in Prag, bei dem sie als Befreier umjubelt wird, bittet ein alter Böhme um Rat: «Mein Sohn fiel als Partisan und sagte, er sterbe für den Kommunismus. Was ist das für eine Sache, für die man sogar in den Tod geht?» Der Sowjetmensch erklärt ihm: «Kommunismus, das ist ein Leben ohne Krieg, ohne Sklaverei. Kommunismus ist, wenn alle Menschen auf der Erde gleichgestellt sind.» Der Darsteller des Kommissars heißt Jewgenij Matwejew, zu deutsch: Mathäus. Seine frohe Botschaft verkündet er – als erster sowjetischer Schauspieler – in der Maske des Leonid Iljitsch Breschnew.

Für die Generation Leonid Breschnews war der Krieg trotz aller Schrecken eine Wiedergeburt. Sie fanden an der Front mehr menschliche Nähe, rettende Solidarität als unter Stalins Terror, der alle Beziehungen lebensbedrohend vergiftet hatte. Doch das liegt lange zurück. Über die Hälfte der Sowjetbürger ist nach Kriegsende geboren. Zwischen der Gerontokratie im Kreml mit ihren Kriegserlebnissen und der jungen Generation mit ihren Konsuminteressen ist eine unüberbrückbare Kluft entstanden.

Da ist zum Beispiel Michail, «dessen Familie nur aus Offizieren» besteht. Er bestand im 60. Jahr der Oktoberrevolution sein Abendabitur und arbeitete schon vorher als Laborant in einem Forschungsinstitut. Doch das war für Michail nur die unattraktive Hälfte seines Lebens, nur die bürgerliche Schattenseite. Er hatte sich bereits eine zweite Existenz aufgebaut, für ihn war «Reprivatisierung» kein Rückzug, sondern die Voraussetzung für unternehmerische Schritte ins Leben. Michails Talent lag (und liegt vermutlich noch) zwischen Marketing und Management – ein braches Feld in der sowjetischen Planbürokratie. Deshalb machte sich Michail selbständig. Darüber berichtete im Jubiläumsjahr der Oktoberrevolution die *Konsomoljskaja prawda* mit beachtlichen Nuancen.

Michail baute sein Geschäft mit kurzärmligen, russischen Hemden auf, die er für drei Rubel (neun Mark) pro Stück erwarb. Sein Geschäftspartner, ein Maler, gestaltete das Emblem einer westdeutschen Firma nach. Dann bedruckten die beiden hundert sowjetische Hemden mit dem kapitalistischen Markenzeichen. Die neugewonnenen T-Shirts steckten sie in durchsichtige Plastikbeutel, um deren «westliche» Herkunft noch überzeugender zu machen. Michail stellte sich als fliegender Händler vor den Kommissionsläden auf. Seine hundert «westdeutschen» T-Shirts fanden reißend Absatz, obwohl er 15 Rubel (45 Mark) pro Stück verlangte. Das war der fünffache Preis des sowjetischen «Rohmaterials» und zugleich fast ein Zehntel des monatlichen Durchschnittsverdienstes. Noch höher waren Nachfrage und Gewinn, als Michail Marlboro-Taschen auf den Markt warf. Sein Kompagnon kopierte das Zigaretten-Etikett, Michail besorgte Druckfarben für den Preis einer Flasche Wodka und Sackleinen zu vier Mark pro Meter. Eine befreundete Schneiderin nähte in der Fabrik nebenher aus jedem Meter zwei Beutel. Die Griffe der Taschen waren aus billigster Wäscheleine. Der Preis pro «Original»: umgerechnet 50 Mark. «Als ich die tollen Dinger sah, habe ich vor Aufregung beinahe einen Herzinfarkt bekommen», schwärmte eine Kundin.

Die *Komsomoljskaja prawda* stellte den 19jährigen nicht an den Pranger und deckte seine Identität nicht auf, der Name Michail war ein Pseudonym. Dafür erhielt die Zeitung des Kommunistischen Jugendverbandes von dem weiter aktiven «Geschäftsmann» eine Reihe ungewöhnlicher Auskünfte. Ob er Schwierigkeiten bei der Partnersuche gehabt habe, ob Jugendliche die Teilnahme an seinen Transaktionen abgelehnt hätten, wollte das Blatt wissen. Michail: «Gedrückt haben sich nur die, die nicht arbeiten wollen, die lieber mit der Gitarre rumsitzen oder mit einem Mädchen blödeln.» «Glaubst du, daß es Leute gibt, die interessanter leben als du?» «Kaum.» «Bist du also vollkommen zufrieden mit deinem Leben?» «Ja.» «Können wir dennoch ein paar Worte über Ideale reden?» «Nein, lohnt sich nicht.» Michail gab dafür aber seine weiteren Ziele an: «Die Ware nach Süden transportieren, da sind die Preise höher», die Handelsberufsschule besuchen, im Kommissionsgeschäft Abteilungsleiter werden, aber nicht Direktor, «die werden häufiger verhaftet».

Schon im Frühjahr 1977 hatte die *Komsomoljskaja prawda* unter dem Stichwort «Was ist ein reiches Leben?» eine ungewöhnliche Diskussion eingeleitet. Das Blatt druckte zunächst den langen Brief eines jungen Paares vom Lande, Andrej und Larissa. Beide bekannten sich darin stolz zu dem beträchtlichen Reichtum, den sie mit großem Fleiß in kurzer Zeit angehäuft hatten. In wenigen Wochen kamen dazu nach Angaben der Jugendzeitung Tausende von Leserzuschriften. In den veröffentlichten Briefen überwogen drei Aussagen. Erstens: Kritik an Andrej und Larissa, daß sie Sklaven ihres Konsumstrebens seien und zuwenig an ihre gesellschaftlichen Pflichten dächten. Zweitens: Lob für das strebsame Paar, weil sich seine Initiativen positiv vom zunehmenden Phlegma der Landjugend abhöben. Drittens: Bewunderung für Andrej und Larissa, weil sie sich nicht von ihren Eltern bis «ins hohe Alter hochpäppeln» ließen. Zu diesem dritten Aspekt –

nämlich zum Zusammenhang zwischen übertriebener Behütung der Kinder und der Passivität der Jugendlichen bis zum Erwachsenenalter – gab es besonders engagierte und markante Äußerungen. Wir haben uns mit dieser Tradition, die die Bereitschaft zur politischen Konformität stärkt, bereits im Kapitel *Vorschulen der Anpassung* beschäftigt.

Ein 24jähriger Moskauer Student schrieb: «Wir beneiden Andrej und Larissa. Sie sind selbständig, energisch und zielbewußt. Meine Eltern haben für mich die Hochschule gewählt, an der ich jetzt studiere. Als wir heirateten, haben die Eltern eine Wohnung für uns gekauft und möbliert. Nun ernähren sie uns, liefern uns alles bis zu den Lebensmitteln fertig ins Haus. Auf der Hochschule erarbeitet man für uns Programme und Themen, wir bekommen alles vorgekaut wie Säuglinge, wir brauchen um nichts zu kämpfen, nach nichts zu streben ... Andrej und Larissa haben alles selbst geschaffen, haben für sich gearbeitet *und* für die Gesellschaft. Wie kann man da überhaupt einen Unterschied machen ... Wie oft sprechen wir über gesellschaftliche Interessen und vergessen dabei, daß es die Interessen der einzelnen Leute sind.» Dieser Brief besagt zwischen den Zeilen eigentlich alles über die Passivität der sowjetischen Studenten. Wenn sie sich an das «Vorgekaute» halten, wird ihnen nichts Ernsthaftes abverlangt: kein echtes Engagement, nur ein paar Pflichtübungen in politischem Konformismus. Wenn sie offen kritische Positionen beziehen, gefährden sie sehr schnell ihre exklusive Zulassung zur Universität und die spätere Karriere. Das geringste Risiko enthält die Abwanderung zum grauen Markt nach dem Modell «Michail».

Auch eine so offene Diskussion wie die über Andrej und Larissa wird von der Partei initiiert. Sie ist seit langem darum bemüht, durch Meinungsforschung mehr über die Lebensführung der Sowjetbürger zu erfahren. Doch hat sich das als recht problematisch erwiesen, weil die Bürokratie damit ihr eigenes rosa Gemälde von der Sowjetgesellschaft stärker durchleuchten lassen muß. So wurde das 1968 gegründete *Institut für konkrete Sozialforschung* zu Beginn der siebziger Jahre wegen «Positivismus» und «Neutralismus im Kampf gegen bürgerliche Ideologie» umgekrempelt, jahrelang gesäubert und in *Soziologisches Forschungsinstitut* umbenannt (*konkret* ist das sowjetische Schlüsselwort für *empirisch*).

Doch zurück zur Jugenddiskussion, an der sich neben der *Komsomoljskaja prawda* auch die *Literaturnaja gasjeta* ausführlich beteiligt. Sie veröffentlichte zum Beispiel den Brief einer 15jährigen, Lena mit Namen, die für das Recht der jungen Leute auf einen

«Platz im Treppenhaus mit Gitarren und Wein» eintrat (Jugendclubs sind ebenso rar wie Cafés und Reisemöglichkeiten). Die Literaturzeitung veröffentlichte Lenas Plädoyer zusammen mit einer kritischen Antwort der Schriftstellerin Olga Tschaikowskaja. Dieser assistierte die junge Komsomolzin Marina mit einem stramm linientreuen Brief: «Es ist beschämend, sich Wein und Rhythmen hinzugeben. Ihr müßt langsam Menschen werden.» Unter der Überschrift «Das Treppenhaus verteidigt sich» ließ das Blatt daraufhin Lena noch einmal zu Wort kommen. Mit der Schriftstellerin wolle sie nicht streiten, so die 15jährige, «das ist genauso nutzlos wie mit einer Lehrerin». Aber Marina müsse sie gehörig die Meinung sagen ... Die kesse Lena erhielt Unterstützung von einem Jugendlichen aus Tadshikistan, der Stimmung und Frustration der Jugend eindringlich beschrieb:

«In Ihrer Zeitung schreiben Erwachsene über ihre Jugend ... Die haben früher mit Freude Radiogeräte gebastelt – wir brauchen das ja nicht, wir haben ja fertige. Wir dürfen nicht auf dem grünen Rasen spielen, wie sie es früher durften. Wir kommen zusammen und quälen uns, weil wir nichts zu tun haben. Wir spielen 'n bißchen Gitarre, wenn wir's satt haben, laufen wir 'n bißchen hin und her. Wenn Passanten über uns Bemerkungen machen, werden wir frech. Die sollten uns lieber raten, wie wir diese Nichtstuerei überwinden können ... Man kommt von der Schule, zu Hause wartet ein gutes Essen, Geschirr braucht man nicht zu spülen, Schulaufgaben – und raus. Wieso kann ein Jugendlicher ein ‹Guter› werden, wenn er so dahinvegetiert und von den Erwachsenen abhängt, die nur bemüht sind, daß unsere Kindheit und Jugend ‹besser› wird als ihre eigene? Alle sagen uns, wir sollen etwas tun – aber sie lassen uns nichts tun.»

Viele Mütter verwöhnen ihre heranwachsenden Söhne aus der Erfahrung, daß sie mit Beginn der Berufsausbildung «gelebt werden», wie es ein mit uns befreundeter Pädagoge ausdrückte. «Die Möglichkeiten, einen Beruf nach Wunsch zu wählen, sind minimal. Und selbst auf einem gehobenen Büroposten wird dem Strebsamsten nicht einmal die Illusion gelassen, mitentscheiden zu können. Er bekommt sein Schema von oben – und Schluß.» Einmal hatten wir Besuch von einer jungen, sehr nüchternen Ärztin, die schon im Westen gewesen war. Sie bestand sehr engagiert darauf, daß es eine Ehrlosigkeit sei, wenn Sowjetbürger dauernd darum bäten, Konsumartikel von Ausländern mitgebracht zu bekommen. Im Laufe des Gespräches erwähnte sie als rühmliches Beispiel einen befreundeten Wissenschaftler. «Er kann an Westwaren herankommen, aber für ihn zählen nur die Reichtümer seines Kopfes. Er nimmt nichts, außer Kaugummi für seine Tochter.» Als wir fragten, ob Kaugummi diese Inkonsequenz wert sei, antwortete die Ärztin: «Nein, das ist etwas ganz anderes, davon verstehen Sie nichts. Für Kinder muß man *alles* tun, ihnen jeden Wunsch erfüllen, niemals nein sagen. Das ganze Leben ist voller Grenzen, wenigstens die Kinder müssen ohne Grenzen leben.»

Auf einem Empfang kam ein sowjetischer Biologe freudestrahlend auf uns zu: «Freunde, heute ist ein Feiertag für mich, ich habe gerade den Sohn durch die Prüfung gebracht!» Seine Frau ergänzte spöttisch: «Demnächst wirst du dann auch seine Arbeitsstelle antreten!» Die Bemerkung war kaum übertrieben: viele Eltern glauben, das Beste für ihre Kinder zu tun, wenn sie deren Unselbständigkeit verlängern. Da sie vor allem als Versorger auftreten und weniger als zwingende Autorität, lösen sich die behüteten Kinder aus relativ intakten Familien oder Teilfamilien seltener durch bewußte Auseinandersetzung. Rivalitäten entzünden sich eher an der Frage, von wem der verheiratete Sohn besser behütet wird, von seinen Eltern oder von der Schwiegertochter und deren Clan. Auf einer internationalen Buchausstellung lernte ich Mascha und Oleg kennen, beide Sprachlehrer, die es sogar schon zu einer eigenen Wohnung gebracht hatten. Olegs Mutter malte uns später einmal ganz selbstverständlich aus: «Am Montag, Mittwoch und Donnerstag koche ich für die beiden; am Dienstag, Freitag und Samstag ist Maschas Mutter dran. Am Sonntag kommen die Kinderchen meistens zu uns, es sind so gute Leutchen.» Die beiden Mütter, gleichfalls voll berufstätig, überboten einander und kauften für die Kinderchen sogar auf den teuren Kolchosmärkten ein, was im Grunde über ihre Verhältnisse ging.

Viele junge Leute lassen das auch in diesem Alter mit sich geschehen, folgen weiter dem Verhaltensmuster der früheren Kindheitsphasen, die wir im ersten Kapitel beschrieben haben. Ausbrüche werden von Eltern und Staat gleichermaßen gefürchtet und bisweilen unnötig dramatisiert als Chuliganstwo, als strafbares Rowdytum – weil viele Eltern und der Staat eigene Regungen und Lösungsbestrebungen nicht schätzen. Es gibt krasse Fälle von Rowdytum und Jugendkriminalität, vor allem in Familien, die vom Lande in die Städte abgewandert sind, wir werden darauf noch eingehen. Aber die Mehrheit der jungen Leute ist nicht aufsässig, sondern angepaßt, sie widerspricht nicht, aber sie bleibt unansprechbar.

«Dies ist ein schweigendes Land», so die Klage eines Lehrers in einem langen Gespräch. «Wir sind passive Anarchisten. Wir Lehrer sitzen stumm bei unseren ideologischen Besprechungen. Niemandem fällt etwas ein. Von keinem kommt ein ernster, theoretischer oder gesellschaftsbezogener Einwurf. Bestenfalls wird bei Instruktionen oder Vorträgen einmal ein Zettel heraufgereicht mit der Frage: ‹Wie können wir helfen, eine allseitige Persönlichkeit zu entwickeln, wenn wir leistungsschwachen und völlig desinteressierten Schülern keine schlechten Zensuren geben dürfen?› Das ist doch eine Kernfrage: Wie kann eine Gesellschaft überhaupt weiterexistieren, in der kaum jemand lernen will? Jeder bekommt nach der zehnten Klasse eine Arbeit – das ist zweifellos besser und weniger diskriminierend als bei Euch. Aber welcher Art diese Arbeit ist, daran gibt es nicht viel mitzuentscheiden.» Am meisten betroffen war der Lehrer über die älteren Schulkinder: «Am schwierigsten ist für mich, daß auch meine Schüler alle schweigen. Und ich weiß nicht: Bleiben sie stumm aus Gleichgültigkeit oder weil sie wissend sind? Wie soll ich sie auch unterrichten? Sie erfahren ja kaum etwas von der Geschichte, von unserer eigenen Literatur. Was ist denn das für ein Gorkij, den sie kennenlernen? Und wie kann man in ihnen Interesse wecken für westliche Sprachen, wenn sie dann doch nicht reisen und mit Ausländern Kontakt halten dürfen?»

Wie weit die reale Schulwelt und die naiven Wunschvorstellungen von einem Schülerleben der Zukunft auseinanderklaffen, zeigen Auszüge aus Aufsätzen der Schule Nr. 33 von Magnitogorsk im Ural. Dreizehn- bis siebzehnjährige Schüler haben darin beschrieben, wie sie sich ihre Altersgenossen im 21. Jahrhundert vorstellen. «Der Schultag wird überfüllt sein mit Vorlesungen in Philosophie, fortgeschrittener Mathematik, Physik und Astronomie. Die Kinder werden viele Fremdsprachen lernen und sich mit Kindern aller Länder unterhalten können.» – «In den Stunden werden die Schüler nicht befragt, jeder befragt sich selbst.» – «Am Ende des Monats wird ein individueller Rechner alle deine Erfolge auf Band nehmen, und du wirst selbst bestimmen, was du weißt. Die Kinder der Zukunft werden sich doch höchstwahrscheinlich nicht selbst betrügen.»

Es gibt immer noch Kinder, die solche Illusionen bis zum Ende der Schulzeit bewahren. «Ich bin ein Spätentwickler», so sagte mir einmal eine Kandidatin der Wissenschaft und Tochter aus höchsten Parteikreisen in der Provinz. «Als ich zur Universität kam, hatte ich noch Illusionen, schrieb überzeugt von Lenin. Das Studium hat sie mir genommen. Es ist zwecklos, durch gesellschaftliche Aktivitäten Reformen anzustreben. Einzelne bemühen sich, aber sie stehen auf verlorenem Posten. Was ich von der Zukunft erwarte? Daß ich mich in dieses System nicht integrieren lasse, mich zumindest intellektuell heraushalte. Aber natürlich weiß ich nicht, ob ich später nicht doch einen Job annehme, der mich zu anderen Bekenntnissen zwingt. Die Intellektuellen in meiner Umgebung reden privat ähnlich wie ich, wechseln dann aber ohne jede spürbare Verwirrung in ihre offizielle Welt. Und wenn ich mir unsere Studenten insgesamt ansehe: sie sind weder progressiv noch radikal, die große Mehrheit schweigt einfach.»

Die einzige Ausdrucksform, die fast alle Jugendlichen verbindet, vom Kommilitonen bis zum Kolchosmelker, ist die Pop-Musik. Sie liefert die Idole einer Generation, die sonst keine Vorbilder und Helden hat. In welchen Winkel der Sowjetunion man auch kommt, nach Chabarowsk an der chinesischen Grenze, nach Ulan Ude nahe der Mongolei oder nach Duschanbe am Fuße des Pamirgebirges – Beat- und Rockmusiker sind schon da. Sie haben das Ohr an der *Stimme Amerikas,* sie haben die Zunge am Pop-Slang geschliffen. Für sie gilt, was Gogol einst über die Leser der guten Gesellschaft sagte: «Sie sprechen jedes Wort mit allerhand Faxe aus, näseln und verschlucken die ‹r› wie die Franzosen oder zwitschern wie die Engländer ...» Schallplatten mit westlicher Rock- und Disco-Musik gehören zu den Hits des schwarzen Marktes. Auf dem 25. Parteitag der KPdSU im Frühjahr 1976 wetterte der opportunistische Sekretär des sowjetischen Komponistenverbandes, Tichon Chrennikow: «Der ideologische Kampf vollzieht sich auch an unserer Musikfront. In diesem Bereich ist die Kunst des sowjetischen Realismus mit der elitären, abstrakten, dekadenten Kunst der bürgerlichen Gesellschaft sowie ihrer sogenannten Pop-Musik konfrontiert, die den Kunstgeschmack der Jugend verdirbt und diese moralisch verstümmelt.» Einen Akt der angeblichen Verstümmelung erlebte ich in einem Kulturhaus am Rande Moskaus:

Einige hundert, zumeist jüngere Leute suchen diszipliniert ihre Plätze. Viele tragen sorgfältig gebundene Krawatten, ein paar sind sogar in Uniform erschienen, Wehrpflichtige. Plötzlich verwandelt sich das Bild. Durch den noch geschlossenen Vorhang fetzt elektronisch-verstärkter Jazz-Rock. Grüne und rote Scheinwerfer blenden auf, ein paar Takte reiner Bebop, bevor das leicht ironische Unisono einer Bläsergruppe den Klangteppich ausbreitet, vor dem Moskaus Jazz-Mönch Aljoscha Koslow seine Weihen zelebriert. Der schmächtige Mittvierziger mit Rasputin-Bart und tief in den Höhlen liegenden Augen ist einer der begabtesten Altsaxophonisten der Welt. Schon sein erstes Solo streift die Gefilde des Free Jazz. Koslow wird durch sein Spiel zur lebenden (und einzigen) Anthologie des modernen Jazz, die es in der Sowjetunion gibt. Doch nur wenige haben den besessenen Musiker, der seit Jahren zu den geduldeten, aber offiziell verschwiegenen Wundern dieses Landes zählt, je direkt erleben können. Koslow, der noch nie im westlichen Ausland war, der sich seit fast dreißig Jahren über die *Stimme Amerikas,* von Schallplatten und Tonbändern ein ungeheures Repertoire erarbeitet hat, tritt nur selten in Moskau auf. Die Öffentlichkeit erfährt nichts davon. Und dennoch ist er in Fachkreisen so berühmt, daß er mit seiner zehnköpfigen Band «stille» Gastspiele in der ganzen Sowjetunion gibt, eingeladen von Instituten und halbprivaten Zirkeln. Seine Anhänger sind gehalten, ihre Begeisterung zu zügeln und die mühsam erkämpfte Duldung nicht aufs Spiel zu setzen. Pro Abend kassiert die Koslow-Truppe zusammen etwa 2600 Mark umgerechnet. Der Form und der Finanzen halber gehört die Band – die eigentlich der Inbegriff der von Chrennikow gescholtenen «elitären, abstrakten, dekadenten Kunst» ist – zu den Kaliningrader (Königsberger) Sinfonikern. Auch das ist ein Beispiel dafür, daß in der Sowjetunion kaum ein Stück der Wirklichkeit aus einem Guß ist.

Pop, Disco-Musik und Jazz-Rock werden nicht von einer breiten Subkultur begleitet. Zwar steigt die Tablettenabhängigkeit, die mit der Bezeichnung «Selbstbehandlung» kaschiert wird, aber die Drogen-Szene ist klein. Junge Leute tragen Kreuze, weil es modisch und abweichend ist. Einmal nahmen mich jüngere Künstler mit zu einer Feier am Todestage des führenden nonkonformistischen Malers Jewgenij Ruchin. Er war im Mai 1976 in seinem Leningrader Atelier verbrannt; wie das Feuer entstand, ist bis heute nicht zur Zufriedenheit der Künstler geklärt worden. Die Erinnerungsfeier war ein handfester Umtrunk, bis kurz vor Mitternacht die Vorhänge zugezogen wurden. Jeder bekam eine Kerze in die Hand, und ein Priester aus dem Freundeskreis zelebrierte das Totengedenken mit Weihrauch und Bittgesang. Die Andacht dauerte eine Viertelstunde, dann ging der Umtrunk weiter.

Es gibt in der jüngeren Generation der Russen keine große Welle religiöser Rückbesinnung, keine Massenbewegungen der Jesus-People oder des Guru-Rummels. Solche Manifestationen würde der Staat auch schnell verhindern. 1979 meldete die Zeitung *Wetschernaja Moskwa,* daß mehrere Schwarzhändler Gefängnisstrafen bis zu vier Jahren erhalten hätten, weil sie T-Shirts mit Jesus-Porträts serienweise produzierten.

Es gibt viele Wohngemeinschaften aus Raumnot, aber kaum Kommunen nach Programm. Die berühmteste der letzten Jahre – und zugleich der Ausnahmefall einer verschwommen-marxistischen Protestgruppe – war die Leningrader Kommune «der linkesten Opposition». Ihr gehörten einige Studenten an, deren Positionen pazifistisch und deren Habitus anarchistisch war – so daß auch mancher brave Bundesbürger vor Schreck die Polizei gerufen hätte. Die Kommune veröffentlichte Texte von Krapotkin und Bakunin, Trotzkij und Cohn-Bendit. In einer programmatischen Stellungnahme verkündete sie u. a.: «Seit sechzig Jahren ist Rußland in den Händen von Wortabschneidern, Banditen und Räubern, die beteuern, Kommunisten zu sein.» Ende Oktober 1978 wurde die Kommune zerschlagen. Einer ihrer Führer, Alexander Skobow, kam in «psychiatrische Behandlung», der zweite, Arkadij Zurkow, wurde zu fünf Jahren Arbeitslager und zwei Jahren Verbannung verurteilt. Vereinzelte Kommunen kann die zuständige Behörde schnell und schonungslos zerschlagen, sie sind ideologisch greifbar. Die Geschichte der leninistischen Partei ist, wenn man sie genauer liest, ja nicht viel mehr als ein roter Führer durch das Chaos der Fraktionskämpfe. Schwerer tut sich das System heute mit der wachsenden Jugend-Kriminalität, denn sie dürfte nach dem Dogma gar nicht existieren. Doch gerade diese Jugend-Kriminalität, die stark an bestimmte soziale Schichten gebunden ist, unterstreicht, daß das Sowjetsystem eine ausgeprägte Klassengesellschaft ist.

Auf dem Dorffriedhof von Prochorij, im Fernen Osten der UdSSR, befindet sich ein Grab, das deshalb auffällt, weil es mit einer «Ehrenauszeichnung» für die Verteidigung von Kolchoseigentum geschmückt ist. Es ist das Grab von Sascha Getto, der mit 17 Jahren starb, weil er sich für die Pferde seiner Kollektivfarm verantwortlich fühlte. Saschas Vater leitete eine Brigade auf der Kolchose. Eines Nachts schlug einer der Tierpfleger Alarm: «Die Pferdediebe sind da – Achtung, sie haben Waffen!» Sascha stürmte dennoch zum Stall. Dort trafen ihn Schüsse aus einem Jagdgewehr tödlich. Die Diebe und Todesschützen waren eine Art Sonderschwadron internationaler Brigaden: Kriminelle Rocker – hoch zu Pferde.

Die *Komsomoljskaja prawda* hat die irregeleitete Kosaken-Romantik in Fernost näher beschrieben: Die Jugendlichen nehmen sich Pferde von den Weiden der Kolchosen oder Sowchosen und lassen die Tiere nach beendetem Streifzug irgendwo wieder laufen. Sie rasen in wilden Kavalkaden durch Dörfer und Städte, ausgerüstet mit Strumpfmasken und Eisengerten. Wer kann, führt eine Jagdflinte mit sich, um die Bauern abzuschrecken. Im Raum der Stadt Spask im Primorsker Gebiet, nicht weit von der chinesischen Grenze, wurden die Pferde-Freibeuter zu einer «Epidemie», der Miliz, Jugendfunktionäre und Eltern nach dem Bericht der Jugendzeitung erfolglos gegenüberstanden. So erwog man im sowjetischen Osten in der zweiten Hälfte der siebziger Jahre Methoden des wilden Westen: Reitertrupps aus Freiwilligen sollten aufgestellt werden, um die selbsternannten Budjonnys ständig im Auge zu behalten.

Was trieb die Jugendlichen in einer fernen sowjetischen Provinz, weitab von ausländischen Touristen und jedem «dekadenten» Einfluß, zum Ritt an den Rand der Gesellschaft? In der Gerichtsverhandlung wurden zwei Ursachen hervorgehoben: Langeweile und Gleichgültigkeit der Eltern. Die Mehrzahl der Jugendlichen stammte aus zerrütteten Familienverhältnissen, andere wurden zu den Großeltern abgeschoben, damit sie zu Hause – wie die russische Redewendung heißt – nicht unter die Füße kamen. Noch während der Verhandlung sagte der Vater des Todesschützen auf dem Gerichtsflur zum Vater des erschossenen Sascha Gretto: «Ihr Sohn war auch nicht viel besser als die unsrigen. Wer hatte ihn denn gebeten, sich einzumischen? Wo es sogar schon den Warnruf gab: ‹Die haben 'n Flinte›. Die Miliz war doch bereits benachrichtigt . . . es hätte ja alles seinen normalen Gang gehen können.»

Das Beispiel der wilden Reiter enthält fast alle Merkmale, die verschiedene Soziologen und Staatsanwälte in den letzten Jahren als charakteristisch für die Jugend-Kriminalität in der Sowjetunion hervorgehoben haben. 70 bis 80 Prozent der Jugendlichen, die mit dem Gesetz in Konflikt geraten, haben «problematische» häusliche Verhältnisse, so heißt es in einer Untersuchung. Andere Angaben besagen, daß aus asozialen oder durch Alkohol zerrütteten Familien zehnmal mehr junge Straftäter kommen als aus relativ geordneten Verhältnissen. Besonders klagen sowjetische Erzieher über den Einfluß, den der Alkoholkonsum der Eltern auf die Kinder hat. In der Lehrerzeitung *Utschiteljskaja gasjeta* klagte ein Professor von der Akademie des sowjetischen Innenministeriums: 1977 habe sich der Alkoholkonsum gegenüber 1976 um fünf Prozent erhöht, diese Zunahme gehe zu einem großen Teil auf das Konto von Grund-, Ober- und Berufsschülern. Umfragen unter jugendlichen Gesetzesübertretern ergaben außerdem, daß die Mehrzahl der Delinquenten aus Familien stammte, die erst neu in die Städte gezogen waren. Unter den Jugendlichen, die in ihrer Freizeit Kontakt zu Vorbestraften hatten, waren doppelt so viele Zuzügler wie langjährige Stadtbewohner. Das ideologische Dogma, wonach in der Sowjetunion die alte Klassengesellschaft überwunden ist, wird zum Beispiel durch eine Angabe des Stellvertretenden Generalstaatsanwalts Sergej Gusew widerlegt. Danach werden Jugendliche aus Familien mit höherer Ausbildung nur halb so oft straffällig wie Kinder, deren Eltern nur die Grundschule besucht haben. Umfassende Unterlagen über Jugend-Kriminalität werden in der Sowjetunion ebensowenig veröffentlicht wie eine Verbrechensstatistik.

Einen besonderen Reiz auf gefährdete Jugendliche üben wiederum Westimporte aus. Die georgische Zeitung *Sarja wostoka* (Morgenröte des Ostens) berichtete 1978 von fünf Mitgliedern des Kommunistischen Jugendverbandes, die bei Dunkelheit Jagd auf Jeans machten. Einem Minderjährigen, der seine kostbare Import-Hose nicht verlieren wollte, stießen sie ein Messer in die Brust, den Schwerverletzten ließen sie liegen. Zwei Mädchen überfielen eine Gleichaltrige und mißhandelten sie so lange mit Messern und Rasierklingen, bis sie ihre Jeans hergab. Jeans sind auch eine der Hauptwährungen auf dem grauen Markt der Liebe, der offiziell nicht existiert, von dem aber manche westlichen Monteure wenig Anziehendes zu berichten wissen. Denn der eine oder andere hat auf dem Weg von oder zu einem geplanten Abenteuer ebenfalls seine Jeans ausziehen müssen. Im halbseidenen Milieu Moskaus treten heute bisweilen Schlägertrupps auf, die Jeans mit der Faust anschaffen.

Doch auch in der besten Gesellschaft sind Jeans das Konsumgut, zu dem die Sowjetbürger die allerengste Beziehung haben.

Wer polnische, ungarische oder einheimische Jeans aus dem Stoff *Orbita* trägt, geht nicht pfleglich genug mit seinem Image um. Was zählt, sind alleine amerikanische und italienische Jeans. Ihr Preis auf dem schwarzen Markt übersteigt das durchschnittliche Monatseinkommen ziemlich konstant um ein Viertel. Der Sowjetstaat bemüht sich seit einigen Jahren um internationales Jeans-Niveau. So führte die Republik Estland 1979 neue Schuluniformen ein, für die das Präsidium des Ministerrates ausdrücklich «dunkelblaues Jeansstoff-Material» verordnete. Doch die Uniformen ersetzen die Importe nicht, für die ausländische Touristen, Geschäftsreisende und sowjetische Matrosen sorgen. Die *Iswestija* erläuterte in einer Glosse, warum die Bemühungen der Produktionsvereinigung Arbeitskleidung um bessere Jeans kaum Resonanz finden können.

«Ich bin ein junger Ingenieur ohne Familie», so hieß es in der kleinen Fabel, «ich verdiene ganz gut, und ich habe vor einiger Zeit Heiratsgelüste entwickelt. Also begann ich auf echte Jeans zu sparen – denn ein Bekannter von mir versuchte, in indischen Jeans zu heiraten und wurde abgewiesen. So sparte ich so hartnäckig wie ein mittelalterlicher Alchimist – auf dem Markt sind die Jeans ja so teuer wie ein Wildledermantel. Schließlich fand ich einen relativ billigen, echten Jeansstoff und einen Schneider, der wunderbarerweise ein Schnittmuster besaß, das fast von *Lee* selbst stammte. Ich stürzte in die schicken Hosen und zu meiner Braut. Und dieses nette Mädchen in einem bescheidenen Jeanskleidchen der Firma *Teamdress* – das Kleidchen hat den Gegenwert einer Stereoanlage mit Qualitätszeichen aus der vaterländischen Produktion –, dieses nette Mädchen also sah auf den ersten Blick, daß etwas mit mir nicht stimmte. ‹Dreh mir mal den Rücken zu›, forderte sie aufgeregt. Und dann seufzte sie gedehnt – es waren ihre letzten Worte zu mir –: ‹Entschuldigung, aber wo ist denn Dein *label?* Nein ... das ist ja was Selbsterzeugtes!›.»

Selbst der russische Bär, der in einer der großen Nummern des sowjetischen Staatszirkus ein Auto reparieren hilft, zeigt *label* (dieses englische Wort für Markenzeichen wird von den russischen Teenagern eingebürgert) und geht in echten amerikanischen Jeans ans Werk. Die besten Nummern aus der klassischen russischen Zirkustradition werden mit internationalen Hits und Ohrwürmern musikalisch untermalt. Die erste Westorientierung beginnt im Kindergarten. Die Tochter eines Walenki-Machers, die in ihrer Jugend diese alten russischen Filzstiefel noch zusammen mit ihrem Vater hergestellt hatte, erzählte mir, daß in Moskau heute nur noch die ganz Kleinen bereit seien, Walenkis zu tragen. Schon im Kindergarten aber würden Mädchen oder Jungen mit ausländischen Stiefelchen bewundert. Kinder mit Walenkis hingegen von oben herab angesehen. In den unteren Schulklassen ist dann der Besitz von «Tschujn-Gam», Kaugummi, ein Statussymbol. Obwohl wir im isoliertesten Ausländergetto Moskaus wohnten, das durch einige hohe Mauern abgetrennt und durch Milizionäre am Eingang bewacht wird, klingelten gelegentlich russische Kinder im obersten Stockwerk und fragten nach *Shewatschka*, so das russische Wort für Kaugummi. Im Park gegenüber der bundesdeutschen Botschaft, in der *Großen Grusinischen Straße*, murmeln

Jugendliche, wenn sie Ausländer passieren, ein Sprüchlein, das nur Leser von Kaugummi-Verpackungen verstehen können: «Kaumassä mit fremdän Stoffän – haben Sie?» Die Kenntnis westlicher Markenartikel und ihrer Werbe-Slogans beweist Weltläufigkeit, und dieser «Wissensstand» wächst immer schneller. Vor wenigen Jahren waren gar nicht weit von Moskau noch andere Erlebnisse möglich: In der Bezirkshauptstadt Rjasan mit nahezu einer halben Million Einwohnern, aber ohne Touristen, war ich eines Abends bei einem Arbeiterehepaar zu Hause. Die rührenden Gastgeber, Mitte dreißig, wollten mir als Andenken die halbe Wohnungsdekoration schenken, von Vasen bis zu Nippesfiguren. Auf der Suche nach einem Gegengeschenk förderte ich nur ein Päckchen Kaugummi aus der Tasche. Der elfjährige Sohn bekam leuchtende Augen. Auch die Augen der Eltern weiteten sich – vor Erstaunen. Sie hatten noch nie etwas von Kaugummi gehört oder gesehen. Rjasan liegt rund 200 Kilometer von Moskau entfernt.

Im Herbst 1977 zog die amerikanische Schule aus dem Zentrum Moskaus in eine russische Wohngegend. Wochenlang bestaunten die Bewohner des Viertels am Lenin-Prospekt die amerikanischen Eltern, gingen hinter ihnen her, betasteten Ledertaschen und Nylonanoraks mit Pelzfutter. Wo es solche Dinge in Moskau gebe, wollten sie wissen und auch, ob der eine oder andere Gegenstand den Besitzern abzukaufen sei. Die Begegnung zwischen Amerikanern und Sowjets in Moskau bietet überhaupt ständig neuen Stoff – für schlechte Kriminalromane ebenso wie für hübsche Anekdotensammlungen. In der Woche, in der die Geschichte vom Abhörtunnel unter der amerikanischen Botschaft und von der Verfolgung eines sowjetischen Lauschers bis unter das Nachbargebäude bekannt wurden, berichtete mir eine Bekannte von ihrem Zufallserlebnis am Fuß der Leninberge. Eine amerikanische und eine sowjetische Familie gingen dort spazieren. Beide hatten ihre Hunde dabei, die aneinander Interesse fanden. Da rief der Amerikaner: «Wanja, come here!» Und ein russisches Familienmitglied befahl: «Charly, idi sjuda!» (komm her).

Die sowjetische Jugend ist nur die Vorhut des Materialismus und der Imitation. Um Importgüter kämpfen alle Altersklassen. Eine ausländische Firmenrepräsentantin mußte sich in einer Moskauer *Parikmacherskaja* buchstäblich die Arie vom goldenen Westen anhören. «Madame», trällerte ihr der Figaro ins Ohr, «Sie haben in der BRD so wunderbare Geräte. Bringen Sie mir doch mal einen Fön von Braun mit.» «Ich besitze keinen», antwortete die Kundin. «Sie verreisen doch so häufig», summte der Maestro halblaut, damit Kollegen und Kunden ihn nicht hören konnten. «Warum kaufen Sie keinen Fön aus der DDR?» «Der liegt zu schwer in der Hand, Madame, also denken Sie an mich.» Beim nächsten Treff summte der Maestro weiter: «Madame, wo bleibt mein Fön?» «Ich war noch nicht im Westen und habe von dort ohnehin zu viel mitzubringen.» «Also gut, Madame, entweder Sie denken beim nächstenmal an mich – oder Sie können mit Ihren Haaren zum Mond fliegen!»

III. Die Alten: Das Politbüro und der Weg zum Leihhaus

Iwan A. Besow hat in seinem langen Leben viele Schlachten mitgemacht. Im Bürgerkrieg gleich nach der Oktoberrevolution war er schon dabei und auch im Zweiten Weltkrieg. Er brachte es nie zum Offizier, aber er wurde wegen Tapferkeit ausgezeichnet. Seinen dunklen Anzug mit bescheidener Ordensspange trug er wie einen Generalsrock, als ich ihn kennenlernte. Da war er 77 Jahre alt, seine Frau, mit früherem Familiennamen Sowtschenkowa, hatte bereits ihren 78. Geburtstag gefeiert. Den beiden begegnete ich im Altersheim Nr. 20 in Moskau. Sie waren kurz zuvor getraut worden. Ehepaare erhalten ein gemeinsames Zimmer für sich und müssen nicht in Zwei-, Drei- oder Mehrbettzimmern leben. Frau Sowtschenkowa war seit über zehn Jahren im Heim und dort nun bereits zum fünften Mal in den Bund der Ehe getreten. Die energische alte Dame hatte deshalb so viele Verehrer, weil sie die Neigung besaß, ihre Altersgenossen zu bemuttern. Doch auch die übrigen Bewohner des Heims Nr. 20 genießen eine besondere Fürsorge. 95 Prozent der Neuankömmlinge können sich allein nicht mehr helfen – was schon zeigt, daß die meisten Alten, wenn es irgend geht, bei ihren Familien oder alleine zu Hause bleiben. Im Heim Nr. 20 kommen viele Bettlägrige nach wenigen Wochen wieder auf die Beine. Der vitale Leiter des Hauses, Alexander S. Tjestin, ein mit 50 Jahren pensionierter Oberstleutnant, gestaltet den Lebensabend seiner über 600 Pflegebefohlenen generalstabsmäßig. Doch er tut das mit spürbarer persönlicher Anteilnahme, und dieser Elan richtet viele seiner Schützlinge auf.

Nicht alle der rund dreißig Moskauer Alters- und Invalidenhäuser (sieben davon sind Kinderheime) werden so gut geleitet wie das Heim Nr. 20. Und die wenigen Altersheime in der Provinz haben selten soviel Raum, so geschulte Betreuung und so gute Schonkost wie die Moskauer Häuser. Allein in der Sowjetmetropole gibt es, einschließlich der pensionierten Militärs und Milizionäre, zwei Millionen Rentenempfänger. Jeder vierte Moskauer ist ein Pensionär. Zwei Millionen Sowjetbürger sind nach Angaben der Gerontologen über achtzig Jahre alt. Seit der Oktoberrevolution hat sich die Lebenserwartung mehr als verdoppelt. Sie stieg zwischen 1917 und 1977 bei den Männern von 31 auf 66 Jahre, bei den Frauen von 33 auf 74 Jahre. Im zaristischen Rußland starben noch 43 Prozent aller Kinder vor Erreichen des fünften Lebensjahres. In der Sowjetunion beträgt die Kindersterblichkeit (vor Erreichen des fünften Lebensjahres) heute 3,3 Prozent. Mitte der siebziger Jahre überstieg die Zahl der Pensionäre 45 Millionen, darunter rund 30 Millionen Altersrentner. Alleine zwischen 1950 und dem Beginn der siebziger Jahre verdoppelte sich die Zahl der Rentenbezieher. Obwohl in diesen gut zwanzig Jahren der Umfang der Rentenzahlungen um das Achtfache gestiegen ist, beziehen die meisten Sowjetbürger eine Pension, die kaum über und in vielen Fällen unter dem Existenzminimum liegt. Pensionäre, die auf schlecht bezahlten Arbeitsplätzen tätig waren, sind auf ihre Familie oder auf einen Nebenverdienst angewiesen. Renten und Rentnerarbeit sollen später noch etwas detaillierter beschrieben werden. Hier mag zunächst die Feststellung genügen, daß die Altersfürsorge mit der beträchtlich gestiegenen Lebenserwartung bisher nicht Schritt hält.

Die sowjetische Tagespresse verleiht dem Alter gerne folkloristische Anstriche und stellt die UdSSR als ein Land der glücklichen Methusalems dar. Ein beliebtes Studienobjekt sind die rund 300 000 Neunzigjährigen, die laut Zählung der Moskauer Statistiker im Kaukasus leben. Sie halten sich – so steht es in der Zeitschrift *Gesundheit* ebenso wie im Zentralorgan der Partei zu lesen – mit Quark, Honig, vitamin-C-haltigen Kräutern und ungebrochener Zeugungskraft jung. Fest wie die kaukasischen Berge sind die Stimmen des ältesten Chors der Welt in der Autonomen Republik Abchasien. Wer ihm beitreten will, muß nur eine Bedingung erfüllen: über hundert Jahre alt sein. Für das Moskauer Finale des Laienkünstler-Festivals qualifizierte sich im Herbst 1976 ein Ensemble aus Nord-Ossetien, dessen Sänger und Tänzer auf das Durchschnittsalter von neunzig Jahren kamen. 94 Jahre alt war der frischgebackene Abiturient Sergej Wenediktowitsch, der sich im gleichen Jahr um die Aufnahme an der journalistischen Fakultät der Moskauer Staatsuniversität bewarb. All diese Geschichten werden gerne in den farbig gedruckten Propagandazeitschriften ausgemalt und illustriert, auch wenn seriöse Gerontologen manche Altersangabe als kaukasisches Hirtenlatein ansehen. So bezweifelten sie die 144 Lenze des Meschid Agajew, der Ende der siebziger Jahre starb. Meschid war seit seinem angeblich 100. Lebensjahr Schafhirte. Die *Prawda* nannte den werbewirksamen Aserbajdschaner aus der Bergsiedlung Tikjaband einmal den «Zeitgenossen Puschkins und Gagarins in einer Person». Wenn einer der zehn Hundertjährigen von Tikjaband gelegentlich eine allzu forsche Lippe riskierte, so das Parteiorgan, dann habe Meschid zumeist «nachsichtig über den Grünschnabel gelächelt». Im offiziell 139. Lebensjahr zog der rüstige Agajew noch als Deputierter in den Landsowjet.

Die Gerontokratie im Kreml hat also ihre Vorbilder. Zu Beginn des Jahres 1980 waren von den fünf sowjetischen Politbüromitgliedern im engsten Kreis der Macht zwei über 75 Jahre alt, Michail Suslow (77) und Alexej Kossygin (fast 76); zwei weit über 70 Jahre, Leonid Breschnew und Andrej Kirilenko (beide 73); einer hoch in den Sechzigern, Konstantin Tschernenko (68). Noch 18 Jahre unter dem Zarismus erlebte das älteste Politbüromitglied Arwid Pelsche (81). Der dienstälteste Außenminister der Welt, Andrej Gromyko, hat das 71. Lebensjahr überschritten, der sowjetische Verteidigungsminister Dmitrij Ustinow ist 72 Jahre alt. Diese Führungsschicht ist in der Stalin-Ära vom Überlebenskampf gezeichnet worden, Chruschtschow verunsicherte sie, erst unter Breschnew konnte die Macht relativ ungestört genossen werden. Eine Oligarchie mit diesen Erfahrungen muß alle Experimente mit Mißtrauen verfolgen. Deshalb wurde «Kontinuität» in den siebziger Jahren zur ersten Kommunistenpflicht. Dieses Schlagwort besagte nicht anderes als: Niemand muß fürchten, daß sein Posten zum Schleudersitz wird, wenn er Risiken vermeidet. Stabilität war das offizielle Ziel der Gesellschaft, Stagnation wurde der unvermeidbare Teilhaber. Für die gebeutelte Führungsgarde, die noch unter Stalin den damals lebensgefährlichen Aufstieg begann, bedeutete der gesicherte Alterssitz im Kreml zugleich Lohn der Angst und Verdrängung der Mitschuld vergangener Jahrzehnte. «Es ist schön, daß man in der Sowjetunion mit siebzig Jahren noch zum mittleren Alter zählt!», so erklärte 1976 das Politbüromitglied Andrej Kirilenko an seinem eigenen (und kurz vor Breschnews) 70. Geburtstag. Doch von den Kremlführern zurück zu den Rentnern:

Es gibt in der UdSSR inzwischen mehr als hundert Institute für

Gerontologie und Geriatrie. Von der sowjetischen Medizin wird die Geriatrie aber erst allmählich als eine spezielle Fachrichtung anerkannt, die sich mit Altersleiden beschäftigt. Es fehlt an Sanatorien und Spezialkliniken für Alterskranke. Und es gibt zu wenige Altenclubs, Lokale und Freizeittreffpunkte für die Gesunden. Den Älteren machen die Anforderungen des sowjetischen Alltags besonders zu schaffen: das Gedränge in den öffentlichen Verkehrsmitteln, das Warten in der Schlange, das auch wegen der knappen Rente in keinem Verhältnis zum Kaufertrag steht. Die beste Alterssicherung ist daher immer noch der große Familienverband. Eine Studie in mehreren sowjetischen Großstädten hat ergeben, daß die Hälfte der dreißig Millionen Altersrentner bei ihren Familien lebt. Die Zeitschrift *Ekonomika i organisazija promyschlenowo proiswodstwa* (Ökonomie und Organisation der Industrieproduktion) stellte 1978 fest: «Vergleicht man das Einkommen eines Pensionärs, d. h. seine Rente, mit den Pro-Kopf-Einkommen seiner Familie, dann wird klar, daß die Mehrzahl der Rentner finanziell von der Familie abhängig ist, und zwar in beträchtlichem Ausmaß.» Die Zeitschrift berichtete außerdem von einer detailierteren Untersuchung in einer sowjetischen Großstadt. Nach dieser Studie beträgt die Rente eines Pensionärs nur zwei Drittel oder sogar weniger als zwei Drittel des durchschnittlichen Pro-Kopf-Einkommens der beschäftigten Familienmitglieder. Das Familienbudget wird dadurch um 15 bis 20 Prozent gesenkt. «Daraus ergibt sich», so die sowjetische Zeitschrift, «daß ein beträchtlicher Teil der hochbezahlten Arbeiter – nach dem Maßstab des Familienbudgets – in die Kategorie der relativ schlecht Entlohnten absinkt. Dies hat, wie sich eindeutig zeigt, negative Auswirkungen auf ihre Arbeit.»

Dennoch werden die Alten von der Familie zumeist stärker respektiert als im Westen. Sie sind sehr oft einfach unentbehrlich. Die Babuschkas gehören als Hüterinnen der Kinder, wie wir bereits beschrieben, zu den Säulenheiligen des Sowjetsystems. Allerdings lösen die Wohnverhältnisse in den großen Städten viele Familienverbände auf. So sind in den vergangenen zwanzig Jahren immer mehr Altersheime an die Stelle der Moskauer Invalidenhäuser getreten. Die Behörden bemühen sich inzwischen, die alten Leute entsprechend ihrer psychologischen Verfassung zu verteilen. Acht der 23 Moskauer Altersheime beherbergen Menschen mit chronischen Alterspsychosen. Die Frist vom Aufnahmeantrag bis zur Übersiedlung ins Heim dauert im Normalfall drei bis vier Monate. Die Neuankömmlinge werden noch etwa zehn Tage von den anderen Bewohnern isoliert und gründlich untersucht. Die alten Leute bekommen fünf bis zehn Prozent ihrer Rente (die Auskünfte schwanken) als Taschengeld. Kriegsinvaliden erhalten 25 Prozent. Die übrige Rente geht an das Altersheim. Dafür sind Kleidung, Bettwäsche, medizinische Versorgung, Essen, Zeitungen, Heimkino und die Benutzung der Bibliothek kostenlos. Daß die Wirklichkeit oft wesentlich weniger rosig aussieht als Erlasse und Verordnungen, hat schon das Kapitel über die Krankenhäuser gezeigt.

Die Moskauer Altersheime liegen am Stadtrand, das Heim Nr. 20 grenzt sogar an Wald. Oberstleutnant Tjestin möchte am liebsten, daß jeder Heimbewohner sein eigenes Zimmer hat oder höchstens zwei Personen auf einem Zimmer wohnen. Dieses Ziel ist noch lange nicht erreicht. Ich habe im Heim Nr. 20 vor allem kleine, bescheidene Zweibettzimmer gesehen. Daneben gibt es Dreibettzimmer, die kaum größer sind; in der Provinz müssen die Heimbewohner zumeist noch enger zusammenrücken. In «Nr. 20» haben einige der karg möblierten, aber hell und freundlich gestrichenen Zimmer einen kleinen Balkon. In allen Zimmern gibt es einen kleinen Vorraum mit Schrank, Waschbecken und Toilette, der durch einen Vorhang abgetrennt ist. Auf manchen Nachttischen stehen private Fernsehgeräte.

Im Prinzip dürfen die Alten ihre eigenen Sachen mit ins Heim nehmen – meistens aber ist dafür nicht genug Raum. Pro Stockwerk gibt es zwei Duschen und ein Büfett mit Teeküche. Auf jeder Etage sind fünfzig bis siebzig Heimbewohner untergebracht. Sie werden dort jeweils von einem Arzt und vier Krankenschwestern oder ausgebildeten Pflegern betreut. Die 610 Bewohner des Heims Nr. 20 werden von über 200 Menschen versorgt. Dazu gehören zwölf Ärzte, unter ihnen ein Frauenarzt, ein Zahnarzt, ein Augenarzt und ein Physiotherapeut, die alle in einer Poliklinik mit Apotheke, Labor und Laborantin zusammenarbeiten. Weiter stehen auf der Personalliste: 58 Krankenschwestern, 117 Pfleger, 8 Köche, sechs Kellnerinnen und ein gutes Dutzend Mitarbeiter der Verwaltung. Solche Stellenpläne werden allerdings oft nicht einmal annähernd erfüllt. Das Budget des Heimes Nr. 20 betrug in den letzten Jahren umgerechnet ungefähr 2,4 Millionen Mark. Alle Lebensmittel bestellt und bezahlt das Haus direkt bei Milchlieferanten, Brotfabrikanten und anderen Versorgungsstellen, die schon auf die monatliche Liste des Heimes eingerichtet sind. Die Produkte kommen alle zwei bis drei Tage; laut Regierungsanordnung dürfen zum Beispiel Quark und saure Sahne für Altersheime nicht älter als 24 Stunden sein. Über dem großen und hellen, aber kahlen Eßsaal hängt eine Tabelle mit Normen für den Nahrungsmittelverbrauch pro Tag: viele Milchprodukte, aber auch viel Brot und Kartoffeln; zu wenig Fisch und Fleisch, frisches Obst und Salate. Der Speiseplan für die Alten spiegelt die Marktlage wider.

Nach Angaben von Oberstleutnant Tjestin sind Verwandtenbesuche am Mittwoch, Sonnabend und Sonntag, bei Kranken an jedem Tag möglich. Das klingt recht ungewöhnlich, gemessen an den strikten Bestimmungen der Hospitäler. Einmal in vier Wochen feiert das Kollektiv des Heimes alle Geburtstage des Monats. An manchen Feiertagen kommen Schauspieler und rezitieren. Einige Heimbewohner betätigen sich als Laienkünstler. Hundert der 610 alten Leute leisten Heimarbeit. Sie haben in den vergangenen Jahren regelmäßig um 170 000 Mark dazuverdient, vor allem mit Nähen von Taschen und Kleidern. Die Hälfte dieser Summe gibt das Heim für besseres Essen aus. Die andere Hälfte wird für verschiedene Feiern verwendet und kommt den Heimarbeitern als Zusatz zum Taschengeld zugute. Das sind für den einzelnen Heimarbeiter 35 bis 60 Mark monatlich. Auf jeder Etage im Heim Nr. 20 gibt es alte Aktivisten, die vor den Wahlen zu den verschiedenen Sowjets die Trommel rühren. Parolen folgen dem Sowjetbürger bis zu seinem Lebensabend. Die Wandelhalle im Erdgeschoß des Altersheims mit Planaufrufen, Spruchbändern, Zimmerpflanzen und einem großen Lenin-Standbild sieht so aus, als habe hier jemand aus Versehen Fertigteile für den Direktorenflur eines mittleren Staatsbetriebes eingeschoben.

Wie ist die Lage der Pensionäre, die nicht in Heimen leben? Und wie sieht es angesichts des großen Arbeitskräftemangels mit der Weiterbeschäftigung aus? Die sowjetische Presse stellt immer wieder zwei Vorzüge heraus. Erstens: die niedrige Pensionsgrenze (Männer sind mit 60, Frauen mit 55 Jahren rentenberechtigt, eine Regelung, die heute in etwa vierzig Ländern besteht). Und zweitens: die Entlastung der Werktätigen, die keine Beiträge aus eigener Tasche für ihre Rentenversicherung leisten müssen. (Allerdings werden die Rentenzahlungen aus den Lohnfonds der Unternehmen und Organisationen finanziert.) Wie die meisten Industrieländer gewährt die Sowjetunion nur denen eine Altersrente, die eine bestimmte Arbeitszeit nachweisen können. Diese Frist beträgt für Männer 25 Jahre, für Frauen zwanzig Jahre. Die sowjetischen Kollektivbauern erhalten überhaupt erst seit Breschnews Landwirtschaftsreform von 1965 eine geringe Rente. Unter Stalin hatte selbst die Altersfürsorge nur dem Industrieaufbau zu dienen, sie wurde als Vergünstigung gewährt, um Menschen in bestimmte Berufe zu lenken. Die Mindestrente der Kolchosbauern war auch in den letzten 15 Jahren minimal, sie ist am 1. Januar 1980 um 40 Prozent erhöht worden. Zuvor hatte sie bei zwanzig Rubeln gelegen, umgerechnet sechzig Mark. Die besonders niedrigen Pensionen der Kolchosbauern drückten die monatliche Durchschnittsrente der Gesamtbevölkerung bisher unter fünfzig Rubel. Da über achtzig Prozent der Frauen bis zu ihrem 55. Lebensjahr berufstätig sind, beziehen viele Rentnerhaushalte wenigstens eine doppelte Pension, solange beide Ehepartner leben. Die Mindestaltersrente für Arbeiter und Angestellte, die in der Stadt wohnen, betrug im vergangenen Jahrzehnt 45 Rubel (135 Mark). Die Höchstgrenze für Pensionen lag bei 120 Rubel (360 Mark). Der Umfang der Rente richtet sich nach dem zuletzt erreichten Lohneinkommen. Lag dieses zwischen 60 und 80 Rubeln, werden 65 Prozent ausgezahlt; bei einem Monatsverdienst zwischen 80 und 100 Rubeln beträgt die Rente 55 Prozent der entsprechenden Summe; bei allen Einkommen, die vor der Pensionierung über 100 Rubeln lagen – und das ist heute schon ein sehr großer Prozentsatz – werden 50 Prozent dieses letzten Verdienstes ausgezahlt.

Eine besondere Benachteiligung der alten Leute entsteht daraus, daß die Mindest- und Höchstgrenzen der Renten nicht mit der Entwicklung der Löhne gekoppelt sind, sondern in sehr großen Zeitabständen per Dekret festgesetzt werden. Mit erstaunlicher Offenheit hat dazu die bereits erwähnte Zeitschrift *Ekonomika i organisazija promyschlenowo proiswodstwa* festgestellt: «In den letzten Jahren ist das Lebensniveau jener Bürger unseres Landes, die nicht mehr am Arbeitsprozeß teilnehmen, merklich hinter dem Lebensstandard der Gesamtbevölkerung zurückgeblieben ... Der Hauptgrund dafür liegt darin, daß seit der letzten Rentenreform eine zu große Zeitspanne verstrichen ist. Das gegenwärtige Rentensystem verlangt dringend eine Anpassung. Seit 1956 ist die Mindestgrenze unverändert geblieben. In jenem Jahr überstieg die Höchstgrenze der Altersrente den Durchschnittslohn um mehr als 50 Prozent. Heute übertrifft der Durchschnittslohn die Durchschnittsrente um 150 Prozent, er liegt auch längst über der Höchstgrenze der Alterspension.»

So verwundert es nicht, daß in den sieben Leihhäusern von Moskau – sie heißen auf russisch noch immer *Lombard,* wie der kapitalistische Kredit gegen Verpfändung beweglicher Sachen – besonders viele alte Leute zu finden sind. Sie geben Wertgegenstände in Zahlung, wie sie einst Dostojewskijs Pfandleiherin nahm: eine alte Taschenuhr, ein ererbtes Schmuckstück, ein altes Kaffeeservice, ein Tafelbesteck aus besseren Tagen. Die Pfandscheine dafür verfallen nach drei Monaten. Die noch Ärmeren warten vor Kirchenportalen auf milde Gaben, an Sonntagen auch an Friedhöfen, in Moskau zum Beispiel am Wagankowskajer Friedhof. Sie stehen da in Walenkis und Wattejacken, mit Kopftüchern und über Krücken gebeugt, halten die welke Hand hin und wünschen den Spendern Gottes Segen. Doch die Zahl der Bettler ist klein. Sie werden außerdem in der Sowjetmetropole von den Behörden rigoroser aus dem Blickfeld gedrängt als in der Provinz.

Groß hingegen ist die Zahl der Pensionäre, die noch weiter in einem festen Arbeitsverhältnis stehen. Es sind inzwischen fast acht Millionen alte Leute. Zu Beginn der sechziger Jahre arbeiteten nur noch elf bis zwölf Prozent der Pensionäre. Zehn Jahre später, bei der Volkszählung von 1970, waren es schon 19 Prozent. Heute ist etwa ein Viertel aller Männer und Frauen, die Altersrente erhalten, berufstätig. Diesen verstärkten Zustrom hat die Regierung gezielt gefördert. Die anfängliche Regelung, nach der eine Weiterarbeit zu beträchtlicher Rentenkürzung führte, wurde durch einen Beschluß des Ministerrates von 1970 an modifiziert. Seither wird an Pensionäre, die in bestimmten Mangelberufen arbeiten, ein beträchtlicher Rentenanteil ausgezahlt. Am 1. Januar 1980 sind zusätzliche Änderungen des Rentensystems in Kraft getreten. Sie sollen auch Pensionäre mit weniger attraktiven Berufen – Revisoren, Kontrollbeamte, Buchhalter – zur Weiterarbeit verlokken. Ihnen wird voller Lohn und eine Rente von 50, 75 oder sogar 100 Prozent angeboten. Das Höchsteinkommen aus Lohn und Rente soll 300 Rubel (900 DM) nicht übersteigen. Außerdem soll die monatliche Rente bei jedem Arbeitsjahr über dem Pensionsalter um 10 Rubel erhöht werden. Diese Zusatzprämie soll 40 Rubel monatlich nicht übersteigen, eine Summe, die nach vier Jahren Arbeit im Rentenalter erreicht werden kann.

Da Arbeitskräfte so dringend benötigt werden, wäre die Erhöhung des Rentenalters für die Regierung ohne Zweifel eine willkommene Lösung. Aber die Pensionsgrenze ist für die Bevölkerung ein neuralgischer Punkt. Ich erinnere mich, daß 1977 kurz vor Veröffentlichung des neuen Verfassungsentwurfes das Gerücht durch Moskau ging, in diesem Grundgesetz solle eine Erhöhung des Rentenalters um fünf Jahre verankert werden. Aufregung und Verbitterung waren beträchtlich. Obwohl sie sich in diesem Falle als grundlos erwiesen, bewirkte die Emotionalisierung, daß nun umgekehrt viele Leserbriefschreiber die Forderung erhoben, das jetzige Rentenalter müsse im Grundgesetz festgeschrieben werden. Die Partei kann heute – selbst wenn sie unter großen Sachzwängen steht – nicht mehr ganz so bequem, rigoros und rücksichtslos verfahren, wie sie es jahrzehntelang getan hat. Andererseits wäre es sehr schnell möglich, ein bis zwei Millionen Rentner zusätzlich für die Rückkehr ins Berufsleben zu gewinnen – wenn das System und die sowjetischen Betriebe flexibler wären, wenn sie Plätze für Teilzeitarbeit schaffen würden. Schon zu Beginn der siebziger Jahre haben nämlich Untersuchungen in sowjetischen Betrieben ergeben, daß Pensionäre bei Teilzeitarbeit pro Arbeitsstunde um sieben bis acht Prozent produktiver arbeiten als die übrigen Werktätigen mit der gleichen Beschäftigung in ihrer Acht-Stunden-Schicht. Den Rentnern, so die Beobachtungen an den sowjetischen Werkbänken, kommt ihre Arbeitserfahrung zugute, zugleich wird die Leistung nicht durch Konzentrationsverluste beeinträchtigt, die sich erst in der zweiten Hälfte des Tages verstärken.

Weit weniger als im Westen werden in der Sowjetunion das Alter und der Tod verdrängt. Körperkult und solare Rostbraterei, Schönheitsoperationen und verkrampfte Verlängerung der Jugend – solche Verleugnungen natürlicher Prozesse entsprechen nicht der Neigung der Russen, sich einzufügen, dem Lauf der Dinge ergebener zu folgen. Wer Jugendlichkeit überhaupt besonders unterstreicht, beendet diese Bemühungen zumeist zusammen mit dem zweiten Lebensjahrzehnt. Die Figur ist dann kein «Problem» mehr, Kosmetik kein Mittel der dezenten Retousche, sondern knallige Signalfarbe: man unterstreicht einfach seine Präsenz. Jugendliches Aussehen wird nicht als Verpflichtung und als Erfolgsrezept suggeriert. Man «darf» älter wirken. Männer werden im Geschäft, auf der Straße zwar noch ziemlich lange mit *«Molodoj tschelowjek»* («Junger Mensch») angesprochen, dann aber auch ohne Übergangszeit und unverblümt mit *«Djeduschka»* («Großväterchen»). Den Alten wird ein gewisser Respekt erwiesen, wenn sie sich entsprechend bemerkbar machen. Besondere Höflichkeit erfahren sie selten. Einem Kind bieten die Menschen in der überfüllten Metro häufiger ihren Platz an als einer Babuschka. Mehrfach habe ich bei winterlichem Schneetreiben beobachtet, wie sich unter den kleinen Dächern der Haltestellen die jüngeren Leute zusammendrängten, Rekruten in guten Wintermänteln, während die Alten außerhalb des geschützten Winkels standen.

Viele Tote bleiben bis zuletzt unter den Lebenden. In den Kirchen werden sie offen aufgebahrt. Sie gehören in den schlichten Holzsärgen ganz selbstverständlich zur versammelten Gemeinde. Ihre wächsernen Gesichter befremden die Menschen nicht, die rundherum auf eine Taufe warten oder auf die Segnungen des Priesters. In der Kirche der *Mutter Gottes von Kasan* in Moskau sah ich einmal diese Szene: Zwei Tote in offenen Särgen mit knallbunten Kunststoffblumen am Fußende, umdrängt von alten Frauen in Kopftüchern, die bündelweise dünne, gelbe Wachskerzen kauften, diese entzündeten und sich dabei ohne Unterlaß bekreuzigten. Dazwischen ein paar junge Mädchen in Jeans, ein Wehrpflichtiger im Uniformmantel mit seiner Freundin. Aus dem Hintergrund, aus Kerzenschein und Weihrauchduft, trat ein bärtiger Pope hinzu. Er sprach kurz mit dem Vater eines laut weinenden Kleinkindes, der offensichtlich auf die Taufe wartete. Dann wandte sich der Priester den beiden Toten zu und streute in feierlichem Ritual einige Krumen Erde über die offenen Särge mit den Worten: «Von der Erde bist du genommen, zur Erde kehrst du zurück.»

So selbstverständlich die Beziehung der Lebenden zu ihren Toten heute oft noch ist, so pietätlos handelt bisweilen der Staat. An einem der schönsten Plätze Moskaus, in Kolomenskoje, am Steilhang der Moskwa, wo schon Dmitrij Donskoj im 14. Jahrhundert ein Gut anlegen ließ, wo Sergej Eisenstein die Außenaufnahmen zu seinem Film *Iwan der Schreckliche* drehte, lag auf einer bewaldeten Anhöhe ein stiller, alter Dorffriedhof. Seine Kreuze waren mit dem Hügel bis zur Kuppe hinauf verwachsen, wie die Bäume und Sträucher ringsum. 1978 mußte der Friedhof einem Kulturpark weichen, der als Ausflugsziel für die Olympiagäste eingerichtet wurde. Kreuze und Einfriedungen wurden auf große Haufen geworfen, einige Knochen aus den aufgelassenen Gräbern lagen noch wochenlang auf dem «kultivierten» Gelände. Mich erinnerte dieser Anblick an Valentin Rasputins Roman *Abschied von Matjora.* Darin verteidigen alte sibirische Bäuerinnen ihren Friedhof verzweifelt gegen die Behörden, um bei den Toten bleiben zu können. Die Verwaltung läßt den Friedhof und alle Häuser räumen, weil das alte sibirische Dorf für ein neues Stauwerk geopfert werden soll. Die Szene mit dem Friedhof erschien mir etwas melodramatisch. Doch als ich mit Rasputin einmal durch Irkutsk ging, dem Zentrum Ostsibiriens, zeigte er mir einen Kulturpark: «Das war einmal ein Friedhof. Man tanzt jetzt über den Gräbern. Das ist noch schlimmer als in meinem Buch.»

Auch der letzte Dienst für die Toten gleicht dem Service für die

Lebenden: er ist ungenügend. Die *Iswestija* ging einmal der Frage nach, wie ein Dorfbewohner an ein Grabdenkmal kommt: «Er erfährt zum Beispiel plötzlich, daß das Industriekombinat des Trusts *Oblshilsnabsbyttorg* (Gebiets-Handelsorganisation zur Ausstattung von Wohnungen) Grabdenkmäler nach individuellen Wünschen herstellt. Nachdem der Dorfbewohner gelernt hat, den Namen dieses Trusts auszusprechen, begibt er sich dorthin und erfährt, daß bereits mehr als 300 Besteller auf der Warteliste stehen. Und schon macht er sich Vorwürfe wegen seines Leichtsinns: er hätte sich früh genug in die Schlange einreihen müssen. So macht sich denn ein Verwandter auf in das Dorf Stawtschany, Kreis Kizman, direkt zum Bürger Nikiforjuk ... Der hat innerhalb von zwei Jahren in seiner Küche 385 Grabdenkmäler hergestellt und dafür ... Zement angekauft, der in Unternehmungen und Bauorganisationen gestohlen worden war. Bei der Entfaltung dieser beneidenswerten privatwirtschaftlichen Initiative verdiente er rund 8000 Rubel und übertraf damit deutlich seinen Kollegen aus dem Kreis Wishniza, I. A. Tschepucha, der bei der gleichen Tätigkeit nur etwa 3000 Rubel einsteckte.»

Stichproben im Kreis Chotinsk in der Ukraine ergaben vor einigen Jahren, daß mehrere staatliche Unternehmen – so der Kreisverband *Landwirtschaftstechnik* – aus Röhren und anderen Metallerzeugnissen Grabkreuze in Serienfabrikation hergestellt hatten. Aus den umgeschweißten und angestrichenen Röhren, die von diesen Betrieben vier Jahre lang auf die Friedhöfe wanderten, hätte eine sieben Kilometer lange Rohrleitung gebaut werden können. Eine Zuckerfabrik goß aus Metallieferungen für Produktionszwecke sogar Christus-Standbilder für die Gräber reicherer Dorfbewohner. Ein Kombinat für Dienstleistungen in Kertsch, so meldete Ende 1978 die *Prawda,* beschaffte Marmorplatten aus dem Ural und verkaufte sie für den vierfachen Preis als Grabdenkmäler. So hilft «private Zuwendung» selbst noch über das Leben hinaus.

IV. Der Rückzug: Von der Ideologie zu Mystik, grüner Welle und Dorfliteratur

Wer Bus, Auto oder ein Fahrrad benutzt, wird zu Strafgebeten verurteilt. Wer trinkt oder von Fabrikerzeugnissen lebt, wird auf Wochen von der religiösen Andacht ausgeschlossen. Dies ist kein

Programm iranischer Ajatollahs, sondern ein Detail der sowjetischen Gegenwart. Im Raum von Archangelsk, Perm, Ufa und Tuwa gibt es Gruppen von Altgläubigen, die ihr Leben in zwei religiöse und eine weltliche Station aufteilen. Die Kinder haben sich in Gehorsam und Ehrfurcht den frommen Alten unterzuordnen. Wer ins Berufsalter kommt, verläßt die klosterähnliche Gemeinschaft und wird Laie. Er leistet Armeedienst, wird Angestellter oder arbeitet auf dem Kolchos und führt auch sonst ein weltliches Leben. Sobald der Gläubige aber das Rentenalter erreicht hat, kehrt er «heim ins Kloster». Und fortan lebt er ohne Technik, Tabak und Würze. Nur Salz darf an den Nahrungsmitteln sein. Alle Errungenschaften der Moderne sind tabu, selbst der Besuch eines weltlichen Arztes. Wer dennoch hingeht, muß vierzig Strafgebete leisten. Fern liegen den «Heimgekehrten» Kommunismus und Sowjetmacht – nur die Elektrifizierung des Landes erkennen sie an. Mit ihr müsse man sich abfinden, so haben die Sekten entschieden, da alles Licht von Gott komme.

Dieser radikale Trennungsstrich zwischen Existenzbewußtsein und Daseinsnormen ist die extremste Form einer sich ausbreitenden Alltagserscheinung: Immer mehr Sowjetbürger führen zwei Leben. Sie wechseln zwischen scheinbar nahtloser Anpassung und vollständiger Abkehr hin und her. So reagieren sie auf eine Ära, die anders als zu Lenins, Stalins und Chruschtschows Zeiten weder neuen Aufbruch verheißt noch panische Existenzängste weckt. Die Russen suchen Erlösungsmythen für den Hausgebrauch, von exklusiven spiritistischen Sitzungen bis zum Massenglauben an Ufos. Science-fiction im *Samisdat,* im Eigenverlag, ist unvergleichlich weiter verbreitet als jede Dissidenten-Dokumentation über die Verletzung der Menschenrechte. In Moskau und anderen großen Städten haben sich in aller Stille und ohne offizielle Genehmigung kleine Joga-Zirkel und Karate-Schulen gebildet.

In Südrußland, im Bezirk Woronesch, in dem das zweitgrößte Atomkraftwerk der Sowjetunion steht, gab es 1978 eine Wundererscheinung. Eine alte Bauersfrau glaubte, im Holzschwamm auf dem Gebälk ihres Hauses das Gesicht ihres verstorbenen Enkelkindes zu erkennen. Sie erzählte den Nachbarn von der Erscheinung. In kürzester Zeit ergoß sich ein Pilgerstrom aus dem ganzen Regierungsbezirk in das Dorf. Und es war kein Zug der Armen und Alten: Neugierige kamen mit Mopeds, Autos und Bussen. LKW-Fahrer im Ernteeinsatz machten Umwege bis zu 60 Kilometern, um das Wunder zu sehen. Die 5000 atheistischen Aufklärer des Bezirkes hielten sich abseits. Sie argumentierten später damit, daß ihre ganze Konzentration der Propagandaschlacht für die Einbringung des Getreides gegolten habe.

In einem Moskauer Imbißlokal setzte sich eines Abends ein etwa dreißigjähriger Mann an meinen Tisch. Er war Lehrer an einer Musikschule und kam von einer Feier, recht animiert, aber nicht betrunken. Er schloß aus meinem Akzent, daß ich Este sei, und fügte hinzu, da er ungarische Vorfahren habe, gehörten wir doch brüderlich der finno-ugrischen Familie an. Ich fragte ihn, ob er schon einmal im Land seiner Vorfahren, in Ungarn, gewesen sei. Darauf antwortete er: «Ja, ich war in Ungarn, und von dort kam ich weiter in die Tschechoslowakei. Vierzig Kilometer vor Prag haben wir im Wald biwakiert – das war im August 1968.» So saß ich zufällig einem Sowjetbürger gegenüber, der den Einmarsch in die ČSSR mitgemacht hatte. Ob er damals mit Tschechen oder Slowaken in Kontakt gekommen sei, wollte ich wissen. «Wir sprachen mit einigen Leuten, die Jugend stand ja völlig unter dem Einfluß von Dubček. Uns hat man bald wieder nach Polen verlegt, dort blieben wir eine ganze Weile, bis wir über den Verteilerpunkt Frankfurt/Oder nach Brest zurückkehrten.» Damit war für ihn das Thema erledigt, und er begann, mich vorsichtig in Geheimnisse einzuweihen, die aus seiner Sicht viel wichtiger waren. Er senkte die Stimme und sprach von seiner Sekte, von Auferstehung aus Gräbern, von einer neuen Ära, vom zweiten Leben. Ich mußte an diesem Abend immer wieder an den hilflosen Ausdruck in den Gesichtern der jungen Panzer-Besatzungen denken, die ich am Morgen des 21. August 1968 auf dem Prager Wenzelsplatz sah. Damals hatte ich noch angenommen, daß diese jungen Soldaten schlicht und einfach an den Sozialismus glaubten, den sie vor der Konterrevolution retten sollten.

Doch die kommunistische Heilslehre, die Stalin zur Austreibung der Klassenfeinde dämonisierte und die Chruschtschow noch als Kampf des Lichts mit dem Dunkel der kapitalistischen Zukunft zelebrierte, findet auch in der Sowjetunion längst keine schlichten Gläubigen mehr. Der «reale Sozialismus» ist die Teilnahme aller am Frisieren von Statistiken und Tabellen. Für unverplante Lebenserwartung bleibt zu wenig Raum – so wie es Dostojewskij in *Schuld und Sühne* den Profyrij über die Sozialisten sagen läßt: «Und schließlich läuft es darauf hinaus, daß sie an nichts weiter denken als an die Aufschichtung der einzelnen Ziegelsteine und die Anordnung der Korridore und Zimmer in ihren Gemeinschaftsbauten . . . Und das ganze Mysterium des Lebens findet auf zwei Druckseiten Platz.»

Weil es in der Tat so gekommen ist, weil trotz aller Erfolge die Welt der Gemeinschaftsbauten grau, eintönig und voller Mängel bleibt, versuchen die Sowjetbürger dem Leben – so gut es geht – eigene Seiten abzugewinnen. Die meisten Städter und die Jugendlichen auf dem Lande haben das «Wunder» vollbracht, mit westlichen Textilien oder Schnittmustern aus den bereits beschriebenen Quellen das triste Gewebe der Berufskleidungskombinate aufzuhellen. Die Arrivierten und die gebildeten Parteimitglieder sammeln Antiquitäten, russische Lackmalerei und Preziosen der Zarenzeit. In der Küche *Bauknecht,* in der guten Stube Ikonen, wenn möglich aus der Stroganow-Periode – das ist die Traumwelt der Neureichen. Hausbesorgerinnen, die in den Wohnblocks der mittelständischen Kulturprominenz argwöhnisch die Westbesucher zählen, haben in der Schlafecke am Fahrstuhl die Wandzeitung ihres zweiten Lebens hängen. Sie besteht aus Illustrierten-Verschnitt von Zaren, Adelsdämchen, russischen Dichterfürsten. Wo die gute Gesellschaft einst die Insignien des Wohlstandes kaufte, in Moskaus altem Arbat-Viertel, erstehen heute die Neureichen über das staatliche Kommissionsgeschäft diskret alte Colliers mit kostbaren Edelsteinen. Diese Kleinodien sind zu prunkvoll, als daß sie häufiger öffentlich getragen werden könnten. Man kauft sie für den «schwarzen Tag». Was auch immer dieser Tag bedeuten und bringen mag, an das offiziell propagierte Lebensziel einer klassenlosen Gesellschaft ist da nicht gedacht.

Fast alle Sowjetbürger sprechen zwei Sprachen: die verordnete und die private. Mühelos wechseln sie von der einen in die andere. Das bedeutet nicht, daß die Masse der Bevölkerung dem Regime demonstrativ den Rücken kehrt. Schließlich ist es den Sowjetbürgern trotz aller Mängel materiell noch nie so gutgegangen wie in der Breschnew-Ära. Die Produktionsbedingungen sind ein integraler Bestandteil des Bewußtseins. Sie fördern zwar Frustrationen, Mißmut und Egoismus, zudem haben die Westsender den Informationsstand der Bevölkerung in den letzten Jahren beträchtlich angehoben, dennoch stellen sich systemkritische Gedanken bei der Mehrzahl der Russen schon aus Tradition und aus Patriotismus gar nicht erst ein. Dies unterscheidet das Zentrum des Sowjetimperiums von allen seinen Randnationen und von den zentrifugalen Kräften in Osteuropa. Die Mehrzahl der Bürger in den anderen Staaten unter Moskaus Herrschaft hat ein viel eindeutigeres Weltbild: sie lebt in bewußter, systemkritischer Distanz.

Mit dieser Feststellung soll nicht der Eindruck erweckt werden, daß die politisch desillusionierten Sowjetbürger allein im kleinen

Kreis der Dissidenten zu suchen sind. Die meisten Dissidenten sind insofern nicht einmal völlig desillusioniert, weil sie sich selbst für eine oppositionelle Kraft halten. Sie sehen ihre Opferbereitschaft bestätigt durch die russischsprachigen Westsender, die noch dem kleinsten Zirkel das Gefühl weltumspannender Bedeutung vermitteln. Ein Teil der Regimegegner hat sich obendrein eine eigene Welt der Mythen geschaffen. Den Grundstein dieser Welt hat Alexander Solschenizyn gelegt, und für sie gilt, was der exilierte Leningrader Literatur-Professor Efim Etkind in einem *ZEIT*-Interview gesagt hat: «Solschenizyn hat sich ein Ideal konstruiert, das Ideal eines heiligen Rußland, mit einem neuen Zaren und einer orthodoxen Kirche, die an der Spitze des Landes stehen wird ... Regierung und Kirche, das hatten wir auch in Frankreich gehabt zu Zeiten von Ludwig dem XIII. Die einzige Idee Voltaires war ja, den Kardinal durch einen Philosophen zu ersetzen. Solschenizyn will aber keinen Philosophen. Keinen Kardinal. Er will einen Ajatollah.» Dissidenten und besonders entrechtete Randgruppen – wie die Tataren mit ihrer ans Frühchristentum erinnernden Bekennerschaft – gehören zu den wenigen Bürgern, die nicht auf zwei Ebenen leben, die sich eindeutig nur ihrer Welt und ihren Zielen verschrieben haben.

Zwischen diesen entschiedenen Minderheiten und der großen Masse der Loyalen und Gleichgültigen liegt die von beiden Seiten isolierte Schicht der wirklich desillusionierten Sowjetbürger. Zu ihnen gehören vor allem jene Mitglieder der Intelligenzberufe, die sich nicht in die «Geistesbürokratie» eingliedern, weil sie ihre Lebensphilosophie nicht der Karriere anpassen wollen. «Engagierte Teilnahme ist ohne jeden Sinn», so versicherte mir ein junger, noch nicht exponierter Ökonom in Staatsdiensten. «Reformen haben keine Chancen. Deshalb sind die Systemkritiker völlig überflüssig. Das Regime ist in keinem Bereich zu Effizienz fähig. Scheinreformen und Korrekturen auf der unteren Ebene laufen immer im gleichen Zyklus ab. Ein neuer Mann erscheint, versucht ein paar Dinge zu ändern und resigniert dann doch. Die Zyklen werden immer kürzer. Die Leitung wird immer unwirksamer. Eigentlich kann eine Gesellschaft so nicht mehr geführt werden. Aber für eine neue Disziplin, wie sie so häufig gefordert wird, gibt es keine Ansätze mehr. Jede Reform muß abgleiten, weil überall geschmiert wird. Ein Kollaps erscheint eigentlich unvermeidbar, aber es gibt keine Kraft, die sich zu einer Erneuerung anbieten oder aufschwingen könnte.»

So wächst das Schweigen im offiziellen Leben: Nicht aus Furcht, sondern aus Mangel an Erfolgserlebnissen. Dies ist eine Reaktion nicht alleine der Intelligenzberufe. «Die Arbeiter gehen nur noch ungern zu Betriebsversammlungen – und wenn sie gehen, dann sagen sie nichts», schrieb ein Schweißer an die Zeitung *Sozialistische Industrie.* «Wozu sollst du aufs Podium gehen und irgend etwas beweisen, wenn deine Stimme doch kein Gehör findet und man deine Ideen nicht nötig hat?»

So wächst der Rückzug in das zweite Leben: Die Zahl der Wissenschaftler und Lehrer nimmt zu, die den Beruf eines Pförtners oder einer Etagenfrau vorziehen. Man kann zwei Tage oder zwei Nächte hintereinander arbeiten und hat dann entsprechend lange Freizeit, um zu schreiben, zu malen, private Forschungen anzustellen. Eine solche Abwanderung ist freilich nicht ohne weiteres möglich. Der Staat kann eine Rückzahlung seiner Ausbildungskosten verlangen, wenn der Bürger in unerwünschter Form seine eigenen Wege geht.

Die Partei versucht, den Rückzug umzuleiten. Sie bemüht sich, die Nostalgie-Welle, den Hang zur Romantik, die Bewunderung für Preziosen und Kostüme der Zarenzeit für ihre eigenen Zwecke zu nutzen. Sie setzt nicht mehr so betont auf die Sänger des Fortschritts wie den frühen Majakowskij, sie propagiert statt dessen zum Beispiel den Bauernlyriker Sergej Jessenin, der unter Stalin verpönt war. Vor dem Hintergrund unserer James-Dean-Wellen und Star-Legenden erscheint der Jessenin-Kult als eine spezifisch russische Variante aus Realitätsflucht und Romantik, Kitsch und Konvention. Das Idol, seine Anhänger und seine Förderer lohnen eine ausführliche Beschreibung. Wer war Sergej Jessenin?

Der Bauernsohn sprach seine frühen Verse der Zarin vor. Gut ein Jahr später begrüßte er die Oktoberrevolution wie ein biblisches Ereignis. Jesus ließ er im Gedicht *Der Genosse* an der Seite der Arbeiter fallen, ohne Auferstehung. Von den Bolschewisten erhoffte er ein Bauernparadies, das er in kosmischen Visionen entwarf. Als die Kommunisten statt dessen Sowjetmacht plus Elektrifizierung brachten, sagte Jessenin in seinen Versen der Industrialisierung als dem *Eisernen Gast* den Kampf an. Zwar besang er das Heldentum roter Kommissare, doch sich selbst feierte er in langen Strophen als *Chuligan,* als Rowdy. Er wurde zum dandyhaften Prinz der Boheme im hungernden Moskau. Unter den neuen Bannern des Proletkults und der Kollektive praktizierte er Individualismus mit anarchaistischem Appeal. Er inszenierte sein Leben, um es in Verse umzusetzen: mit Happenings und Skandalen, berühmten Frauen und immer mehr Alkohol. Doch die Stufen des Ruhms waren für diese tragische Figur nur eine Fluchtleiter: Jessenin konnte nicht «prosaisch» leben, außerhalb seiner Verse, die immer düsterer wurden. Sein letztes Gedicht schrieb er 1925 mit seinem eigenen Blut. Dann setzte der 30jährige, gemartert von Alkohol-Halluzinationen und Verfolgungswahn, seinem Leben ein Ende. Sein Mythos blühte schon vorher und wuchs weiter, bis Stalin den Abgott seiner Generation als Kulakenfreund verdammte.

Heute steht die Büste des «Chuligan» Kopf an Kopf mit der Lenins – in den Sowchosen, Fabriken, Klöppereien seines Heimatbezirkes Rjasan. Als Holz- oder Scherenschnitt, als Aquarell oder Relief mit Birkenholzrahmen hängt Jessenins Porträt in der Ukraine und in Aserbajdshan, in Mittelasien und Sibirien: Rußlands poetischer Landbote. «Warum», so hatte Jessenin einst verkündet, «bin ich ein Poet, während Majakowskij einen unbestimmten Beruf hat? Ich habe eine Heimat. Ich habe – Rjasan! Ich bin von dort gekommen, und, was immer geschehen mag, ich werde dorthin zurückkehren.» Er behielt recht. Sein Heimatort, sein «sterbendes Dorf», Konstantinow bei Rjasan, ist zu einem Andenken-Laden geworden. Am Wochenende rauscht Jessenins Stimme hundertmal oder noch häufiger am Steilhang über der Oka: Von 1922 sind einige Tonbandaufnahmen erhalten, darunter auch das Chuligan-Bekenntnis. Jedes Jahr pilgern rund 250 000 Sowjetbürger in die Tausend-Seelen-Gemeinde 200 Kilometer südöstlich von Moskau. Sie kommen aus Kolchosen, Kraftwerken und Kasernen. Sie drängen in Jessenins Geburtshaus und postieren sich vor seinem Denkmal zum Gruppenbild. Vor dem Kino warten sie in einer Reihe, die weit länger mißt als die wenigen Meter Filmausschnitt über den Dichter aus den zwanziger Jahren. Vor einem kleinen Kiosk warten Ingenieure, Traktoristen, Berufsschüler in langer Reihe auf eine Broschüre, auf ein Lyrikbändchen vielleicht.

Im Literaturmuseum von Konstantinow wird durch die andächtige Stille eine blonde Locke mit der Nummer 35937 gereicht. Heiligenverehrung, Starkult, Dokumentation in einem: «Blonder Cherub» riefen verzückte Damen mit Lorgnetten den 20jährigen, als sein Stern 1915 vom Stall zu Konstantinow in den Seidenhimmel der Petersburger Salons aufstieg. Nur wenige Jahre später dichtete Jessenin: *Mein Goldkopf hängt mir am Halse / so schwer wie ein Bleigewicht.* Kaum ein Dichter Rußlands hatte eine so direkte, sofortige Wirkung auf den Leser wie Jessenin einst. Und noch heute spricht der Dorfpoet viele Menschen unmittelbarer an als es etwa Mandelstam, Pasternak oder Anna Achmatowa tun, deren literarische Qualität höher veranschlagt wird. Auf der Kolchose *Rossija* im Bezirk Rjasan sang mir eine Technikerin Jessenins Verse vor, als ich sie beiläufig nach dem «letzten Dichter des Dorfes» (so nannte er sich selbst in einem Poem) fragte. Ein Parteisekretär, der uns eine Entwässerungsanlage im Rjasaner Moor zeigte, zitierte auf meinen Wunsch sogleich die düsteren Verse des Lyrikers über diese Landschaft. 600 Bücher von und über den Dichter habe er gesammelt, so der Parteimann stolz. Was zieht so viele Menschen zu Jessenin, Sonntag für Sonntag, an seinen Geburtsort Konstantinow, sein Grab in Moskau? Sind Wallfahrt und Jessenin-Andacht gelenkt? Sind sie arrangiert von den «Russiten», wie die nationalen Orthodoxen in der Kommunistischen Partei heute ironisch genannt werden?

Jessenin, der ohne emotionale Elternbindung aufwuchs, der sich mit Exzessen, Affären und seinen Versen gegen die Anziehungskraft wehrte, die der Tod auf ihn ausübte, bietet sich an für Legenden – so wie er sich selbst bereits zu Lebzeiten anpries für den Kult der Nachwelt. Doch seine Anhänger verehren weniger das Leben als die Verse des Poeten. Sie entsprechen der Neigung vieler Sowjetbürger zu einer Lebensphilosophie ohne ideologische Ornamente. «Jessenin hat nicht den Schwung und die rohe Kraft Majakowskijs, nicht die strahlende Intensität Pasternaks, aber er erreicht die Herzen der Leser, weil er einfacher ist» – so sah es schon 1925 Professor I. N. Rosanow. Die Popularität des Dorfsängers zeigt außerdem, daß der mythische Glauben des 19. Jahrhunderts an ein agrarisches Rußland eine romantische, wenn auch wenig lebenskräftige Blüte treibt: Trotz der Landflucht wächst die Sehnsucht nach dem Landleben, nach der Datscha im Grünen. Endstation der Sehnsucht ist weniger die Natur als die ungestörte, politikfreie Privatsphäre. Den Widerspruch zwischen Realität und Romantik verkörpert niemand so wie Jessenin: Er säte die Legenden vom «goldenen Volksbauernhaus», aber er erntete den Ruhm in der Stadt. Was Jessenin so volkstümlich macht, ist der vollkommene Mangel an Weltanschauung, die Hingabe an schwankende Gefühle: «Ich schäme mich, daß ich früher an Gott glaubte; es tut mir weh, daß ich es heute nicht mehr kann.» Majakowskij hat mit Schwung die Zukunft besungen, die heroischen Proletarier, die breit optimistisch schreitenden Massen. Doch er hat die Lahmen, die Fußkranken auf dem Zukunftsmarsch rechts liegenlassen. Die Partei feiert die Bestarbeiter und Uniformierten, die Olympioniken vom Hammerwerfen bis zum Mähdreschen.

Jessenin aber spricht auch zu denen, die am Rande stehen, gerade weil seine Verse nicht sozial engagiert sind.

Eine Frau sitzt auf einem Grabstein und schreibt. Es ist Mitte Oktober, nur das leuchtende Gelb der Blätter macht den grauen Tag etwas heller. Wie an jedem Sonntag rezitiert ein Verehrer die Verse Jessenins an des Dichters Grab in der Jessenin-Allee auf dem Wagankowskajer Friedhof in Moskau. Andere sprechen sich selbst zwischen den Grabsteinen noch leise die Gedichte vor, die sie laut deklamieren wollen. An diesem unfreundlichen Tag haben sie nur wenige Zuhörer, mal zwölf, mal dreißig. Die Alten sind in der Überzahl; ein höherer Militär mit roten Biesen, drei Halbwüchsige mit Jeans und langen Haaren, zwei junge Pärchen. Als Jessenin hier am 31. Januar 1925 von Tausenden zu Grabe getragen wurde, rief eine Frauenstimme durch die Stille: «Fahr wohl, mein Märchen.» Wenig später beging an dieser Stelle eine der letzten Lebensgefährtinnen des Vielgeliebten Selbstmord.

Vom Nachbargrab erhebt sich jene Frau, die so lange geschrieben hat. Sie drückt mir ihr Papier in die Hand und geht, ohne noch einmal zurückzuschauen. Sie hat ein Gedicht an ihren «Serjosha» Jessenin geschrieben. Ich habe den Zettel mit der kaum lesbaren Handschrift aufbewahrt. Die letzten Zeilen dieser Widmung ohne Versmaß lauten: «Dieser russische Mensch schritt zum Siege, er hat die Heimat stets mit Trauer geliebt, er liebte sie für sein Leben, er fiel nicht auf fremde Füße ... Heute herrscht Fanfarensucht, davor gab es das große Durcheinander. Aus alldem erhebt sich als Wegmarke über der ganzen Welt des kleinen Menschen: Serjosha! Dich liebe ich, Du sollst es wissen.»

Die Welt des kleinen Menschen, die sich noch an Worten aufrichtet: Ein Mann mit langen weißen Haaren, würdevoll wie ein Dichterfürst aus einem Poesiealbum, kämmt sich, tritt dann, mit einer Verbeugung zu Jessenins Grabstein, nach vorne und fragt die Zuhörer: «Was möchten Sie hören, Verse vom *Chuligan* oder aus *Pugatschow?* Vielleicht *Anna Snegina* oder das *Lied über den Hund?*» Eine ältere Frau ruft: «Ach ja, das Lied über den Hund!» Es ist dies die triviale Geschichte von einer Hundemutter, deren sieben Welpen ertränkt werden. Aber Jessenins Verse darüber haben nicht nur kleine Leute bewegt. Das Lied regte Maxim Gorkij einst zu dem Ausspruch an: «Sergej Jessenin war weniger ein Mensch als ein Organ, von der Natur geschaffen ... um die Liebe für alles Lebende in der Welt auszudrücken – und das Mitleid, das der Mensch vor allem anderen verdient.» An Jessenins Geburtstag müssen die Menschen noch heute auf Bäume und Grabsteine steigen, so groß ist der Andrang der selbsternannten Rezitatoren auf dem Friedhof. Einmal hatte einer ein Megaphon mitgebracht, um die Verse besser zu Gehör zu bringen. Doch dagegen protestierten alle. Es muß mit Stentorstimme und ausholenden Gesten deklamiert werden, fast so melodramatisch wie auf des Dorfpoeten alter Rauscheplatte. Dann tost lauter Beifall über die Gräber, und ergriffen rufen einige: «Danke – vielen Dank.»

Jessenin ist kein Staatsdichter, und für Stalin war er vermutlich auch nicht heroisch genug. Zu seiner Volkstümlichkeit hat gerade beigetragen, daß er nicht früh kanonisiert worden ist wie Majakowskij. Heute jedoch wird er verstaatlicht. Die Nationalisten in der Partei haben aus dem «Chuligan» einen poeta laureatus im Russenkittel gemacht. Gemälde zeigen ihn verträumt an junge Birken gelehnt. Farbfotos von Bauernbetten und Lagerfeuern, von Sonnenstrahlen, die Kirchenkuppeln treffen, illustrieren seine Gedichte. Die Mischung aus Empfindsamkeit und Derbheit in seinen Strophen, die der Sprache und Gefühlswelt dieses Landes so entspricht, ist verzuckert worden. In den jüngeren Ausgaben fehlen manche groben Verse: *Heute habe ich den Wunsch, / vom Fenster an den Mond zu pissen.* Selbstverständlich bleibt auch weiterhin der Name Trotzkijs getilgt, den der Lyriker bewunderte und in seiner Autobiographie wie auch in mehreren Gedichten erwähnt.

Wer heute Jessenins Heimatort Konstantinow besucht, fragt sich erstaunt: Ist der Bauernpoet an dieser Stelle wirklich vom Sterben des Dorfes überzeugt worden? Schweine und Gänse laufen über die noch immer nicht befestigte Hauptstraße, die von malerischen Holzhäusern mit buntem Schnitzwerk flankiert wird. Bäuerinnen holen Wasser vom Dorfbrunnen, andere spülen dort ihre Wäsche. Am Wiesengraben, der die Dorfstraße begrenzt, bieten alte, schwarzgekleidete Frauen Früchte an. Hinter ihnen stehen ausrangierte Kinderwagen: ihre Obstkarren. Auf zwei klapprigen, überfüllten Lastwagen feiert eine ausgelassene Hochzeitsgesellschaft. Männer haben sich mit Frauenkleidern kostümiert, ein Halbwüchsiger trägt ernst und stolz einen Strohhut mit der schon veralteten Banderole «25. Parteitag», ein Akkordeon spielt unermüdlich. Vom Steilufer über der Oka läßt der weite Blick keine *Eisernen Gäste* erkennen: keinen Schornstein, keine Industriesiedlung, nicht mal ein Städtchen. Jessenin hat denn auch das «Sterben des Dorfes» weniger beobachtet als empfunden. Er erkannte, daß sein Traum von einem Bauernparadies trügerisch gewesen war, daß der soziale Fortschritt, den er gleichzeitig wünschte, die alten Strukturen nicht verbessern, sondern zerstören würde. Diese Einsicht setzte in dem vorindustriellen Schwärmer jene Stimmungen frei, die er unmittelbar in seine Verse einfließen ließ: Wehmut, Empfindsamkeit, auch Selbstmitleid. Das entspricht dem heutigen Rückzug, dem Trend zum Privaten, zum einfachen Leben, zur Liebe für Details, für vermeintliche Nebensachen.

Damit haben wir zugleich jene Merkmale benannt, die in den siebziger Jahren die neuere Sowjetliteratur kennzeichneten. Die Tauwetterperiode nach Chruschtschows Abrechnung mit Stalin 1956 hatte der Bewältigung der Vergangenheit, der ideologischen und moralischen Auseinandersetzung mit dem Terror, mit der staatlichen Repression gegolten. Dieser Periode folgte der Rückzug von der direkten Konfrontation mit dem System. Viele Schriftsteller bemühten sich, die traditionellen Wurzeln des russischen Bauernlandes wiederzuentdecken. Das Dorf, das Landleben, die Beschreibungen der scheinbar unpolitischen, unwichtigen Dinge erschlossen der Sowjetliteratur ein neues Feld. Mit dieser Entwicklung verbinden sich Namen wie Fjodor Abramow, Viktor Astafjew, Wassilij Bjelow, Boris Moshajew – und besonders Valentin Rasputin. Der heute 42jährige sibirische Schriftsteller hat im vergangenen Jahrzehnt wie kaum ein anderer für die Rückbesinnung auf traditionelle Bindungen und für eine fast pantheistische Beziehung zur Natur geworben. Anders als Solschenizyn und dessen Anhänger ist Rasputin kein Apostel russischer Religiosität, kein schönfärberischer Prediger der vorpetrinischen Altgläubigkeit. Er steht vielmehr im weltweiten Lager jener, die von Fortschritt-Ängsten und Wachstums-Skrupeln geplagt werden. Wie lebt ein solcher Moralist, der das Engagement für eine «grüne» Alternative über die konkrete politische Opposition stellt, im Sowjetstaat?

Valentin Rasputin geht seit Jahren durch seinen frühen Ruhm wie zur täglichen Arbeit, still, ohne nach links oder rechts zu schauen. Er geht über die sibirischen Märkte, als sei das seine tägliche Arbeit, als habe er eben dort nach dem Rechten zu schauen. Er handelt mit den alten Bäuerinnen in leiser Eindringlichkeit, als wolle er durch seinen Zuspruch ihre private Produktion stimulieren. Er treibt Kaugummi aus Harz auf, eine goldene Wurzel gegen niedrigen Blutdruck, Kräuter, die schon die Sibirjaken in den Städten kaum mehr kennen. Freunde, die ihn besuchen, überhäuft er mit seltenen Naturalien, bis sie sich wie ein wandelndes Reformhaus fühlen. Und nicht wenige Verehrer, die seine Bücher verschlingen, sehen in diesen eine Art literarischer Heilkunde. Rasputin beschreibt die Dörfer, die Menschen, die Bindungen von gestern. Er streift die sozialistischen Errungenschaften nur als unbedeutende Randerscheinungen der älteren Werte und Wahrheiten in der dörflichen Welt. Und dennoch ist er im 60. Jahr der Oktoberrevolution zum Staatspreisträger gekürt worden. In Moskau, Leningrad, Omsk und anderen Großstädten sind seine Dorf-Romane in den letzten Jahren auf die Bühne gebracht worden. Ist sein Talent so spezifisch russisch, daß die Kulturhüter es unbedingt integrieren möchten? Selten jedenfalls hat einer den landläufigen Vorstellungen von einem sowjetischen Staatspreisträger weniger entsprochen als dieser in den sibirischen Wäldern verwurzelte Einzelgänger, der mit 17 Jahren zum erstenmal eine Stadt sah.

Heute wohnt er im vierten Stock einer Mietskaserne in der Halbmillionenstadt Irkutsk. Vor der Wohnung steht ein dickbauchiger Sack mit Kartoffeln. Vor der Haustür fließt die Angara. An ihr liegt das ferne Dorf seiner Jugend, an ihr leben und sterben die Dörfer seiner Romane. Inzwischen schreibt Rasputin am liebsten jenseits der Angara, in einer Hütte am Baikalsee. Stunden braucht er dorthin, im schaukelnden Bus. Auf die Frage nach Führerschein und eigenem Wagen lacht er königlich, kopfschüttelnd. Zu bunt schon werden ihm viele der alten, mit Schnitzereien verzierten Holzhäuser auf dem Weg von Irkutsk zum Baikal. Er sieht sie als Opfer des Tourismus. Dem alten sibirischen Dorf hat Rasputin in seinem schon erwähnten Roman *Abschied von Matjora* (deutsch bei Bertelsmann, München 1977) ein eindrucksvolles, wenn auch allzu romantisches Denkmal gesetzt. *Matjora* enthält im Stamm das russische Wort für Mutter, die alten Frauen von *Matjora* verteidigen nicht nur den Friedhof gegen die Behörden, sie können sich überhaupt nicht losreißen von ihrem Mutter-Dorf, das dem neuen Stauwerk an der Angara geopfert werden soll. Das letzte Rettungskommando verfehlt die zum Bleiben Entschlossenen im Nebel. Rasputin schildert den Sommer vor der Überflutung gleichzeitig in glühenden Farben und düsteren Sequenzen, mit einer oft mystischen Verklärung der Natur. Er überzieht den Abschied seiner Helden mit einer poetischen Trauer, die nicht die ihre sein kann – und er gleitet damit oft ins nur noch Idyllische ab.

Die meisten Bewohner von *Matjora* siedeln, resignierend oder optimistisch, in neue Kolchoswohnungen über und werden dort die «Ertrunkenen» genannt. Die Häuser in *Matjora* werden eingeäschert, die «Zündler» kommen mit Benzin und Motorsägen wie ein Hinrichtungskommando über das Dorf. Hier findet Rasputin zu einer Intensität zurück, die bis zum Ende des Buches immer dichter wird: Mit der Schilderung der letzten Ernte, der letzten Häuser zwischen den Ascheresten *Matjoras,* mit der Beschreibung der alten Bäuerin *Darja,* die auf der Insel bleibt, die ihr Heim vor der Einäscherung weißt und mit Fichtengrün schmückt. «Matjora hatte sich aus seiner Verankerung gelöst, hatte sich in die Luft erhoben und war davongeflogen: Das Himmelreich möge sanft zu ihm sein, dem Dorf.»

Was unterscheidet Rasputin von den anderen bedeutenden Dorf-Prosaisten, die dem Lande – nach der literarischen Dürre der Kolchos-Belletristik und der Neuland-Schnulzen – die klassische Form der russischen Volkserzählung wiedergegeben haben? Die *Literaturnaja gasjeta* hat auf diese Frage eine indirekte, aber zutreffende Antwort gegeben. Sie warf dem sibirischen Bauernsohn vor, in *Abschied von Matjora* allzu tendenziös «die lebendige Kraft der Tradition zu besingen» und die «Grenzen der Objektivität» überschritten zu haben. Gleichzeitig bescheinigte sie Rasputin: «Nie sättigte er bisher buchstäblich jede Seite so mit seinem Temperament, mit der moralischen Predigt.» *Matjora,* so das kommunistische Literaturblatt, sei ein «Requiem für das verschwindende sibirische Dorf».

Rasputins Naturtalent ist nicht an den Überblendungstechniken und Psychogrammen, am ganzen Raffinement moderner Erzählkunst geschult. Als der Sohn eines Bauern und späteren Sowchos-Angestellten vom fernen Dorf Ustj-Uda noch fast täglich über viele Kilometer durch verschneite Wälder zur Schule stapfte, da versuchte er zwar, in allen menschlichen Siedlungen Lesbares aufzutreiben. Doch als er mit 17 Jahren an die Philologische Fakultät von Irkutsk kam, kannte er noch kaum jene beiden Schriftsteller, die ihm seither am meisten bedeuten: Dostojewskij und Iwan Bunin. Auch an die moderne Weltliteratur ist Rasputin, der nach dem Studium als Journalist begann, nur schrittweise herangekommen. Von Kafka kennt er den *Prozeß,* von Peter Handke eine Erzählung – immer wieder nur Ausschnitte. Während sich die westliche Moderne in die Grauzonen der Identität vortastet aus einer bereits als total empfundenen Beziehungslosigkeit, hat Rasputin in den vergangenen Jahren Entfremdung direkter, ungebrochener umgesetzt in Mitgefühl für die anderen. «Gewissen ist aufs engste verbunden mit Leiden», sagt er – und hier schwingt etwas von jener traditionellen Weltsicht mit, die in Rußland stets den Drang nach Veränderung gedämpft hat. «Natur und Literatur sind die einzigen moralischen Werte, die den Menschen aufhalten können bei der ewigen Jagd vorwärts», so hat er mir in stundenlangen Gesprächen immer wieder erklärt. «Fortschritt in der Literatur liegt für mich darin, über die Vergangenheit besser zu sprechen: lieber übertreiben als vernachlässigen, was einmal gewesen ist. Wenn man für etwas agitiert, soll man beim Leser Vertrauen zum Helden wecken.» Das klingt, als würden die Methoden des *sozialistischen Realismus* gegen die sozialistische Realität gewendet. Doch die Unbefangenheit, mit der sich Rasputin – zumindest bis in die zweite Hälfte der siebziger Jahre – aus dem Gegebenen für das Überlieferte einsetzte, führte seine Prosa zu einer bedingten Authentizität – die der sozialistische Realismus nie erreichte.

Das Gegenbeispiel zur Dorfprosa war in den siebziger Jahren die sogenannte nonkonformistische Malerei, die den Westen zu kopieren versuchte, ohne die Palette eines gemeinsamen Lebensgefühls zu besitzen. Als die Maler erkannten, daß ausländische Diplomaten und Wirtschaftsvertreter russische Folklore-Motive bevorzugten, begann eine Reihe von ihnen Kirchen, Menschen mit Heiligenschein, Landschaften und Bäuerinnen zu pinseln. Alte Bäuerinnen sind auch die Heldinnen der Dorfprosa, aber nicht aus Spekulation. Rasputin zum Beispiel beschreibt eindringlich – ohne es auszusprechen –, daß die Sowjetunion nur auf dem staatlichen Sektor eine Männergesellschaft ist. Auf dem privaten Sektor – in der Erziehung, in der Familie, im Dorf – sind es die Frauen und Mütter, die für den Mangel an konkreter Humanität, an nicht-utopischer Moral Ersatzdienst leisten müssen. Wo in Rasputins Dörfern die Welt noch halbwegs in Ordnung ist, da trägt sie matriarchalische Züge. Die Mehrzahl der Männer sind Handlanger der Maschinen, von naiven Fortschrittsgläubigen bis zu prämierten Pyromanen, die für neue Kraftwerke ihre Dörfer verbrennen; sie sind Kalfaktoren der Technik, die sie als ihr Machtmittel ansehen. Dem Wodka gilt ihr Hauptinteresse. Rasputin nimmt Partei für die Frau als dem besseren Part der Tradition in der Familie.

Der Schriftsteller Fjodor Abramow, der schon vor Rasputin für seine ländliche Familienchronik *Die Prjaslins* den Staatspreis erhielt, fragte auf dem Moskauer Schriftstellerkongreß 1976: «Ist es eigentlich verwunderlich, daß die Gestalt der alten Bäuerin zeitweilig alle anderen Personen in unserer Literatur ... geradezu verdrängt hat? Das große Selbstgespräch in der Literatur über die Menschen der alten und älteren Generation stellt den Versuch dar ..., jene sittlichen Kräfte zu begreifen, die Rußland in den Jahren der schlimmsten Prüfung vor dem Untergang bewahrt haben.»

Bei dieser Suche haben die Dorf-Prosaisten den traditionellen

Hang der russischen Literatur, nach den «letzten Dingen» und «ewigen Werten» zu fragen, geschickt verbunden mit Zurückhaltung gegenüber den letzten Errungenschaften des Systems. Zwar bezieht Rasputin in seinen Romanen eine eindeutige Position gegen die Fortschritts-Propaganda der Sowjetmacht, zwar klagte Boris Moshajew schon Mitte der siebziger Jahre, im nördlichen Zentralrußland befinde sich das Landleben «in Zerfall und langsamer Auflösung». Dennoch hat Helen von Ssachno, die engagierte Anwältin moderner russischer Literatur, festgestellt: «Die Dorfliteratur versteht den Sozialismus nicht als historisches Novum, als Bruch mit der Vergangenheit, sondern als Fortsetzung des russischen Lebens.» Diese Feststellung trifft in doppeltem Sinne zu: Der Sozialismus hat auch viele Rückstände des russischen Bauerntums nicht überwunden. Wie behindernd manche Traditionen nachwirken, werden die Abschnitte über Geschichte und Gegenwart der Agrarwirtschaft noch zeigen.

Die Kritiker der Dorfprosa kommen vor allem aus der jüngeren Generation. Sie werfen dieser Literatur vor, den sozialistischen Alltag auf dem Lande mit romantisch-russischem Zuckerguß zu versüßen. Wenn die Dorf-Schriftsteller nicht korrumpiert seien, dann flüchteten sie zumindest vor der Realität. Ich habe Rasputin zu diesen Vorwürfen befragt. Die Antwort, die er mir Ende 1977 gab, lautete: «Ich meine, daß ich die Dinge weder idealisiere noch in die Idylle flüchte. In den alten Dörfern existieren Beziehungen und Charaktere, wie ich sie beschreibe. Ich idealisiere nicht die Vergangenheit, sondern ich betreibe moralische Propaganda für die besten Eigenschaft der Menschen von dort: Güte und Kontaktfähigkeit. Es ist eine Tradition der russischen Schriftsteller, zu helfen, Beschützer der Schwachen zu sein. Am schwächsten ist jetzt das Dorf, weil es langsam stirbt – wie unsere Mütter, die uns einmal lehrten, zu leben, zu arbeiten. Für mich ist das ein elementares Ereignis und keine Nostalgie.»

Mit dieser Antwort erklärt Rasputin zu einem guten Teil jene Beobachtung, die die sowjetische Zeitschrift *Woprossy literatury* (Fragen der Literatur) schon vor längerem machte: «Zieht man die ökonomischen Indikatoren zu Rate, hört unser Land auf, ein *Bauernland* zu sein. Vom gesellschaftlichen Standpunkt ergibt sich das paradoxe Fazit: Die Basis des dörflichen Rußland schmilzt zusammen, die Literatur über das dörfliche Rußland aber ist in stetem Wachstum begriffen.» Das ist in Wirklichkeit nicht paradox. Eben weil die Grundlage des bäuerlichen Rußland schmilzt, steht die Dorfliteratur auch nicht in unmittelbarem Dialog mit einer breiten Basis. Sie macht die Administration in den Metropolen – von deren Heillosigkeit sich die Dorfprosaisten ja ausdrücklich abgrenzen – nicht direkt betroffen. So existiert ein Freiraum, den es für Arbeiter-Literatur nicht gibt. Es ist müßig, sich auszumalen, was einer Literatur widerführe, die mit dem moralischen Engagement der Dorfprosa die besten Traditionen des Handwerks und der Arbeiterklasse in Erinnerung riefe.

V. Die Flucht: Der Pakt mit dem Wodka

Im Kellerraum stehen sieben graue Pritschen. Die Wände sind kahl; dunkel bis in die Schulterhöhe, dann weiß, wie auch die Dekke. Eine nackte Glühbirne verbreitet gerade genügend Licht. Auf dem einzigen Tisch Wodka und Portwein, der Wodka mit einem aufgesetzten Sauger, wie eine Babyflasche. Sieben Männer in blauer Arbeitskleidung betreten den Raum. Jeder trägt ein zusammengelegtes Laken und einen großen Blecheimer. Die Männer legen sich auf die Pritschen, rücken die Eimer an die Kopfenden, entfalten die weißen Leinentücher, decken sich zu und schließen die Augen. Ein älterer Mann mit eindrucksvoller Statur und weißem Kittel tritt vor ihre Pritschen. «Hört nur auf mich», fordert seine sonore Stimme beschwörend, «schlaft ... tief schlafen ... Hände und Beine werden schwer ... tief einatmen ... an nichts denken ... der Kopf sinkt immer tiefer in die Kissen ... der Körper ist ganz leicht ... ein Gefühl der Wärme in den Händen ... der ganze Körper ist gefesselt ... schlafen.»

Allmählich verliert die Stimme ihre Wärme, bekommt autoritäre Härte, bis sie in metallisches Hämmern übergeht: «Es gilt, den Willen zu festigen ... Ihnen die Kraft zu geben, einen schrecklichen Feind zu schlagen ... einen Feind, der alles wegnimmt, was für den Menschen gut ist ...» Einige Männer zucken und winden sich auf ihren Pritschen. Die Stimme donnert nun auf sie herab wie das Jüngste Gericht: «Ein Feind, der alles nimmt ... Gesundheit, menschliche Achtung, Familie, Freude an der Arbeit ... er nimmt alles, wofür der Mensch leben muß ... Jeder von Ihnen kennt seine Aufgabe, könnte seiner Familie, dem Staat nutzen ... Doch nichts bleibt, außer Kummer ... darum verstehen Sie, daß Wein der schlimmste Feind ist ... hassen müssen sie ihn ... denken Sie an Wodka, an W-o-o-d-k-a-a ... was der anrichtet ... W-o-o-d-k-a-a!»

Der Wodka-Schrei reißt die konvulsivisch verzerrten Gestalten von den Pritschen zu den Eimern herum, über die sie sich mit würgendem Brechreiz krümmen. Die Stimme fordert wieder zum Schlafen auf, senkt die Spannung, um mit neuem Nachdruck anzuheben: «Sie sehen jetzt, daß es schon unerträglich ist, daran zu denken ... an diese Macht zum Bösen, zu Tod und Verbrechen ... W-o-o-d-k-a-a!» Der Mann im weißen Kittel benetzt einen Korken mit Wodka und hält ihn den Stöhnenden unter die Nase. Dann preßt er ihnen die Wodkaflasche mit dem Baby-Sauger zwischen die Zähne. Würgeanfälle schütteln nun auch jene beiden Patienten, die bis dahin die geringste Reaktion gezeigt haben.

Damit haben die Männer in den blauen Overalls für diesmal das Schlimmste hinter sich: «Schlafen ... Sie beginnen ein neues Leben, das gesunde Leben eines Menschen, der respektiert wird ... Wenn sie Wein sehen, über ihn reden hören, werden Sie immer daran denken, wie tief der Abscheu in sie eingedrungen ist ... der Wein ist zu einem besiegten Bösen geworden, und das ist Ihr Glück ... dafür sind sie jetzt gesund ... denken Sie immer gut an die Worte, an die Befehle ...»

Szenen wie diese gibt es jede Woche in einigen Moskauer Fabriken, aber auch in anderen Teilen der Sowjetunion. Das Behandlungsverfahren heißt *Hypnose-Schocktherapie* und ist Teil eines inzwischen etablierten Modells, das sich *Psychotherapeutisches Prophylaktikum für Trinker bei Industriebetrieben* nennt. Einfacher ausgedrückt: Alkoholiker werden, auf freiwilliger Basis, in Betreuungsstätten direkt auf dem Betriebsgelände unter ärztlicher Kontrolle entwöhnt. Ernsthafter haben die sowjetischen Gesundheitsbehörden Rußlands Erbfeind, den Alkohol, bisher noch nicht bekämpft. Ob sie das ungeheure Ausmaß der Suchtkrankheit auch nur eindämmen können, bleibt allerdings fraglich.

Der Mann mit dem weißen Kittel und der sonoren Stimme, Professor Wladimir S. Roshnow, der mich im *Hypnotarium* eines Moskauer Psychiatrischen Krankenhauses sein Verfahren beobachten ließ, ist optimistisch. Die von ihm seit 1952 ausgearbeitete Methode hat in den letzten Jahren den Durchbruch gefunden. Für das System ist inzwischen ein Lehrstuhl der Psychotherapie am Zentralinstitut für die Weiterbildung der Ärzte eingerichtet worden. Hypnose bei der Behandlung von chronischem Alkoholismus hat in Rußland Tradition. Sie wurde schon zu Beginn des Jahrhunderts von dem bedeutenden Neurologen, Psychiater und Psychologen V. M. Bechterew angewendet. Die von Roshnow weiterentwickelte Methode ist für jeden Arzt einfach zugänglich.

Gegen Roshnows Schocktherapie gibt es eine ganze Reihe von Bedenken, die ein westlicher Fachmann sofort vorbringen wird: Die Hypnose ist im Grunde eine Zwangsjacke; die Form, in der der Alkohol verteufelt wird, bewirkt neue Angsterzeugung. Die Patienten sollen sich den Wodka nicht verbieten, sondern sich von ihrer Angst befreien, ihre Ich-Schwäche überwinden. Doch die Schocktherapien des stimmgewaltigen Professors und das ganze Modell der «Trinkerheilanstalten am Fließband» haben für die Sowjetunion auch einen ideologisch-politischen Stellenwert. Er wird bestimmt von der seit Jahrzehnten anhaltenden Diskriminierung der Trinker durch Propaganda, Gesetzgeber und Gerichtspsychiater: Der Alkoholismus galt und gilt zum Teil noch immer nicht als Krankheit, sondern als selbstverschuldetes Versagen und Parasitentum. Verglichen mit dieser notorischen Diskriminierung ist das *Psychotherapeutische Prophylaktikum für Trinker bei Industriebetrieben* eine Etappe auf dem Weg zur Anerkennung der Alkoholiker als Suchtkranke.

Aber selbst wenn die Quoten der rückfälligen Alkoholiker durch die «Trinkerheilstätten am Fließband», wie mir überall versichert wurde, erheblich gesenkt worden sind – dem Erfolg im Kampf gegen die Trunkenheit bleiben auch künftig enge Grenzen gesetzt. Wir wollen diese Prognose – bevor wir das hier geschilderte Modell noch eingehender beschreiben – durch einen Blick auf die Suchtszene und ihre Vorgeschichte präzisieren.

Die Köchin Valentina Pamursina schlummerte auf dem großen Kochkessel, in dem die Speisen für die Gäste angerichtet werden sollten. Ihr Mann, der eigentlich in einem ganz anderen Betrieb seiner Arbeit nachzugehen hatte, wich nur wankend vom warmen Herde. Die Kellner Posdenjakow und Iwanow starrten ungläubig auf die Röhrchen, die sich vor ihre Münder schoben und sogleich verfärbten. Der Koch Andrejew konnte nicht mehr pusten, ihm hatten die Kollegen in der Küche gerade das Gebiß zerschlagen. Und der Koch Kulagin versuchte noch im letzten Moment, eine Batterie Wodkaflaschen in den Hof zu tragen, die nicht abgestempelt und damit auch nicht für den Ausschank freigegeben waren – Schnaps aus der Schwarzbrennerei.

Die Fakten stammen aus einem Protokoll des Moskauer Staatsanwaltes W. Milajew. Es hielt die Ergebnisse einer Stichprobe fest, die Milajews Mitarbeiter im Moskauer Schaschlik-Lokal «Arax» vornahmen. Die pikante Würze an der Geschichte: Die Leiterin des Etablissements war gleichzeitig die Vorsitzende einer Kommission für den Kampf gegen die Trunksucht. Dieses Beispiel erläutert besser als jeder Kommentar, wie sehr der Alkohol die sowjetische Gesellschaft aufzulösen droht. Die Wirtschaft erleidet alljährlich Millionenverluste durch den Ausfall oder die Ausschußarbeit berauschter Werktätiger. Immer mehr Familien, die der Staat gerne als Hort der Stabilität erhalten sähe, werden durch Trunksucht zerrüttet.

Während der Drogenmißbrauch auch in absehbarer Zukunft nicht an westliche Ausmaße heranreichen wird, gilt der Alkohol inzwischen als «Hauptfeind des Lebens», wie es 1974 die Zeitung *Sowjetkultur* formulierte. Die Gesamtzahl der Suchtkranken und die vollständigen statistischen Übersichten sind vorerst noch Staatsgeheimnisse. (In der Bundesrepublik gehören heute 1,5 Millionen Menschen zum Kreis der behandlungsbedürftigen Alkoholiker.) Aber die verstreuten Einzeluntersuchungen, deren Publikation Mitte der siebziger Jahre vorübergehend zunahm, vermitteln ein düsteres Alkoholspiegel-Bild. Das Trinken begleitet die Russen, wie in der Zarenzeit, fast von der Wiege bis zur Bahre:

70 bis 95 Prozent der Kinder im schulpflichtigen Alter machen bereits mit Alkohol Erfahrungen, die Landkinder im Durchschnitt zum erstenmal zwischen elf und zwölf Jahren. In einer Untersuchung von Industriearbeiter-Familien mit Alkoholkranken fand W. G. Saporoschtschenko (Moskau, 1975) heraus, daß ein Drittel der Kinder in diesem Milieu bereits vor dem zehnten Lebensjahr an hochprozentige Getränke kommt (96,2 Prozent vor dem 15. Lebensjahr).

Wie in der Bundeswehr, so fördert auch der Dienst in der Roten Armee nicht das Feindbild vom Alkohol – im Gegenteil. Neun von zehn Rotarmisten, die sich mit Geschlechtskrankheiten infizieren, tun dies angeblich in alkoholgeschwängertem Zustand. Im zivilen Leben macht der erwachsene Sowjetbürger mit der Trunksucht noch schlimmere Erfahrungen, auf welcher Seite er auch immer zum Opfer wird: 76,4 Prozent aller Vergewaltigungen, fast 74 Prozent aller Morde und neun von zehn Störungen der öffentlichen Ordnung werden im Rausch begangen. Diese offiziellen Angaben aus *Junger Kommunist* (Moskau, 1975) sind zwar nicht die neuesten, aber viel hat sich kaum verändert.

Die Folgen der Sucht für das Familienleben am Beispiel der Statistik: Eine Untersuchung im Orlowsker Gebiet ergab, daß 71,4 Prozent aller Scheidungsanträge von Frauen durch die Trunksucht der Männer ausgelöst wurden. Zehn Prozent der Suchtkranken sind Frauen, die es in drei von vier Fällen ihren trinkenden Männern nachtaten. Es gibt kaum einen Ausländer in Moskau, der nicht irgendwann mit bleichem Gesicht berichtet, daß ihm gerade ein Betrunkener fast der Länge nach vor den Wagen gefallen sei. Bei 46 Prozent aller Verkehrsunfälle mit tödlichem Ausgang ist Alkohol im Spiel. Jeder dritte Notarzt-Einsatz in der Sowjetmetropole gilt einem Suchtkranken. Nach dem großen Kälteeinbruch Anfang Januar 1979 hielt sich hartnäckig das Gerücht, rund 200 Menschen seien in Moskau erfroren – fast ausnahmslos Trinker. Dies ist keine gesicherte Information, aber eine klare Aussage über die Selbsteinschätzung der Gesellschaft. Sicher ist hingegen: Nach Herz-Kreislauf-Versagen und bösartigen Tumoren ist der Alkohol die häufigste Ursache, die den Sowjetbürger auf die Totenbahre bringt.

Statistiken über Betriebsunfälle sind bis heute geheim. Aber der «blaue Montag» ist ein offen in Rechnung gestellter Defizitposten der Sowjetwirtschaft. Nach Feier- und Zahltagen steigt der Ausschuß in der Produktion um fast 3,5 Prozent. Eine Stichprobe, die ein Moskauer Unternehmen an einem Montagmorgen über sich ergehen lassen mußte, ergab: Von 410 Arbeitern standen 182 unter Alkoholeinfluß oder litten noch an den Nachwirkungen des Wochenend-Katers. «Unser Ingenieur fällt jeden Montag wegen Trunkenheit aus», sagte mir einmal der leitende Angestellte eines zentralrussischen Betriebes, «aber wir sind heilfroh, wenn er dienstags oder mittwochs wiederkommt; denn einen besseren Fachmann fänden wir nicht.» Der Arbeitskräftemangel führt dazu, daß viele Vorgesetzte die wegen Trunkenheit fehlenden Werktätigen als beurlaubt melden. Der «blaue Montag» endet mit Nachdurst:

«Es war ein gewöhnlicher Montag, und in keinem Betrieb von Stawropol wurde Gehalt ausgezahlt», so eine Schilderung der *Literaturnaja gasjeta.* «Aber es gab viele Betrunkene ... Um 19 Uhr begann für die Mitarbeiter der narkologischen Anstalt die Kampfzeit. Sie fuhren mit dem Wagen durch die ganze Stadt, um Klienten zu sammeln. Die Betrunkenen kamen wie eine Meereswoge. Als sie um Mitternacht in tödlich-berauschtem Zustand auf den Betten lagen, schrieben die Samariter die Vordrucke aus, mit denen die Betriebe darüber informiert werden, daß ihre Mitarbeiter in trunkenem Zustand aufgelesen worden sind.» Soweit die *Literaturnaja gasjeta.* Die Trinker in den Provinzbetrieben werden noch ganz selten psychotherapeutisch betreut und zumeist in Wandzeitungen mit diffamierenden Karikaturen angeprangert, wodurch der verderbliche Kreislauf nur noch mehr in Schwung gebracht wird. Die volkswirtschaftliche Seite der Trunksucht am Arbeitsplatz haben S. G. Strumilin und M. Ja. Sonin (Nowosibirsk, 1974) beleuchtet. Bei striktem Alkoholverbot in den Betrieben, so das Ergebnis ihrer Untersuchung, würde die Arbeitsproduktivität um zehn Prozent steigen.

Das Sowjetsystem ist bekanntlich nicht der Urquell der tristen russischen Trinkfreude, sondern nur ein kräftiger Nebenarm (zwischen 1940 und 1973 stieg der Alkoholkonsum laut *Literaturnaja gasjeta* um 534 Prozent). Schon die berühmte Nestorchronik erklärt die Bekehrung Rußlands zum Christentum und die Ablehnung des Islam durch die Kiewer Fürsten mit dem Alkoholverbot der Moslems. Ohne das Trinken könnten die Russen nicht leben, antwortete Wladimir der Täufer (965–1015) der Legende zufolge auf die Bekehrungsversuche der muslimischen Abgesandten. Es hat sich wenig geändert. Im rotem Imperium gibt es ein blaues Nord-Süd-Gefälle. Der Alkoholpegel würde in den islamischen Sowjetrepubliken gegen Null sinken, wenn dort nicht kräftige slawische Minderheiten für die fehlenden Prozente sorgten. Das Erbe Wladimir des Täufers schlägt sich auch in Statistiken nieder: Zu Beginn der siebziger Jahre betrug der Anteil von Äthylalkohol-Vergiftungen an der Gesamtzahl aller tödlichen Vergiftungen in der Russischen Republik und in Litauen über 65 Prozent, in Weißrußland über 60 Prozent, in der Ukraine 59 Prozent. In den islamischen Republiken hingegen lag der Anteil halb so hoch: Turkmenien (knapp 15 Prozent), Tadshikistan (knapp 32 Prozent) und in Usbekistan (rund 35 Prozent). Im christlichen Armenien, wo der slawische Bevölkerungsanteil besonders gering ist, waren es sogar nur 3,7 Prozent. «In unserer Republik gibt es keine einzige Ausnüchterungszelle», betonte ein Leiter des berühmten Kognak-Werkes von Jerewan, als er mir bei einer nüchternen Kognak-Probe Churchills Lieblingsmarke und dazu nur drei (!) andere Sorten kredenzte. Obwohl das Lohn- und Gehaltsniveau in den islamischen Republiken etwas unter dem sowjetischen Durchschnitt liegt, sehen die Familienbudgets günstiger aus: Die Alkohol-Ausgaben entfallen. Sie liegen auch bei den ärmsten russischen Schichten im Durchschnitt nicht unter zehn Prozent, und sie steigen in der gehobenen Mittelklasse auf 14,5 Prozent.

Es gibt kein großes Volk, das die Tradition jahrhundertealter Trinksitten so bewahrt hat, wie es die Erben der Oktoberrevolution noch immer tun. Als Leonid Breschnew beim SALT-Gipfel in Wien 1979 trotz aller Erschöpfung ein Wodka-Glas mit einem Zug leerte, es sich auf den Kopf stülpte und US-Präsident Carter ermunterte, das gleiche zu tun, da hielt er sich getreu an Vätersitten. Der österreichische Diplomat Sigismund zu Herberstein machte schon im Jahre 1526 in Moskau die Erfahrung: «Die Russen haben auch eine wunderliche Art, die Gäste zum Trinken zu animieren ... Derjenige, der den Anfang macht, tritt mit seinem Trinkgefäß in die Mitte des Raumes, entblößt sein Haupt und erzählt in wohlgesetzter Rede, auf wessen Gesundheit er trinken wolle und was er dem Betreffenden alles wünsche. Dann leert er den Becher und stülpt ihn über seinen Kopf, damit alle sehen, daß er ihn wirklich ganz ausgetrunken hat. Denn auf diese Weise zeigt er, daß er demjenigen, den er also ehrte, in der Tat alles erdenklich Gute wünsche.»

Neben den klimatischen, geographischen und sozialen Ursachen gehört wahrscheinlich auch die besondere Entwicklung der russischen Landwirtschaft zu den Urquellen der russischen Alkoholschwemme. Während im westlichen Europa schon in der zweiten Hälfte des 13. Jahrhunderts ein großer städtischer Markt für Getreide entstand, blieb ein ähnlicher Konzentrationsprozeß in den Weiten des bäuerlichen Rußlands aus. Nachdem die Russen von den Tataren das Schnapsbrennen gelernt hatten, blieb dies der einzig sinnvolle Verwendungszweck für Getreideüberschüsse. Zuvor waren nur Met und Wein aus Früchten bekannt, aber auch damit gab es schon Probleme. So hatte Cyrillus Niphotus, Bischof von Nowgorod, zu Beginn des 16. Jahrhunderts einen Katalog religiöser Fragen und Antworten aufgestellt, in dem er auch die Regel verkündete: «Muß eine Frau nach einer Fehlgeburt Buße tun? Antwort: Wenn ein Unfall diese Fehlgeburt verursacht hat, muß sie nicht büßen, wohl aber, wenn diese infolge von Trunkenheit erfolgte.»

Im 17. Jahrhundert, so ist bei dem Historiker Richard Pipes nachzulesen, wechselten die Russen zwischen Abstinenz und «hemmungslosen Sauforgien. Am schlimmsten war es zu Ostern. Um diese Zeit lagen die Dörfer Rußlands, aus dem Winter erwacht und vor der Mühsal der beginnenden Feldarbeit, unter einem Nebeldunst von Alkohol.» Ein erschütterndes Dokument aus dem vergangenen Jahrhundert ist der Bericht des zaristischen Beamten Sablozkij-Desjatowskij über die Leibeigenen im Jahre 1831. Trinken war ihr einziger Ausweg, so konstatierte der schonungslos-aufrichtige Mann. Die Bauern nutzten auch die kleinste Möglichkeit, um in billigsten, stinkenden Destillaten die zwei Stufen ihrer Erlösung zu finden: Betäubung und Bewußtlosigkeit.

Die russische Literatur schwelgt in Gelagen und Trinkphilosophien, von Gogols *Toten Seelen* über Leskows Soldaten Pjotr Rabenschrei in *Ein absterbendes Geschlecht* bis zu Jessenins Versen. Not und Verzweiflung trieben die untersten Schichten. Ich-Schwäche, Realitätsflucht und der Drang nach Seelen-Eruptionen als Ersatzbefreiung waren die Motive der Aufgestiegenen. «Und je mehr ich trinke, desto stärker fühle ich mich», sagt der unglückliche, vormalige Titularrat Marmeladow in *Schuld und Sühne,* «darum trinke ich doch, weil ich in diesem Trank hier Mitleid und Gefühl suche. Ich trinke, weil ich doppelt leiden will!»

Heute summieren sich, neben den tradierten Trink-Ritualen, viele Ursachen für das «psychische Doping», wie es ein sowjetischer Mediziner genannt hat. Dazu zählen: die Enge der Wohnungen; fehlende Freizeit-Angebote vor allem auf dem Lande; die miserable Gastronomie, die sich ein Menschenalter nach der Oktoberrevolution noch immer auf allerniedrigstem Niveau befindet. Die schalen Bierhallen und die bröckelnden Hinterhöfe animieren zu einer fatalen Traditionspflege: so hastig wie möglich Alkohol hinunterzuschütten, um so schnell wie möglich die Umwelt verschwimmen zu sehen. Und geblieben sind Ich-Schwäche und Identitätsverfall, verkleidet mit rustikalen Trink-Philosophien, wie sie Rasputin in seinem Roman *Die letzte Frist* (deutsche Ausgabe: München, 1976) beschreibt:

«... Ich weiß, ich bin ringsherum zwanzigmal schuld: daheim hab ich mit der Frau geschimpft, hab das letzte Geld abgestoßen, am Arbeitsplatz hab ich Feierschicht gemacht, durchs Dorf bin ich gelaufen und hab gebettelt. Ich schäme mich, kann die Augen nicht heben. Aber andererseits ist mir besser zumute. Einerseits schlechter, andererseits besser. Du gehst wieder arbeiten, du arbeitest deine Sünden ab. Du arbeitest einen Tag, du arbeitest zwei Tage, fünf Tage, du legst dich ins Zeug wie drei Männer ... Sogar eine ganze Woche könnten wir es ohne Trinken noch aushalten. Aber länger? Aber ganz? Stell Dir mal vor: bis an den Tod nichts mehr zu trinken! Du hast überhaupt nichts vor dir, immer nur ein und dasselbe. So viele Stricke halten dich am Arbeitsplatz und zu Hause, daß du nicht mal ach! sagen kannst. So viel hättest du tun müssen und hast es nicht getan, immer mußt du, mußt du, mußt du ... Hast du aber getrunken, dann bist du ins Freie gekommen, die Befreiung ist gekommen, du mußt nichts mehr, du mußt keinen Dreck, du hast alles getan, was notwendig war. Und was du nicht getan hast, das war nicht notwendig, und es war ganz in Ordnung, daß du es nicht getan hast.»

So viele Stricke halten dich – hast du aber getrunken, dann bist du ins Freie gekommen – und später arbeitest du deine Sünden ab. Vieles erinnert hier an unser erstes Kapitel, an das gewickelte Kind, das zu seinem vermeintlich Besten eingeschränkt ist, das auf die Möglichkeit wartet, zusammengedrängte Gefühle zu entladen. Und warum geht es einem besser, wenn man durchs Dorf gelaufen ist, gebettelt hat und seine Sünden abarbeitet? Trinken als verborgene Werbung um Mitgefühl? Auch das ist ein Motiv in einem Land, zu dessen besten Traditionen die emotionale Anteilnahme an «unglücklichen Sündern» gehört. Denn sie war und ist Projektion der eigenen Existenzängste, des Empfindens, selber ausgeliefert zu sein.

«Der Feiernde soff sich toll und voll und ging dann wieder in alle Kasernen», so heißt es in Dostojewskijs *Aufzeichnungen aus einem Totenhaus,* «diesmal wankend und stolpernd, um allen zu zeigen, daß er betrunken war, daß er ‹durchging›, und um dafür allgemeine Achtung zu erwerben. Im russischen Volk findet man überall eine gewisse Sympathie für die Betrunkenen.» Von dieser Sympathie gehen die Trinker bis heute aus, obwohl sie offiziell so lange als Gesellschaftsschädlinge verdammt worden sind. Mehrfach bin ich bei Spaziergängen in den Grünanlagen der Vorstädte angesprochen worden, wenn ich Dreier- oder Vierergruppen passierte, in denen die Wodkaflasche kreiste. Ob ich nicht Sakusski bei mir hätte? Sakusski sind eigentlich Vorspeisen, geräucherter Stör, ein Kaviarhappen, Speck, kalter Braten, marinierte Pilze, das beste der russischen Küche. Für die Wodka-Brüder in Parks und Hinterhöfen ist Sakusski ein Sammelbegriff für alle Happen, von Schokolade bis zum Hering. Denn die Russen trinken den Wodka ausschließlich pur, mit großen Schlucken und mit kleinen Imbissen.

In manchen Parks gibt es eine Art «Stamm-Bank», wo sich Alkoholfreunde häufiger treffen, aber auch trotz längerer Bekanntschaft die Anonymität wahren. Realitätsorientierte Beziehungen würden nur die Gemeinschaftsbildung zerstören, durch die man «ins Freie kommen» will, wie es Valentin Rasputins Bauern nennen. Das ist auch der tiefere Grund für den kurzfristigen Zusammenschluß der Trinker-Troikas – eine Gepflogenheit, die oft allzu oberflächlich nur mit finanziellen Gründen erklärt wird. Fast jeder Ausländer in Moskau ist irgendwann einmal, ganz ungewollt, Zeuge der folgenden Szene geworden: Vor einem Spirituosen-Geschäft legt ein Mann diskret ein oder zwei Finger an das Revers seines Mantels oder Jacketts. Ein zweiter Passant gesellt sich zu ihm, ein dritter folgt. Man legt die nötigen Rubel zusammen, kauft eine Flasche vom (teurer und schlechter gewordenen) Wodka aus der staatlichen Produktion und leert sie gemeinsam im Torbogen.

Um die Troika ranken sich viele Witze. Stets auf den neuesten Stand gebracht wird der folgende: Über Moskau springen drei russisch sprechende CIA-Agenten mit Fallschirmen ab. Der erste landet unglücklich in einem Baum und wird sofort verhaftet. Der zweite kommt bis in die Außenbezirke der Stadt, sieht eine Käuferschlange und fragt, worauf die Leute warten. «Auf Toilettenpapier», sagen die Umstehenden. «Bei uns», verplappert sich der Agent, der noch ganz unter dem Eindruck der amerikanischen Benzinkrise steht, «gibt es Schlangen nur an Tankstellen.» Auch er wird festgenommen. Der Chef des Kleeblatts bleibt länger auf freiem Fuß, aber schließlich wird auch er in die Zelle gesteckt. «Wie haben sie dich erwischt?» fragen die beiden anderen. Der Chef schüttelt fassungslos den Kopf: «Bei der CIA muß es einen Verräter geben. Ich stand nichtsahnend vor einem Schnapsgeschäft, plötzlich musterten mich zwei Männer und sagten: ‹Da kommt der dritte.› Wie sollte ich noch leugnen ...»

Die besten Wodka-Sorten *Stolitschnaja* und *Moskowskaja* sind vor Jahren aus dem profanen Binnenhandel gezogen worden und zu Flaggschiffen des sowjetischen Konsumgüterexports geworden. Über die Devisengeschäfte für Ausländer («Berjoska») in den großen sowjetischen Städten kommen die begehrten Sorten wieder auf den Inlandmarkt zurück. Der Export-Wodka ist zur Zweitwährung im Dienstleistungssektor geworden: Ausländer bezahlen damit die sowjetischen Handwerker. Das dient beiden Seiten, weil eine riesige Handelsspanne besteht: Die Spitzenmarken sind für Devisen wesentlich billiger zu bekommen als der schlechtere Inland-Wodka für Rubel, die man zum sowjetischen Wechselkurs eingetauscht hat.

Welche Sorte auch immer, ausgetrunken werden muß jede geöffnete Flasche an Ort und Stelle. Hausbars zur Aufbewahrung halber Flaschen gibt es, um westlichen Schick zu demonstrieren – aber sie enthalten zumeist nur leere Gläser. Ginge eine Feier zu Ende, ohne daß alle Flaschen im Hause geleert wären, müßte sich der Gastgeber Versagen vorwerfen. Als die alte Bäuerin Anna, die Heldin in Rasputins *Die letzte Frist,* im Sterben liegt, verständigen sich die angereisten Söhne zuerst über den Wodkakauf: «Einen Kasten bestimmt. Mit weniger geht nichts. Das halbe Dorf wird zu uns ins Haus kommen. Ich will uns keine Schande machen, geizig war unsere Mutter gewiß nicht.»

«Die Russen meinen, sie hätten ihre Gäste nicht wohl empfangen, wenn diese nicht betrunken sind», erkannte Herberstein schon vor 450 Jahren. Das gilt noch heute. Die Trinkgelage, zu denen ausländische Gäste bei offiziellen Besichtigungsreisen animiert werden, haben also nicht ausschließlich den Zweck, den kritischen Blick der Besucher zu trüben. Bedauerlich ist nur, daß die Höflichkeit von Ausländern, die russische Gastfreundschaft respektieren, gelegentlich im nachhinein ausgenutzt wird, etwa um kritische Journalisten als alkoholisierte Unruhestifter anzuprangern. Beispiele dafür aus jüngster Zeit sind die Fälle der Moskauer Korrespondenten Robin Knight und David Satter.

Selbstverständlich haben Kolchosvorsitzende, zu denen westliche Besucher kommen, den Auftrag, alle Register der russischen Gastlichkeit und der privaten Liebenswürdigkeit zu ziehen. Aber die meisten bedürften dieses Auftrags erst gar nicht. Da ließen wir uns oft nach rührender Fürsorglichkeit und unendlichen Freundschaftsbeteuerungen schwer in die Sitze unseres Busses fallen, fuhren ein gutes Stück durch die dunkle Nacht, und plötzlich leuchteten vor uns die Bremslichter mehrerer Personenwagen auf. Da waren sie wieder, die fröhlichen, leicht geröteten Gesichter, die noch eben an der Kolchos-Ausfahrt die Ehrenformation gebildet hatten. Bis an die Grenze des Bezirkes waren uns die Gastgeber nun noch nachgefahren zum *Possoschok,* dem «Wanderstab» in Form eines letzten Schluckes. Wieder kreiste die Wodkaflasche, wurde ein Imbiß gereicht: Die Heimfahrt durch die Ländereien des Gastgebers, so die alte Sitte, darf nicht langweilig enden.

Trotz aller Toleranz und trotz aller Gleichgültigkeit vieler Sowjetmenschen gegenuber Mitbürgern im Vollrausch auf Gehsteigen oder Haustreppen, haben sich die Forderungen nach Maßnahmen gegen die Suchtkrankheit verstärkt. In der Presse werden sie offener diskutiert als etwa Sexualität und Verbrechen. So empfahl die Leserin A. Worobjowa in *Literaturnaja gasjeta:* «Ich würde alkoholfreie Tage einführen, analog zum Fischtag. Einmal in der Woche müßten alle Weinläden und Bierbuden schließen und einen ‹sanitären Tag› einlegen.» Die Forderung nach dem «trockenen Gesetz», dem totalen Alkoholverbot, wird mit den bekannten Hinweisen auf die Folgen der amerikanischen Prohibition und der finnischen Gesetzesbeschränkungen abgewiesen. Professor Roshnow: «Der Kampf gegen den Alkoholismus aus der Position der vollkommenen Nüchternheit ist scheinheilig.»

Diese Argumente sind nicht von der Hand zu weisen – aber auch selbst nicht ohne Scheinheiligkeit. Der Staat kassiert jährlich über zwanzig Milliarden Rubel an Alkoholsteuern. Das ist weit mehr, als offiziell für den Verteidigungshaushalt veranschlagt wird. Und das ist fast die Summe, mit der Moskau den ideologisch begründeten Niedrigpreis für Fleisch und Milch alljährlich subventioniert. Auch die Alkoholsteuern sind alte Tradition. Im 19. Jahrhundert waren sie die größte Steuerquelle des Kaiserreiches. 1865 flossen der Staatskasse aus dem Verkaufsmonopol für Branntwein 38 Prozent aller Einnahmen zu. Am Ende des Zarenreiches wurde sogar ein Regierungsrücktritt offiziell mit dem Streit um die Alkoholsteuer begründet. Graf W. N. Kokowtschew mußte nach amtlicher Lesart deshalb gehen, weil er den plötzlichen Entschluß des Zaren nicht sanktionieren wollte, die Wodka-Steuer aufzuheben.

Eine Beschränkung des Wodka-Angebotes würde heute die Schwarzbrennerei weiter stimulieren. Sie hat schon durch die Erhöhung der staatlichen Schnapspreise großen Aufschwung erfahren. Ein Liter selbstgebrannter Wodka kostet etwa drei Rubel, ein halber Liter aus der staatlichen Produktion ist um das Mehrfache teurer. Im Städtchen Mitrowskij in der ukrainischen Kornkammer wurden vor einiger Zeit gleich sechs Anlagen zum Schwarzbrennen entdeckt. Es gibt keine offiziellen Zahlenangaben darüber, wie viele Rohstoffe für illegal gebrannten Schnaps verschwinden. Aber es gibt Schätzungen, die in einer amerikanischen Studie zum Beispiel für das Jahr 1970 angestellt worden sind. Danach wurden für den mit staatlicher Genehmigung produzierten Alkohol verbraucht: 1,1 Millionen Tonnen Getreide; 2,1 Millionen Tonnen Kartoffeln; 0,5 Millionen Tonnen Zuckerrüben. Der «private» (und nur geschätzte) Rohstoffverbrauch für Schwarzbrennereien lag erheblich höher: 5,3 Millionen Tonnen Getreide; 9,1 Millionen Tonnen Kartoffeln und 10 Millionen Tonnen Zuckerrüben.

Das Verhältnis zwischen Einnahmen aus der Alkoholsteuer und Ausgaben für Rohstoffe, Arbeitsverluste und die Eindämmung der Suchtkrankheit kennt nur der Staat. Es scheint ihm noch immer so günstig zu sein, daß er die Zersetzung der Sowjetgesellschaft durch den Alkohol bisher nicht mit Alternativprogrammen bekämpft – mit Alternativprogrammen für die Infrastruktur im Bereich der Gastronomie, der Wohnkultur und der Freizeitangebote.

Eine unmittelbare Antriebskraft des Alkoholabsatzes sind die Handelsorganisationen, die das Interesse haben, ihre Pläne zu erfüllen. Von allen Produkten aus der sozialistischen Welt, die in ausreichendem Maße vorhanden sind, verkaufen sich Spirituosen am besten. Seit 1964 ist der Alkohol bezeichnenderweise aus den Umsatzstatistiken verschwunden und in der Rubrik «andere Lebensmittel» versteckt. Die «anderen Lebensmittel» tragen zum Gesamtumsatz des öffentlichen Handels rund ein Drittel bei. Wie groß ist aber der Anteil des Alkohols an diesen «anderen Lebensmitteln»? Ein sowjetischer Volkswirt hat ihn in einer *Samisdat*-Schrift auf fast 85 Prozent taxiert.

Und wie betreibt der Handel die Planerfüllung durch Alkoholabsatz in der Praxis? «Die Mitarbeiter von 87 Betrieben des Industrieviertels», so berichtete die *Literaturnaja gasjeta* aus dem Mikrokosmos der Stadt Stawropol, «können nur über den unteren Markt zu ihren Werken gelangen. Und da haben die Vertreter des Handels eine Schwelle gelegt, über die nur ein ganz fester Charakter kommen kann. Die Dichte der Trink-Gelegenheiten pro Quadratmeter ist außergewöhnlich hoch. Der Handel mit den Spirituosen läuft zwar ganz gesetzlich über die öffentlichen Ernährungs-Betriebe. Aber die neun kleinen Verkaufsstände haben einen Umsatz von 700 000 Rubel (ungerechnet: 2,1 Millionen DM) pro Jahr. Dazu der Leiter für die Verwaltung der Eßhallen, Pjeschkow: ‹Eine hohe Summe, das stimmt. Aber was kann man machen, wir haben ja unseren Plan. 700 000 Rubel, das ist fast ein Monatsumsatz der gesamten Verwaltung. Von den Kantinen kommt ja fast nichts.› Alle Verantwortlichen aus dem Handel reagieren mit dem magischen Satz: Das ist der Plan ...», lautete das resigniert klingende Fazit der Zeitung.

Das *Udarnyj finisch,* der *Stoß-Einsatz* einer kleinen Filiale im öffentlichen Handel zur Übererfüllung des Umsatzplanes kann mitunter seltene Früchte in abgelegene Stadtviertel zaubern. An einem Novembersamstag entdeckten wir in Moskau, nahe einer tristen Kreuzung zwischen abgetakelten Holzhäusern, ein weißbekitteltes Händler-Quartett, das auf der Straße irgendeine Ware wie am Fließband verkaufte. Wir sahen den improvisierten Stand aus vielen Kisten von der Seite ein, und die fixen Handgriffe irritierten uns schon aus der Ferne. Es gab zwar eine Schlange, aber sie staute sich nicht wie üblich, sondern rückte so schnell vorwärts wie an einer Kinokasse. Bier wurde angeboten – allerdings nicht die schalen sowjetischen Hausmarken. Es gab Pilsener Urquell, kistenweise, eine Kostbarkeit, die nicht einmal in den Devisenläden Moskaus zu finden ist. Das tschechische Produkt firmiert ja nicht unter Westimporten und ist von den sowjetischen Planern als Valuta-Quelle noch nicht entdeckt worden. So gab es draußen, irgendwo jenseits vom *Prospekt des Friedens,* Pilsener im Stoß-Einsatz. Und dazu Shrimps – damit nicht Spirituosen verkauft wurden, sondern eben «andere Lebensmittel».

Der Alkohol fließt auch durch die Kanäle «freien Unternehmertums». Einmal besuchten wir russische Freunde, und um Mitternacht war der Wodka plötzlich versiegt. Der Hausherr verschwand für eine gute halbe Stunde und kehrte mit drei vollen Flaschen zurück. «Ich war zu unseren fahrenden Nachtbars», erläuterte er ironisch, «viele Taxifahrer decken sich zu Beginn der Nachtschicht für diesen Sonderservice ein und kassieren Aufschläge, die mit der Uhrzeit steigen.»

Der Regierungserlaß vom Juni 1972, der ein energischer Schritt zur Eindämmung der Alkoholschwemme sein sollte, begrenzte den Verkauf von Wodka auf größere Geschäfte, fern von großen Betrieben, Schulen und großen Kommunikationszentren. Der völlige Mißerfolg dieser Verordnung wird zwar nicht offiziell eingestanden, kommt aber zwischen den Zeilen anschaulich zum Ausdruck. «Solange die Leute im Werk bleiben», berichtete die *Literaturnaja gasjeta* aus der Provinz, «sind sie noch recht brav. Wenn sie aus dem Fabriktor kommen, dann werden sie von den Händlern überfallen.»

Der Regierungserlaß von 1972 zur Eindämmung des Alkohols verfügte als schärfste Restriktion, «daß bei Erkrankungen, die eine Folge des Alkoholmißbrauchs sind (Verletzungen, Alkoholpsychosen, Säuferwahn, chronischer Alkoholismus) keine Krankenscheine für ambulante oder stationäre Behandlung ausgegeben und Beihilfen für zeitweilige Arbeitsunfähigkeit nicht ausgezahlt werden». Da triumphiert weiter die scheinheilige Ideologie der Straferziehung von Volksschädlingen. Die Diskriminierung der Alkoholiker als willensschwache und haltlose Menschen nährt die krankheitsbedingten Schuld- und Angstgefühle erst recht, läßt die Mauer der Abschirmung von der Umwelt wachsen.

Auch der Kampf gegen den Alkohol deckt den lähmenden Widerspruch des Sowjetsystems auf. Ideologisch begründete Restriktionen stehen den praktischen Sachzwängen – in diesem Fall ist es der Arbeitskräftemangel – diametral entgegen. Das eingangs geschilderte Modell der Heilversuche in Industriebetrieben ist deshalb ein Kompromiß, dem vorerst enge Grenzen gesetzt bleiben. Was hat zu diesem Versuch geführt? Schon in den sechziger Jahren überlasteten Sucht-Patienten die psychiatrischen Krankenhäuser. Begrenzte Therapie, kurze stationäre Behandlung und fehlende ambulante Betreuung nach dem Klinikaufenthalt ließen 88 bis 90 Prozent der Kranken rückfällig werden. Aus dieser Notlage entstanden 1967 die Versuchseinrichtungen der *narkologischen Abteilungen* (Narkologie, Lehre von der Schmerzbetäubung). Es sind Entwöhnungsstationen, die von den Werken eingerichtet und vom nächstgelegenen psychiatrischen Krankenhaus betreut werden. Die Patienten sind während der gesamten Behandlungsdauer in den Arbeitsprozeß eingegliedert. Ihre Betreuung soll sich über Jahre hinziehen: Entgiftung und Stärkung des Organismus zu Beginn; medikamentöse Behandlung (Amorphin, Antabus) zur Erregung von Ekelreflexen gegen Alkohol; ein bis zwei Monate intensive Behandlung durch die Hypnose-Schocktherapie; drei Jahre therapeutische Unterstützung, zwei Jahre weitere Beobachtung. Dies ist das Idealmodell, wie es mir der Stellvertretende Gesundheitsminister Eduard Babajan erläutert hat. Weitgehend ausgeklammert bleiben offensichtlich autogenes Training, die Einbeziehung von Familienmitgliedern und Gruppengespräche, die bisher noch auf Teestunden mit früheren Patienten beschränkt sind. Dennoch vermelden die narkologischen Abteilungen doppelt so viele Heilerfolge, wie bei der alten Behandlung in den psychiatrischen Kliniken erreicht wurden. Es gibt in der UdSSR inzwischen, nach Angaben des sehr engagierten Ministers Babajan, rund 200 solcher Entwöhnungsstationen.

Die juristische Form der Zusammenarbeit zwischen Betrieben und Krankenhäusern ist 1974 festgelegt worden. So heißt es zum Beispiel im Vertrag zwischen dem Krankenhaus Nr. 4 und *Mossantechprom* (Moskauer Sanitätstechnische Industrie): «Der Betrieb stellt dem Krankenhaus kostenlos Räumlichkeiten zur Verfügung für die narkologische Abteilung mit 105 Betten. Der Betrieb sorgt für die Transportmittel, um die Kranken zur Arbeitstherapie zu bringen. Er verpflichtet sich außerdem, spezielle Räume einzurichten für die kulturelle Aufklärungsarbeit mit denen, die in dieses Leid geraten sind. Die Kranken werden entsprechend den medizinischen Empfehlungen zur Arbeit herangezogen. Der Betrieb zahlt das Gehalt ... nach den festgelegten Regeln für Arbeiter und Angestellte. 40 Prozent des Gehaltes gehen an das Krankenhaus auf das Konto ‹Spezielle Mittel›. Der Rest geht auf das Konto ‹Geld der Kranken› und wird den Familienmitgliedern oder dem Patienten am Tag der Gesundschreibung ausgezahlt.»

Als besonderer Wert dieses Modells wird herausgestrichen, daß der Suchtkranke neue Selbstbestätigung erhalte, weil er während der Behandlung voll in den Arbeitsprozeß eingegliedert werde und das Vertrauen des Kollektivs spüre. Der Chefingenieur W. P. Sucharjew vom Moskauer Werk *Erdölgerät:* «Wenn man die Neugeburt eines Menschen sieht, eines Fachmannes noch dazu, bereitet das eine riesige Freude.» Hier klingt das Grundmotiv des Modells ganz offen durch: Heilung zum Nutzen der Volkswirtschaft. So führt der Arbeitskräftemangel allmählich zu einer «Basisarbeit», die von der scheinheiligen sozialistischen Moral seit Jahrzehnten zerstört worden ist: den Süchtigen das Gefühl zu geben, daß die Gesellschaft sie braucht. «Wenn Ihnen wegen Trunkenheit gekündigt wird, wenn Sie deshalb nirgendwo mehr einen Arbeitsplatz finden, dann kommen Sie zu uns, wir helfen!» So lautete eine Anzeige, die ich 1976 fand – nicht in einer Schrift der Heilsarmee, sondern in der Zeitung *Moskau am Abend,* aufgegeben vom metallverarbeitenden Werk *Proletarische Arbeit.*

4. Kapitel

Kontrolle und Ventile

I. Die Denunziationsgesellschaft: Der Rentner und der Milimann

Eines Tages schalteten die sowjetischen Behörden dem Schriftsteller Wladimir Woinowitsch das Telefon ab. Diese Maßnahme gehörte in der zweiten Hälfte der siebziger Jahre zur Routinebehandlung mißliebiger Systemkritiker. Woinowitsch reichte Proteste, Eingaben, neue Anträge ein, bis er resignierte. Als er schon längst keine Reaktion mehr erwartete, erhielt er einen Brief, in dem er aufgefordert wurde, die Grundgebühr für einen neuen Telefonanschluß zu entrichten. Erstaunt machte er sich auf den Weg zur Post, wo er die geforderte Summe der Beamtin auf den Tisch zählte. Diese schaute in ihre Unterlagen und fragte: «Sie heißen Boris Woinowitsch?» «Nein, ich bin Wladimir Woinowitsch.» «Aber Sie wohnen in der Straße der Roten Armee?» Der Schriftsteller bejahte. «Und Sie sind», fragte die Beamtin weiter, «ein Schwerversehrter des Großen Vaterländischen Krieges?» Der Regimekritiker mußte wieder verneinen. «Merkwürdig», sagte die Beamtin und reichte den Antrag durch das Schalterfenster, «ist das Ihre Schrift?» Woinowitsch überflog die Zeilen: Alle Einzelheiten stimmten, mit Ausnahme des Vornamens, der Kriegsverletzung und der Handschrift. Die Beamtin konnte nicht weiterhelfen, das Telefon blieb tot. Erst nach Tagen fand Woinowitsch des Rätsels Lösung.

In der Nachbarschaft wohnte ein freundlicher, hilfsbereiter, aber recht eigensinniger Rentner. Dieser hörte auf dem Hof zufällig von anderen Nachbarn, daß der arme Woinowitsch sich ohne Telefon nur wie ein halber Mensch fühle. «Machen Sie sich keine Gedanken», sagte der Rentner zu den Nachbarn, «ich bringe das in Ordnung.» Da niemand die Ankündigung ernst nahm, war sie schnell vergessen. Der alte Mann aber machte sich heimlich ans Werk, setzte den Brief auf, erfand in bester Kenntnis der Behörden die vaterländische Kriegsverletzung. Und hätte er nicht den Vornamen verwechselt, wäre dem Regimekritiker vielleicht sogar vorübergehend ein neuer Anschluß eingerichtet worden.

Manche Moskauer nennen solche Vorkommnisse ironisch den «bürokratischen Pluralismus». Man kann die Reaktion der Post in diesem Falle aber auch als einen bedingten Reflex bezeichnen. Die Sowjetunion wird von einer freiwilligen Traditionsarmee überwacht: von zumeist mißgünstigen und moralisierenden, belehrenden und denunzierenden Rentnern und Kleinbürgern. Die Briefe und Anrufe dieser selbsternannten Blockwarte werden von Verwaltung, Staatssicherheit und Presse als demokratische Volkskontrolle gutgeheißen und verwertet. Die modernere sowjetische Literatur übergießt diese freiwillige Selbstkontrolle allerdings mit beißendem Spott. Wassilij Bjelow beschreibt in seinen *Zimmermannsgeschichten* (deutsche Ausgabe: München, 1974) den «Dorfkorrespondenten» Awiner Pawlowitsch Kosonkow alias «Sergej Wachsam». Eine ähnliche Rolle spielt der alte Motschonkin in Wassilij Aksjonows *Defizitposten Faßleergut* (deutsch: München, 1975): «Der alte Motschonkin schrieb eine Anzeige gegen Simka wegen Defizitierung von Faßleergut, gegen Wolodja Teleskopow wegen seines Verhältnisses mit Simka und gegen Wadim Afanasjewitsch wegen Engros-Transport hausgemachter Konfitüre, dann sammelte er weiter Material gegen Gleb und Irina.» Auch in *Lichte Zukunft,* Alexander Sinowjews bestechend-boshafter, allerdings allzu einseitiger Darstellung der Sowjetgesellschaft, sind die Volkswarte auf der Wacht: «Wie Marx schon gesagt hat, erweckt jedes befriedigte Bedürfnis ein neues. Sobald die Bürger, die rund um den Platz der Kosmonauten wohnen, sich an dem prächtigen Anblick der Losung ‹Es lebe der Kommunismus› sattgesehen hatten, erwachte in ihnen als neues Bedürfnis der Wunsch, sie zu verschandeln ... Eine Gruppe von Rentnern, alten Bolschewiken, verfaßte schließlich eine Leserzuschrift an die Zeitung. Daraufhin begaben sich Journalisten an die Stätte des Geschehens, und es erschien eine Glosse über die Bewahrung unserer Kulturgüter.»

Die Portiersfrauen in den Wohnblocks der Schriftsteller werfen zumeist ein genaues Auge auf die dort verkehrenden Ausländer. «Sie wollen sicher in den achten Stock», sagen sie gelegentlich und nicken wissend. Sowjetische Freunde, die unbedingt wahre russische Kochkunst demonstrieren wollten, luden uns zu ihren Verwandten ein, weil dort die Hausmeisterin ihre Schlafkoje nicht neben dem Fahrstuhl hatte und die jüngeren Nachbarn auf der Etage von dem Kontrollzwang der älteren Generation frei waren.

Der sowjetische Überwachungsstaat wird vordergründig als Produkt der bolschewistischen Verschwörermanien gesehen. Lenins Haß und Mißtrauen gegenüber seiner eigenen Klasse, dem Mittelstand (den Stalin dann gründlich vernichtete), gelten als besonders unheilvolle Ursache für den Kontrollzwang des Systems. Diese Erklärungen sind nicht falsch, aber unzureichend. Die Wurzeln der Denunziationsgesellschaft sind viel älter. Seit dem 15. Jahrhundert gingen die Zaren daran, die Untertanen ihres Reiches – entsprechend den Hofgütern – in ein Zwei-Stände-System zu fügen. Die Untergebenen, die für den Hof administrative und militärische Aufgaben versahen, bildeten den Dienststand. Die gemeinen Leute, die Bauern, Händler und Handwerker, also die überwältigende Mehrheit der Bevölkerung, waren der Stand der *Tjaglo*-Pflichtigen. *Tjaglo* war der Sammelbegriff für die Zins- und Arbeitsleistungen, die dieser Stand dem Zaren erbringen mußte. Die *Tjaglo*-Pflichtigen bildeten Gemeinschaften, deren Mitglieder kollektiv verantwortlich waren für die Zinsen und Dienstleistungen, die ihrer Arbeitseinheit abverlangt wurden. Sobald der Staat größere Einnahmen benötigte, erfand er neue Steuern, die er den *Tjaglo*-Pflichtigen – über die schon eingetriebenen Abgaben hinaus – aufbürdete. Je mehr die Obrigkeit ihren Untertanen abverlangte, desto mehr *Tjaglo*-Pflichtige versuchten, sich den Steuern bzw. ihrer Gemeinschaft zu entziehen. Einen umfassenden Kontrollapparat, der in diesem Riesenreich dem Staat die Einkünfte und Arbeitskräfte sichern konnte, gab es nicht. So entwickelte sich die Denunziation, die durch die Besonderheiten des *Tjaglo*-Systems gefördert wurde, zum wichtigsten Überwachungsinstrument. Richard Pipes hat in *Russia under the Old Regime* (London 1974; deutsch: *Rußland vor der Revolution*, München, 1977) besonders auf diese Entwicklung hingewiesen:

«Die Denunziation wäre ohne die Kollektivverantwortung, die sich mit dem Tjaglo verband, nicht halb so wirkungsvoll gewesen. Da die Steuer- und Arbeitspflichten jedes geflohenen Mitglieds einer Tjaglogemeinschaft von den übrigen getragen werden mußten (zumindest bis zur nächsten Kopf- und Hofzählung), hatte der Staat einige Gewähr, daß die Tjaglo-Pflichtigen einander sorgfältig im Auge behielten. Ladenbesitzer und Handwerker zeigten besonderen Eifer, jeden Versuch eines Nachbarn zur Verheimlichung von Einkünften aufzudecken und anzuzeigen. So überwachte der Staat seine Untertanen und diese überwachten einander. Welche Folgen diese gegenseitige Kontrolle der Bürger auf die Kollektivpsyche der russischen Gesellschaft hatte, kann man sich unschwer vorstellen. Niemand konnte zulassen, daß ein anderer aus seiner Gruppe oder Kaste sich das Leben angenehmer machte, denn dies ging wahrscheinlich auf seine Kosten. Das Eigeninteresse verlangte die soziale Nivellierung. Der Russe war zur Denunziation verpflichtet und auch dazu bereit; ja, im frühen 18. Jahrhundert gab es für einen Leibeigenen nur einen einzigen legalen Weg, sich seine Freiheit zu verschaffen: die Anzeige gegen seinen Grundherrn, er habe Bauern vor der Volkszählung versteckt. Unter solchen Bedingungen konnte die Gesellschaft weder ein Gemeinsamkeitsgefühl entwickeln noch als Ganzes der politischen Gewalt Widerstand leisten. Eine Art Polizeimentalität prägte sich dem Staatsapparat und der Bevölkerung so tief ein, daß spätere Versuche aufgeklärter Herrscher wie Katharina II., sie auszumerzen, ohne jeden Erfolg blieben.»

Hier liegen die Wurzeln der ausladenden Überwachungs-Arme, mit denen sich die sowjetische Bürokratie oft selbst fesselt. «Aha, die Herren von der neuen Kommission», rief Ljudmila Iwanowna Apraxina, Sekretärin der Konfektionsvereinigung *Sonnenaufgang* in der sowjetischen Industriestadt Gorkij. Und fast wie im Trancezustand breitete sie auf dem Tisch Rechnungsbücher, Betriebsunterlagen, Statistiken aus. Als die Besucher endlich dazu kamen, sich als Korrespondenten der Zeitung *Sowjetskaja Rossija* vorzustellen, erwachte Ljudmila Iwanowna aus ihren zwanghaften Verrichtungen. «Sie müssen schon entschuldigen», atmete sie auf, «wenn zu uns Unbekannte kommen, dann sind sie normalerweise von einer neuen Kommission. Und das bedeutet, sofort jede andere Arbeit aufschieben und Unterlagen präsentieren.» Die Konfektionsvereinigung *Sonnenaufgang* wurde zwischen Januar 1976 und April 1978 von 265 Kommissionen für Qualitätsprüfungen heimgesucht. Sie alle musterten, begutachteten, befingerten die gleichen Anzüge, Jacken und Regenmäntel der sogenannten laufenden Produktion – und waren jedesmal zufrieden. Im selben Zeitraum erschienen bei *Sonnenaufgang* 38 Brigaden, die immer wieder die Rechnungsbücher umblätterten, Quittungen und Belege zählten. Nimmt man die Besuche von Sanitäts- und sanitären Kommissionen, Brandpolizisten, Elektrikern und anderen Inspekteuren hinzu, so wurde der *Sonnenaufgang* in gut zwei Jahren 321mal durch die behördlichen Warte der Stadt Gorkij inspiziert.

Die Behörden haben in Rußland freilich niemals – die Stalin-

Ära ausgenommen – der Fülle von Vorschriften und Zensurbestimmungen, Kontrollberichten und denunziatorischen Forderungen Geltung verschaffen können. Das irrwitzige Überwachungssystem förderte wiederum und verankerte das Korruptionswesen. Bauern und Bürger kauften sich zähneknirschend von Auflagen und Kontrolle frei. Die zaristische Beamtenschaft, vom Kanzleidiener bis zum Gouverneur, nahm auf diese Weise die Landbevölkerung aus. Die jungen sozialrevolutionären Aufklärer, die im vergangenen Jahrhundert aufs Land gingen und unter falschen Namen Schreiberstellen annahmen, um den Bauern ihre Lage vor Augen zu führen, wurden nicht selten deshalb entdeckt, weil sie keine Bestechungsgelder nahmen. Auch das sowjetische Kontrollsystem ist heute wieder – wo es nicht um die Staatssicherheit geht (da liegt der Unterschied zum Zarenreich) – von Korruption unterwandert. Das ergänzende Beispiel zur Konfektionsvereinigung *Sonnenaufgang* liefert die *Schuhfabrik Nr. 2* in Baku. Ihr waren, wie in unserer Einleitung schon erwähnt, innerhalb von zwei Jahren 250 000 Schuhe als unbrauchbar zurückgeschickt worden. Der Betrieb mischte den Ausschuß unbeeindruckt wieder unter die Produktion und leitete ihn in den Handel zurück. Die Kontrolleure in diesem Unternehmen wurden dadurch ausgeschaltet, daß ihr Gehalt mit der quantitativen Planerfüllung gekoppelt war; wieviel sie kassieren konnten, hing also von der Menge der Schuhe ab, die sie passieren ließen.

Die in Kunststoff gebundenen Speise-Folianten besserer sowjetischer Restaurants werden ständig von Inspekteuren kontrolliert. Dennoch ist vom ausgedruckten Angebot stets nur ein Bruchteil vorhanden. Ein Freund von uns hatte eine Cousine, die als Administratorin in einem Touristen-Restaurant arbeitete. Sie winkte beim Stichwort Inspektion nur gelangweilt ab: «Dem Kontrolleur wird im allgemeinen ein gutes Essen und ein guter Tropfen gereicht, dann quittiert er großzügig die Speisekarte.» Eine kleine Szene, die wir an einem Revolutionsfeiertag in einem relativ guten Lokal erlebten, bestätigte diese Auskunft. Es gab in dem überfüllten Restaurant Rot- und Weißwein, aber keinen Champagner. Eine besonders hartnäckige Runde am Nebentisch forderte dennoch immer wieder: «Sekt her! Er steht auf der Karte, und die ist vom Inspektor abgezeichnet!» Da fauchte die Chefin des Saales aus ihrer Ecke: «*Er* hat ja schließlich *seine* Flasche auch bekommen!»

Rußlands Herrscher haben traditionell zu der Konsequenz geneigt, daß eine allgemeine Polizeimentalität, die durch weitverbreitete Bestechlichkeit abgemildert wird, einen um so größeren Polizeiapparat verlangt. In seinen 1885 veröffentlichten *Sibirien-Schilderungen* (deutsche Ausgabe: Leipzig, 1891) schrieb Georg Kennan, ein Vetter des Großvaters von George F. Kennan, dem amerikanischen Diplomaten und Rußland-Experten:

«In Rußland, wo das Volk zur Regierung in einem Verhältnisse wie das unmündige Kind zu seinem Vormund steht, ist der Wirkungskreis der Polizei viel mannigfaltiger und bedeutsamer, denn die russische Regierung kümmert sich um jede Privatangelegenheit seiner Bürger, die vom Tage der Geburt bis zur Stunde, wo sie als lebensmüde Greise begraben werden, gelenkt, geschützt, beaufsichtigt werden und gewöhnlich das thun müssen, was andere für geeignet halten. Die Frucht dieses ‹väterlichen› Regiments ist die ungeheure Macht der Polizei, in deren Händen die ganze Verwaltung liegt. Angelegenheiten, die anderwärts von den Bürgern selbst geordnet werden, regelt in Rußland der Minister des Inneren durch die Polizei ... Will einer auf der Straße Zeitungen verkaufen, kann es ohne Erlaubnis der Polizei nicht geschehen ... Keine Druckerei, photographische Anstalt, Buchhandlung, ja selbst kein Materialwarenladen darf ohne besondere Bewilligung betrieben werden. Sie ist auch für den Studenten nötig, der in einer öffentlichen Bibliothek ‹staatsgefährliche› Bücher von der Art Lyells ‹Grundsätze der Geologie› studieren will ... Die Zahl der russischen Polizei läßt sich kaum bestimmen, da das betreffende statistische Material im geheimen bleibt.»

Diese Schilderung wirkt wie eine Beschreibung der Gegenwart. Bis heute sind die Daten über die Sicherheitskräfte, die Statistiken über Verbrechen, Verkehrsdelikte, Unglücksfälle aller Art bis zu Betriebsunfällen geheim. Auch über Strafgefangene und politische Häftlinge gibt es keine offiziellen Ziffern. Die Zahl der politischen Häftlinge liegt nach jüngsten Schätzungen sowjetischer Regimekritiker zwischen 8000 und 9000. Der Astrophysiker Cronid Lubarskyj, ein früheres Mitglied der Moskauer Gruppe von *Amnesty International,* der 1977 in die Bundesrepublik emigrierte, schlüsselt die Gesamtzahl der politischen Gefangenen so auf: 400 sogenannte *besonders gefährliche Staatsverbrecher;* etwa 2000 Menschen, die nach Artikel 190 des Strafgesetzbuches (Verleumdung des Sowjetsystems) und nach fingierten Strafanschuldigungen verurteilt worden sind; rund 5000, gegen die «religiöse» Paragraphen (Art. 142 und 227) des Strafgesetzbuches angewandt wurden; bis zu 500 Teilnehmer an Massenunruhen; ungefähr 500 Personen in psychiatrischen Kliniken.

Tausende von Sowjetbürgern erhalten also zum Teil erbarmungslos hohe Strafen, obwohl sie nur vom Recht auf freie Meinungsäußerung Gebrauch machen und ihrem Gewissen folgen – unter Verzicht auf jegliche Gewalt und jede Bedrohung der Interessen ihrer Mitbürger. Opfer und Augenzeugen haben in den letzten Jahren die Drangsalierung politischer Häftlinge, den Mißbrauch der Psychiatrie zur Ausschaltung von mißliebigen Systemkritikern ausführlich dokumentiert. Es ist verständlich, daß die Stellungnahmen dieser rücksichtslos erniedrigten, oft physisch oder psychisch geschädigten Opfer nicht immer den Abstand haben können, um zwischen ihren Leiden unter den Auswüchsen eines repressiv-autoritären Staates und dem Massenmord des totalitären Terrorregimes unter Stalin zu differenzieren. Wir wollen uns hier allerdings bemühen, den «gewöhnlichen» Überwachungsstaat von heute und die traditionellen Wurzeln seiner repressiven Intoleranz darzustellen.

Die erste Polizeibehörde der Welt, deren Aufgabe ganz speziell die Verfolgung politischer Verbrechen war, schuf Peter I. um 1700. Die Einrichtung dieses Amtes, des *Preobrashenskij-Prikas,* war von soviel Geheimhaltung umgeben, daß das Datum des Gründungserlasses bis heute unbekannt ist. Diese frühe Ausgeburt der Staatssicherheit ließ in ihren Zellen Tausende von Menschen foltern und umbringen. Sie blieb ausgenommen von der Kontrolle der Verwaltung. Peters Nachfolger fanden an dieser Vorform der Tscheka weniger Geschmack. Sie verschwand unter Katharina II. und Alexander I. Wiedergeboren wurde die politische Polizei als Folge des russischen Auftretens in Europa. Napoleons Rückzug brachte russische Soldaten auf die Felder von Lützen und Bautzen bis zur Völkerschlacht von Leipzig, russische Diplomaten an die Konferenztische von Paris und Wien und Zar Alexander I. zu seiner Heiligen Allianz mit Preußen und Österreich. Aber Moskaus damalige «Westpolitik» setzte auch den unerwünschten Import freiheitlicher Ideen und oppositioneller «Technologien» in Gang. Der Dekabristenaufstand von 1825 war die Folge. Nikolaus I. beantwortete ihn mit der diesmal endgültigen Institutionalisierung der politischen Polizei. Offiziell war die *Dritte Sektion Seiner Majestät höchsteigener Kanzlei* zwar ein Amt zur Beschützung von Waisen und Witwen mit einem Taschentuch als Emblem des Trostes. In Wirklichkeit griff die völlig unkontrollierte Behörde zur Überwachung von subversiven Elementen und Ausländern massiv in die Zuständigkeitsbereiche vieler Regierungsstellen ein, besonders in die Kompetenzen des Innen- und

Unterrichts-Ministeriums. Das daraus entwickelte Spitzelsystem diente – zusammen mit den Notstandsverfügungen von 1881 (*Gesetz bezüglich der Maßnahmen für den Schutz der Staatssicherheit und sozialer Ordnung*) – «als gebrauchsfertige und unentbehrlichste Grundlage» (Edward Crankshaw) für das Rußland Lenins und Stalins.

Das Polizeisystem war im alten Rußland allerdings ungleich ineffizienter. Tief verunsichert und erschüttert worden ist es aber nur in der Chruschtschow-Ära. Während der Diadochenkämpfe nach Stalins Tod und nach der Erschießung des Geheimdienstchefs Berija 1953 versuchten die meisten Spitzenfunktionäre den Sicherheitsorganen die Alleinschuld am Terror der vorangegangenen Jahre zu geben. Stalins Name wurde zum Beispiel in den Prozessen gegen seine wichtigsten Schergen (Abakumow, Bagirow, Paramonow, Ruchadse u. a.) überhaupt nicht erwähnt. Die Auflösung des GULAG, des furchtbaren Lagersystems, die Möglichkeit einer weitergehenden Entstalinisierung, die das Heer der Terrorgehilfen mit einer Prozeßwelle bedrohte – all das trug zur Verunsicherung der Repressionsorgane bei. Breschnew hat auch in diesem Bereich *Kontinuität und Stabilität* wiederhergestellt, getreu der Lehre, die er aus Chruschtschows Sturz zog. Er holte im April 1973 den Geheimdienstchef – wie zu Berijas Zeiten – wieder ins wichtigste Führungsgremium der Partei, das heute das Politbüro ist. Der KGB-Vorsitzende Jurij Andropow gilt seit Jahren als einer der fähigsten Männer in der sowjetischen Führung. Seine Chancen, der nächste Nachfolger Breschnews zu werden, sind nur durch den Makel seines Amtes beeinträchtigt worden. Immer wieder wird gefragt, warum Andropow nicht beizeiten einen besser reputierten Posten erhalten hat. Das so behutsam austarierte Gleichgewicht der Kräfte im Kreml mag das verhindert haben. Am Ende ließen wohl auch die Olympischen Spiele – für Moskau der größte polizeistaatliche Balanceakt seit Jahren – eine «Entlastung» jenes Mannes nicht ratsam erscheinen, der das verfeinerte Instrumentarium der Repression so beherrscht, daß der Kreml heute nach Belieben zwischen der langen Leine der Überwachung und dem kurzen Prozeß der Unterdrückung wählen kann. Dafür wurden Andropow und seine führenden Mitarbeiter S. K. Zwigun und W. A. Matrosow in den Rang von Armeegenerälen erhoben, die .Sicherheitsorgane insgesamt beträchtlich aufgewertet. Als Andropow am 30. August 1979, im zwölften Amtsjahr als KGB-Chef, den Orden der Oktoberrevolution erhielt, rühmte Breschnew sein «aktives Mitwirken in der internationalen Politik unserer Partei». Und mit ungewöhnlicher Betonung fügte er hinzu, die Partei, das Zentralkomitee und das Politbüro hielten es für «grundsätzlich wichtig, daß die scharfe Waffe zur Verteidigung von Staat und Volk gegen die feindlichen Umtriebe in reinen und tadellosen Händen liegt».

Die «scharfe Waffe» bilden etwa 90 000 hauptberufliche KGB-Beauftragte, die im Innern der Sowjetunion eingesetzt sind. Im Ausland operieren nach westlichen Schätzungen rund 10 000 Mann. Dazu kommen noch etwa 10 000 technische Hilfskräfte. Außerdem sind die Grenztruppen mit 175 000 Mann der Befehlsgewalt des KGB unterstellt. Ungezählt ist das Heer der vom KGB gelegentlich «angezapften» Sowjetbürger. Es gibt eine spezielle Abteilung zur Überwachung von Ausländern und auch ein Sonderdezernat für Dissidenten. Dies ist wiederum in mehrere Sektionen unterteilt: Politische Oppositionelle, Nationalisten, Juden, religiöse Gruppen. In allen wichtigen Unternehmen, wissenschaftlichen Instituten, Forschungszentren, Künstlerorganisationen existiert eine Sonder-Dependance des KGB. Sie arbeitet unabhängig vom Parteikollektiv und informiert mit direktem Draht über Stimmung und Zuverlässigkeit einzelner Personen. So hat praktisch jeder Sowjetbürger, wissentlich oder unwissentlich, Berührung mit dem Geheimdienst. Die große Mehrheit nimmt das hin. Sie nimmt es sogar – bedingt durch das Nachlassen der Repression gegenüber den nicht exponierten Unzufriedenen – spürbar leichter als früher. Die Einschüchterung hat nachgelassen. Die Kontakte der Sowjetbürger zu Ausländern toleriert und nutzt das KGB heute häufiger, um junge Landsleute anzuwerben, die nicht gerne auf Importgüter und westliche Atmosphäre verzichten wollen.

Gegen die Systemkritiker, gegen die oppositionellen Exponenten der nationalen Minderheiten und gegen die religiösen Regimegegner geht die Staatssicherheit in der Provinz ungleich entschlossener vor als in Moskau. Denn in der Sowjetmetropole informieren die Dissidenten umgehend die ausländischen Korrespondenten. So führt das KGB einen ständigen Nervenkrieg gegen Moskaus kleine, in den letzten Jahren durch Verhaftungen dezimierte Dissidentenschar. Da klingeln Leute an der Tür und bitten mit trauerumflorter Miene: »Ich schreibe mir meine Last von der Seele, Sie müssen sich unbedingt meine Manuskripte anschauen. Ich halte die Zustände in diesem Staat nicht länger aus. Sie haben doch gute Beziehungen zum Westen, zu den Korrespondenten. Vielleicht können Sie die eine oder andere meiner Schriften ins

Ausland übermitteln...» Neben solchen plumpen Fallen gibt es Appelle an die Vernunft durch plötzlich auftauchende, alte Bekannte, die im Namen eines höheren Parteifunktionärs wechselseitiges Wohlverhalten vorschlagen.

Wer dennoch unbeeindruckt Aufrufe unterzeichnet, Unterschriften-Aktionen organisiert, erhält manchmal tagelang drohende Anrufe – sofern sein Telefon noch nicht abgeschaltet ist. «Sie wissen», so sagte eine sonore Männerstimme Anfang 1977 mehrmals hintereinander zu der damals 70jährigen Schriftstellerin Lydia Tschukowskaja, «daß Sie nur noch einige Tage zu leben haben. Also bitte, stellen Sie sich darauf ein, auf Wiederhören!» Der Bürgerrechtler und Atomphysiker Andrej Sacharow, der jahrelang ausländische Korrespondenten zu Pressekonferenzen in seine Wohnung unweit vom Kursker Bahnhof rief, wurde eines Abends zu Hause von mehreren Männern überfallen. Sie klingelten, kamen in die Wohnung und bedrohten ihn mit obszönsten antisemitischen Haßtiraden. Das Beispiel Sacharows zeigt allerdings auch, wie weit sich die Repressionen gegen erklärte Regimegegner in der Breschnew-Ära von der Vernichtung erklärter Regimeanhänger zu Stalins Zeiten unterscheiden. Sacharow bekam – bis zu seiner Deportation nach Gorkij Anfang 1980 – einen Wagen von der Akademie der Wissenschaften gestellt, weil diese sich weigerte, ihn auszuschließen. Dieser Wagen ist nie von Unbekannten beschädigt worden. Der private Wagen des Bürgerrechtlers hingegen hat mehrfach den Zorn seiner Widersacher zu spüren bekommen. Im Februar 1977 hatte sich der Nobelpreisträger mit diesem PKW von einem Freund zu verschiedenen westlichen Botschaften chauffieren lassen, um dort persönliche Erklärungen abzugeben. Direkt im Anschluß daran fuhr Sacharow in das Dorf Shukowka auf seine Datscha. Am nächsten Morgen waren die Türen des Privatwagens mit Bitumen verklebt. Kaum hatten der Bürgerrechtler und seine Freunde das Ärgernis beseitigt, wurde der Kühler des PKW durchstochen.

Zu den Einschüchterungsaktionen kann auch ein Besuch des für den Häuserblock zuständigen Milizionärs gehören. Er erscheint in Begleitung eines stummen KGB-Mannes in Zivil und setzt verlegen ein Protokoll über Personalien, Berufstätigkeit und Einkünfte des aus allen Positionen verstoßenen Regimekritikers auf. Zweck dieser Übung ist die indirekte Drohung mit einem Verfahren wegen Parasitentums. Oft wird der Druck auf gemäßigte Oppositionelle auch dadurch gesteigert, daß alle ihre Bekannten systematisch vorgeladen und ausgefragt werden. Die KGB-Offiziere verheimlichen dabei zumeist nicht einmal, daß diese Vernehmungen für sie überhaupt keinen Informationswert haben. «Sie behaupten also, Ihr Freund sei ein großer Linguist», sagte einmal ein Geheimdienstler zu dem vorgeladenen Bekannten eines Systemkritikers. «Sie werten ihn ganz ungerechtfertigt auf, mein Bester. Glauben Sie mir, er macht viele grammatikalische Fehler in seinen Briefen, die er ins Ausland schickt.»

Die in der Sowjetunion akkreditierten Ausländer werden systematisch – wenn auch nicht in jedem Falle pausenlos – über Telefon und Wandmikrophone abgehört. Ein großes Geheimnis machen die zuständigen Instanzen daraus nicht. In Moskau gibt es zum Beispiel das sogenannte *deutsche Haus*, einen großen Gebäudekomplex, an dessen Errichtung nach dem Kriege deutsche Gefangene beteiligt waren. Heute wohnen in der einen Hälfte des großen Blocks ausschließlich bundesdeutsche Diplomaten (unter ihnen war zeitweilig sogar einer, der das Haus als Kriegsgefangener mitgebaut hatte). Das Gebäude hat 14 Stockwerke, aber der Lift geht nur bis zur 13. Etage. Der 14. Stock steht einfach nicht zur Verfügung. Nachts brennt dort gelegentlich ein Licht. Zu welchem Zweck, das ist offiziell nicht zu erfahren.

Ein holländischer Korrespondent kam eines Abends spät nach Hause und wollte noch kurz in sein Büro schauen, das der Wohnung gegenüber lag. Im Vorflur stand eine Tür offen, die sonst immer verschlossen gewesen war. Sie führte auf die Plattform einer Feuertreppe. Dort stand ein sehr gut gekleideter, seriös wirkender Mann. «Was machen Sie hier?» fragte der Korrespondent. «Nichts», sagte der Mann. «Wohnen Sie hier?» «Nein», lautete die Antwort. Als der Holländer daraufhin zur Wohnung hinüberging, fragte ihn seine Frau, was er noch im Büro zu tun gehabt habe. «Nichts», gab er zur Antwort, «ich bin eben erst gekommen.» «Das kann nicht sein», wunderte sich die Frau, «ich habe schon vor einiger Zeit deine Büroschlüssel klappern gehört...» Offensichtlich war der Geheimdienstler in diesem Fall zu spät vor der Rückkehr des Korrespondenten gewarnt worden und auf die Feuerleiter geflüchtet. Ein anderer westlicher Journalist, der erst kurz in Moskau war und noch im Hotel wohnte, bestellte sich einmal über *Intourist* einen Wagen. Der Fahrer kam pünktlich, der Journalist war bereits in den schwarzen *Wolga* gestiegen, da fiel ihm ein, daß er noch etwas auf dem Zimmer vergessen hatte. Er lief zurück und fand im Appartment eine Frau und einen Mann vor, die seine Bücher durchblätterten. Als gäbe es nichts Selbstverständlicheres auf der Welt, beschieden sie ihn: «Inventura!»

Der Korrespondent überließ die beiden ihrer Arbeit, gab seinen Schlüssel bei der Etagenfrau ab und erfuhr nun auch von dieser plötzlich: gewiß, gewiß, heute sei große Inventur. Ich vergaß einmal für wenige Minuten ein kleines Aktenköfferchen im Hauseingang unseres Wohnblocks, in dem neben den Ausländern nur russische Hausmeister und Hofarbeiter lebten. Als ich zurückkehrte, war die Aktentasche bereits verschwunden.

Ich regte mich ziemlich auf, da das Köfferchen Ausweise und eine spezielle Sammlung wichtiger Lektüre enthielt. Wir benachrichtigten die Presseabteilung des Außenministeriums und verschiedene andere Behörden. Nach zwei Tagen meldete sich die Polizei eines ganz anderen Viertels. Dort hatte der auffällige Aktenkoffer angeblich auf der Straße gestanden. Der Inhalt war völlig unversehrt, von den begehrten Devisen fehlte nicht ein Dollar, nicht eine Mark. «Das ist eben unsere Sicherheit», spottete ein russischer Bekannter doppelsinnig. Vielen Ausländern wird ganz unverhohlen demonstriert, daß sie nicht die einzigen sind, die zu ihrer eigenen Wohnung Zugang haben. Ein Diplomat in unserer Nachbarschaft fand nach der Rückkehr aus dem Urlaub Zigarettenkippen im vorher gereinigten Aschenbecher. In einem anderen Haushalt fehlten plötzlich ein paar westliche Modezeitschriften.

An meiner Tür klingelte eines Mittags ein jüngerer Mann mit aschblondem Haar und einer auffälligen Reihe goldener Zähne. Er machte einen beklommenen, schüchternen Eindruck. «Ich heiße Peter», sagte er mit der breiten Aussprache der deutschstämmigen Sowjetbürger. «Ich muß Sie dringend sprechen. Kann ich bitte hereinkommen?» Zu diesem Zeitpunkt hatte ich gerade gehört, daß Sowjetdeutsche aus Kasachstan während der Nacht mit Krampen über die hohen Mauern des größten Ausländer-Zentrums am Kutusowskij-Prospekt geklettert waren. Sie hatten den Korrespondenten von den Repressalien berichtet, mit denen ihre Auswanderungswünsche beantwortet wurden. Doch ich wohnte damals noch nicht am Kutusowskij-Prospekt, sondern in einem entfernten Stadtviertel und in einem Block, der vor allem Diplomaten aus der Dritten Welt beherbergte. Wie sollte ein Deutscher, der aus dem fernen Kasachstan angereist war, an eine so abgelegene Adresse gelangt sein, da kein staatlicher Informations-Kiosk den Sowjetbürgern jemals Anschriften von Ausländern mitteilt? So gab ich «Peter» die Antwort: «Am Eingang zu diesem Hof steht ein Milizionär, der läßt keinen normalen Sowjetbürger passieren. Ich kann also in Ihrem Falle nicht ausschließen, daß Sie mit einem ganz gezielten Auftrag zu mir gekommen sind.

An einer solchen Begegnung bin ich nicht interessiert.» Der junge Mann gab schnell auf und ging mit bekümmerter Miene. Ich begann mir bereits Vorwürfe zu machen, daß ich ihn vielleicht doch ungerecht behandelt haben könnte. Da sah ich aus dem Küchenfenster, wie er beim Verlassen des Hofes ein paar vertraute Worte mit dem Milizionär wechselte, dabei seine Handschuhe überstreifte und davonstapfte. Wer immer «Peter» gewesen sein mag, in eigener Sache war er nicht gekommen.

Gelegentlich erhalten Ausländer mysteriöse Telefonanrufe, bei denen nicht unbedingt das KGB seine Hand im Spiel haben muß, die aber ebensogut eine Irritation oder Provokation zum Ziel haben können. Bei mir meldete sich mehrere Wochen lang eine «Margarita», die zunächst entschieden darauf bestand, daß in meiner Wohnung «Manfred» wohnen müsse. Dann drängte sie mich immer flehentlicher zu einem Treff; ich müsse ihr helfen, sie habe mir ungeheuer wichtige Sachen mitzuteilen, über die sie am Telefon nichts sagen könne. «Margarita» mag eine relativ harmlose Schöne gewesen sein, die auf Westkontakte aus war. Sie hätte aber auch – im Falle einer Verabredung – auf mich zustürzen können und mir «wichtige» Dokumente in die Hand drücken können – mit einem versteckten Kamerateam im Hintergrund. Solche Vorfälle gehören heute nicht mehr zum Alltag, sie sind selten geworden. Doch dem unbequemen Korrespondenten der *Los Angeles Times,* Robert C. Toth, wurde nach eben dieser Methode eine Falle gestellt. Er erhielt den Anruf eines Wissenschaftlers, den er durch Freunde nur kurz kennengelernt hatte und dabei über sein Interesse an Parapsychologie informiert hatte. Nun bot der Mann Material dazu. Toth traf sich mit ihm spontan auf der Straße und wurde in dem Augenblick festgenommen, als er die angeblich «geheimen Unterlagen» erhielt. Der Anrufer war vom KGB unter Druck gesetzt worden. Robert C. Toth, der über die sowjetischen Wissenschaften zu gut informiert war, wurde wenig später abgeschoben.

Die Behandlung der Ausländer ist dennoch insgesamt freundlicher, sachlicher und unkomplizierter geworden. Das fällt vor allem jenen auf, die vor Jahren schon einmal in Moskau waren. Ein finnischer «Rückkehrer» erzählte uns, am meisten verblüfft habe ihn die Freundlichkeit der Milizionäre vor den Ausländergettos. Sie hätten früher nicht einmal gegrüßt. Die Wächter, die den Sowjetbürgern den Zugang zu der internationalen «Wohngemeinschaft» versperren – manche russischen Provinzler werden alleine durch die noch nie gesehene Ansammlung von Automodellen herbeigelockt –, diese Zerberusse werden von Amerikanern, Engländern und Deutschen *Milimänner* genannt. Sie sind auch keine echten Milizionäre, sondern gut geschulte KGB-Leute in Milizuniform. Die grauen Männer vor ihren zugigen Kisten, den Wachbuden, in denen ununterbrochen das Telefon läutet – dieses ungewohnte Bild bedrückt fast jeden Neuankömmling in der Sowjetunion. Für den russischen Überwachungsstaat ist es mehr die Kopie eines alten Originals – ein Abbild des *Budotschniks*. Ihn hat Haxthausen 1847 so beschrieben:

«An der Ecke jeder bedeutenden Straße ist eine von Brettern zusammengeschlagene Bude, die Wohnung des Budotschniks, des untersten Dieners der Polizei, dem die nächste Aufsicht über die Straße anvertraut ist. Er soll darauf sehen, daß keine Unordnung vorfällt, daß die Straße rein gehalten wird; er soll alles beobachten, er soll wissen, wer in jedem Hause wohnt, bei ihm soll man über alle Erkundigung einziehen können usw. In der Regel steht der Budotschnik majestätisch und in vollendeter Unthätigkeit vor seiner Bude, auf seine mächtige Hellebarde gelehnt, und läßt die liebe Sonne auf den Schafpelz seines breiten Buckels scheinen. Fragt ihn nun ein Fremder etwa: ‹Wohnt der und der in dieser Straße, und in welchem Hause?› – so ist zuerst ein lakonisches ‹njet!› die Antwort. Plagt ihn nun der Fremde ferner, so weis't er auch wohl mit der Hand in die nächste Straße zum dortigen Budotschnik. Fährt aber der Fremde nun in die Tasche, oder wiegt er gar gleich einen Griwennik in der Hand, so kommt Thätigkeit in die träge Gestalt, und man wird nun ganz gut bedient. Dann erwartet er aber auch die Realisierung seiner gerechten Hoffnung und erinnert wohl auch bescheiden ‹Na wodku!› (zum Branntwein) den vergeßlichen Fremden an seine Schuldigkeit.»

Die heutigen *Budotschniks* – die freilich eine wesentlich erweiterte Rolle haben – erinnern vor oder an höheren Feiertagen manche Ausländer recht deutlich daran, daß sie eine Flasche Wodka zu schätzen wissen. Andere wünschen sich Kalender mit Farbfotos westlicher Metropolen. «Haben Sie *Playboy?*» wurde ein amerikanischer Korrespondent gefragt. «Nein, den lese ich nicht.» «Aber ich!» lachte der Milizmann. Die meisten der grauen Wächter folgen der generellen Anweisung, Entgegenkommen zu zeigen. Wenn sie nicht am Telefon in ihren Wachbuden Informationen empfangen oder Beobachtungen über an- und abfahrende Ausländer durchgeben müssen, sind sie besonders freundlich zu Kindern. In den kalten Winternächten beherbergen sie in ihren Wachbuden die herrenlosen Hunde des tristen Hofes – und deren

Schicksal ist durch die Kinder Gesprächsstoff vieler Diplomatenfamilien. Morgens helfen die Milizionäre oft die Autos anschieben, die im tiefen russischen Winter schnell steckenbleiben. Wie sich die Wächter gegenüber Sowjetbürgern verhalten, erlebte eines Abends einer unserer jugoslawischen Freunde. Er war in einen anderen Ausländerblock eingeladen, und der Milizionär hielt ihn für einen Russen, obwohl die Posten im allgemeinen die Gesichter, Namen, Familienmitglieder und Haustiere aller Ausländer in den riesigen Mietskasernen kennen. «Hören Sie, Bürger! Gehen Sie weiter!« rief der Milizionär diskret. «Ist es verboten, hier hineinzugehen?» fragte der Jugoslawe in perfektem Russisch. «Es ist nicht verboten, aber es soll nicht sein.» «Dann gehe ich hinein.» «Zu wem wollen Sie?» «Zu einem Freund.» «Gehen Sie nicht!» «Ist es also doch verboten?» «Nicht verboten, nur es ist nicht nötig.» «Warum halten Sie mich dann auf?» «Haben Sie keine anderen Freunde in Moskau?» «Natürlich habe ich, aber hier bin ich eingeladen, ich kann nicht wegbleiben!» «Warum?» «Ich habe zugesagt!» «Wem?» «Meinen Freunden, sie warten.» «Gehen Sie weg.» «Wenn Sie sagen, es ist verboten, gehe ich sofort.» «Verboten ist es nicht, es ist nicht möglich.» «Was soll ich dann tun?» «Nun geh' schon weg, geh.» «Nein!» «Dawai, Dokumente her...» Der Jugoslawe holte seinen Paß und seine Akkreditierung hervor, und höchst betreten gab ihm der Milizionär den Weg frei.

Auch mit ihrer grundsätzlichen Abneigung gegenüber Ausländern folgen die sowjetischen Behörden einer klassischen Haltung. Es ist dabei geblieben, daß Korrespondenten – so gastfreundlich sie auch bisweilen behandelt werden – per definitionem Störenfriede sind. Für die kommunistische Partei ist das Informationsmonopol eine Säule der Herrschaft und der Ideologie – vergleichbar etwa dem Privateigentum an Produktionsmitteln für die Macht des Kapitals im westlichen Wirtschaftsprozeß. Die Filterung der Weltnachrichten für den unmündigen Bürger hat in Moskau und Petersburg Tradition. Bis 1703 waren sämtliche Informationen vom In- und Ausland Staatsgeheimnis. Aus zumeist westlichen Quellen wurden Nachrichten in sogenannten *Kuranty* zusammengestellt, die nur für den Zaren und seine engsten Berater bestimmt waren. Heute gibt es verschiedenfarbige Sonderdienste der Nachrichtenagentur *TASS*, die ungeschminkte Berichte über das Ausland und über die Sowjetunion enthalten und die ausschließlich den höheren Führungszirkeln vorbehalten sind. Im vergangenen Jahrhundert wurden zeitweilig die absurdesten Zensurvorschriften erlassen, um ausländisches Gedankengut von Rußland fernzuhalten. So mußten 1851 alle Musikpartituren dem Zensor vorgelegt werden – sie hätten ja chiffrierte Botschaften enthalten können. Doch wurde die kaiserliche Zensur unvergleichlich laxer gehandhabt als die kommunistische. Während einer zehnjährigen Periode am Ende des 19. Jahrhunderts hielten die Behörden von mehr als 93 Millionen Bücher- und Zeitschriften-Exemplaren, die vom Ausland geschickt wurden, nur 9386 an. Angesichts der heutigen, fast totalen Postkontrolle klingt das geradezu märchenhaft. Andererseits fiel selbst dem *Baedeker* von 1912 auf: «Ausländische Zeitungen sind auch in den besseren Häusern der größeren Städte nur in sehr geringer Anzahl ausgelegt.»

Heute sucht man in den großen Ausländerhotels vergeblich nach aktuellen westlichen Zeitungen, obwohl sie nach offizieller sowjetischer Mitteilung vorhanden sein müßten. Doch diese Vereinbarung der KSZE (*Konferenz über Sicherheit und Zusammenarbeit*) wird bestenfalls unter dem Ladentisch befolgt, wenn die Zeitungsverkäuferin im Ausländerhotel auf hartnäckige Nachfrage des West-Touristen die veraltete Ausgabe eines «bourgeoisen» Blattes aus der Schublade zieht. Die KSZE-Beschlüsse von Helsinki haben de jure auch Verbesserungen der Arbeitsbedingungen für ausländische Korrespondenten gebracht. Die Arbeitsbedingungen haben sich sogar de facto verbessert, doch ist das allgemeine Klima durch verschärfte Attacken und Repressalien gegen einzelne Journalisten in der zweiten Hälfte der siebziger Jahre wieder gespannter geworden. Für diese Entwicklung hat es mehrere Gründe gegeben: 1. Die erschwerte Umsetzung der Entspannungs-Formeln in praktische Politik, die sich lange vor den KSZE-Vereinbarungen abzeichnete (vgl. dazu u. a. meinen Aufsatz *Kaffeehäuser, Korrespondenten, Koexistenz* in *Europäische Rundschau,* 2/1974). 2. Die von Moskau anfänglich unterschätzte Berufung der sowjetischen Bürgerrechtsbewegung auf die Helsinki-Beschlüsse. 3. Die Verschlechterung der sowjetisch-amerikanischen Beziehungen, die sich schon bald nach Nixons Rücktritt eintrübten, die aber erst durch Präsident Carters Amtsführung in eine Phase der Verunsicherungen und Verdächtigungen gerieten. 4. Die Verschärfung der ideologischen Abgrenzung vor dem Ansturm der Olympischen Spiele.

Die Annäherung und die neuerliche Abkühlung zwischen Washington und Moskau im vergangenen Jahrzehnt haben gezeigt, daß die Arbeitsbedingungen für Journalisten mehr von zwischenstaatlichen Beziehungen als von substantiellen Zugeständnissen der sowjetischen Informationspolitik abhängig sind. Die Verleumdungskampagnen sowjetischer Medien und die Holzfäller-Manieren amerikanischer Diplomaten haben den KSZE-Beschluß über verbesserten Informationsaustausch schnell zu Makulatur werden lassen. Eines von vielen Beispielen: Im April 1978 «dokumentierte» das sowjetische Fernsehen, was amerikanische Journalisten in Moskau unternehmen, wenn sie sich unbeobachtet fühlen. Eine versteckte Kamera deckte folgende Ungeheuerlichkeiten auf: Der erste Journalist trieb Frühsport im Trainingsanzug. Der zweite chauffierte Sowjetbürger und nahm einen Briefumschlag entgegen. Der dritte Mann stand vor einem Forschungsinstitut, der vierte führte gar eine Frau mit Sonnenbrille durch die Straßen. Konkret wurde den vier namentlich genannten, aber bereits aus Moskau nach Amerika zurückgekehrten Korrespondenten überhaupt nichts nachgewiesen. Dafür halfen die unterlegte Krimi-Musik, der Begleitkommentar und der Titel des halbstündigen Abschreckungsfilms («Die freie Presse im Dienst der CIA») zu dem erwünschten Eindruck. Fast gleichzeitig übermittelte die *Stimme Amerikas* ihren Millionen sowjetischer Hörer das Interview eines gewissen US-Bürgers namens Malcolm Toon. Der Mann kanzelte die Innen- und Außenpolitik des Kreml nach Strich und Faden ab. Dies verdiente kaum der Erwähnung – wäre Toon nicht damals zugleich Washingtons Botschafter in Moskau gewesen. Gemeinhin verpflichtet ein solcher Posten zu gewissen diplomatischen Umgangsformen.

In der zweiten Hälfte der siebziger Jahre wurden fünf westliche Korrespondenten ausgewiesen, alle mit fadenscheinigen Begründungen. Es waren: George Krimsky (*Associated Press*), der sich auf Dissidenten-Themen spezialisiert hatte; Robert C. Toth, dessen Fall wir bereits erwähnt haben; Erhard Hutter vom Österreichischen Rundfunk und Fernsehen (*ORF*), der besonders pessimistische Urteile über die Sowjetunion abgab; schließlich Robert Stengel und Herbert Altmann, der Korrespondent und der Kameramann des Zweiten Deutschen Fernsehens. Vieles spricht dafür, daß die Ausweisung der beiden ZDF-Vertreter ein Solidaritätsakt gegenüber der DDR war. Sie hatte im Rahmen ihrer Kampagne gegen die Schriftsteller kurz zuvor einem ZDF-Reporter in Ostberlin die Akkreditierung entzogen.

Formal verbessert worden sind die Arbeitsbedingungen der ständigen Korrespondenten in vier Punkten: 1. Die Journalisten erhalten Mehrfachvisa mit einjähriger Geltungsdauer. 2. Die Fernsehanstalten können eigene Kameramänner akkreditieren. 3. Die Bewegungsfreiheit der Korrespondenten im Moskauer Gebiet ist auf den immer noch engen Raum erweitert worden, den Diplomaten haben. 4. Journalisten müssen sich mit ihren Informationswünschen nicht mehr ausschließlich an die Presseabteilung des Außenministeriums wenden. Laut Erlaß Nr. 405 des Präsidiums des Obersten Sowjets ist es den Behörden seit 1976 nicht mehr untersagt, direkt Auskünfte zu geben. Solche Erlasse ändern indessen nichts an der grundsätzlichen und traditionell verankerten Einschätzung der Bürokratie, daß Information unteilbar ist und daß sie deshalb allen anderen vorenthalten werden muß.

Einige Zeit nach dem neuen Erlaß bat ich die Presseabteilung des Außenministeriums um Unterstützung für mein Vorhaben, einen Fließbandarbeiter der Autoindustrie am Arbeitsplatz und in der Freizeit für einige Tage zu begleiten. Das Außenministerium: «Im Prinzip jede Unterstützung, aber dafür sind wir jetzt, wie Sie wissen, nicht mehr zuständig!» Darauf riefen wir beim Ministerium für die Automobilproduktion an. Antwort: Man brauche einen schriftlichen Antrag und einen Brief von der Presseabteilung des Außenministeriums. Also bat ich doch wieder das Außenministerium, einen Brief zu schreiben. Die Herren vom Zuckerbäckergebäude am Smolensker Platz: «So etwas gibt es gar nicht mehr – aber Ihnen zuliebe schreiben wir den Brief.» Nach einiger Zeit fragten wir beim Auto-Ministerium, ob der Brief des Außenministeriums angekommen sei. «Was drängen Sie», beschied man uns, «wir bekommen täglich viele Briefe mit ähnlichen Wünschen.» Eine Woche später hieß es, in dem einen Autowerk werde gerade die Produktion umgestellt, im anderen sei zuviel Betrieb. Am Nachmittag könne ich aber mit einem Arbeiter sprechen, der meine Fragen beantworten werde. Das hatte ich nicht gewollt, einen Bestarbeiter bei Keks und Mineralwasser. Mich interessierte eine Fließband-Reportage. Also sagte ich dankend ab. Ein andermal wünschte ich vom Ministerium für Soziale Fürsorge Antwort auf zwei schlichte Fragen: Gibt es in Moskau bestimmte Stadtteile oder Wohnblöcke, in denen nur junge Ehepaare wohnen? Was wird für die Betreuung von behinderten Alten getan? Das Ministerium wünschte einen ausführlichen schriftlichen Fragenkatalog. Also gliederte ich meine Grundfragen in mehrere Einzelfragen auf. Nun antwortete das Ministerium: Ihre Fragen sind so detailliert und spezifisch, daß sie in die Zuständigkeit des Staatskomitees für Arbeit fallen. Das Komitee wunderte sich: «Wieso fragen Sie uns, das kann Ihnen doch nur das Ministerium für Soziale Fürsorge beantworten!» Das Komitee telefonierte mit dem Ministerium, das Ministerium telefonierte zurück: Man sei im

Prinzip bereit, die Fragen doch zu beantworten. Kurz darauf ein neuer Anruf und das seltene Angebot: «Sie können ein Altersheim besichtigen.» Das war zwar eine merkwürdige Antwort auf meine beiden Fragen. Doch immerhin hatte sich die Odyssee durch die Behörden diesmal gelohnt.

Die Erweiterung der Bewegungsfreiheit im Moskauer Gebiet ist eine ebenso begrenzte und komplizierte Angelegenheit. Sie gilt für die großen Überlandstraßen und für verschiedene touristische Ausflugsstrecken, an deren Ende Diplomatenfamilien Kaffee kochen dürfen. Wer abzweigt, fährt unversehens in Sperrgebiete, die zumeist nicht gekennzeichnet sind. Einmal gerieten wir an einen Milizposten, der uns fragte, ob wir unterwegs ein Panzerdenkmal gesehen hätten – da bereits hätten wir das erlaubte Terrain verlassen. Dann erbaten die höflichen Milizionäre telefonisch Anweisungen von ihrer Zentrale, setzten ein Protokoll auf, hielten ein Taxi und einen PKW an und ließen die beiden Fahrer als Zeugen unterschreiben. Damit war der Fall erledigt. Als ich bei nächster Gelegenheit einen Mitarbeiter der Presseabteilung im Außenministerium fragte, ob ich nicht ein Verzeichnis der verbotenen Straßen haben könnte, damit ich nicht ungewollt in Sperrgebiete geraten würde, antwortete er mir: «Da gehen Sie am besten zu den Amerikanern, die haben doch für ihre Spazierfahrten in der Stadt und der Umgebung Fotokopien des CIA-Planes von Moskau – der ist ganz zuverlässig.»

Ungewöhnliche Offenheit erleben Korrespondenten und Diplomaten auch bei Reisen durch die Provinz. Da werden sie gelegentlich so demonstrativ beschattet, daß sie sich mit ihren Begleitern als Tandem durch die Orte bewegen. Der Zweck dieser Übung besteht schlicht darin, die Ausländer von Kontakten mit der Bevölkerung abzuschrecken. In Riga folgte uns die Begleiterin eines Mittags bis an die Schwelle des Hotelzimmers. Bei anderer Gelegenheit sorgten wir sogar ungewollt für das Seelenheil unserer Beschirmer. Wir betrachteten die Fresken einer Kirche so lange, bis wir mit unseren Schatten alleine blieben – und diese dann zur Ablenkung eine Kerze entzündeten.

Die große Mehrheit der Sowjetbürger nimmt das Informationsmonopol der Obrigkeit als naturgegeben hin, sie hat nie andere Erfahrungen gemacht. Wir haben eingangs das Beispiel jener Sowjetbürgerin erwähnt, die engagiert verteidigte, daß der Öffentlichkeit alle Informationen vorenthalten blieben über das Gerichtsverfahren gegen die drei Armenier, die 1979 wegen des Bombenattentats auf die Moskauer Metro hingerichtet wurden.

Der Anschlag von Januar 1977 war ein alarmierendes Ereignis. Ein vergleichbares Verbrechen hatte es in der Sowjetmetropole seit vielen Jahren nicht gegeben. Die in einem Waggon voller Kinder gezündete Bombe verletzte 44 Menschen, sieben tödlich. Aber diese Zahl veröffentlichten die Behörden erst zwei Jahre später und noch dazu in einer Polemik gegen Nobelpreisträger Andrej Sacharow, der an der Form der heimlichen Prozeßführung gegen die Armenier Kritik geübt hatte. Kurz nach dem Attentat hatte die Nachrichtenagentur *TASS* nur gemeldet, es habe in der Metro eine «kleine Explosion» gegeben, den Verletzten sei ärztliche Hilfe zuteil geworden. Dennoch wurde Moskau sofort von einer Gerüchteflut überschwemmt. Der Gegensatz zwischen offizieller Informationssperre und dem ziemlich genauen Mosaik, das die ausländischen Sender mit Hilfe westlicher Nachrichtenagenturen zusammentrugen, förderte die Spekulationen. Eine sowjetische Bekannte berichtete uns in jenen Tagen von einem kleinen Erlebnis, das die allgemeine Hysterie kennzeichnete, die solche Gerüchtewellen in Osteuropa stets begleitet. An der Metro-Station *Jugosapadnaja* stand eines Abends eine große Aktentasche auf dem Bürgersteig. Die Leute machten einen immer größeren Bogen um sie. Eine Passantin informierte schließlich die Miliz, wollte dann aber ihren Weg fortsetzen, worauf sie als erstes barsch erfuhr: «Sie bleiben hier!» (Deshalb schalten sich die Passanten auch selten helfend ein.) Dann machten sich die Milizionäre vorsichtig an die Tasche heran, sie förderten eine Dauerwurst, ein Brot und zwei Flaschen Wodka zutage. Jemand hatte die Kostbarkeiten offenbar an der Bushaltestelle vergessen.

Eine periodisch wiederkehrende Massenhysterie, die ich in mehreren sozialistischen Staaten erlebt habe, ist die panische Angst vor einem umgehenden Mörder. Die Gerüchtewelle hat zumeist einen wahren Kern: Polizisten warnen ihre Familien nach einem besonders krassen Verbrechen, die Flüsterpropaganda pflanzt sich fort, und bald schon wächst der Schatten eines kapitalen *Jack the Ripper* über die sozialistischen Metropolen. Bukarest geriet Anfang der siebziger Jahre über einen Frauenmörder in Panik, dem die Bevölkerung monatelang Dutzende von bestialischen Taten nachsagte mit genauen anatomischen Beschreibungen. Erst als ein Student überführt wurde, der in der Tat ein halbes Dutzend Morde begangen hatte, brachten die Zeitungen zwei kurze Notizen: die erste meldete die Verhaftung, die zweite die Exekution. In Moskau verbreiteten sich 1976 Gerüchte über einen Unhold und Kindermörder, der angeblich überall in der Acht-Millionen-Stadt auftauchte. So verließen Mütter mittags das Büro, um am hellichten Tag ihre Kleinen von der Schule abzuholen. Es war der panische Rückzug der Bürger vom Überwachungsstaat: sie vertrauten nur dem Selbstschutz, obwohl in fast jedem Hauseingang eine Concierge sitzt, obwohl an jeder Ecke Milizionäre stehen.

Die Milizionäre spielen allerdings von Zeit zu Zeit selber die Rolle der Bösewichter in den Gerüchtewellen – und auch da gibt es zumeist einen wahren Kern. So warnte ein Moskauer Staatsanwalt 1977 einen Bekannten, der ein neues Auto gekauft hatte, er solle sich abends nicht in Seitenstraßen von der Polizei anhalten lassen. Eine Bande in Milizuniformen kassiere in dunklen Ecken das Bargeld der angehaltenen Autofahrer und manchmal den PKW. Auch eine Gang echter Milizionäre, die sich auf das Ausräumen ausländischer Wagen spezialisiert hatte, wurde vor einigen Jahren entdeckt.

Die Nachrichtensperre und das Informationsmonopol der Partei werden durchbrochen von den russischsprachigen Auslandssendern und vom Drang der Sowjetbürger nach Westimporten. So befremdend es klingt: Die Konsumorientierung ist in dieser abgeschirmten Gesellschaft zum Informationsträger geworden. So verwundert es nicht, daß im Vorfeld der Olympischen Spiele die ideologischen Barrieren erheblich verstärkt wurden, eine Art Vorwärtsverteidigung gegen die westlichen Medien und Korrespondenten einsetzte. Das Zentralkomitee der Partei faßte im Mai 1979 einen Beschluß über die weitere Verbesserung der ideologischen, politischen und erzieherischen Arbeit. Darin wird indirekt, aber deutlich auf den wachsenden Einfluß der ausländischen Rundfunksender Bezug genommen: «Im Beschluß wird auch hervorgehoben, daß die imperialistische Propaganda – mit der die Propaganda der Pekinger Chauvinisten und Aggressoren offen zusammenwirkt – die Gemüter der Sowjetmenschen ständig und verbissen angreift. Sie ist bestrebt, ihr Bewußtsein mit Hilfe äußerst raffinierter Methoden und moderner technischer Mittel ... zu vergiften.» Die Entschlossenheit der Partei, das Informationsmonopol und die Denunziationsgesellschaft (in ihrer inzwischen abgemilderten Form) zu erhalten, wird auch in den kommenden Jahren das Klima der Ost-West-Beziehungen entscheidend beeinflussen. Für gewissenhafte Politiker im Westen wird es noch schwieriger werden, in jedem Einzelfall abzuwägen, was das Los von Millionen Sowjetbürgern langfristiger und positiver beeinflussen kann: massives Engagement für oppositionelle Minderheiten oder die Rücksicht auf winzige Entspannungsschritte. Weder die sanft säuselnden Abrüstungspropagandisten in Moskau noch die «Nashorn-Jäger» des extremen sowjetischen Emigrantenflügels sind da gute Ratgeber.

II. Theater und Literatur: Wahrheitssuche oder Weltsicht einer Maus?

Ein Schriftsteller wird auf der Bühne mit Spritzen zum Schweigen gebracht und zur psychiatrischen Behandlung in die Heilanstalt gesteckt. Jesus predigt aus dem Schatten mit suggestiver Monotonie: nicht als Messias, sondern als unbeirrbarer Ankläger der Staatsgewalt und als Sinnbild des russischen Dissidenten, der scheitert, aber keinen Kompromiß mit der Macht eingeht. Die christliche Vorzeit in politisch-realen Dialogen, das Moskau der Stalinzeit als Satansspuk, mit Anspielungen auf den «realen Sozialismus» von heute. Dämonen lassen die aufgescheuchten Bürger aus allen Rollen fallen, Rückgrat, Kopf und Kragen verlieren. Denunziation, Spekulation mit Devisen, Konsumgier als Blendwerk des Teufels und Vexierbild der Gegenwart. Der Leibhaftige, ein ermüdeter und melancholischer Vertreter seiner Branche, faßt nach seiner Ankunft den Zuschauerraum ins Auge und urteilt über den neuen Menschen: «Die Moskauer sind die gewöhnlichen Leute geblieben, im allgemeinen erinnern sie mich an damals – nur die Wohnungsfrage hat sie verdorben.» Politische Revue und klassische Theatermagie, Geisterspuk und Passionsgeschichte des Geistes, ein Gleichnis über die Anpassung der Unterdrückten und die Ausweglosigkeit der Unterdrücker, über die Unvereinbarkeit von Macht und Wahrheit. Das alles spielt nicht in New York oder Paris, inszeniert von einer genialen Emigrantentruppe, sondern mitten in Moskau, freigegeben von der Zensur, gescholten von der *Prawda* und – nach dem Andrang berechnet – ausverkauft bis ins nächste Jahrtausend.

Dieses bedeutendste Theaterereignis auf sowjetischen Bühnen seit den frühen dreißiger Jahren ist Jurij Ljubimows Inszenierung von Michail Bulgakows Roman *Der Meister und Margarita*. Die Aufführungen laufen seit 1977. Ljubimow, inzwischen über sechzig, aber von jugendlicher Vitalität, war einst ein populärer Schauspieler. Ich bin weder in der Sowjetunion noch irgendwo sonst einem Menschen begegnet, der so intensiv aus szenischen Visionen lebt. Mag das Gespräch noch so privat sein und bis in die Morgenstunden andauern – es wird zu einer Revue politisch pointierter Einakter. Ljubimow berichtet nicht von den Ereignissen eines Tages, selbst wenn diese einigermaßen dramatisch waren – er spielt die Figuren vor, denen er begegnet ist, vom Kulturfunktionär bis zur Putzfrau. Als Schauspieldirektor «amtiert» Ljubimow ungefähr so lange wie Leonid Breschnew als Parteichef. Innerhalb von fünfzehn Jahren hat er das künstlerisch abgewirtschaftete *Komödientheater am Tagankaplatz* zur bedeutendsten und experimentierfreudigsten Bühne der Sowjetunion gemacht. *Der Meister und Margarita* ist die bisherige Krönung seiner Regiearbeit. Bulgakows Roman, das Hauptwerk des bisher größten russischen Satirikers seit der Oktoberrevolution, wurde in der Sowjetunion zum erstenmal 1966 mit Zensurstrichen veröffentlicht. Das war 26 Jahre nach dem Tod des in der Stalin-Ära völlig isolierten Bulgakow. Was von dem gebürtigen Kiewer in der Sowjetunion bisher verlegt worden ist, erzielt hohe Preise auf dem schwarzen Markt. Im Westen ist mehr, aber auch nicht alles erschienen. Nur zwölf Bühnenstücke Bulgakows sind bisher bekanntgeworden, etwa dreißig soll er neben seinen Romanen verfaßt haben.

Der Meister und Margarita ist ein Stück Weltliteratur, das all jene widerlegt, die grundsätzlich am schöpferischen Wert einer unter Diktaturen entstandenen «Prosa mit beschränkter Wahrheit» (Fritz J. Raddatz) zweifeln. Ein halbes Dutzendmal umgeschrieben, «dem Dunkel der Schublade» geweiht, ist dieser Roman – verglichen mit den modisch-routinierten Überblendungstechniken von heute – genialer (und manchmal unbekümmert trivialer) Wildwuchs der Phantasie. Die Truppe des Satans stellt Moskau auf den Kopf und enthüllt den Opportunismus seiner Bürger. Der Teufel in der irdischen Gestalt des Magiers Voland bringt gleich bei seiner Ankunft zwei Literaten auf der Parkbank zu der zungenfertigen Versicherung, daß sie weder an den Leibhaftigen noch an Gott glauben. «Was ist das für ein Land», konstatiert Voland – und wendet sich dabei in der Bühnenfassung so demonstrativ an den Zuschauerraum, daß sofort die Beziehung zur Gegenwart hergestellt ist –, «immer, wenn man nach etwas fragt, dann gibt es das nicht!» Doch es gibt den *Meister,* einen Schriftsteller ohne Namen, der einen Roman verfaßt hat über die Unbeugsamkeit Jesu im Angesicht der Staatsgewalt und über die Ohnmacht des Pontius Pilatus. Dieser Roman führt den Meister selbst zu jenem Golgatha, das die staatliche Zensur und die literarischen Statthalter des Systems der schöpferischen Kunst bereiten. Der Trick Bulgakows: Er läßt den *Meister* die ferne Pilatus-Legende mit beklemmender Wirklichkeitsnähe niederschreiben und schneidet diese realistischen Szenen aus der Vergangenheit in die absurd-irreale Gegenwart der Stalin-Ära ein. Das Pilatus-Manuskript, also der Roman im Roman, gerät in die Mühle des offiziellen Literaturbetriebes. Das Werk wird als «Kampf für die alte Ordnung» verdammt. Sein Autor kommt in eine Heilanstalt. Das Verhör durch Pilatus und das Verdikt der Zensur-Kommission, die Kreuzigung und die psychiatrische Behandlung, Jesus und der *Meister* werden nebeneinandergerückt, aber ohne banale Gleichsetzung. So geschieht es in Bulgakows Original und in Ljubimows Bühnenfassung, die den satirischen Grundton durchhält und bis ins heutige Moskau weiterträgt. Diese Aufführung ist die Krönung autochthoner russischer und sowjetischer Gegenwartskunst und der Grenzfall dessen, was heute möglich ist.

Ljubimow bringt in sein *Meister*-Stück nicht nur eine subjektive «Anthologie» der landeseigenen Regiekunst von Stanislawskij über Meyerhold bis Wachtangow ein, sondern auch Retrospektiven und Requisiten seiner eigenen Inszenierungen. Da sind die akustischen Schocks aus dem Partisanenstück *Im Morgengrauen herrscht hier noch Stille.* Da werden die übereinandergreifenden Dialoge montiert und getrennt durch ständig wechselnde «Brennweiten» der Scheinwerfer – wie in der Bühnenfassung von Trifonows Novelle *Der Tausch.* Ein schwingendes Riesenpendel aus dem Stück *Stoßzeit* dient als Hexenbesen und Zeitraffer, schneidet Licht und Schatten über die Gesichter, bringt Metrik in die Magie. Aus Ljubimows *Hamlet* stammt der grobgewebte Vorhang, der über die ganze Bühne dreht und fegt, durchlässig, aber undurchsichtig. Die Dämonen greifen durch den Vorhang in den Alltag der Kleinbürger. Die anonyme, von oben verfügte Kunstkritik wird dadurch persifliert, daß durch den Vorhang gestreckte Hände Manuskripte weiterreichen und Zeitungen entfalten. Stimmen aus dem Hintergrund verlesen dazu gleichgeschaltete Rezensionen über den Pilatus-Roman. Als die *Prawda* Ljubimow angriff, wurde deren Schelte eingebaut und rezitiert. Wie einst beim Slapstick setzt Ljubimow die (hier systembedingte) Tücke eines jeden Objektes als Mittel des grotesken Szenenablaufs ein. Ein Lyriker, der dem Magier Voland begegnet ist, tobt – wahrheitsgemäß von den unglaubwürdigen Begebenheiten berichtend – durch den exklusiven Schriftstellerklub. Bei Bulgakow fällt «Geschirr klirrend von den Tischen». Bei Ljubimow räumt ein Kellner den mit Spirituosen gedeckten Tisch ab, faltet das weiße Tuch zusammen – und hervor kommt die dem Zuschauer schon bekannte

Bahre der Nervenklinik, auf die der Lyriker verfrachtet wird. Es muß nicht einmal Porzellan zerschlagen werden – so schnell kann die dünne Decke zwischen Privilegien und Repressionsmitteln hinweggezogen werden.

«Dem Zuschauer muß vergessen gemacht werden, daß er im Theater sitzt», hat einst der große Regisseur Stanislawskij verlangt. Sein Schüler Wachtangow hielt ihm die Forderung entgegen: «Der Zuschauer wird im Theater sitzen und nicht eine Minute vergessen, daß er im Theater sitzt.» Ljubimow hat mit *Der Meister und Margarita* diesen Gegensatz aufgehoben. Nie zuvor sah ich in der Sowjetunion Menschen jede Minute eines fast vierstündigen Theaterabends so bewußt, so atemlos-begreifend auskosten, nie zuvor sah ich sie so benommen, so herausgerissen, so unwillig in die Pause gehen. Auch die *Prawda* mußte erst Atem schöpfen, bevor sie nach Wochen dem Regisseur vorwarf, die Satire auf das Moskau der zwanziger und dreißiger Jahre nicht von der Gegenwart abgegrenzt zu haben. «Willkürliche Projektionen von Atmosphäre und Kollisionen der vergangenen Epoche, unberechtigte, subjektivistische Analogien» hätten zwangsläufig zur Entstellung der historischen Perspektive geführt. Bulgakows Spott über einzelne Funktionäre sei ausgeweitet worden auf «Erscheinungen und Kategorien, die für unsere Gesellschaft sehr wichtig sind». Aber die Kritik des Parteiorgans führte zu keinen Konsequenzen. Schon vor der Premiere, als die Zensoren die von Ljubimow vier Jahre lang entwickelte Inszenierung prüften und mit Auflagen drohten, entschied am Ende einer der Literaturkontrolleure den Disput mit dem Ausspruch: «Das ist ein Klassiker, ein Klassiker braucht keine Zensur.»

Dieser Satz ist ein Schlüssel zum aktuellen Kapitel der Moskauer Kulturszene. Die zwanziger Jahre werden rehabilitiert, die revolutionäre Avantgarde und auch die Dichter mit «beschränkter Sicht» (*Prawda* über Bulgakow) werden als Klassik heimgeholt. Dazu gehörte die Ausstellung über den Maler Tatlin. Dazu zählte, daß die Tretjakow-Galerie die russische Maler-Avantgarde aus den zwanziger Jahren übernahm, deren Bilder der Grieche Costakis aus Scheunen und Spinden gerettet und zu einer millionenschweren Sammlung gehäuft hatte. (Wir werden auf die bildende Kunst und den sowjetischen Film noch im folgenden Kapitel eingehen.) Das Regime, das die politische Auseinandersetzung mit der Stalinzeit nicht wagt, gestattet der Kultur eine dosierte Vergangenheitsbewältigung. Die Kriterien dafür lauten: Verbrechen der Stalinzeit werden nur vage angedeutet und in keinem Fall dem

System angelastet. Die Periode der Übergriffe muß als eine überwundene Phase erscheinen, entrückt durch ein hermetisierendes «damals», «in jener Zeit».

Mit solchen Richtlinien ist die sowjetische Literatur freilich nicht verschlußsicher unter Kontrolle zu halten. Schon bei ihrer Entstehung in der Mitte des 18. Jahrhunderts lag der Wert der russischen Literatur weniger in ihrer ästhetischen Qualität als in ihrer politischen Rolle. Die literarische Betätigung war die allererste offiziell geduldete Beschäftigung des zaristischen Dienststandes, die nicht die Interessen des Souveräns förderte. Durch sie erschien «ein dünner Riß in der einst festgefügten patrimonialen Struktur», so hat es Richard Pipes formuliert. «Diesen ganz eigenständigen Status hat sie nie wieder verloren. Seit damals und bis zum heutigen Tag ist die Literatur in Rußland ein privates Reich, anderen Herrschern und anderen Gesetzen untertan.» Hier liegt die Erklärung dafür, daß die Zensur heute zwar einen großen Teil der mittleren Generation sowjetischer Schriftsteller fast zum Schweigen bringen kann, daß die russische Literatur aber dennoch fortwährt, sich wundzuscheuern an den verschwiegenen Verbrechen der Vergangenheit, an der verdrängten Rehabilitation der einzelnen Opfer, an den verratenen Versprechen für Gegenwart und Zukunft. Hier liegt die Erklärung dafür, daß an der Grenze dieses *privaten Reiches* immer wieder große «Prosa mit beschränkter Wahrheit» entsteht, wie etwa Jurij Trifonows Romane; daß es immer noch Männer und Frauen gibt, die sich mit neuer Hoffnung über die Grenzen dieses *privaten Reiches* hinauswagen, wie der Kreis um die Zeitschrift *Metropol.* Und hier liegt schließlich die Erklärung auch dafür, daß selbst die eingeschränkte, gepreßte, beschnittene Sprache der sowjetischen Schriftsteller ihr spezifisches Gewicht erhält, weil sie sich im eigenen Land bildet. Die Versuche, Wahrheiten über Erniedrigungen anzudeuten, finden mehr respondierende Leser – auch wenn das kein Kriterium für unsere ästhetischen Solipsisten ist – als manche narzißtischen Selbstgespräche in der dünnen Luft der westlichen Kunst-Gipfel. Wir wollen an dieser Stelle einen Einschnitt vornehmen, um am konkreten Beispiel etwas ausführlicher zu betrachten, wie sich Vergangenheitsbewältigung, Herantasten an unausgesprochene Wahrheiten und Alltagsbeschreibungen zur sowjetischen Gegenwartsliteratur schichten.

Das alte Haus im Silberwäldchen war im Jahr der Oktoberrevolution niedergebrannt. Aus seinen Ruinen wuchs eine schmucke, mehrstöckige Datscha. 1926, als Stalin die Opposition fällte, war

Richtfest. Die Familie, die zu ebener Erde einzog, gehörte zum revolutionären Adel, bis auch sie Ende der dreißiger Jahre vom Terror des Diktators auseinandergerissen wurde. Nach Stalins Tod rückten die neuen, steinernen Wohnriesen Moskaus gegen das Wäldchen vor. Fast alle Holzhäuser, die überlebten, wurden an ausländische Diplomaten vermietet und frisch aufgetakelt. Die altgewordene Datscha blieb für sich, hinter einem hohen, morschen Zaun. Sie steht leer bis in den Sommer hinein, die Scheiben der einst hellen, hochfenstrigen Veranda blind und verhängt. Kaum jemand hat das alte Holzhaus je gesehen. Und dennoch kennen es viele aus einer ganz anderen Perspektive. Auf der alten Datscha spielt ein vielschichtiger Roman der jüngeren Sowjetliteratur und der persönlichen Vergangenheitsbewältigung. Er heißt *Starik* – der Alte, erschienen 1978 in der Zeitschrift *Drushba narodow* – Völkerfreundschaft – (deutsche Ausgabe: *Starik,* München, 1979). Der Autor des *Starik* stammt aus jener Familie, die auf der Datscha in den dreißiger Jahren ihre letzten glücklichen Sommer verlebte. Es ist der 55jährige Jurij Trifonow, der im vergangenen Jahrzehnt mit seinen geschichtsbeladenen Moskauer Gegenwartsromanen zu einem der bedeutendsten Autoren des Landes geworden ist.

Ein alter Bolschewik sitzt auf der Datscha im Silberwäldchen, das im Roman *Falkenwäldchen* heißt, und sammelt Dokumente in einer Glanzkartonmappe. Er will für die Nachwelt die Ehre seines einstigen Kosaken-Kommandeurs Sergej Kirillowitsch Migulin wiederherstellen. Der Name Migulin und die Charakterzüge dieses roten Bürgerkriegshelden stammen aus der Feder Trifonows. Die Dokumente aber, die in den Roman einfließen, sind echt. Es sind bis dahin nie veröffentlichte Unterlagen über den Fall Mironow, dessen Schicksal dem des Buchhelden Migulin entspricht.

Wer war Filip Kusmitsch Mironow? Selbst gebildete, jüngere Moskauer kennen ihn kaum, obwohl er einst als strahlender Held der jungen Sowjetmacht mit abenteuerlichen Reiterattacken die *weißen* Truppen des General Wrangell über den Dnjepr bis auf die Krim jagte. Doch in allen früheren Nachschlagewerken fehlt sein Name. Erst in der jüngsten Ausgabe der Sowjet-Enzyklopädie von 1974 kann man lesen: Mironow stammte aus einer Kosakenfamilie, nahm am russisch-japanischen Krieg 1904/05 teil, schloß sich 1906 revolutionären Aufständen an und wurde deshalb aus dem Dienst entlassen. 1917 stellte er sich auf die Seite der Revolution. Anfang 1920 trat er der KPdSU bei, wurde Kommandeur der 2. Kosakischen Reiterarmee und erhielt zwei Rotbanner-Orden für seine erfolgreichen Kämpfe. Soweit die Sowjet-Enzyklopädie – über Mironows Ende schweigt sie.

Der Held der jungen Sowjetmacht starb nicht auf dem Schlachtfeld, sondern im Moskauer Butyrskij-Gefängnis, erschossen am 2. April des Bürgerkriegsjahres 1921. Mironows «Schuld» war sein soziales Engagement für die unterdrückte kosakische Landbevölkerung, wodurch er den örtlichen, kosakenfeindlichen Bolschewiken Angriffsflächen bot. Seine Tragik war, daß er Lenins *Neuer Ökonomischer Politik* (NEP), die größere Rücksichtnahme gegenüber den darbenden Massen verhieß, um einige Wochen zuvorkam. Darauf berief sich Mironow auch Seite für Seite in seinem letzten Brief an Kalinin, Lenin, Trotzkij, Kamenjew – ein Bekenntnis, das die verzweifelten Rechtfertigungen so vieler aufrechter Kommunisten in der Stalin-Ära schon vorwegnahm. Weil dieser Brief Mironows im Zusammenhang mit Trifonows Romanfigur Migulin keine Erwähnung findet, möchte ich hier einige kurze Passagen aus dem erschütternden Dokument zitieren. Der Kosaken-Kommandeur schrieb: «Ich kann nicht glauben, daß eine Verleumdung stärker ist als meine offenliegenden politischen und militärischen Dienste für die sozialistische Revolution und die sowjetische Macht ... Die Leiden und Tränen der hungrigen, geplünderten Menschen zwangen mich, diese Frage in der Distriktparteikonferenz vom 12. II. 1921 aufzuwerfen und darauf ernstlich einzugehen, damit einige Maßnahmen unternommen werden könnten gegen beides: gegen den drohenden Hunger und gegen die tyrannische Behandlung, die den Darbenden auferlegt wurde ... Mein Vorschlag ließ erhitzte Diskussionen aufkommen, einige kurzsichtige Politiker warfen mir sogleich vor, tendenziös für die Freiheit des Handels, ja fast für die Konterrevolution einzutreten ... Daß ich nicht zu weit vorausgeeilt war, das wurde vom Leben bewiesen: durch die Tatsache, daß die zentrale Regierung im Dekret vom 23. März 1921 über Freiheit, Tausch, Kauf und Verkauf (*Lenins NEP – C.S.-H.*) den gleichen Standpunkt einnahm wie ich.»

Es ist unklar, ob der Brief aus dem Gefängnis die Adressaten je erreichte; es ist bis heute nicht bekannt, wer die Exekution ohne ordentliches Gerichtsverfahren anordnete. Trotzkij weilte damals wegen des Matrosenaufstandes bei Kronstadt, Polizeichef Dsershinskij war in Petrograd. Der «rote Kosak» Mironow jedenfalls und die von ihm geführte 2. Reiterarmee verschwanden aus der Geschichte. Alle ihre Heldentaten wurden auf das ohnehin ruhmreiche Konto Semjon Budjonnys umgebucht, des legendären

Kommandeurs der 1. Reiterarmee. Er starb 1973 hochbetagt und hochdekoriert als Sowjetmarschall in Moskau. Und der schnauzbärtige Budjonny half mit, daß der Ruhm seines ebenso schnauzbärtigen Rivalen vergessen blieb bis auf den heutigen Tag, obwohl Mironow 1960 in aller Stille rehabilitiert wurde. Soweit die Geschichte.

Jurij Trifonow zeichnet sie nicht «tatsachengetreu» nach. Er demonstriert im Gegenteil, daß Geschichte für ihn nicht «objektive» Aufarbeitung von Fakten ist, sondern Festschreibung von versunkenen Hoffnungsgeschichten. Zu diesem Zweck vermengt er autobiografische Anklänge und die von Stalins Terror überschattete Familiengeschichte der Trifonows als stillen Zeugen der Authentizität, der persönlichen Betroffenheit; Archivmaterialien und freie Einschübe der Phantasie, untrennbar verschachtelt; die große Tragödie des roten Kosaken, der in einer Zeit welthistorischer Umwälzungen kein Vertrauen fand, und die kleinen Privatmiseren der eher psychisch als materiell abgerissenen Glücksritter und Unglückspilze in der heutigen Moskauer Bürgerwelt.

Die Figur, in der Geschichte und Gegenwart zusammenfließen, ein Zeitgenosse der Versprechungen von einst und der Verluste bis heute, das ist der *Starik,* der Altbolschewik Pawel Jewgrafowitsch Letunow. Sein Porträt trägt die Züge alter Revolutionäre aus dem Familien- und Bekanntenkreis Trifonows. In die Erinnerungen des *Starik* sind die Notizen des Petersburger Gymnasiasten und jungen Rotgardisten Pawel Lurje eingeflossen, der in den Wirren der Revolution mit sorgfältigen, steilen Schriftzügen kleine, graue Tagebücher füllte: ein Onkel Trifonows. Gleichzeitig ist der *Alte* auch ein Denkmal für die *Mironowzy* – jene Bürgerkriegskämpfer, die mit Briefen, Eingaben und persönlichen Beweisführungen bei oder gegen Reitermarschall Budjonny die Rehabilitierung ihres Kommandeurs Mironow forderten.

Einer von ihnen war der 1975 in Moskau verstorbene Altbolschewik Sergej Pawlowitsch Starikow. Der einstige rote Kosak hatte 17 Jahre in Stalins Lager zubringen müssen und widmete nach seiner Rehabilitierung alle seine wiedererlangten Privilegien nur einem einzigen Ziel: Er kopierte in den alten Archiven der Tscheka alle Materialien über Mironow, um mit diesen Dokumenten den vollen Ruhm seines Kommandeurs wiederherzustellen. Die Partei war dafür nicht zu gewinnen. Auch Alexander Solschenizyn, dem Starikow seine Dokumente anbot, zeigte kein Interesse daran, zusammen mit einem Altbolschewiken einen Revolutionär zu rehabilitieren. So machte sich Roy Medwedjew, der marxistische Regimekritiker und unermüdliche Interviewer aller historischen Zeugen, mit Starikow über die Unterlagen. Durch ihr gemeinsames Manuskript sind wichtige Einzelheiten über eine chaotische Zeit geklärt worden. Eine solche Dokumentation kann in der Sowjetunion nicht erscheinen – hier verläuft die Grenze zwischen historischer Vergangenheitsbewältigung und literarischer Aufarbeitung des gleichen Themas.

Trifonow hat fast ausschließlich auf seine eigenen Dokumente zurückgegriffen. Er ist Starikow nie begegnet. Und doch klingt auch von dessen Lebenslauf einiges im *Starik* an. Hinter dem Versuch des Schriftstellers, Geschichte persönlich zu bewahren und ihre Spuren als weiterlebende Zellen der heutigen Generation vergrößert ins Bild zu rücken – hinter diesem Engagement steht als unsichtbare Figur Trifonows Vater Valentin. Er selbst gehörte zur kleinen Schar der roten Kosaken, er organisierte die Roten Garden in Petersburg. Er war kurzfristig sogar Kommissar unter Mironow – und er starb 16 Jahre nach dessen Hinrichtung selbst als Opfer der bombastischen Verleumdungen in der Stalin-Ära. Die 1966 von Trifonow im Verlag *Sowjetskij pisatelj* veröffentlichte Geschichte seines rehabilitierten Vaters (deutsche Ausgabe: *Widerschein des Feuers,* Neuwied und Darmstadt, 1979) war zugleich das erste Buch, das Mironow wieder positiv erwähnte. Die Arbeit am Buch über seinen Vater war das wohl einschneidendste Kapitel für die Entwicklung des Schriftstellers Trifonow. 1950 hatte er, als erst 25jähriger, den Stalin-Preis dritter Klasse gewonnen für den Aufbauroman *Studenten.* Mit Beginn der sechziger Jahre kniete sich Trifonow in die eigene Vergangenheitsbewältigung – so wie sich viele seiner labilen, trauernden Moskauer Alltagshelden leidenschaftlich in die Geschichte vergraben (*Langer Abschied, Das andere Leben*). Die *Studenten* widerlegte er gut 25 Jahre später selbst: durch das *Haus an der Moskwa,* seinen ebenfalls mit dem Moskau von heute verflochtenen Erinnerungsroman an die Jugend in der Stalin-Ära.

Um Trifonows subjektive Aufarbeitung der Geschichte im *Starik* noch gründlicher auszuleuchten, lohnt ein Blick auf die Rolle der Kosaken. Das Wort Kosak stammt aus dem Tatarischen und bedeutet sinngemäß Freier, Abweichler oder Sonderling, der sich nicht der Gemeinschaft anschließt. Usprünglich galt die Bezeichnung für jene freien mongolischen Stämme, die sich von Dschingis-Khan fernhielten. Nach der Tataren-Herrschaft wurde der Begriff auf andere ungebundene Gemeinschaften ausgedehnt. Es gab die ukrainischen Kosaken des *Saporosher Setsch,* denen Gogol in

Taras Bulba ein Denkmal setzte: «Im Falle eines Krieges oder einer allgemeinen Unruhe erschien jeder Kosak in spätestens acht Tagen beritten und in voller Ausrüstung, ohne dafür mehr als einen Dukaten vom (polnischen) König zu erhalten – und in zwei Wochen stand ein Heer versammelt, wie ein solches keine Rekrutenausbildung zu sammeln vermocht hätte. War der Feldzug beendet, kehrte jeder Krieger zu seinen Wiesen und Weideplätzen an den Dnjepr-Furten zurück, fischte, handelte, braute Bier und war ein freier Kosak.»

Es gab die Don-Kosaken, Russen und Bauern zumeist, für das Volk «freie Leute», für die Regierungsakten «Landstreicher und Räuber». Einer von ihnen, Jermak, eroberte Sibirien für Iwan den Schrecklichen. Mit den Zügen nach Osten bildeten sich immer neue Kosakenheere: freie Wehrbauern, die keinem Gutsbesitzer als Leibeigene dienten und nur dem Zaren militärisch verpflichtet waren – was sie nicht an häufigen Aufständen hinderte. Erst im 19. Jahrhundert wurden die Kosaken soweit integriert, daß aus ihrer militärischen Verpflichtung ein eigenes Traditionsgefühl wuchs. Die einst freien Räuber bildeten einen freien Stand, eine Kriegskaste, die zur Waffe der zaristischen Reaktion wurde. Kosaken ritten die Freiheitsträume der ungarischen Husaren 1848 nieder; Ungarns größter Freiheitsdichter Petöfi starb durch ihre Hand.

So sahen auch die Bolschewiken den in seinen eigenen Mythos vergaloppierten Kosaken-Adel als Säbelhalter der Reaktion an. Und in der Tat folgten nur sehr wenige Kosaken den Roten. Eine dieser Ausnahmen war Filip Mironow. Zwci *weiße* Kosaken-Generäle, Krasnow und Schkuro, die der rote Reiterheld im Namen der Sowjetmacht vertreiben half, dienten später Hitler und wurden 1947 in Moskau gehenkt – 26 Jahre nach der Exekution des roten Mironow. Die Mehrzahl der Kosaken hatte nach der Revolution eher neutral bleiben, keinem Herren dienen wollen. In *Der stille Don* hat Michail Scholochow einen zutreffenden, aber nur begrenzten Ausschnitt der Wirklichkeit jener Tage eingefangen. Die ganze Wahrheit ist, daß die Bolschewiken mit ihrem Mißtrauen, mit ihrer vom städtischen Klassenkampf inspirierten Politik der «De-Kosakisierung», mit der Abstempelung aller militärisch ausgebildeten Kosaken zu Volksfeinden, selbst Widerstände nährten. Der ebenso aufbrausende wie aufrichtige Mironow blieb dennoch rot. Doch er wandte sich mit wilden Beschwerden gegen die Repressalien seiner Genossen, was ihn unter der Landbevölkerung immer populärer machte. Er wurde deshalb auf Betreiben lokaler Parteifunktionäre vom Don ins Hinterland abkommandiert. Im August 1919 gelang dem *weißen* Kavalleriekommandeur Mamontow ein gefährlicher Durchbruch über den Oberen Don. Dem roten Haudegen Mironow erschien die Lage so ernst, daß er – ohne einen Befehl abzuwarten – seine 5000 Mann an die Front zu werfen versuchte. Für diese Eigenmächtigkeit wurde der Kosaken-Kommandeur in Moskau zum erstenmal zum Tode verurteilt. Trotzkijs engster Mitarbeiter Smilga war der Ankläger, der aber sofort nach dem Urteil mit Trotzkij für eine Amnestie sorgte.

Protokollauszüge von diesem Militärtribunal, die aus Trifonows Archiv stammen, verwendet der Autor in seinem *Starik.* Richter und Ankläger freilich tragen Roman-Namen. Die historischen Figuren werden aus dem Blickwinkel des *Alten* gesehen, der meditiert, philosophiert, zurückblickt und kein Verständnis findet in der Gegenwart. Aus Stariks Erinnerungen und aus den Dokumenten lassen sich Sinnlosigkeit und Zwangsläufigkeit des Klassenhasses ablesen. «Warum interessiert dich das Schicksal Migulins so sehr?» fragt ein früherer Sozialist den *Starik* und schreit: «Waren doch alle Dunkelmänner, haben den Bolschewiken doch nur unter der Knute gedient!» Der *Alte* antwortet: «Das kann ich nicht verstehen: schwarz oder weiß, Dunkelmann oder Engel – und niemand dazwischen. Doch alles ist dazwischen. Und in jedem ist etwas vom Dunkel und von den Dämonen.» Daß die Stalin-Ära freilich nur an das Dunkel und die Dämonen appellierte – oder die Menschen zerbrach, daß dieser Schatten noch immer über der «breiten Natur» der Russen liegt und ihr wenig Entfaltung läßt – das kann nur vorsichtig angedeutet werden. Die heutigen Moskauer: Dunkelmänner, Kompromißler, liebenswerte Melancholiker – oder auch sie «alle dazwischen»? Der *Alte* sitzt im Dickicht der familiären und beruflichen Verflechtungen, der verschlungenen Beziehungen und der zerfallenden Bindungen. Sohn und Tochter, Schwiegersohn und Nichte, allesamt heutige Moskauer, aber doch aus Trifonows «Kirschgarten»: verwandt und doppelt entfremdet, heillos Aufwärtsstrebende und unentschlossen Versunkene.

Vor dem historischen Hintergrund, vor Migulin-Mironows Kampf um Idee und Vertrauen der Revolution, laufen die Alltagsscharmützel des realen Sozialismus ab. Die Familie des *Alten* kämpft um ein Häuschen neben der Datscha, das von einem miesen Karrieristen aus der Verwandtschaft beansprucht wird. Dieser Oleg Wassiljewitsch Kandaurow kennt als einzige gesellschaftliche Zielsetzung Auslandsreisen: Mexiko – die Geschichte läßt ihn kalt. In welcher Beziehung stehen diese Kandaurows zu Trifonows historischen Helden? Zu seinem 1973 erschienenen Roman *Neterpenije* (deutsch: *Die Zeit der Ungeduld,* Bern und München, 1975) über die Ermordung Alexander II. durch die vormarxistischen Revolutionäre hat der Autor einmal angemerkt:

«Zwischen diesen Romanen und meinen Stadtnovellen besteht ein innerer Zusammenhang ... Man kann auch *Die Zeit der Ungeduld* einen antikleinbürgerlichen Roman nennen. Seine Helden hielten den Untergang der Selbstherrschaft für eine ausgemachte, rasche Angelegenheit. Das Auftauchen des Bourgeois, des auf der ganzen Welt vorhandenen Konsumenten, der das Leben in sich hineinschlingt, erschien ihnen als oberste, schreckliche Gefahr.» In eben diese Richtung aber läuft der Fortschritt, dem Trifonows moderne Moskauer Kleinbürger nachrennen, unter dem seine «altmodischen» Helden leiden.

Jurij Trifonow ist einer der Grenzfälle, um deren Pflege sich die Partei bemüht – als Aushängeschild ihrer Liberalität. Der Sekretär des sowjetischen Schriftstellerverbandes, Markow, führte im Frühjahr 1978 ein Gespräch mit dem Chefideologen des Kreml und zweiten Mann der Partei, Michail Suslow. Ein zuverlässiger Bekannter aus dem Verband berichtete mir, Markow habe Suslow in dieser Unterredung auch darauf hingewiesen, daß Trifonows Romane *Das Haus an der Moskwa* und *Starik* nur in der Zeitschrift *Drushba narodow* erschienen seien, aber noch immer nicht in Buchform. Darauf versicherte Suslow: «Trifonow müssen wir uns warmhalten.» Daß Trifonow auch der Partei nützlich erscheint, dient manchen Systemkritikern als Beweis für ihre Auffassung, daß er ein «Schönschreiber» ist. Zu diesen Kritikern gehört der schon erwähnte, inzwischen ausgebürgerte Alexander Sinowjew, der vor einigen Jahren wegen seiner Satire *Klaffende Höhen* (sie erschien in der Schweiz) alle Posten verlor und gleichzeitig im Westen als neuer Swift und Orwell gefeiert wurde. In seinem Buch *Lichte Zukunft* läßt Sinowjew seine Helden über Trifonow diskutieren, der bei ihm Tikschin heißt:

«Heutzutage druckt man so was häufig: Seht her, wir fürchten uns nicht, die Wahrheit zu zeigen ... Aber gerade du müßtest doch wissen, daß unsere Obrigkeit und die in ihrem Namen Zensierenden ein Gespür für echte Literatur haben. Wenn sie es also durchgelassen haben, dann such nach dem schwachen Punkt. Natürlich wird in diesem Buch (in *Das Haus an der Moskwa* – C.S.-H.), was die Kleinigkeiten anbelangt, vieles richtig dargestellt. Es gibt darin treffende Beobachtungen. Einzelne Bilder sind gelungen. Aber im großen und ganzen ist es das übliche sowjetische verlogene Geseiche, das die Zensur passieren läßt ... Da werden die Dinge absichtlich kompliziert: um zu zeigen, daß im Leben alles zu einem verworrenen Knoten verflochten ist. Unsinn! In unserem Leben ist alles durchsichtig wie in einer Kaserne oder in einem Büro ... Tikschins Helden sind innerlich gespalten, liegen mit sich selbst im Kampf, und daraus ergeben sich diese oder jene äußeren Konflikte oder Prozesse. Wie sieht es dagegen in Wirklichkeit aus? Kämpfe werden zwischen einzelnen Menschen und Menschengruppen ausgetragen. Doch sie entstehen nicht aus den Seelenzuständen der Individuen, sondern aus der Tatsache, daß große Menschenmassen unter den Bedingungen der sowjetischen Gesellschaftsordnung zusammenleben ... Nur als Individuum reflektiert der Mensch die Bedingungen des sowjetischen Lebens. In der Masse ist er ihnen adäquat. Die Nichtadäquaten kommen um, so wie ein Fisch auf dem Trockenen nicht lange überleben kann. Die Menschen haben natürlich ihre persönlichen Probleme. Aber bei uns sind sie einfach, durchsichtig, primitiv, es sind Standardprobleme ... Gegenstand einer echten Literatur wäre ihre Alltäglichkeit, Farblosigkeit, Durchschnittlichkeit ... Man muß den allgemeinen Mechanismus einer Sache beschreiben, dann hat man etwas Wahres. Aber das Leben eines Ameisenhaufens oder einer Ansammlung von Mäusen mit Hilfe der Psychologie einer einzelnen Ameise oder Maus zu erklären ...»

Der Logiker Sinowjew sieht die Dinge konsequent. Er hat in vielen Punkten recht. Doch Literatur geht nicht so glatt auf wie eine mathematische Gleichung. Sehen wir einmal davon ab, daß auch bei Trifonow «Nichtadäquate» umkommen wie ein «Fisch auf dem Trockenen», so der Historiker Sergej in *Das andere Leben.* Hat Gogol mit seiner skurrilen Phantasie die Alltäglichkeit, Farblosigkeit, Durchschnittlichkeit des russischen Provinzlebens nach der Logik Sinowjews zum «Gegenstand einer echten Literatur» gemacht? Und besitzt die Obrigkeit wirklich ein Gespür für echte Literatur? Ihr Maßstab ist eher der Sinowjews: Die Zensoren versuchen zu unterscheiden, ob Kritik nur die Auswüchse der Gesellschaftsordnung umschreibt oder ob sie das System vollständig in Frage stellt. Mit dieser Elle ist im alten Rußland wie heute schon oft echte Literatur unterschätzt worden. Im Jahre 1836 veröffentlichte Peter Tschaadajew den ersten seiner *Philosophischen Briefe,* in dem er die Entwicklung der Gesetzgebung und der christlichen Moral im Westen mit dem materiellen Fortschritt in Zusammenhang brachte und dann über Rußland das vernichtende

Urteil fällte: «Als einziges unter den Völkern haben wir der Welt nichts gegeben, wir haben auch nichts von der Welt gelernt. Wir haben nichts zum Fortschritt des menschlichen Verstandes beigetragen, wir haben ihn nur verunstaltet. In unserem Blut ist etwas, das jeden echten Fortschritt ablehnt... Heute sind wir lediglich eine Lücke in der intellektuellen Rangordnung.» Das waren ähnlich vernichtende Urteile über das «heilige Rußland», wie sie der ausgebürgerte Sinowjew in *Klaffende Höhen* und *Lichte Zukunft* über das System gefällt hat. Zar Nikolaus I. bürgerte Tschaadajew nicht aus, sondern wandte die andere Methode an, die bis heute üblich ist: er ließ ihn amtlich für geisteskrank erklären. Im gleichen Jahr wie die *Philosophischen Briefe* erschien Gogols *Revisor,* der die Servilität und Korruption der zaristischen Beamtenschaft in literarischer Form bloßlegte. Nikolaus gab den *Revisor* frei, weil er die aufgezeigten Mißstände ja auch beklagte – ohne freilich den zaristischen Absolutismus dafür verantwortlich zu machen.

Der bürokratische Pluralismus der Breschnew-Ära hat im Literaturbetrieb vier Fraktionen entstehen lassen: die offiziellen Staatsschreiber; die kritischen Autoren, die mit der Zensur Kompromisse aushandeln; die Schubladen-Schriftsteller; schließlich die Autoren, die ohne Erlaubnis in Selbstverlagen im Inland (*Samisdat*) und im Ausland (*Tamisdat*) veröffentlichen und damit zu Dissidenten gestempelt werden. Diese Ständeordnung, an die sich die Zensurbehörden gewöhnt hatten, wurde Anfang 1979 plötzlich über den Haufen geworfen: durch den voluminösen Literaturalmanach *Metropol.* Das in Heimarbeit geklebte Sammelwerk (Gesamtauflage: 10 Stück) vereinte Schubladen-Autoren und Samisdat-Poeten, einen Staatspreisträger und bisherige Karriere-Literaten. *Metropol* veröffentlichte Kunst ohne Kompromisse, aber keine Systemkritik aus Prinzip. Herausgegeben wurde der Band, der das Machtmonopol der Zensurbehörden unterlaufen sollte, von drei führenden Schriftstellern der mittleren Generation (Wassilij Aksjonow, Andrej Bitow, Fasil Iskander) und zwei jüngeren, weniger bekannten Autoren (Viktor Jerofejew und Jewgenij Popow).

Es waren zehn Folianten, die eine Welt erschütterten: die Welt, in der ein jeder Lektor eines jeden Zensor ist – und sich als Tutor gibt. In brüderlicher Hilfe streicht er Passagen, «verlegt» er Manuskripte auf Jahre. Es war bequem geworden, fast jovial in dieser Welt des kleinen Strichs. Den berühmteren Autoren ließen die Literatur-Vermesser bisweilen Erstaunliches durchgehen. Dafür halfen die Stars zu verbergen, was ihnen dennoch amputiert wurde. Nun tauchte plötzlich eine Viertelmillion schon gedruckter Wörter auf – eine ganze Armee, die nicht von den Politruks der Literatur auf zersetzende Elemente überprüft worden war. 494 Schreibmaschinenseiten im DIN-A4-Format hatten 23 Prosaisten, Lyriker und Essayisten – unter ihnen der frischgebackene Staatspreisträger Wossnessenskij – mit Texten gefüllt, die zum Teil seit Jahren durch die Redaktionen und Lektorate gewandert waren. «Obdachlose» Literatur hieß es im Vorwort, das stilistisch an die Aufrufe zu künstlerischer Freiheit in den zwanziger Jahren anknüpfte. Der Schreibmaschinen-Foliant wurde den staatlichen Literaturverwaltern mit einem spektakulären Schachzug gegen das Zensurmonopol vorgelegt: Der Almanach könne nur ohne jeden Abstrich veröffentlicht werden oder gar nicht. Zwei Exemplare lagen bereits in Amerika beim Verlag *Ardis Press,* der inzwischen eine russische Ausgabe aufgelegt hat. (Im Falle der Freigabe durch die Zensur wäre das nicht geschehen.) Die sowjetischen Behörden reagierten auf *Metropol* voluminös – zumindest was das Vokabular betraf. Der Almanach liefere der ausländischen Reaktion Argumente und gefährde damit das SALT-II-Abkommen. *Prawda*-Kommentator Jurij Shukow malte gar am Beispiel des *Bergedorfer Kreises,* der gerade in Moskau tagte, den Schriftstellern die gefährlichen westlichen Beeinflussungsversuche an die Wand. Andere Funktionäre bezichtigten den Almanach der Gottessuche – was Lenin einst Gorkij vorwarf.

Verlage, Funk und Fernsehen zogen Produkte der Almanach-Mitarbeiter zeitweilig aus dem Verkehr. Die beiden jüngeren und unbekannteren Autoren des Herausgeber-Gremiums, Jerofejew und Popow, wurden aus dem Schriftstellerverband ausgeschlossen. Dennoch ist die Lage für die kleinen Zensur-Handlanger bis heute verfahren geblieben. Zwei, drei Schriftsteller auszuschließen, wegen Verteidigung von Dissidenten etwa, das war nie schwer gewesen. Doch die Hälfte der *Metropol*-Autoren gehört zum Verband. Ein Massenausschluß – bei weiteren Aktionen der Almanach-Gruppe – würde die kulturpolitische Imagepflege der Breschnew-Ära bloßstellen. Genau besehen hätten fast alle Beiträge für *Metropol* «zuständigen Ortes» erscheinen können. Trostnikows Versuch, die Existenz Gottes zu beweisen, wäre auch in der Zeitschrift der Moskauer Patriarchie abzudrucken gewesen. Wachtins Leningrader Satire paßte durchaus auf die Seite der ironischen Glossen in der *Literaturnaja gasjeta.* Doch in einem Land, in dem Arbeitsteilung der Informationsbeschränkung dient, mußte dieser Almanach besonders herausfordern. Denn er hat

Pluralismus und Toleranz in einer Weise verbunden, die für die russische Intelligenz ganz ungewöhnlich ist.

Die hier beschriebenen Auseinandersetzungen und Grenzfälle gehören nicht zum kulturellen Pensum des sowjetischen Durchschnittsbürgers. Über seine Lesegewohnheiten haben wir schon einiges in den vorangegangenen Kapiteln gesagt. In den sowjetischen Theatern werden russische Klassiker oft in jahrzehntealten Einstudierungen gespielt – von Darstellern, die großartige Chargen sind, aber selten über differenzierte Mittel verfügen. Die Bühnen schwelgen seit einigen Jahren in der Renaissance der Zarenzeit. Für viele Zuschauer würde es schon genügen, wenn der Regisseur seine Statisten im vollen Ornat des Absolutismus drei Stunden über die Bühne promenieren ließe. Aber auch den Star-Schauspielern merkt man die Freude an, wenn sie sich in Glanz und Kostümen des alten Hofstaats sonnen können. Eines der neueren Erfolgsstücke heißt *Zarenjagd.* Es breitet melodramatisch Kabale und Liebe unter Katharina II. aus, aber nur um große Toilette und erhebende Gefühle, Schmuck und Schmelz, Fanfaren und alte Formen (das Wort *Gospodin,* die alte Anrede für Herr, zergeht den Schauspielern auf der Zunge) Revue passieren zu lassen. Ähnliches gilt für Oper und Ballett. Als im Herbst letzten Jahres der Starsolist des Moskauer Bolschoj-Theaters Alexander Godunow und das Tänzerpaar Valentina und Leonid Koslow im Westen blieben, hieß es in unserer Boulevard-Presse, der kapitalistische Luxus habe sie gelockt. Doch Privilegien genießen sie auch in der Sowjetunion. Was ihnen fehlt, ist schöpferische Entfaltung. Das sowjetische Ballett, das kulturelle Paradepferd, bringt die größten technischen Könner hervor. Doch um wahre Künstler zu werden, fehlen selbst ihnen Freiheit und Ausdruck, Inhalte, die neue Formen beeinflussen. Moderner Tanz ist tabu, Stücke werden für Jahrzehnte einstudiert, Choreographien stammen noch aus der Zarenzeit. Als Maurice Béjart zu einem seiner Gastspiele in Moskau weilte, übten die Stars mit ihm auf einer Datscha, weil sie es in den heiligen Bolschoj-Hallen nicht durften. Deshalb springen die Besten ab.

Moderner zugeschnitten als die Klassiker und das traditionalistische bzw. folkloristische Kostümtheater wurden in den letzten Jahren die sozialistischen Aufbaustücke. Ich habe einige erstaunlich kritische Aufführungen über Plan- und Prämienbetrug, über Schlamperei und die bürokratische Erstickung von Initiativen gesehen. Dazu gehörten die Stücke *Protokoll einer Sitzung, Rückkoppelung* und *Erfolg.* Hier handelt es sich um die gleiche Erscheinung, die wir bereits an den Beispielen der massiven Detailkritik in sowjetischen Zeitungen beobachtet haben. Die Enthüllung von Mängeln und Übergriffen ist eingeplant. Sie darf, wie in Nikolaus' Zeiten, die Auswüchse der Bürokratie bis zur Groteske karikieren. System und Politik des Staates aber müssen verschont bleiben: ein Betriebsunfall (im Stück *Erfolg*) kann dargestellt, ein Atomunfall darf nicht einmal erwähnt werden. Auch diese formalisierte Wächterrolle der Zeitungen und der literarischen Kritik über die Funktionstüchtigkeit der gesellschaftlichen Einrichtungen hat Wurzeln im alten Rußland. Die Presse, so merkte einst Herbert von Bismarck an, sei ein «Korollarium» für die fehlenden parlamentarischen Institutionen.

Die sowjetische Kulturszene bietet wenig Überraschungen. Die faszinierenden, formalen Experimente der russischen Theater-Avantgarde haben kaum Spuren hinterlassen – kaum. «Immer wenn man nach etwas fragt, dann gibt es das nicht!», so haben wir den Magier Voland zu Beginn dieses Abschnittes zitiert. Wenn man nicht fragt und nicht sucht, stößt man gelegentlich auf die ungewöhnlichsten Dinge. Durch Zufall gerieten wir in das phantastische Unternehmen eines Jugendstudios vom Moskauer Komsomolzen-Verband. Der normale Weg zu diesem Abenteuer, von dem Ausländer und erwachsene Sowjetbürger praktisch ausgeschlossen sind, führt über die Jugendverbände der einzelnen Wohnbezirke. Wer großes Glück hat, erhält dort für wenige Kopeken eine Theaterkarte. Damit geht er zu einer Nebenstelle des Leningrader Bahnhofs und kauft, ebenfalls für wenige Kopeken, eine Fahrkarte bis zur *Ljwowskojer* Station. Nun besteigt er den planmäßigen Vorortzug zusammen mit ganz gewöhnlichen Reisenden. Die Theaterkarte gibt ihm das Recht, in einen von zwei Waggons in der Mitte des Zuges zu steigen. Auf den Gängen dieser beiden Eisenbahnwagen läßt das Jugendtheater während der zweieinhalbstündigen Reise eine formal faszinierende Kombination aus revolutionären Mysterienspiel und Kriminalreißer abrollen. Das Stück zeigt die (inhaltlich verlogene) Heiligenlegende von Jugend und Kampf des ersten sowjetischen Polizei- und Staatssicherheitschef Dsershinskij (er trug den bezeichnenden Namen *Eiserner Felix*). Ideologisch entspricht die Aufführung ganz der Richtlinie, die Breschnew Anfang 1976 ausgegeben hat: «Unsere Tschekisten wahren und entwickeln die Traditionen, die der Ritter der Revolution Dsershinskij, begründet hat.» Doch die Gestaltung dieser Szenenfolge hat einen Elan, das Engagement der jungen Schauspieler einen Schuß revolutionärer Romantik, wie man es in der Sowjetunion kaum noch antrifft. Die Handlung beginnt bei geschlossenen Waggon-Vorhängen, doch dann wird die vorübergleitende Landschaft einbezogen. Während kurzer Halts auf offener Strecker verlagert sich die Szene nach draußen und kann von den Zuschauern durch die Fenster verfolgt werden: Schießereien an Bahndämmen, «Tote» bleiben zurück, während der Zug weiterrollt. Auch die Stationen, an denen der Vorortzug planmäßig hält, werden einbezogen für Abschieds- und Wiedersehensszenen auf den Bahnsteigen. Alles ist auf die Minute genau kalkuliert, die Präzision verdichtet die Atmosphäre. Ein grandioses Jugendtheater, aber ein Zug in die Vergangenheit: die Reise erinnert an den ersten Schwung der weltberühmten, revolutionären Massenszenen des sowjetischen Theaters und Films. Ein Schwung, der auf den meisten Bühnen längst ebenso fehlt wie der Glaube an Veränderung im Parkett. Was wiederum die Nostalgie erklärt: für den normalen Konsumenten sind heute die sowjetischen Bühnen die Bretter, die die alte Welt bedeuten.

III. Bildende Kunst und Film: Im Keller völlig frei . . .

Moskau ist die Stadt der Clans. Politiker wirtschaften in Clans, Wirtschaftler politisieren in Clans. Eishockey, Schwarzmarkt, Kunst oder Dissidenten: ohne Clans geht nichts. Der bekannteste ist der Dnjepropetrowsker Clan. In der ukrainischen Industriestadt Dnjepropetrowsk begann Breschnews Weg: erst formte er Metall, dann das politische Leben seiner dortigen Mitbürger, und schließlich formierte er einen Teil des heutigen Moskauer Politbüros aus jenen alten Mitkämpfern. Aus Dnjepropetrowsk nach Moskau: das steht fast sprichwörtlich für Clan-Wirtschaft. Einer aber stammt von dort, Metallarbeiter anfangs wie Breschnew, der das Leben der Menschen auf seine Weise formt und der doch selbst in keinen Clan, in keine Form zu pressen ist: der Bildhauer Wadim Sidur.

Moskau ist die Stadt der unendlichen Baustellen, der Kolonien und Kolonnen halbfertiger Wohnblocks. Ein Betonsaurier, der eine breite Spur rostenden Unrats hinter sich läßt. Schönfärberische Aufbaukunst nimmt auch in der Sowjetmetropole kaum noch jemand ernst. Doch der Industriemüll, im Westen unerschöpfliche Materialressource Jean Tinguelys und anderer neo-dadaistischer

Happening-Fürsten – in Moskau hat er in den letzten Jahren nur einen Künstler zu eigenwilligen Schöpfungen inspiriert. Es sind dies die noch nie ausgestellten Sarg-Art-Produkte des Wadim Sidur.

Moskau ist die Stadt der pompösen Prominentengräber. Einst wölbten sich Baldachine über den Sarkophagen der alten Kaufmannsfamilie Morosow. Heute lasten ordensüberladene Reliefs, überlebensgroße Büsten auf den Gräbern von Generälen, Konstrukteuren, Parteigrößen – abgerundet ins Bombastische, verkantet ins Heroische durch die Steinmetze des sozialistischen Realismus. Wer auf dem Prominentenfriedhof des Neujungfrauen-Klosters durch die Reihen der steinernen Großkopfeten, der sozialistischen Komture wandelt, wird gelegentlich irritiert. Plötzlich steht er vor einer schlanken, zweiteiligen, sich nach oben verjüngenden Bronze-Abstraktion, die geradezu demonstrativ alle Monumentalität abgeworfen hat. Ein anderes Grabdenkmal, mitten unter dem ausladenden Schwulst, reduziert alle Figürlichkeit auf eine zum steinernen Block gefügte Umarmung. Die in dieser Umgebung so ungewöhnlichen Skulpturen sind für den Physiker, Sacharow-Lehrer und Nobelpreisträger Tamm, für den Wirtschaftstheoretiker der Komintern Varga und für das Akademiemitglied Frunkin geschaffen worden. Grabdenkmäler, die die Hinterbliebenen – so wie einst Chruschtschows Sohn vom Bildhauer Neiswestnyj ein Monument für seinen Vater erbat – in Auftrag gaben bei Wadim Sidur. Diese Skulpturen gehören zu den wenigen Werken, die den Moskauer Keller des Einzelgängers aus Dnjepropetrowsk je verlassen haben.

Moskau ist – im Unterschied etwa zu Budapest – eine Stadt ohne attraktive Keller, ohne Katakomben mit einem Hauch von Subkultur, ohne unterirdische Künstlertreffs. Eine Ausnahme ist der Keller am Komsomolzen-Prospekt Nr. 5. Wer die halsbrecherisch steilen Steinstufen hinuntersteigt in das Atelier des 55jährigen Sidur, tritt in eine Welt, die in Moskau ohne Beispiel ist. Eine Terra incognita für sowjetische Passanten, die sich zufällig hierher verirren würden. Ein Bestiarium der Extreme und Extremitäten für einen offiziellen Zensurbeamten. Und für den westlichen Besucher eine unerwartete Koexistenz des – nach unseren modischen Konventionen und puristischen Kategorien – nicht zu Vereinbarenden. Kunst und Kunsthandwerk nebeneinander, expressive Übertreibungen und archaische Reduzierungen. Symbolbefrachtete Abstraktionen, bei denen schon das Pathos des Experimentellen und der Gestus des Originellen die angestrebten Spannungen,

Schocks und Verfremdungen allzu synthetisch vereinnahmen. Daneben meisterhaft vereinfachte Formen. Daneben Sidurs Botschaften gegen allen Heroenkult: Menschliches Leid auf die Form von fast schon semiotischen Signalen gebracht, Mahnungen vor den Folgen jedweder Aggression.

Die älteren Figuren, Gruppen, Allegorien (*Die Heilige Familie, Verschwörung der Invaliden*) sind aus Terrakotta, Gips, Zement, Naturstein, Holz. Die formalen Anklänge reichen von Barlach bis Lipschitz. Die Materialien der letzten Jahre: Bleche, rostige Motoren, Innereien von ausgeschlachteten Traktoren, Zähne, Feilen, Schlüssel, Drähte. Den Industrieabfall fügt Sidur freilich nicht zusammen zu einem neuen, funktionsentleerten, aber in sich selbst rotierenden Maschinenpark, wie es etwa Tinguely in Anknüpfung an Bildkompositionen der russischen Avantgardisten Kandinsky und Malewitsch getan hat. Sidur bettet den Industriemüll in Särge: Die industrielle Revolution als Krankheit zum Tode oder nur die Gebeine ihres verblichenen Mythos, zusammengelegt nach Menschenart? Über die Welt, die da in Sidurs Keller-Gruft auf die Auferstehung der Kunst in der Sowjetunion wartet, ist schon mehrmals die Sintflut hereingebrochen. Von Zeit zu Zeit platzt ein kanalisationsmüdes Wasserrohr am Komsomolzen-Prospekt Nr. 5. Der Herr der unterirdischen Kunstarche kommt dann jedesmal ins Schwimmen: Seine Plastiken muß er ins Trockene bringen, aber geborstene Rohre bedeuten neues Material. So waltet das reale Happening als Kunst-Promoter.

Wadim Sidur ist kein Dissident. Er meidet die Clans der nonkonformistischen Maler. Er ist seit Chruschtschows Tauwetter 1957 sogar Mitglied im Künstlerverband. Mit dem offiziellen Organ lebt der Bildhauer, so sagt er, «in friedlicher Koexistenz». Das bedeutet in der Praxis: Nie ist ihm eine Einzelausstellung gestattet worden. Aber das wenige, das aus seinem Keller herauskam – die Grabdenkmäler, ein Halbrelief am Moskauer Institut für Morphologie, mehrere Skulpturen, die in der Bundesrepublik und in Amerika aufgestellt sind –, das ist nie kritisiert worden. Nie aber auch ist Sidur selbst herausgekommen aus der Sowjetunion. Nie hat er die von ihm bewunderten Skulpturen Giacomettis, Lipschitz', Moores und Zadkines im Original gesehen. Dazu sagt der 55jährige: «Meine Kunst ist aus diesem Keller gewachsen. Meine Materialien habe ich vor Ort gesammelt. Die Zeichensprache meiner Plastiken fand ich in den sechziger Jahren in mir selbst. Für mich ist es ein Glück, daß ich nie für einen Markt gearbeitet habe. Ein Künstler kann unter den verschiedensten Bedingungen frei und unfrei sein.

Von vielen meiner Kollegen habe ich gehört: ‹Wenn man mir erlauben würde ...› Es ist lächerlich und furchtbar, auf eine Erlaubnis zu warten; denn erhält man sie, ist man kein Künstler mehr. Ich für meine Person bin in diesem Keller völlig frei.»

Wadim Sidur wurde 1924 in Dnjepropetrowsk geboren. Seine Eltern waren Lehrer, er selbst wollte Arzt werden. Doch die bittere Wirklichkeit jener Tage erlaubte nur ein paar Lehrmonate als Metallarbeiter. Die Hungerjahre in der Ukraine prägten Sidurs Kindheit, die Kriegsjahre seine Jugend, die in Flucht und freiwilligem Einsatz gegen die Deutschen endete. Die Schrecken jener Zeit haben durch sein Werk eine expressionistische Spur gezogen, die an Borcherts Prosa erinnert. Seine Blinden und Krüppel, Mütter und Kinder forderten schon seit den fünfziger Jahren die Abkehr von vaterländischen Siegesfeiern und kollektiver Gleichschaltung. Das Selbstporträt des Bildhauers nimmt teil an diesem Feldzug: in seinem Keller steht die Skulptur eines mit Verbänden völlig umwickelten Kopfes. So hat der 20jährige Sidur monatelang gelebt, in Finsternis und Schweigen, nachdem ein deutsches Dumdum-Geschoß dem Freiwilligen beide Kiefer durchschlug. «Drei Wunder habe ich erfahren», sagt Sidur. «Ich überlebte diese Verwundung. Ich überlebte meine Feindschaft gegenüber den Deutschen, unter denen ich heute so viele Freunde gefunden habe. Und ich durfte erleben, daß meine Skulptur ‹Den Opfern der Gewalt› in Kassel errichtet wurde.»

Sidurs Verletzung wurde nach Kriegsende in Moskau weiterbehandelt. Noch als Rekonvaleszent stieß er zu den ersten Jüngern der gerade entstehenden Stroganow-Schule für Monumentalkunst. Sidurs Ausbildung als Monumentalkünstler fiel in die Jahre des totalen Dogmatismus, der absoluten Verherrlichung Stalins durch dessen Kulturpapst Andrej Shdanow. Dieser Großinquisitor des sowjetischen Geisteslebens ließ viele Künstler als «Kosmopoliten» verfolgen und schürte Haßkampagnen gegen den Westen – ähnlich wie es später der amerikanische Hexenjäger McCarthy unter umgekehrten Vorzeichen versuchte. Doch gerade in dieser Zeit kam es zu Sidurs einziger direkter Begegnung mit «ausländischer» Bildhauerkunst. Das Puschkin-Museum für bildende Künste zeigte seine Sammlung altgriechischer und – noch wichtiger für Sidur – altägyptischer Skulpturen. «Dort blieb ich wochenlang. Diese Begegnungen wurden zum wahren Grundstein meiner Entwicklung. Leider wurde die Ausstellung 1949 geschlossen, weil das Puschkin-Museum von da an die Geschenke zu Stalins 70. Geburtstag zeigte. Aber als ich Jahre später Bücher über zeitgenössische westliche Kunst zu sehen bekam, entdeckte ich, daß auch diese Modernen aus den gleichen Urquellen geschöpft hatten.»

Sidur entdeckte damals, wie mir scheint, ganz «plastisch», ganz unpolitisch die Identitätskrise der Sowjetkunst. Die zunehmende Mißachtung elementarer Kunststrukturen durch pompöse Überladung entsprach der Mißachtung der elementaren Probleme des Menschen. So kam Sidur über die Form zum Inhalt. Der bombastischen Hohlheit setzte er die formale Reduzierung, die innere Spannung und Konzentration der von ihm so bewunderten archaischen Strukturen entgegen. Statt Generäle und Übermenschen formte er Schuhputzerinnen, Liebende, Leidende, Protagonisten ewiger Themen. Statt die heroische Verklärung des Alltags in Zement zu gießen, feilte er Genrestudien des vernachlässigten Lebens.

Wie weit berührt Breschnews ungeschriebenes Toleranzedikt von Moskau – das Absorbieren durch Ignorieren oder Integrieren – Sidurs Ausstellungen im westlichen Ausland? Den Schwebezustand beschreibt am besten der Fall «Einstein». Diese Plastik wollte die Universität von Princeton ankaufen. Das sowjetische Kulturministerium sagte nein. Nach einiger Zeit bat das Fermi-Institut bei Chicago die sowjetische Akademie der Wissenschaften um die Plastik. Die Akademie, die gerade an guten Beziehungen zum Fermi-Institut interessiert war, ersuchte Sidur, ihr eine Kopie des Modells zu überlassen. So stiftete der halboffizielle Bildhauer seinen inoffiziellen «Einstein» der hochoffiziellen Akademie, die damit das Fermi-Institut beschenkte, in der die Plastik seither ausgestellt ist – dies ist das größte Geschenk für Sidur.

Welche Maßstäbe kann westliche Kunstkritik an das Werk dieses anpassungsfähigen Einzelgängers anlegen? Die Einwände einer selbstgerechten, nicht vermittelnden Rezension sind leicht zu formulieren: Zu trivial im direkten Bezug auf die «Dinge des Lebens»; die Verlogenheit der offiziellen Fortschrittsideologie wird durch allzu kräftige Symbolik, durch zu banal thematisierte Existenzbesinnung expressiv gekontert, aber nicht intensiv-schöpferisch widerlegt; die Beziehungen zwischen Inhalt und Form bleiben undialektisch. Doch was würden solche Urteile schon besagen? Nicht mehr und nicht weniger als dies: übergreifende Kriterien können heute nur begrenzt gerecht sein. Gemessen an den offiziellen Repräsentanten der Sowjetkunst, gemessen an vielen «Nonkonformisten» mit ihren oft kümmerlichen West-Imitationen und frömmelnden Spekulationen, ist Sidur sich selbst treu geblieben. Aufgeschlossenheit und Glaube («an die menschlichen Ideale, die Christentum und Kommunismus nicht verwirklicht haben») gaben und geben seiner Suche nach Ausdrucksformen ein eigenes Leben. Durch Leute wie Sidur ist die Sowjetkunst nicht tot – welcher Platz ihr auch immer in einer späteren Geschichte der Kunst unserer Tage eingeräumt werden wird.

Die russische Avantgarde aus den zwanziger Jahren, die die Kunst dieses Jahrhunderts entscheidend beeinflußte, fand sich in Moskau bis zum Frühjahr 1977 ebenfalls in einem kleinen, privaten Winkel. Die 120 Quadratmeter einer Hochhauswohnung, die dem griechischen Sammler Georgi Costakis gehörte, bildeten den einzigen Platz in der Sowjetunion, an dem sich der Genius loci einer revolutionären Kunst wenigstens inoffiziell ausbreiten durfte. Zehn Jahre der russischen Malerei, die die Welt bewegten: Rahmen an Rahmen über Sofa und Eßnische, Tisch und Bett, Garderobe und Stromzähler – das war das märchenhafte Reich der Abstrakten im Land des sozialistischen Realismus. 1977 vermachte der in Moskau geborene Sohn griechischer Eltern den größten Teil seiner Sammlung mit über 300 Bildern dem Staat. Dafür durfte er etwa ein Fünftel seiner Bilder ins Ausland mitnehmen. Drei Jahrzehnte lang hatte der Kunstliebhaber und kaufmännisch wie politisch gewitzte Händler Hunderte von Gemälden gerettet. Er tauschte sein erstes Auto gegen einen frühen Chagall, er kaufte bei den Erben vergessener Maler, er trug aus Scheunen und Spinden zusammen, was verkannt oder versteckt worden war vor Shdanows Inquisitoren. Ende der vierziger Jahre war die Leidenschaft des Georgi Costakis noch billig, aber auch gefährlich; später wurde sie zur detektivischen Spürarbeit. Nach den «Marschällen und Generälen der Avantgarde» – Costakis pflegte Chagall und Kandinsky, Lissizkij und Malewitsch mit diesen Rängen zu belegen – holte er die «Offiziere und Gefreiten» aus der Verbannung: Tatlin und die Popowa, Redko und Filinow, Iwan Kljuns suprematistische Designs, Xenia und Boris Ender.

«Mir war, als hätte ich ein Raumschiff gefunden, das 1917 gebaut und in einem Schuppen vergessen wurde», hat der Sammler einmal über eine von ihm aufgespürte Bildkomposition Olga Rosanowas gesagt. Nur gut ein Dutzend russischer Avantgardisten, so pflegte er in Moskau gerne zu unterstreichen, waren zu Beginn seiner Sammelleidenschaft noch bekannt. Auf jeden Fall hat der Grieche, der in der kanadischen Botschaft beschäftigt war, den kleinen Kreis der großen Avantgarde um die Bilder von fast vierzig vergessenen Malern erweitert. Die Werke von weiteren

250 Künstlern dieser in der Geschichte der russischen Malerei einmaligen Schaffensperiode sieht Costakis als verloren und oder unbedeutend an. In den siebziger Jahren öffnete der griechische Sammlerkönig sein privates Millionenimperium mehrmals in der Woche und mit offizieller Duldung. Seine Wohnung wurde zum Museum, seine Familie floh schließlich an den Wochenenden. Zu ihm kamen Nina Kandinskij, Chagall, Strawinskij, Edgar Faure und Edward Kennedy, Averell Harriman und David Rockefeller. Doch der kleine Grieche mit den massigen Schultern und den schweren Augenlidern, der seine taktische Wendigkeit stets mit einem Schleier von Melancholie verhüllte, hatte auch für weniger berühmte Kunstfreunde ständig ein offenes Haus. Vor seinen Bildern waren alle Gäste gleich. Costakis spielte Guitarre, begleitete seine russische Frau zu alten Liebesliedern und kam immer wieder auf seine Funde zurück. Kljun nahm für ihn das Bauhaus vorweg, Rodschenko die ersten Experimente Jackson Pollocks und überhaupt, so der engagierte Grieche, war die russische Avantgarde der amerikanischen Malerei um Jahrzehnte voraus.

Weil Costakis stets fürchtete, daß sein Lebenswerk eines Tages durch Verkäufe der Erben zerstört werden könnte, tüftelte er viele Jahre an einem Kompromiß mit seiner heimlichen Förderin, der inzwischen verstorbenen Kulturministerin Furzewa. Als der Sammler Moskau 1977 verließ, sicherte ihm Kulturminister Demitschew zu, daß seine Bilder als ständige Ausstellung in drei oder vier Räumen gezeigt werden sollten – sobald die neue staatliche Galerie das überladene Tretjakow-Museum mit seinen 50 000 Kunstwerken entlasten werde. Diese neue Galerie rostete freilich am südlichen Ufer der Moskwa als Bauruine durch die siebziger Jahre. Und *ein* Bild wird in diesem Jahrhundert wohl in keinem Fall mehr zu sehen sein – für Costakis ist es *das* Bild des Jahrhundert: Kliment Redkos Gemälde *Aufstand* aus dem Jahre 1923. Der *Aufstand* ist eine geniale Mischung aus visionärem Realismus, futuristischer Großstadt-Architektur und russischem Ikonenstil: Lenin in der Mitte, zu beiden Seiten die führenden Funktionäre mit geisterhaften bleichen Zügen, ein fahler Lichtstrahl hebt Stalin (1923!) aus dem Kreis seiner späteren Opfer hervor. Die Hüter der Revolution stehen auf einem blutroten Platz, der von marschierenden Arbeiterkapellen, Bewaffneten und Militärlastwagen zu einem auf der Spitze stehenden Quadrat gerahmt ist. In den sternförmig wegführenden, düster werdenden Straßen liegen Schießende, stürmen versprengte Haufen, patroullieren Männer mit geschulterten Gewehren. Feuerroter Schein fällt auf die gleichförmigen Zeilen glatter Hochhäuser, die mit ihren dunklen Fensterhöhlen an Gefängnistrakte erinnern.

Costakis, der russische Kunstsammler mit dem griechischen Paß, der im Lande des Staatseigentums eine der bedeutendsten privaten Kollektionen der Welt zusammentrug, hatte sich zum Ziel gesetzt, die russische Avantgarde im Ausland bekannt zu machen. Das westliche Echo sollte ihr dann zum Durchbruch im eigenen Lande verhelfen. Als er Moskau verließ, sagte er mir zum Abschied: «Lange habe ich daran festgehalten, daß ich meine Sammlung erst dann dem Staat schenken würde, wenn die Behörden die Avantgarde offiziell anerkennen. Das ist nun doch noch nicht der Fall. Aber es gibt viele Zeichen für positive Veränderungen. In zehn Jahren wird man bereits stolz auf diese große Vergangenheit sein.» Um die nichtkonforme Kunst der Gegenwart ist es in den letzten Jahren recht still geworden. Die politisch aktivsten Künstler gingen in die Emigration, unter ihnen Ernst Neiswestnyj im März 1976. Über den temperamentvollen Künstler hatte Chruschtschow einst geurteilt, ein Esel könne mit seinem Schwanz auch so malen. Im Dezember 1962 revanchierte sich Neiswestnyj bei einem Künstlertreffen. Er verwickelte Chruschtschow in ein Streitgespräch und sagte ihm ins Gesicht: «Ein Ministerpräsident ist im Reich der Kunst keine Autorität.» Der sowjetische Renommier-Poet Jewgenij Jewtuschenko assistierte und sagte zu Chruschtschow: «Neiswestnyj hat aus dem Krieg 14 Kugeln im Körper. Ich hoffe, daß er noch lange lebt und viele herrliche Kunstwerke schaffen wird.» Darauf konterte der Sowjetführer mit einem seiner drastischen Sprüche: «Einen Buckligen macht erst das Grab gerade.» Heute steht auf Chruschtschows Grab am Neujungfrauen-Kloster eine 2,60 Meter hohe Skulptur. Ihr Schöpfer heißt Ernst Neiswestnyj. Die Hinterbliebenen des 1964 gestürzten Parteichefs, der 1971 als Rentner in Moskau starb, hatten den Bildhauer gebeten, das Grabmahl seines Disputanten zu gestalten.

Neiswestnij entschloß sich später zur Emigration, weil ihm die Nachfolger Chruschtschows keine Studienreisen ins Ausland genehmigten. Gegangen sind auch Lew Nusberg und Oskar Rabin, dessen Abschied mit Wodka und Sakusski-Bergen, Tabakschwaden und Tränenströmen sich mir besonders eingeprägt hat. «Wie wird die westliche Welt ihn aufnehmen?» so fragten mich an jenem Abend viele nonkonformistische Maler. Sie glaubten mit jener naiven Selbstüberschätzung, zu der auch viele russische Oppositionelle neigen, daß Paris schon auf ihr Idol warte.

Die große Mehrheit der im Lande gebliebenen Abstrakten ist in der zweiten Hälfte der siebziger Jahre integriert worden. Die Behörden verfeinerten ihre Taktik, Künstleraktionen zu «legalisieren» und ihnen dadurch den Reiz des Verbotenen zu nehmen. Die Zeit des Massenansturms auf Privatausstellungen, die zu Beginn der siebziger Jahre zumeist nach wenigen Stunden geschlossen oder dadurch reduziert wurden, daß Polizisten die Hälfte der Bilder abhängten, ist vorbei. Der Wendepunkt war jener denkwürdige Sonntag im September 1974, als Planierraupen und Wasserwerfer der Moskauer Stadtverwaltung eine nicht angemeldete Freiluftausstellung abräumten. Das weltweite Echo darauf war der Führung unangenehm. Man schämt sich nicht, notfalls die brutalen Mittel einer Diktatur einzusetzen, Recht ist einfach die Macht des Stärkeren – aber man fürchtet sich gleichzeitig, im Ausland als *nje kulturnyj* zu gelten. Der Ideologie-Sekretär des Stadt-Parteikomitees, Jagodka, der die Dampfwalzen gegen die Gemälde ins Rollen gebracht hatte, geriet kurz darauf selbst unter die politischen Räder und wurde auf einen unwichtigeren Posten abgeschoben. Noch im Herbst 1974 gab es eine zweite, ungestörte Freiluftausstellung, an der in nur vier Stunden eine Prozession von über 10 000 Moskauern vorüberzog. Seither trat die Miliz zumeist als Freund und Helfer der Kunst auf und schleuste die Anhänger der Nonkonformisten in die Ausstellungsräume. Zunächst mußten die Polizisten noch mahnen: «Genossen, stellen Sie sich hinter den Gittern auf, Sie kommen alle an die Reihe!» Heute hat sich der Ansturm auf die nicht mehr verbotenen Früchte gelegt. Vernissagen in den fensterlosen Kellerräumen der Moskauer Grafiker-Gewerkschaft sind zur Routine geworden, pünktlich zur Ausstellung öffnet eine Bar mit türkischem Kaffee. Gelegentlich ruft sogar die Presseabteilung des Außenministeriums Korrespondenten an und verweist auf eine bevorstehende Kunstschau. Anfang 1978 durften zum Ende einer Ausstellung abstrakte Bilder öffentlich verkauft werden: die nonkonformistische Malerei hat sich damit als halboffizielle Kunstrichtung etabliert.

Die große Mehrheit dieser Nonkonformisten sucht mit unbeholfener Hartnäckigkeit Projektionen eines Existenzbewußtseins, das der sozialistische Realismus ausgeklammert hat. Die meisten Ausstellungen werden beherrscht von symbolträchtigen Kompositionen eines längst klassischen Bildinventars, aber selten von jenen Kombinationen des Unvereinbaren, aus denen die Surrealisten Spannungen und Rätsel bezogen. Schweinefleisch-Konserven made in USSR, Kaviar-Deckel, Käseschachteln (finnischer Import): nicht sichtbar gemacht als populäre Mythen, sondern nett oder auch düster arrangiert mit Ikonen, Kreuzen, Gliederpuppen oder Illustrationen aus Trivialheftchen (die es in Moskau nie gegeben hat und die so die beziehungslose Patenschaft von Max Ernst oder Peter Blake verraten). Ein paar Bilder versuchen Pop-art zu imitieren, die ja veranschaulichen sollte, wie die industriell fabrizierte Konsumwelt die Gestalt der Wirklichkeit übernahm – wie kann ein Durchschnittsbürger der sowjetischen Mangel-Gesellschaft da aber Zugang finden? Immerhin gibt es bedeutende Ausnahmen unter den Abstrakten. Und einer, der von der Pop-art kam, Ilja Kabakow, schreibt inzwischen die Reduzierung menschlicher Existenz in aussparenden, grafischen Detailbefunden fest. Auf 32 numerierten Blättern (*Anna Petrowna träumt*) abstrahiert Kabakow die Geschichte einer Vereinsamung bis zum Verlöschen der reduktionistischen Skizzen im letzten, völlig weißen Blatt. Eduard Schteinberg jongliert mit geometrischen Formen und Farben, die einander ebenso schön wie glatt begegnen und ständig den Fall ins Leere fürchten lassen. In seinen besten Kompositionen knüpft Schteinberg bei der russischen Avantgarde an, vor allem bei Malewitsch. In Wilna, der Hauptstadt der Sowjetrepublik Litauen, lernte ich Ende 1978 den damals erst 22jährigen Vaidas Zhukas kennen. Dieser junge Mann, für mich das originellste und sensibelste Talent der Malerei in der Sowjetunion, geht vom amerikanischen Hyperrealismus aus. Er stellt nicht mehr fotografisch genau die Wirklichkeit dar, er malt vielmehr die Fotografien der sowjetischen Presse, die die Wirklichkeit darstellen sollen – manche Objekte in Lebensgröße. Zhukas' Bilder entlarven auf beklemmende Weise die Nivellierung des Wahrnehmungsvermögens durch die ritualisierte Scheinrealität. Seine vergrößerten Kopien der offiziellen Fotowelt scheinen die Ausstrahlungs-Zonen der Gegenstände so zu verändern, daß sie ihre illustrative Funktion verlieren. Der Betrachter sieht durch das Gewand der Wirklichkeit auf absurde Deformationen.

Das sind die Ausnahmen, deren Katalog sich noch durch einige wenige Beispiele erweitern ließe. Doch auch die Exponate im offiziellen Künstlerverband demonstrieren heute nicht mehr nur Heroenkult und sozialistischen Realismus. Verfremdung und Abstraktion – ohne Provokation – gewinnen an Raum. Kathrin Meier-Rust, die exzellente Mitarbeiterin der *Neuen Zürcher Zeitung* in Moskau, hat die Grenze zwischen der offiziellen und der nonkonformistischen Kunst kurz und genau beschrieben: «Bei der offiziellen Kunst behält das ästhetisch-dekorative Element letztlich die Oberhand, verleiht der Abstraktion gewissermaßen die nötige

Zierde und Verständlichkeit. Die Versuche der Nonkonformen sind dagegen – bei aller Unvollkommenheit – formal konsequenter und intellektuell anspruchsvoller. Der Han zum Trivialen, ein Charakteristikum der gesamten sowjetischen Kunst, wird hier, wenn auch nicht ganz ausgemerzt, so doch von einzelnen sehr ernsthaft bekämpft.»

Der sowjetische Film hat seit Eisensteins Tagen den Ruf gewahrt, in seinen Spitzenprodukten Weltniveau zu besitzen. In den siebziger Jahren hat er neues Ansehen gewonnen durch die auch bei uns gezeigten Meisterwerke Tarkowkskijs, *Rubljow, Spiegel* und *Solaris,* durch Schukschins *Roter Holunder,* durch Mittas *Leuchte mein Stern, leuchte* und durch die besonders vielseitigen georgischen Filme. Da über den sowjetischen Film und seine Geschichte umfangreiche, zum Teil sehr gute Darstellungen in deutscher Sprache vorliegen, wollen wir hier nur auf zwei weniger beachtete Aspekte eingehen. Was bekommt der einfache Kinogänger in der Sowjetunion zu sehen? Was wird ihm vorenthalten? Zu einem der größten Meisterwerke neuerer sowjetischer Filmkunst, das seit Jahren unter absolutem Verschluß gehalten wird, gehört Efim Klimows *Agonie.* Dieser Streifen über den Wundermönch Rasputin und die Auflösung der alten zaristischen Gesellschaft erscheint der Gerontokratie im Kreml offenbar so beziehungsreich und gegenwartsnah, daß sogar der Regisseur seinen Film nicht mehr sehen darf. Durch das Verbot ist ein Film seiner ursprünglichen Ausstrahlung beraubt worden, der auch durch seine Darstellungskunst neue Maßstäbe gesetzt hätte. Denn *Agonie* war der Ausbruch eines schauspielerischen Vulkans. Alexej Petrenko stieß zum erstenmal in jene Dimension vor, die ihn heute über alle sowjetischen Darsteller erhebt. Inzwischen ist Petrenkos Ausnahmetalent in vielen Filmen und mit immer neuen Nuancen präsentiert worden.

Weniger streng ist das Verdikt, das über den georgischen Film *Pastorale* seit Jahren verhängt ist. Er gilt nicht als verboten, aber er ist auch nicht freigegeben. In Georgien darf er gelegentlich laufen, sein Regisseur Otar Josseljani kann ihn außerdem privaten Zirkeln in allen Teilen der Sowjetunion vorführen. Der gelegentich leicht exzentrische Georgier, der in Wirklichkeit ein höchst empfindsamer Humanist ist, macht die leisesten, unaufdringlichsten, differenziertesten Filme der mittleren Generation. *Pastorale* ist ein stilles Meisterwerk, das Trauer erfahren läßt, ohne sie zu erzählen. Mühelos überwindet dieser Film den Aufguß der tschechowschen Melancholie, bei der heute anspruchsvollere, konventionelle Sujets aus den Moskauer Studios allzu oft enden. Josseljani beschreibt den Einbruch der Zivilisation im georgischen Dorf, das Mißverständnis aller Sehnsucht nach Wiedervereinigung von Natur und Kultur, die Sprachlosigkeit der Kunst, die den Menschen *gebracht* wird.

Ein Musik-Quartett beschließt, im Urlaub frische Kräfte und Inspiration auf dem Lande zu tanken. Wohlwollend-aufgeschlossen kommen die jungen Künstler, wohlwollend-aufnahmebereit treten ihnen die gastfreundlichen Dörfler entgegen. Wohlwollendes Kopfnicken am ersten Morgen, als einer der Musiker gymnastischen Frühsport betreibt, während die Hausbewohner kräftig zupacken, um die Sturzbäche eines nächtlichen Wolkenbruchs vom Grundstück abzuleiten. Wohlwollendes Schulterklopfen, als der Urlaub zu Ende ist und nichts bleibt als die joviale Einigung über den Preis von Kost und Logis. Dazwischen nichts als harmloses, ereignisloses und unsäglich hilfloses Bemühen um Kommunikation, schon im Ansatz scheiternd. Bilder, die das Laufen nicht lernen wollen, nicht erzählen möchten, Bilder, die im besten Sinne nur aufnehmen, wahrnehmen, den Regen, die Pfützen, den Dorfköter. Josseljani steigert die Intensität dieser Bilderworte und spielt die Beziehungslosigkeit der Kunstjünger zu ihrer Umgebung niemals platt aus. Verbindlich und verbindungslos bewegt sich das urbane Streichquartett durch die georgische Rustikalität, wenn morgens der Sammeltransport aufs Kolchosfeld rattert, mittags schnell eine Ladung staatlicher Bausteine fürs Privathäuschen abgezweigt und abends georgischer Wein zu deftigen Familienfeiern entkorkt wird. Die sozialistische Obrigkeit wacht in Gestalt eines berittenen Aufsehers. Er verbietet dem kleinen Kolchosbauern das Mähen von Riedgras und zeigt dem mit Dynamit fischenden Parteibonzen die noch besseren Fanggründe. Das alles fließt ganz nebenbei mit ein, drängt sich nicht auf. Doch gerade die Stille, der Verzicht auf jeglichen Aufwand machen diesen Film so dicht, daß ihn die Zensoren seit Jahren festhalten. Doch darf *Pastorale* im Gegensatz zu Klimows *Agonie* wenigstens in der Branche die Runde machen. Als ich die Filmstudios der Sowjetrepublik Tadshikistan besuchte und mich beiläufig nach den Beziehungen zu Cineasten aus anderen Sowjetrepubliken erkundigte, beschieden mich die Offiziellen mit ein paar belanglosen Auskünften. Da tippte mir im fernen Duschanbe, im Halbdunkel des Kinoraums, ein mittelasiatischer Filmmann von hinten auf die Schulter und flüsterte enthusiastisch: «Nächste Woche kommt Josseljani in unsere Studios – mit Pastorale!»

Das Beispiel für die dritte Verbotsvariante liefert Tarkowskijs autobiografischer Film *Serkalo* (Spiegel). Er darf offiziell im Ausland laufen und Devisen einbringen, er taucht aber gelegentlich und ganz kurz auch in verschiedenen sowjetischen Städten auf, zum Beispiel im Rahmen einer Tarkowskij-Woche. Im Moskauer Kino-Anzeiger, der sehr umständlich zu lesen ist, entdeckten wir eines Tages, daß *Serkalo* in einem abgelegenen Vorstadtkino lief Sofort riefen wir dort an, doch der Leiter des Lichtspielhauses antwortete mit ungewöhnlich freundlicher, bedauernder Stimme: «Ich habe heute schon Dutzende von Telefonaten führen müssen. Sie wollen sicher auch Tarkowskijs Film sehen – damit kann ich Ihnen leider nicht dienen. Bei uns läuft zwar *Serkalo,* aber das ist ein ägyptischer Streifen, der zufällig den gleichen Titel hat.»

Welche heimischen Produktionen treiben die sowjetischen Normalbürger zum Sturm auf die Kinokassen? Ein besondererErfolg war in den letzten Jahren das Lustspiel *Büro-Romanze,* das selbst die nicht gerade überschäumenden Moskauer zu Lachsalven mitriß. Diese Komödie (Drehbuch und Regie: die Staatspreisträger Braginskij und Rjasanow) ist über weite Strecken eine kleinbürgerliche Klamotte. Die bebrillte Direktorin eines Statistik-Büros nagt sich – besessen von ihrer Aufgabe – als graue Maus durch die Buchführung. Ein Bürotrottel mit Herz macht ihr linkisch den Hof, um Abteilungsleiter zu werden, verliebt sich, verwickelt den Fall. Am Ende steht die obligate Verwandlung der burschikosen Arbeitsbiene in ein zartfühlendes Weib. Das ist genau der Rollenwechsel, den sich zahlreiche Leserbriefschreiber der *Literaturnaja gasjeta* und der *Prawda* immer wieder von den robusten Sowjetfrauen wünschen. Was die *Büro-Romanze* auch für den anspruchsvolleren Kinogänger rettet, das sind die Persiflagen auf den sowjetischen Alltag. «Nach der morgendlichen Gymnastik in den (überfüllten) Verkehrsbetrieben», so plaudert der Erzähler, «beginnt die Arbeit im Betrieb.» Die Kamera zeigt dazu ein Großraumbüro: Sekretärinnen toupieren einander die Haare, zupfen Augenbrauen, tuschen Wimpern – das Betriebs-Porträt wird zum Kosmetik-Spot. Eine strickende Vorzimmerdame säuselt gedehnt ins Telefon: «Weißt du, was ich tue? Ich rauche – eine Marlboro!» Ein Abteilungsleiter, gerade vom Auslandsposten zurück, führt sich durch helvetische Präsente als Weltbürger ein: «Genossen, greift zu, der Käse ist aus der Schweiz!» Die Gewerkschaften bekommen ihr Fett – buchstäblich – in der fülligen Gestalt einer dragonerhaften Klatschbase. Ihre einzige Tätigkeit besteht darin, pausenlos fünfzig Kopeken für Hochzeiten, Geburten, Sterbefälle einzuziehen («Ich als Gesellschaft muß Sie bitten, sich da nicht einzumischen»). Weil dieser Film die Betriebsatmosphäre nicht, wie üblich, angestrengt-hölzern diskutiert, stand er bei seinem Start wochenlang in direkter Beziehung zur Wirklichkeit: die langen Schlangen vor den Kinokassen schon am Vormittag deuteten darauf hin, daß so mancher Bürostuhl – wie auf der Leinwand – für Stunden leer blieb.

Beliebt sind auch Agentenfilme, die Laster und Lügen im lasziven Westen enthüllen sollen, deren Propagandasalven aber gelegentlich nach hinten losgehen. Ein Beispiel dafür liefert der Spielfilm *Leben und Tod des Ferdinand Ljuss.* Dieser Kriminalreißer über Wirtschaftsverbrechen, der unter anderem in Westberlin und Japan spielt, soll die Sowjetbürger mit Widerwillen gegen die Machenschaften kapitalistischer Bosse impfen. Er erreicht aber eher das Gegenteil, weil die Regisseure den verderbten Westen so ausmalen, wie sich der kleine Iwan Iwanowitsch den Jet-set vorstellt. Da verließen manche Kinogänger den Film und schwelgten: «Das ist schon ein Leben, das die Leute im Westen führen!» Anfang 1977 zeigte ein Viertel aller 118 Moskauer Kinos einen bundesdeutschen Spitzenfilm mit russischer Synchronisation: *Die verlorene Ehre der Katharina Blum.* Volker Schlöndorfs Film nach Heinrich Bölls bundesdeutscher Milieustudie, die die Zerstörung eines Menschen durch eine verantwortungslose Boulevardpresse beschreibt, lief gleichzeitig in 38 Kinos und Filmklubs der Sowjetmetropole, verteilt auf alle Stadtbezirke. Das war ein ungewöhnliches Ereignis. Heinrich Böll ist zwar mit Millionenauflagen der populärste bundesdeutsche Nachkriegs-Schriftsteller in der Sowjetunion, aber durch sein Eintreten gegen die Mißachtung der menschlichen Persönlichkeit in West *und* Ost hat sich Böll bei den sowjetischen Behörden ebenso unbeliebt gemacht wie bei der rechten Presse in der Bundesrepublik. Sein Name wurde denn auch in der sowjetischen Filmankündigung nur am Rande erwähnt, die *Katharina Blum* hingegen wegen der gesellschaftskritischen Tendenzen als «fortschrittlicher Film» eingestuft. Doch selbst dieser Film interessierte viele Moskauer weniger wegen seiner Aussage und künstlerischen Qualität. Stärker faszinierten Wohnungseinrichtungen, Modedekors, Architektur – der Blick in die große Welt.

Fast zur gleichen Zeit veröffentlichte die Fachschrift *Soziologitscheskije issledowanija* (*Soziologische Forschungen,* Heft 1/1977) eine Untersuchung über die Motivationen sowjetischer Kinogänger. Danach richten sich 80 Prozent der befragten Bürger bei ihrer

Entscheidung, in einen bestimmten Film zu gehen, vor allem nach dem Herkunftsland des Kinostücks. Bei heimischen Produktionen gilt das gleiche Kriterium, nur bezogen auf die einzelnen Sowjetrepubliken. Rezensionen stehen an letzter Stelle der einflußnehmenden Faktoren und geben nur jedem fünften Sowjetbürger Entscheidungshilfe. Es ist also kein Wunder, daß ausländische Filme nur in beschränkter Zahl importiert und synchronisiert werden. Doch selbst gegenüber den westlichen Traumfabriken ist die ideologische Abgrenzung längst nicht mehr total. Ich zählte einmal zwölf verschiedene französische Filme, die zu gleicher Zeit in den Moskauer Kinos liefen – und das war keine französische Filmwoche. Die meisten dieser Streifen boten reine Unterhaltung, Erotik ausgenommen: *Der große Blonde mit den schwarzen Schuhen* und ein älterer Jean-Gabin-Film, eine Stendhal-Verfilmung und *Zorro,* Teil 1 und 2.

Wie weit sich der «kulturelle Überbau» von der Stalin-Ära entfernt hat, erlebte ich durch Zufall im großen, repräsentativen Kino *Oktober* am Kalininprospekt. Unmittelbar nach den Feiern zum 60. Jahrestag der Oktoberrevolution sah ich dort die sowjetische Eulenspiegel-Verfilmung *Legende über Till.* Der Film beginnt mit einer atemberaubenden Szene frei nach Breughels *Gleichnis von den Blinden.* Eine Gruppe alter Männer stolpert durch ein Gelände, halb Wüste, halb Krater, jeder mit der Hand auf der Schulter des Vordermannes. Ein Führer tastet sich voran, der behauptet, sehen zu können. «Kann er überhaupt sehen?», kreischen die letzten nach vorne durch. «Er sagt, er könne sehen», geben die vorderen nach hinten zurück. Schon mit den nächsten Schritten kugelt das ganze Ensemble schreiend einen sandigen Abhang hinab. Unmittelbar vor diesem Vorspann hatte die Wochenschau den Einzug des Politbüros in den Kremlpalast bei der 60-Jahrfeier der Oktoberrevolution gezeigt. An der Spitze der vorsichtig schreitende Breschnew, hinter ihm die höchsten Funktionäre in hierarchischer Reihenfolge, wie es das byzantinische Protokoll diktiert. In der Stalin-Zeit mit ihrem Verfolgungswahn wäre die zufällige Koppelung von Szenen, die despektierliche Assoziationen hätte auslösen können, undenkbar gewesen. Eine vergleichbare Panne hätte der Kinovorführer kaum überlebt. Im 60. Jahr der Oktoberrevolution gab es nicht einmal einen diskreten Wink, die Szenen auseinanderzurücken. Till Eulenspiegels Streich gegenüber dem Politbüro wiederholte sich täglich ungestört.

5. Kapitel

Legenden und Heldentum

I. Russentum als Religionsersatz

Das Moskauer Institut für Mathematik genießt als Ort der Wissenschaft internationalen Ruf. Weniger bekannt ist es als Hort der Mythenbildung, aus dem gelegentlich ein nationalistischer Ruf ergeht: der Ruf nach Stalin. Der philosophische Zirkel, der dort entstanden ist, wird vom Institutsdirektor Iwan Winogradow inspiriert, einem großen Gelehrten der Mathematik und unbelehrbaren Antisemiten, ferner von dessen Stellvertreter Lew Pontrjagin, dem der Internationalismus als Hauptfeind im Kampf um die Menschenseelen gilt, und vom ebenfalls bedeutenden Mathematiker Schafarjewitsch, der Solschenizyns Blut- und Boden-Mystik mundgerechter und systemkonformer anbietet.

Eines Tages – und zwar nicht zu Beginn der fünfziger Jahre, sondern in der zweiten Hälfte der siebziger Jahre – stellte der Institutsdirektor dem russophilen Kreis einen persönlichen Freund vor. Es handelte sich um den Schriftsteller Iwan Schewzow. Dieser erzielte zwar vor rund 15 Jahren mit einem Roman gegen die Dekadenz der Jugend Riesenauflagen in Militärverlagen, erreichte aber bis heute nicht die literarische Qualität für die Aufnahme in den Schriftstellerverband. Vor den Mathematikern las er aus seinem neuesten Werk: Stalin empfängt Marschall Rokossowskij, dieser schenkt ihm weiße Rosen, der Generalissimus reißt an den Dornen seine Hand auf – Stalins Blut und weiße Rosen, den Marschall rührt's zu Tränen. Diese Prosa ergänzte der Lyriker Felix Tschujew («Bringt Stalin auf ein Piedestal, die Jugend braucht ein Ideal») mit Versen über «Vater und Sohn». Das russische Volk, so die Dankes-Ode, werde nie vergessen, daß Stalin im Kriege selbst seinen Sohn geopfert habe.

Dies ist das Holz, aus dem Stalin heute Altäre geschnitzt werden

– wenn auch nur in geschlossener Gesellschaft. Die historische Wahrheit: Stalin ließ sogar die Frau seines in Gefangenschaft geratenen Sohnes verhaften und lehnte ein Austauschangebot der Nazis ab. Es paßte ihm nicht zu seiner Legende, daß ein Sohn von ihm dem Feind lebend in die Hände gefallen war.

Unvergleichbar mehr Publizität als der kleine Mathematiker-Zirkel erhielt im Sommer 1978 der russophile Hofmaler und Breschnew-Proträtist Ilja Glasunow. Mit Billigung höchster Parteikreise konnte Glasunow seine sakrale Mystifizierung der russischen Geschichte einen Monat lang in Moskaus größter Ausstellungshalle gegenüber der Kremlmauer präsentieren. Täglich kamen 20 000 Besucher. Sowjetarmisten standen ergriffen vor ikonisierten Zarenproträts. Gerührte Mütter bewunderten den Riesenschinken «Die Rückkehr des verlorenen Sohnes», auf dem ein Jugendlicher in Jeans von einem bärtigen Jesus gesegnet wird, den eine Heerschar russischer Heiliger und Propheten umkränzt: Alexander Njewskij und Dostojewskij, Lomonossow und Suworow.

Das Beklemmende an dieser Gesamtschau Glasunows, einem Genie des prachtvoll dekorierten, schlechten Geschmacks, waren die rassistischen Untertöne. Da siegt das arische Licht des Russentums über die asiatische Finsternis. Debile Tataren-Fratzen beugen sich über entführte, blonde Russinnen. Mongolenpfeile durchbohren Ikonen. Die blutigen Taten der Zaren erscheinen als schaurig-schönes Flammenschwert, das dem Patriotismus den Weg bahnt und in die rote Fahne ausläuft. «In jedem Gemälde», so die Zeitung *Sowjetskaja kultura,* «hört man das Sturmläuten aus der Tiefe der Jahrhunderte, das uns zur Wachsamkeit aufruft... Die Botschaft des Künstlers ist klar und verständlich: Liebt Eure Heimat, verteidigt ihre Würde, bewahrt ihre Kultur, ihre Jahrhunderte alten Heiligtümer.»

Die nationalistische Welle der sechziger Jahre hatte noch unzweideutig in der Überwindung des Sowjetregimes ihr Heil gesucht. In den siebziger Jahren zog ein Dissident mit geflochtenem Bart, der Ex-Komsomolze Gennadij M. Schimanow, aus den anarcho-theokratischen Vorstellungen der Lehrer (Scharfajewitsch) und Schüler Alexander Solschenizyns seine eigenen, in sich logischen Konsequenzen. «Wir brauchen», so verkündete Schimanow in seiner Schrift *Protiv techenija* (Gegen den Strom), «eine patriarchalische Struktur der Gesellschaft... und eine neue mystische Haltung gegenüber dem Land... Das liegt außerhalb der Möglichkeiten der westlichen Demokratie... Ich denke, als bestes Instrument zu diesem Zweck könnte sich die Kraft erweisen, die seit Beginn an gegen Gott Krieg geführt hat – das Regime, das mit Gott ringt, das entschieden hat, ... die ganze Welt nach eigenen Vorstellungen zu ändern: diese Kraft kann dem Ruhme Gottes besser dienen als jede andere. Ich rede vom Sowjetsystem mit seiner autokratischen Struktur, mit seinen maximalistischen Zielen, das so widersprüchlich ist in seiner Natur und seiner Ideologie, daß es fähig sein kann, unter dem Einfluß der Wahrheit des Lebens von minus auf plus umzuschalten ... Ich möchte feststellen, daß die Bedingungen für einen solchen Wandel gegenwärtig nicht nur äußerst günstig sind, sondern geradezu einmalig.»

Im Kurs Schimanows und seiner Jünger verkommt die russisch-nationale Opposition auf ähnliche Weise, wie die slawophile Strömung des 19. Jahrhunderts im Panslawismus endete. Wieder wird die Abkehr vom Westen und von der Demokratie gepredigt, die das Bürgertum in Unglauben und die Gesellschaft in orgiastische Selbstauflösung stürzt. Die Erlösung der Menschheit kann nur aus der Rückbesinnung des christlichen Rußlands kommen, das gerade deshalb Gottes auserwähltes Land ist, weil es vom satanischen Blendwerk der Aufklärung verschont blieb. Aus dieser Mission wiederum leitet Schimanow den imperialen Anspruch ab: «Die Sowjetunion ist kein künstliches Konglomerat von verschiedenen Nationen ... (sie ist) unter Führung des russischen Volkes eine kleine Menschheit – der Beginn und die geistige Zündkapsel der großen Menschheit.» Schimanow und seine Anhänger sind eine extreme Minderheit. Aber ihre Heilslehre eignet sich – angesichts der ökonomischen Nöte und der Auflösungstendenzen der Sowjetgesellschaft – als nostalgisches Ideal eines Reichsvolks vom Imperium. Der unpolitische Durchschnittsbürger steht dieser Heilslehre heute näher als der bürokratische, privilegierte, abgesicherte Funktionärstyp der Breschnew-Ära. Hier liegt die Herausforderung (und die Versuchung) für alle Nachfolger: die «russische Karte» ist der einzige Trumpf, der sie aus unüberwindlichen Problemen zu fast unbegrenzter Popularität beim russischen Teil der Sowjetbevölkerung führen könnte. Die Sorgen mit den anderen Nationalitäten würden dann freilich noch größer.

Heute spürt selbst der simpelste Agitator zwei Dinge: Die kommunistische Ideologie ist tot. Aber die Russen kommen ohne Mythen nicht aus. «Liberalität, die Vorzüge freien Redens und Handelns, würden wir in der Tat zu anarchisch gebrauchen, weil wir sie als Gemeinschaftsidee nicht begreifen und als Welterklärung zu profan finden», so ein Systemkritiker. Vergebens hat die Partei den Leninismus zur Ersatzreligion zu machen versucht.

An Lenins «Reliquien» – dieses Wort steht in einer neueren Intourist-Broschüre – sind inzwischen weit mehr Menschen vorbeigepilgert als die Bundesrepublik an Einwohnern besitzt. Im April 1977 erschien die Zeitschrift *Snanije-ssila* mit einem Elefanten auf dem Titelblatt und der harmlosen Kehrseite einer Eiskunstläuferin auf der Rückfront. Eine Parteikommission beriet über die Ausgabe mehrere Wochen lang und verurteilte sie wegen Ideen- und Würdelosigkeit – der April ist Lenins Geburtsmonat. Eine häufige Wahnvorstellung unter den psychisch Kranken in der Sowjetunion ist die Einbildung, sie seien Lenin oder würden von ihm verfolgt – so wie sich die Psychotiker im Westen besonders häufig mit Jesus identifizieren.

Und dennoch ist Lenin für viele Nationalisten suspekt. Zusammen mit Trotzkij hat er schließlich die panslawistische These vom Untergang der germanisch-romanischen Kultur umfunktioniert in die sowjet-marxistische These vom Ende des Kapitalismus. Für ihn war die Erweiterung des großrussischen Reiches nur ein Mittel zum Zweck der Weltrevolution. Erst Stalin drehte den Spieß um und machte die Weltrevolution, die Kommunistische Internationale zum Instrument für den Ausbau des großrussischen Imperiums. Deshalb sehen extreme Nationalisten heute Stalin als Werkzeug der russischen Geschichte, seine Säuberungen als Purgatorium nach der Überfremdung der Heimat durch westliche Marxisten und jüdische Zersetzungsideen.

Die Russiten sind keine homogene Gruppe, und sie werden von der Obrigkeit mit auffälliger Abstufung behandelt. Ein erster Vorläufer war der *Allrussische sozial-christliche Bund zur Befreiung des Volkes (VSKhSON)*, mit dessen Gründung in den sechziger Jahren das Erwachen der nationalistischen Rechten der nachstalinistischen Periode zusammenfiel. VSKhSON wurde bald vom KGB dezimiert, Mitbegründer wie Brodin und Ogurzow sitzen seit Jahren in Lagern – Ogurzow trotz schwerer Krankheit. Das Programm dieses Bundes traf sich in totalitären Tendenzen, in der Ablehnung des Parlamentarismus und im Festhalten am großrussischen Imperium durchaus mit dem Sowjetkommunismus. Es erscheint heute wie eine milde Variante islamischer Ajatollah-Modelle. Der theokratische Charakter der VSKhSON-Staates soll durch einen Obersten Synod gewahrt werden. Seine Zusammensetzung hat laut Programm zu einem Drittel aus Mitgliedern der höheren Kirchenhierarchie zu bestehen und zu zwei Dritteln aus prominenten Vertretern des Volkes – alle lebenslang gewählt. Der Synod soll ein Vetorecht besitzen «über jedes Gesetz oder jede

Aktion, die nicht mit den Grundprinzipien des sozial-christlichen Systems zu vereinbaren ist.»

Auch die anderen russophilen Gruppen in der Opposition haben mit den Nationalisten in der Partei manches gemeinsam:

Sie treten für eine autoritäre Staatsform ein und lehnen Pluralismus als westliche Dekadenz ab. Sie idealisieren die russische Vergangenheit. Bürgerinitiativen für Denkmalschutz werden heute von oben toleriert. Zaren, Popen und Bojaren sind auf Bühnen und Leinwand zurückgekehrt, während die durch Stalin vernichteten Revolutionäre von Bucharin bis Trotzkij in der Versenkung bleiben. Für einen Teil der einfachen Russen ist die Reintegration religiöser Motive in Kunsthandwerk und Kulturkonsum eine Heimkehr zu seelischem Komfort. Auf dem überdimensionalen Kühlschrank in der winzigen Küche prangt die Ikonen-Ecke. «Das ist nötig, Herr, unbedingt nötig», sagte mir in seiner Wohnung ein einfacher Mann, der für Ausländer arbeitete und von der offiziellen sowjetischen Dienstleistungsbehörde für Diplomaten vermittelt wurde. Ein anderer Mann von eben dieser Ausländerbehörde, ein Handwerker, der uns ein Franz-Joseph-Porträt aufhängte – einen rechten «Kaiserschmarren» vom Wiener Trödelmarkt –, fragte: «War das Ihr Zar?» Der Versuch, ihm in seiner eigenen Sprache zu erklären, daß dieses Bild heute zu einer Persiflage auf Orden und Personenkult geworden sei, scheiterte. «Mit Zaren darf man keine Scherze treiben», sagte der Brigadier in belehrendem Tonfall.

Ein mit uns befreundeter Diplomat fragte einmal einen Taxifahrer, ob er schon einmal von Anastasia gehört habe – jener Tochter des letzten Zaren, über deren ungeklärtes Schicksal die westliche Boulevardpresse jahrzehntelang spekulierte. Zunächst sagte dem Taxifahrer der Name nichts. Doch dann erinnerte er sich: «Ja, von ihr hat man mir in der Stalin-Zeit erzählt. Damals war es ja strengstens verboten, über so etwas zu sprechen. Ich glaube nicht, daß Anastasia noch lebt; denn es wäre ja heute sehr schick, von einer solchen Familie abzustammen. Ich kenne zum Beispiel eine Familie Orlow. Die sagen zwar alle, sie hätten mit den alten Fürsten nichts zu tun – aber gerade weil die das so betonen, glaube ich: das sind welche.»

Schlichte Bewunderung und frömmelnde Verehrung von Zar und Kirche werden heute von einfachen Gemütern nicht mehr verborgen. Doch die neo-slawophile Welle ist etwas anderes. Ihre Ausläufer reichen bis zum rassischen Dünkel – und auch dabei gibt es Berührungspunkte zwischen den «Russiten» in der Opposition und den Nationalisten in der Partei. Der Kreis um den betagten Chefideologen Michail Suslow drückte vor einiger Zeit an der Akademie der Gesellschaftswissenschaften beim Zentralkomitee eine antisemitische Dissertation durch. Sie war Jahre zuvor am Institut der Völker Asiens abgelehnt worden und dann als Buch erschienen mit dem Titel: *Der Staat Israel und der internationale Zionismus.*

Dieser Trend wurde von Breschnews Verbündeten nicht stark gefördert. Er kann auch umgekehrt verlaufen. So erschien Anfang 1977 eine Filmkomödie über den Urgroßvater Puschkins, Ibrahim Hannibal, der vom afrikanischen Sklaven zum Patenkind und Adjutanten Peters I. aufstieg. Der farbige Filmheld wurde als edelster Mensch von Petersburg präsentiert, als «Gestalt aus einer anderen Welt, der Welt unvergänglicher menschlicher Werte» (*Sowjetfilm*). Das ist eine Perspektive, aus der die meisten Sowjetbürger die Studenten von der kommunistischen Kaderschmiede der *Lumumba*-Universität bisher nicht sehen. Einige Jahre vor dem Film war ein sowjetischer Journalist auf zwei äthiopische Dörfer gestoßen, deren Bewohner sich stolz als Verwandte Puschkins bezeichneten. Der Journalist schrieb eine begeisterte Reportage. Sie wurde nicht veröffentlicht – damals wollte man offenbar nicht so direkt an den schwarzen Vorfahren des größten russischen Dichters erinnern.

Welche Institutionen unterstützen heute die russophilen Tendenzen? Ein Zentrum der Traditionspflege ist die Armee, besonders ihre politische Verwaltung. Die Scharfmacher unter den Komsomolzen und der Verlag *Junge Garde* verstärken nationale Strömungen. Der marxistische Regimekritiker Roy Medwedjew hat schon früher darauf verwiesen, daß diese Kreise die Idealisierung als Teil der patriotischen Erziehung ansehen, weil sie beunruhigt sind über die apolitische Einstellung der Jugend und der Rekruten. Russophile Ausstrahlungen treffen außerdem die Kulturpolitik.

1978 verbot das Kulturministerium dem schon mehrmals erwähnten Regisseur Jurij Ljubimow die Weiterarbeit an seiner Gastinszenierung von Tschaikowskijs *Pique Dame* in der Pariser Oper. Ljubimow verschandele die Meisterwerke russischer Genies und führe einen «Kreuzzug gegen all das, was uns heilig ist», frömmelte ausgerechnet im Parteiorgan *Prawda* ein Dirigent des Bolschoj-Theaters. Kurz zuvor hatte der stellvertretende Direktor des Gorkij-Institutes für Weltliteratur, Palijewskij, auf einer geschlossenen Sitzung des Schriftstellerverbandes die Umgestaltung der russischen Klassiker auf der Bühne kritisiert. Da erhob sich Anatolij Efros, der angesehene russische Regisseur jüdischer Abstammung vom renommierten *Malaja-bronaja*-Theater. Er war schon während der ersten nationalen Welle, genau zehn Jahre zuvor, von *Junge Garde* angegriffen worden. Nun verlas er einen anonymen Zettel, den er während der Diskussion auf den Tisch bekommen hatte: «Machen Sie ihr eigenes ethnisches Theater auf, da können Sie mit den russischen Klassikern anstellen, was Sie wollen.»

Hier klingt sie durch, die Intoleranz, die Überheblichkeit, die Mißachtung alles Fremden, die Stalins Erbe ist und die nicht nur in seinen Anhängern, sondern auch in seinen Opfern fortlebt. Der Hochmut Solschenizyns und seiner Jünger ist nur ein Beispiel dafür. Der tragische Zug in der russischen Geschichte, die Identifizierung der Opfer mit ihren Peinigern, die Identifizierung des Volkes mit seinen Tyrannen und mit deren Erlösermythos, hat ihre Spuren hinterlassen – trotz der unautoritären, nicht-despotischen Figur Leonid Breschnews. Aktuelles Beispiel auf offizieller Seite: der Kalender für 1979 aus dem Verlag *Politisdat* widmete das Blatt des 21. Dezember mit einem Stalin-Porträt dem hundertsten Geburtstag des Diktators. Im gleichen Kalender haben auch sieben Opfer Stalins ihr Blatt bekommen, ohne daß dieser Tatbestand mit einem Wort erwähnt wird. Eine Parallele dazu in der extremen Dissidenten-Philosophie: «Die heutige Gesellschaft hat das theokratische Ordnungsprinzip in ihrer Tiefe bereits leidend vorweggenommen» – so hat es Gennadij Schimanow ausgedrückt.

In der Pariser Emigrantenzeitschrift *Westnik Russkowo Kristjanskowo Dwishenija* forderte in der zweiten Hälfte der siebziger Jahre der Dissident Vater Dmitrij Dudko die Heiligsprechung des Zaren Nikolaus II. und des Fanatikers Johann von Kronstadt. Letzterer verdammte Lew Tolstoj, segnete Judenpogrome ab und gehörte zu den Wegbereitern des finsteren Wundermönchs Rasputin. Der letzte Zar sollte nach diesem Vorschlag als Märtyrer, Johann von Kronstadt als Wundertäter kanonisiert werden (er trat erfolgreich als Hypnotiseur auf).

Die slawophile Strömung des 19. Jahrhunderts gilt als erste Ideologie des russischen Nationalismus. Die Männer jedoch, die am Anfang dieser Bewegung standen, verherrlichten nur das Slawentum und waren keine Chauvinisten: die Schriftsteller Chomjakow und S. T. Aksakow zum Beispiel. Das gleiche gilt für den bedeutenden Lyriker Tjutschew, zeitweilig Botschaftsrat in München. Von Tjutschew (1803–1873) stammt die Sentenz: *Mit der Vernunft ist Rußland nicht zu begreifen, / mit der allgemeinen Elle nicht zu messen / Rußland ist von besonderer Struktur, / an Rußland kann man nur glauben.* Die Männer der ersten Slawophilen-Generation, unter ihnen naive Mythen-Dichter und Theologen, die nie ihre geistigen Quellen im Westen (Goethe, Schelling, Byron) verleugneten, haben mit den heutigen Blut-und-Boden-Mystikern wenig gemeinsam. Die wahre Ahnentafel der heutigen Nationalisten beginnt erst mit den Panslawisten, die nicht mehr das russische Wesen, sondern die russische Staatsmacht verehrten: Danilewskij, General Fadejew, Leontjew. Unter dem Eindruck dieser Welle beschrieb der christliche Philosoph Wladimir Solowjow vor neunzig Jahren den Abstieg des Panslawismus. Sein Urteil trifft auch auf die heutige nationalistische Strömung zu: «Die Anbetung des eigenen Volkes als Träger der universalen Wahrheit; dann die Anbetung des Volkes als eine grundlegende Kraft ohne Rücksicht auf die universale Wahrheit; schließlich die Anbetung der nationalen Einseitigkeit und historischen Abnormität, die das Volk von der gebildeten Menschheit trennen, das heißt die Anbetung des eigenen Volkes mit einer direkten Verneinung schon der Idee der universalen Wahrheit.»

Anbetung der nationalen Einseitigkeit und historischen Abnormität – dazu verführt, gewollt oder ungewollt, Alexander Solschenizyn seine Anhänger in der Sowjetunion und in der Emigration. Seit die Behörden in Moskau 1974 Solschenizyn auf klägliche Weise mit einer Aeroflot-Maschine nach Frankfurt exilierten – genau 45 Jahre vorher ließ Stalin Leo Trotzkij auf dem Dampfer *Iljitsch* nach Konstantinopel abschieben –, ist der Autor des *Archipel Gulag* für die sowjetischen Eliten so etwas wie ein nationaler Ersatz-Heros geworden. Er ist der einzige Oppositionelle, der nicht nur die kleine Dissidenten-Gemeinde, sondern alle gebildeten Kreise interessiert, ja fasziniert. Das Thema Solschenizyn zieht selbst Partei-Propagandisten immer wieder magisch an. In geschlossenen Räumen tun sie ihn lauthals ab, bei Spaziergängen, fern von Mikrophonen, fragen viele mit gespannter Konzentration, was der Russe auf dem anderen Stern denn nun wirklich betreibe. Solschenizyn ist einer der ihren geblieben – das gilt bis zu jenen, die ihn abschieben ließen.

Daß dieser große Schriftsteller als selbsternannter Messias und Moralapostel dem unbegreiflichen Westen die Leviten liest – das interessiert kaum jemanden. Daß er die graue russische Vorzeit «ohne Rücksicht auf die universale Wahrheit» vergoldet, das bekümmert die wenigstens: man kennt ja nur tendenziöse Geschichtsbeschreibung und deshalb keine eigene Historie. Aber daß da im fremden Westen ein unbeirrbarer Titan steht, der Rußland «als eine grundlegende Kraft» hochhält – das fasziniert selbst die Regime-Diener, die in der nicht-autokratischen Breschnew-Ära so verunsichert worden sind. Ein Teil der kleinen Schicht liberaler Intellektueller – und zwar jener Teil, bei dem das Elite-Bewußtsein besonders ausgeprägt ist – stellt Solschenizyn in eine Reihe mit Rußlands großen Epikern. Ihre Urteile zur Tagespolitik hätten oft irrational geklungen, aber ihren literarischen Eruptionen alleine habe dieses Land den Durchbruch zu nationaler Identität zu danken. Ich erinnere mich an stundenlange Gespräche mit Leningrader Literaten, die immer wieder den Genius loci beschworen, Dostojewskij zur Rechtfertigung Solschenizyns anführten und am Ende das schon erwähnte Zitat Tjutschews abwandelten: Über Solschenizyn dürfe man nicht rational urteilen, an ihn könne man nur glauben.

So ist der russische Herold schon heute zum Helden seiner eigenen Methode der ikonografischen Historienmalerei geworden. Sie besteht darin, einige Erwählte aus dem historischen und sozialen Kontext in eine geschichtslose religiöse Aura zu erheben. Aus dieser Position dienen sie dem Autoren als Zeugen eines goldenen Zeitalters. Kein Land, dessen Hauptstadt in Europa liegt, weist ja auch bis in die neuere Zeit so viele Legenden und Lebensläufe auf, die unüberprüfbar sind. So bleiben mutige Moralisten wie Alexander Solschenizyn und seine Anhänger noch im kompromißlosen Widerstand Zöglinge des Regimes. Auch für sie gilt das Wort Freuds über die Religion, das wir in unserer Einleitung auf die Führung im Kreml bezogen: kollektive Illusionen verzerren das Bewußtsein von sich selbst. Aufgewachsen unter den Leitbildern der absoluten Autorität, der unüberprüfbaren Glaubenssätze, der bornierten Intoleranz, haben manche Dissidenten ihre alte Hörigkeit nur auf neue Objekte gelenkt. So folgen sie den Imperativen einer zur neuen Heilslehre umgeschmiedeten Geschichte, die in Kommunismus und Kapitalismus, Marxismus und Marktwirtschaft, Westen und Wachstum nur die modernen Vexierbilder des Antichristen sieht. Mit der Realität kann diese Geschichtsauffassung keine Kompromisse eingehen; denn sie ist trotz des nationalistischen Nährbodens in Rußland nicht volksverbunden. Sie ist elitär.

Das unterscheidet die oppositionellen Mystiker von der ersten Generation der Slawophilen ebenso wie von den *Narodni-*

ki, den Volksrevolutionären, die in der zweiten Hälfte des vergangenen Jahrhunderts aufs Land gingen. Sie lebten und kleideten sich wie Bauern, versuchten der Landbevölkerung die Gründe ihres Elends begreiflich zu machen und sie gegen den Absolutismus zu emotionalisieren. Doch die sozialen Aufklärer wurden von den Bauern verspottet, geschlagen, der Obrigkeit gemeldet. Das ist eine Reaktion, die zu Solschenizyns Weltbild durchaus paßt. Denn nicht die politische Emanzipation der Russen will er erreichen, sondern eine neue Frömmigkeit: den Glauben an autoritäre Strukturen und gottgewollte Obrigkeit. Nur ein solcher Glauben kann nach seiner Auffassung den Verfall der Moral, den Zusammenbruch der «gierigen Zivilisation des ewigen Fortschritts» auffangen. So sieht Solschenizyn auch in den berechtigten Mahnungen des *Club of Rome* nur eine Bestätigung für seinen Heilsweg zum großrussischen Einsiedlertum.

Um Solschenizyns Legendenbilder von der vorpetrinischen Zeit kritisch zu betrachten, muß man keineswegs von einer so radikalen Beurteilung der Geschichte Rußlands ausgehen wie etwa K. A. Wittfogel in *Die orientalische Despotie.* Darin hat der Sozialwissenschaftler, der 1934 aus Deutschland in die USA emigrierte, die These entwickelt, das Sowjetsystem sei eine Neuauflage der asiatischen Produktionsweise, hervorgegangen aus der tatarisch beeinflußten Agrardespotie der Zaren. Diese Darstellung ist das extrem verallgemeinernde Gegenstück zu Solschenizyns Behauptung, die «uralte Orthodoxie» habe eine «starke moralische Grundlage» gehabt. Die Abwendung von der kommunistischen Ideologie hin zur überlieferten Orthodoxie hat der leidenschaftliche Missionar in seinem *Offenen Brief an die sowjetische Führung* vom September 1973 besonders pointiert gefordert. Aus dem Leid, das kein anderes Volk in diesem Jahrhundert in vergleichbarem Ausmaße erlitten habe, müsse Rußland seinen eigenen Weg zurückfinden, frei von westlichem Einfluß. Die *Bedürfnisse der inneren Entwicklung* seien für die Russen als Volk unvergleichlich wichtiger als die *Bedürfnisse der äußeren Machtentfaltung:* «Sibirien und der Norden, sie sind unsere Hoffnung und unser reinigendes Filter.» Doch Selbstbeschränkung und Selbstreinigung sollen Rußland von der Welt wegführen in eine Vergangenheit, die nie existierte: zu einer idealisierten Autokratie, zu einem mystifizierten Christentum und zu einer frei assoziierten Dorfidylle.

«Sollen wir uns damit trösten», so fragt der Autor des *Offenen Briefes* rhetorisch, «daß Rußland tausend Jahre lang mit einem autoritären System gelebt hat und die physische und geistige Gesundheit zu Beginn des 20. Jahrhunderts noch sehr gut bewahrt hatte? Indessen, dort wurde eine wichtige Bedingung erfüllt: jene autoritäre Struktur hatte, zumindest im Kern, am Anfang, eine starke moralische Grundlage – keine Ideologie allgemeiner Gewaltausübung, sondern die Orthodoxie, und zwar die uralte, sieben Jahrhunderte alte Orthodoxie des Sergej Radoneschskij und des Nil Sorskij, die noch von Nikon nicht beeinträchtigte, von Peter (dem I.) nicht verstaatlichte. Seit dem Ende der Moskauer Periode und die ganze Petersburger (Periode) über, als jener Anfang sich verfälschte und seine Stärke verlor, wandte sich die autoritäre Struktur bei äußeren scheinbaren Erfolgen des Staates dem Verfall zu und ging zugrunde ... Vielleicht ist Rußland für eine übersehbare Zukunft, ob wir das wollen oder nicht, ob es ihm so vorherbestimmt ist oder nicht, zu einer autoritären Struktur verurteilt? Vielleicht ist es heute nur dafür reif?» Unerträglich sei nicht «das Autoritäre», unerträglich seien Willkür und Gesetzlosigkeit, wenn es in jedem Bereich nur einen Herrscher gebe und sich alles nach seinem alleinigen Willen vollziehe.

Mit dieser künstlichen Aufteilung der russischen Geschichte in das alte Ethos von Kirche und Krone und die neue Willkür einer von Westen her modernisierten, entstellten Autokratie wehrt sich Solschenizyn gegen bessere Einsicht. Sie lautet: auch das Sowjetsystem ist ein Produkt der uralten Orthodoxie. Richard Pipes hat das russische Imperium durchgehend als «patrimoniales System» charakterisiert. In *Rußland vor der Revolution* erklärt der renommierte Harvard-Historiker den kontinuierlichen Wesenszug der politischen Entwicklung Rußlands mit der Gleichsetzung von Souveränität und Eigentum. Er spricht von der «eigentumsmäßigen Betrachtung politischer Herrschaft», deren Ursprungsort das Hofgut des Fürsten bzw. Zaren war. Im Unterschied zu Solschenizyns Behauptung, daß es früher keine Ideologie allgemeiner Gewaltausübung gegeben habe, kann man der Analyse von Pipes nur entnehmen, daß es keine Idee der Gewaltenteilung gab:

«Der Begriff Despotismus gewann im Laufe der Zeit die Bedeutung einer Entartung echten Königtums, welches die Eigentumsrechte der Untertanen achtet. Das patrimoniale Regime andererseits ist eine Regierungsform aus eigenem Recht, keine Entstellung von etwas anderem. Konflikte zwischen Souveränität und Eigentum entstehen hier nicht ... Ein Despot verletzt die Eigentumsrechte seiner Untertanen; ein patrimonialer Herrscher erkennt nicht einmal ihre Existenz an. Infolgedessen kann es unter einem patrimonialen Regime keinen klaren Unterschied zwischen Staat und Gesellschaft geben, denn eine solche Unterscheidung postuliert das Recht von Personen neben dem Souverän, Kontrolle über Sachen und (dort, wo Sklaverei besteht) über Menschen auszuüben. Mit dem patrimonialen System ist am besten der Herrschaftstypus definiert, der sich zwischen dem 12. und 17. Jahrhundert in Rußland herausbildete und sich mit gewissen Abweichungen und Modifikationen bis in die Gegenwart erhalten hat.»

Nun ist Solschenizyn kein Historiker und weniger an den sozialen Strukturen interessiert, die politische Herrschaft beeinflussen. Er sucht die «geistige Heilung Rußlands» und sieht für diese Aufgabe «heute keine andere lebendige geistige Kraft als die christliche», die in der «uralten Orthodoxie» wurzelt. Was war das für eine Zeit, diese Periode der «sieben Jahrhunderte alten Orthodoxie»? Sie wurde geprägt von Intrigen und grausamen Verfolgungen, von ebensoviel Aberglauben wie Frömmigkeit, auch von sektiererischem Wahn. Daneben gab es den Auszug edler Eremiten, die dieser Welt der Düsternis ihre Visionen von einer idealen Kirche entgegenhielten. Die geistliche Basis aber repräsentierten Mönche, deren Bildungsstand selten bis zur Kenntnis des Vaterunser reichte. Auf weltliche Angelegenheiten freilich verstand sich der Klerus schon früh. Die Bereitschaft, für den Kaiser der mongolischen Stämme zu beten, sicherte ihm eine Privilegien-Garantie durch Dschingis-Khan und eine Blütezeit am Ende der Mongolenherrschaft über Rußland. Längst bevor die Orthodoxie, wie es Solschenizyn ausdrückt, von Nikon «beeinträchtigt», von Peter «verstaatlicht» wurde – also schon vor der Mitte des 17. Jahrhunderts –, verhalf sie der Autokratie des Moskauer Reiches auf die Sprünge.

Es war umgekehrt, als Solschenizyn glauben machen will: Der asketische Aufbruch eines Nil Sorskij bildete die Reaktion auf den moralischen Verfall in den reich gewordenen Klöstern Nordrußlands. In die Einsiedelei zog es Nil aber vor allem dank seiner Begegnung mit den griechischen Mönchen auf dem Berge Athos, die damals einer mystischen Bewegung anhingen, die durch stille Konzentration göttliches Licht (das Taborlicht) zu schauen suchte. Dem Beispiel Nil Sorskijs, der in die unwirtliche Sumpflandschaft am Flüßchen Sora (nördlich vom Oberlauf der Wolga) zog und als Eremit die Kirchenväter studierte, folgten andere Mönche. So entstand die Bewegung der *Starzen jenseits der Wolga.* Ihr geistliches Ziel war die Verinnerlichung des einzelnen Menschen, ihre politisch-weltliche Position war gegen den Grundbesitz des Klerus gerichtet. Selbst als Reformbewegung waren Nil und seine Anhänger nur eine Partei innerhalb der Kirche. Die andere Strömung, unter dem Abt Josif von Wolokolamsk, war äußerlicher, formalistischer: die Askese sollte durch eine strengere Klosterverfassung erreicht werden, unter Beibehaltung des kirchlichen Grundbesitzes.

Von der sieben Jahrhunderte alten Orthodoxie des Sergej Radoneschskij und des Nil Sorskij zu sprechen – das ist jene unzulässige Vereinfachung, mit der Solschenizyn seine geschichtslosen Helden eines goldenen Zeitalters schafft. Es war schon Iwan III., der sich zu Beginn des 16. Jahrhunderts, also fast zwei Jahrhunderte vor Peters «Verstaatlichung» der Kirche, gegen die Nowgoroder Häresie und das Ethos des Nil Sorskij entschied. Er tat dies, wie Günther Stökl (*Russische Geschichte,* Stuttgart, 1973) anmerkt, aus der Erkenntnis, daß sich eine Autokratie bzyantinischen Stils nicht auf einen moralischen Rigorismus, sondern nur auf die Unterstützung einer machtvollen Kirche gründen ließ. Die nächsten Schritte: blutige Verfolgungen der Häretiker, die Bildung einer gleichgeschalteten Bischofssynode, die Ermordung des Metropoliten Filipp und der Nowgoroder Erzbischöfe durch den gottberufenen Herrscher Iwan IV. (dem *Schrecklichen,* genauer: dem *Drohenden*). All das lag hundert Jahre und länger vor der nikonschen Kirchenspaltung, also noch innerhalb der «sieben Jahrhunderte alten Orthodoxie».

Die Kirche, die schon seit dem 14. Jahrhundert voller Eifer das weltliche Geschäft betrieb, lieferte den Großfürsten überhaupt erst die imperiale Doktrin. Anfang des 16. Jahrhunderts formulierte der Mönch Filofej seine Lehre vom Dritten Rom: «Unser Herrscher ... ist auf der ganzen Erde der einzige Zar über die Christen, der Lenker der heiligen, göttlichen Throne der Heiligen, Ökomenischen, Apostolischen Kirche, die, anstelle der Römischen und der Konstantinopeler Kirche, in der von Gott geretteten Stadt Moskau ... ist. Sie allein leuchtet auf dem ganzen Erdkreis heller als die Sonne. Denn wisse ...: Alle christlichen Reiche sind vergangen und sind zusammen übergegangen in das Eine Reich unseres Herrschers, gemäß den Prophetischen Büchern: Das ist das Russische Reich. Denn zwei Rome sind gefallen, aber das dritte steht, und ein viertes wird es nicht geben.»

Gerade durch die Rolle des ideologischen Steigbügelhalters hat sich die Kirche selbst in die Knechtschaft geführt. Schon vor Nikon und Peter tat sie alles, um zum Opfer jener byzantinischen Illusion zu werden, die die Harmonie von geistlicher und weltlicher Gewalt versprach. Die weltliche Geschäftigkeit des Klerus hat auch sein geistliches Reich, trotz der Loslösung von Byzanz, nicht zur Entfaltung kommen lassen. Die Kirche gab weiterhin wenig Impulse für ein klassisches Sprach- und Bildungssystem, für abstraktes Denken und für konkretes Engagement im Sinne humaner Ethik. Religion blieb vor allem Ritual.

Durch die Jahrhunderte ist den Rußlandreisenden die äußerliche Frömmigkeit der sich ständig bekreuzigenden Bauern aufgefallen – aber nicht eine wirkliche Religiosität. Und dennoch gehört gerade sie zum Bilde vom einfachen Russen. Es ist ein verklärtes Bild: übertrieben vom großen Satiriker Nikolaj Gogol, der am Ende den Frieden mit Gott und dem Zaren suchte, in seiner *Auswahl aus Briefen an meine Freunde* (1846). Dieses Bild wurde weiter gepflegt von vielen Slawophilen und veredelt durch Leo Tolstoj. Ein präziser Realist aber, der schon erwähnte zaristische Beamte Sablotskij-Desjatowskij, bemerkt in seinem Bericht über die Lage der Bauern im Jahre 1831: »Sie haben keine religiöse Erkenntnis ... Sie lernen, wie und wann man sich bekreuzigen soll, aber sie haben keine Ahnung, warum sie es tun.»

Wovon aber hatten diese Bauern Ahnung? Wie sah es im Dorf aus, das «jahrhundertelang Rußlands Halt war», wie Solschenizyn in seinem Brief an die sowjetische Führung feststellt? Davon wird im Kapitel über Geschichte und Gegenwart der Landwirtschaft noch ausführlich die Rede sein. Zunächst aber wollen wir uns den oppositionellen Strömungen und den Bewegungen der nationalen Minderheiten zuwenden.

II. Die Dissidenten und die nationalen Bewegungen

Die kleine Frau im blauen Baumwollpullover und im weiten, karierten Rock preßte die Papierrolle mit ihren Notizen von einer Hand in die andere. Es schien, als wollte sie beseitigen, unterdrükken, was sie an Erlebtem niedergeschrieben hatte. Immer schneller, immer heftiger stieß sie ihre Sätze in den schmalen Raum, auf dessen engen Stühlen, Sofas, Höckerchen mehr als zwanzig Zuhörer kleine Mikrofone hochhielten, Notizen machten oder flüsternd übersetzten. «Hier, sehen Sie selber, das ist sein Arbeitsbuch, und das da und noch dazu dies – alles Arbeitsbescheinigungen, lesen Sie», forderte die kleine Frau in fahriger Verzweiflung die ausländischen Korrespondenten auf. «Das alles haben die Richter überhaupt nicht als Beweismaterial entgegengenommen – für sie hat er in den letzten Jahren nirgends gearbeitet, und damit basta!» Die so sprach, war Irina Ginsburg, die Frau des schwerkranken Publizisten Alexander Ginsburg. Im Juli 1978 wurde er wegen antisowjetischer Agitation und Propaganda nach Artikel 70 des Strafgesetzbuches der Russischen Föderation zu acht Jahren verschärfter Lagerhaft verurteilt. Der stille Bürgerrechtler – ich sah ihn von Zeit zu Zeit bei anderen Systemkritikern elektrische Leitungen verlegen – hatte sich während seiner früheren Lagerhaft (1967 bis 1972) ganz der Religion zugewandt. Er verwaltete bis zu seiner Verhaftung 1977 einen Fonds, durch den Alexander Solschenizyn aus dem Ausland den Familien politischer Häftlinge Unterstützung zukommen ließ.

Irina Ginsburg, die bei dem Prozeß gegen ihren Mann in Kaluga, 180 Kilometer von Moskau, dabeigewesen war, berichtete nun, zwei Tage nach der Urteilsverkündung, in der Wohnung des Atomphysikers und Nobelpreisträgers Sacharow über den Verlauf der Verhandlungen. Der Prozeß endete mit dem Aufmarsch von Claqueuren vor dem Justizgebäude in Kaluga. Sie bedrohten und beschimpften die Anhänger Ginsburgs: «Arbeitet gefälligst! Erschießen sollte man solche Leute! Wo wart ihr eigentlich während des Krieges?» Auf diese Herausforderung zeigten Jelena Bonner, die Frau Sacharows, und andere Dissidenten ihre Kriegsinvaliden-Ausweise vor – die Claqueure waren dazu nicht in der Lage.

Nach Irina Ginsburg berichtete an diesem Sonntagnachmittag im Juli 1978 eine Beobachterin der Moskauer Helsinki-Gruppe vom Prozeß in Wilna gegen Viktoras Pjatkus, einen Dissidenten aus der nationalen Bewegung in Litauen. Pjatkus erhielt zehn Jahre Haft (davon sieben im Arbeitslager) und zusätzlich fünf Jahre Verbannung. Während der Urteilsverkündigung beteten vor dem Gerichtsgebäude nationale Oppositionelle und Jugendliche den Rosenkranz. Der litauische Dissident hatte vor diesem Urteil bereits 16 Jahre in Arbeitslagern verbringen müssen.

Die Pressekonferenz in Sacharows Wohnung, unmittelbar nach diesen Prozessen und nach der Verurteilung des jüdischen Bürgerrechtlers Anatolij Scharanskij zu 13 Jahren Freiheitsentzug wegen angeblichen Hochverrates, sollte den Willen der kleinen, hinterbliebenen Helsinki-Gruppe unterstreichen, unverzagt weiterzukämpfen. Wie zu Zeiten ihres aktivsten Organisators Jurij Orlow – der kleine Physiker war im Februar 1977 von acht bulligen Sicherheitsbeamten verhaftet worden – hatten die Bürgerrechtler wieder einmal Unmengen von Dokumenten produziert, durcheinanderflatternde Schreibmaschinenseiten, mit engstem Zeilenabstand. Da gab es einen allgemeinen Protest gegen die Urteile, einen Offenen Brief Sacharows an UN-Generalsekretär Kurt Waldheim und eine gemeinsame Erklärung an das Olympische Komitee. Mit der Aburteilung der Oppositionellen, so stellte diese Verlautbarung in richtiger Einschätzung fest, würden die «Vorbereitungen für die Scheinfreiheiten der Olympiastadt Moskau eingeleitet».

Zwei Tage vor dieser improvisierten Pressekonferenz war der *proletarische Bezirk* der Sowjetmetropole – wo einst die Arbeiter Freiheit vom Zarenjoch forderten – zur Klagemauer der Moskauer Juden geworden. An die blaßgelbe Wand des Eckhauses Silbergasse/Tessenskij-Weg drängte sich, zeitweilig gestützt von Freunden, eine 70jährige Frau. Mit jedem Tag sank sie ein Stück mehr in sich zusammen. Ida Milgrom, Mutter des als Hochverräter angeklagten Bürgerrechtlers Anatolij Scharanskij, erhielt auf ihre Bitten um Einlaß in den Gerichtssaal fünf Tage lang zynisch-hinhaltende Bescheide – bis der geschlossene, grüne Kleinwagen mit ihrem Sohn nach der Urteilsverkündung davonbrauste. Da brandete noch einmal die ohnmächtige Klage der etwa 50 Bürgerrechtler gegen die Postenkette aus Miliz und Geheimdienst: «Banditen, Faschisten – habt ihr denn keine Mütter?»

Dann kam Leonid, Scharanskijs Bruder, der als einziger im Gerichtssaal anwesend sein durfte. Umringt von Korrespondenten, Dissidenten und Agenten verkündete er im prasselnden Regen und mit brüchiger Stimme: «Dreizehn Jahre Freiheitsentzug, davon drei Jahre Gefängnis, zehn Jahre Lager.» Während im Gerichtssaal die sowjetische «Öffentlichkeit» das Urteil mit dem Ruf «Man sollte ihn aufhängen!» quittiert hatte, stimmten Scharanskijs Freunde im vergilbten Hinterhof der Revolution die israelische Hymne *Hatikva* (Hoffnung) an. Hoffnung und Selbstvertrauen demonstrierte der damals dreißigjährige Computer-Ingenieur an allen Tagen der Verhandlung. Als sein eigener Verteidiger zog er ruhig und selbstbewußt Parallelen zur Affäre Dreyfus: auch in seinem Falle solle die Mär vom Landesverrat in Wirklichkeit nur die Juden treffen.

Von einem «kalten Bürgerkrieg» freilich – wie Golo Mann die Spaltung Frankreichs nach dem Rechtsstreit um Hauptmann Dreyfus genannt hat – konnte man nach der Serie Moskauer Abschreckungsprozesse zwischen 1977 und Mitte 1978 nicht sprechen. Um die Bürgerrechtler – zwanzig der wichtigsten Oppositionellen waren im Zeitraum von 18 Monaten durch hohe Strafen aus dem Wege geräumt worden, andere hatten überraschend Ausreisegenehmigungen erhalten – wurde es in der Folgezeit erst einmal still. Doch warum der «unbedeutende Haufen antisowjetischer Zwerge» (*Prawda*) die Supermacht Sowjetunion überhaupt immer wieder herausfordern kann, und wie sehr die Außenpolitik des Kreml von dieser inneren Lage berührt wird – das zeigt kaum ein Fall so exemplarisch wie der des Anatolij Scharanskij.

Der kleine, untersetzte – und immer etwas übersetzende – Bürgerrechtler wurde eine Art Medium. In ihm konzentrierten sich alle Elemente des amerikanisch-sowjetischen Prestigekampfes um die beiden unverträglichen Prinzipien der *Konferenz über Sicherheit und Zusammenarbeit* (KSZE): Menschenrechte und Nichteinmischung. Wie niemand sonst nahm Scharanskij die KSZE-Beschlüsse von Helsinki als Freibrief für die offene Zusammenarbeit mit Ausländern. Und an keinem Sowjetbürger versuchte der Kreml seit Stalins Tagen mit derart konstruierten Spionagevorwürfen zu demonstrieren, daß der Westen durch die KSZE nicht erweiterte Toleranz für Andersdenkende anstrebte, sondern nur die Unterhöhlung der Sowjetgesellschaft.

Kein Regimekritiker auch machte je den Einfluß der jüdischen Lobby auf den US-Kongreß so deutlich. Und bei vielen anderen Amerikanern, besonders beim Präsidenten, weckte Scharanskij jenen überhitzten, schnell verpuffenden Pioniereifer, der sich laut prasselnd am Schicksal einzelner Personen entzündet, weil für ihn die Mühen zäher Diplomatie nicht faßbar genug erscheinen. Der Kreml antwortete darauf im Moskauer «Pionierstil»: mit einem Gemisch aus zaristischer Ignoranz und sowjetischem Vulgär-Machiavellismus. Die Farce der Prozesse, die Überziehung der Untersuchungshaft, die genau kalkulierten Ausschlüsse von Mutter und Verwandten: Was schert die Sowjetbehörden die eigene Strafprozeßordnung und die neue Verfassung, wenn es dem Ausland zu zeigen gilt, wer in diesem Imperium allein über die Untertanen gebietet.

Scharanskij lieferte gleichzeitig ein Musterbeispiel dafür, daß die Sowjetbürokratie die «Häuflein Abtrünniger» (KGB-Chef Andropow) selber produziert. Vier Jahre vor seiner Verurteilung wollte der unbekannte Ingenieur nichts weiter als ein Visum nach Israel, um seiner Frau nachzureisen, die auswandern durfte. Er wartete vergeblich, demonstrierte erst für seine Sache, dann für die Juden, schließlich für alle: für die Deutschen in Kasachstan, die Krim-Tataren, die Pfingst-Sekte. Und er kämpfte Jahr für Jahr weiter um seine Auswanderung – darüber schwiegen die Richter, weil sonst die Version vom Spion noch absurder gewesen wäre.

Der Fall Scharanskij war schließlich auch ein Beispiel für die Selbstverständlichkeit, mit der sich die Regimekritiker seit Helsinki als Kontrollinstanz innerhalb des Sowjetsystems etablierten. Sie machten die Unterzeichner der KSZE-Schlußakte zu Adressaten ihrer Forderungen nach einer besseren Verwirklichung der Menschenrechte. Sie drängten den Westen – unterstützt durch die prominenteren Emigranten – zu Stellungnahmen, nötigten ihn, aus der sowjetischen Innenpolitik Konsequenzen für seine Außenpolitik zu ziehen. Damit entfernten sie sich beträchtlich von ihren Vorgängern, etwa von den Schriftstellern Julij Daniel und Andrej Sinjawskij, die im ersten Dissidentenprozeß 13 Jahre vor Scharanskij und an derselben Stelle wie jener verurteilt worden waren. Mit der Verhaftung dieser beiden Männer im Jahre 1965 – Sinjawskij lebt heute in Paris, Daniel traf ich gelegentlich in Moskau – begann die sowjetische Dissidentenbewegung. Unter Chruschtschow hatten die Intellektuellen öffentlich die Auswüchse der Stalin-Ära kritisiert, nicht aber die amtierende Regierung, den Staat, das System. Als damals, bald nach dem 20. Parteitag von 1956, auf dem Chruschtschow mit Stalin abgerechnet hatte, ein junger Wissenschaftler in einer Versammlung fragte, ob denn für Stalins Verbrechen wirklich nur ein Mann verantwortlich sein könne, bekam er sogleich Schwierigkeiten. Dieser junge Mann galt schon in jenen Tagen als ein hochbegabter Atomphysiker. Seine Name: Jurij Orlow. Fast zwanzig Jahre später, im Mai 1976, bildete der ebenso schmächtige wie unbeugsame Bürgerrechtler die Moskauer Helsinki-Gruppe, die es sich zur Aufgabe machte, die Erfüllung der KSZE-Abmachungen in der Sowjetunion zu überwachen. Orlow war ihr Organisator, Sacharow ihr Fels und Scharanskij ihr Exponent. Scharanskij ging soweit, für amerikanische Journalisten und Diplomaten systematisch Verbindung zu kritischen sowjetischen Wissenschaftlern herzustellen und schwer zugängliche Informationen zu sammeln.

Einer Obrigkeit, geprägt von der Tradition jahrhundertealter Fremdenfurcht und Selbstisolierung, mußten Scharanskijs offen oppositionelle Aktivitäten wie eine neue Stufe der Kollaboration mit dem Klassenfeind erscheinen. Und Moskau sollte sich auch noch vorschreiben lassen, wie dieser Mann zu behandeln sei? Die schützende Hand des amerikanischen Präsidenten über einem abtrünnigen Sowjetbürger, den Jimmy Carter höchstpersönlich gegen alle Gepflogenheiten öffentlich rühmte, kein CIA-Agent zu sein? Das Exempel, das der Kreml statuierte, war entsprechend finster – aber es ging nicht bis zum äußersten. Mit der Todesstrafe gegen Scharanskij – die auf Hochverrat möglich ist – hatte ohnehin niemand ernsthaft gerechnet. Das Gericht blieb noch zwei Jahre unter dem nächsten Höchstmaß von 15 Jahren Freiheitsentzug. Die USA, die amerikanischen Diplomaten und Journalisten, die CIA, die alle in früheren Zeitungsartikeln als Scharanskijs Verführer aufgezählt worden waren, tauchten in den Prozeßberichten nicht auf. Die Sowjetunion schlug die Tür nicht völlig zu – obwohl Präsident Carter mit seiner Menschenrechtskampagne in den Augen der prestige-fixierten Kremlführung die Partnerschaft der beiden Weltmächte, die Sonderbeziehungen der Nixon-Ära, aufgekündigt hatte.

Carters Menschenrechtspolitik hat möglicherweise zur Verschärfung verschiedener Urteile beigetragen. Auf jeden Fall lieferte sie Moskau die willkommene Gelegenheit, Empörung über die amerikanische Einmischung zeigen zu können. Mit dieser Empörung ließen sich die Maßnahmen gegen die Helsinki-Gruppen gut flankieren – Maßnahmen, die schon vor Carters Moralpredigten eingeleitet bzw. vorbereitet wurden. Denn mit den Helsinki-Gruppen waren Koordinierungszentren entstanden, die nicht nur für Bürgerrechte, sondern auch für die religiösen Bewegungen und die nationalen Oppositionen eintraten. Und die Helsinki-Gruppen hatten sich außer in Moskau gerade in jenen Republiken gebildet, in denen der Widerstand gegen die russische Herrschaft am größten ist: in Litauen und der Ukraine (im November 1976), in Georgien (Januar 1977) und Armenien (Juni 1977). Seit der Gegenoffensive der Behörden sind mehr als zwanzig Mitglieder der Helsinki-Gruppen zu Gefängnis, Lager, Verbannung verurteilt worden; die weniger exponierten sind ständig administrativen Repressalien ausgesetzt. Durch härtere Urteile in den nicht-russischen Republiken hat der Kreml unterstrichen, daß er die organisatorische Formierung der nationalen Widerstandsbestrebungen stärker fürchtet als jene Dissidenten, die sich an großen Religionen, kleinen Sekten oder westlich-lateinischen Rechtstraditionen orientieren.

Das letztere tat der erste russische Dissident, von dem die Geschichte Zeugnis ablegt: Fürst Chworostinin. Er wurde im frühen 17. Jahrhundert in ein Kloster im Norden Rußlands verbannt. Den Behörden war gemeldet worden, daß er in seiner Bibliothek lateinische Bücher sammle, daß er nicht die rechtgläubige Religion praktiziere, den Zaren als Despoten bezeichne und darüber Klage führe, daß unter den «beschränkten» Moskauern niemand zu finden sei, mit dem eine Unterhaltung lohne. Doch der Fürst war eine einsame Erscheinung. Politische Abweichung konnte sich bis in die erste Hälfte des 18. Jahrhunderts kaum artikulieren unter einer Herrschaft, für die Macht identisch war mit Eigentum an Land *und* Leuten. Dafür wurde die Geschichte dieser verspätet in die Alte Welt getretenen Großmacht im 19. Jahrhundert vom Dekabristenaufstand bis zu den Wurzeln der Oktoberrevolution entscheidend durch die Machtproben zwischen Absolutismus und Intelligenz geprägt. Die Literaten, unter dem Druck von Zensur und zaristischen Bütteln, versuchten alleine, die Funktionen öffentlicher Kritik und politischer Kontrolle einzuführen, die sich in Westeuropa im Wechselspiel zwischen den ersten Institutionen bürgerlicher Öffentlichkeit, machtvollen politischen Bewegungen und mehr oder weniger kraftvollen Revolutionen herausgebildet hatten. Schon 1791 zum Beispiel hatte William Pitt der Jüngere seine Kriegsvorbereitungen gegen Rußland unter dem Druck der öffentlichen Meinung Englands wieder einstellen müssen. «Das politische Räsonnement des Publikums hat sich bis zur Schwelle des 19. Jahrhunderts immerhin so weit organisiert», so befand Jürgen Habermas in *Strukturwandel der Öffentlichkeit* über die englische Gesellschaft, «daß es in der Rolle eines permanenten kritischen Kommentators die Exklusivität des Parlaments definitiv aufgebrochen und sich zum offiziell bestellten Diskussionspartner der Abgeordneten entwickelt hat.» Dieser kleine Vergleich macht die Einsamkeit der russischen Intelligenz im Kampf gegen den zaristischen Absolutismus, die praktisch unlösbare Aufgabe, aber auch die Ausnahmestellung der Liberalen deutlich.

Erklärbar werden die extremen Flügelpositionen, die erbitteren «Fraktionskämpfe» dieses einzigen und einzigartigen Forums, das Opposition und Öffentlichkeit in einem war: das idealisierte Bild der Slawophilen; die vernichtende Kritik Tschaadajews an Rußland; das Scheitern des verbannten Alexander Herzen, der am Ende bei den jüngeren Radikalen Verachtung und bei den Liberalen Mißfallen erntete, weil er die rebellierenden Polen verteidigte; die Versuche des sanften Radikalen Tschernyschewskij, die Literatur zum Vehikel der Politik zu machen, bis zu seinem Roman über den neuen Typ des Revolutionärs (*Was tun*) – dessen Titel Lenin vierzig Jahre später in bewußter Anspielung über seine Schrift *Brennende Fragen unserer Bewegung* setzte. Es gab den Sturm um Turgenjew, der mit einem Stück Weltliteratur (*Väter und Söhne*) das Bild des neuen «Nihilisten» und das Porträt der Radikalen zeichnete. Es gab die Aufrufe Bakunins an die Jugend, die Universitäten zu verlassen und auf den Dörfern revolutionäre

Agitation zu betreiben. Und die Heftigkeit all dieser Strömungen war entscheidend beeinflußt, aufgepeitscht worden durch das radikale Engagement des Literaturkritikers Wissarjon Beljinskij. Er war der erklärteste «Westler», aber auch der früheste Inspirator revolutionärer Entrüstung und oppositioneller Moral. Dieser explosive Antipatriarch, so hat Edward Crankshaw zutreffend formuliert, «impfte der russischen Literatur jenes soziale und politische Gewissen ein, das seither, ob zum Guten oder zum Schlechten, für sie charakteristisch ist». (*The Shadow of the Winter Palace,* London, 1976; deutsch: *Winterpalast,* München, 1978). Die Jahre nach Aufhebung der Leibeigenschaft 1861 brachten trotz aller polizeilichen Sanktionen die relativ größte Freiheit, die die öffentliche Meinung in Rußland je besessen hat. Aber sie brachten auch die völlige Aufspaltung der Intellektuellen in erbittert polemisierende Lager, für die alle Wege der Mitte und der Vernunft verdächtig waren – eine Tradition, die von vielen Emigranten heute fortgesetzt wird. Über die Intoleranz und den Fanatismus verschiedener Mitarbeiter der Exilzeitschrift *Kontinent* urteilte Anfang 1978 der in Paris lebende Schriftsteller Andrej Sinjawskij in einem Brief an die Frankfurter Allgemeine Zeitung: «Das, was hier in der Freiheit bei manchen einen gewissen Hang zur ‹Diktatur›, zum ‹Führertum›, zum ‹Zusammenschließen der Reihen› rund um unwandelbare Autoritäten hervorbringt, was zu Anpöbelungen und Drohungen an die Adresse jener führt, die nicht gleicher Meinung sind, das alles ist leider das Erbe der sowjetischen Erziehung, welche sich sogar bei Menschen schwer überwinden läßt, die aufgestanden sind, um sich der Macht entgegenzustellen.» Sinjawskijs Klage trifft weitgehend den Kern, nur haben Intoleranz und allzu fanatische Polemik gegen Andersdenkende eben auch ältere Wurzeln.

Mit der Verhaftung von Andrej Sinjawskij und Julij Daniel, die unter Pseudonymen im Ausland veröffentlichten, hatte die Dissidentenbewegung 1965 begonnen. Sie war vor allem eine Reaktion auf die Bestrebungen der neuen Kreml-Herren, die schon in Chruschtschows letzten Amtsjahren gebremste Entstalinisierung endgültig zu stoppen, ja Stalin zu rehabilitieren. Breschnew stellte in seiner vierstündigen Rede zum 20. Jahrestag des Kriegsendes am 8. Mai 1965 Stalin wieder als überragenden militärischen Führer heraus. Zum erstenmal nach fast neun Jahren gab es donnernden Applaus, als der sowjetische Parteichef den Namen des Diktators erwähnte. Dieser Versuch, die vaterländische «Kontinuität» wieder herzustellen, nahm nicht die zunächst befürchteten

Formen an und orientierte sich – wie fast alle Maßnahmen in der Breschnew-Ära – an Kompromissen und Mittelmaß. Es gab keine neue Welle von Schauprozessen gegen Oppositionelle, es blieben viele gemäßigte Kritiker relativ unbehelligt, doch die Verurteilungen von exponierten Regimegegnern wurden zur Dauereinrichtung. In Moskau wurden Amalrik, Bukowskij, Galanskow, Jessenin-Wolpin und viele andere abgeurteilt. Als das Heer der Unzufriedenen wuchs, die sich um Versprechungen und Hoffnungen der Chruschtschow-Ära betrogen sahen, begannen die flexibler gewordenen Behörden, den Nährboden der Opposition zu zerstreuen. Juden vor allem, aber auch russische Regimekritiker erhielten Ausreisevisa. Das schwächte die ohnehin kleine Schar der Bürgerrechtler, aber es brachte auch eine unerwünschte Rückkoppelung. Die Verbindungen zwischen der Opposition im Lande und der Emigration sind enger geworden und nehmen zum Teil fast institutionalisierte Formen an. Die systemkritischen Veröffentlichungen in russischer Sprache, die im Westen gedruckt, aber in der Sowjetunion heimlich verbreitet und offen gehört werden (über die ausländischen Sender), haben beträchtlich an Umfang gewonnen.

In der zweiten Hälfte der siebziger Jahre verfiel der Kreml auf die klägliche Methode, die hartnäckigsten Geister des Widerspruchs einfach auszubürgern. Aber ist er sie damit auch wirklich losgeworden – die Solschenizyn und Sinowjew, die Künstler wie Rostropowitsch, die Wissenschaftler und die Kriegshelden wie den Ex-General Grigorjenko?

Die Antwort bleibt vorerst offen. Gemessen an der Gleichgültigkeit, mit der die überwiegende Mehrheit der Sowjetbürger den Oppositionellen noch immer begegnet, an der Ausdünnung der Moskauer Dissidentenszene, erschien zum Beispiel Pjotr Grigorjenko als General einer toten Armee, als er die Sowjetunion im November 1977 verließ. Aber hatte dieser alte Haudegen – gegen Nazis und Japaner, gegen Stalinismus und Personenkult, für Krim-Tataren und Ukrainer, tschechische Reformer und russische Bürgerrechtler – nicht durch sein persönliches Beispiel die Koordination der oppositionellen Bewegungen schon eingeleitet, mit der später die Helsinki-Gruppen die Behörden überraschten? Hatte er nicht unermüdlich gerade das Schicksal der kleinen, kaum beachteten Minderheiten in die Welt posaunt – noch bevor die nationalen Strömungen als das größte Reservoir der Dissidenten galten? Der Zufluß von Oppositionellen aus den Minderheiten wird in den nächsten Jahren auf keinen Fall versiegen. So wurde ausgerechnet ein Held der Sowjetunion zur emotionsbefrachteten Vaterfigur aller Rechtsuchenden. Ein General ohne Orden und Lametta: der Straßenanzug des 70jährigen war so kurz und eng, als wüchsen die langen Glieder des Hochaufgeschossenen noch immer nach. Pjotr Grigorjenko schritt schlürfend, gesenkt pendelte sein schwerer, spiegelglatter Kopf zwischen den vergleichsweise schmalen Schultern. Wo immer von Mißbrauch der Macht berichtet wurde in der Enge der Moskauer Bürgerrechtlerstuben, da leuchtete dieser Schädel durch die beißenden Tabakschwaden – ein guter Mond für die Beladenen. Seine Abschiedsabende im November 1977 ertranken in einem Meer von Blumen und russischer Rührung, selbst Heimaterde gaben ihm die Freunde mit auf den Weg. Grigorjenko wollte sich in Amerika zwar nur einer komplizierten Operation unterziehen und seinen zweiten Sohn wiedersehen, aber kaum jemand zweifelte daran, daß während dieser Reise seine Ausbürgerung erfolgen würde. Am 17. Februar 1978 verabschiedete das Präsidium des Obersten Sowjet den entsprechenden Ukas mit der Nr. 125. Unterzeichnet hatte ihn ein alter Waffenbruder aus der 18. Armee, den Grigorjenko im privaten Kreis stets als einen anständigen, korrekten Offizier bezeichnet hatte: Leonid Iljitsch Breschnew.

Das Übergewicht der nationalen Bewegung in der sowjetischen Opposition wird am Beispiel der politischen Häftlinge besonders deutlich. Obwohl die Russen rund die Hälfte der Bevölkerung stellen, stammen nach der Berechnung von Cronid Lubarskyj nur 21 Prozent der Häftlinge aus dieser bei weitem größten Nation. Gemessen an der Bevölkerungszahl steht das katholische Litauen mit knapp 3,4 Millionen Einwohnern, aber 20 Prozent aller politischen Gefangenen an der Spitze. Aus Litauen kommt kontinuierlich seit acht Jahren die Untergrundschrift *Chronik der litauischen katholischen Kirche.* In der Stadt Kaunas verbrannte sich, drei Jahre nach Jan Palach, der Student Romas Kalanta am 14. Mai 1972. Danach kam es zu tagelangen Kundgebungen. Mehrfach gab es in Litauen größere Demonstrationen, zuletzt im Oktober 1977 nach einem Fußballspiel. Die größte Zahl der politischen Häftlinge (36 Prozent) stammt aus der Ukraine, die knapp 50 Millionen Einwohner hat (fast 35 Millionen Ukrainer) und damit – gemessen an der Bevölkerungszahl – den zweithöchsten Anteil an «Staatsverbrechern» stellt. Armenien liegt mit drei Prozent der Polithäftlinge (bei drei Millionen Einwohnern) an dritter Stelle. Dabei ist Armenien unter den 15 Sowjetrepubliken noch das Land mit dem relativ eigenständigsten Nationalleben und der freiesten

Kirche. Zwar gibt es eine lange Tradition armenischer Attentate – aber nicht gegen Russen, sondern gegen Türken. 1915 hatten die Türken im ersten Genozid dieses Jahrhunderts unter der armenischen Minderheit ein Blutbad angerichtet, dem Hunderttausende zum Opfer fielen. Das armenische Volk wurde in alle Welt zerstreut – ein Teil fand in der armenischen Sowjetrepublik eine neue, halb-staatliche Existenz. Inzwischen strebt diese Minderheit nach größerer kultureller Autonomie und nach Wiederherstellung der historischen Grenzen Armeniens innerhalb der UdSSR. Das erklärt die große Nervosität und Geheimhaltung um den schon mehrfach erwähnten Anschlag auf die Moskauer Metro im Januar 1977 und um den späteren Prozeß, bei dem drei Armenier als Attentäter zum Tode verurteilt wurden.

Die ethnische Zugehörigkeit der politischen Häftlinge offenbart noch eine Besonderheit. Es gibt unter ihnen keine Dissidenten aus Mittelasien. Das ist damit zu erklären, daß Moskau in den einst so rückständigen Khanaten mit gewaltigen Bewässerungsprojekten und sozialen Investitionen beträchtliche Entwicklungshilfe geleistet hat. Das liegt ferner an der spezifischen Nationalitätenpolitik des Kreml in diesem Raum. Und das hat seine Ursachen in der besonderen Struktur der islamischen Gegengesellschaft auf sowjetischem Boden. Wir werden uns damit noch ausführlicher beschäftigen.

6. Kapitel

Völker und Signale

I. Der Einmarsch der Nationen: Allahs Arm begrenzt Olympia-Bauten

Die UdSSR ist das Land der fast unbegrenzten Abweichungen von begrenzten Möglichkeiten. Das Sowjetsystem und der russische Zentralismus ziehen die Grenzen, die Nationen rund um das russische Kernland weichen sie auf. Der Staat versucht die Religionen zu beschneiden – aber von Okzident bis Orient bekennen sich Millionen Sowjetbürger zu rund vierzig Konfessionen. Schon morgens knien katholische Frauen auf der endlosen Steintreppe am Altstadttor von Wilna, der litauischen Hauptstadt, im Nordwesten der Sowjetunion. Sie beten, Stufe für Stufe, aus handgeschriebenen Brevieren, bis sie heraufgerückt sind zum Gnadenbild der Theresienkirche, das der Kerzenrauch der Jahrhunderte verdunkelt hat. In der südlichen Sowjetrepublik Armenien werden drei von vier Kindern apostolisch-armenisch getauft – manche von amerikanischen Staatsbürgern. Sie dienen als armenische Priester dieser ältesten christlichen Nationalkirche, die heute auf dem Boden der Sowjetunion einen Rumänen zum Oberhirten hat. Der Arm Allahs reicht sogar bis Moskau und hat dort den größten Neubau der olympischen Sportstätten um einige Meter begrenzt. Im Schatten des Box- und Basketball-Stadions, das Ende der siebziger Jahre gebaut wurde, ragt in der Wypolzow-Gasse ein Halbmond aus dem Häusergewirr. «Unsere Moschee sollte dem Stadion weichen», so sagte mir Mullah Mustfim Imam Chabib, «aber wir setzten uns durch. Wir haben jetzt 100 000 Glaubensbrüder im Moskauer Gebiet.» Die UdSSR ist der fünftgrößte Moslemstaat der Welt mit fast 50 Millionen islamischen Sowjetbürgern.

Die russische Sprache wird gezielt als Instrument kultureller und ethnischer Assimilierung eingesetzt. Aber Russisch ist offiziell keine Staatssprache – nur Georgisch, Aserbajdshanisch und Armenisch sind in den neuen Republikverfassungen wieder als Staatssprachen verankert worden, unter dem Druck einer Massendemonstration in der georgischen Hauptstadt Tiflis im Frühjahr 1978. Die Rote Armee ist die Klammer um das russische Imperium, diese letzte multinationale Reichsbildung. Doch bei den sowjetischen Raketeneinheiten ist die Verständigung bisweilen ähnlich kompliziert wie bei den SALT-Verhandlungen: Es gibt selbst in dieser modernen, komplizierten und im Ernstfall entscheidenden Waffengattung mehrere Dutzend nationaler Sprachgruppen. Im Sowjetstaat gilt die Polizei als allmächtig. Aber gelegentlich werden Milizionäre und Soldaten wie Hasen durch die Arena gejagt, gehen Polizeimützen in Flammen auf – so zuletzt 1977 in Georgien beim Fußballspiel Dynamo Tiflis gegen Torpedo Moskau, als der Schiedsrichter die russische Mannschaft begünstigte. Der Pfeifenmann konnte am nächsten Tag die georgische Hauptstadt nicht verlassen, weil die Fans den Flughafen blokkierten.

Der Sowjetstaat bekämpft Aberglauben, mittelalterliche Traditionen und Fleischmangel. Aber Tieropfer gehören in Armenien ganz selbstverständlich zur Taufe – und die Taufe ist ein Familienfest, um das sich auch manche Delegierte vom Obersten Sowjet Armeniens nicht drücken können. Selbst der Kalym, der traditionelle Brautkauf mit Naturalien oder Geld, ist im islamischen Teil des Vielvölkerstaates nicht völlig ausgerottet. Der Streik gilt im ersten Vaterland der Werktätigen nach offizieller Lehre als überflüssig. Doch am 7. Oktober 1978 wurde die autonome Zwerg-Republik Abchasien durch eine Streikwelle gegen die «georgische Unterdrückung» lahmgelegt. Keim des nationalen Aufbegehrens: Die abchasischen Bauern wurden von ihrer georgischen Mutterrepublik durch verschärfte Kontrolle gezwungen, Obst und Gemüse an den staatlichen Handel abzuführen, statt die Güter schwarz in die benachbarte russische Teilrepublik zu exportieren. Schon Monate zuvor hatten die Abchasen wegen «sprachlicher und ökonomischer Überfremdung» durch Georgien den Austritt aus der georgischen Republik und ihre Angliederung an die russische Republik gefordert. Überstürzt kam daraufhin der sowjetische ZK-Sekretär Kapitonow, im Kreml zuständig für Parteiorganisation (und damit für Nationalitäten-Kontrolle), aus Moskau herbeigeeilt, das alleine fast hundertmal soviel Einwohner hat wie Abchasien. Unter den Palmen und Platanen des Schwarzmeerbades Suchumi versprach Kapitonow den 83 000 Abchasen eine

Universität, wofür sie aber bei Georgien zu bleiben hätten. Postwendend begehrten die Georgier auf: eine abchasische Universität sei ein Trojanisches Pferd der Russen auf georgischer Erde.

Diese Beispiele zeigen es deutlicher noch als die extremen Sonderfälle wie die Todesurteile gegen die armenischen U-Bahn-Attentäter und gegen den georgischen Separatisten Wladimir Shwania (er hatte 1976 einen Bombenanschlag gegen das Ministerratsgebäude in Tiflis verübt): Die Zentrale in Moskau kann die über hundert Nationen und Nationalitäten nicht nach den gleichen Normen ausrichten und disziplinieren wie das russische Kernland. In den Tagen der Oktoberrevolution verkündeten russische Volkshelden den stagnierenden Randnationen Freiheit, Gleichheit und eine revolutionäre Kulturpolitik. Heute sorgen die Randnationen für demographische Expansion, für kulturelle Anstöße und für latente politische Dynamik, während das russische Zentrum zum Kern der Stagnation geworden ist. Religionen, Traditionen und die Bevölkerungsexplosionen in Mittelasien bilden die zentrifugalen Gegenkräfte zur Kremlherrschaft durch Sowjetbürokratie plus Russifizierung des Landes. Die sozio-kulturelle und die demografisch-ökonomische Entwicklung verläuft – selbst ohne den Überbau zielgerichteter politischer Emanzipationsbewegungen – gegen das Zentrum. Fast alle Grenzgebiete der UdSSR werden von nichtrussischen Gebieten gebildet. Die nordwestlichen Republiken sind dem Sowjetimperium überhaupt erst im letzten Krieg durch die von Hitler ausgelöste Umwälzung des europäischen Mächtegleichgewichts zugefallen – bis heute zählt sich die Bevölkerung des Baltikums zum westlichen Kulturkreis.

Die Nationen in den Randgebieten waren im Zweiten Weltkrieg die schwächsten Kettenglieder. Sie wären es wieder, falls ein weltweiter Konflikt entstehen würde, den sich der Kreml auch aus diesem Grunde nicht leisten will. Bei einigermaßen entspannter und prosperierender Lage in Europa kann Moskau seine nationalen Puffer-Republiken im Westen ziemlich mühelos unter Kontrolle halten. Aber die Beschwichtigungstherapie des Kreml nach dem Einmarsch in Prag, nämlich durch Wohlstand eine Entpolitisierung zu erreichen, ist gescheitert. Osteuropa hat durch Inflationswellen und Versorgungsebben den Gezeitenwandel durch die Rohstoffkrise besonders heftig zu spüren bekommen. Die Stimmung in den westlichen Randterritorien der UdSSR ist nicht explosiv. Aber sie ist verbittert. Funken könnten überspringen, wenn sich in den osteuropäischen Satellitenstaaten Volkszorn am wachsenden Konsumverzicht entzünden würde. Ein lokaler Brand auf sowjetischer Seite wäre zwar schnell erstickt, aber doch höchst unangenehm für die Zentrale des Vielvölkerstaates, die Stalins Abschreckungsmethoden vermeiden will und deshalb kein sicheres Konzept der totalen Disziplinierung besitzt.

Die baltischen Republiken haben zwar den höchsten Lebensstandard in der Sowjetunion, aber sie fühlen sich dennoch von ihren westlichen Wurzeln hoffnungslos abgeschnitten. Ihre Geburtenraten sinken; die Furcht, aussterbenden Nationen anzugehören, ist im Baltikum weit verbreitet. Die Weißrussen sind dem Assimilierungsprozeß, den Moskau anstrebt, am stärksten ausgesetzt. Die Ukrainer sehen ihre Sprache und das westslawische Kulturerbe bedroht. Die Georgier bauen die private Landwirtschaft zu vergleichsweise bukolischer Idylle aus (42 Prozent der Agrarprodukte stammen aus privater Erzeugung gegenüber 28 Prozent im Durchschnitt – diese Zahlen sind freilich unüberprüfbar). Georgier trinken auf ihren Landsmann Stalin, weil er «unter den Russen aufgeräumt hat» – dabei war es gerade Stalin, der in den zwanziger Jahren entscheidend zum Ende der unabhängigen Republik Georgien beitrug. Die südlichen und südöstlichen Republiken der Sowjetunion grenzen vom Kaukasus bis Zentralasien an strenggläubige Muslim-Regimes. Die traditionellen Verbindungen zu den frommen, ärmeren Verwandten sind gering – durch die Abschaffung der arabischen Schrift Ende der zwanziger Jahre und durch den zivilisatorischen Aufstieg mit Moskaus Hilfe. Chomeinis mittelalterliche Scheiterhaufen leuchteten nicht einmal zu dem Zeitpunkt über die 2400 Kilometer lange Grenze des Iran, da das Charisma der Ayatollah noch ungetrübt war. Doch eine säkularisierte Renaissance des Islam, wie sie sich in der Sowjetunion entwickelt, ist für den Kreml viel schwieriger in den Griff zu bekommen.

Die russische Vormacht und Staatsvolk-Rolle wird zwar täglich praktiziert, aber ideologisch kaschiert. Die sowjetische Propaganda verleiht den normalen Entwicklungsleistungen im roten Imperium oft den Unterton eines russischen Opferganges für die nationalen Habenichtse. Das speist den Chauvinismus, den schon Lenin beklagte. «Wir bezahlen, damit es denen da unten besser geht als uns», solche Parolen hört man gelegentlich in Moskauer Käuferschlangen, Imbißhallen oder Vorortzügen. Dabei wird vergessen, daß «die da unten» Öl, Gas und Getreide liefern, Häfen und Soldaten stellen, Raketen und Raumstationen mitbezahlen, auf die sich die Sowjetmacht stützt – eine Macht, deren imperialer Drang und deren Räson der Selbsterhaltung nur die Russen befriedigt. Schon seit Mitte der dreißiger Jahre – und verstärkt unter Hitlers Bedrohung – ließ Stalin die Zaren, Fürsten und imperialen Feldherren wieder zu Ehren kommen. Seither sind sie in Filmen und Opern, mit Kolossalgemälden und Denkmälern auferstanden vom «Kehrrichthaufen der Geschichte» zu den «Vereinigern der russischen Länder». Doch die Vereinigung ist bis auf den heutigen Tag weitgehend territorialer Natur geblieben – wie es der klassischen Doktrin russischer Herrscher entspricht, die Machterweiterung mit Landnahme gleichsetzten.

Die einzelnen Nationen tun wenig, um die Bande der Völkerfamilie enger zu knüpfen. In der Sowjetunion wird überstürzt geheiratet und noch schneller geschieden. Die Eheanbahnungen zwischen den einzelnen Nationen aber nehmen nur ganz langsam zu, wenn man von innerslawischen Mischehen absieht. Der Nord-Süd-Dialog der Sowjetvölker führt nicht in die Heiratspaläste. Eine Untersuchung der Eheschließungen in allen nicht-russischen Republiken hat ergeben, daß vor allem die kaukasischen und mittelasiatischen Nationen fast völlig unter sich bleiben: Kirgisen (zu 95,4 Prozent), Kasachen (93,6 Prozent), Aserbajdshaner (89,8 Prozent), Usbeken (86,2 Prozent), Georgier (80,5 Prozent) und Tadshiken (77,3 Prozent). Aber auch bei den westlichen, nicht-slawischen Randnationen überwiegen die «nationalen» Ehen: Esten (78,8 Prozent), Litauer (68,2 Prozent), Letten (61,4 Prozent) und im Süden die Moldauer mit 62 Prozent. Nur in den slawischen Republiken Weißrußland (39 Prozent) und Ukraine (34,5 Prozent) und bei den kosmopolitischen Armeniern (33,4 Prozent) gibt es weniger nationale Heiraten als gemischte Ehen. Diese Umfrage ist zwar bereits 1969 gemacht worden, aber Einzelstatistiken, die ich bei meinen Reisen durch die Sowjetrepubliken in den letzten Jahren gesammelt habe, deuten keine Trendwenden an. Hochzeiten zwischen Asiaten und Europäerinnen sind die Ausnahme, Ehen zwischen Mädchen asiatischer bzw. mohammedanischer Herkunft und Slawen bzw. Balten kommen fast überhaupt nicht vor. Was früher Gebot des Koran war, lebt weiter als sittliche Norm. In den sechziger Jahren ist in Aschrabad keine Ehe zwischen einer Turkmenin und einem Mann fremder Nationalität registriert worden. Kirgisische Frauen heiraten bis heute nur Männer muslimischer Herkunft. Auch die wenigen Kirgisen, die Mischehen eingehen, nehmen zumeist eine islamische Bürgerin anderer Nationalität zur Frau.

Die Geburtenraten der Asiaten und Moslems sind, wie schon das Kapitel über den Baby-Schock im Westen der Sowjetunion gezeigt hat, vier- bis fünfmal höher als der russische Zuwachs. Die demografische Entwicklung macht im Süden schon seit längerem eine russische Bevölkerungszunahme durch Zuwanderung unmöglich.

Bei jeder Volkszählung seit 1897 war der Anteil der Europäer in Mittelasien gestiegen – aber die vorletzte Zählung (1970) zeigte die Trendwende auf: In allen mittelasiatischen und kaukasischen Republiken baut inzwischen die jeweils größte Volksgruppe ihren Anteil auf Kosten der Russen aus. Der russische Zuwachs läßt nach – die Kontrolle nicht. Das nach Chruschtschow eingeführte Prinzip, demzufolge der zweite Parteisekretär in jeder nichtrussischen Republik ein Russe zu sein hat, der mit Sondervollmachten des Kreml als heimlicher Gouverneur bereitsteht, ist inzwischen auch auf die letzte Bastion ausgedehnt worden, auf die Ukraine.

Wir haben bereits mehrfach festgestellt, daß die Rote Armee die engste Klammer um den Vielvölkerstaat ist. Die nationale Zusammensetzung der militärischen Befehlshaber wird in der sowjetischen Presse nicht aufgeschlüsselt. Westliche Beobachter haben aufgrund der Namen sowjetischer Generäle den ethnischen Proporz errechnet (vgl. auch *International Herald Tribune,* 16. Dez. 1978). Danach waren von den Generälen, die zwischen 1940 und 1976 ernannt wurden, 91 Prozent slawischer Herkunft, davon 60 Prozent Russen und 20 Prozent Ukrainer. Unter den Generälen im Obersten Sowjet sind 80 Prozent Russen und 15 Prozent Ukrainer. Von den 101 Russen, die zwischen Stalins letztem Lebensjahr und dem 25. Parteitag 1976 Mitglieder bzw. Kandidaten im Zentralkomitee der KPdSU wurden, waren 97 Slawen, davon 78 Russen. Führende Militärs baltischer, georgischer und asiatischer Herkunft sind im ZK also weder proportional noch symbolisch vertreten – das gilt zumindest bis zum Ende der siebziger Jahre. Die relativ hohe Anzahl von Ukrainern auf den höchsten Armeeposten ist historisch erklärlich, aber doch auch ein potentieller Unsicherheitsfaktor. Wir haben bereits in unserer Einleitung am Beispiel des gestürzten Parteichefs Schelest darauf verwiesen, daß das ukrainisch-patriotische Engagement dieser slawischen Brudernation sogar in höchste Führungsschichten übergreifen kann.

Sowjetischer Schliff und russische Befehle von oben treffen selbst in der Armee auf taube Ohren vieler Wehrpflichtiger. Nur ein Drittel der Asiaten und Kaukasier im Rekrutenalter hat laut offizieller Statistik gute Russisch-Kenntnisse. Dabei kommt in diesem Jahrzehnt bereits jeder sechste Sowjetbürger, der eingezogen wird, aus Mittelasien. Schon 1976 klagte in der Zeitung

Turkmenskaja iskra der General S. E. Belnoshko: «Die komplexe militärische Technologie kann bei einem zweijährigen Dienst nur von einem Soldaten mit guten Kenntnissen der russischen Sprache bewältigt werden.» Bei der Volkszählung von 1970 haben in 13 der 15 Sowjetrepubliken über 90 Prozent der Menschen die örtliche Sprache der jeweils führenden Nation als ihre Muttersprache angegeben. Nur ein Fünftel der Georgier war bisher bereit, fließend Russisch zu lernen, obwohl diese altchristliche Kaukasus-Republik eine große Bildungstradition besitzt. Als das Düsseldorfer Schauspielhaus 1978 in Tiflis mit *Kabale und Liebe* gastierte, war ich überrascht, daß das Auditorium auf Nuancen und Pointen nur sehr zögernd reagierte. Des Rätsels Lösung: Die Synchronübersetzung durch Kopfhörer erfolgte in Russisch, nicht in Georgisch. Dabei ist Schiller ganz besonders früh in diese iberisch-kaukasische Sprache übertragen worden, die zu den ältesten lebenden Sprachen der Welt gehört. Dabei gibt es in Tiflis einen georgischen Verein der Internationalen Goethegesellschaft mit Germanisten, die zu den besten (und schnellsten) der Sowjetunion gehören. Sie haben zum Beispiel dem großen Aufschwung der modernen österreichischen Literatur 1979 mit einer Anthologie Rechnung getragen, die sogar Thomas Bernhard in georgischer Sprache vorstellt.

Wir haben bereits darauf verwiesen, daß Stalin in der zweiten Hälfte der dreißiger Jahre begann, den russischen Imperialismus schrittweise zu rehabilitieren. Vor ihrer Machtergreifung hatten die Revolutionäre die Unterwerfung der Nationen durch den Zarismus rückhaltlos verdammt. Als sie selbst im Sattel saßen, revidierten sie dieses Bekenntnis schon bald durch ihre praktischen Maßnahmen. Aber Überbleibsel der alten «Kultur-Revolution» sind in Moskaus Nationalitätenpolitik eingeflossen. Vor allem die unterentwickelten Völker der Sowjetunion haben eine Aufwertung ihres kulturellen Erbes, ihrer («fortschrittlich» geschminkten) Geschichte, ihrer regionalen Literatur erfahren. Diese Erziehung nach der Schablone einer, ich möchte sagen, *progressiven Folklore* hat die unbefangeneren Nationen zur Wiederentdeckung und Romantisierung der Vätersitten geführt. So wachsen Tradition und neue Identifikation zusammen gegen die Versuche Moskaus, die Nationen auf den Nenner einer normierten Gesellschaft zu bringen. Die russische Sprache zum Beispiel ist fast unentbehrlich geworden als Voraussetzung für Weiterbildung und Qualifikation in technischen Berufen. Doch als Instrument kultureller und ethnischer Assimilierung ist Russisch weniger erfolgreich, als es der Kreml wünscht. Die Lage für Moskau ist vertrackt. Dort, wo die Geburtenraten am höchsten sind, ist die Kenntnis der russischen Sprache am schlechtesten. Die Usbeken zum Beispiel sind die zweitgrößte nichtrussische Nation (nach den Ukrainern) mit der zweithöchsten Geburtenrate (nach den Tadshiken), aber nur jeder siebte Usbeke verfügt über gute Russisch-Kenntnisse. Ein Drittel aller sowjetischen Kinder (rund 15 Millionen) besucht nichtrussische Schulen. In verschiedenen Gebieten muß die Zahl der Schüler, die «nationale» Lehranstalten besuchen, weiter steigen, weil die Ausbildung von Russisch-Lehrern mit den Geburtenraten nicht Schritt hält. Gleichzeitig aber wird jeder zweite junge Sowjetbürger, der Mitte dieses Jahrzehnts in den Arbeitsprozeß eintritt, nichtrussischer Herkunft sein, jeder sechste Wehrpflichtige aus Mittelasien stammen. Moskaus Appelle, die Zweisprachigkeit anzustreben, finden besonders wenig Echo in den transkaukasischen und kaukasischen Republiken (in Armenien ist nicht einmal jede zehnte Schule russisch).

Das ist der Hintergrund der verstärkten Kampagne zur Durchsetzung der russischen Sprache in den Sowjetrepubliken. Dieser Feldzug begann in der zweiten Hälfte 1978. Im Oktober jenes Jahres dekretierte der sowjetische Ministerrat *Maßnahmen für die weitere Verbesserung des Studiums und der Lehre der russischen Sprache in den Unionsrepubliken.* Zu den Maßnahmen gehören: mehr Sprachlabore, Erweiterung des Russischunterrichts auf Kosten anderer Fächer, Ausdehnung des Russischen als Unterrichtssprache für andere Fächer. Das ukrainische Erziehungsministerium verabschiedete auf diese Richtlinien hin sofort Direktiven, die an Schulen mit ukrainischer Unterrichtssprache von der ersten Klasse an Russisch zum Pflichtfach machen. In Taschkent, der Hauptstadt der so begrenzt russischsprachigen Usbeken, fand im Mai 1979 eine wissenschaftlich-theoretische Konferenz statt, die weitere Richtlinien entwickelte unter dem Motto *Russisch – die Sprache der Freundschaft und Zusammenarbeit der Völker der UdSSR.* Im Juli 1979 verstieß die Nachrichtenagentur *TASS* gegen ein Gebot Lenins. In einem Artikel unter der Überschrift *Die Popularität der russischen Sprache* war, kaum ohne Absicht, von der «Staatssprache des Sowjetlandes» die Rede. Eben dagegen hatte sich Lenin 1913 in einem Brief an den armenischen Sozialdemokraten Stepan Schaumjan gewandt: «Ist die ‹Staatssprache› nicht ein Stock, der die Menschen von der russischen Sprache forttreibt?» Wenig später, Anfang 1914, schrieb Lenin: «Wir meinen nicht, daß die große und mächtige russische Sprache irgend jemanden nötig hat, der sie aus bloßem Zwang lernen muß.»

Eben dazu verurteilt fühlen sich – nach Erlaß der neuen Russisch-Direktiven – besonders die Litauer, Ukrainer und Weißrussen. In Litauen werden bisher 84 Prozent der Kinder in ihrer Muttersprache unterrichtet, aber Russisch ist Pflichtfach von der ersten Klasse an. Die Litauer fürchten nun vor allem die Ausdehnung des Russischen als Unterrichtssprache für andere Fächer. In der Ukraine hat sich am Verhältnis zwischen ukrainisch- und russischsprachigen Schulen auf den ersten Blick kaum etwas geändert seit den frühen dreißiger Jahren. Noch immer wird in über 80 Prozent der Schulen in ukrainischer Sprache unterrichtet. Was sich aber verschoben hat, ist die Zahl der Kinder an diesen Schulen: Vor dem Kriege erhielten mehr als 85 Prozent der Schüler ukrainischsprachigen Unterricht, heute sind es nur noch rund 60 Prozent. Etwa vierzig Prozent der Kinder haben Russisch als Unterrichtssprache, obwohl nur jeder fünfte Bewohner der Ukraine ein Russe ist. Am stärksten auf dem Vormarsch ist die russische Sprache in der weißrussischen Republik, dem Produkt der sowjetischen Nationenbildung mit mühe- und kunstvoll austarierten Abgrenzungen zu Zentralrußland, Polen und Litauen. Mehr als 60 Prozent der Weißrussen, die in ihrer Republik leben, verfügen über vorzügliche Russisch-Kenntnisse. Jeder zehnte zieht das sehr ähnliche Russisch sogar innerhalb der Republik seiner Muttersprache vor.

Dissidenten verschiedener Nationalitäten haben in den vergangenen Jahren immer wieder mit Dokumentationen auf die «Sowjetisierung» Osteuropas und die «Russifizierung» der Völker innerhalb der UdSSR hingewiesen. Unberücksichtigt bleibt dabei zumeist, daß diese Willkür trotz allem Begrenzungen unterliegt, weil die sowjetische Machtsicherung von Zielkonflikten begleitet wird. Zwei Aspekte müssen in diesem Zusammenhang besonders berücksichtigt werden: 1. Die Interdependenz der außenpolitischen Beziehungen und der innerstaatlichen Zwangsmaßnahmen gegenüber bestimmten Minderheiten. Das ändert zwar objektiv nichts an der willkürlichen Verfügung über diese Gruppen nach Maßgabe der globalen Kreml-Interessen. De facto aber kann die unmittelbare Beziehung zwischen Außen- und Nationalitätenpolitik eine Abschwächung der Repressionen oder auch bedingte Zugeständnisse gegenüber der betroffenen Minderheit bringen. 2. Die Unterdrückung der Nationen wird begrenzt durch den entschiedenen Verzicht auf den Terror der Stalin-Ära, auf Massendeportationen und Liquidierungen.

Diese Abstriche von schrankenloser Willkür haben nicht nur

den beharrlichen Widerstand der größeren Völker mit eigenen Territorien, mit ortsgebundener nationaler Geschichte und Kulturerbschaft gefördert. Auch die in ihrer Autonomie besonders beschnittenen Gruppen, die seit Jahren einer viel stärkeren Assimilierung ausgesetzt sind, intensivierten in den siebziger Jahren ihre nationalen Aktivitäten. Um diesen Prozeß etwas genauer zu beschreiben, ist ein kurzer, aber konzentrierter Blick auf drei Minderheiten erforderlich: auf die Krim-Tataren, die Stalin deportieren ließ, und die nun seit Jahren mit fast urchristlicher Passion und mit heimlichen Trecks zurückzukehren versuchen in ihr gelobtes Land, die Krim; auf die deutsche Minderheit, von der ein Teil die Auswanderung, ein anderer Teil die kulturelle Autonomie verlangt; auf die Juden, die Ende der sechziger Jahre mit mutiger Beharrlichkeit in die Mauer der Bürokratie die erste Bresche für eine Auswanderungsbewegung schlugen. Den Deutschen und den Juden kommen außenpolitische Rücksichtnahmen des Kreml entgegen. Den Tataren hilft nur, daß Moskau vor den Konsequenzen stalinistischer Terrormethoden zurückschreckt.

II. Der Auszug der Nationen: Tataren, Deutsche, Juden

Seit Jahren ziehen in der Sowjetunion Tausende von Menschen mit heimlichen Trecks in ihr gelobtes Land, aus dem sie vertrieben wurden, das ihnen verboten blieb bis auf den heutigen Tag. Es sind die Tataren, die aus Mittelasien auf allen Wegen zur Krim zurückzukehren versuchen. Manche der Heimkehrer werden von den Behörden nachts auf Lastwagen verladen und wieder nach Asien transportiert. Zeitweilig halten sich bis zu 2000 Familien mit Kindern und Greisen im Gebiet ihrer Väter auf, das seit 1954 zur Ukraine gehört. Einige der Rückkehrer haben die offizielle Registrierung trotz aller Hindernisse erreicht. Aber Hunderte leben ohne Anmeldung und mit ungewisser Zukunft. Leerstehende Häuser und freie Arbeitsplätze werden an Tataren nicht vermittelt. Andere Familien sind in die unmittelbare Nachbarschaft der Krim gezogen, um dem Boden der Väter möglichst nahe zu sein. Die Krim-Tataren lassen sich nicht provozieren, nehmen Beschimpfungen und physische Bedrohung schweigend hin. Von einem tatarischen Bekannten hörte ich einmal die folgende Episode, für deren wahren Gehalt sich der stille, bescheidene Mann verbürgte: Ein angetrunkener Kolchosarbeiter stieß zu einer tatarischen Hochzeit, wollte mitfeiern, erhielt zu trinken und zu essen, trollte sich am Ende fluchend und schlug vor der Tür die Scheibe eines PKW ein mit dem Ruf: «Autos habt ihr verdammten Tataren auch noch!» Die Affäre endete mit einer Verurteilung des tatarischen Autobesitzers wegen Körperverletzung.

Die Tataren verloren ihre Heimat am 18. Mai 1944; Stalin ließ mehr als 200 000 Menschen, einschließlich aller Kinder und alten Leute, nach Usbekistan, Kasachstan und in den Ural deportieren. Ihre jahrhundertealte Heimat auf der Krim war nach Hitlers Überfall auf die Sowjetunion bis zum April 1944 von den Deutschen besetzt gewesen. Nach dem Abzug der Wehrmacht wurden die Krim-Tataren in die Liste der *kollaborierenden Völker* aufgenommen. Die von der Sowjetführung 1921 dekredierte Autonome Republik der Krim-Tataren wurde aufgelöst. Während die Autonome Republik der Tataren von Kasan an der Wolga bestehen blieb, teilten die Krim-Tataren das Schicksal der Deportation mit sechs anderen Volksgruppen, die der Sowjetdiktator nach Zentralasien und Sibirien umsiedeln ließ. Es waren 1941 die Wolga-Deutschen und seit Herbst 1943 die Tschetschenen, Kalmükken, Inguschen, Karatschi-Tscherkessen und Balkaren. Auf diese Weise vertrieb die Siegermacht mehr als eine Million eigener Bürger aus ihrer Heimat. Stalin setzte auch mit dieser Methode auf besonders rabiate Weise zaristische Beispiele fort: Eines lieferten die Romanows im 15. Jahrhundert mit den Deportationen der führenden Familien aus dem Stadtstaat Nowgorod; ein anderes bot die Säuberung des Kaukasus Mitte des 19. Jahrhunderts. Damals stellte Alexander II. den Tscherkessen das Ultimatum, in zehn Wochen zu entscheiden, ob sie in die russische Steppe umziehen oder in die Türkei auswandern wollten. Eine halbe Million dieses unglücklichen Volkes wählte den zweiten Weg.

Die krimtatarische Bürgerrechtsbewegung begann, als Chruschtschow diese Volksgruppe von der Rehabilitierung ausschloß, als er sie auf dem berühmten 20. Parteitag 1956 bei der Aufzählung der von Stalin auf verbrecherische Weise deportierten Völker nicht erwähnte. Die anderen fünf Volksgruppen erhielten Anfang 1957 ihre nationale Existenz und ihre Heimatgebiete zurück. Die Tataren blieben davon – zusammen mit den Deutschen – ausgenommen und auf die Rechte einer Minorität beschränkt. So begann, längst vor der Dissidenten-Bewegung, ihr Kampf um die nationale Existenz und gegen die allmähliche Assimilierung in einem fremden Kulturraum. Dieser Kampf hat alle Stationen und

Wendungen, Möglichkeiten und Grenzen einer Bürgerrechtsbewegung unter den nachstalinistischen Bedingungen aufgezeigt. Er begann mit der Ausschöpfung der erlaubten Mittel, führte zu Änderungen des usbekischen Strafgesetzbuches, wodurch die legalen Aktionen der Krimtataren kriminalisiert wurden, und trieb die Heimatlosen schließlich über den Rand der Legalität hinaus. Den Anfang machten schlichte Petitionen. 1964 wählten die Krimtataren im fernen Usbekistan nach allen Regeln formaler Demokratie eine Art ständiger Vertretung, die in Moskau antichambrieren sollte. Die Stationen der tatarischen «Reise-Diplomatie»: 1965 wurden die Abgesandten von Anastas Mikojan, dem damaligen Staatschef, im Obersten Sowjet empfangen; 1966 torpedierten sie den 23. Parteitag mit Bittschriften, Telegrammen und Unterschriftensammlungen; noch im selben Jahr wurden sie per Anweisung aus allen Moskauer Hotels verbannt; 1967 drohten sie mit einer Demonstration auf dem Roten Platz. Dieser hartnäckige Ansturm brachte im September 1967 einen Teilerfolg, ein Zugeständnis der Behörden, mit dem der Kreml die Hundertschaften der tatarischen «Gesandten» aus Moskau abzuwimmeln hoffte. Per Erlaß wurden die Krimtataren rehabilitiert – doch sie erhielten ihre Republik, ihren einstigen Status einer Nation nicht zurück. In ihrer eigenen Zeitung, die seit 1957 von Usbeken in Taschkent gemacht wird, darf die Krim bis heute nicht als Heimat der Tataren bezeichnet werden.

So begann die zweite Phase dieser Bürgerrechtsbewegung, der illegale Aufbruch in das gelobte Land. Ein Symbol für die Hartnäckigkeit, mit der viele Krimtataren seit mehr als 35 Jahren an ihrem Traum festhalten und die Eingewöhnung in der Fremde ablehnen, ist der Nationalheld Mustafa Dshemilew. Er war erst ein Jahr alt, als seine Eltern 1944 nach Mittelasien deportiert wurden. Dshemilew, der die Hochschule wegen seines nationalen Engagements verlassen mußte, wurde seit Mitte der sechziger Jahre viermal zu Gefängnis bzw. Lagerhaft verurteilt. Während dieser Zeit schrieb er eine *Geschichte des Volkes der Krim-Tataren.* Da die tatarischen Bibliotheken auf der Krim nach der Deportation zerstört wurden, sind das Buch und sein Autor nationale Heiligtümer geworden. Tatarische «Delegierte» in Moskau erzählten mir, daß in den letzten Jahren fast die Hälfte der tatarischen Sprößlinge den Vornamen Mustafa erhalten habe. Als der gesundheitlich geschwächte Dshemilew während seiner vorletzten Haft – er ist inzwischen wieder eingekerkert – in den Hungerstreik trat, forderten ihn seine Landsleute zum Abbruch dieser Aktion auf. Sie bildeten eine «Delegation» von 200 Männern, die den Streik in einer Hunger-Stafette über jeweils drei Tage weiterführen wollten.

Auf das Schicksal der Krim-Tataren hatte zuerst der Held der Sowjetunion Ex-General Grigorjenko aufmerksam gemacht. Sein Einsatz brachte ihn in «psychiatrische Behandlung». Zum Prozeß gegen Dshemilew im April 1976 war Nobelpreisträger Sacharow in das sibirische Omsk geflogen. Der Atomphysiker sorgte für internationale Schlagzeilen, weil er Milizionäre, die ihn am Betreten des Gerichtssaals hinderten und seine Frau anrempelten, kräftig ohrfeigte. Die Krim-Tataren selbst haben erst spät und nach Ausschöpfung aller internen Möglichkeiten an das Ausland appelliert. Reschid Dshemilew, der Bruder Mustafas, zeigte mir 1977 einen Brief, den er an den saudiarabischen König gerichtet hatte, an den «Glaubensbruder und an die Heimat des Propheten Mohammed». In der religiösen Orientierung der Tataren liegt möglicherweise einer der Gründe für die Unnachgiebigkeit Moskaus. Hélène Carrère d'Encausse hat in ihrem Buch *L'empire éclaté* (Paris 1978; deutsche Ausgabe: *Risse im Roten Imperium*, Wien, 1979) die etwas zugespitzt formulierte, aber tendenziell richtige Einschätzung vertreten: «Der tatarische Nationalismus hatte vor und nach der Revolution einen beträchtlichen Einfluß auf die mohammedanische Welt Rußlands ... Den 300 000 Tataren, die ihr Vaterland verloren haben, Gerechtigkeit angedeihen zu lassen, würde unter den gegenwärtigen Verhältnissen der UdSSR bedeuten, einen weiteren Stein in das Gebäude des triumphierenden und isolationistischen Nationalismus zu fügen, der gleichbedeutend mit dem turko-mohammedanischen Nationalismus ist.»

Im Gegensatz zum Schicksal der Krim-Tataren ist das der deutschstämmigen Sowjetbürger nach Stalins Tod durch außenpolitische Rücksichten beeinflußt worden. Von den rund 2 Millionen Nachfahren der ersten Siedler, die Katharina II. einst aus Schwaben und der Pfalz ins Land holte und die führend an der Entwicklung des russischen Reiches beteiligt waren, leben heute fast die Hälfte (rund 850 000) in der Sowjetrepublik Kasachstan. Die andere Hälfte ist zum größeren Teil auf die Russische Föderation (RSFSR) verstreut, zwei kleinere Gruppen existieren in den mittelasiatischen Sowjetrepubliken Kirgisien und Tadshikistan. Früher lagen ihre Siedlungsräume vor allem an der Wolga, aber auch auf der Krim, im Schwarzmeer-Gebiet und im Kaukasus. Rund 500 000 Bauern deutscher Abstammung aus 200 Dörfern an der mittleren Wolga bildeten 1918 das erste autonome Minderheitsgebiet des jungen Sowjetstaates (die *Autonome Arbeiter-Kommune*). 1924 ging daraus die Autonome Republik der Wolga-Deutschen hervor. Sie wurde im Herbst 1941, nach Hitlers Überfall, aufgelöst. Schon einen Monat zuvor, am 28. August, war die Deportation der Wolgadeutschen per Dekret verfügt worden. Drei Jahre nach Kriegsende bekräftigte das Präsidium des Obersten Sowjet diese Kollektiv-Haftung und verfügte die «ewige» Verbannung aller Deutschen. Doch schon zwei Monate nach Konrad Adenauers Moskau-Besuch im September 1955 erhielten die Deutschen ihre Bürgerrechte zurück. 1964, acht Jahre später als die anderen von Stalin deportierten Volksgruppen, aber drei Jahre vor den Tataren, wurden die deutschstämmigen Sowjetbürger vollständig rehabilitiert. Das war die Morgengabe Chruschtschows, der nach Kuba-Debakel und Erntekatastrophe eine neue (und letzte) Umarmung Bonns versuchte, bevor er gestürzt wurde. Doch wie im Fall der Krimtataren versagte der Kreml auch den Deutschen die Autonomie, das eigene Territorium, die Rückkehr an die Wolga. Eben dies war damals noch der eindeutig dominierende Wunsch der heimatlosen Volksgruppe, der fast alle jene beseelte, die sich nicht schon assimiliert hatten. Eine verständliche Sehnsucht; denn obwohl den deutschstämmigen Sowjetbürgern mehr kulturelle Rechte als den Krimtataren eingeräumt wurden, reichten die Zugeständnisse bei weitem nicht an das nationale Verwaltungssystem und Schulwesen (rund 400 Schulen, fünf Hochschulen) der Wolgarepublik heran. Bis heute gibt es keine deutschen Schulen und nur wenige Klubs. In der tadshikischen Hauptstadt Duschanbe zum Beispiel leben 12 000 Deutsche, aber ein gemeinsames Kulturleben fehlt fast völlig. 1970 gab jeder dritte deutschstämmige Sowjetbürger Russisch als seine erste Sprache an. 1926 hatte nur jeder zwanzigste in Russisch seine Muttersprache gesehen. Die Heimkehr an Rußlands Schicksalsstrom blieb den Wolgadeutschen versagt – der Abzug an den Rhein wurde vielen gestattet. Das geschah wiederum im Zeichen der Außenpolitik, der deutsch-sowjetischen Normalisierung, und trug das vage, harmonisierende Kennwort Familienzusammenführung. Von einer dissidentischen Auswanderungsbewegung konnte noch nicht die Rede sein. Mit der Annäherung stieg die Abwanderung, besonders nach dem deutsch-sowjetischen Vertrag vom August 1970. Seit 1950 verließen rund 90 000 Deutsche die UdSSR; zwei Drittel dieser Umsiedler, ungefähr 60 000, gingen alleine im letzten Jahrzehnt. So förderten

Moskaus innenpolitisch bedingte Weigerung, den Deutschen ein autonomes Territorium zu geben, und die außenpolitisch motivierte Großzügigkeit gegenüber Ausreisewünschen einen bemerkenswerten Bewußtseinswandel. Aus dem konkreten Wunsch, die kulturelle Diaspora zu verlassen, nationale Identität und historische Kontinuität in einer autonomen Gemeinschaft zu wahren, wuchs die emotionale Hinwendung zu einem unbekannten Land ferner Vorväter. Die Bundesrepublik wurde zum realen Utopia des unerfüllten Traumes von der Heimkehr. Die in vielen Jahren gestaute Erfahrung von Verlusten – an Selbstwertgefühl, handwerklichen Traditionen, sprachlicher Einheit in der Familie – erzeugte nun Züge eines irrationalen Erlösungsglaubens. Er riß viele aus dem passiven Warten auf Autonomie in eine aktive Auswanderungsbewegung. Die Juden gaben obendrein seit Ende der sechziger Jahre den Anschauungsunterricht dafür, daß nur kompromißlose Entschlossenheit weiterhalf. Das brachte schließlich auch stille und brave Deutsche auf Dissidenten-Kurs. Sie kletterten bei Nacht mit Hilfe von Seilen und Krampen über die hohen Mauern der Moskauer Ausländer-Gettos, um Korrespondenten von ihren Ausreisegesuchen, Protestaktionen und Verhaftungen im fernen Kirgisien oder Kasachstan zu berichten. Sie überrumpelten die Milizionäre vor der bundesdeutschen Botschaft in einem kurzen Handgemenge, um durch ein Sit-in auf dem exterritorialen Gelände ihre sofortige Ausreise zu erreichen. Sie begannen – wie die Helsinki-Gruppen, die litauischen Katholiken, die oppositionellen Schriftsteller – eigene Untergrund-Informationen zu drucken. Eine dieser Samisdat-Nummern präsentierte im herausfordernden Stil entschlossener Dissidenten den Vorschlag, wenn schon nicht das Wolgagebiet, so doch den Raum Kaliningrad (Königsberg) für die Ansiedlung der Minderheit zur Verfügung zu stellen. In Tadshikistan wurde 1979 der deutschstämmige Pawel Pletschko zu einem Jahr bedingter Freiheitsstrafe bei «unbedingter Heranziehung zur Arbeit» verurteilt. Pletschko hatte für sich, für seine Frau und seine Kinder einen Antrag auf Ausreise in die Bundesrepublik gestellt. Weil die Pletschkos dort aber keine Verwandten hatten, wurde der Antrag abgelehnt. Daraufhin sagte sich der Deutsche von seiner sowjetischen Staatsbürgerschaft los, gab seine Arbeit auf, nahm seine Kinder von der Schule und zog unter permanentem Protest und «Verleumdung der sowjetischen Wirklichkeit» von Ort zu Ort, wo er jeweils bei Verwandten wohnte. Nach seiner Verurteilung kam Pletschkos Frau mit ihren beiden Söhnen aus dem fernen Tadshikistan nach Moskau und demonstrierte auf dem Roten Platz. Sie wurde festgenommen und zurückgeschickt. Im Gebiet um die kasachische Hauptstadt Alma Ata und in der kirgisischen Sowjetrepublik gaben in den letzten Jahren Hunderte von Ausreisewilligen ihre Pässe zurück und forderten die Entlassung aus der sowjetischen Staatsbürgerschaft. Wie viele Deutschstämmige das Land wirklich verlassen wollen, weiß niemand genau. Die Schätzungen gehen von 100 000 bis 300 000. Sie lagen zu Beginn der siebziger Jahre um das Mehrfache niedriger.

Moskau steht vor einem schwierigen Problem. Der Hauptschub der Deutschen kam zwischen 1763 und 1824 nach Rußland. Auch in der neuen, vierten Verfassung der Sowjetunion (von 1977) fehlt das Recht auf Freizügigkeit innerhalb der UdSSR und das Recht auf freie Ein- und Ausreise (Artikel 13 der allgemeinen Erklärung der Menschenrechte). Da also das Recht auf Freizügigkeit grundsätzlich nicht besteht, können die Nachkommen von Einwanderern, die im Zarenreich ihr Vaterland sahen, deren Kinder und Kindeskinder sich als Untertanen dieses Staates fühlten, nun kaum «repatriiert» werden. «Zuzugeben, daß ethnische Gruppen sich in der Sowjetunion als Fremde fühlen – obwohl sie im Zarenreich integriert waren –, würde die Anerkennung des totalen Zusammenbruchs der Nationalitätenpolitik der Sowjets bedeuten», hat Hélène Carrère d'Encausse angemerkt. Außerdem sind die Deutschen, in welchem Winkel der Sowjetunion es sie auch verschlagen hat, die begehrtesten Facharbeiter, Handwerker oder Kolchosbauern.

So hat Moskau neben den behördlichen Sperrgürteln die propagandistische Abschreckung ausgebaut. Die *Freundschaft,* die deutschsprachige Zeitung in Kasachstan, veröffentlicht inzwischen allwöchentlich Beichten und Reuebekenntnisse, schockierende Erfahrungen und warnende Beschwörungen von Aussiedlern und Rückkehrern über Ausbeutung, Hektik, politische Verführung und moralische Verdorbenheit in der Bundesrepublik. Ohne Zweifel kommen viele Aussiedler mit Bruchstücken der Erinnerung an ein längst versunkenes Deutschland in eine für sie fast unbegreifliche Welt. Einmal flog ich zwei Tage vor Weihnachten mit einer Linienmaschine von Moskau nach Frankfurt. Sie war bis auf den letzten Platz ausgebucht von der bundesdeutschen Kolonie in Moskau, von Botschaftsangehörigen, Wirtschaftsvertretern, Monteuren. Die Stimmung war euphorisch: abgehoben vom wintergrauen Moskau, im Steigflug zu deutschen Weihnachten. Whisky, Bier und Champagner flossen, der zollfreie Verkauf machte doppelten Umsatz. Nur zwei Menschen saßen stumm und hilflos im Trubel dieses improvisierten Bordfestes. Es waren Aussiedler, ein altes Ehepaar. Sie kramten immer wieder in ihrem ärmlichen Handgepäck, holten hervor, packten um, verstauten und halfen einander wie Philemon und Baucis: deutsche Starzen von jenseits der Wolga. Ein smarter junger Mann, vom Sekt animiert, griff in das Gepäckfach, holte seine Schapka aus Seehundfell heraus und wollte mit der Pelzmütze für die beiden Alten sammeln gehen. Sein Nachbar bremste den Elan, es sei dafür wohl nicht der rechte Augenblick.

Doch zurück zur *Freundschaft.* Ihre Melodramen über enttäuschte Aussiedler sind viel zu dick aufgetragen und gehen an den wirklichen Problemstellungen vorbei. Die *Freundschaft* ist eine der langweiligsten Publikationen in der UdSSR und eines der stursten Propagandainstrumente – kein Ruhmesblatt der sowjetischen Nationalitätenpolitik. Mein Kollege Leo Wieland, der Moskauer Korrespondent der *Frankfurter Allgemeinen Zeitung,* erzählte mir einmal die folgende Episode. Während eines Besuches in Alma Ata, den die Presseabteilung des sowjetischen Außenministeriums organisiert hatte, kamen er und einige andere deutschsprachige Kollegen auf die Idee, der *Freundschaft* eine Visite abzustatten. Die amtlichen Begleiter versuchten abzublocken: dieser Vorschlag hätte schon in Moskau gemacht werden müssen. Da habe man ja das Programm der Reise noch gar nicht gekannt, antworteten die Kollegen. Schließlich wurde der Besuch arrangiert, der Chefredakteur der *Freundschaft* leitete die Begrüßung mit den Worten ein: «Sie sprechen ja wohl alle Russisch!» Mehrere Korrespondenten verneinten und fragten, warum man in einer deutschsprachigen Zeitung nicht auch die Sprache dieser Volksgruppe sprechen könne. «Damit alle der interessanten Unterhaltung folgen können», antwortete der Chefredakteur und wies in die Runde. Zu dieser gehörten auch einige etwas düster dreinschauende Herren ungeklärter Funktion. Nach langem Palaver einigte man sich darauf, daß die Korrespondenten deutsch fragen sollten, der deutschstämmige Chefredakteur russisch antworten und der stellvertretende Chefredakteur die Worte seines Vorgesetzten ins Deutsche übersetzen würde.

Manche Schwierigkeiten, vor denen Moskau heute steht, hätten sich vermeiden lassen, wenn der Kreml den Deutschen und Tataren zum gleichen Zeitpunkt wie den anderen deportierten Volksgruppen ihre einstigen Territorien und autonomen Rechte zurückgegeben hätte. Im August 1979 veröffentlichte *Sowjet-*

union heute, das bunte Blatt der UdSSR-Botschaft in Bonn, ein Interview mit einer Melkerin aus dem Altai. Sie ließ sich vage darüber aus, daß eine Autonome Republik der Deutschen Kasachstans oder der Deutschen Sibiriens «kaum möglich» sei. War diese erste Andeutung ein sowjetischer Versuchsballon – wie ernstzunehmende Beobachter andeuteten? Auszuschließen ist das nicht. Doch spricht – ganz losgelöst von den unbekannten Plänen des Kreml – wenig dafür, daß die Wiederherstellung einer Republik für die deutschstämmigen Bürger heute noch Einsatz, Aufwand und Unruhe lohnt. Es ist zweifelhaft, ob die Auswanderungswünsche dadurch gebremst werden könnten. Es ist ziemlich sicher, daß die Gründung einer solchen Republik jenen Teil der Bevölkerung neu motivieren und stimulieren würde, der sich bereits mit der Assimilierung abgefunden hat. Und es ist fast überflüssig zu erwähnen, daß eine solche «Bevorzugung» der Deutschen neue Aktionen der Tataren für ihre Gleichberechtigung auslösen würde.

Im Gegensatz zu Deutschen und Tataren haben die jüdischen Sowjetbürger ein eigenes Territorium – doch es interessiert die meisten nicht. In der Autonomen Jüdischen Republik von Birobidshan im Fernen Osten, nahe der chinesischen Grenze, leben nur 11 000 der rund 2,1 Millionen, die sich zur jüdischen «Nationalität» bekennen. Die jüdische Auswanderungsbewegung, die Ende der sechziger Jahre ihren beispiellosen Durchbruch erzielte, hatte die Heimkehr nach Israel auf ihre Fahnen geschrieben. Aber schon bald stellte sich heraus, daß ein großer Teil der Auswanderer über Wien nicht nach Israel weiterflog, sondern nach Amerika. Das dominierende Motiv der Deutschen und Tataren, aus der kulturellen Diaspora in die ethnische Gemeinschaft zurückzukehren, war für viele Juden von Anfang an nicht der einzige Antrieb. Es gab eine Reihe anderer Beweggründe: Begrenzung der beruflichen Chancen durch nationalen Proporz und latente Diskriminierung, Einschüchterung durch offenen Antizionismus und verborgenen Antisemitismus.

Was die jüdische Auswanderungsbewegung aber besonders heraushebt: Eine «innere Angelegenheit» der sowjetischen Nationalitätenpolitik wird seit Jahren offen ausgespielt als Karte im globalen Poker zwischen den Weltmächten. Da gab es das Jackson-Amendment, das Moskaus Hoffnung auf das große Entspannungsgeschäft verhagelte. Der amerikanische Kongreß wollte die von Nixon 1972 fest versprochene Meistbegünstigung für sowjetische Exporte nur im Tausch gegen noch mehr Ausreisevisa gewähren. Der Kreml annullierte daraufhin den Handelsvertrag.

Dennoch erhöhte die sowjetische Führung die Zahl der Ausreisegenehmigungen mehrfach demonstrativ – wenn sie sich Hoffnungen machte, den US-Senatoren die Zustimmung für die Meistbegünstigungsklausel und für das Salt-II-Abkommen über die Begrenzung der strategischen Waffen abhandeln zu können.

So durften zum Beispiel alleine im Jahre 1978 rund 30 000 Juden ausreisen. Kurz bevor Breschnew und Carter in der Wiener Hofburg im Juni 1979 den Salt-Vertrag unterzeichneten, signalisierte der Kreml weitere Zugeständnisse. Sie wurden aufgeschoben, als viele Senatoren unmittelbar nach dem Wiener Gipfel ihre Opposition gegen Salt II verschärften.

Die jüdische Aufbruchstimmung ist denn auch immer wieder von Gerüchten und Spekulationen beeinflußt worden, die sich um globale Daten rankten. «Nach Helsinki», so hieß es seinerzeit in der Moskauer Flüsterpropaganda, werde ein totaler Ausreisestopp erfolgen. Später lauteten die Prophezeiungen: «nach Salt», «nach den Olympischen Spielen». Der Rückgang der Abwanderung Mitte der siebziger Jahre wurde durch Berichte über Anpassungsschwierigkeiten vieler Aussiedler in Israel, Amerika und Kanada verstärkt. Als sich dann die Erfolgsmeldungen der etablierten Verwandten und die Interviews der russischsprachigen Westsender mit jüdischen Emigranten mehrten, stieg der Trend zur Auswanderung schnell wieder an. Berichte über berufliche Chancen, Verdien tmöglichkeiten, Ausstattung westlicher Forschungslabors üben deshalb einen besonders großen Einfluß aus, weil die sowjetischen Juden vor allem in den Städten leben. Die jüdische Volksgruppe in Moskau zählt etwa 250 000 Menschen, in Leningrad 160 000, in Kiew 154 000, im Raum Odessa 120 000 und in der moldauischen Hauptstadt Kishinjow über 40 000. Die jüdischen Sowjetbürger sind in Wissenschaft und Kultur, aber auch in der Partei «überproportional» vertreten. Die KPdSU zählte 1976 fast 300 000 jüdische Mitglieder. Das sind 13,7 Prozent aller jüdischen Sowjetbürger – keine andere Volksgruppe hat einen so hohen Anteil in der Partei.

Unter dem Zarismus waren den jüdischen Bürgern Parteien und Städte verschlossen. Die Sowjets «säkularisierten» das Judentum: Umsiedlung in die Städte, Umfunktionierung der Religion in Nationalität, administrative Einrichtung einer Heimat per Dekret: Birobidschan wurde 14 Jahre vor Israel gegründet, im Jahre 1934. Die Juden fanden Zugang zu moderner Ausbildung und Eliteberufen, aber sie verloren immer mehr traditionelle Substanz – Sprache und Religion – durch Assimilierung und administrative Behinderung. Die Wiege der jiddischen Kultur stand zwischen Kiew und Odessa – heute kann nur noch jeder fünfte Jude in der Ukraine Jiddisch sprechen. Zur Muttersprache des osteuropäischen Judentums bekennen sich in der gesamten UdSSR noch 17 Prozent der jüdischen Sowjetbürger. Bei der ersten Volkszählung 1897 bezeichneten fast 97 Prozent der russischen Juden das Jiddische als ihre Hauptsprache.

Ende November 1978 gab es in der sowjetischen Hauptstadt nach langer Zeit wieder einige Theateraufführungen in jiddischer Sprache. Das Moskauer Ensemble der jüdischen Volksgruppe hatte in den Jahren zuvor mit seinen Schwänken vom *Behexten Schneider* und vom Spaßmacher *Herschele Ostropoljer* nur durch die Provinz tingeln dürfen. In der Aufführung, die wir besuchten, übersetzte in der Reihe vor uns eine Mutter ihrem etwa vierzigjährigen Sohn jede Pointe ins Russische. In allen Reihen mußten die älteren Leute den jüngeren flüsternd nachhelfen. Kurz vor diesem jiddischen Gastspiel am eigenen Standort hatte ein neues *Musikalisches Jiddisches Kammertheater* Premiere in Birobidshan. Im Herbst 1978 erschien in der Literaturzeitung *Oktjabr* ein Roman, der sogar die jüdische Teilnahme am Kampf der Sowjet-Partisanen gegen Hitler-Deutschland beschrieb. Doch etwa zur gleichen Zeit veröffentlichte die russisch-nationalistische Illustrierte *Ogonjok* pseudo-historische Thesen, wonach «neben den Nazis die Zionisten die Verantwortung tragen für die Vernichtung von Juden in Europa zwischen 1941 und 1945». Denn seit 1933 hätten die Zionisten gehofft, mit Hilfe der Nationalsozialisten «ihre Positionen in Palästina zu festigen». Auf den Etagen vieler Hotels liegen antizionistische Schriften neben Touristen-Prospekten aus. «Zu Ihrer gefälligen Bedienung», diese Aufschrift las ich einmal an einem Ständer, in dem die Hotelgäste nur eine Reihe antizionistischer Pamphlete zurückgelassen hatten. Im sowjetischen Fernsehen gibt es von Zeit zu Zeit Berichte – 1978 lief zum Beispiel eine «Dokumentation» mit dem Titel *Seelenhändler* –, in denen jüdische Dissidenten als «Soldaten des Zionismus» bezeichnet werden.

Gibt es einen verstärkten Antisemitismus auf der einen Seite und ein Wiederaufleben des jüdischen Kulturlebens auf der anderen Seite? In Nuancen ja, aber gravierende Änderungen deuten sich nicht an. Bemühungen um jüdische Tradition und Gemeinschaft wachsen: Es gibt zwei inoffizielle Organe, *Tarbut* (Kultur) und *Juden in der UdSSR*, die über die kulturelle und historische Entwicklung des Judentums und die aktuelle Lage der Juden in der UdSSR informieren. Kleine Gruppen nehmen heimlich Unterricht in Hebräisch, das nicht zugelassen ist als Sprache der jüdischen Minderheit. Moskauer Juden treffen sich an jedem Samstag vor der Synagoge in der Archipow-Straße. Für mehrere hundert Menschen ist diese Begegnung zugleich Nachrichtenbörse, Kulturklub und Vereinigung im Glauben. Die Ansammlung dehnt sich bis auf die Straße und behindert gelegentlich den Verkehr. Die Miliz hält sich meistens zurück. Wir haben schon in verschiedenen Kapiteln den Rückzug vom System und die Hinwendung zu Glauben, Traditionen und Ersatzreligionen, zu Wundern und Mystik beschrieben. Der Aufschwung des jüdischen Kulturlebens ist Teil der «spirituellen Privatisierung», er geht nicht wesentlich über diesen Rahmen hinaus.

Verglichen mit dem Ende der Zaren-Herrschaft und der Stalin-Ära, gibt es keinen offenen Antisemitismus. Amtlich ist er auf den Antizionismus beschränkt. Unter den letzten Zaren, Alexander III. und Nikolaus II., wurde der Antisemitismus öffentlich gefördert. Organisierte Pogrome, Judenverfolgungen und Morde unter den Augen der Polizei kennzeichneten Alexanders Regime. Die Gewaltakte der Bevölkerung entsprangen weniger religiösen Überzeugungen als dem Haß auf jüdische Kaufleute, Geldverleiher und Kulaken – ohne Rücksicht darauf, daß diese andere Berufe nicht ergreifen durften. Die tiefsten Wurzeln hatte der Antisemitismus in den westlichen Grenzgebieten des Imperiums, wo die meisten Juden lebten: in Weißrußland, der Ukraine und Bessarabien, der heutigen Moldau-Republik. (In der ukrainischen Provinz ist der latente Antisemitismus bis heute am stärksten.) Der zaristische Innenminister Plehwe hielt Judenverfolgungen für ein probates Mittel – beispielsweise das organisierte Pogrom von Kishinjow zum Osterfest der Jahrhundertwende, bei dem 400 Juden ermordet wurden. Plehwe und auch Zar Nikolaus machten keinen Hehl daraus, daß sie die Juden hinter allen subversiven Aktionen jener Tage wähnten – so das Urteil Edward Crankshaws in seinem Buch *Winterpalast*.

Heute gibt es unter den russischen Nationalisten am äußersten Flügel der Dissidenten-Bewegung wieder Stimmen, die Terrorismus, Marxismus und Oktoberrevolution dem jüdisch-westlichen Einfluß zuschreiben. Das ist eine alte Legende. Schon der zaristische Innenminister und Panslawist Graf Ignatijew machte in den achtziger Jahren des vergangenen Jahrhunderts die Juden für den Terrorismus verantwortlich. In Wirklichkeit hatten die sozialrevolutionären Bewegungen, das radikale Engagement der Studenten und der Anarchismus rein russische Wurzeln. Die jüdische Intelligenz wurde erst durch den gesteigerten Antisemitismus der letzten Zaren-Regime in das Lager der Weltveränderer getrieben.

In den ersten Jahren nach der Oktoberrevolution standen der jüdischen Minderheit mehr Türen offen als je zuvor auf russischem Boden. Stalin erstickte auch diesen Anfang. Nach seinen Vernichtungszügen gegen die Kulaken und gegen die eigenen Generäle sah der Sowjetdiktator am Ende – wie die letzten Zaren – in den Juden die Sündenböcke für fast alle Miseren. Die meisten Trotzkisten waren Juden, so lernten und lehrten die Lakaien Stalins. Und welche Kräfte, wenn nicht die trotzkistischen Verschwörer und Saboteure, steckten zuallererst hinter den Fehlleistungen des kommunistischen Aufbaus! So wußte es damals jeder Komsomolze.

Dieser kleine Rückblick macht zwei Dinge deutlich. Erstens: Auch die leicht verstärkten antisemitischen Tendenzen der letzten Jahre sind nicht mit den Auswüchsen der Zarenzeit und der Stalin-Ära zu vergleichen. Zweitens: Aus der Vergangenheit haben sich latente Ressentiments gehalten, die schnell aufbrechen könnten, wenn sich nach Breschnew der Einfluß großrussisch-konservativer Kommunisten verstärken würde. Einige Moskauer Intellektuelle und auch der im kalifornischen Exil lehrende Historiker Alexander Janow argwöhnen heute, daß sich der orthodoxe Dissidenten-Flügel und die nationalistischen Exponenten der Partei auf dem gemeinsamen Nenner eines russischen Sendungsbewußtseins finden könnten. Sie denken dabei an den Niedergang der slawophilen Bewegung im 19. Jahrhundert, die sich am Ende mit dem zaristischen Absolutismus traf und in Chauvinismus und Rassenhaß verkam. Doch solche Analogien und Prognosen sind zu einem gewissen Teil auch Retourkutschen für die berserkerhafte Selbstgerechtigkeit, mit der Alexander Solschenizyn und seine engsten Anhänger gegen alle Andersdenkenden zu Felde ziehen.

Viele Dissidenten, ob Juden oder nicht, haben in den letzten Jahren erfahren müssen, mit welchen Ressentiments manche Vollzugshelfer der staatlichen Repression geladen sind. Die Männer, die Nobelpreisträger Sacharow – wir erwähnten den Fall schon – in seiner Wohnung bedrängten, nannten ihn «Saujudenfresse» und «Judenknecht». Andere, auch gemäßigte Systemkritiker nichtjüdischer Herkunft, wurden nach verschiedenen Bürgerrechts-Aktionen von anonymen Anrufern mit antisemitischen Beschimpfungen überhäuft. Harmloser begann ein Anruf, der mich eines Tages erreichte. Eine zunächst sehr höfliche Frau erkundigte sich nach der neuen Telefonnummer des Moskauer *BBC*-Korrespondenten. Sie sei eine alte jugoslawische Bekannte und auf der Durchreise in Moskau. Mir kam die Sache seltsam vor, weil das Russisch absolut akzentfrei klang. So sprach ich auf serbokroatisch weiter, woraufhin die «Jugoslawin» in russischer Sprache dankte und auflegte. In der nächsten Minute klingelte das Telefon wieder. Diesmal sagte die Frau in Russisch: «Sprich' mal deutsch – oder bist du ein Jude?» und hängte ein. Als wir Freunde in Leningrad besuchten, die (wie in vielen Fällen) Wohnung und Telefon mit mehreren Parteien teilten, klopfte die Nachbarin an der Tür und sagte demonstrativ mißbilligend: «Ein Anruf für Sie, es ist der Mann mit dem jüdischen Akzent!» Die russische Kinderfrau unserer Nachbarn in Moskau pflegte immer wieder genau zu registrieren: «Es hat jemand angerufen, er hatte eine jüdische Aussprache!» Ein befreundeter Künstler mit jüdischem Vatersnamen erzählte mir, es geschehe nicht selten, daß er bei den Behörden mit spitzem Unterton aufgefordert werde: «Nennen Sie Ihren Vatersnamen ruhig deutlicher!»

Trotz dieser latenten Diskriminierung, trotz der unübersehbaren Assimilierung und trotz der sinkenden Hoffnung auf nationalen Aufschwung sind Juden, Sowjetdeutsche und Tataren in der Breschnew-Ära aus der Selbstverleugnung zu neuem Selbstbewußtsein aufgebrochen. Es half freilich vor allem den Abwanderern und nicht den Zurückbleibenden.

III. Der Widerstand der Nationen: Baltikum und Ukraine

Die Blickwinkel sind romantisch, die Silhouetten gotisch. Aus dem zerfetzten Küstengewölk fällt Mondlicht auf die 700 Jahre alte Domkirche, auf das kaum jüngere Rathaus, auf die Apotheke, in der Heiltrank und Pülverchen urkundlich verbürgt seit 1422 gemischt werden, auf Wehrtürme, spitzgieblige Gildehäuser und auf ein ganzes Bestiarium von Wetterfahnen mit Hähnen, Drachen, Löwen – Schattenrisse europäischen Mittelalters im Westen der Sowjetunion. Der Zerfall dieser Schätze, dem in den letzten Jahren über hundert polnische Restauratoren Einhalt zu gebieten versuchten, wird vom nächtlichen Dunkel milde verhüllt. Das sind die Stunden, da im heutigen Tallinn das hansische Gewand des alten Reval am eindrucksvollsten erscheint. Im Mondlicht wirken die Giebel der Kaufmannshäuser weißer als am Tage, die Luken der Speicher scheinen wieder offen zu stehen für die über die «Westsee» (so heißt die Ostsee aus der estnischen Perspektive) angelandeten Waren. Doch so deutlich die Züge nordischer Kaufmanns- und protestantischer Geistestradition Tallinns Gesicht noch immer prägen – sie wirken gleichzeitig verfremdet.

Das uralte Kopfsteinpflaster der krummen Gassen, aus denen Gesprächsfetzen unsichtbarer Nachtschwärmer hallen, die graugeblätterten Torbögen – vieles erinnert an die düsteren Winkel des Prager *Golem.* In den durch russische und estnische Schilder doppelt ausgewiesenen Büros hinter verwitterten Fassaden könnten Kafkas Bittsteller auf der Suche nach dem Amtsweg die Nacht verbringen. Nicht zufällig beherrschen die Visionen der Entfremdung und die Irritationen eines makaber zerbröckelnden Alltags, oft begleitet vom satirischen Tonfall Gustav Meyrinks, die neuere estnische Literatur. Von ihrer erstaunlichen Blüte weiß man heute in Moskau fast ebensowenig wie im Westen. Mehr Aufmerksamkeit als die literarische Gegenwart fand in den letzten Jahren die sportliche Zukunft der Stadt. Tallinn mit seiner halben Million Einwohner, davon mehr als ein Viertel Russen, bereitete sich sehr früh und sehr gelassen auf die Gastgeberrolle bei den olympischen Segelwettbewerben vor. Die Hauptstadt der nördlichsten, kleinsten und schaffensfreudigsten Republik unter den drei baltischen Schwestern war nicht nur wegen des guten Segelreviers ausgewählt worden.

Als Peter I. im Nordischen Krieg (1700–1721) Estland und Lettland den Schweden entriß, wurden die baltischen Republiken das Fenster Rußlands zum Westen. Tallinn ist heute der westlichste Punkt der UdSSR – was Fremdenverkehr und Service betrifft. Vor dem modernsten, bestorganisierten Hotelkomplex der Sowjetunion, dem von finnischen Architekten vor einigen Jahren hochgezogenen *Virhu,* müssen die Einheimischen zwar Schlange stehen. Doch wer hineingelangt, erhält in wenigen Minuten Frühstück oder Imbiß, bekommt im vergleichsweise mondänen Grillroom zumeist alles, was auf der Speisekarte steht, und findet gar um Mitternacht noch einen schnell servierten Happen. In der ganzen Sowjetunion stehen außerhalb der Armee nur die uniformierten KGB-Wächter am Lenin-Mausoleum so stramm wie die estnischen Kellner mit ihren Tabletts an den Ecken einer feierlichen Tafel – bevor sie auf ein Zeichen des Chef de rang «synchron» den nächsten Gang servieren. Im tristen Dunkel der sowjetischen Gastronomie ist Tallinn das Nordlicht. Nur 80 Kilometer entfernt, auf der anderen Seite des finnischen Meerbusens, liegt Helsinki. An den Wochenenden treibt es Tausende von Finnen zu den sprach- und stammverwandten Esten, genauer: zu den preiswerten Wodka-Beständen. Die Esten, für die dann wenig Platz in den Lokalen bleibt, zieht es zum finnischen Fernsehprogramm. Das wiederum steigert in Tallinn den Absatz der kommunistischen Presseorgane aus Helsinki – weil sie das finnische TV-Programm ausdrucken.

Von den drei baltischen Ländern hat sich Estland am erträglichsten in der Sowjetunion etabliert. Es wirkt entspannter als das depressive Lettland und als das verbittert-oppositionelle Litauen mit der katholischen Kirche als dem geistigen Zentrum einer zähen Verweigerungsstrategie. Die Esten haben eine Vielzahl von Publikationen und Presseorganen in ihrer eigenen Sprache durchgedrückt, die politische Führung hat sich mit der Emigration diplomatischer arrangiert. Das 1,4-Millionen-Volk hat den höchsten Pro-Kopf-Verbrauch in der Sowjetunion, die meisten Autos und – dies ein archaisches Relikt im Sozialismus – noch Freude an der eigenen Wertarbeit. Die Arbeitsproduktivität in Estland liegt um 250 Prozent über dem sowjetischen Durchschnitt. Wer auf solche schmeichelhaften Vergleiche verweist, erhält als Antwort zumeist ein müdes Lächeln. Für dieses kleine Volk zählen andere Bilanzen. «Gewiß hatten wir früher ein schweres Leben», rechnet eine Estin mit eigenem Häuschen und Auto dem Gast aus Moskau in emotionaler Übertreibung vor, «ich lebte in einer Bauernfamilie mit vielen Kindern, Fleisch gab es nur am Sonntag. Nur waren wir während der Unabhängigkeit vor dem Krieg dreimal so reich wie die Finnen, sie waren unsere armen Verwandten. Jetzt sind sie fünfmal weiter, das ist es – Rußland ist für uns ja kein Vergleichsmaßstab.»

Folglich weichen die Esten dem massiven russischen Einfluß auch lieber aus, als daß sie sich ihm frontal entgegenstemmen. Viele vermeiden es, Russisch zu sprechen; im Süden der Republik ist ein Teil der Bevölkerung dazu auch gar nicht in der Lage. Ich fragte Manager, Journalisten, Reiseleiter nach russischer Gegenwartsliteratur, nach Trifonow, Aksjonow, Rasputin. Sie schüttelten den Kopf: «Wir kennen die russische Kultur zu wenig», sagten sie kurz und ohne Bedauern. In manchen Kurorten verschwinden gelegentlich russische Straßenschilder. Zum Tag des Anschlusses von Estland an die Sowjetunion am 21. Juli 1940 (zwischen den beiden Weltkriegen waren die Esten das einzige Mal in der neueren Geschichte ihre eigenen Herren) bleiben viele Eigenheime unbeflaggt. Die Miliz drückt zumeist ein Auge zu. In den Werken und auf den Straßen prangen weniger Parolen, Tabellen und Leninbilder als in den meisten anderen Republiken. Die große Politik rinnt gemächlicher durch das Getriebe der Propaganda. In einem Kolchos sah ich Bilder noch vom 24. Parteitag mit den Unpersonen Podgornyj und Schelest im Vordergrund. Im Kulturministerium hing Breschnews Konterfei mit nur zwei Heldenorden, obwohl er zu jenem Zeitpunkt (und bei allen Auftritten in der Öffentlichkeit) längst drei dieser Orden trug.

Russische und ukrainische Urlauber bekommen den Ärger jener Esten zu spüren, die nicht vom Tourismus profitieren, weil sie keinen Gemüsegarten oder kein Eigenheim besitzen. (Eine gute Einzimmerwohnung in einem privaten Haus kostet den Urlauber pro Monat umgerechnet 450 Mark; für das offizielle Formular freilich einigen sich Vermieter und Gast aus Steuergründen auf eine geringere Summe.) Wer den Touristen weder Betten noch Tomaten anbieten kann, bekommt den Nachteil des Urlauberstroms zu spüren: weniger Lebensmittel, längere Schlangen, besetzte Restaurants. Finnen und Schweden, Bundesdeutsche und DDR-Bürger werden vorgelassen. Doch sie hören wegen mangelnder Kontakte den Ärger der zurückgesetzten Einheimischen seltener als die russischen Urlauber. Obendrein «exportieren» die russischen Gäste aus dem sich selbst besser versorgenden Estland viele Konsumgüter, selbst Möbel. Die Esten halten inzwischen vieles auf Lager, bis der Sommer vorüber ist.

Der Ministerrat Estlands amtiert heute im rosafarbenen Domberg-Schloß. Ein symbolbeladener Sitz: Katharina II. ließ das Schloß einst als Administrationsgebäude der Gouvernementsregierung bauen. Der Regierungssitz liegt im Schatten eines massiven Bauwerkes, das in dieser Stadt der spitzen Giebel und der gotischen Türme wie eine Sinnestäuschung erscheinen will: die russisch-orthodoxe Kirche mit ihren mächtigen grünen Zwiebeltürmen. Die Mehrheit der Esten ist evangelisch-lutherisch. Aber bezeichnenderweise ist die orthodoxe Kirche in den baltischen Republiken selbst in der schlimmsten Zeit der antireligiösen Propaganda schonender behandelt worden als die anderen Kirchen. In Estland und Lettland hat die Religion allerdings nie eine überragende Rolle gespielt. Einer der Gründe dafür war, daß die evangelische Kirche ein Träger deutscher Kultur blieb, während der Katholizismus Litauens (und Polens) ein Hort des nationalen Widerstandes gegen protestantisch-preußische und russisch-orthodoxe Machtexpansion wurde.

Die estnischen und lettischen Stämme wurden im 12. und 13. Jahrhundert von der germanischen Kolonisation, die unter der Freibeuter-Flagge der Christianisierung segelte, unterworfen und getauft. Schwertbrüder, Deutschritter und Dänen brachten die «Kultur» mit blutiger Gewalt. Die Ritter und die Mönche, Kaufleute und Siedler regierten über mehrere Jahrhunderte und verbreiteten nach der Reformation auch den Protestantismus. Der Herrschaft der deutschen Feudalherren über die baltischen Bauern tat es nur wenig Abbruch, daß Estland 1561 und Lettland 1629 an Schweden fielen. Litauen hingegen wurde im 13. Jahrhundert ein einheitlicher Staat und stieg aus eigener Kraft vorübergehend zur Großmacht auf. Der litauische Großfürst Jagiello wurde 1386 König von Polen, was die Christianisierung, die spätere Bindung an den Katholizismus und die Personalunion mit Polen (1413) zur Folge hatte. Der polnische Adel behielt am Ende die Oberhand, Litauen wurde 1569 polnisch. Ende des 18. Jahrhunderts, bei den drei Teilungen Polens – als Preußen am Ende den Löwenanteil erhielt durch den Gewinn Westpreußens, Posens und des sogenannten Neuostpreußen mit der Hauptstadt Warschau – fiel Litauen an das Zarenreich. Die historische und kulturelle Entwicklung trennt also die Litauer von den Esten und Letten. Und die Sprache trennt die Esten (die zur finno-ugrischen Familie gehören) von den Letten und Litauern, deren Idiom auf der indogermanischen Grundsprache beruht. So wird erklärlich, daß das gemeinsame Schicksal, das die drei Kleinstaaten in diesem Jahrhundert erlitten haben, bis heute nicht zu einer engen baltischen «Koalition» geführt hat, daß die benachbarten Nationen relativ isoliert nebeneinander leben.

Das sonntägliche Hochamt im litauischen Wilna: Die *Peter-und-Paul-Kathedrale* ist bis zum letzten Platz gefüllt. Hier sind die Alten nicht in der Überzahl, und die Jugendlichen strömen nicht nur deshalb, weil sie einem Modetrend zur Kirche folgen. Junge Mädchen knien auf ihren Jeans während des ganzen Gottesdienstes, viele Männer im mittleren Alter, Bäuerinnen in bunten Kopftüchern, Greise mit Rosenkränzen in der Hand. Manche Besucher machen sich während der Predigt Notizen. Auf den Sammeltellern, die Priester und Ministranten herumreichen, liegen mehr Rubelscheine als Kopeken. Die Gotteshäuser in Litauen füllt nicht nur der Glaube, sondern die nationale Rolle der Kirche. Diese Rolle ist gewachsen durch die administrative Unterdrückung des Katholizismus – und die Unterdrückung fördert wiederum die abweisende Haltung der Gläubigen gegenüber der Sowjetgesellschaft. Am katholischen Seminar in Kaunas dürfen sich unvergleichlich weniger Studenten einschreiben als an der Evangelischen Akademie in Riga, die den theologischen Nachwuchs für Lettland und Estland ausbildet. Dabei wird in Estland nicht einmal jedes achte Kind getauft, in Litauen hingegen jedes zweite. In dieser katholischen Hochburg mit knapp 3,4 Millionen Einwohnern ist die Zahl der katholischen Priester auf etwa 750 gesunken. Als 1972 in Kaunas der junge Komsomolze Romas Kalanta, der Priester werden wollte, mit seiner Selbstverbrennung drastisch auf das Schicksal von Kirche und Nation hinwies, protestierten 17 000 Unterzeichner in einem Schreiben an die Vereinten Nationen gegen kulturelle und religiöse Unterdrückung. Im selben Jahr entstand die *Samisdat*-Zeitschrift *Chronik der litauischen katholischen Kirche,* die inzwischen eine Institution geworden ist. Der Einfluß der katholischen Kirche wirkt sich auch auf Litauens Geburtenrate aus. Sie liegt höher als in den beiden anderen baltischen Ländern und als in den drei slawischen Republiken (Rußland, Ukraine und Weißrußland). Im vergangenen Jahrzehnt hat diese demografische Selbstbestätigung allerdings nachgelassen. Der Trend in der Bevölkerungsentwicklung Litauens (ein Zuwachs von 8,7 Prozent zwischen 1970 und 1979 gegenüber 15,5 Prozent zwischen 1959 und 1970) nähert sich Estland (mit einem Bevölkerungszuwachs von 8,1 Prozent) und Lettland (6,6 Prozent) an. Auch in Litauen übersteigen inzwischen, wie in den anderen beiden Republiken, die Sterblichkeitsraten auf dem Lande die Geburtenraten. Litauen hat sich in den vergangenen Jahrzehnten wesentlich stärker gegen russische Zuwanderung abgeschirmt als Lettland und Estland. Seit 1970 ist diese Zuwanderung in Litauen leicht angestiegen. In den beiden anderen Republiken war sie zwar immer noch umfangreicher, zeigte aber eine abflachende Tendenz.

Riga, einst das «Paradies des Nordens», hat heute mehr russische als lettische Einwohner. Die Zahl der Russen liegt beträchtlich über 300 000, die Zahl der Letten knapp darunter. Für die russischen Touristen ist Riga noch mehr als Tallinn der «Westen». Sie schwärmen von den kleinen Cafés und Teestuben mit skandinavischem Design, mit popfarbenen Schalensesseln und genau darauf abgestimmten Servietten. Sie geraten ins Schwelgen über die höflichen Kellner und die diskrete Barmusik mit neuesten Chanson-Platten aus Frankreich. Umgekehrt ist die Stimmung der Letten besonders depressiv. Sie fühlen sich unterdrückt, überfremdet – ohne dagegen wie die widerborstigen Litauer anzugehen. Besonders verbittert sie die slawische Zuwanderung. Wer sich in Riga auf russisch nach dem Weg erkundigt, wird nicht selten in die genau entgegengesetzte Richtung verwiesen. Der absolut kremlhörige Parteichef Lettlands, A. Voss, mußte Ende 1978 im Organ des Zentralkomitees der KPdSU, *Kommunist* (Nr. 14/78), einräumen: «Wir können nicht an lokalen Tendenzen und nationaler Engstirnigkeit vorbeisehen, die in Ansichten und Einstellungen gewisser Leute zu finden sind. Diese Menschen verstehen manchmal nicht, daß der kommunistische Aufbau ohne engste politische, wirtschaftliche und kulturelle Zusammenarbeit und ohne gegenseitigen brüderlichen Beistand aller Völker der UdSSR nicht möglich ist. Sie vertreten zum Beispiel die Auffassung, daß der Bau bestimmter Industrie- oder Energie-Projekte in unserer Republik keinen Wert hat. Warum? Weil dadurch, so sagen sie, der Anteil der nicht-lettischen Bevölkerung wächst...» Die kommunistische Partei in dieser baltischen Republik ist im Grunde keine lettische KP. Die Mehrheit stellen Russen, Ukrainer und Weißrussen. Der Anteil der Letten beträgt etwa 42 Prozent.

George F. Kennan, der 1929 als junger Diplomat an der amerikanischen Gesandtschaft in der bürgerlichen Republik Lettland arbeitete, hat in den *Memoiren eines Diplomaten* seinen Eindruck vom Riga der Zwischenkriegszeit beschrieben: «Das Beste an Riga war sein bunt gemischtes und ganz kosmopolitisches kulturelles Leben. Zeitungen und Theater schrieben und spielten auf lettisch, deutsch, russisch und jiddisch, und es gab lebendige lutherische, römisch-katholische, russisch-orthodoxe und jüdische Kirchengemeinden. Überhaupt war die Religion in der ganzen Gegend noch immer das Erkennungsmerkmal für die Nationalität, und wenn man einen Menschen fragte, was er sei, so antwortete er im allgemeinen mit der Angabe seiner Konfession, statt sich zu einer bestimmten Volkszugehörigkeit zu bekennen. Aber die politisch dominierenden Letten, die mit den Jahren der Unabhängigkeit zusehends chauvinistischer wurden, fühlten sich gedrängt, das bunte Durcheinander so schnell wie möglich zu beseitigen, und bis zum Jahre 1939 war es ihnen gelungen, der Stadt viel von ihrem Charme zu nehmen. Ihre Bemühungen in dieser Richtung wurden 1940 mit dem Einzug der Russen und der Einverleibung des Landes in die Sowjetunion bekanntlich in einer Weise vervollständigt, die sie weder vorhergesehen noch gewünscht hatten.»

Doch wie kam es zu dieser Entwicklung? Nach dem Ersten Weltkrieg und den Wirren der Oktoberrevolution brach im Sommer 1919 der bolschewistische Vorstoß ins Baltikum zusammen. Die für Moskau unvermeidliche Entlassung der baltischen Länder in die Unabhängigkeit umschrieb Lenin ausgerechnet mit jener Metapher vom «Fenster zum Westen», die Peter I. genau zwei Jahrhunderte vorher verwandte, als er Estland und Lettland den Schweden entriß. Den *Dorpater Frieden* mit Estland vom Februar 1920 nannte der Sowjetführer einen «unerhörten Sieg über den internationalen Imperialismus, ... ein Fenster des russischen Arbeiters nach Westeuropa». Die Unabhängigkeit von Litauen und Lettland erkannte die Sowjetunion in den Friedensverträgen von Moskau (Juli 1920) und Riga (August 1920) an. Die drei Länder führten die parlamentarische Demokratie ein, ihre Regierungen nahmen den baltischen Baronen den Großgrundbesitz weg und verteilten den Boden mit sinnvollen Agrarreformen an die besitzlosen Bauern. Vor allem Estland entwickelte eine geradezu musterhafte Gesetzgebung in der Nationalitätenpolitik. Der Parlamentarismus wurde von den drei Kleinstaaten weniger vernünftig gehandhabt. Am Ende behielten betont nationale bis nationalistische Regime die Oberhand, die sich vor allem auf den erstarkten Bauernstand stützten und zum Teil über die Parlamente hinweg regierten. Aber auch diese autoritären Führungen besaßen keine Chance, ihre Länder vor der Katastrophe und den schrecklichen Folgen des Stalin-Hitler-Paktes vom 23. August 1939 zu bewahren. Die letzten 134 000 Baltendeutschen verloren ihre Heimat (noch Mitte des 19. Jahrhunderts war jeder zweite Bürger Rigas ein Deutscher) durch Aussiedlung. Sie wurde im geheimen Zusatzprotokoll vom 28. September 1939 vereinbart und von den Nationalsozialisten – zum Teil gemeinsam mit den Sowjets – organisiert. 1940 kassierte Stalin die drei Staaten und ließ die baltischen Sowjetrepubliken ausrufen. 1941, nach Hitlers Überfall auf die Sowjetunion, marschierten die deutschen Truppen ein. In den nationalsozialistischen Vernichtungslagern im Baltikum starben 250 000 Menschen, in der überwiegenden Mehrzahl Juden; 100 000 kamen alleine im lettischen *Salaspils* um. Nach der Rückkehr der Roten Armee 1944 wurden Hunderttausende deportiert: Balten, die mit den deutschen Besatzern sympathisiert hatten, aber auch Nationalisten, Bürgerliche und Intellektuelle. Dennoch stieß die Sowjetisierung vor allem in Litauen lange auf erheblichen Widerstand; bis kurz vor Stalins Tod 1953 verwickelte die litauische *Freiheitsarmee* die Einheiten der Roten Armee in Partisanengefechte.

Zum Jahrestag des Stalin-Hitler-Paktes rechtfertigten die Moskauer Medien im August 1979 den deutsch-sowjetischen Nichtangriffsvertrag. Aber sie verschwiegen auch nach vierzig Jahren noch das geheime Zusatzprotokoll über die Aufteilung Polens und der baltischen Republiken. 1977 ist in Moskau die Veröffentlichung der diplomatischen Akten, die von Außenminister Gromyko geleitet wurde, unterbrochen worden. Der Stillstand trat beim 21. Band und beim Jahr 1938 ein. Grund für die Verschleppung ist unter anderem die Angst der Parteiführung, für die Existenz und den Text des imperialistischen Zusatzabkommens von 1939 einen sowjetischen Quellennachweis zu erbringen.

Es gibt in Riga, noch und wieder, Erinnerungen an die wenigen Geister, die zwischen Balten, Deutschen und Slawen, zwischen ihren Sprachen und Kulturen Brücken der Hoffnung schlugen. Zur Marien-Kirche und dem Domplatz hinüber blickt die Büste Johann Gottfried Herders. Der Philosoph und Vater der europäischen Slawistik lebte von 1764 bis 1769 in Riga als Lehrer und Pfarrer. In seine zehn Jahre später erschienene Sammlung *Stimmen der Völker in Liedern* nahm er auch die estnische *Klage über die Tyrannen der Leibeigenen* auf. «Mutter hat ein einzig Söhnchen, den auch an des Deutschen Pfosten», so heißt eine der Zeilen aus diesem klagenden Volkslied.

Das Denkmal Herders ist so klein, daß viele Touristen achtlos vorübergehen. Sie sind andere Dimensionen gewohnt. Bombastische Kriegsmonumente und kolossale Lenin-Statuen beherrschen viele Stadtbilder. Über die «Mutter der russischen Städte» aber, über Kiew, hält eine schwarze Bronzestatue das Kreuz des Christentums. *Wladimir der Täufer,* der Kiewer Fürst, der den altrussischen Staat in die «christliche Familie der Könige» des Mittelalters führte, blickt über den Dnjepr. Zu seinen Füßen liegt die Truchanow-Insel, die mit ihren unverschmutzten Sandstränden im Sommer täglich Zehntausende aus der Zwei-Millionen-Metropole der Ukraine anlockt. «Die Terrassen des herrlichsten Ortes der Welt», hat Michail Bulgakow den Wladimir-Hügel genannt. Niemand hat Kiew so eindrucksvoll geschildert wie Bulgakow in «Die weiße Garde». Dieser Roman führt durch seine plastische Beschreibung der Bürgerkriegswirren von 1918 vor Augen, wie verschwommen die ukrainischen Gefühle gegenüber dem slawischen Brudervolk der Russen waren: der vage Nationalismus einzelner Intellektueller und der Bauern, das Engagement vieler Städter für zaristische Tradition oder für Fortschritt ohne Rückblick auf nationale Romantik. Die Rolle dieser zweitgrößten Nation, die den Russen auch sprachlich so nahesteht, ist bis heute kompliziert geblieben: Vitaler und impulsiver als die Balten, scheinen die Ukrainer schneller auf die Integration zuzutreiben und sich doch gleichzeitig von ihr zu entfernen.

Die Sonderrolle der Ukrainer kann uns ihre Hauptstadt am besten näherbringen. Als Begleiter bietet sich Bulgakow an. An den in der Stalin-Ära isolierten, 1940 verstorbenen Satiriker erinnert in seiner Geburtsstadt heute nicht einmal eine Gedenktafel. Dabei ließ Stalin den Schriftsteller nie direkt verdammen. Sechzehnmal soll sich der Sowjetdiktator *Die Tage der Turbins* angesehen haben, die Moskauer Bühnenfassung der *Weißen Garde.* Ich fragte in Kiew einige Damen von *Intourist,* die Stadtführungen anboten, nach dem Elternhaus Bulgakows. Sie kannten es nicht.

Kopfsteinpflaster fällt steil zum Dnjepr ab: der Andreas-Hang. Er war Kiews Lebensader, schon bevor die Mongolen am 6. Dezember 1240 die Fürstenpaläste auf dem Hochplateau einäscherten. Heute bröckelt der Hang in trister Romantik. Die alten Fassaden sind grau und abgeblättert, die Scheiben blind, die Regenrinnen rosten. Einige alte Leutchen schlurfen den Hang gebeugt abwärts, Mineralwasserflaschen und Brot im Einkaufsnetz. Wer die zerbeulte Telefonzelle benutzt, spricht über die ganze Straße, so still ist es. *Altes Kiew* heißt der Sanierungsplan für dieses Viertel. «Die Turbinsche Wohnung lag zur Straße in der ersten Etage und zu dem kleinen, zum Haus her abfallenden gemütlichen Hof im Erdgeschoß», beschrieb Bulgakow die Wohnung der jungen Weißgardisten (und sein eigenes Elternhaus). «In der unteren Etage ... glomm das gelbliche Licht beim Ingenieur, Feigling, Bourgeois und Scheusal Wassilij Iwanowitsch Lissowitsch auf.» Der Hof am Andreas-Hang hat sich nicht verändert. Das Haus Nr. 13 ist altersschwach geworden, aber mit Fernsehantennen aufgetakelt. Klaviermusik bricht ab, als ich klopfe. Eine junge Frau in Jeans öffnet. Über Bulgakow wisse sie selbst nicht viel zu sagen, schließlich habe er vor fünfzig Jahren hier gewohnt – aber ich solle nur mitkommen, vielleicht werde sie mir doch helfen können. Über den «gemütlichen Hof» führt sie mich in einen düsteren Flur, bleibt für eine Viertelstunde verschwunden und holt mich schließlich an das Krankenbett einer alten Frau.

«Sie wollen von Mischa hören?» sagt die Bettlägerige. «Fragen Sie nur ... Zehn Jahre haben wir mit den Bulgakows unter einem Dach gewohnt. In sieben Zimmern lebten sie, Mischa hatte ja sechs Geschwister ... 1919 habe ich ihn zum letztenmal getroffen ... Aber nehmen Sie das Fotoalbum aus der braunen Mappe dort ... Sehen Sie da, Bulgakow mit Monokel und Fliege, so hat er sich später in Moskau fotografieren lassen. Diese Mode war doch unter Stalin verrufen. Mischa war eben immer ein Internationalist», sagt die alte Frau. Außer ihr lebe nun wohl niemand mehr, der Bulgakow aus seiner Kiewer Jugend wirklich kenne. Aber sie selbst sei eine unwichtige Person und sie wolle mir deshalb auch ihren Familiennamen nicht nennen. Alles Bitten hilft nichts. Am Ende erfahre ich nur ihren Vor- und Vatersnamen: Ina Wassiljewna. Ein Kiewer Germanist verriet mir wenig später, wen ich da ahnungslos besucht hatte: die leibhaftige Tochter einer Romanfigur Bulgakows. Ihr Vater war der «Ingenieur, Feigling, Bourgeois Wassilij Iwanowitsch Lissowitsch» aus der *Weißen Garde,* bei dem das «gelbliche Licht» glomm. Aber Wassilij Iwanowitsch lebte auch in Wirklichkeit: in der gleichen Position und an der gleichen Stelle. Er war Hauswart am Andreas-Hang Nr. 13 – wo die Bulgakows wohnten.

«Das Geschäft der Madame Anjou *Pariser Chic* befand sich direkt im Zentrum der Stadt, im Parterre eines mächtigen, mehrstöckigen Hauses ... Niemand wußte, wo Madame Anjou geblieben war und warum ihre Geschäftsräume nun handelsfremden Zwecken dienten. Auf das linke Fenster war ein bunter Damenhut gemalt, darüber stand in goldener Schrift *chic parisien,* und im rechten Fenster hing ein riesiges Plakat aus gelbem Karton mit zwei gekreuzten Sewastopoler Kanonen ... Darunter stand: ‹Hier werden Meldungen für den freiwilligen Dienst in der Mörserdivision des Oberkommandierenden entgegengenommen› ... Turbin dachte, daß es bei Madame Anjou noch immer nach Parfüm roch. Ganz zart und schwach, aber spürbar.» Heute hängt im linken Fenster des Geschäftes, das Bulgakow so eingehend beschrieb, ein rotes Partei-Plakat. Im rechten Fenster stehen Käse- und Milchprodukte. Und immer noch ist ein Hauch von Madame Anjou in Kiew geblieben.

Wer aus Moskau kommt, versteht, warum die Kiewer ihre größte Verkehrsader, den *Kreschtschatik,* «unser Champs-Elysées» nennen. Unter den Kastanien stehen Parkbänke, auf denen die Jüngeren flirten und die Älteren ihre Lottoscheine ausfüllen. Der *Kreschtschatik* ist der Corso der Ukrainer – so wie Egon Erwin Kisch einst den Prager Graben den «Corso der Deutschen» nannte. Viele Passanten bummeln, flanieren, sind kontaktfreudig. Nur wenige hetzen verdrossen und erschöpft durch die Straßen, wie es die meisten Moskauer tun, die aus ihren entfernten Schlafstädten oft für zwölf oder mehr Stunden ins Zentrum kommen – zur Arbeit und auf der Suche nach Gelegenheitskäufen.

Der *Kreschtschatik* wurde im Krieg von den Deutschen zerstört. Doch die Zuckerbäckerbauten der Stalin-Ära wirken nicht so bombastisch wie in Moskau. Nischen und Balkons, von Grün überrankt, geben dieser Architektur, die Johannes R. Becher einmal die «Gotik des sozialistischen Realismus» nannte, einen südlichen Anstrich. Nachts verdeckt rote Bestrahlung die gähnende Leere der monströsen Torbögen. Die Geschäfte der Hauptstraße wirken mit blauen Kacheln, Spiegeln und weißen Steinböden einladender als in Moskau. In den Schaufenstern stehen dekorativ aufgetürmte Käseräder oder Biedermeier-Körbchen mit Äpfeln. Dabei hat Kiew, wenn man von der gelegentlich etwas besseren Fleischversorgung absieht, weniger anzubieten als Moskau. Doch der flüchtige Beobachter muß das Gegenteil annehmen. Er wird schneller und besser bedient in Restaurants und Hotels. Er wird mit größerem Charme übers Ohr gehauen, wenn er die Rechnung des Kellners nicht genau kontrolliert.

Einmal erlebte ich, wie nach einem Fußballspiel zwischen Dynamo Kiew und Borussia Mönchengladbach ein großer Teil der 100 000 Zuschauer durch einen martialisch anmutenden Polizei-Kordon auf den *Kreschtschatik* flutete. Aus einem großen Geschäft ertönten Pfeifkonzerte und Gejohle. Es gab Rotwein zu kaufen. Vor dem Tresen wogte eine lange Schlange durstiger, hochgestimmter Fußballfans. Daneben stand ein vierschrötiger Milizionär, der hin und wieder einen schon angeheiterten Rabauken aus der Schlange zog und wegschubste. Die Menge reagierte jedesmal mit neuem Gröhlen und Drängen, der Milizionär aber plauschte schon wieder verschmitzt mit den Umstehenden. Dieser Ordnungshüter erweckte bei seinen bärbeißigen Amtshandlungen den Eindruck, als parodiere er sich selbst. Schwejk blickte ihm über die Schulter. Der Autor des bauernschlauen, böhmischen Soldaten, Jaroslaw Hašek, wohnte während der Oktoberrevolution parallel zum *Kreschtschatik*, im Theaterhotel auf der *Wladimirskaja*, wo er die Jahre zwischen 1916 und 1918 verbrachte. An Hašek mußte ich am Ende einer etwas merkwürdigen Begegnung denken, die ich eines Morgens am weißen Dnjepr-Strand der Truchanow-Insel hatte. Da robbten plötzlich rund dreißig gespenstische Gestalten mit Gasmaske an mir vorüber. In einiger Entfernung schälte sich der Anführer des Trupps umständlich aus seiner Montur und ging mir nach. «Sie sind Ausländer?» fragte er höflich, aber bestimmt. Ich glaubte bereits, versehentlich in ein abgesperrtes Manövergelände geraten zu sein, und fürchtete bürokratische Komplikationen. «Was machen Sie als Ausländer in dieser abgelegenen Gegend und um diese Uhrzeit?» fuhr der Truppführer fort. Meine schlimmsten Befürchtungen schienen sich zu bestätigen. Ich erklärte umständlich, daß ich morgens stets Spaziergänge mache, ganz ohne Ziel, einfach so. «Ganz ohne Ziel, einfach so?» sagte der Mann mit der Gasmaske gedehnt und ungläubig. «Haben Sie gar nichts zu verkaufen bei sich: Jeans, Schuhe, Tabak, Bücher, Schallplatten?» Ich verneinte erleichtert. «Sie sind Ausländer und haben überhaupt nichts zum Tauschen mitgebracht?» fragte er noch einmal mitleidig. «Dann merken Sie sich: beim nächstenmal müssen Sie das unbedingt beachten», beschwor er mich, als ob er hier jeden Tag im Sand liegen würde. Damit stülpte er sich die Gasmaske über, stapfte zurück und robbte mit seiner Truppe davon.

Häufiger angepirscht als in anderen Städten der Sowjetunion wird der Besucher Kiews von Geldwechslern. Sie wirken nicht so verlegen und dubios wie in Moskau, lassen sich auch bei abschlägigem Bescheid auf einen Plausch ein; mich begleitete ein angeblicher Lehrer durch die halbe Stadt und wünschte am Ende «Tausend Jahre Gesundheit». Die Hauptstadt der Ukraine wirkt auch deshalb legerer, weil die Studenten nicht – wie in Moskaus *Lomonossow-* und *Lumumba*-Universitäten – draußen vor den Toren bleiben. Kiews klassizistische und zugleich rote Universität – ihr Architekt Beretti war offensichtlich der Urahn des popfarbenen Schocks – liegt direkt im Zentrum.

Die baltischen Hauptstädte sind die Fenster zum Westen. Aber die Scheiben sind getrübt, die Blicke trist. Kiew ist kein Fenster zum Westen, aber ein enger Nachbar Osteuropas. Nicht nur ein Hauch von Madame Anjou ist geblieben. Es liegt etwas vom Schönbrunner Gelb des Habsburger Imperiums, von der Vitalität des Balkan, vom Kaffeehaus-Charme der einstigen k.u.k.-Metropolen über der Stadt (obwohl die Cafés leider fehlen). Es ist nicht verwunderlich, daß der Prager Frühling 1968 auf diese Stadt am stärksten ausstrahlte. Das Beispiel der Ukraine zeigt im kleinen Maßstab, wie sehr Stalin mit seinen Kriegsgewinnen, mit der Sicherung des Vorfeldes bis nach Mitteleuropa, dem Imperium neue Lasten und unvorhersehbare Verschiebungen aufgebürdet hat. Die Vergrößerung (und Veränderung) der Ukraine durch polnische, tschechoslowakische und rumänische Territorien, die Stalin nach Kriegsende dieser Sowjetrepublik zuschlug, wirkt heute der Integration entgegen. Vor allem die westliche Ukraine zieht es zu den osteuropäischen Bruderländern und zu deren Absatzbewegung von Moskau.

Der Kreml bremst diese Tendenz mit verstärktem russischen Zentralismus. Für Kiew gilt, was für fast alle ukrainischen Stadtverwaltungen, Parteiorganisationen und Industrieunternehmen die Regel ist: Die neun Millionen Russen, die in der ukrainischen Sowjetrepublik mit den knapp 35 Millionen Ukrainern zusammenleben, sind auf den führenden Positionen überrepräsentiert. Dennoch zeigen die Ukrainer in Kiew nicht jene demonstrative Abneigung gegen die russische Sprache, wie sie in den baltischen Republiken üblich ist. Russisch ist die Sprache der Städte, Ukrainisch ist stärker in der Provinz zu Hause. Diese Teilung erinnert an die Tage der *Weißen Garde*, als Simon Petljuras Bauern den ukrainischen Nationalismus trugen und die Städte stärker nach Rußland schauten. «Woher können Sie unsere Sprache?» haben mich ukrainische Studenten, Kellner und Taxifahrer in Kiew gefragt, wenn ich ihnen auf russisch antwortete. Die beiden slawischen Kulturkreise, die ihren gemeinsamen Ursprung in der *Kiewer Rus* haben, sind zu verwandt, als daß sich dem russischen Einfluß eine Sprachbarriere entgegenstellen könnte – wie in Georgien und Mittelasien. Ukrainisch wird innerhalb der Sowjetunion von mehr als 35 Millionen Menschen gesprochen und ist nach Russisch die am stärksten verbreitete Sprache. Aber in der Ukraine selbst sinkt der Anteil jener, die ukrainisch sprechen. 1959 lag er bei 73 Prozent, inzwischen liegt er deutlich unter 70 Prozent. Die Zahl der Menschen, die Russisch als ihre Hauptsprache ansehen, wächst. Die starke Verankerung des Russischen ist nicht nur eine Folge der aktuellen Einflußnahme Moskaus. Sie geht auch auf die beschleunigte Industrialisierung der Ukraine nach 1850 zurück. Zu diesem Zweck wurden russische Muschiks angeworben, weil es den ukrainischen Bauern relativ besser ging. In den ukrainischen Industriezentren Charkow, Donjezk, Dnjepropetrowsk, Kriwoj Rog herrscht Russisch vor. Nicht wenige der heutigen Spitzenfunktionäre, Breschnew voran, sind Nachfahren der in der Ukraine angesiedelten Russen. Unter Chruschtschow wurde die slawische Bruderrepublik zum Juniorpartner der russischen Kaderschmiede für den Kreml. Nebst den Russen waren die Ukrainer im Politbüro überrepräsentiert. In den siebziger Jahren ist dieser Anteil zurückgegangen. Dem 1973 abgehalfterten Petr Schelest folgte zwar mit dem Verteidigungsminister Andrej Gretschko ein Ukrainer in das Politbüro. Doch als Gretschko 1976 starb, folgte ihm kein Landsmann in die Parteiführung. Auch die beiden anderen Ukrainer, die aus dem höchsten Parteigremium ausschieden, Poljanskij (1976) und Podgornyj (1977), wurden zunächst nicht durch Landsleute ersetzt. Erst Ende November 1979 kam mit dem Ersten Stellvertretenden Ministerpräsidenten Tichonow wieder ein Ukrainer ins Politbüro.

In einem holzgetäfelten Haus Kiews, in dem einst der Generalgouverneur von Südrußland, Graf Ignatijew, residierte, sitzt heute der ukrainische Schriftstellerverband. Seine Zeitschrift *Wssesswit* stellt Monat für Monat internationale Literatur in ukrainischer Sprache vor, Literatur, die bis dahin noch nicht in der Sowjetunion veröffentlicht worden ist. Dazu gehörten in den siebziger Jahren Bölls *Gruppenbild mit Dame,* Martin Walser, Max von der Grün, Günther Wallraf, James Krüss. In ukrainischer Sprache gibt es seit 1975 Rilkes Gedichte, einschließlich der Elegien, die bisher ins Russische nicht übertragen worden sind. Der große russische Rilke-Übersetzer Kostja Bogatyrjow sagte mir Anfang 1976, er fühle sich für diese Aufgabe noch nicht reif genug. Wenige Tage später wurde er mit einer Weinflasche niedergeschlagen und starb an den Verletzungen. Der mysteriöse Fall ist nie aufgeklärt worden; Moskauer Dissidenten machten den Geheimdienst dafür verantwortlich – freilich ohne Beweise. Die ukrainischen Rilke-Übertragungen stammen von Mikola Bashan, einem mit offiziellen Ehren überhäuften Lyriker. In Kiew herausgegeben worden ist eine Gesamtausgabe von Heinrich Heine, es gibt Übersetzungen von Thomas Mann und Hermann Hesse. In umgekehrter Richtung tut sich nichts. Das liegt nicht nur am mangelnden Interesse bundesdeutscher Verleger. Der ukrainischen Prosa ist bisher kein Ausbruch gelungen aus romantischem Pathos und gespreizter Metaphern-Sprache. Die Lyrik ist nur schwer zu übertragen. Das Theater bietet wenig. Die Sorge um die Zukunft der ukrainischen Kultur gehört zu den Quellen der nationalen Unzufriedenheit. So überrascht es nicht, daß als führende Mitglieder der ukrainischen Helsinki-Gruppe – sie wurde im Februar 1977 zerschlagen – Schriftsteller auftraten: Mikola Rudenko und Oles Berdnik. Rudenko wurde im Sommer 1977 zu sieben Jahren Haft und fünf Jahren Verbannung verurteilt. Sein Mitangeklagter Oleksii Tichij erhielt zehn Jahre Gefängnis und fünf Jahre Verbannung.

Trotz dieser Abschreckungsurteile macht die ideologische Erziehung in der Ukraine der Zentrale in Moskau und ihren Erfüllungsgehilfen in Kiew weiter Sorgen. Der Chefideologe, Politbürokandidat und ZK-Sekretär Valentin Malantschuk mußte im April 1979 seine Ämter abgeben und «andere Aufgaben übernehmen». Anfang Juli räumte der ukrainische Erziehungsminister Alexander Marinich seinen Stuhl. Weitere Konflikte sind vorprogrammiert, weil es die Ukraine in drei Richtungen drängt: nach Moskau, nach Osteuropa und zur Erhaltung der eigenen Nation. Kiew, Rußlands Geburtsstadt am Dnjepr, spiegelt alle diese Strömungen. Aber sie behält dabei ihren diskreten Charme. «Manchmal», so schrieb Bulgakow, «herrscht in der zarten Dämmerung ewiger Zarengarten.»

IV. Der Aufschwung der Nationen: Kraftwerke, Kommunismus, Koran – die pragmatischen Mullahs

Die graubraunen Hügelrücken ziehen vorbei wie eine träge Karawane auf dem Weg zum Dach der Welt, dem nahen Pamir. Wer beim Landeanflug auf Tadshikistan an die Provinz *Transoxana* im *West-Östlichen Diwan* denkt, an die Züge Alexanders des Großen und Marco Polos, an die alte Seidenstraße von China in die Levante – den ruft die *Aeroflot*-Stewardeß mit weihevoller Stimme zurück. Ihre Informationen lassen nur den Schluß zu, daß man gleich im zentralen Museum der russischen Revolution landen wird: «In der sonnigen Stadt Duschanbe gibt es eine Lenin-Statue aus Bronze, eine Lenin-Bibliothek, einen Lenin-Platz, eine Lenin-Straße ...» Die Autonummern in der Lenin-freundlichen Hauptstadt dieser mittelasiatischen Sowjetrepublik erinnern allerdings an einen anderen Zeitgenossen: *STB* steht noch immer auf den Kfz-Schildern: Stalinabad. So hieß Duschanbe bis 1961. Die Abkürzung wirkt wie ein symbolisches Siegel der administrativen Strenge, mit der in Mittelasien der Orient standardisiert worden ist. Sie erinnert an den Gewaltakt, mit dem materieller Fortschritt und sozialer Ausgleich gegen orthodoxen Islam und Feudalismus durchgesetzt worden sind.

«Hier wandelt sich Asien gründlich», schrieb schon 1931 Egon Erwin Kisch aus Duschanbe. Sein Buch ist vergessen, doch die Prophezeiung hat sich erfüllt – wenn auch mit anderen Vorzeichen und Inhalten. Der innerasiatische Teil des roten Imperiums, der 1936 in die fünf Sowjetrepubliken Kasachstan (die sowjetischen Geographen zählen nur Süd-Kasachstan zu Mittelasien), Kirgisien, Tadshikistan, Turkmenien und Usbekistan gegliedert wurde, ist heute Orient mit Filter. Hunger, erschreckende Armut und ungebührlicher Reichtum sind verschwunden. Statt Elendsquartieren und Märchenvillen gibt es genormte Wohnblöcke, statt bettelnder Kinderscharen uniformierte Erstkläßler und Pioniere.

Wer orientalische Basare mit überquellenden Angeboten, mit Handwerks- und Feinschmiede-Erzeugnisse sucht, findet nur begrenzte Kolchosmärkte mit Charme, Turban und Melonen – die landwirtschaftlichen Produkte sind in der Vorsaison so teuer, wie sie nur in der sozialistischen Planwirtschaft sein können. Dafür sind aus den wenigen Betrieben der Zarenzeit – selbst die Baumwolle wurde damals im Moskauer Raum zu Textilien verarbeitet – über hundert Industriezweige geworden. Auf den von üppigem Grün überdachten Straßen Duschanbes erscheint das soziale Gefälle zwischen den Nationalitäten geringer als im jugoslawischen Kosovo: Tadshikinnen und Usbekinnen in heimischer Tracht aus der Konfektionsabteilung; junge Männer bunt und betont adrett gekleidet; viele Wehrpflichtige in Uniform – überwiegend Europäer, vor allem Russen und Ukrainer.

Tadshikistan, mehr als halb so groß wie die Bundesrepublik, ist mit 3,8 Millionen Einwohnern (darunter fast 1,8 Millionen Tadshiken und 350 000 Russen) Moskaus Brückenkopf an der Nahtstelle zwischen Nahost und Fernost. Vor einem Jahrhundert unterwarf Petersburg die turkestanischen Khanate und Emirate. Seit der englisch-russische Vertrag dem imperialen Drang des Zarismus nach Britisch-Indien und zum offenen Meer 1895 Einhalt geboten hat, ist der Raum des heutigen Tadshikistan Grenzland zu China und Afghanistan. Bei Moskaus jahrelangen Bemühungen, über Afghanistan eine Bresche in die islamische Front zu schlagen, die von Pakistan über den Iran bis zur Türkei reicht, spielten die Tadshiken eine wichtige Rolle. Denn dieser ältesten ethnischen Gemeinschaft Mittelasiens gehören über zwei Millionen der etwa 16 Millionen Bewohner Afghanistans an. Die Sprache der Tadshiken, eine südwestliche Variante des iranischen Farsi, wird auch im Norden Afghanistans gesprochen. Lehrer, Übersetzer, Studenten, Arbeiter aus der Sowjetrepublik am Pamir halfen längst vor dem Einmarsch in Afghanistan, Straßen und Fachschulen aufzubauen. Die UdSSR hatte seit Mitte der fünfziger Jahre das Monopol für Waffenlieferungen, aber sie exportierte selbst Kunst in dieses Nachbarland, das zu den besonders unterentwickelten Staaten der Welt gehört. Der stellvertretende Kulturminister in Duschanbe, Nasarow, hat als Regisseur und Dramaturg das erste afghanische Theater aufgebaut. Bis zum Ende der Zarenzeit war auch den Tadshiken die Dramenkunst unbekannt, da der Islam die Darstellung der menschlichen Gestalt verbot. Von der abendländischen Welt, von der europäischen Entwicklung wurde Mittelasien endgültig isoliert, als den alten Seidenstraßen die neuen

Übersee-Wege vorgezogen wurden. Selbst der Prozeß der Nationenbildung griff nicht auf den abgelegenen Winkel über. Die politische Trennung vom Süden durch den Übergang des Iran zur Glaubensrichtung der Schi'a machte Mittelasien mit seiner sunnitischen Orthodoxie zum rückständigsten Winkel des ganzen Islam. Heute hat diese Region die nicht-sozialistischen Nachbarländer in Bildung- und Sozialpolitik weit hinter sich gelassen. Nur die islamischen Sowjetrepubliken und die Türkei haben grundlegende Sprachreformen durchgeführt, wie sie selbst für einen maßvollen Industrialisierungsprozeß unerläßlich sind. Die Reformen Kemal Atatürks sind im Westen zwar stärker beachtet worden, aber noch zu Beginn der siebziger Jahre waren 55 Prozent der Türken Analphabeten. In Mittelasien konnten 1917 rund 98 Prozent der Bevölkerung weder lesen noch schreiben. Heute liegt der Anteil der Analphabeten unter zehn Prozent. Der radikale Erziehungsprozeß – Ende der zwanziger Jahre wurde die arabische Schrift durch lateinische Buchstaben ersetzt, zehn Jahre später trat an Stelle der lateinischen die kyrillische Schrift – hatte zwei herausragende Begleiterscheinungen. Erstens: Stalin versuchte, durch die Zerstörung oder Schließung von 90 Prozent aller islamischen Kultstätten Glauben und alte Traditionen der Muslime für immer auszurotten; Chruschtschow strebte das gleiche Resultat mit seinen antireligiösen Kampagnen an. Zweitens: Moskau war jahrzehntelang bestrebt, die Bindung der mittelasiatischen Völker an die übergeordnete Welt des Islam zu schwächen nach dem Prinzip *divide et impera;* die nationale Geschichte und lokale Kultur der kleinen Völker wurden gegen die muslimischen Traditionen aufgebaut.

Heute steht fest, daß beide Bestrebungen gescheitert sind. Dafür gibt es zwei Gründe. Für den ersten haben wir in anderem Zusammenhang schon einige Belege angeführt. Bei Heiraten und Umzügen zählen die nationalen Barrieren weit weniger als die Grenzen des islamischen Kulturraumes: Hier zeigt sich, daß der Prozeß der Nationenbildung in Mittelasien nicht so tief eingedrungen war. Den zweiten Grund für die Widerstandskraft des Islam lieferte das Sowjetssystem selbst mit den anfänglichen Verfolgungen und dem späteren Druck zur Modernisierung. Der Islam hat sich verweltlicht, hat Rituale «rationalisiert», sie formal den sowjetischen Geboten und der ländlichen Industriegesellschaft Mittelasiens angepaßt, ohne entscheidend an spiritueller Kraft und kultureller Ausstrahlung zu verlieren. Dabei hat der Egalitarismus der kommunistischen Lehre dem islamischen Monotheismus wenigstens einen ideologischen Brückenschlag ermöglicht, was die westliche Überfremdung und oberflächliche Modernisierung unter dem iranischen Schah ausschloß. Der westliche Materialismus bestärkte Chomeini und seine Ajatollahs im Fundamentalismus – im Festhalten am geheiligten Text. Der dialektische Materialismus führte die pragmatischen Mullahs in Mittelasien zu formaler Kompromißbereitschaft und mentalem Vorbehalt. Der Koran, so ihre inoffizielle Lehre, liefert die Grundlage für eine moralische Deutung der Geschichte, die tiefer und vielseitiger ist als die von Marx, weil sie sowohl die moralischen als auch die materiellen Werte einschließt. Die Entwicklung des Islam in der UdSSR ist auch deshalb beachtlich, weil die große Mehrheit der sowjetischen Muslime der sunnitischen Glaubensrichtung angehört. Sie ist traditionell weniger populistisch, weniger sozial engagiert als die schiitische Variante, die im Iran vorherrscht.

So bleibt Mittelasien vorerst eine Ausnahme von der Entwicklung, die wir in fast allen Lebensbereichen und Regionen des Imperiums beobachtet haben: den Rückzug der Bürger vom System. Die Muslime befinden sich statt dessen auf dem Zug durch die Institutionen. Im Gegensatz zu manchen Sekten und zum Katholizismus Litauens hält der Islam keine demonstrative Distanz zu den Organisationen und Ritualen der Sowjetgesellschaft. Die Mitgliedschaft in den Jungen Pionieren, im Kommunistischen Jugendverband, in der Partei, die Teilnahme an propagandistischen Aufmärschen und kommunistischen Weihefesten bringt die Gläubigen nicht in Gewissenskonflikte. Um die Ausübung der eigenen Religion zu erleichtern, jonglieren die muslimischen Würdenträger mit der Synthese von Sozialismus und Islam. Sie ändern Rituale ab (Geldopfer statt Tieropfer – vgl. dazu Carrère d'Encausse, *Risse im Roten Imperium*) und tragen damit den ökonomischen Grundlagen des Systems Rechnung. Indem sie den staatlichen Besitz an Produktionsmitteln voll respektieren, unterscheiden sich die sowjetischen Mullahs klar von jener reformistischen Konzeption des islamischen Sozialismus, wie sie etwa der geistige Vater der *Muslimischen Bruderschaft* in Syrien, Mustafa al-Siba'i entwickelt hat. Und doch klingt bei ihren Bemühungen um die Integration der religiösen und der politischen Sphäre etwas von al-Siba'is Konzeption an. In seinen Interpretationen des islamischen Sozialismus heißt es: «Er ist ein moralischer Sozialismus, gegründet auf gesunder Moral, die er zur Grundlage seiner Lehre macht. Alle Belange des Menschen fallen unter die Fürsorge dieses Sozialismus: Religion, Sitte, Erziehung, Kleidung, Nahrung – und nicht nur die materiellen Aspekte des Lebens. Er ist ein integraler Bestandteil des Glaubens jedes Muslims, an den sich zu halten er nicht umhin kann. Um eine Gesellschaft zu reformieren, stellt er eine schnellere und wirkungsvollere Methode dar als jeder andere Sozialismus.»

Auf den ersten Blick mag die Anpassungsstrategie der Muftis und Mullahs im Sowjetstaat wie eine Selbstaufgabe, wie ein passives Zurückweichen vor dem System erscheinen. Wir haben im Kapitel über die Dissidenten bereits darauf verwiesen, daß es unter den 8000 bis 9000 politischen Häftlingen der Sowjetunion überhaupt keine Oppositionellen mittelasiatischer Herkunft gibt. Massendemonstrationen und nationale Manifestationen, wie sie in Litauen oder Georgien von Zeit zu Zeit spontan entstehen, hat es in Mittelasien seit Jahren nicht gegeben; militante Einzelaktionen, wie Bombenanschläge armenischer oder georgischer Separatisten, sind im asiatischen Teil der Sowjetunion ausgeblieben. Auch der äußere Zustand und die Anzahl der offiziellen Kultstätten erwekken den Anschein, als hätten sich Stalin und Chruschtschow doch durchgesetzt. Der Vorsitzende des religiösen Muslim-Zentrums für Mittelasien und Kasachstan, Mufti Babakhan, gab 1979 die Auskunft, daß heute 200 große und 1000 kleine Moscheen existieren. Das erscheint angesichts der Millionenheere gläubiger Muslime völlig unzureichend – wüßte man nicht, daß für den Islam jeder Raum eine Kultstätte sein kann. Als ich einen führenden Würdenträger in Duschanbe fragte, warum pro Jahr nur drei bis vier Tadshiken und insgesamt nur 30 bis 35 islamische Sowjetbürger nach Mekka pilgern dürften, gab er mir die Standardantwort: «Das liegt daran, daß wir leider keine diplomatischen Beziehungen mit Saudiarabien haben.» Das ist eine konformistische, regimetreue Ausrede. Doch andererseits gibt es in Mittelasien die gleiche Erscheinung wie im Iran: die Wallfahrten zu lokalen Kultstätten breiten sich aus.

Auch die roten Halstücher der kommunistischen Nachwuchsorganisation werden nicht als Fähnchen des atheistischen Triumphes getragen: Fast alle Jungen Pioniere männlichen Geschlechts sind beschnitten. Die Tradition der Beschneidung, durch die der junge Muslim in die *UMMA* und damit in die weltumspannende Gemeinschaft des Islam aufgenommen wird, hat sich in allen Schichten islamischer Sowjetbürger fast unverändert gehalten. Die Muslime des sowjetischen Ostens seien ein unveräußerlicher Teil der *UMMA*, so erklärte 1979 in Duschanbe Mufti Babakhan vor Schriftgelehrten aus aller Welt, die auf einem Symposion die Feiern zum Beginn des 15. Jahrhunderts nach islamischer Zeitrechnung vorbereiteten. Die Zugehörigkeit zur *UMMA*, die den einzelnen Muslim unbeschadet seines nationalen Engagements und seiner religiösen Aktivität in die panislamische Gemeinschaft versetzt, wiegt schwerer, als es sowjetische Propagandisten wahrhaben wollen. Nach ihrer Rechnung gibt es nur acht Millionen, die aktiv gläubig sind – so die Auskunft des Rates für religiöse Angelegenheiten in Moskau. Sowjetische Soziologen rechnen schon mit ein paar Millionen mehr. Und der Mufti Babakhan – Ziyautdin Khan Bin Ishan Babakhan lautet sein voller Name – legt nicht den Maßstab strenger Gläubigkeit an. Nach seiner Schätzung gibt es heute 40 Millionen Muslime in der Sowjetunion. Hierzu zählen neben den Asiaten die islamischen Bewohner der Sowjetrepublik Aserbajdshan, außerdem Dhagestaner, Tataren, Tschetschenen und andere kleine Nationalitäten. Wie weit Allahs Arm wirklich reicht, welche Rolle die muslimische Gegenkultur in der Sowjetgesellschaft künftig spielen wird, das hängt auch davon ab, ob sich der Vormarsch des Islam in der übrigen Welt und besonders in der Nachbarschaft der UdSSR aufsplittert oder als dauerhafte Kraft erweist. Wiederum auf den ersten Blick besehen, scheinen iranische Ajatollahs, muslimische Rebellen in Afghanistan und alle anderen radikalen Proklamationen moslemischer Bruderschaften keine Ausstrahlung auf die sowjetischen Nachbarprovinzen zu haben. Aber der Kreml, der in seinem Vielvölkerstaat zwangsläufig mit unterschiedlichen Zeitbegriffen rechnen muß, weiß aus Erfahrung, daß ferne Umwälzungen und Volksbewegungen langfristig doch Einfluß nehmen auf evolutionäre Entwicklungen. Auch deshalb hat der Islam einen anderen Stellenwert als die meisten übrigen Religionen, deren Wiedererwachen sich ganz auf die Rolle beschränkt, ein Refugium vor dem Sowjetsystem zu sein. Vieldeutig – wie die Schaukelpolitik der Mullahs – waren die Worte des Mufti Babakhan vor den Schriftgelehrten in Duschanbe: «In unserem Land hat das System gewechselt, haben sich die sozialen Beziehungen verändert; ein neuer Typus des Staates und eine sozialistische Ordnung sind in Erscheinung getreten. Doch die Muslim-Religion fährt fort, zu existieren und zu blühen – mehr noch: ihr Prestige wächst.»

Die Muslim-Religion wird auch deshalb blühen, weil ihr die Bevölkerungsexplosion in Mittelasien zusätzliche Kraft verleiht. Kinder gelten dort noch immer als der höchste Segen. Für die Liebe der Eltern und für die Verehrung, die die Kinder den Alten entgegenbringen, gibt es in Europa keine vergleichbaren Beispiele. Ein Tadshike aus meinem Bekanntenkreis, der bei einer Feier gestand, daß er nur ein Kind habe, wurde von den Müttern am Tisch wie ein Invalide bemitleidet. Die mittlere und ältere Generation bewundert noch immer Frauen wie Bargigul Alowatschojewa, die wir in einer Siedlung am tadshikischen Wasserkraftwerk *Nureks* besuchten. Geboren in Afghanistan, lebte sie lange im Pamir-Gebirge und brachte 17 Kinder zur Welt. 13 sind am Leben geblieben. Mit 38 Jahren wurde Bargigul *Heldenmutter* (der Titel wird noch immer für das zehnte Kind verliehen). Neben der Urkunde von 1963, die Leonid Breschnew unterzeichnet hat, liegt Stalins Foto – «weil wir ihn schätzen». Heute studieren mehrere ihrer Kinder, einige besuchen noch die Schule, für die beiden Jüngsten gibt es umgerechnet 40 Mark Beihilfe im Monat. Die älteren Geschwister erhalten von der Gemeinde Schuhe und Kleidung. Weil sich die Familie nicht trennen will und weil eine größere Einzelwohnung nicht zur Verfügung steht, lebt sie zu 16 Personen in vier Räumen – darunter auch ein verheirateter Sohn mit seiner Frau. Bargigul ist inzwischen 55 Jahre alt und vor fünf Jahren pensioniert worden, bis dahin hatte sie niemals ihren Arbeitsplatz gewechselt.

Die jungen Mütter treten inzwischen viel selbstbewußter auf. Der Mangel an Arbeitskräften in bestimmten Branchen macht sie wählerischer. «Was können wir machen», klagt die Leiterin eines Nähbetriebes, «wenn die Frauen – sobald sie ihren gesetzlichen Anspruch auf ein Jahr Mutterschaftsurlaub ausgeschöpft haben – zusätzlich unbezahlten Urlaub verlangen. Sie stellen einfach das Ultimatum: ‹Sonst kündige ich!›» Die Mehrzahl der Betriebe hat nicht genügend Kindergärten. Das ist einer der Gründe dafür, daß jetzt auch in Mittelasien die Arbeitskräfte-Fluktuation zunimmt. Der tadshikische Kunstgewerbe- und Nähbetrieb *Dilorom* hat in den letzten Jahren großen Zulauf erhalten, weil er Heimarbeit anbietet. Eine Strickerin mit neun Sprößlingen rühmt die Pionierarbeit von *Dilorom:* «Ich kann jetzt zu Hause die Kinder versorgen und dabei gleichzeitig die Norm um 125 Prozent übererfüllen. In einen Betrieb werde ich nicht zurückkehren.»

Wie sieht es in den Betrieben aus? In den Werkshallen, hinter den Drehbänken erscheint der Anteil junger, langmähniger Russen größer als im Straßenbild, in Kinos und Cafés. Technisches Interesse und Ausbildung der Tadshiken und der anderen mittelasiatischen Nationen sind noch immer begrenzt. Die Baumwollverarbeitung ist das Metier geblieben, das sie am geschicktesten beherrschen. Die Intelligenz Mittelasiens wird von Medizin und Philologie eher angezogen als von Ingenieurberufen. In den Verwaltungsbehörden und Instituten überwiegen die Hinweisschilder in russischer Sprache. Der Kraftakt, mit dem die Russen – zu ihrem eigenen Nutzen – den rückständigsten Winkel des Islam für das 20. Jahrhundert geöffnet haben, ist überall spürbar. Das größte Stauwerk Mittelasiens, *Nureks* («Das Licht in den Bergen»), liefert von 1980 an 11,2 Milliarden Kilowattstunden Strom. Auf dem Weg dorthin muß unser Auto durch riesige Pferde- und Schafherden kriechen, die von malerisch ausstaffierten Reitern in Chalat und Turban angetrieben werden. Auf den Feldern arbeiten Frauen in orientalischen Gewändern. Am schattigen Straßenrand steht gelegentlich ein Diwan, den Familien umlagern, die Tee trinken. Der braungebrannte Manager im taubenblauen Maßanzug, der dann plötzlich auf uns zutritt, wirkt wie ein Gast aus einem westlichen Großkonzern. Chefingenieur Jurij Sewenard kommentiert unterhalb des 300 Meter hohen Staudamms Bauabschnitte und Pläne mit einer Präzision und Sachlichkeit, die sich wohltuend von den üblichen Standardvorträgen sowjetischer Funktionäre unterscheiden. Der inzwischen 45jährige Ingenieur half bereits Ende der sechziger Jahre, den etwa gleichstarken Assuan-Damm zu bauen. Sein Wechsel vom Nil an den Wachsch («Der Unbezähmbare») hat sich gelohnt. Mit einem System von acht Staustufen, die einmal 40 Milliarden Kilowattstunden abgeben sollen, wird Tadshikistan in der Stromerzeugung zu den führenden Sowjetrepubliken aufschließen.

Bewässerungsprojekte und Baumwollproduktion sind neben der sowjetischen Erziehungsreform die Schwerpunkte der russischen Entwicklungspolitik in Mittelasien. In den kritischen Kommentaren über die Landwirtschaft der UdSSR lassen westliche Beobachter die erfolgreichen Baumwollernten zumeist unberücksichtigt. Mittelasien erzielt die besten Pro-Hektar-Erträge der Welt. Sie liegen im Durchschnitt um ein Drittel höher als in Nordamerika. In der Sowjetunion erbringt ein Hektar mehr als acht Doppelzentner Rohbaumwolle, in den USA nur sechs Doppelzentner. Aber die Ausrichtung Mittelasiens auf Baumwollproduktion ist ein Erbe der russischen Kolonisation. Die islamische Region, deren Provinzen sich vor ihrer Einverleibung ins Zarenreich selbst versorgten, ist heute in der Ernährungswirtschaft von Moskau abhängig. In den achtziger Jahren des vergangenen Jahrhunderts veränderten die Russen das Gleichgewicht in der Landwirtschaft Mittelasiens eindeutig zugunsten des Baumwollanbaus. In der durch Eisenbahnbau und erste Verkehrsnetze an die Weltwirtschaft herangeführten Region wurden die Baumwollbauern plötzlich von internationalen Marktpreisen abhängig. Sie bekamen die Preisschwankungen unmittelbar zu spüren. Viele mußten sich verschulden, andere profitierten aber auch von der rapiden Steigerung des Baumwollanbaus.

Was alle traf, war der Rückgang in der Erzeugung von Nahrungsmitteln. Die Importe wurden durch Transportkosten und Anpassung an die russischen Preise doppelt so teuer. Die Einfuhren stiegen um die Jahrhundertwende, in einer Periode von nur 15 Jahren, um über 800 Prozent. Im Lauf der Jahre dehnte sich der Baumwollanbau auf die Bewässerungsflächen für Reis aus. Der Reisanbau wurde an den Kubanfluß im Südkaukasus und in den Fernen Osten verlagert. Reis braucht zwar viel Wasser, aber nicht soviel Wärme wie Baumwolle. Außerdem wurde er im hügeligen Mittelasien in sehr kleinen Becken angepflanzt, weil er einer horizontalen Fläche bedarf, während Baumwolle unter den Bedingungen der heutigen Bewässerungstechnik auch auf einem Gefälle bis zu zwei Prozent angebaut werden kann. Die Verlagerung des Reisanbaus war also eine ökonomisch völlig gerechtfertigte Entwicklung – aber sie führte Mittelasien auch in die Abhängigkeit von einer Nachbarschaft mit agrarischer Überproduktion. Welcher Wandel sich zum Beispiel in Usbekistan vollzog – dem traditionell größten Anbaugebiet für Baumwolle und Reis –, geht aus folgender Tabelle hervor (zusammengestellt nach *Irigazija usbekistana;* Taschkent 1975):

	Bewässerte Saatfläche (in 1000 Hektar)	Baumwolle (Flächenanteil in Prozenten)	Reis	Getreide (einschl. Reis)
1913	1289	33	12,4	48,0
1962	2200	63	1,5	8,0
1972	2542	65	2,8	9,3

Unter der Sowjetherrschaft wurde Mittelasien also weiter auf die Produktion jener Erzeugnisse ausgerichtet, für deren Anbau im übrigen Imperium weniger gute Bedingungen herrschen. Dabei setzte Moskau besonders in der Bewässerungswirtschaft mit eiserner Hand gewaltige Projekte durch. Zu ihnen gehören unter anderem der *Erste-Mai-Damm,* der 1931 fertig wurde, und der *Große Fergana-Kanal* von 1939/40, dessen 200 Kilometer langes Bett Zehntausende von Kolchosbauern und Studenten in nur sechs Wochen aushoben («Volksbewegung für das Wasser»). Seit 1954 wird der *Karakum-Kanal* in einzelnen Abschnitten fertiggestellt.

Ausgehend vom Amudari-Fluß nahe der afghanischen Grenze, soll er gegen Ende des Jahrhunderts über eine Strecke von etwa 1400 Kilometern das Kaspische Meer erreichen. Es hängt vom Standpunkt des einzelnen Betrachters ab, wo immer er die sowjetische Erschließung Mittelasiens auf der Skala zwischen Kolonialpolitik und sinnvoller Entwicklungshilfe einstuft. Sicher aber ist, daß die gezielte Ausrichtung auf die Baumwollproduktion zu den Hauptquellen gehörte, die den einst rückständigsten Winkel der islamischen Welt wirtschaftlich aufblühen ließen.

Was kennzeichnet heute die Prosperität dieser Region? Das Durchschnittseinkommen ist etwas niedriger als in den westlichen Sowjetrepubliken. Aber der Lebensstandard liegt höher als in Zentralrußland. Dieser Vorsprung setzt sich aus einer Reihe umweltbedingter Begünstigungen zusammen. Durch das warme Klima haben die Kolchosmärkte ein reicheres Angebot; die Einkünfte der Muslim-Bevölkerung aus den eigenen Hofparzellen und aus dem privaten Gewerbe sind größer. Der Durchschnittsverdienst der Landarbeiter liegt höher als in der russischen Teilrepublik, ebenso das Gesamteinkommen eines durchschnittlichen Haushalts – bedingt durch die höhere Zahl an Erwerbstätigen in den Großfamilien. Die Bürger der muslimischen Sowjetrepubliken haben weniger Wohnraum als die Russen, aber mehr private Häuschen. Das bedeutet zugleich: mehr Gartengrundstücke, mehr Gemüse, Obst und Kartoffeln. Deshalb liegen die Lebenshaltungskosten im asiatischen Teil um fast 17 Prozent niedriger als in der russischen Republik.

Die Europäer in den mittelasiatischen Sowjetrepubliken genießen in der Regel beträchtliche Privilegien. Ihre Positionen sind besser, ihre Qualifikationen und ihre Bezüge zumeist höher. Sie haben mehr Wohnraum und weniger Nachwuchs. Ihre Kinder finden bessere Start- und Ausbildungschancen. In der politischen Infrastruktur ist Moskaus Macht – vorerst unbeschadet durch die islamische Gegenkultur – solide abgesichert. Die Zweiten Parteisekretäre aller Republiken, die Chefs der Sicherheitsorganisationen, die Vorsitzenden wichtiger Sonderabteilungen und die Direktoren aller Unternehmen mit landesweiter Bedeutung sind Russen. Gleichzeitig fördert Moskau, gezielt und geschickt, den Ausbau einer asiatischen Oberschicht, deren Aufstieg durch herabgesetzte Anforderungen der Universitäten erleichtert wird. Bestimmte Posten in den Republiken sind für die nationale Elite reserviert: die Ämter der Ersten Parteisekretäre und der ZK-Sekretäre für Agitation und Propaganda, führende Positionen in der Regierung, die leitenden Posten in Betrieben mit regionaler oder lokaler Bedeutung. Nicht wenige dieser Repräsentanten sind sich ihrer Zweitrangigkeit, ihrer begrenzten administrativen oder wissenschaftlichen Leistungsfähigkeit bewußt. Das bindet sie an das System, das ihnen diese Sonderstellung ermöglicht. Eine unbekannte Größe in dem sowjetischen Proporzmodell ist der Einfluß des Islam. Er kann auf längere Sicht Teile dieser nationalen Elite mit kompensatorischen Überlegenheitsgefühlen aufladen.

Wenn wir unsere Beobachtungen zusammenfassen, erhalten wir ein erstaunliches Resultat: Die Bedeutung des Islam wächst, aber gleichzeitig verringert sich die Lücke zwischen der europäischen und der asiatischen Bevölkerung in den Bereichen Erziehung, Gesundheitspflege, Ausbildung, Berufstätigkeit und auch im Lebensstandard. Die sowjetische Entwicklungspolitik hat bisher verhindern können, daß sich die Bewohner Mittelasiens ausgebeutet oder als Bürger zweiter Klasse fühlen. Sie empfinden die Behandlung durch den Kreml nicht als diskriminierend, weil sie den Russen nicht mit dem Überlegenheitsgefühl der Balten und Georgier begegnen. Sie sehen das Moskauer Zentrum und das Sowjetsystem nicht als grauen Kraken, der ihre nationalen Talente erstickt. Sie suchen ihre Identität nicht im Widerstand gegen den Kreml. Und sie stellen die Herrschaft der Russen über ihre Gebiete vorerst nicht grundsätzlich und nachdrücklich in Frage. Das macht auch das Auftreten der sowjetischen Statthalter erträglicher. *Dshensal,* Skandal, spontanen Ärger bereiten in den Augen der Tadshiken nur die ganz ungebildeten Menschen. Manche der ansässigen, einfachen Russen haben sich da als bildungsfähig erwiesen. Sie wirken zuvorkommender, leiser als in Moskau.

7. Kapitel

Blut und Boden

I. Die Landwirtschaft: Von der Leibeigenschaft zu Stalins Kulakenkrieg

An einem schönen Frühjahrstag des Jahres 1978 entdeckten wir am Rande Moskaus einen frisch gepflügten Acker, auf dem ein Schild stand: «Versuchsfeld». In kleineren Buchstaben wurde die genaue Fachbezeichnung einer Getreidesorte aufgeführt. Einige Monate später sahen wir das Feld wieder. Getreide war vor Unkraut kaum auszumachen. Um das kleine Schild rankte und wucherte eine buntgemischte Flora.

Sie schippen Kohl mit großen Schaufeln auf offene Lastwagen. Sie werfen Melonen wie Fußbälle in hohe Drahtkäfige, aus denen die oft angeschlagenen Früchte dann verkauft werden. Viele der Melonen kommen nicht einmal bis in die Käfige: Aus Tadshikistan in Mittelasien rollten 1977 per Bahn 144 Tonnen Wassermelonen nach Swerdlowsk. Jede fünfte wurde gar nicht erst an den Handel weitergeliefert. Von den restlichen 80 Prozent konnten die Händler nur die Hälfte absetzen. Die anderen waren unverkäuflich: ramponiert oder verdorben.

Sie ernten Tomaten nicht geduldig nach deren Reifegrad, sondern bei einem einzigen Einsatz, so daß wir beim Besuch einer Muster-Kolchose auf den Beeten Tausende von Tomaten sahen, die überreif vom Stamm gefallen waren.

Sie schicken Aprikosen von Armenien nach Leningrad, im Jahre 1977 zum Beispiel eine Ladung von 54 Tonnen. Der Zug verspätete sich um drei Tage, die Temperaturregelung in den Waggons geriet durcheinander. 48 Tonnen Aprikosen kamen verdorben an – fast 90 Prozent.

Das sind Daten und Fakten aus der verstaatlichten Landwirtschaft, die in den offiziellen Statistiken fehlen.

Sie fliegen, mit Rucksäcken voll Tomaten, Granatäpfeln, Zwiebeln, Lauch und Blumen über Tausende Kilometer von Mittelasien oder vom Kaukasus bis ins kalte Moskau. Dort verkaufen sie ihr selbstgeerntetes Allerlei auf den 28 Kolchosmärkten der Sowjetmetropole. In den staatlichen Läden ist das begehrte Gemüse oft nicht einmal im Sommer zu finden, deshalb kassieren die privaten Verkäufer einen horrenden Preis. Ein Kilo Tomaten kostet zu Ostern umgerechnet über 30 Mark. Die Verkaufsbilanz übersteigt die Kosten für den Hin- und Rückflug mit *Aeroflot,* deren Tarife noch immer spottbillig sind, obwohl sie im Gefolge der Rohstoffverknappung schon heraufgesetzt wurden. Ausländer nennen die Passagiermaschinen aus dem Süden «Vitaminbomber». Ihre Handgepäckfächer sind im Winter und Frühjahr zumeist grüner und üppiger beladen als die Gemüsestände der nördlichen Großstädte. Bei Turbulenzen rollen die Salatköpfe.

Rentner sammeln Pilze am Rande der Millionenstädte und breiten die kleinen Funde, sauber geputzt, in winzigen, abgezählten Häufchen über ihren Marktstand aus. Wenn im Herbst die Tage zur Neige gehen, kann man draußen, im Schatten der Skyline, Großstädter mit Plastiktüten auf abgeernteten Äckern Kartoffeln nachlesen sehen. Werden die Städter aber zur «Staatskartoffelernte» (Valentin Rasputin) aufs Land geschickt von Studentenorganisationen, Betrieben, Parteiaktiven – dann bedecken die Sammler hinter den Erntemaschinen die Kartoffeln oft mit Erde. Die Leute aus der Stadt wollen sich nicht mit schweren Körben behängen, berichtete 1978 die *Literaturnaja gasjeta.*

Doch wenn sie ein Vorgärtchen besitzen, beginnen auch die Städter, den Bauern nachzueifern. Deren ganze Welt besteht aus einem halben Hektar privaten Hoflandes. Von über 225 Millionen Hektar Gesamtackerbaufläche werden nur sechs Millionen Hektar privat bebaut. Doch auf dieser kleinen Fläche von ungefähr 2,7 Prozent wird ein großer Anteil der landwirtschaftlichen Gesamtproduktion erzeugt.

In einer Zeitung der ganz im Süden, am Schwarzen Meer, gelegenen Autonomen Sowjetrepublik Abchasien erschien im Herbst 1978 eine ebenso verblüffende wie bezeichnende Anzeige: «Der Kolchos Rustawelli kauft von Bürgern landwirtschaftliche Produkte aller Art». 1977 schickten die Staatsplaner in der Umgebung von Moskau Zehntausende Kälber und Schweine in eine Art individueller Sommerfrische. Die Tiere wurden an «Pflegeeltern» in der Nachbarschaft ausgeliehen, damit die Landwirtschaftsbetriebe Futter sparen konnten. Den Pflegern, die ihre Schützlinge mit Gras und Küchenabfällen hochpäppeln sollten, machte man das Verfahren als Pfundssache schmackhaft: Ihnen wurden pro Kilo, das ihr Kalb oder Schwein zusetzten, umgerechnet fünf Mark versprochen. Ein Bonner Diplomat in Moskau fand eine treffende Bezeichnung für diese Ausleihe: «Rent a cow».

Das sind Ausschnitte aus dem privaten Sektor.

Sind also alle Engpässe und Nöte, alle Schlamperei und Gleichgültigkeit, alle Vergeudung und Vernachlässigung von Früchten und Feldern auf die Kollektivierung zurückzuführen?

«Ihre private Wirtschaft betreiben die Bauern genauso unrationell wie die des Kolchos», hat Andrej Amalrik während seiner Verbannung im sibirischen Kolchosdorf Gurjewka beobachtet (*Unfreiwillige Reise nach Sibirien,* Hamburg, 1970). «Sie haben nicht die geringste Ahnung davon, wieviel ein Ei, ein Liter Milch oder ein Kilogramm Schweinefleisch sie selbst kostet. Da sie dafür nicht mit Geld bezahlen müssen, wiegen sie sich in der angenehmen Vorstellung, etwas umsonst zu bekommen. Sie schätzen ihre eigene Arbeit genauso niedrig ein, wie es auch der Kolchos und der Staat tun.»

Wie ist das zu erklären? Kann eine Bauernschaft, wenn sie ihren Sinn für den Wert des Bodens und seine Produkte aus jahrhundertelanger Tradition ererbt hat, so viele Erfahrungen während einer Generation unter der Kollektivwirtschaft verloren haben? Wie war das Verhältnis der Russen zu ihrer Erde vor der Revolution? «Es ist daher in Rußland die Stabilität der Benutzung des Grund und Bodens lange von der Bedeutung nicht, wie im übrigen Europa», so berichtete 1847 August Freiherr von Haxthausen über seine Beobachtungen. «Überhaupt hat der Grund und Boden in den meisten Gegenden Rußlands an sich nur geringen Werth. Er ist hier nur die Grundlage für den menschlichen Fleiß; daher lauteten bis vor wenigen Jahren alle Kaufcontracte, Schenkungen, Testamente nur auf Bauernfamilien. Man verkaufte, vertheilte so und so viel Bauern in dem Dorfe N. Der Grund und Boden war nur ein Annexum der Menschen! Ob der Grund und Boden an intensivem Werth gewinnen, und deshalb im Preise steigen wird, ob, mit anderen Worten, die Cultur des Ackerbaues fortschreite, ob dieser blühend werden wird, ist für Rußland eine Frage der Zukunft, ich fürchte aber, sie wird in der nächsten Zeit sich nicht günstig stellen.»

Das war eine Prognose für die zaristische Agrarwirtschaft. Und sie traf zu – für die siebzig Jahre, die das alte Regime noch zu leben hatte, und für die mehr als sechzig Jahre seit der Oktoberrevolution. Die «Cultur des Ackerbaues» lag längst vor den Kommunisten weit hinter Westeuropa zurück. Mehr noch: sie hatte schon seit Jahrhunderten aufgrund metereologischer, geographischer und der davon beeinflußten sozioökonomischen Bedingungen eine völlig andere Entwicklung genommen.

Das russische Kernland liegt viel zu hoch im Norden, um günstige Naturbedingungen für die Landwirtschaft zu besitzen. Leningrad, das alte Petersburg, hat die geographische Breite von Anchorage/Alaska. In den Gebieten um die frühere Hauptstadt reicht die Saison für die Landwirtschaft von Mitte Mai bis Mitte September. Moskau ist so nördlich wie Kopenhagen, und selbst die ukrainische Kornkammer liegt noch auf der Höhe von Südengland.

Nun erstreckt sich freilich auch Kanada, der landwirtschaftliche Musterstaat, weit nach Norden. Kiew und Winnipeg haben denselben Breitengrad. Doch das russische Territorium und die Ukraine müssen mit ungünstigeren Boden- bzw. Niederschlagsbedingungen fertig werden. Im Süden bekommt die fruchtbare, schwarze Erde in jedem zweiten, dritten Jahr zu wenig Regen. Er strömt nur im nördlichen Rußland reichlich. Dort aber, in der Nicht-Schwarzerde-Zone, sind die Böden hart und zum großen Teil sauer. Diese undankbaren Bedingungen haben seit Jahrhunderten im Durchschnitt jede dritte Ernte zu einer kleinen oder großen Katastrophe werden lassen. Die Katastrophen wuchsen durch Stalins Kollektivierung. Und die Mißernten stellen sich trotz Breschnews Reformen noch immer regelmäßig ein. Ein Teil der westlichen Presse lastet solche Erntepleiten fast ausschließlich dem System an. Doch mit Menschenwerk alleine ist die ungeheure Differenz von 140 Millionen Tonnen Getreide (1975) und 237 Millionen Tonnen (1978) nicht zu erklären.

«In diesen nördlichen Gegenden kostet der Ackerbau, abgesehen von der Fruchtbarkeit des Bodens», so sah es Haxthausen, «von vornherein mehr Arbeitskräfte von Menschen und Thieren, als in jenen südlichen, er gewährt also weniger reine Bodenrente. Der wichtigste Theil der Landwirtschaft, die Bestellung und das Abernten des Ackers, ist in bezug auf die dabei erforderlichen Arbeiten in jenen südlichen Gegenden auf eine viel längere Zeit vertheilt, als hier. Diese Arbeiten sind z. B. um Orleans, bei Mainz, in den Ländern an der Donau auf 7 Monate vertheilt, während sie hier des kurzen Sommers wegen auf 4 Monate vertheilt werden müssen. Was ich also dort auf einem Acker von gleicher Grösse und Qualität mit 4 Menschen und 4 Pferden an Arbeit leisten kann, dazu bedarf ich hier 7 Menschen und 7 Pferde.» Der Königliche Regierungsrat verglich sodann mit preußischer Genauigkeit die Rentabilität eines imaginären Gutes bei Mainz und eines gleichgroßen Anwesens nördlich der Wolga. Er kam zu dem Ergebnis, «daß, wenn man Jemanden das Areal eines Gutes bei Jaroslawl schenkte, unter der Bedingung ... eine Landwirthschaft dort einzurichten und zu führen, wie sie ebenfalls im mittleren Europa gebräuchlich ist, er sich für das Geschenk freundlichst bedanken müßte! Er würde nicht allein gar keinen Vortheil, gar keine Bodenrente haben, sondern er würde jährlich bedeutend zuschießen müssen!«

Aus dem langen Rechenexempel des preußischen Freiherrn sind zwei Punkte hervorzuheben, die für unsere Frage nach den Beziehungen der Menschen zum Boden aufschlußreich sind. Die Ausdauer der russischen Landarbeiter sei wesentlich geringer als die der deutschen, merkt der Autor an. Außerdem stellt er in Rechnung, daß auf einem Gut bei Mainz ein ausgesätes Korn sechs bis sieben Körner Ertrag gewähren würde, das Gut bei Jaroslawl aber kaum drei Körner.

Diese Schere zwischen den Ernteerträgen in Westeuropa und denen im alten Rußland öffnete sich bereits Ende des 13. Jahrhunderts. Im Westen wuchsen die Städte und mit ihnen die Berufsgruppen, die die bäuerliche Selbstversorgung aufgaben. Getreidemärkte stimulierten das Interesse der Gutsherren und Pächter, immer mehr zu erzeugen, als für den eigenen Bedarf nötig war. In Rußland, das im Winter in eisiger Erstarrung und im Frühjahr im Schlamm versank, entstand kein vergleichbares Verkehrsnetz, wuchsen weder Märkte noch Städte. Vier Fünftel der Menschen lebten noch auf dem Land, als sich die Revolution – die nach Marx von den Industriestaaten ausgehen mußte – nach Rußland verirrte.

So fehlte der russischen Landwirtschaft der ökonomische Anreiz zur Überschußproduktion, der in Westeuropa die Entwicklung der Bodenkultur und die Beziehung der Menschen zu ihrer Scholle entscheidend beeinflußte. Wie wenig dies für Rußland galt, soll noch einmal der Augenschein Haxthausens belegen: «... Das Produkt muß weit nach den Märkten verfahren werden und gilt sehr geringen Preis ... Ist es da nicht natürlich, daß der russische Bauer in diesen Gegenden den Ackerbau nur treibt, um das nöthige Brodkorn und Viehfutter zu erlangen, nicht aber, um irgend eine Landrente zu gewinnen, was ohnedem kaum zu erstreben wäre? Es ist kein Verwenden der Arbeitskräfte von Mensch und Vieh, sondern ein Ersparen derselben beim Ackerbau, was in seinen Interessen liegt! Er bestellt eine möglichst große Fläche auf die allereinfachste und wenigst mühselige Weise, und erntet dann auch natürlich nur eine geringe Masse Korn.»

Dieser mangelnden Zuwendung, die der Bauer dem Acker entgegenbrachte, entsprach auch eine geringe Bindung an den Boden. Nur wenige hingen an ihren Feldern; wer irgend konnte, wanderte zu nicht-seßhafter Arbeit ab. Die großen Migrationsströme von heute, die Wohnortwechsel von 16–18 Millionen Menschen pro Jahr, haben also eine ältere Entstehungsgeschichte als es Solschenizyn erklärt. Für ihn haben die unwirtlichen Großstädte aus den Russen Nomaden gemacht.

Die Dörfer waren noch weniger für die Ewigkeit gebaut als die Behausungen der damals durchaus noch in Armut lebenden Landbevölkerung Westeuropas. Gogol gibt eine plastische Schilderung in *Die toten Seelen:* «Das Gebälk der Häuser war alt und grau; viele Dächer schienen durchsichtig wie ein Sieb, auf manchen waren nur mehr Dachfirst und die Dachrippen übriggeblieben. Es hatte den Anschein, als ob die Hausbesitzer selbst die Schindeln und das Stroh herunterholten, in der schließlich nicht unrichtigen Überlegung, daß die Hütten ohnehin nicht mehr vor dem Regen schützten und sonst bei schönem Wetter ja auch nichts durchließen ... Die Fenster in den Hüttchen hatten keine Scheiben, manche waren mit Lumpen oder Schilf verstopft ... Hinter den Häusern machten sich ganze Reihe von Getreidehaufen breit, die auch schon lange so stehen mußten: sie sahen aus wie alte, schlechtgebrannte Ziegelsteine; obenauf wucherte allerhand Unkraut, zur Seite wuchsen ganze Gesträuche ...»

In seiner eindrucksvollen Darstellung des vorrevolutionären Rußlands hat Richard Pipes hervorgehoben, wie sehr die geographischen Gegebenheiten in Rußland der individuellen bäuerlichen Betätigung abträglich waren. Die traditionelle bäuerliche Großfamilie unter der Führung des Familienältesten bot angesichts der spezifischen Naturbedingungen große ökonomische Vorzüge. Staat und Gutsbesitzer schätzten das feste familiäre Gefüge nach dem Führungsprinzip nicht nur aus wirtschaftlichen Gründen, sondern auch als Stabilitätsfaktor.

Eine weiterreichende Besonderheit der ländlichen Lebensform wurde von den Slawophilen im vergangenen Jahrhundert zu einer herausragenden Tugend erklärt: der dörfliche *Mir.* Diese Form der bäuerlichen Kommune mit dem gemeinsamen Grundbesitz der Weiden und Äcker rühmte man als altes, nur in Rußland existierendes Gemeinschaftswesen. Der *Mir,* der für die Bauern bis zu Stolypins Agrarreform eine Art heiliger Kuh blieb, galt den Romantikern als Beweis für Rußlands Bestimmung, ein Wegweiser sozialer Lebensformen zu sein. Man sieht auch hier: es ist alles schon einmal dagewesen. In der großen Diskussion des vergangenen Jahrhunderts um das nationale Selbstverständnis Rußlands hatten die Gegner der slawophilen Mythen, die «Westler», natürlich auch in der Frage des *Mir* sofort eine Herausforderung parat: Der *Mir* sei alles andere als eine eigenständig gewachsene Gemeinschaftsform. Er sei Mitte des 18. Jahrhunderts von der Obrigkeit eingeführt worden – als beste Form zur Eintreibung der Steuern. Heute überwiegt die Ansicht, wie Pipes unterstreicht, daß der *Mir* in der Tat eine neuzeitliche Einrichtung war. Parallelen, die verschiedentlich zwischen dem *Mir* und der heutigen Kollektivwirtschaft gezogen worden sind, tut der Historiker mit dem bündigen Urteil ab: «Der *Mir* war kein Kollektiv, die Feldarbeit wurde privat getan, von Haushalten. Noch wesentlicher ist, daß der im *Mir* lebende Bauer Eigentümer des Produktes seiner Arbeit war, während es im Kolchos dem Staat gehört, der den Bauern für seine Arbeit entlohnt.»

Nun kann man nicht selten die Ansicht hören, daß die Aufhebung der Leibeigenschaft durch Zar Alexander II. 1861 und erst recht die Agrarreform des Regierungschefs Stolypin doch für einen Aufwärtstrend in der russischen Landwirtschaft gesorgt hätten. Besonders wird darauf verwiesen, daß im 19. Jahrhundert Getreide Rußlands wichtigstes Exportprodukt war und daß diese Ausfuhren besonders in den achtziger Jahren enorm anstiegen. Der Sowjetstaat dagegen müsse jetzt Jahr für Jahr riesige Getreidemengen einführen. Wir werden auf die jüngsten Weizenimporte Moskaus in unserem nächsten Kapitel etwas gründlicher eingehen. An dieser Stelle soll nur kurz gezeigt werden, auf welche Weise die damaligen Agrarausfuhren – von denen die internationale Liquidität Rußlands abhängig war – erzielt wurden.

In seinen hervorragenden Studien über den Zusammenhang von innerer und auswärtiger Politik zwischen 1860 und 1914 (*Der russische Imperialismus,* Göttingen, 1977) hat Dietrich Geyer den Anteil des Marktgetreides, das um 1890 dem Handel von den bäuerlichen Wirtschaften zur Verfügung gestellt wurde, auf 65 Prozent geschätzt. Wie kam diese erhebliche Menge zustande – wo es doch auf dem Lande, wie wir gesehen haben, die westeuropäischen Traditionen eines ausgeprägten Erwerbsstrebens und einer kräftigen Überschußproduktion nicht gab? Die Überschüsse für den Export wurden der Landbevölkerung mit fiskalischen Mitteln abgepreßt. Der damalige Finanzminister I. A. Wischnewskij zwang die Bauern durch eine rücksichtslose Heraufsetzung der indirekten Steuern, den größten Teil ihres ohnehin schon bescheidenen Eigenbedarfes zu Spottpreisen auf den Markt zu bringen. Dieser staatlich verordnete Konsumverzicht, so Geyer, ließ den «Hungerexport» beträchtlich ansteigen. Aber der Massenhunger und die katastrophale Mißernte von 1891/92 brachten den Getreideexport auch wieder zum Stehen. Der «Hungerexport» war also eine – freilich äußerst milde – Variante der Getreidebeschaffung Stalins, dessen Requirierungen für Exportzwecke zur ungeheuerlichen Hungerkatastrophe von 1933 beitrugen.

Doch noch vor Lenin, Trotzkij und Stalin trat zu Beginn dieses Jahrhunderts ein anderer harter und bedeutender Mann ins Rampenlicht. Er wollte die Zukunft der Bauern – die Schicksalsfrage Rußlands und der Romanows – in eine Richtung lenken, die den alten Dorfkommunen und der kommenden Kollektivierung völlig entgegengesetzt war. Dieser Politiker war Peter Stolypin, Regierungschef und der letzte starke Mann des alten Reiches. Sein Ziel war es, daß die Bauern sich frei entfalten, eigene Initiative entwickeln sollten. Deshalb förderte seine Agrarreform die Entwicklung der Marktbeziehungen und das Privateigentum. Nach Stolypins Gesetzeserlassen vom Herbst 1906 konnte der Bauer jederzeit aus der Kommune austreten. Die Ländereien, die bisher den Mitgliedern der Zarenfamilie gehört hatten und verpachtet worden waren, konnten von den ländlichen Kleinproduzenten über die Bank der Bauern käuflich erworben werden. Die verarmten, nachlässig geführten Kollektive der Dorfkommunen sollten verschwinden. Die Reform bedeutete die Einführung des Leistungsprinzips in die russische Agrarwirtschaft. Denn die Beibehaltung des *Mir* nach Aufhebung der Leibeigenschaft hatte die Entwicklung von Eigeninitiative entscheidend behindert, da die tatkräftigen und unternehmungsfreudigen Bauern in dieser dörflichen Gemeinschaftsform steuerlich mitverantwortlich waren für die Gleichgültigen und Faulen. Seine Reformen, so drückte es Stolypin selbst aus, setzten «nicht auf die betrunkenen und morbiden Elemente, sondern auf die nüchternen und starken».

Dennoch standen der Reform Bedingungen im Wege, die sie voraussichtlich auch dann verwässert hätten, wenn Stolypin nicht ermordet worden wäre, wenn weder Weltkrieg noch Oktoberrevolution die Geschichte in ganz andere Bahnen gelenkt hätten. Eine entscheidende Ursache der bäuerlichen Landarmut, der mächtige Grundbesitz des Adels, wurde von der Reform nicht aus der Welt geschafft. Und im Gegensatz zum damaligen Westeuropa und zur heutigen Sowjetunion brachte die zunehmende Industrialisierung überhaupt keinen Rückgang der in der Agrarwirtschaft beschäftigten Bevölkerung. Richard Lorenz stellt in seiner *Sozialgeschichte der Sowjetunion* (I. Teil, 1917–1945, Frankfurt, 1976) fest: «Die überwiegende Mehrheit der Bauernschaft war im Russischen Reich weiterhin einem Verelendungsprozeß ausgesetzt, dessen Ende nicht abzusehen war ... Der (soziale) Differenzierungsprozeß führte unter den Bedingungen der russischen Agrarverfassung, wo zum großen Teil vor- und frühkapitalistische Verhältnisse fortbestanden, weniger zu einer Proletarisierung als zu einer Pauperisierung breiter bäuerlicher Schichten, so daß ein riesiges ländliches Halbproletariat entstand. Hierbei handelte es sich um verarmte Bauern, die nur noch über die Reste einer eigenen Produktionsbasis verfügten und nicht in der Lage waren, auf dieser Grundlage ihre Familien zu ernähren»

Das war die *Dorfarmut* in der Rangfolge der Kommunisten, nach deren Auffassung – so hat es Stalin-Biograph Adam B. Ulam einmal ironisch formuliert – die Bauern dreigeteilt waren «wie weiland Cäsars Gallien». Als Mittelbauer galt, wer zusammen mit seiner Familie gerade genug für das eigene Auskommen erarbeitete. Und die dritte Kategorie bildete der Kulak, der Bauer, der ein wenig oder auch etwas mehr Besitz hatte. Ihm galt Stalins erster und entsetzlicher Vernichtungszug, bevor er seine Verfolgungen auf alle Schichten ausdehnte. Ob der Kulak nun wirklich als Peiniger des Dorfes auftrat, der aus der Armut der anderen sein Zinskapital schlug, oder ob er nur der strebsame, initiativefreudige Mann war, auf den Stolypin bei seiner Agrarreform gebaut hatte – was machte es den Radikalen schon? Waren sie nicht alle reaktionäre Finsterlinge, auch die ärmeren Bauern? Hatten sie nicht längst und für immer ihre Unbelehrbarkeit bewiesen, ihre Bestimmung für den Misthaufen der Geschichte selbst gewählt, als sie zum Beispiel die *Narodniki,* die ihnen die Aufklärung bringen wollten, verhöhnten und davonjagten? Mußte man nicht das Getreide aus ihnen herauspressen und -prügeln, wenn sie dem Staate vorenthielten, was er brauchte? Das dachte nicht nur Stalin. So schritten die Kommunisten, kaum daß Lenin tot war, zur «Liquidierung des Kulakentums als Klasse». Für Millionen Menschen begann ein unvorstellbarer Leidensweg, dessen Auftakt 1927 der 15. Parteitag mit dem ersten Fünfjahresplan bildete und dessen Ende Hungertod oder Exekution waren. Keine Bevölkerungsschicht hat für die Industrialisierung jemals einen so hohen Blutzoll entrichten müssen wie die russischen Bauern.

«Unkenntnisse der wirtschaftlichen Tatsachen des Lebens und Zwangsvorstellungen über die Kulaken», so Adam B. Ulam, «veranlaßten die Herren der Sowjetunion dazu, 1926/27 eine sozioökonomische Politik einzuleiten, die unweigerlich zu einer Katastrophe führen mußte. Es war nur die Frage, ob auf die ökonomische Katastrophe eine politische folgen würde – der Zusammenbruch des Regimes –, oder ob man diese Katastrophe mit noch nie dagewesener Entschlossenheit und Härte *nur* auf die russische Bevölkerung beschränken und sich selbst heraushalten konnte. Das war der Fall, und das Verdienst für diese Großtat der Entschlossenheit und Unmenschlichkeit gebührt Stalin.»

Die Katastrophe ist das Werk Stalins und der verblendeten Genossen, die ihm folgten. Dabei war die Institution der Kolchose als Kompromiß gedacht. Der genossenschaftliche Betrieb (im Gegensatz zur Sowchose, dem Staatsbetrieb) sollte eine Konzession an die privatwirtschaftliche Mentalität der bäuerlichen Kleinproduzenten sein – freilich «bei gleichzeitiger Wahrung der Grundprinzipien des zentralistischen Bürokratismus» (Antonio Carlo). Daß die künftige Industriegesellschaft eine umwälzende Neugestaltung der russischen Landwirtschaft voraussetzte, das war nicht nur Kommunisten klar. Rationalisierung und Mechanisierung waren unumgänglich, um Arbeitskräfte für die Fabriken zu gewinnen. Aber wie konnte dieser Konzentrationsprozeß erreicht werden, da die Bewirtschaftung der Felder und Wiesen auf Millionen bäuerlicher Familien aufgeteilt war, deren Rückständigkeit und konservatives Beharren fast niemand bestritt?

Welchen Verlauf eine gemäßigte Kollektivierung genommen hätte, ist eine hypothetische Frage. Fest steht nur, daß Stalin alle maßvollen Ansätze, die Lenin 1921 mit seiner *Neuen Ökonomischen Politik* (NEP) verkündete, wie besessen hinwegfegte. Beschlagnahmung von Getreide nahm immer größere Ausmaße an. Die einzelnen Gehöfte wurden nicht nur zu Kolchosen, sondern praktisch zu Erziehungslagern zusammengefaßt. Die Bauern wurden wieder an den Grund gebunden: diesmal als Leibeigene des Staates. Ihre Ausbeutung, durch die Differenz zwischen Ankaufpreisen und Produktionskosten, überdauerte Stalin. Noch zu Beginn der sechziger Jahre lag der Gesamtverlust, den die Kolchosen alljährlich durch den «Verkauf» an den Staat erlitten, bei weit über einer Milliarde Rubel. Inzwischen sind den Kolchosen und Sowchosen über sieben Milliarden Rubel (21 Milliarden Mark)

Kreditschulden, die zwischen 1978 und 1980 fällig waren, erlassen worden. Weitere vier Milliarden Rubel Schulden wurden gestundet.

In den Jahren zwischen 1928 und 1933 sank der Lebensstandard in dem ohnehin schon darbenden Land noch um ein Drittel. Als die Verzweiflung 1929/30 ein solches Ausmaß erreicht hatte, daß die Bauern in verschiedenen Gegenden antisowjetische Demonstrationen wagten, schob Stalin die Schuld auf andere. Im März 1930 bezichtigte er örtliche Funktionäre, sie hätten den Grundsatz nicht beachtet, daß der Eintritt in die Kollektivwirtschaften freiwillig erfolgen müsse. Diese Methode, die Stalin noch oft wiederholte, durchschaute schon damals ein Arbeiter aus Dnjepopetrowsk, der Stadt, in der Leonid Breschnew später Karriere machte. Dieser Arbeiter, ein Mann namens Belik, schrieb einen Brief:

«Genosse Stalin! Ich bin ein einfacher Arbeiter und Leser der *Prawda,* habe in jüngster Zeit aufmerksam die Zeitungen studiert. Kann man denen einen Vorwurf machen, die sich wohl oder übel den Lärm um die Kollektivierung anhören mußten? Wir alle, einfache Parteimitglieder und auch die Presse, haben in der wichtigen Frage, wer in den Kollektivwirtschaften die Führung haben soll, lauter Unsinn gemacht, während Genosse Stalin unterdessen, wie es scheint, schlief wie ein Gott, nichts hörte und die Augen vor unseren Fehlern schloß. Auch Sie müssen getadelt werden. Aber der Genosse Stalin gibt nun alle Schuld den örtlichen Behörden, er und die oberste Führung sind es nicht gewesen.» (Zitiert nach Roy A. Medwedjew: *Die Wahrheit ist unsere Stärke,* Frankfurt, 1973).

Was damals einem Arbeiter aus Dnjepropetrowsk schon klar war, ist Jahre nach der Abrechnung Chruschtschows mit Stalin wieder geleugnet worden. 1965, als Leonid Breschnew seine Landwirtschaftsreform startete, dozierte der Parteiideologe Sergej Pawlowitsch Trapesnikow: Der Übergang zur totalen Kollektivierung sei nicht, wie «bourgeoise Geschichtsfälscher» behaupteten, den willkürlichen Entscheidungen bestimmter Individuen zuzuschreiben, sondern den objektiv existierenden Verhältnissen. Die Direktiven des Zentralkomitees seien korrekt gewesen, aber örtliche und zentrale Behörden hätten bei der Ausführung Fehler begangen.

Nun mag man versucht sein, spontan zu antworten: Trapesnikow ist wohl ein unbelehrbarer Stalinist und somit ein Gegenspieler des gemäßigten Leonid Breschnew. Das erste stimmt, das zweite nicht. Der Stalinist Trapesnikow ist ein Schützling des sowjetischen Parteichefs aus den fünfziger Jahren in der Moldau-Republik, wo Breschnew als Erster Parteisekretär auch eng mit seinem Berater der letzten Jahre, Konstantin Tschernenko, und dem jetzigen Innenminister Nikolaj Schtscholokow zusammenarbeitete. Trapesnikow hat sogar die von Stalin 1938 inszenierte Liquidierung des «Lieblings der Partei», Bucharin, noch lange nach dem Tode des Sowjetdiktators verteidigt. Breschnew hingegen versicherte 1977 in seiner Rede zur neuen Verfassung, Stalins Repressionen würden sich nie mehr wiederholen. Dennoch übertrug Breschnew dem Altstalinisten 1965 die Abteilung für Wissenschaft und Erziehung im Zentralkomitee. So begrenzen auch undurchschaubare Loyalitäten die Entstalinisierung. Es ehrt die Akademie der Wissenschaften der UdSSR, daß sie im März 1979 die Aufnahme Trapesnikows als Vollmitglied ablehnte und damit deutlich machte, daß heute selbst die Protektion durch den Parteichef ihre Grenzen hat.

Wir sind hier von unserem Thema abgeschweift, weil sich die Gelegenheit bot, einmal darauf zu verweisen, wie unentwirrbar politische Positionen und persönliche Beziehungen in der Sowjetführung verknüpft sind. Das beliebte Spiel der Kreml-Astrologen, die Spitzenfunktionäre nach Falken und Tauben zu sondern und daraus auf Minderheiten und Mehrheiten zu schließen, ist deshalb oft der Unterhaltungslektüre eher als der Analyse zuzurechnen.

Was Trapesnikow noch heute verteidigt, erreichte zu Beginn der dreißiger Jahre einen Abgrund, der nur von Hitlers Konzentrationslagern übertroffen wurde. 1932, als sich die Hungersnot bereits klar abzeichnete, ließ Stalin noch 1,5 Millionen Tonnen Getreide exportieren. Rund vier Millionen russischer Bauern, die 1933 verhungerten, starben also schlichtweg für die Handelsbilanz. Der Autor des *Stillen Don,* Michail Scholochow, forderte Stalin im April 1933 auf, die «widerwärtigen Methoden» der Getreiderequirierung am Don zu prüfen. Der Diktator antwortete nicht. Wladimir Tendrjakow – wir haben schon die Schulerzählung *Die Nacht der Entlassung* erwähnt – schrieb in seinem 1968 in Moskau erschienenen Roman *Tod:* «Das Jahr 1933 ging als Hungerjahr über das ganze Land. In der Bezirkshauptstadt Wochrowo legten sich die in der Ukraine dekulakisierten Bauern neben dem Bahnhof in dem kleinen Park zum Sterben hin. Man war schon gewöhnt, dort morgens die Leichen zu sehen; ein Wagen hielt, und der Stallbursche vom Krankenhaus, Abraham, lud sie auf. Nicht alle starben; viele wanderten auch in den staubigen Straßen umher, sie schleiften blutlose, bläuliche, von Ödemen geschwollene

Beine nach und hingen an allen Vorübergehenden mit hündischen Bettelblicken . . . Das war 1933.»

So erlebten die Opfer den Gewaltakt, mit dem Stalin die Sowjetunion ins Industriezeitalter katapultierte. Die Landwirtschaft leidet bis heute an den Nachwirkungen. Chruschtschow, der es wissen mußte, da er gerade für die Agrarpolitik entscheidende Mitverantwortung trug, bekannte nach seiner Abrechnung mit Stalin: ohne die gefälschten Statistiken sei die russische Landwirtschaft des Jahres 1953 nicht ertragreicher gewesen als die von 1913. Obwohl Chruschtschow diese Einsicht so frei verkündete und obwohl er dem Terrorregime Stalins ein Ende setzte – seine Agrarpolitik war auch noch katastrophal. Der Unterschied zwischen ihm und dem georgischen Despoten: Stalin setzte seine Besessenheit ungerührt in schreckliche Realitäten um, Chruschtschow hing mit echter Leidenschaft an der Landwirtschaft. Er betrieb sie wie Russisches Roulette.

Er rührte die Trommel für Neulandgewinn und Maisanbau, für Saatexperimente und Zuchtversuche – bis ihn das Schicksal ereilte. Die verheerende Mißernte von 1963 trug entscheidend zu seinem Sturz bei. Bis dahin aber war er der Magier der Ställe und Fluren. Kein Staatsmann, der in die Fotoarchive mit so vielen Kühen, Kolchosvorsitzenden und Kornfeldern eingegangen ist. Kein Sonnenstrahl, kein Regenschauer, den Chruschtschow nicht auf seinen Acker zu lenken wußte, als Folge seiner Weitsicht interpretierte. Wenig investieren, alles probieren, war seine Devise. Stalin förderte Scharlatane, weil sie seinen Ruhm mehren sollten als Held der Wissenschaft – deren seriöse Methodik er verachtete. Chruschtschow war pseudowissenschaftlichen Experimenten zugetan, weil er mit seinem bäuerlichen Optimismus das Glück zu zwingen suchte.

1965 mahnte der gute Geist der Tauwetter-Periode und der Entstalinisierung, der unermüdliche Beschirmer aller Liberalen, der in Moskau unvergessene Alexander Twardowskij in einem seiner Gedichte die Nachfolger Stalins und Chruschtschows: *Wir hüten uns, die Wissenschaft zu schelten; / Wo sie Respekt verdient, / Soll man ihn zollen; / Doch hüte sie sich, denen, / Die das Land bestellen, / Zu sagen, wie und wann / Sie ihre Hirse essen sollen.*

Dennoch hat Chruschtschow die Basis geschaffen für die Reformen, die 1965 nur wenige Monate nach seinem Sturz folgten. Da seine Leidenschaft zur Landwirtschaft echt war, besetzte er viele lokale Parteiapparate überproportional mit Agrarexperten. (Vgl. hierzu: Thane Gustafson, *Problems of Communism,*

Jan./Febr. 1979) Auf Chruschtschows bäuerliches Fußvolk konnten Breschnew und seine Anhänger ihre Landwirtschaftspolitik stützen.

II. Puschkin auf der Kolchose – Stutenmilch im Kreml

«Nach alter Gewohnheit telefoniere ich selbst mit verschiedenen Gebieten des Landes, und wenn ich die Genossen vom Kuban, vom Dnjepr, aus Moldawien, aus dem Wolgagebiet, aus Sibirien höre, dann spüre ich schon an ihren Stimmen, wie das Getreide bei ihnen steht.» So landverbunden sieht sich Leonid Breschnew selbst: als Mann am grünen Telefon, der anstelle der Gesundbeterei und Befehlswirtschaft Nikita Chruschtschows die Drähte des modernen Managements zieht. In dem 1978 erschienenen Bändchen *Neuland,* dem dritten Teil seiner Memoiren, bricht der sowjetische Parteichef für die Landwirtschaft sogar die Informationssperre, die über den Gesundheitszustand der Kremlführer verhängt ist. Von der Neulandgewinnung in Kasachstan, bei der Breschnew Mitte der fünfziger Jahre die Kultivierung einer Steppenfläche vom Umfange Englands leitete, läßt der Parteichef in seinen Memoiren berichten:

«Ich war ständig unterwegs, schlief nur unregelmäßig, aß gelegentlich. Eines Tages, in Zelinograd, fühlte ich mich unwohl. Wieder zu mir kam ich auf der Krankenbahre. Früher hatte man mich schon einmal mit einem Herzanfall aus Semipalatinsk nach Alma Ata gebracht. Ich mußte zu Hause das Bett hüten, mich gegen die Ärzte wehren, die mich ins Krankenhaus stecken wollten ... Es gab keine Zeit zum Kranksein. Das Neuland türmte viele neue Probleme und Sorgen auf, bisweilen schwierige, verwirrte und immer dringende. Die Schlacht um das Getreide trat in das entscheidende Stadium.»

So wie die Agrarpolitik Stalins die Bauern erschöpfte, zerstörte, vernichtete – so wurde der geschundene, deformierte Riesenkrüppel Landwirtschaft zur politischen und physischen Bedrohung der Nachfolger Stalins. Zu Chruschtschows Sturz trug die Mißernte von 1963 bei. 1973 wurde das Politbüromitglied Gennadij Woronow aus dem Machtzentrum der Partei verstoßen. Sein Engagement für die Dezentralisierung der Landwirtschaft, für das System der *autonomen Arbeitsgruppen* innerhalb der Kolchosen und Sowchosen war den Dogmatikern zu weit gegangen. Nach der katastrophalen Mißernte von 1975 war zur Abwechslung ein Konservativer an der Reihe: Landwirtschaftsminister Dmitrij Poljanskij schied aus dem Politbüro und wurde bald darauf als Botschafter nach Japan abgeschoben. 1978 starb einer der möglichen Kronprinzen aus dem engsten Zirkel der Macht, das 60jährige Politbüromitglied Fjodor Kulakow, zugleich oberster Agrarboß der Partei als Leiter der ZK-Abteilung für Landwirtschaft. Die offizielle Todesursache: Herzinfarkt.

Daß Ernten auf das Schicksal der politischen Führer so entscheidenden Einfluß haben können, daß sich die Vergangenheit so lange rächt – das besagt alles über das Ausmaß der begangenen Sünden. Es besagt aber auch, daß der Landwirtschaft nach den Jahren der Vernachlässigung, der Verbannung an das Ende der Prioritäten und der Investitions-Fonds, heute die größten Anstrengungen gelten. Breschnew hat mit seinem Programm der Technisierung und Mechanisierung trotz aller Mißstände die Zuwachsraten, trotz aller Mißernten die größte Stabilität, trotz aller Unterbezahlung der Bauern die umfangreichsten Sozialleistungen geschaffen, die je ein Herrscher, Minister oder Parteichef des russischen Imperiums durchsetzte.

Das ist mit einem für westliche Maßstäbe unvorstellbaren Kostenaufwand erreicht worden. Die Landwirtschaft bekam im Planjahrfünft 1976–1980 rund 27 Prozent der gesamten Investitionen zugeteilt. In den Jahren zuvor war es kaum weniger, für die Zukunft kündigte der Parteichef im Juli 1978 an: «Wir müssen voll und ganz an der prinzipiellen Linie festhalten, die Kapitaleinlagen in der Landwirtschaft systematisch zu erhöhen.» Über die Rentabilität dieser gewaltigen Anstrengungen gibt ein markantes Rechenexempel Auskunft, das von westlichen Kommentatoren immer gerne herangezogen wird. 4,6 Prozent der Amerikaner holen aus ihrer Landwirtschaft, obwohl sie weniger als fünf Prozent der Subventionen bekommen, pro Jahr einen Überschuß von zwölf Milliarden Dollar heraus. Die Sowjetunion muß alljährlich Millionen Tonnen Getreide importieren, obwohl 25,4 Prozent der Bevölkerung auf dem Agrarsektor tätig sind. Aber immerhin kann die UdSSR seit über zwei Jahrzehnten ein Wachstum der Agrarproduktion vorweisen, das höher liegt als das der Amerikaner. Zwischen 1951 und 1975 erzielten die Sowjets einen jährlichen Zuwachs um 3,4 Prozent, die Amerikaner um 1,6 Prozent. Die Lücke zwischen den beiden Weltmächten in der Pro-Kopf-Produktion der Landwirtschaft hat sich verringert. Der gewaltige

Aufschwung der sowjetischen Ernteerträge flachte allerdings zwischendurch bedenklich ab. Im Fünfjahrplan von 1961 bis 1965 betrug der durchschnittliche Getreideertrag pro Jahr 130 Millionen Tonnen. Zwischen 1966 und 1970 waren es jährlich 168 Millionen Tonnen, 1971 bis 1975 gerade 181 Millionen Tonnen. Von 1976 bis 1981 wollten die Planer im Jahresdurchschnitt die stolze Ziffer von 220 Millionen Tonnen Getreide erreichen. Doch dieses Ziel war einmal mehr zu hoch gesteckt: 224 Millionen Tonnen (1976), 194 Millionen Tonnen (1977), eine Rekordernte von 237 Millionen Tonnen (1978), aber dann wieder nur 179 Millionen Tonnen im Jahr 1979. Statt 220 Millionen wurde bis 1980 also nur ein Jahresdurchschnitt von 209 Millionen Tonnen erreicht.

Und so verteilten sich die gewaltigen Investitionssummen auf die drei Fünfjahrpläne der Breschnew-Ära: 82 Milliarden Rubel (246 Milliarden Mark, nach dem offiziellen Umrechnungskurs) von 1966 bis 1970; dann 131 Milliarden Rubel (393 Milliarden Mark) von 1971–1975; schließlich 172 Milliarden Rubel (516 Milliarden Mark). Wenn man bedenkt, wie sehr die Landwirtschaft in den Jahrzehnten zuvor zugunsten des industriellen Wachstums ausgebeutet wurde, dann spricht es für die Fähigkeit des Sowjetsystems zu einer relativen Regeneration, wenn eine Führungsgruppe dieses gewaltige Investitionsprogramm bei nur bedingten Erfolgen über fünfzehn Jahre lang gegen andere Ressort-Wünsche durchsetzen kann.

Man darf sich von der Phraselogie und dem Mummenschanz der alljährlichen Erntekampagnen und Getreideschlachten, von den täglich gefeierten Stoßarbeitern, die über den grünen Klee gelobt werden, nicht täuschen lassen. In der Breschnew-Ära ist der Bereich der Landwirtschaft entideologisiert (wenn auch noch nicht dezentralisiert) worden wie niemals seit Lenins *Neuer Ökonomischer Politik*. Soziologische Untersuchungen des Landlebens nehmen heute einen wachsenden Raum ein. Wir werden dafür noch einige Beispiele aus der Fachliteratur anführen. Diese Forschungen tangieren in jüngster Zeit sogar die privaten Nebenwirtschaften, die bisher aus ideologischen Gründen ein Niemandsland geblieben waren.

Bei alledem geht es um das für westliche Vorstellungen absurd klingende Ziel, den Bauern stärker für den Erfolg seiner Arbeit zu interessieren. Um das zu erreichen, sind die Zwangsabgabe-Quoten reduziert worden. Das Entgelt der Landarbeiter ist gegenüber der Stalin-Ära um ein Vielfaches gesteigert worden, durch Anhebung der Grundlohntarife und durch zusätzliche Bezahlung in Naturalien. Die Bezüge liegen freilich weiterhin um ein Drittel unter den Durchschnittseinkommen der Industriearbeiter. 1968 ist das Rentenalter der Kolchosbauern dem der Angestellten und Arbeiter im Staatsdienst angepaßt worden. Am 1. Januar 1980 sind die immer noch minimalen Mindestrenten der Kollektivbauern um 40 Prozent erhöht worden.

Trotz all dieser Bemühungen ist die sowjetische Landwirtschaft in großem Maßstab unergiebig geblieben. Ein Hektar erbringt zwei Drittel des amerikanischen und kaum die Hälfte des westeuropäischen Getreideertrages. Das alte Problem der Futtervorratshaltung – in Rußland mußte das Vieh aufgrund der Witterung stets bis zu zwei Monaten länger im Stall bleiben als in Westeuropa – ist noch immer nicht gelöst. Darin liegt der eigentliche Hauptgrund für die Getreideimporte. Die Kühe – schon in der Zarenzeit von minderer Qualität – geben auch heute nur halb soviel Milch und zwei Drittel soviel Fleisch wie in den USA und Westeuropa. Wir haben darauf hingewiesen, daß das Wachstum der Agrarproduktion größer ist als in den USA. Bei der Verbesserung der Arbeitsproduktivität in der Landwirtschaft jedoch haben die Sowjets nicht aufholen können. Sie stieg zwischen 1951 und 1975 nur um durchschnittlich ein Prozent pro Jahr, mit sinkender Tendenz in den siebziger Jahren. Die Produktivität der amerikanischen Landwirtschaft erhöhte sich im gleichen Zeitraum mit einem Jahresdurchschnitt von 1,6 Prozent.

«Ich möchte hier noch einmal sagen, daß aus der Landwirtschaft noch immer nicht das herauskommt, was hineingesteckt wird», klagte Breschnew im Juli 1978 auf dem Plenum des Zentralkomitees über die Entwicklung der Agrarwirtschaft. Trotz der riesigen Investitionen ist die Mechanisierung so zurückgeblieben, daß es keine echte Freisetzung von Arbeitskräften, sondern nur Landflucht gibt. Da es in der Erntezeit, die kurzfristiger ist als in Westeuropa, an Arbeitskräften und Maschinen mangelt, wird noch immer zum unproduktiven Auszug der Städter ins Feld geblasen. Aus der Sowjetrepublik Aserbajdshan berichtete 1979 ein Gewerkschaftsblatt: «Sie schlossen die Läden und Imbißstuben, die öffentlichen Gebäude und die Büros der Stadtverwaltung, die Büchereien und die Klubs. Leute wurden von ihren aktuellen Arbeiten abgezogen, darunter auch Tätigkeiten, an denen das Schicksal der Ernte hing.» Ein solcher Städter erbringt nach sowjetischen Erfahrungen 20 bis 45 Prozent der Leistung eines Bauern, der ja auch nur ein begrenztes Interesse am Erfolg seiner Arbeit für den Staat hat.

Valentin Rasputin, der sibirische Dorfschriftsteller, schildert in seinem Roman *Abschied von Matjora* diese Szene: «Zur Ernte der staatlichen Kartoffeln schickte man Schüler. Sie stürzten sich lärmend und flink ... zunächst einmal auf die Hühnerhäuser und Geflügelställe, auf der Suche nach Federn. Begegnete ihnen ein lebendes Huhn, war es um das Huhn geschehen. Es wurde eingefangen und kahlgerupft ... Die Schüler erfanden ein Gesellschaftsspiel. Sie steckten eine Hühnerfeder in eine Kartoffel und schleuderten die Kartoffel in die Luft ... Das bloße Werfen mit Kartoffeln ist Rowdytum, steckt in der Kartoffel jedoch eine Hühnerfeder, dann ist es Spiel und Sport. Der Gerechtigkeit halber muß gesagt werden, daß nicht nur gespielt wurde. Manchmal verteilten sich die Schüler übers Feld, bückten sich, lasen etwas auf ... Es waren einige ältere dabei, die die jüngeren antrieben und beaufsichtigten. Darja sah einmal aus einiger Entfernung zu: die Burschen gröhlten, entzündeten Lagerfeuer, die einen achteten darauf, daß sich die anderen nicht verkrümelten, aber die Arbeitenden kamen schnell voran und rissen das Kartoffelkraut aus dem Boden, als würden sie Hanf zupfen. Und was in der Erde bleibt, das weiß nur die Erde.»

Als wir einmal bei russischen Freunden zum Abendessen eingeladen waren, klingelte das Telefon. Ein Kommilitone unserer Gastgeberin bat diese, ihn bei einem Kartoffelernte-Einsatz zu vertreten. «Das ist ganz und gar unmöglich, Wassja, Liebster», flötete sie, «du weißt doch, das kann ich nun wirklich nicht.» Und ironisch fügte sie hinzu: «Sag' denen, daß ich nur auf Reisernten spezialisiert bin.» Der Mann der Spötterin kommentierte das Telefongespräch, das wir durch die angelehnte Tür mithörten: «Wenn es nach der Erntepropaganda in unserer Presse ging, müßte sie jetzt ihr schönstes Kopftuch herausholen und morgen jubilierend wie eine Lerche über die Felder schweben – ihre Reaktion aber ist unsere Wirklichkeit, so drücken sich alle am liebsten um alles.»

Die staatlichen Felder locken auch die Landbevölkerung nicht. Immer mehr Menschen zieht es in die Städte. Dort ist in der Regel alles unvergleichlich besser: Kinderkrippe, Kindergarten, Schule, Tanz, Kino, Urlaubsregelung, Lohn, Gesundheitswesen, Verkehrsverbindungen, Konsum und Fleischangebot – nur das grüne Beet hinter dem Haus fehlt. Das heißt allerdings keineswegs, daß für das ländliche Leben in der Sowjetunion überall die gleichen, grauen Normen herrschen. Da gibt es, 80 Kilometer von Helsinki, auf der anderen Seite des finnischen Meerbusens, die erfolgreichste Fischerei-Kolchose der Sowjetunion, *S. M. Kirow.* Was die 45 Architekten dieses Musterunternehmens in der Siedlung Haabneme nahe der Olympiastadt Tallinn geschaffen haben – vom Kindergarten über Schulräume, Bibliothek, Sekretariat, Versammlungs- und Eßsäle bis zum Altenheim –, das übertrifft an Ästhetik, Farbenfreude, Formgefühl und Dekor alles, was ich je in osteuropäischen Kolchosen gesehen habe. Haabneme stellt architektonisch auch so manche ländliche Neusiedlung im Westen in den Schatten.

Da gibt es die vom Klima begünstigten Weinbaukomplexe und Obstplantagen der sowjetischen Moldaurepublik. Da ist Stalins Heimat Georgien, wo die private Landwirtschaft einen viel größeren Anteil hat und wo die stillschweigende «Selbstbedienung» vom staatlichen Eigentum vergleichsweise bukolische Idyllen schafft. Da ist die abchasische Landbevölkerung, die in des Wortes doppelter Bedeutung Meister im Abzweigen ist: eine «private» Mandarinenernte, so die abchasische Bauernregel, bringt einen PKW. Und da sind die mittelasiatischen Großfamilien, die es kaum in die Städte zieht. Ihr traditionelles Geschick in der Baumwollverarbeitung hat mit Hilfe der staatlichen Bewässerungsprojekte und Produktionskomplexe zu großen Erfolgen in der Baumwollerzeugung geführt, die sehr oft vergessen werden, wenn westliche Beobachter die Bilanz der sowjetischen Landwirtschaft ziehen.

Wesentlich schlechter aber geht es der Landbevölkerung in den klimatisch ungünstigen Regionen, in Weißrußland, den nördlichen Teilen der Ukraine, in der Nicht Schwarzerde-Zone, in Sibirien. Der russische Bauer vor allem steht immer noch am Ende der Skala. Hier liegt eine soziale Quelle für nationalen Chauvinismus, aus der eines Tages und unter bestimmten Umständen ein stärkerer Strom entstehen kann. Die ländlichen Regionen im russischen Nordwesten um Pskow und Nowgorod sind durch die Abwanderung der Bauern in die besser gestellten baltischen Sowjetrepubliken bereits einer zunehmenden Verödung ausgesetzt. Die Kolchosen und Sowchosen haben zu wenig Arbeitskräfte, um ihre Kapazitäten voll auszulasten; auf den Zustand der Dörfer färbt das immer sichtbarer ab.

Westliche Ausländer, die vorübergehend in der Sowjetunion akkreditiert sind, können das Landleben aus eigener Anschauung kaum kennenlernen. Die Reisemöglichkeiten sind im Prinzip auf bestimmte große Städte und touristische Zentren beschränkt. Die Pressefahrten, zu denen das Außenministerium kleine Korrespondenten-Gruppen einlädt, sind für Journalisten die einzige Möglichkeit, um überhaupt Kolchosen oder Sowchosen zu Gesicht zu bekommen. Das sind Musterfarmen, die besonders gut geleitet und subventioniert werden. Da herrscht, wenn man ankommt, immer Sonntag. Das bäuerliche Empfangskomitee erscheint in Dunkel, als gelte es, noch am selben Tag den Kolchosvorsitzenden beizusetzen. Die Besuche bleiben eingepfercht zwischen Kulturprogramm und dem Paradevortrag über die Viehkolonnen vergangener und kommender Jahre. Die Angaben über Löhne und Gewinne sind unüberprüfbar und unvergleichbar mit dem, was eine durchschnittliche Farm erwirtschaftet. Die Musterwohnungen sind auf Besuchernorm poliert: Fernseher aus lackiertem Holz, gestickte Deckchen, dunkelgebeizte Möbel, ein Halbrelief des Bauernlyrikers Jessenin an der Wand, einige Bände der Sowjetenzyklopädie und Puschkin im Regal. Man wird nie den Verdacht ganz los, daß hier die Dorfbibliothek für einen Tag auf ein halbes Dutzend Haushalte aufgeteilt wurde.

Dennoch vermitteln selbst solche Gelegenheiten interessante Eindrücke. Die Kulturprogramme, die wir vorgeführt bekamen, wurden fast immer von Frauen bestritten. Sie scheinen die Isolierung der Dörfer besser zu bewältigen, an Folklore, Liedern und Theaterstückchen mit «Garderobe» einige Abwechslung zu finden. Wie abgeschnitten die Kolchos- und Sowchossiedlungen sind, fiel uns gelegentlich auf, wenn Leute mit dringenden Angelegenheiten in die Verwaltungsgebäude zum Telefonieren kamen: dort waren die einzigen Anschlüsse. Auch die neueren Zweifamilienhäuschen hatten noch eine Holzhütte für besondere Zwecke im Garten: Über Kanalisation verfügt nicht einmal jedes sechste Staatsgut.

Während der langen Bahnfahrten durch die ländlichen Weiten Nordwestrußlands kann man gelegentlich auf den kleinen Stationen beobachten, daß Bauersfrauen mit Einkaufstaschen zusteigen und Produkte erstehen, die das Zugpersonal zu diesem Zweck aus der Stadt mitgebracht hat. Es sind Äpfel, Apfelsinen, Schokolade, Bier und – Stutenmilch. Sie gilt vielen Menschen auf dem Lande seit Jahrhunderten als Heilmittel, aber auch sie ist heute am ehesten in der Stadt zu bekommen. Einmal besuchten wir in Zentralrußland ein Forschungsinstitut für Pferdezucht und bekamen von zwei Mädchen im weißen Schwesternkittel das Wundermittel kredenzt. Es heißt *Kumys,* wird nach Art von Buttermilch zubereitet und schmeckt noch säuerlicher. «Kein tierisches Produkt», so verkündete mit erhobenem Glas der Leiter des Forschungsinstitutes,

Professor Jurij N. Barminzew, «enthält soviel Vitamin C; hinzu kommen Vitamin B 12 und Eiweiß. Die Nomaden, Kalmücken, Baschkiren, Kirgisen haben alle die Vitamine, die wir aus Früchten gewinnen, nur durch Kumys zu sich genommen.» In der Sowjetunion gebe es 40 Sanatorien, in denen sich Magenkranke Kumys-Kuren unterzögen. Das Institut habe bereits das Melken der Stuten mechanisiert.

Wo man das populäre Getränk kaufen könne, wollten wir wissen. Der Professor nach kurzem Nachdenken: «Zum Beispiel am Büfett des Zentralkomitees im Kreml.»

Über Mängel und Mißstände auf dem Lande gibt es Teilinformationen in den kleinen Lokalblättern. Diese kann man allerdings nur vor Ort bekommen. Ihre Lektüre ist mühevoll, aber aufschlußreich. Ein Beispiel: Wir besuchten das Agrar- und Moorgebiet um den Binnenhafen Rjasan an der Oka, 200 Kilometer südöstlich von Moskau. Dabei konnten wir einen kleinen Abschnitt des riesigen Meliorationsprogramms für die Nicht-Schwarzerde-Zone (für die Entwässerung von einem Hektar Sumpf werden 4000 Mark investiert) genauer in Augenschein nehmen. Es war der Klepikowsker Bezirk mit 50 000 Einwohnern und 3000 Quadratkilometern. Dort arbeiteten 530 Fachleute für Melioration. Der Parteichef des Bezirkes, N. A. Baranow, lobte die Lage, zog eine erfolgreiche Zwischenbilanz. Elf Prozent der gesamten Anbaufläche bestehe bereits aus getrockneten Böden. Für die Melioration von weiteren 23 000 Hektar sumpfigen Bodens würden jetzt 33 Millionen Rubel investiert. Die ersten Ergebnisse zeigten, daß die vorgesehene Amortisierungsfrist von neuneinhalb Jahren erheblich verkürzt werden könne. Was uns der Parteichef verschwieg, stand am selben Morgen in der Lokalzeitung. Danach hatten sich die Arbeiten im Bezirk erheblich verzögert. Nach acht Monaten war der Jahresplan zur Kultivierung des Bodens nur zu zwanzig Prozent erfüllt. Erst 32 Prozent der bis zum Jahresende zu entwässernden Böden waren trockengelegt. Anlagen standen still. Der Parteichef, konfrontiert mit den Angaben des Lokalblattes, half sich etwas verwirrt mit der Erklärung, daß er die Zeitung noch nicht gelesen habe.

Selbst die großen Blätter können Mißstände und Mißmut der Landbevölkerung nicht einfach übergehen. Die Melkerin einer Sowchose im sibirischen Tjumen schrieb an die *Prawda:* «Wir stehen um vier Uhr morgens auf. Bei strömendem Regen, grimmiger Kälte oder Schneesturm gehen wir zur Farm. Obwohl der Arbeitstag nicht mehr als acht Stunden hat, sind wir praktisch rund um die

Uhr an den Kuhstall gebunden. Das gefällt den jungen Mädchen nicht, sie möchten ins Kino gehen oder ein Buch lesen. Doch unsere Arbeit läßt dazu keine Zeit.»

Wir haben bereits darauf hingewiesen, daß die Bedingungen des Landlebens jetzt viel häufiger von Soziologen untersucht werden. Gelegentliche Veröffentlichungen in der sowjetischen Fachpresse vermitteln erstaunliche Einblicke. So machte die Zeitschrift *Soziologitscheskije issledowanija* (Soziologische Forschungen) detaillierte Angaben über die begrenzte und ungenutzte Freizeit weißrussischer Kolchosbauern:

«52,9 Prozent der befragten Personen verwendeten für die Haushaltsführung in der Woche im Durchschnitt mehr als fünf Stunden pro Tag, zwei Drittel dieses Zeitaufwandes entfielen auf Frauen. Und nur 58,6 Prozent der befragten Männer beteiligten sich mehr oder weniger an den wöchentlichen Haushaltsarbeiten. 49,4 Prozent der befragten Männer und 47,3 Prozent der Frauen arbeiteten in der Woche täglich auf dem privaten Hofland. An der Gesamtzahl derer, die jeden Tag für Arbeiten auf dem privaten Hofland zwei bis fünf Stunden aufwendeten, betrug der Anteil der Männer 50 Prozent. Berücksichtigt man, daß die Arbeit auf dem privaten Hofland nicht beruflich ausgeübt wird und schweren körperlichen Einsatz verlangt, so bedeutet diese ‹Gleichheit› in der Arbeitsteilung praktisch eine Ungleichheit zwischen Mann und Frau im Alltagsleben der Familie. 75 Prozent der befragten Männer und 60 Prozent der Frauen arbeiteten im Kolchos durchschnittlich sechs bis sieben Stunden. 18 Prozent der Männer und 13 Prozent der Frauen waren acht Stunden und länger beschäftigt. Die Kolchosbäuerin muß also fürwahr kosmische Belastungen im Haushalt und in der privaten Hofwirtschaft erdulden, die durchaus keinen guten Einfluß auf die Verträglichkeit der Charaktere in Ehe und Familie ausüben.»

Diesen Angaben war gleich eine Untersuchung über Scheidungen angefügt. Von 637 gescheiterten Bauernehen im Gebiet Grodno (Weißrußland) wurden 38,7 Prozent laut Gerichtsentscheid wegen Alkoholismus getrennt. Unvereinbarkeit der Charaktere war der nächste häufige Grund (15,1 Prozent). Emanzipation durch Destillation: «Es muß hervorgehoben werden», so der Kommentar, «daß sich kein einziger der befragten älteren Kolchosbauern an einen Fall erinnern konnte, bei dem vor 1917 eine verheiratete Bäuerin mit Kindern ihren Ehemann wegen häufiger Zechereien verlassen hätte.»

Zu Freizeit und kulturellem Interesse veröffentlichte die Zeitschrift die folgenden Umfrage-Ergebnisse: 87,6 Prozent der Kolchosbauern bildet sich in keiner Weise fort, 58,7 Prozent der Dorfbewohner gehen nicht ins Kino. Jeder dritte hört keine Radiosendungen, jeder vierte liest keine Zeitung. Drei von vier Kolchosbauern erholen sich «ohne bestimmte Beschäftigung».

Politische Aktivitäten locken die Kolchosbauern schon deshalb nicht, weil solche Betätigung zu abstrakt ist. Denn in ihrem eigenen Lebensbereich besitzen die Bauern keinerlei konkrete Mitbestimmung. Auf Löhne, auf die Expansion oder Verkleinerung der Kolchose, auf die Wahl des Vorsitzenden können sie keinen wirklichen Einfluß nehmen. «Die Rechtlosigkeit«, so hat Andrej Amalrik während seiner Verbannung aufs Dorf beobachtet, «hat aber auch eine Kehrseite. Der Bauer weiß gleichzeitig, daß er nicht fortgejagt wird, was immer er ausfressen mag. Wieviel Schaden er auch anrichtet, man wird ihm trotzdem nur eine andere Arbeit zuweisen, ihn vielleicht sogar am alten Platz belassen.» Entfernt erinnert das an das Weiterbestehen des dörflichen *Mir* nach Aufhebung der Leibeigenschaft, als die tatkräftigen Bauern für die gleichgültigen steuerlich mitverantwortlich waren.

Wer heute dynamisch ist, Initiative besitzt, wandert in die Städte ab. Die Bauern hatten bisher – auch dies ein Beweis ihrer offiziellen Zweitrangigkeit und Diskriminierung – keinen Paß, der für jeden Umzug innerhalb der Sowjetunion erforderlich ist. Seit einigen Jahren läuft die Aktion zur Ausstattung der Landbevölkerung mit Pässen. Zuvor führten der Wehrdienst oder der Besuch eines Technikums, einer Hochschule die Jugendlichen aus der Kolchose in die Städte und in den Besitz von Pässen. Viele Eltern unterstützen die Abwanderungspläne ihrer Kinder. Ein Traditionsgefühl für das bäuerliche Erbe gibt es heute so selten wie früher.

Landflucht wegen fehlender Freizeit, schlechterer Versorgung und Langeweile in Kolchosen und Sowchosen ist also einer der Hauptgründe für die akuten Probleme der Kollektivwirtschaft. Die Abwanderung gerade der jüngeren Generation verändert die Bevölkerungsstruktur in sehr ungünstiger Weise. Mechanisierung, Chemisierung, der Einsatz von elektronischen Rechenanlagen, um zum Beispiel Eiweißkonzentrate und andere Zusatzstoffe mit dem wechselnden Naturfutter zu kombinieren – diese Aufgaben verlangen qualifizierte und motivierte Fachleute. Wer aber eine bessere Ausbildung erhält, versucht auch Aufstiegschancen zu nutzen, die ihn aus seinem unattraktiven Dorf wegführen. Der Auszug aus den Kolchosen und Sowchosen verläuft nur zu fünf bis zehn Prozent «planmäßig», das heißt so, wie ihn die staatliche Lenkung wünscht. Das haben langfristige Beobachtungen im ukrainischen *Forschungsinstitutes für Ökonomie und Organisation der Landwirtschaft* ergeben. Die Sowjetgesellschaft geht auch hier ihre eigenen Wege, wie wir es schon aus anderen Bereichen kennen.

Die ukrainische Untersuchung ergab bezeichnenderweise, daß Mechanisatoren an der Spitze aller Abwanderer stehen. Als Gründe gaben sie an, daß die Arbeitszeit ungeregelt sei und daß die materiellen und technischen Ausrüstungen für die Reparaturen und Wartung ihrer Maschinen nicht ausreichten. Hier haben wir den zweiten wichtigen Grund dafür, daß Breschnews Modernisierungsprogramm nur relative, aber keine durchschlagenden Erfolge hat. Jede dritte Maschine kann in der Landwirtschaft nicht eingesetzt werden, weil Ersatzteile fehlen. Der Service in den abgelegenen Kollektiv- und Staatsfarmen ist noch schlechter als in den Städten. Auf den russischen Feldern rosten die Ruinen der Ernteschlachten: die vom Ersatzteilmangel besiegten Traktoren, Eggen, Mähdrescher. Das persönliche Interesse an der Pflege des staatlichen Eigentums ist gering. Viele Lieferungen treffen schon versehrt ein. Vor einigen Jahren erzählte man sich in Moskau die berühmte und verbürgte Geschichte von den Lastwagen, die per Eisenbahn an einen fernen Bestimmungsort verschickt wurden und nur noch als Gerippe ankamen. Ihre besten Teile waren während der Fahrt «gepflückt» worden: Das durchschnittliche Tempo sowjetischer Güterzüge liegt bei etwa 15 Kilometern pro Stunde. 1978 enthüllte das in der Öffentlichkeit kaum verbreitete Regierungsbulletin, daß zwischen 1975 und 1977 Investitionen und Lieferungen für die Landwirtschaft im Umfang von über 250 Millionen Rubel (750 Millionen Mark) ihre Empfänger nicht erreichten. Die Verwaltungen der Republiken, Landkreise und Bezirke führten die Materialien anderen Branchen zu. Vor allem Ersatzteile, Traktoren und Autos wurden für Industrie- und Transportbetriebe abgezweigt. Hier begegnen wir einer besonderen Variante der «Reprivatisierung»: der regionalen und lokalen Selbstbedienung durch die Administration. Als Ergebnis der mangelhaften Versorgung der Landwirtschaft mit Ersatzteilen bleibt die Arbeitsproduktivität hinter allen Zielsetzungen zurück.

Der dritte Grund dafür, daß die sowjetische Kollektivwirtschaft immer wieder die selbstgesteckten Ziele verfehlt, ist das völlig unrealistische Preisgefüge. Viele staatliche Ankaufpreise für Agrarprodukte haben nicht einmal untereinander vernünftige Relationen, ihr Verhältnis zu den Einzelhandelspreisen ist irreal. Von diesen Verzerrungen, die eine Stimulierung durch materiellen Anreiz weitgehend verhindern, sind die Kolchosen und Sowchosen inzwischen entlastet worden, wenn auch noch nicht befreit. Am 1. Januar 1979 wurden die Ankaufpreise für verschiedene Agrarprodukte beträchtlich heraufgesetzt: für Kartoffeln erhalten die Staats- und Kollektivfarmen 38 Prozent des bisherigen Preises zusätzlich, für Milch und Milchprodukte 14 Prozent, für Schafe und Ziegen elf Prozent. Der Staat muß noch höhere Subventionen für Fleisch und Milch zahlen; denn die Verbraucherpreise für die sogenannten Grundnahrungsmittel sollen stabil bleiben. Moskau hält an diesen «politischen Preisen» vorerst fest, während Ungarn im Sommer 1979 seine heiligen Kühe schlachtete: Fleisch wurde um 30 Prozent verteuert, Milch um 20 Prozent. Die Ausgabenseite des Staatsbudgets, so die Planer in Budapest, mußte entlastet werden. Moskaus jährliche Ausgaben für die Subventionierung landwirtschaftlicher Produkte betragen inzwischen umgerechnet rund 60 Milliarden Mark (19 Milliarden Rubel) – mehr als offiziell für den Verteidigungsetat zu Buche steht (1979 waren das 52 Milliarden DM oder 17,1 Milliarden Rubel). Wie auch immer der Kreml diesen Berg in Zukunft bewältigen will (jährliche Preiserhöhungen für «Luxuswaren» dienen zur teilweisen Deckung) – die Ankaufpreise für Agrarprodukte müssen weiter den Kosten angenähert werden.

Die vierte Ursache für das Zurückbleiben der sowjetischen Agrarwirtschaft ist die vernachlässigte Infrastruktur. Durch fehlende Lagerkapazität, mangelnde Transportmittel und schlechte Verkehrsverbindungen geht jährlich gut ein Zehntel der Ernte verloren, so schätzen Fachleute. Moderne Agrarbetriebe sind auf ein enges Verbindungsnetz mit industriellen Zulieferern und Weiterverarbeitern angewiesen. Noch 1976 waren nach Angaben von *Woprossy ekonomiki* (Fragen der Wirtschaft) nur neun Prozent aller ländlichen Siedlungen in der Sowjetunion an asphaltierte Straßen angeschlossen. Soviel hat sich also nicht geändert an der Abgeschnittenheit der Dörfer von Städten und Märkten. Wie in den vergangenen Jahrhunderten behindert diese Isolierung auch heute eine erfolgreiche Entwicklung der Landwirtschaft. Noch immer schneiden Schneemassen und Frühjahrsüberschwemmungen viele Siedlungen ab. Der dann folgende Morast ist für die von Mode und Mopeds träumende Landjugend ein weiterer Abwanderungsgrund.

Die Lager- und Speicherkapazitäten bleiben ein Geheimnis des Staates. Aber ihre Mängel sind der Spott der Presse. Die satirische

Zeitung *Krokodil* veröffentlichte einmal auf ihrem Titelblatt die Zeichnung einer Gebirgslandschaft mit Gemsen. «Ist das bereits der Kaukasus?» fragt ein Reisender. «Nein», antwortet ihm der Schaffner mit einem Gesicht, als habe er diese Antwort schon häufig gegeben, «noch ist das Superphosphat, später wird es Kalisalz und erst dann Kaukasus und Meer.»

Häufiger noch als Kunstdünger verdirbt Getreide im Freien. Die meisten sowjetischen Speicher sind nur mit zwei Aufnahmelinien ausgerüstet, durch die das Korn in die Silos befördert wird. Wenn auf dem Höhepunkt der Erntezeit gleichzeitig mehrere Getreidesorten angeliefert werden, bilden sich lange Schlangen. Zu noch größeren Stauungen kann es kommen, wenn feuchtes Getreide eingefahren wird. Die Trockungsanlagen vieler Speicher bewältigen nur etwa ein Fünftel der Getreidemenge, die die Silos täglich fassen können (vgl. hierzu *Handelsblatt*, 24. Juli 1979). Mit umfangreichen Investitionen sollen jetzt Trocknungs- und Fördertechnik verbessert und noch größere Silos gebaut werden. Moskau versucht, wie es branchenüblich heißt, Puffer zu schaffen, um neue Mißernten aufzufangen. Der Schock der Katastrophe von 1975, als rund 80 Millionen Tonnen Getreide zu wenig eingebracht wurden, hat Nachwirkungen über Jahre hin.

Die mit 140 Millionen Tonnen niedrigste Ernte seit zehn Jahren machte das Futtergetreide so knapp, daß fast ein Viertel des gesamten Schweinebestandes notgeschlachtet werden mußte. Das Vorhaben der Planer, jedem Sowjetbürger jährlich zwei Kilo Fleisch mehr zu sichern, erwies sich als Illusion – auf Jahre hin. Hier liegt das eigentliche Problem der Getreideversorgung. Für Brot und Mehl werden nur knapp 50 Millionen Tonnen jährlich benötigt, für Saatgut weitere 25 bis 30 Millionen. Hunger gibt es nicht mehr. Das Verfahren der Zaren und Stalins – nämlich die Schwächen der Landwirtschaft und der internationalen Zahlungsfähigkeit dadurch zu bewältigen, daß der Bevölkerung noch der minimalste Ernährungsbedarf beschnitten wurde, um den Export zu steigern – das ist für die heutigen Sowjetführer längst indiskutabel.

Gemessen am Weltmaßstab, so urteilen Experten, ist der Ernährungszustand der sowjetischen Bevölkerung ausreichend bis befriedigend – trotz der gewaltigen Lücken in der Belieferung mit tierischem Eiweiß, Obst und Gemüse. Doch die Ansprüche und vor allem das Verlangen nach besserer Fleischversorgung wachsen schneller als Produktion und Transportwesen. Die Notschlachtungen und die Rückschläge für die Tierzucht durch die Mißernte von 1975 haben die Fleischversorgung der letzten Jahre spürbar beeinträchtigt. Viele Dörfer bekommen wochenlang, ja monatelang kein Fleisch zu sehen. In den Industriestädten des Kusbass wird Fleisch nur an Fabrikarbeiter und nach Listen abgegeben. Der offiziellen Statistik zufolge erzeugte die Sowjetunion 1975 nur 57 Kilogramm Fleisch pro Jahr und Kopf der Bevölkerung. 1976 waren es 55 und im Jahr darauf 58 Kilogramm. Wenn man hiervon noch den Anteil der Exporte abzieht, bleibt kaum die Hälfte dessen, was das *Institut für Ernährung der Akademie der medizinischen Wissenschaften der UdSSR* als Soll ermittelt hat. Diese wissenschaftliche Fleischnorm soll 95 Kilogramm pro Kopf und Jahr betragen. Als Minimalquote einer nach wissenschaftlichem Maßstab guten Ernährung legten die sowjetischen Experten bereits vor zehn Jahren 81 Kilogramm fest. So dient der Anstieg der Getreideeinfuhren ganz besonders der Futtermittelsicherung, um Viehbestand und Fleischversorgung zu erhöhen.

Amerikanischer Weizen stand schon an der Wiege der Sowjetmacht, 1921, bei der großen Hungersnot durch den Bürgerkrieg. 1963/64 importierte dann Chruschtschow zum erstenmal wieder zehn Millionen Tonnen aus den USA. Der große Anstieg der sowjetischen Getreideeinfuhren in den siebziger Jahren trug zunächst erheblich zur Krisenanfälligkeit der Welternährungswirtschaft bei. Denn die sowjetischen Massenaufkäufe erfolgten unkalkulierbar, mit großen Schwankungen von Jahr zu Jahr. Als Moskau 1972 plötzlich 19 Millionen Tonnen Getreide kaufte, stiegen die Weltmarktkurse innerhalb weniger Monate um das Vierfache, zum besonderen Leidwesen der Dritten Welt. Auch die Nahrungsmittelpreise in den USA wurden beeinflußt. So bestand Washington auf der sogenannten Minimallieferklausel im amerikanisch-sowjetischen Getreideabkommen. Danach kann die UdSSR jährlich sechs bis acht Millionen Tonnen Getreide kaufen, davon zwei Millionen Tonnen Weizen. Mengen, die darüber hinausgehen, müssen einzeln ausgehandelt werden. Moskau ist aber gleichzeitig dazu verpflichtet, mindestens sechs Millionen Tonnen Getreide pro Jahr abzunehmen.

Von den Amerikanern haben die Sowjets in den letzten Jahren jeweils mehr als die Hälfte des eingeführten Getreides bezogen. Der zweitgrößte Lieferant war Kanada, es folgten Argentinien, Australien, Brasilien, Ungarn und (nur zeitweilig) Rumänien. Gleichzeitig exportiert die Sowjetunion kleinere Getreidemengen in die ČSSR und die DDR, nach Kuba, Nordkorea, Polen und Vietnam. Moskau verweist die Mehrheit dieser Bruderländer freilich in den letzten Jahren an den Weltmarkt – ähnlich wie im Falle der Öl-Bezüge, die über die sowjetischen Lieferverpflichtungen hinausgehen.

Unvollständige sowjetische Angaben, ergänzt durch Schätzungen westlicher Experten, ergeben seit dem Erntedebakel des Jahres 1975 folgende Import-Bilanz:

Getreide in Millionen Tonnen	1976	1977	1978
Einfuhren	20,9	11,4	21,9
Ausfuhren	1,5	3,9	1,6
Netto-Einfuhren	19,4	7,5	20,3

Für diese Importe muß die UdSSR harte Währung auf den Tisch legen. Für Weizen gibt sie praktisch Gold und Diamanten; denn das sind die wichtigsten Devisenbringer des Landes. Aber die Eigenerzeugung von Getreide kommt die Sowjetunion ja auch teuer genug zu stehen, wie die großen Investitionen zeigen. So darf die Höhe der Getreidebezüge nicht darüber hinwegtäuschen, daß sich die Weltmacht in einer unvergleichlich besseren Situation befindet als die Entwicklungsländer. Denn der Rollenwechsel vom Getreideexporteur zum Einfuhrland resultiert nicht aus sinkender Kraft als Ernährer der eigenen Bevölkerung. Dahinter steht vielmehr das mühevolle, ideologisch eingeengte, aber gezielte Streben nach besserer Versorgung. Sie wird durch den Ausfall von 17 Millionen Tonnen Getreide, die Präsident Carter nach Moskaus Einmarsch in Afghanistan nicht mehr liefern wollte, stark beeinträchtigt werden. Fleisch wird noch knapper werden – doch an Brot wird es der UdSSR auch künftig nicht mangeln.

Das oft gebrauchte Bild von der Spitze des Eisberges kann hier einmal auf den Kopf gestellt werden. Die großen Getreideberge, die die Sowjetunion einführt, sind nur der herausragende Teil einer weniger beachteten Spitze. Der Kern des Problems ist nicht das Getreidedefizit, sondern der Eiweißmangel. Karl-Eugen Wädekin und Philipp Kellner haben in einer fundierten Untersuchung (Berichte des Bundesinstitutes für ostwissenschaftliche und internationale Studien, Nr. 21, Köln, 1976) darauf hingewiesen, daß in der Sowjetunion jährlich 25 Millionen Tonnen Getreide zuviel verfüttert werden müssen, weil es an Futtereiweiß mangelt. In der sowjetischen Viehhaltung müsse mit einem so verschwenderisch hohen Getreideaufwand gewirtschaftet werden, weil ungenügende Futtervorratshaltung und Mangel an Eiweiß wie auch an anderen Zusätzen nicht erlaubten, vollwertige Futterrationen zusammenzustellen. Die Landwirtschaftsbetriebe könnten die wertvollen Eiweißkonzentrate nicht wirtschaftlich genug einsetzen. Erst eine ausgebaute Futtermittelindustrie (ihre Entwicklung wird heute forciert gefördert) mache den Einsatz importierter Eiweißkonzentrate weitaus rentabler als den verschwenderisch hohen Aufwand von Futtergetreide.

Ob die Futtermittelindustrie wirklich so schnell Abhilfe schaffen wird, oder ob die Erwartungen anderer Experten zutreffen, wonach die UdSSR in absehbarer Zukunft zusammen mit anhaltenden Getreideeinfuhren auch noch Fleisch importiert, ob Moskau den Ausbau der riesigen agroindustriellen Komplexe (vom Ferkel bis zur Schweinefleischkonserve) bremst und wieder stärker auf die «klassische Agrarwirtschaft» setzt – bleiben werden in jedem Fall die *Disparitäten* der sowjetischen Landwirtschaft. Bleiben wird auf absehbare Zeit das Gefälle zwischen erfolgreichen Farmen mit vergleichsweise optimalen Umweltwerten und jenen Kollektiven, die das Erbe der Irrtümer, der Ignoranz, der Ideologie noch immer in einem morastigen Minimum an Lebensqualität ausbaden müssen.

Dessenungeachtet hat sich die sowjetische Landwirtschaft der Nachkriegszeit stärker konsolidiert, als es ihr die Mehrzahl der westlichen Prognosen zutraute. Für die absehbare Zukunft hat sie keinerlei rosige Perspektiven, aber doch erträgliche Aussichten. Vor dem Plenum des Zentralkomitees hat Breschnew im Sommer 1978 für das elfte Planjahrfünft von 1981 bis 1985 Ernten mit einem Durchschnittsertrag von 238 bis 243 Millionen Tonnen verlangt. Am Ende dieser Planperiode müsse die Fleischproduktion auf einen Jahresertrag von 19,5 Millionen Tonnen angestiegen sein. Vorzumerken hätten sich die Planer, daß vom Jahre 1990 an eine Tonne Getreide pro Kopf der Bevölkerung erzeugt werden müsse – also über 262 Millionen Tonnen. Das sind hochfliegende Pläne und doch vergleichsweise realistische Ziffern, wenn man sich an Chruschtschows Versprechungen erinnert.

Wir können aber nicht ohne weiteres davon ausgehen, daß diese Zielsetzungen unverändert bleiben. Denn eine Kernfrage bleibt offen: War die sowjetische Agrarpolitik der letzten 15 Jahre ein Produkt des biologischen Zufalls und der Machtkonstellationen, die Leonid Breschnew den langen Weg der bescheidenen, aber kontinuierlichen Reformen ermöglichten? Oder steht die gesamte Führung und Politik dieses Staates, der ein Sechstel der Erdoberfläche unter sich hat, schon so weit auf dem Boden der Realitäten, daß Stalins Zwangswirtschaft und Chruschtschows experimentelle

Abenteuer in keiner Verkleidung mehr angeboten werden können? Die Antwort steht aus. Sicher ist nur, daß die Landwirtschaft eines der spannendsten Kapitel im Programm der Nachfolger Breschnews bleiben wird.

Wenn wir jetzt von der Hypothese ausgehen, daß Breschnews Zielsetzungen von der ihm folgenden Führungsgruppe nicht verändert werden, dann ergibt sich dieser Ausblick: Die UdSSR setzt ihre beispiellos kostenintensive Agrarpolitik fort. Sie wird durch ihre Importe weiterhin zur Stützung der Exporte der kapitalistischen Länder beitragen – gleichgültig, ob nun das Schwergewicht auf Einfuhren von Eiweißkonzentraten und Fördertechnik für Speicher liegen mag oder auf Getreide- und Fleischimporten. Mit den großen Investitionen werden erhöhte Erträge auf den schon kultivierten Anbaugebieten erstrebt und wenig Neulandgewinn, weil die Resultate zu unbeständig geblieben sind. Das Wachstum der Agrarproduktion wird bis zum Ende des Jahrhunderts niedriger sein als in den zurückliegenden 25 Jahren, wo es im Durchschnitt 3,4 Prozent betrug, mit schon abflachender Tendenz in den siebziger Jahren. Die Zahl der Arbeitskräfte wird weiter zurückgehen und vorerst nicht durch wesentlich gesteigerte Arbeitsproduktivität kompensiert werden. Aus diesem Grund werden die halbherzigen Versuche fortdauern, die soziale Lage der Bauern dem Status der Arbeiter anzunähern.

All das würde nicht ausreichen, die kommunalen Verwaltungen müßten vielerorts verzweifeln – wenn es nicht die theoretisch unerwünschte Reprivatisierung gäbe. Die Supermacht, die sich sozialistisch nennt, ist auf das private Gemüsebeet hinterm Haus angewiesen, auf die «persönliche Nebenwirtschaft» im Kolchos. Die Partei windet sich, aber sie ruft doch nach der grünen Hilfe, die ihr den ideologischen Kopfschmerz nicht abnehmen kann, dafür aber die rettende Notversorgung garantiert.

III. Die grüne Hilfe: Der Kleingärtner als Ernährer der Kollektive

In der Sowjetunion gibt es fünf Millionen Völker, die ausschließlich für den Privatsektor tätig sind. Von den insgesamt zehn Millionen Bienenstöcken der UdSSR, dem Land, in dem der meiste Honig fließt, ist nur die Hälfte in Staatsdiensten. Grigorij Danilowitsch Bilasch, Direktor des größten Forschungsinstituts für Bienenzucht in der Welt, ist ein Mann, dem die Begeisterung für seine Aufgabe nicht nur anzuhören, sondern auch anzusehen ist. Seine Krawatte ist mit Bienen gemustert. Der Vizepräsident der Internationalen Föderation der Bienenzüchter-Vereinigungen erläutert uns: Den Amateurimkern in der UdSSR sind keine Beschränkungen und Steuern auferlegt. Bilasch, dessen Institut im Rjasaner Bezirk liegt, lobt ausdrücklich die kommerzielle Bienenzucht in den USA, in Kanada und Australien, deren Erfahrung auch die Sowjetunion nutze.

Die UdSSR, in der ein Viertel aller Bienenvölker der Welt leben (China, die USA, die Bundesrepublik folgen mit erheblichen Abständen), arbeitet zur Zeit an einem System, das die Umstellung der Bienenzucht auf eine industrielle Grundlage ermöglichen soll. In die Bundesrepublik werden bereits Bienenfamilien aus der Sowjetunion eingeflogen. Die Ausreiseformalitäten sind hier relativ leicht. Pro Volk bedarf es einer «Gesundheitsbescheinigung für eine Bienenkönigin und Begleitbienen» – ein Formblatt, das in der deutschen Botschaft parat liegt.

Im sowjetischen Bienenforschungsinstitut befindet sich das vermutlich einzige Museum der UdSSR, das als wichtigste deutsche Vertreter nicht Marx und Engels, sondern ihre Zeitgenossen Johannes Mering und August Berlepsch herausstellt. Sie waren Bienenforscher, versteht sich. Zum Institut gehört auch der Welt größte wissenschaftliche Bibliothek über Bienen mit 40 000 Bänden. In den Regalen lehnt sich der *Scotch Beekeeper* an *Die bayerische Biene* und der *Wisconsin Beekeeper* an eine japanische Fachzeitschrift. In der Bauernstube des Instituts wird kein Wodka ausgeschenkt, sondern Honigwein.

So süß ist das Landleben selten, auch nicht auf dem Privatsektor. Auf ihrem kleinen, eigenen Äckerchen setzten der Kriegsinvalide Matwej Archipowitsch Jarish und seine siebzigjährige Frau Akulina Iwanowna im Frühjahr 1978 mehr als zweitausend Kohlpflänzlinge. Die beiden Alten, die durch den Verkauf des Kohls ihre Rente aufbessern wollten, handelten im Einklang mit der neuen Verfassung der UdSSR, mit der sowjetischen Gesetzgebung und mit den Empfehlungen von Leonid Breschnew persönlich. Doch die Sowjetunion ist groß und der Generalsekretär der KPdSU weit – zu weit für das Dorf Nowo Mischastowskoje im Kubangebiet. Als der junge Kohl sproß, kam ein Traktor und pflügte das Feld um. Flinke Hände kappten die Bewässerungsleitung vom Haus zum Acker. Die beiden Alten wurden zum Dorfrat zitiert und belehrt, daß ihr Kohlfeld von 648 Quadratmetern beschlagnahmt sei. Dabei blieb es: das Feld stand von nun an leer, die Alten saßen ohne Wasser da.

Viktor Alendrjewitsch Shukow, durch einen Unfall jung zum Invaliden geworden, wollte seinen beiden Kindern mehr Vitamine zukommen lassen. So baute er ein Gewächshaus, sechs mal drei Meter groß, auf seiner kleinen Privatparzelle – wie von Verfassung, Gesetzgebung und Breschnew persönlich abgesegnet. Dennoch wurde Viktor Alendrjewitsch plötzlich zum Exekutivkomitee der Stadt Slawjansk im Kaukasus bestellt und aufgefordert, das beheizte Gewächshäuschen innerhalb von sieben Tagen abzureißen. Noch ehe er sich von seinem Schock erholt hatte, rückte der Leiter der staatlichen Kommunalwirtschaft, Jelfimow, mit einigen Genossen an. Kurzerhand schlugen sie die Scheiben des Treibhäuschens ein und zerbrachen das Gerüst.

Diese Nachrichten aus der Provinz, denen wir noch ausführlicher nachgehen werden, stehen in krassem Gegensatz zu den Lebenslehren, die Leonid Breschnew in seinem Memoirenbändchen *Neuland* dem Volke auf den Weg gibt. Aus aktuellem Anlaß – weil die Versorgung ohne die Privatparzellen eben nicht funktioniert – erinnerte sich der Parteichef: «Als ich in Nordkasachstan war, fragte ich die Bewohner eines Kolchos, woran es ihnen fehle. Darauf sie: ‹Es gibt keine Fässer zum Einlegen von Gurken. Wir möchten ein Ferkelchen kaufen oder ein Kälbchen, aber wo?› Das sind doch keine leeren Phrasen, ohne sein Hofland ist der Dörfler wie ein Baum ohne Wurzeln. Damals kamen dort vom Hofland doppelt so viele Kartoffeln wie von den Kolchosen. Aber manche Genossen wollten auch noch den Anbau von Kartoffeln, Melonen, Gurken, Kohl zentralisieren. Doch warum soll der Bauer, der seit Ewigkeiten Hühner besessen hat, jedes Ei aus Moskau bekommen? Das, was ich hier beschreibe, ist auch jetzt aktuell. Man muß jedes Fetzchen Boden nutzen, um für unseren gemeinsamen Tisch Zusätzliches zu beschaffen. Man muß sich bemühen, die Bevölkerung aus den örtlichen Ressourcen zu ernähren. Die zuständigen Organe sind verpflichtet, um die Städte feste landwirtschaftliche Ringe zu ziehen, mit spezialisierten Komplexen und mit privaten Hilfswirtschaften, damit es in den Läden Fleisch, Milch, Obst und Gemüse in Hülle und Fülle gibt.»

Prosaischer drückt es die *Prawda* von Zeit zu Zeit in ihren Leitartikeln aus: «Ohne Unterstützung der Sowjetorgane und Betriebe wird die Sorge für Gärten, Gemüsebeete und Viehzucht zu einer lästigen Sache. Die Kolchosen, Sowchosen und Konsumgenossenschaften werden aufgefordert, der Bevölkerung wirksame

Hilfen zu leisten beim Anbau, bei der Beschaffung von Dünger und Viehfutter sowie beim Verkauf der Überschußprodukte.» Die sowjetische Verfassung von 1977 legt in Artikel 13, Absatz 2 fest: «Den Bürgern ist es gestattet, Grundstücke zu nutzen, die vom Staat in der gesetzlich festgelegten Verfahrenweise für eine individuelle Nebenwirtschaft (einschließlich Vieh- und Gefügelhaltung), für Obst- und Gemüseanbau sowie für den Eigenheimbau zur Verfügung gestellt werden. Die Bürger sind verpflichtet, die ihnen überlassenen Grundstücke rationell zu nutzen. Der Staat und die Kollektivwirtschaften unterstützen die Bürger bei der Unterhaltung der Nebenwirtschaft.»

Doch auf welche Widerstände diese Forderung der Verfassung in manchen kommunalen Verwaltungen stößt, hat das Beispiel vom zerstörten Privatäckerchen des Invaliden Matwej Archipowitsch Jarish gezeigt. Reporter der sowjetischen Gewerkschaftszeitung *Trud* fragten den Vorsitzenden des dörflichen Sowjets von Nowo Mischastowskoje, Alexin Larkin, warum er die kleinen Kohlköpfe des alten Rentnerpaares vom Traktor habe überrollen lassen. Darauf Larkin im Brustton der Überzeugung: wer Überschüsse von seinem Hofland verkaufe, betreibe privates Unternehmertum. Und das sei in jedem Falle Schiebung. «Zunächst hatten wir etwa dreißig solcher Schieber im Dorf», so Larkin, «dann nur noch sechs. Jetzt haben wir den letzten, Matwej Jarish, ausgemerzt. Unsere Arbeit war nicht umsonst, niemand im Dorf baut noch Kohl zum Verkauf an.»

Tiefer in den Dschungel des realen Sozialismus auf dem Lande führen die Erklärungen des stellvertretenden Vorsitzenden des kommunalen Exekutivkomitees von Slavjansk, Pjotr Leus. Die Stadt habe die Gewächshäuser (wie im Fall des von uns erwähnten Viktor Alendrewitsch Shukow) abreißen lassen, weil sie ohne Erlaubnis der staatlichen Bauaufsicht errichtet worden seien. Im übrigen würde das Gemüse aus den meisten privaten Treibhäusern außerhalb der Grenzen des Slavjansker Gebietes auf den Markt gebracht. Niemand verbiete den privaten Anbau von Kohl – aber er müsse an die Erfassungs-Kooperative im eigenen Gebiet verkauft werden.

Hier beginnt das dornenreiche Rankenwerk, mit dem die kommunale grüne Planung den Weg vom privaten Äckerchen zum Markt versperrt. Laut Gesetz kann jedermann die Überschußprodukte von seinem halben Hektar Hofland zu seinen eigenen Preisen auf dem Kolchosmarkt verkaufen. Wem es an Zeit oder Transportgelegenheit mangelt, um sein Grünzeug selbst auf den

Markt zu bringen, der kann es auch an die Einkaufskooperativen der staatlichen Handelsorganisation *Zentrosojus* verkaufen. Diese bringen die Produkte über die sogenannten Kommissionsgeschäfte auf den Markt – mit einem Aufschlag, den der Staat kassiert.

Die Einkaufskooperativen nehmen zwar höhere Preise als die im Angebot und Qualität schlechteren Staatsläden. Sie sind aber billiger als jene Stände, an denen die Bauern ihre Produkte selbst verkaufen. Wer seine Überschüsse selbst feilbietet, versucht damit auf *den* Markt zu gehen, auf dem gerade die höchsten Preise zu erzielen sind – auch wenn dieser Markt außerhalb seines Kreises oder Bezirkes liegt. Da das vielen Kommunen nicht gefällt und da die Einkaufskooperativen ihre Erfassungskontore nach Plänen füllen müssen, die sie von ihren Kreisen oder Bezirken diktiert bekommen, betreiben manche Verwaltungen eine ebenso groteske wie illegale Bauernfängerei.

In den Kreisen Slawjansk und Krasnoarmesk zum Beispiel konnten die Bauern bis vor wenigen Jahren ihre privaten Überschüsse ganz legal von der staatlichen Transportorganisation auf einen Markt ihrer Wahl fahren lassen. Die Agentur verdiente daran über 300 000 Mark im Jahr, auch die Bauern waren zufrieden. Doch dann verboten die Behörden diese Transporte. Inzwischen befördern die Fahrer derselben Agentur das Gemüse schwarz auf abenteuerlichen Umwegen und gegen saftige Gebühren, die sie in die eigene Tasche stecken.

Wenn die Miliz solche Fuhren ohne Fahrauftrag erwischt, läßt sie die privaten Produkte bei den Erfassungskontoren abladen, die dann dem «Delinquenten» ihren Ankaufpreis auszahlen. «Im vergangenen Jahr», so der stellvertretende Leiter der Abteilung für innere Angelegenheiten im Kreis Krasnoarmesk, Iwan Tkatschow, «haben wir 58 Wagen gestoppt und dem Erfassungskontor zum Kauf von 86 Tonnen Kohl verholfen. In diesem Jahr haben wir es nur auf 28 Tonnen gebracht, und das Kontor hat sich beim Kreisexekutivkomitee beschwert. Jetzt werden wir auch nachts kontrollieren.»

Die Miliz fing nicht nur LKW ab, sie stopfte auch Vordrucke in alle Briefkästen der umliegenden Dörfer: «Die Abteilung für Inneres warnt davor, mit dem privaten PKW Produkte des Hoflandes über die Kreisgrenzen zu befördern und sie zu Schieberpreisen zu verkaufen ...» Als scheingesetzliche Handhabe, um auch Privatwagen mit ihren Produkten in die Scheuern der Erfassungskontore zu treiben, diente ein Brief des Kreis-Veterinäramtes. Es seien alle erforderlichen Maßnahmen zu treffen, damit keine landwirtschaftlichen Transporte ohne Bescheinigung des Veterinäramtes die Kreisgrenzen verlassen könnten. In Wahrheit hatte es in den Kreisen Slavjansk und Krasnoarmesk schon seit längerem keine Seuchen mehr gegeben. Das beeindruckte aber die Quarantäne-Miliz nicht im geringsten. Sie legte sich an den Kreisgrenzen auf Lauer. Private PKW mit Hoflandprodukten wurden gestoppt, die Fahrer zusammengestaucht, weil sie keine Bescheinigung des Veterinäramtes vorlegen konnten. Wie zufällig pflegte dann der Vertreter eines Erfassungskontors auf der Bildfläche zu erscheinen und Hilfe anzubieten. Der Kohl wurde vom privaten PKW auf den staatlichen LKW umgeladen, ein Frachtbrief ausgestellt, und der Übergang vom Kaukasus zur Krim war frei. «Keine Sorge», erläuterte Miliz-Sergeant Pjotr Bessedin hinter vorgehaltener Hand, «als hier wirklich Maul- und Klauenseuche war, ist kein Kohlblättchen durchgekommen.»

In Breschnews politischer Heimat, der Stadt Dnjepropetrowsk, erhielten die Kolchosmärkte eines Tages Telegramme aus dem ukrainischen Städtchen Kamjenka-Dnjeprowaskaja. Darin hieß es schlichtweg: «Das Exekutivkomitee teilt mit: Privatpersonen ist es untersagt, frisches Gemüse aus unserem Kreis auszuführen ... Bitte schicken Sie keine Wagen mehr, die unser Gemüse auf die Märkte Ihrer Stadt transportieren sollen. Sie werden nicht beladen.» Nachdem sich Mitarbeiter der Kolchosmärkte darüber beschwert hatten, stellte ein sowjetischer Jurist öffentlich fest: «Die Exekutivkomitees haben kein Recht, solche Verordnungen zu erlassen. Den Seuchenfall ausgenommen, ist die Gemüseausfuhr aus Kreisen und Bezirken durch keine Rechtsnorm verboten.»

Der Trick mit der Seuchenbescheinigung, die Versuche, den Bauern die Wege zum Markt zu verlegen, sind keine Erfindungen der sowjetischen Kommunalbehörden. Sie haben eine viel ältere Tradition. Georg Kennan berichtet in seinen *Sibirien-Schilderungen* von 1885: «Es gibt noch mancherlei Arten, in welcher die Polizei von dem russischen Bauer seinen Groschen erpreßt. Just als wir durch die Provinz Jeniseisk fuhren, spielte sich dort ein solcher Fall ab: Einige Bauern beschlossen, ein Boot zu mieten, um damit ihre Weizenernte selbst zum Markt zu bringen, sie hofften, da einen besseren Preis zu erlangen, als wenn sie, wie bisher an Zwischenhändler verkauften. Der Plan war nicht übel, aber er war ohne die Polizei zu berücksichtigen, ausgedacht worden ... Auch in dem betreffenden Dorfe lebte ein ‹Kulak›, und der hatte kaum von der Absicht der Bauern gehört, als er schon zu dem ‹Sasedatel› eilte und ihm die Sache mitteilte. ‹Wir könnten, lieber Iwan Nikolajewitsch, unser Geschäftchen dabei machen!› sprach er. ‹Wieso?› fragte der Polizeibeamte recht aufmerksam.

‹Die Bauern dürfen sich ohne Erlaubnis der Polizei, was auf ihren Pässen verzeichnet werden muß, nicht über dreißig Werst von hier entfernen, und zum Markt ist ja viel weiter. Einem klugen Mann, wie Sie es sind, könnte da nicht schwerfallen, einen Grund ausfindig zu machen, um diese Erlaubnis nicht zu geben. Es könnten neue Gesuchscheine vorgeschrieben sein, die Sie noch nicht erhalten haben, oder Sie könnten die Pässe nach der Kreisstadt geschickt haben, damit sie dort erneuert werden. Die Bauern vermöchten dann nicht abzufahren und müßten mir den Weizen verkaufen. Ich bring' ihn dann zum Markt und – wir teilen den Profit.› Der Streich dünkte dem Polizisten nicht übel und – er wurde auch ausgeführt.»

Die Methoden jener Kulaken also, die einst die Bauern ausbeuteten, dienen ganz offensichtlich manchen sowjetischen Exekutivkomitees noch immer als Vorbild. Doch zeigt die Schützenhilfe, die die Bauern heute von oben erhalten, daß die Verantwortlichen für die Sowjetwirtschaft trotz aller ideologischen Bedenken vorerst weiterhin auf die privaten Hofparzellen setzen. Sie sind nicht nur deshalb unentbehrlich, weil die Sowchosen und Kolchosen alleine die Versorgung der Städte nicht schaffen. Es ist obendrein das Handelsnetz auf dem Lande so unterentwickelt, daß die Bauern vor allem während der Erntezeit zur Selbstversorgung mit hochwertigen Nahrungsmitteln gezwungen sind. Denn vor dem leeren Dorfladen anstehen und auf die nächste Lieferung warten oder gar in die ferne Stadt fahren, das kann niemand während der Saatzeit und der Getreideeinbringung.

Über die phantastischen Erfolge des privaten Hoflandes werden im Westen gelegentlich Meldungen und Daten verbreitet, die der Legendenbildung Vorschub leisten. Die privaten Parzellen haben mit sechs Millionen Quadratmetern nur einen Anteil von 2,7 Prozent an der Gesamtanbaufläche von 225 Millionen Hektar. Von diesen kleinen Nebenwirtschaften stammen nun angeblich rund 60 Prozent aller in der Sowjetunion erzeugten Kartoffeln, rund 40 Prozent der Eier, über 30 Prozent des Fleisches und der Milch. Die Nachrichten von diesen Supererträgen beruhen auf sowjetischen Quellen. Der Irrtum liegt, wenn nicht alles täuscht, einfach darin, daß die von den Bauern selbst verkauften Produkte zur Grundlage der Berechnungen gemacht worden sind. Diese Produkte aber stammen durchaus nicht alle vom privaten Hofland. Kartoffeln, Eier und andere Agrarprodukte werden den Bauern von den Kollektivfarmen als Deputate zur Verfügung gestellt, als ein zum Gehalt gehörender Naturallohn. Und einen Teil dieses Lohnes versuchen die Bauern dann wiederum auf den Kolchosmärkten mit Gewinnspannen zu «veredeln». Die Supererträge des Hoflandes sind also etwas zu reduzieren, obwohl es außer Zweifel steht, daß der Anteil der privaten Parzellen an der landwirtschaftlichen Gesamtproduktion weitaus größer ist als ihr Anteil am Ackerland. Allerdings müßte die optimale Nutzung der Parzellen absinken, wenn der private Anteil vergrößert würde. Denn erstens werden für das kleine Stückchen Land die besten Düngemittel aus der privaten Tierhaltung und aus dem Kollektivbetrieb abgezweigt. Und zweitens produzieren die Bauern auf ihrem Fleckchen fast ausschließlich hochwertige Erzeugnisse, also gute Gemüse und Zwiebeln statt Getreide.

Die hochwertigen Erzeugnisse und die Tierhaltung bedürfen freilich auch der größeren Sorgfalt. Die Kausalität von Privatbesitz und Ertragssteigerung ist der Partei erklärlicherweise unangenehm; da sie aber die Hofland-Produzenten braucht, macht sie theoretisch wenig Federlesens. «Wir befinden uns erst im Vorgelände des Kommunismus», so die Zeitschrift *Nowoje wremja* (Neue Zeit), «schaffen erst seine materiell-technische Basis. Die gesellschaftliche Agrarproduktion deckt den Bedarf der Landesbevölkerung noch nicht ganz, z. B. an Produkten der Vieh- und Geflügelzucht. Da sind die persönlichen Nebenwirtschaften eine ganz schöne Hilfe. Die Kolchosbauern und Sowchosarbeiter dekken sich selbst mit fehlenden Nahrungsmitteln ein, verkaufen ihre Überschüsse an die Städte und schaffen dem Staat dadurch gewisse Erleichterungen. Die Nebenwirtschaften gehören jetzt also zur sozialistischen Agrarproduktion.»

Leonid Breschnew macht es noch einfacher. Für ihn gehören die Hilfswirtschaften nicht erst «jetzt» dazu, er war nach eigener Darstellung schon immer ihr Vorkämpfer. Im Sommer 1954 betrat er, wie es in seinen Erinnerungen nachzulesen ist, auf der Sowchose *Stepnjak* in Kasachstan einen Laden, in dem es nicht einmal Salz gab. Frauen mit Kindern wandten sich an ihn: «Genosse Breschnew, sagen Sie, womit wir die Kinder füttern sollen! Keine Milch, krein Gries. Sie haben wahrscheinlich auch Kinder, sind Vater, so helfen Sie uns doch!» Breschnew hörte sich die Klagen an und versprach den Frauen, die Sache mit den Nahrungsmitteln zu klären. «Aber», so fährt er in seinen Memoiren fort, «noch mehr wunderte ich mich, daß es keine Milch gab. Wir hatten doch schon damals vielen Kolchosen für die Hilfswirtschaften Vieh gegeben, darunter auch der Sowchose *Stepnjak*... Unterwegs schleppte mich die Menge in die Gaststätte. Wir ließen uns zum Gespräch nieder. ‹Wie viele Kühe gibt es in Eurer Hilfswirtschaft?› ‹Fünfzig.› ‹Also muß auch Milch da sein!› ‹I wo, die Kühe sind sechzig Werst weit von hier. Auf der Umtriebsweide.›»

In der Zwischenzeit, so Breschnew weiter, habe man den Vorsitzenden der Sowchose, Kowalenko, gefunden und herbeigebracht: «Der kam gerannt und begann sofort zu klagen: ‹Es ist einfach eine Plage, Leonid Iljitsch! Ich kann die Frauen nicht überreden, Melkerinnen zu werden, niemand will die Kühe melken!› ‹Und Sie persönlich kümmert es überhaupt nicht, daß die Kinder ohne Milch sind, daß die Kühe verdorben werden?› ‹Aber doch! Und wie! Habe sogar Angst. Bin darauf gefaßt, mich vor Gericht zu verantworten... Ich habe schon einen Brief an die Ukraine abgeschickt, lade die Mädchen von dort ein, damit sie aushelfen.› Ich wandte mich an die Frauen: ‹Warum wollt ihr nicht helfen? Ihr seht doch, wie die Lage ist!› ‹Und wohin mit den Kindern...?› schnatterten sie durcheinander. ‹Gut, wenn die Kühe aber vorläufig auf eure Höfe gestellt werden, wollt ihr sie dann pflegen und melken?› ‹Natürlich! Melken werden wir sie und auch auf die Weide treiben!› ‹Also Sie, Genosse Kowalenko! Sie waren bereit, ins Gefängnis zu gehen – aber solch eine einfache Sache kam Ihnen nicht in den Kopf?›«

So klar und gut wie in einem schönen Heimatfilm hat Leonid Breschnew die Dinge immer gesehen – nur liegen sie für viele Kolchos- und Sowchosvorsitzende auch heute noch anders. «Wie ich zur persönlichen Nebenwirtschaft eingestellt bin?» so der Chef der Kolchose von Archangelskoje im Gebiet Woronesh, nahe am Don, auf eine Frage der *Literaturnaja gasjeta*. «Jeder Kolchosvorsitzende wird Ihnen sagen: zwiespältig. Ich verstehe, es ist nicht in Ordnung, wenn sich der Kolchosbauer nicht von seinem eigenen Speck, sondern von der Wurst aus dem Kaufladen ernährt. Aber ich bin daran interessiert, daß sich die Leute bei der Kolchosarbeit und nicht auf dem eigenen Hof verausgaben. Die Jugend zieht doch aus dem Dorf fort. Wir brauchen jede Hand.» In der Tat hat die Abwanderung der jungen Generation den Einsatz in der Nebenwirtschaft zum Volkssturm werden lassen. 83 Prozent der privat Ackernden sind Rentner, kinderreiche Mütter und Jugendliche. Verwandte halten das Vieh gemeinsam, die Alten pflegen es. «Eine Zitze pro Haus», heißt es auf manchen Dörfern schon. Früher schenkten die Eltern der Tochter oder dem Sohn zur Hochzeit ein Kalb oder einen Haufen Heu, so befand die *Literaturnaja gasjeta.* Heute müßten es Möbel sein, ein Motorrad, teures Porzellan oder Teppiche. Das seien jetzt die Statussymbole des Dorfbewohners, eine Kuh gehöre nicht mehr dazu.

Es ist also mit den persönlichen Nebenwirtschaften gar nicht so einfach, wie es Leonid Breschnew aus Gründen der wirtschaftlichen Zwangslage darstellt und wie es manche Beobachter im Westen aus ideologischen Motiven gerne ausmalen. Die private Viehhaltung geht zurück, das Interesse verlagert sich stärker auf den Gemüseanbau. Insgesamt nimmt die Zahl der landwirtschaftlich nicht mehr genutzten Privatparzellen zu. Die Partei muß mancherorts nahezu Propaganda machen für die Mentalität des ländlichen Kleinproduzenten, die sie selbst einst ausmerzte. «Alle waren sich jedoch darin einig, daß es keine Rückkehr zur alten Regelung geben könne, daß die Bauern eine Wiedereinführung der Privatwirtschaft nicht wünschten und – vor allem – daß sie mit derselben nicht zurechtkämen, sie seien dafür ‹verdorben›», so berichtete Andrej Amalrik schon vor Jahren aus dem Dorf seiner Verbannung. Das war die Vorstufe der jetzt beklagten Entwicklung, in deren Verlauf die scheinurbanen Statussymbole sogar den Besitzerstolz der privaten Tierhalter zurückdrängen. So wandert die private Nebenwirtschaft in gewissem Sinne mit in die Städte ab: weniger Viehhaltung, dafür mehr Gemüsebeete an den Rändern der Arbeitersiedlungen und um die kleinen Sommerdatschen.

Die Geschichte der Partei war, wie wir gesehen haben, über weite Strecken besonders eine Geschichte der menschenverachtenden Ignoranz, mit der sie dem bäuerlichen Leben begegnete. Ihr weiteres Geschick wird auch davon abhängen, wie sie mit den veränderten Bedingungen des privaten Sektors zurechtkommt. Die Partei versucht, die Landflucht durch Überwindung des Gefälles zwischen Dorf und Stadt zu bremsen. Das ist vernünftig und höchst dringlich. Doch mit dem Programm der «Urbanisierung ländlichen Lebens» ist sie bereits wieder allzu schematisch ans Werk gegangen. Die Dörfer in der Nähe der großen Städte machen das deutlich. Die Bauernhäuser mit ihren holzgeschnitzten Fensterrahmen und den hohen Fernsehmasten wirken wie gut erhaltene, aber abgetakelte Segelschiffe. Vierstöckige, langgestreckte Wohncontainer aus Beton schieben sich nach vorn. Überall fällt der krasse Gegensatz zwischen den liebevoll erhaltenen Holzhäusern und den sofort angeschlagenen Betonklötzen ins Auge. In einem neuen, hübschen Kultursaal bröckelt die Wand um die Steckdose. Im gerade eröffneten Internat einer Landwirtschaftsschule sind mehrere Steinstufen schon abgeschlagen. Die Landbewohner schätzen die Abwechslung, die ihnen die Kultursäle bringen, sie schätzen die sanitären Vorzüge der neuen Wohnungen. Aber sie haben keine Beziehungen zu den Betonklötzen. Und, was entscheidend ist, die mehrstöckigen Blöcke behindern oder verhindern die private Nebenwirtschaft.

Ein Mitglied der Landwirtschaftsakademie, W. A. Tichonow, drückte es in einem Interview vorsichtig, aber doch klar aus: «In den letzten Jahren sind auf den Zentralhöfen der Sowchosen und Kolchosen große Blöcke grauer, vielstöckiger Häuser nach dem Muster der städtischen Mikrowohnbezirke aufgetaucht. An sich ist so eine Bauweise eine progressive Erscheinung. In das Alltagsleben des Bauern dringt die Zivilisation mit all ihren Wohltaten ein. Aber für die Entwicklung der persönlichen Hilfswirtschaften ist das schädlich.» Um die Klötze kam es sogar zu einem versteckten Krach der Presse-Zaren. Die *Prawda* hielt an den vier- bis fünfstöckigen Wohnblöcken fest; zumindest im Umkreis der großen Städte müßten sie weiter gebaut werden. Die *Iswestija* machte sich für Ein- und Zweifamilienhäuser nebst Hofland stark.

Auf allen Ebenen wird, um im Bild zu bleiben, die ideologische Fertigbauweise der sowjetischen Planer von der privaten Improvisation der Sowjetbürger bedrängt. Im Krasnojarsker Gebiet am Jenisseij wandten sich die jungen Erbauer eines Kraftwerkes an das Exekutivkomitee der Stadt Bogoschansk. Sie baten darum, ihre Häuser privat bauen zu dürfen. Das wurde ihnen verweigert. Der Bauverwaltungschef des Kraftwerkes kommentierte die Entscheidung mit den Worten: «Da bieten diese Jungs dem Staat eigentlich ihre Hilfe an. Sie sagen: Ihr braucht uns keine Häuser zu bauen, gebt uns bloß einen Platz. Der Staat spart Geld und Arbeitskraft; denn die Jungs können ihre Holzhäuser allein in drei Monaten hochziehen. Dann hätten sie außerdem einen Gemüsegarten – auch das ist wichtig für den Staat – die Ernährung der neuen Sibirjaken ist ein akutes Problem.» Eine sowjetische Zeitung, die den Fall aufgriff, bezeichnete die Reaktion der Behörden als «typischen Schematismus». Die Vorstellung von der Industrialisierung Sibiriens sei nun mal verbunden mit mehrstöckigen Häusern. Dabei gebe es in Bratsk ein ganzes Viertel mit einstöckigen Häusern. Aus ihren Gärten beziehe die Industriestadt die Hälfte aller Kartoffeln und Gemüsesorten.

Die jungen Kraftwerk-Erbauer taten etwas, das jahrzehntelang undenkbar gewesen wäre. Sie errichteten ihre Siedlung trotz des amtlichen Verbotes und nannten sie *Nachalowka*, zu deutsch etwa

Frechlingshausen. Nach einiger Zeit fuhr die Verwaltung Bagger gegen *Frechlingshausen* auf. Aber die Behörden hatten zunächst große Mühe, Baggerführer aufzutreiben. Niemand wollte die privat gebauten Holzhäuser zerstören. Ein Baggerführer, der sich am Ende doch dazu bereitfand, bekannte: «Ich wollte die Henkersarbeit nicht übernehmen, aber man hat mir eine Wohnung dafür geboten.»

Privatinitiative bleibt ein Risiko und wird vor allem dann gestoppt, wenn sie sich als durchschlagender Erfolg erweist. Das berühmteste Beispiel dafür in der sowjetischen Landwirtschaft war das *Zweno*-Experiment, der Versuch, die Beziehung der Bauern zum Boden durch Dezentralisierung zu verbessern. Das Experiment stammte schon aus den sechziger Jahren, fand aber seinen Höhepunkt und sein abruptes Ende zu Beginn der siebziger Jahre. Autonome Arbeitsgruppen von sechs bis zehn Fachleuten erhielten von ihren Sowchosen oder Kolchosen mehrere Dutzend Hektar Boden zur Pacht. Ihre Bezahlung hing alleine von den Ernteerträgen ab. Entscheidend war dabei, daß sie «ihr» Feld bestellten und daß sie nicht, wie in den Sowchosen und Kolchosen, von einem zum anderen Acker herumkommandiert wurden. Das größte Experiment unternahm der ehemalige stellvertretende Landwirtschaftsminister von Kasachstan, Iwan Chudenko. Am Rande einer Sowchose nahe der kasachischen Hauptstadt Alma Ata demonstrierte er 1972 mit 67 landwirtschaftlichen Facharbeitern die Ergiebigkeit seiner Methode.

Vom Ausgang des Experiments erzählte der ausgebürgerte sowjetische Journalist und Wissenschaftler Alexander Janow dem früheren Moskauer Korrespondenten der *New York Times,* Hedrick Smith. In seinem Buch *Die Russen* (deutsche Ausgabe: Bern und München, 1976) hat Smith den Bericht Janows festgehalten: «Unglücklicherweise lief dieses Experiment nur während einer Ernte. Denn dann wurde nämlich eines klar: Wenn Chudenko recht hatte, dann hatte die gesamte politische Führung in der Landwirtschaft einen falschen Weg eingeschlagen. Das Experiment glückte. Sie bewiesen, daß auf diesem Gut etwa zwanzigmal so produktiv wie auf den Nachbargütern gearbeitet wurde. Die Kasachen waren darüber so begeistert, daß ein einheimischer Journalist über Chudenko ein Stück schrieb. Die letzte ‹Kontrollgeneralprobe› fand am 7. Januar 1973 vor einem ausgewählten Publikum statt ... Am nächsten Morgen wurde Chudenko verhaftet. Man warf ihm vor, er habe versucht, den Staat um 1000 Rubel zu betrügen. Diese Anschuldigung hatte man natürlich aus den

Fingern gesogen. Die Leute vom Landwirtschaftsministerium in Moskau waren einfach gegen dieses Experiment.» Chudenko starb 1974 im Gefängnis, während seine Berufung beim Obersten Gericht vorbereitet wurde. Um das *Zweno*-Experiment ist es still geblieben.

Selbst Initiativen, die nur guten Geschäftssinn zeigen, werden allzu oft abgewürgt und auch noch bestraft. In der südlichen Sowjetrepublik Armenien fehlte seit Jahren ein Betrieb, der Besen produzierte. Die eigentlich zuständige Organisation, die auf den wohlklingenden Namen *Armglawsnab* hörte, zu deutsch etwa *Armenische Hauptversorgungsbehörde,* fühlte sich offenbar aus Stilgründen nicht als Besenkammer zuständig. So entstand Ende der siebziger Jahre die Initiative des Achmed Nawasardjan, eines Mannes ohne geregelte Beschäftigung, aber mit Phantasie. Diese wurde beflügelt durch die brachliegenden Felder rings um Jerewan. Achmed beschloß, seine eigenen Vorstellungen von persönlicher Nebenwirtschaft zu verwirklichen. Er säte Sorghum, eine Getreidepflanze, die sich zu Besen verarbeiten läßt. Schon bald fand sich ein Kompagnon namens Igor Maljan. Und als auch noch der Chefbuchhalter einer Kolchose den Vertrieb der Produkte übernahm, war eine tatkräftige Besenbinder-Kooperative zusammen. Sie entfachte ein wahres Fege-Feuer in Armenien: In kürzester Zeit hatten ihr große und kleine Betriebe 42 600 Besen abgenommen. Das Trio kassierte dafür umgerechnet 150 000 Mark. Alle waren es zufrieden – bis die Behörden für einen abrupten Kehraus sorgten und Achmed & Co. wegen persönlicher Bereicherung einsperrten. Initiativen dieser Art stellen aus Moskauer Sicht nicht nur die sozialistische Moral, sondern auch die zentralistische Gewalt in Frage. Ließe die Partei die südlichen Republiken an längerer Leine, dann würden sich diese schnell vom sowjetischen Einheitsstaat entfernen – sozusagen um etliche Handelsspannen. Die Kolchosmärkte im Kaukasus und in Mittelasien zum Beispiel verkaufen schon längst nicht mehr nur die Produkte vom privaten Hofland. Sie bieten fast alle begehrten Raritäten, von der Luftpumpe bis zum Waschmittel aus dem Iran.

8. Kapitel

Träume und Wirklichkeit

I. Sibirien: Wärme für den Westen aus dem kalten Utopia?

Sie sitzen im ewigen Frost, lernen Deutsch und singen vom Frieden: Kinder aus der Ukraine, fast 10 000 Bahnkilometer von ihrer Heimat entfernt, in der tiefsten Taiga des Fernen Osten. Sie sind Kinder des «Genossen» *BAM*. So nennt die sowjetische Presse das Riesenprojekt der zweiten transsibirischen Eisenbahn, *BAM* ist die Abkürzung für Baikal-Amur-Magistrale. An dieses 3200 Kilometer lange «Bauwerk des Jahrhunderts», das laut Plan bis 1982/83 (in Wirklichkeit nicht vor 1985) Westsibirien mit dem Pazifik verbinden soll, ist eine ganze Baukolonne aus der Ukraine gezogen: 2000 Menschen, die Männer mit nur zehn Prozent in der Überzahl. Das Durchschnittsalter der Gruppe ist etwa 30 Jahre, ihr Durchschnittsverdienst beträgt umgerechnet 1250 DM (in der Ukraine liegt er für Bauarbeiter bei knapp 700 DM). Nicht nur ganze Familien – unter ihnen 174 Komsomolzen – sondern auch alle Baumaterialien haben den großen Treck in den Wilden Osten mitgemacht. Ein Teil der Ausrüstung ist unterwegs erheblich beschädigt worden. Bei Temperaturen bis zu minus 50 Grad, auf einer stets bis zu 100 Metern Tiefe gefrorenen Erde, deren oberste Schicht sich in den zwei Sommermonaten bei 35 Grad Wärme in einen Sumpf verwandelt und schweres Gerät nicht mehr trägt, bauen die Ukrainer die Siedlung Urgal II.

Sie liegt rund 500 Kilometer nördlich von Chabarowsk und gehört zu einem der vorerst acht *Territorialen Produktionskomplexe*. Durch sie soll ein 300 Kilometer breiter Gürtel beiderseits der Bahnlinie erschlossen werden – ein Gebiet fast dreimal so groß wie die Bundesrepublik. Bis Urgal, wo schon Kohle abgebaut wird, befördert die *BAM* künftig Öl. Von dort aus wird das schwarze

Gold durch Pumpen zu den fernöstlichen Häfen geleitet. Bis 1984 soll das Werk des ukrainischen Bautrupps stehen, auf speziellen Fundamenten und mit dreifachen Fenstern: ein Krankenhaus, ein Hotel, eine Bahnstation, Wohnblöcke, Schule, Kindergarten, Stadion, Schwimmhalle. Die Siedlung ist für 10 000 Menschen geplant. Wo sie einmal herkommen werden, ist schwer zu prophezeien. Fast alle Ukrainer jedenfalls, die 1975 dem Ruf ihres Komsomol-Kongresses zur *BAM* folgten, ziehen nach dem Aufbau von Urgal II in ihre Heimat zurück. Das ist der Normalfall: Nur jeder 20. sibirische Neusiedler bleibt für immer in dem kalten und unwirtlichen Utopia, das «vielleicht einmal New York heizen wird». Bisher treiben Klima und die Mängel der Infrastruktur, fehlende Lebensmittel (Fleisch ist eine Rarität) und Freizeitangebote die meisten Zuzügler schon bald in den vergleichsweise luxuriösen Westen der Sowjetunion zurück. Die Sprecher der ukrainischen Bauarbeiter haben mir zwar versichert: «Die Versorgung ist in Urgal schon besser als zu Hause. Es gibt Orangen und Bananen aus Afrika, fast jede Woche kommt ein gutes Theater zum Gastspiel.» Doch gegenüber solchen Aussagen sind Zweifel angebracht.

Die Männer vom Bau verrieten nämlich im Beisein der offiziellen Begleiter auch nicht, daß sie die relativ günstigen Bedingungen von Urgal fast ausschließlich ihren eigenen Initiativen verdanken. Wie gute Sibirjaken haben sie nicht nur den Unbilden der Natur, sondern auch den unzulänglichen Planungen der fernen Behörden getrotzt. Gegen das Verkehrsministerium fochten sie unter anderem eine Schule für «nördliche Bedingungen» durch, deren Aufriß sie in einer Zeitschrift fanden. Doch nicht nur die Arbeiter, auch regionale Politiker haben an der Planung für Urgal Anstoß genommen. So klagte das Exekutivkomitee des Gebietssowjets von Chabarowsk nach dem Baubeginn, daß ihm die Generalpläne für Urgal und andere Siedlungen im Chabarowsker Gebiet nie vorgelegt worden seien. Man hätte sich, so der Vorsitzende des Exekutivkomitees, die teure Siedlung Urgal sparen können und stattdessen besser die nahe Stadt Tschegdomin ausgebaut. In der Tat: Der solide wirkende Ort hat bereits 16 000 Seelen, einen Flugplatz, ein Hotel, in dem die Übernachtung umgerechnet drei Mark kostet, und ein großes Kantinen-Etablissement, das sich stolz «Goldene Taiga» nennt.

Das Beispiel von Urgal zeigt in kleinem Maßstab, was für das 1974 überstürzt begonnene Riesenprojekt der *BAM* und für die Erschließung der gigantischen nordasiatischen Landmasse überhaupt gilt: Der Enthusiasmus der Reißbrett-Entwürfe und der Pioniergeist vor Ort scheitern allzu oft an mangelhaft koordinierten Investitionsplänen. Jeder Industriezweig und jedes Institut entwickelt seine eigenen Vorstellungen. Selbstbewußte Wissenschaftler im sibirischen Forschungszentrum *Akademgorodok,* kritische Journalisten und lokale Initiativen versuchen Planungsfehler bei der territorialen Verteilung von Schwerpunkten zu verhindern oder auszubügeln. Selbst aus sowjetischen Publikationen geht eindeutig hervor, daß Breschnews großer Bahnbau 1974 überstürzt begann, ohne ausreichende wissenschaftlich-technische Erforschung des Streckengebietes und ohne spezifische Untersuchungen der Permafrostböden in der *BAM*-Zone. (Vergl. hierzu auch: Berichte des Bundesinstituts für ostwissenschaftliche und internationale Studien, Heft 17–19, Köln, 1977).

Anfang 1978 hatten Versorgungslücken, Planungsfehler und Ersatzteilmängel ein solches Ausmaß angenommen, daß Leonid Breschnew vom 28. März bis zum 9. April mit der Transsibirischen Eisenbahn auf Ostkurs ging. Kein amtierender Zar oder Sowjetführer hat Sibirien je einer so eingehenden Inspektion unterzogen. Nur der Zarewitsch Alexander, der Sohn und spätere Nachfolger Nikolaus I., der Sibirien 1837 als erster Romanow besuchte, hat auf seiner siebenmonatigen Reise die Lebensbedingungen der menschenfeindlichen Schatzkammer noch weitaus gründlicher studiert. Zur Verzweiflung der katzbuckelnden Beamten ging der neunzehnjährige Thronfolger spontan in armselige Hütten; er sah das furchtbare Leid der geketteten Gefangenen in den Strafkolonien und er besuchte die Dekabristen, die sein Vater nach ihrem Aufstand 1825 in die Verbannung geschickt hatte und noch immer verabscheute. Der junge Mann, der als Zar Alexander II. knapp 25 Jahre später die Leibeigenschaft aufhob, setzte per Sonderkurier bei seinem Vater Erleichterungen für die Dekabristen durch. Außerdem erreichte er, daß Alexander Herzen, dem er im Nordosten Sibiriens begegnete, aus der fernen Verbannung nach Wladimir in der Nähe Moskaus zurückkehren durfte. Der Zarensohn, der unter dem Einfluß seines humanistisch orientierten Lehrers W. A. Schukowskij stand, hatte sich nicht blenden lassen von den prunkvollen Empfängen der Provinzgouverneure und von den – zu seiner Ankunft – frisch gestrichenen Schulen, Manufakturgebäuden und Gefängnissen.

Auch Leonid Breschnew klapperte neu übermalte Fabriken ab, hielt seine Wange kahlschädligen Lokalmatadoren und adretten Pioniermaiden hin, gab Handküsse auf geweißten Bahnhöfen.

Arbeiter fragte er jovial nach Lohn- und Wohnbedingungen. Zusammen mit Verteidigungsminister Ustinow besuchte der Parteichef Raketeneinheiten bei Nowosibirsk und Panzertruppen im ostsibirischen Gebiet von Tschita, 350 Kilometer Luftlinie von Peking entfernt. Die Demonstration gegenüber Peking – der chinesisch-japanische Freundschaftsvertrag stand im Frühjahr 1978 vor der Unterzeichnung – war unübersehbar. Dennoch bestätigte die genaue Lektüre der Presseberichte in den Monaten nach Breschnews Reise, daß die allgemeine Versorgungskrise in Sibirien und speziell der stockenden Nachschub an der *BAM* die Hauptgründe für seinen Besuch waren. So klang in den sowjetischen Zeitungen der Vorwurf an, die Ministerien für Eisenbahn und für Transportbau (die für die Errichtung der *BAM* verantwortlich sind) seien nur an der Bahnlinie selbst interessiert, sie ignorierten Probleme und Bedarf der Städte und Siedlungen, die an der Strecke gebaut werden müßten. Diese kritischen Anmerkungen wurden auch mit konkreten Einzelfällen belegt: In *Granitnyj,* einer Siedlung für mehr als 500 Tunnelbauer, gab es keinen Laden und keine Kantine, keinen Kiosk und keine Bibliothek. Anfang 1978 hatten 30 Wohnhäuser stehen sollen – aber nur die Hälfte war zu diesem Zeitpunkt fertig. Zudem waren alle Gebäude für Junggesellen eingerichtet, obwohl jeder dritte Tunnelbauer seine Familie bei sich hatte. So zeigt die Summe der kleinen Beispiele wie hoch noch immer die Fehlerquoten der Planungen sind, obwohl die Verantwortlichen den großen Sünden der fünfziger Jahre immer wieder abgeschworen haben. «Eine solche Stadt, darf nie mehr gebaut werden», mahnte der langjährige Bürgermeister von Bratsk, Peresweslow, in einer sowjetischen Zeitschrift. Als 1955 rund 10 000 Freiwillige am Angara-Fluß das größte Wasserkraftwerk der Welt errichteten – dessen Kapazitäten in diesem energiereichen Landesteil Rußlands später nie voll ausgenutzt werden konnten – da planierten sie, ohne jede Überlegung, die Taiga für ihre Siedlung. Heute kann man Bratsk mit seinen über 200 000 Einwohnern als die größte und kälteste Wüstenstadt der Welt bezeichnen. Zwischen den grauen Mietskasernen erhebt sich kaum Vegetation. Aufforstung braucht im Klima Sibiriens zwei Menschenalter.

Doch ist Sibirien überhaupt mit normalen Maßstäben, mit solider Planung, mit verläßlichen Kostenrechnungen zu ermessen, zu erschließen? Jeder Kilometer der zweiten Transsibirischen Eisenbahn kostet mindestens drei Millionen Mark. Die *BAM* führt vom Oberlauf der Lena bei Ustj-Kut, den Baikalsee nördlich passierend, bis nach Komsomolsk am Amur – über sieben Gebirgspässe und über 16 große Ströme, über 150 Brücken und über Permafrost auf 70 Prozent der Strecke. Die Bahnlinie wird bedroht von Erdrutschen und Erdbeben. Doch alleine in der relativ kleinen Zone, die durch die *BAM* erschlossen werden soll, befinden sich unter anderem ein Drittel der sowjetischen Steinkohlenvorräte, Milliarden Tonnen Eisenerz, riesige Kupfervorkommen und zehn Prozent aller Holzvorräte. (Sibirien besitzt die Hälfte des Weltbestandes an Nadelhölzern.)

Dennoch bin ich im entlegenen Ost-Abschnitt der *BAM* einem Bautrupp aus der fernen Moldau-Republik begegnet, der sein eigenes Holz über 10 000 Kilometer in die sibirischen Wälder getragen hatte. Es waren Fertigteile für die provisorische Holzsiedlung, von der aus die 600 Pioniere vom Balkan eine Bahnstation mit Betonhäusern hochziehen. Unternehmen für Holzbearbeitung und Baustoffe fehlen in dieser unberührten Zone. Dafür gibt es in der Club-Baracke inzwischen eine moldauische Stube. Mädchen in Folklore-Gewändern kredenzen bei Panflöten-Klang, der an die Levante erinnert, heimischen Rotwein – auch er hat 10 000 Kilometer Bahnfahrt hinter sich. Als ich den Leiter der Bau-Einheit danach frage, was das größte Problem für die Südländer in Sibirien sei, sagt er sinngemäß: nicht der ewige Frost, sondern die ewigen Stockungen der Transporte. Selbst kleine administrative Entscheidungen werden in 10 000 Kilometern Entfernung gefällt. Die zehn Magirus-LKW der moldauischen Bautruppe reichen nicht, da bittere Kälte, fehlende Straßen und Ersatzteilmangel ständig Ausfälle verursachen. (Alle Lastwagen müssen auf den ersten Kilometern im Schritt-Tempo gefahren werden, damit die froststarren Reifen nicht brechen.) Moskau hat zwar 9000 Magirus-LKW für eine Milliarde DM an die *BAM* rollen lassen, doch über die Anforderung von ein paar zusätzlichen Wagen aus diesem Park entscheiden nicht die Moldau-Männer, die in die Kälte kamen, sondern die Funktionäre, die am grünen Tisch geblieben sind. Für alle Kosten und Ausrüstungen ist die ferne Heimat-Republik zuständig.

Gigantische Marathon-Transporte zogen über die nordasiatische Landmasse schon seit Peter I., seit Leibniz' Vision von der «großen sibirischen Poststraße». Die grandios überlastete «Nord-Expedition», auf der Vitus Bering für den Zarenhof noch einmal den Seeweg von Kamschatka nach Amerika suchte, auf der gleichzeitig die Nordküste Sibiriens, die Küsten Japans und die Kurilen erforscht werden sollten –, dieses Pionierwerk der Megalomanie brauchte alleine acht Jahre, um erst einmal Menschen und Frachtgüter über 10 000 Kilometer von Petersburg nach Ochotsk zu befördern. Bis heute sind die Verkehrswege das größte Problem Sibiriens geblieben. Jakutien zum Beispiel mit knapp 850 000 Einwohnern ist so groß wie Indien, besitzt aber keinen Meter Schiene und nur einige Dutzend Kilometer asphaltierter Straßen. Fast ganz Jakutien liegt in der Dauerfrostzone.

Wer in der kalten, knallgelben Morgensonne über die Behelfspisten zum *BAM*-Bau schaukelt, die gefrorenen Flüsse als Fernstraßen benutzt, in Stunden ein einziges Dorf ohne einen einzigen Passanten passiert, der kann sich ausmalen, daß die neue Bahnlinie so schnell keine lebensspendende Ader für die gesamte *BAM*-Zone werden kann. Ein komplexes Territorialprogramm zur Erschließung dieses entlegenen Raumes würde Moskaus nächste Fünf-Jahr-Pläne überfordern. Getreide, Butter, Obst und Fleisch müßten ständig in die *BAM*-Zone importiert werden. Nur drei Prozent dieses Raumes sind landwirtschaftlich zu nutzen. So wird, wie die Funktionäre vor Ort bestätigen, die Hauptaufgabe der *BAM* vorerst der Transport von Exportgütern sein. Holz, Kohle und Erdöl werden in Richtung Osten rollen, vor allem nach Japan, um Tokios Kredite für die Erschließung Sibiriens fristgerecht abzutragen.

Die *BAM* kommt außerdem der alten, überlasteten Transsibirischen Eisenbahn zu Hilfe. Ihr Bau, der mit gewaltigen Investitionen verbunden war, hatte in den neunziger Jahren des vergangenen Jahrhunderts dem industriellen Aufschwung im europäischen Rußland mächtige Impulse verliehen. Der Bahnbau trug außerdem den «ökonomischen Imperialismus» (Dietrich Geyer) des zaristischen Finanzministers und Ministerpräsidenten Sergej Witte über die transbaikalischen Grenzen und wurde zu einem außenpolitischen Ereignis mit starker militärischer Komponente. Ein Blick auf die Karte zeigt, daß die *BAM* heute eine zweite Versorgungs- und Nachschublinie ist für den Ernstfall eines Konflikts mit Peking. Die alte Transsibirische verläuft 180 bis 500 Kilometer weiter südlich und liegt in der Reichweite chinesischer Artillerie an Amur und Ussuri, wo 1969 die Schüsse zwischen den einstigen kommunistischen Bruderstaaten fielen.

Nahe dem Zusammenfluß der beiden Ströme führte 1650 der Korngroßhändler Jerofej Pawlowitsch Chabarow seine Kosaken-Expedition in das erste Scharmützel zwischen Russen und Chinesen. Die Stadt, die nach ihm benannt ist, Chabarowsk, hat heute mehr als eine halbe Million Einwohner. Sie liegt wie ein

Eckturm nahe der chinesischen Grenze und der Mündung des Ussuri in den Amur. Vom Hochplateau unterhalb der Statue Lenins geht ein weiter Blick über die Ebene jenseits des Amur-Flusses. Eine sowjetische Militärkolonne manövriert auf dem riesigen Schneefeld. Dem Steilufer nahe, sitzen die Eisfischer auf dem Strom. Ich verbrachte einen Nachmittag mit ihnen, bei strahlender Sonne und beißendem Frost. Sie wirken wie handfeste Wehrbauern, die jederzeit ihre Scholle verteidigen würden, an denen aber der ideologische Propagandakrieg vorüberrauscht. Bei *Radio Peking* schreckt sie schon die Musik, gegenüber der *Stimme Amerikas* sind sie distanzierter als das in anderen Regionen des Imperiums der Fall ist. Und der Westen liegt weit – womit sie Moskau meinen.

Hoch über dem Amur, im Museum von Chabarowsk, hängt ein großes Ölbild aus der Stalin-Ära. Er zeigt stolze Russen und unterwürfige Chinesen am grünen Tisch. Das Gemälde erinnert an die Unterzeichnung der Verträge von Aigun und Peking (1858 und 1860), durch die Moskau das Amurgebiet und die fernöstliche Küstenprovinz gewann. Die Abkommen von Aigun soll der Kreml heute – nach Chinas Willen – als «ungleiche Verträge» anerkennen. Ungleich, weil der Generalgouverneur von Ostsibirien, Graf N. N. Murawjew-«Amurskij», die damalige Schwäche der Chinesen geschickt nutzte und ihnen das linke Amur-Ufer regelrecht abknöpfte. Peking war von inneren Unruhen bedroht und stand unter dem äußeren Druck Englands und Frankreichs, die seit den Opiumkriegen in ungerührter Offenheit ihren Wirtschaftsimperialismus demonstrierten. Freilich hatte der Amur für China damals wenig praktische Bedeutung. Für Moskau hingegen war er die Hauptader, um Rußlands Engagement am Pazifik gegen die wachsenden Einflußzonen Englands und Frankreichs zu stärken. Jubelnd schrieb ausgerechnet Michail Bakunin, der romantische Anarchist, der nach Sibirien verbannt war und 1859 auf spektakuläre Weise über Japan nach Amerika floh:

«Durch den Amur hat Sibirien zum ersten Mal einen Sinn erhalten – das slawische russische Reich steht nunmehr am Stillen Ozean, und ein Bund mit den Vereinigten Staaten ... wird zu einer Realität ... Durch den Amur können wir jetzt eine mächtige Flotte im Stillen Ozean unterhalten ... Sibirien wird veredelt und vermenschlicht – ein gesegnetes Land der Zukunft, ein Land der Erneuerung.»

Sibirien hat sich den Visionen Bakunins seither nur bedingt angenähert. Die gewaltige Landmasse mit ihren extrem ungünstigen

Witterungsbedingungen überfordert bis heute einen Staat, der nur militärisch an der Weltspitze steht, nach Wirtschaft und Wissenschaft aber eine Mittelmacht ist. Mit 10,5 Millionen Quadratmetern ist Sibirien größer als die USA. Aber vier Fünftel dieser Fläche – ein Gebiet, auf dem die Bundesrepublik 36mal Platz hätte – liegen in der Permafrostzone. In den kurzen, heißen Sommern taut nur eine dünne Oberschicht auf; in der Tundra, jenseits der arktischen Waldgrenze, sind das gerade 20 Zentimeter. Darunter bleibt der Boden gefroren, an manchen Stellen bis zu einer Tiefe von 1,5 Kilometern. Auf den 7000 Kilometern zwischen Ural und Beringsee, auf den 3500 Kilometern zwischen Nordmeer und Kasachstan liegen Schätze unter Eis und Moor, deren Umfang nur sehr vage bekannt ist. Dazu gehören die größten Erdgasreserven der Welt, die bedeutendsten Ölvorkommen nach dem Nahen Osten, mehr Kohle als unter dem Territorium der USA, Gold, Diamanten, Kupfer, Zinn, Zink, Uran und andere kostbare Materialien. Doch ein großer Teil dieser Ressourcen ist in absehbarer Zukunft nicht zugänglich. Die Förderung der Schätze verteuert sich, je weiter sie sich nach Osten verlagert. Und die Erschließung der Reserven wird durch die mangelnde Investitionskraft der Sowjetunion begrenzt. Die bis zu zehn Kilometer breiten Ströme Sibiriens bergen gewaltige Kapazitäten an Strom. Doch weiter als bis zum Ural läßt sich die Elektrizität wegen der Spannungsverluste nicht transportieren. Bis ins europäische Rußland, das Energie so dringend braucht, reicht der Strom Sibiriens nicht. Die großen Flüsse des nordasiatischen Riesenlandes könnten ideale Transportwege sein. Das sind sie nicht, weil sie nach Norden verlaufen – quer zur west-östlichen Verkehrsachse – und weil sie über lange Perioden zugefroren bleiben. Von Ende November bis Anfang Mai sind die vereisten Ströme für Schwerlast-Fahrzeuge freigegeben. Die klimatischen Verhältnisse in Alaska und Nordkanada ähneln denen Sibiriens, aber die geologischen Bedingungen sind günstiger. Gestein ist vorhanden für Baumaterialien und als fester Untergrund. In den sibirischen Sommern hingegen drohen Bagger und Bohrgeräte im Morast zu versinken.

Da die Erschließung Sibiriens so teuer und die Kapitaldecke so knapp ist, wird der Rotstift immer wieder bei der «sozio-kulturellen» Infrastruktur angesetzt. Dadurch werden die Anreize für Neusiedler noch geringer. In den letzten 15 Jahren sind weit über eine Million Menschen mehr abgewandert als hinzugezogen. Nur die Geburtenrate, die im kalten Osten höher liegt als im europäischen Westen Rußlands, läßt die Bilanz günstiger erscheinen.

Dem Ruf an die *BAM*, der nach altem Muster durch freiwillige Massenverpflichtungen des Komsomol und durch Aufbau-Gedichte verstärkt wurde, sind nicht genügend Fachleute gefolgt. Sie werden deshalb mit den größten sozialen Privilegien gelockt, die es je in der sowjetischen Geschichte für die Arbeiterklasse gegeben hat. (Das Militär, das im Ostabschnitt der *BAM* vorwiegend für den Gleisbau eingesetzt wird, kommt nicht in den Genuß dieser Vorzüge.)

Tief in der verschneiten Taiga stießen wir auf die ersten Pfeiler einer Brücke, über die später die zweite transsibirische Bahn rollen soll. 35 Bauarbeiter, unter ihnen zwei Frauen, ziehen die hundert Meter lange Überführung in zweieinhalb Jahren hoch. Ich sah, wie die Männer bei minus 43 Grad Metallstücke mit bloßen Fäusten faßten – was jedem Untrainierten die Haut von den Händen abziehen würde. Auf dieser Baustelle ruht die Arbeit erst, wenn die Kälte die Maschinen stoppt – bei ungefähr 55 Grad minus. Fast alle Arbeiter verdienen umgerechnet über 1500 Mark. Das ist etwa die dreifache Summe eines durchschnittlichen Monatslohnes, wobei ein gewisser Prozentsatz abzuziehen ist wegen der höheren Lebenshaltungskosten in dieser Region. Bei 36 Urlaubstagen pro Jahr können die *BAM*-Bauer alle drei Jahre noch zusätzlich für 20 Tage an einen Ort ihrer Wahl in der Sowjetunion fliegen. Das Ticket ist umsonst, die Anreisezeit wird nicht berechnet. Leitendes Personal hat durch die Arbeit an der *BAM* größere Chancen auf eine Auslandsreise – zum Beispiel auf einen Urlaub in Indien – als in Moskau, Leningrad oder Kiew. Wer einen Dreijahresvertrag für den Eisenbahnbau unterschreibt, beginnt mit einem doppelten Monatsgehalt und kann am Ende einen sowjetischen Lizenz-Fiat (Marke *Shiguli*) ohne die übliche, jahrelange Wartefrist erwerben. Igor, der Kranführer beim Brückenbau in der Taiga, verdient über 2200 Mark im Monat. Seine Frau, die an einer anderen Stelle des Bahnbaus arbeitet, bringt 900 Mark dazu. Wenn die Brücke fertig ist, wollen beide in ihre Heimatstadt Odessa zurückkehren. So halten es die meisten. Der Mangel an hochwertigen Nahrungsmitteln und Konsumgütern, die Langeweile und die schlechteren Wohnbedingungen lassen sie Pioniere auf Zeit bleiben.

Das Privilegien-System macht deutlich, daß die Erschließung Sibiriens mit Zwangsrekrutierungen längst nicht mehr zu bewältigen ist. Die Schatten des Archipel GULAG, die Schrecken der Arbeitslager Stalins sind gewichen. Sibirien steht heute bei nicht wenigen Sowjetbürgern wieder im Ruf, freier und ungezwungener zu sein als Zentralrußland. Seine Bauern erscheinen weniger geduckt, seine Wissenschaftler informationsfreudiger, seine Städter heiterer. Ein Sibirjak ist in den Augen vieler Moskauer ein ganzer Kerl mit weichem Herzen. Einst holte der russische Staat bei seiner Ausdehnung nach Osten immer wieder Dörfer mit Landsleuten ein, die sich aus Grenzen und Untertanendasein davongemacht hatten. Der russische Imperialismus im 19. Jahrhundert fand seine Antriebskräfte auch darin, daß er initiativefreudigen und abenteuerlustigen Temperamenten und Naturen die Chance bot, dem bedrückenden Mittelmaß der zaristischen Verwaltung zu entkommen – in den romantischen Kaukasus, nach Mittelasien und Sibirien. Sich davonzumachen aus dem verengten Leben unter der Bürokratie, aus den vorgefertigten Schablonen der Berufswege – das ist auch heute wieder der Traum mancher Städter. Aber nur eine winzige Minderheit der inzwischen verwöhnteren und stärker nach Westen orientierten Russen wagt es heute noch, sich diesem Traum der harten und inzwischen verplanten Wirklichkeit Sibiriens auszusetzen.

So hart der kalte Koloß ist, so milde sind seine Bewohner in der Vergangenheit oft den Verbannten begegnet, den Dekabristen, Polen und Sozialdemokraten, Bakunin und Herzen, Lenin und Stalin. Georg Kennan, der auf seiner großen Sibirien-Reise das Verbannungssystem und das Gefängniswesen studierte, berichtet in seinen 1885 veröffentlichten Schilderungen über die Eindrücke einer aus politischen Gründen verschickten Frau: «Sie war z. B. gerührt von der Teilnahme, welche die Bauern von Kamitschlowo, ein Dorf, das sie auf dem Wege zwischen Jekaterinenburg und Tjumen passierte, für die Verbannten bekundeten, jene hatten nämlich das dort befindliche Etappengefängnis gründlich gereinigt und mit Blumen geschmückt.» Kennan – er war, wie schon erwähnt, ein Vorfahr des amerikanischen Sowjetologen und früheren Botschafters in Moskau, George Kennan – schildert in seinem Sibirien-Bericht auch folgendes Erlebnis:

«Es war an einem rauhen Herbsttag und wir saßen in einem schmutzigen Posthaus und warteten auf Pferde. Plötzlich drang aus der Ferne ein eigenartig zitternder Ton an mein Ohr, der mir von menschlichen Stimmen herzurühren schien. Es war kein weltliches Lied, es war kein Kirchengesang, es war keine Trauerklage, aber es lag etwas von alledem darin. Wir traten vor das Haus und sahen eine Schar gefesselter Sträflinge, von Soldaten umringt, barhaupt näher kommen, und sie sangen dabei den ‹Bittgesang der Verbannten›. Sie gaben sich keine Mühe, die Stimmen zusammenzuhalten oder die Worte zu gleicher Zeit auszusprechen, sie machten keine Pausen, ja es war nicht einmal ein bestimmter Rhythmus herauszufinden. Es hatte den Anschein, als ob sie fortwährend einer nach dem anderen dieselbe traurige Melodie langsam anstimmen würden, was einer Fuge ähnlich war. Der Gesang brachte ungefähr folgendes zum Ausdrucke: Erbarmet Euch unser, Väterchen! / Gedenkt der müden Wanderer! / Gedenkt der armen Gefangenen! / Nährt uns und helft uns, Väterchen! / Habt Mitleid mit uns, Väterchen! / Erbarmt Euch unser, Mütterchen! / Um Christi Willen, habt Erbarmen! Mit den Eingesperrten! ... Wer diese Worte nicht gehört, wie sie langsam von Hunderten halb gesungen, halb gesprochen werden, und dazu das Kettengeklirr als Begleitung, der kann sich keine Vorstellung von dem Eindruck machen, den dieser kunstlose ‹Bittgesang› hervorzubringen vermag. All der Jammer, all das Elend, all die Not und all die Verzweiflung, die von Tausenden in den Gefängnissen und in den Bergwerken empfunden wurden, klang aus diesen Tönen. Während die Gefangenen langsam die schmutzige Straße entlang zogen, traten Kinder und Weiber aus den Häusern und legten Brot, Fleisch, Eier und andere Nahrungsmittel in die Säcke der vier halbgeschorenen Sträflinge, die mit der Einsammlung betraut waren.»

Fleisch wird den Verbannten in Sibirien jetzt mit Sicherheit nicht mehr so freigiebig angeboten – es ist ja kaum etwas vorhanden. Aber manche Dissidenten berichten auch heute von wohlwollender, freundlicher Aufnahme in ihren Verbannungsorten. Andrej Amalriks Beschreibung des dumpfen Kolchosdorfs Gurjewka steht gegenüber, was Pawel Litwinow immer wieder erzählte. Der Enkel des einstigen sowjetischen Außenministers war in seiner Verbannung als Freund, Kamerad und Aufklärer empfangen worden. Andrej Twerdochlebow, der wegen seines Einsatzes für *Amnesty International* nach Sibirien verschickt wurde, war der einzige Verbannte und Russe auf einer jakutischen Sowchose. Privatbesitz von Pferden und Kühen sei dort nicht ungewöhnlich, so berichtete er. Die Jakuten auf dieser Sowchose hätten genügend Geld, um aus Prestigegründen Motorräder zu kaufen, obwohl sie das Reiten eigentlich vorzögen. Beiden, Litwinow und Twerdochlebow, stellten die Einheimischen oft die Frage: «Warum hat man Euch eigentlich zu uns verbannt? Leben wir denn wirklich so schlecht? Wir selbst finden, daß es uns noch nie so gut gegangen ist wie heute.» Das mag zutreffen für manche der Nachfahren jener vier Millionen bäuerlicher Kolonisten, die zwischen dem Ende der Leibeigenschaft (1861) und dem Ersten Weltkrieg nach Sibirien strömten, weil die Regierung in den Dörfern des europäischen Rußlands Geburtenüberschuß, Verelendung und drohende Agrarrevolution zu bannen versuchte. Und das trifft noch eher zu für die Jakuten und die anderen Nomadenvölker des sibirischen Nordens. Ihre Rückständigkeit vor der Revolution hat gerade Kennan anschaulich beschrieben. Ein Jahrzehnt nach der Revolution, in der Stalin-Ära, folgte ihre Zwangsansiedlung in Dörfern und die Kollektivierung der Rentierherden. Viele Nomaden leisteten erbitterten Widerstand, bis die Behörden ihren ideologischen Starrsinn lockerten und die angemessenere Form des genossenschaftlichen Eigentums gestatteten. Das führte auf die Dauer zu einem erträglichen Kompromiß und zu einem langsamen, aber steten Aufstieg dieser Urbewohner Sibiriens, die in der zaristischen Amtssprache als «Fremdstämmige» eingestuft worden waren. Den Neusiedlern aber erscheint das Leben in dem nordasiatischen Landesteil bis heute unkomfortabler, härter, schlechter als im europäischen Rußland.

Kann trotz all dieser Hindernisse aus dem kalten Osten genug wärmespendende Energie kommen, um die zur Neige gehenden Ressourcen im europäischen Teil der Sowjetunion zu ersetzen, um die sozialistischen Bruderstaaten zu versorgen? Oder wird die UdSSR, der bei weitem größte Ölproduzent der Welt, von 1983 an zum Netto-Importeur von Erdöl – wie es zwei CIA-Studien rigoros und konsequent behaupten? Wird die Sowjetunion an den Weltmarkt gehen? Wird sie durch ihre Beteiligung am Kampf um das OPEC-Öl den Ost-West-Konflikt aufheizen? Oder sind die amerikanischen Geheimdienst-Prognosen – die davon ausgehen, daß sich die Wachstumsraten der sowjetischen Förderung ständig verringern, daß die Vorkommen zu schnell mit Sekundärmethoden ausgebeutet werden und daß die unzugängliche Lage der Schätze die Förderung zunehmend unrentabel macht – allzu einseitige und pessimistische Voraussagen? Bevor wir auf diese Fragen näher eingehen, wollen wir von Sibirien kurz zum osteuropäischen Sommer 1979 abschweifen.

II. Viele Ölquellen versiegen – und der Siegeszug der Kernkraft stößt auf Grenzen

Am 1. August 1979 stattete der rumänische Staats- und Parteichef Nikolaj Ceausescu seinem sowjetischen Amtskollegen Leonid Breschnew auf der Krim eine knapp eintägige Visite ab. Auf dem

Flughafen Simferopol wurde der ungeliebte (weil unbotsmäßige) Gast vom Ersten Sekretär des Regionalkomitees Krim der ukrainischen KP, Makarenko, verabschiedet. Das ist ein Rang gerade noch über dem Flughafendirektor – wenn man den Maßstab des byzantinischen Kreml-Protokolls anlegt. Zuvor hatte der sowjetische Parteichef dem Rumänen einen Leninorden überreicht und ihn dabei mit der griesgrämigsten Laudatio abgefertigt, die bei solcher Gelegenheit wohl jemals zu hören war. «Wir streben beharrlich danach», rüffelte Breschnew, «daß die sowjetisch-rumänischen Beziehungen, die durch ihren Inhalt vielfältig sind, entschieden ... der ständigen Festigung der sozialistischen Gemeinschaft dienen.» Als diese Worte auf der Krim fielen, begannen die Tankwarte in Rumänien gerade, für alle Besucher aus den Bruderstaaten die Benzinhähne abzudrehen. Hunderttausend Urlauber aus den sozialistischen Nachbarländern mußten zum erstenmal jene Hoheitspolitik ausbaden, die der Diktator Ceausescu seinen eigenen Landsleuten schon seit über einem Jahrzehnt zumutet: Souveränität ohne Rücksicht auf Humanität. Zumeist in Deutsch, dem Leit-Idiom des Balkan-Tourismus, bekamen die Reisenden mit Zlotys und Kronen, Ost-Mark und Forints von rumänischen Zöllnern zu hören, was sie bis dahin vor allem in ihren heimischen Devisenläden erfahren mußten: «Euer Geld nix gutt!» Diese Binsenweisheit hatte im Intra-Block-Verkehr bis dahin keine Konsequenzen gehabt, weil Moskau den Bruderländern mehr als 80 Prozent ihres Erdölbedarfs unter dem Weltmarktpreis (um 12 Prozent) und gegen Transfer-Rubel liefert. Nur Rumänien, das selbst Erdöl fördert (die Hälfte seines Verbrauchs), bekommt keinen Tropfen.

Auf der 33. Tagung des östlichen Rates für gegenseitige Wirtschaftshilfe (RGW) hatte Moskau im Juni 1979 die rumänischen Forderungen nach vergünstigten Öllieferungen strikt abgelehnt. So war die am 1. August in Kraft getretene Verordnung der Regierung in Bukarest, derzufolge Ausländer Benzin nur noch gegen Devisengutscheine erhielten, eine direkte Antwort auf das sowjetische Nein. Die Maßnahme wurde von Rumäniens ökonomischer Notlage diktiert, aber gleichzeitig so gezielt exekutiert, daß der Putz von der brüchigen Wirtschaftsgemeinschaft Osteuropas bröckelte. Der Vorwurf der Bruderländer, Rumänien sei «vertragsbrüchig» geworden, ließ sich nicht halten. Bukarest hat keine Meistbegünstigungsklauseln unterschrieben und auch keine Verpflichtungen, Benzin gegen Ost-Währungen bzw. gegen die rumänische Landeswährung Lei abzugeben. Ceausescus Entschluß, den sozialistischen Nachbarn kein Lei(h)-Benzin mehr zu gewähren, dokumentierte vor aller Welt, daß die Rohstoffkrise nicht nur mit Inflationen über die östliche Wirtschaftsgemeinschaft hereingebrochen ist. Durch die Energieverknappung drohen auch Emotionen, Friktionen und weitere Rationierungen, die der sowjetischen Beschwichtigungstherapie der siebziger Jahre – Entpolitisierung durch Wohlstand – ein Ende setzen. So, wie für die Cadillac-Fahrer an den leeren Tankstellen des amerikanischen Westens eine Welt zusammenbrach, so führte der rumänische Benzinstau den Kleinbesitzern der Ladas, Wartburgs und Skodas vor Augen, daß im Auto nicht länger die kleine Freiheit vom Sozialismus zu finden ist.

Die rumänische Maßnahme machte zugleich offenkundig, welches System-Gefälle sich in den siebziger Jahren innerhalb der östlichen Gemeinschaft entwickelt hat. Nur Regime mit reformierter und dezentralisierter Wirtschaft garantieren künftig flexibles Krisenmanagement. Die Ungarn wurden im Benzin-Stau des August 1979 zu Samaritern – nicht nur, weil sie ihren nationalen Stolz daran setzten, dem traditionell unbeliebten Nachbarn Rumänien ein Schnippchen zu schlagen. Sie nutzten auch die Chance, einmal zu demonstrieren, welchen Bewegungsspielraum marktwirtschaftliche Orientierung schafft. Der Budapester Christopherus mit Aktentaschen voller Dollars aus der ungarischen Notenbank – diese erste Hilfe für gestrandete Osttouristen muß die devisenschwachen Bruderländer mit beträchtlichem Neid erfüllt haben. Jahrelang haben die Ungarn im RGW gekämpft für die Konvertibilität der Ostwährungen mit Westgeld. Nun führten sie am Beispiel ihres Forint vor, daß man für ein paar Dollar mehr Devisen ausschütten kann, wenn eine Währung nahezu konvertibel ist, wenn die Kursrelationen fast realistisch sind. So kam es zu der in Osteuropa einmaligen Momentaufnahme, daß ausgerechnet die DDR den unorthodoxen Ungarn für unbürokratisches Verhalten dankte – wohinter Ostberlin sonst stets Aufweichungstendenzen wittert.

Die rumänische Benzin-Sperre kam nur für die osteuropäischen Touristen unerwartet, nicht aber für die Funktionäre der Bruderländer. Auf der 33. Ratstagung des RGW hatten alle sozialistischen Länder eine beschränkte Erhöhung der Erdöllieferungen aus Moskau zugesagt bekommen. Nur die Rumänen, die 1978 rund 13,7 Millionen Tonnen selbst förderten, erhielten neuerlich eine Absage. Da Bukarest aber doppelt soviel Öl braucht wie es fördert, muß die zusätzliche Menge von der OPEC zu Weltmarktpreisen importiert werden. Rumänien, das sowohl zum RGW als auch zur Gruppe der 77 Entwicklungsländer gehört, macht also zwei bittere Erfahrungen: Erstens nimmt die OPEC keine Rücksicht auf die Entwicklungsländer, sie ist nicht zu einer Preisspaltung bereit. Und zweitens unterstützt Moskau die OPEC-Preise als «gerechtfertigt», um selber höhere Devisen zu kassieren. Die Sowjetunion liefert etwas weniger als die Hälfte ihrer Ölexporte in den Westen. Von seinen Verbündeten (mit Ausnahme Rumäniens) kassiert Moskau nur für jene Spitzen harte Devisen, die über die pro Jahr kontingentierten Öllieferungen hinausgehen.

Nach dem Ansteigen des Weltmarktpreises und nach dem Ausfall von 5,5 Millionen Tonnen Öl-Bezügen aus dem Iran, hatte sich Rumänien mehrmals an die Sowjetunion gewandt. Doch die Gespräche verliefen etwa nach dem Muster, das ich einmal durch den Teilnehmer einer Unterredung zwischen Ceausescu und Ministerpräsident Kossygin erfuhr. Der rumänische Parteichef wünschte verschiedene Lieferungen, Kossygin antwortete sinngemäß: «Warum fragen Sie nicht die Chinesen, die sind doch Ihre Freunde.» Ceausescus Antwort: «Wir haben keine Sonderbeziehungen zu Peking.» Kossygin widersprach: «Spielen wir doch unter Bündnispartnern kein Versteckspiel, natürlich haben Sie Sonderbeziehungen zu Peking.» Bereits Ende Mai und Anfang Juni 1979 hatte das rumänische Parteiorgan *Scinteia* die Verärgerung über die sowjetische Verweigerungsstrategie an die große Glocke gehängt. Bukarest betreibe Ölgeschäfte mit über zwanzig Ländern, hieß es da, «in diesem Zusammenhang sollte hinzugefügt werden, daß Rumänien sogar im Rahmen der immer breiteren Wirtschaftskooperation mit der Sowjetunion und den anderen sozialistischen Staaten von diesen Ländern keine Ölimporte erhält.» Die Zusammenarbeit im RGW, so das rumänische Parteiorgan, «hält auf dem Energiesektor nicht mit der wirtschaftlichen Entwicklung mit.»

Die Frage ist allerdings, ob der sowjetische Energiesektor in Zukunft überhaupt mit den Anforderungen der wirtschaftlichen Entwicklung in der UdSSR und in Osteuropa mithalten kann. Kehren wir noch einmal in die nordasiatische Schatzkammer zurück. Die größten Anstrengungen gelten dem Abbau der Erdöl- und Erdgaslager in Westsibirien. Die riesigen Felder von Tjumen liefern heute fast die Hälfte der sowjetischen Ölproduktion. Das schwarze Gold begann in dieser Provinz erst 1964 mit 200 000 Tonnen zu fließen. Für 1980 wurde die gewaltige Förderleistung von über 300 Millionen Tonnen angestrebt.

Mit dieser Steigerung soll ein Ausgleich dafür erreicht werden, daß die Produktion auf fast allen anderen Ölfeldern der UdSSR zurückgeht oder bestenfalls stagniert. Am 12. November 1979 jedoch gestand die *Prawda* in einem Leitartikel ein, daß selbst auf dem Tjumen-Feld die Planziele bei weitem nicht erreicht worden seien. Dieser negative Befund scheint zumindest den Trend zu bestätigen, den die schon erwähnten CIA-Studien aufgezeigt hatten. Ihre Prognosen lauten, daß auch die Erdölförderung in Westsibirien schon bald ihren Höhepunkt überschreiten und von 1981 rückläufig sein wird. 1982 steht nach diesen Studien ein rapides Absinken der Produktion bevor. Deshalb werde die Sowjetunion schon in Kürze ihre Erdölexporte einstellen müssen und wenig später zum Nettoimport übergehen. Bereits 1985, so die Studien, bliebe Moskau keine andere Wahl, als sich auf dem Weltmarkt mit 135 Millionen Tonnen einzudecken (das wäre zweimal mehr als der heutige Export nach Osteuropa). Öl in solchen Mengen ist heute nur im Nahen Osten zu bekommen. Die CIA legte denn auch die Erwartung nahe, daß die Rivalität zwischen den beiden Großmächten im Nahen Osten zunehmen werde – der Einmarsch in Afghanistan bestätigte diese Prognose bald. Die zweite Geheimdienststudie vom Sommer 1979 hielt für denkbar, daß unter diesen Auspizien die Diskussion darüber anwachsen könnte, ob die Amerikaner mehr Technologien und Kredite für die Erschließung der sowjetischen Ölreserven zur Verfügung stellen sollten. Die USA beteiligten sich bisher an der Erschließung der jakutischen Erdgaslager. Doch die großen Hoffnungen und Visionen einer Kooperation bis ins 21. Jahrhundert, die Moskau zu Beginn der siebziger Jahre mit der Entspannungspolitik verband, haben sich nicht erfüllt. Die Großprojekte mit den Amerikanern scheiterten an den neuen Rivalitäten der Supermächte in Afrika und Asien, an den Differenzen über die Meistbegünstigten-Klausel und die Menschenrechte.

Obwohl die CIA-Studie von 1979, die fast alle Prognosen der zwei Jahre zuvor erfolgten Untersuchung bestätigt, sehr kompetent und konsequent wirkt, ist doch einige Skepsis angebracht. Unberücksichtigt bleibt darin der gesamte Komplex der Nachfrage: Substitionsprogramme (Baustopp für Kraftwerke auf Erdölbasis und ihre Umstellung auf Kohle und Gas, Ausbau von Atomkraftwerken ohne Behinderung), Sparprogramme (Modernisierungen in Betrieben und Kraftwerken, Bau von Anlagen mit niedrigerem Verbrauch, Auflagen und Appelle an die Bevölkerung), Inkaufnahme reduzierter Wachstumsraten.

Doch sehen wir uns die sowjetischen Ölreserven noch etwas genauer an. 1965 förderte die UdSSR neun Prozent der Weltproduktion. 1979 lag der Anteil mit rund 585 Millionen Tonnen bei rund 20 Prozent. Für 1980 strebten die Planer eine Ölförderung von 620 bis 640 Millionen Tonnen an, reduzierten dieses Ziel aber Ende 1979 auf 606 Millionen. Für 1985 hofft Moskau auf 700 Millionen Tonnen. Die CIA hingegen rechnet damit, daß Moskaus Ölerträge zu diesem Zeitpunkt auf 500 Millionen absinken, das wären einige Dutzend Millionen unter dem heutigen Stand. Richtschnur dieser Erwartung ist, daß die jährliche Wachstumsrate der sowjetischen Förderung im abgelaufenen Jahrzehnt konstant gefallen ist. Zwischen 1961 und 1971 betrug diese Rate 9,1 Prozent. Bis 1975 waren es nur noch 6,8 Prozent. Und zwischen 1975 und 1979 verlangsamte sich die Zuwachsrate auf 5,3 Prozent. 1977 und 1978 lag die Erdöl-Förderung um 4,2 bzw. 3,6 Millionen Tonnen unter dem Plan, 1979 sogar um acht Millionen Tonnen. Aber immerhin ist auch die Steigerungsrate des Ölverbrauchs gesunken.

Die Sowjets sind gezwungen, wie es mein Moskauer Kollege und Freund Daniel Vernet in *Le Monde* formuliert hat, «den Verfall der alten Quellen zu bremsen und gleichzeitig die Produktion der neuen Quellen zu erhöhen, wenn sie den Sturz des Wachstums auffangen wollen. Vor einigen Jahren genügte ein Drittel der neuen Produktion, um den Verfall der alten aufzufangen. 1980 muß es schon die Hälfte sein.» Die Ölförderung in den alten Regionen ist seit Mitte der siebziger Jahre konstant rückläufig. In Baku am Kaspischen Meer, wo es im Mittelalter selbstfließende Ölbrunnen gab, wo 1811 die erste Ölbohrung der Welt erfolgte und wo zu Beginn dieses Jahrhunderts die Hälfte der Weltproduktion aus den Quellen der Apscheron-Halbinsel strömte – in Baku ist die Erdölförderung alleine zwischen 1966 und 1975 um 15 Prozent zurückgegangen. Ihr Anteil an der gesamten Produktion der UdSSR liegt inzwischen weit unter vier Prozent. Hinter dem Plan zurückgeblieben ist in der zweiten Hälfte der siebziger Jahre auch die Erdölproduktion in Kasachstan und Usbekistan. Selbst die Förderung in der Wolga-Ural-Zone, wo innerhalb von 30 Jahren so viel Öl floß wie in Baku binnen 100 Jahren, ist von 224 Millionen Tonnen (1975) auf 215 Millionen Tonnen (1978) abgesunken.

Doch bis 1985 bestehen noch reale Aussichten, daß der Zugewinn auf den neuen Erdölfeldern den Rückgang in den alten Regionen wettmacht und sogar für ein kleines Plus sorgt. In der zweiten Hälfte der achtziger Jahre könnte allerdings der rapide Förderverlust eintreten, mit dem die CIA-Studien schon jetzt rechnen – wenn es nicht gelingt, neue Quellen schneller als bisher zu erschließen. Die Aussichten dafür sind nicht gut. In dem schon erwähnten Leitartikel und Sparappell vom November 1979 kritisierte die *Prawda* besonders das Ministerium für Ingenieurwesen und die Eisenbahn. Durch ihre Schuld seien die zur Öl- und Kohleförderung dringend benötigten Maschinen, Ausrüstungen und Apparate verspätet ausgeliefert und mit Stockungen transportiert worden. Wie das in der Praxis aussieht, hat bereits unser Kapitel über Sibirien gezeigt.

Um die Energielücke im europäischen Rußland zu überbrükken, gehörte die Erzeugung von Atomstrom zu den vorrangigen Zielen des Fünfjahrplans, der 1976 begann und Ende 1980 ausläuft. Dieser Plan sah eine Steigerung der Elektroenergie um 341,4 Milliarden Kilowattstunden vor, ein Fünftel dieser gewaltigen Zuwachsrate sollte bereits aus Atomkraftwerken kommen. Im Sommer 1978 beschloß der Rat für gegenseitige Wirtschaftshilfe ein Programm, das den Bau von Kernkraftwerken in Osteuropa mit einer Gesamtleistung von 45 000 Megawatt vorsieht. Das entspricht fast der Kapazität des heute in den Vereinigten Staaten erzeugten Atomstroms. Am Wolga-Don-Kanal, den deutsche und sowjetische Gefangene mitbauten und an dessen Einfahrt einst ein riesiges Denkmal Stalins stand (heute hat ihn Lenin abgelöst), sind in den letzten Jahren gewaltige Montagehallen hochgezogen worden. Mehr als 20 000 Arbeiter montieren in diesem Werk Produktionsanlagen für Atomkraftwerke. Laut Plan soll noch 1980 die Serienfertigung von Atommeilern anlaufen. Die Kernkraftwerke sind für die Sowjetunion und die RGW-Länder bestimmt.

Das alles erweckt den Eindruck, als ob die Sowjetunion bei der Schließung der Energielücke durch Atomstrom Westeuropa schon davongelaufen ist, unbehindert durch Bürgerinitiativen gegen Kernkraft, ohne Reibungsverluste und Probleme. Das ist das Bild, um dessen Pflege sich sowohl sowjetische Propagandisten bemühen als auch jene industrienahen Publikationen bei uns, die die Atomlobby unterstützen. In den beschwörenden Meldungen verschiedener westlicher Presseorgane über Moskaus «Kernkraftwerke vom Fließband» (sonst sind gerade diese Publikationen zumeist besonders skeptisch gegenüber sowjetischen Planankündigungen) fehlt es an zusätzlichen Informationen darüber, daß die UdSSR bisher in der Erzeugung von Atomstrom recht weit zurückliegt. Bis 1978 hatte die Sowjetunion nur zwölf nukleare

Zentren mit einer Gesamtkapazität von knapp 8000 Megawatt in Betrieb genommen. Das entsprach etwa dem atomaren Strompotential der Bundesrepublik, während die USA bereits die sechsfache Kapazität besaßen. 1977 betrug der Anteil des Atomstroms an der Energieerzeugung sowjetischer Kraftwerke erst drei Prozent, 1980 sollte er laut Plan acht Prozent erreichen. Experten zweifelten daran; denn wie andere Unternehmen auch liegen mehrere sowjetische Atomkraftwerke mit der Inbetriebnahme neuer Kapazitäten in Rückstand; Verzögerungen entstehen durch Planungsfehler, durch Ausschußproduktion, durch verschleppte Zulieferung und Ersatzteilbeschaffung.

Die bisher gebauten Kernkraftwerke entsprechen in verschiedener Hinsicht nicht westeuropäischen Sicherheitsvorstellungen. Aber in jüngster Zeit mehren sich die Hinweise dafür, daß auch in der Sowjetunion das Risiko- und Problembewußtsein zunimmt. Die Sensibilisierung wächst unter anderem deshalb, weil die nuklearen Zentren ja nicht im menschenarmen, energiereichen Sibirien gebaut werden, sondern nahe den Millionenstädten und Ballungszentren des europäischen Rußlands. Das zweitgrößte sowjetische Kernkraftwerk liegt am Don, direkt an der Stadt Nowoworonesch mit 20 000 Einwohnern. Als ich die Anlage Anfang 1977 besichtigte, sagte Chefingenieur Leonid Witkowskij noch: «Wir züchten gleich neben dem Atomkraftwerk Gurken und Tomaten. Natürlich gibt es durch die moderne Technik überall Risiken, das beginnt beim Straßenverkehr. Doch wir haben unser Sicherheitssystem ständig verbessert und dabei möglicherweise schon zuviel des Guten getan. Unsere Kernkraftwerke», so faßte der Chefingenieur die in der Öffentlichkeit nie zur Diskussion gestellten Direktiven der Sowjetführung zur Nutzung des Atoms zusammen, «unsere Kernkraftwerke werden dort gebaut, wo Landwirtschaft und Industrie Energie benötigen.» Hinter den Kulissen sind auch die sowjetischen Experten ihrer Sache nie so sicher gewesen. Die ersten vier Druckwasser-Reaktoren von Nowoworonesch, die bereits seit 1972 vom Don gekühlt werden, besaßen noch keine Betonkuppeln. Für den fünften Block aber wurde bereits eine stahlarmierte Schutzhülle vorgeschrieben. Sie wird jetzt auch allen anderen Atommeilern vom Modell Nowoworonesch aufgestülpt. Den alten Reaktortyp hatten die Finnen – denen die Sowjets das Kernkraftwerk «Loviisa» bauten – für nicht sicher genug gehalten. Sie kauften zusätzliche Schutzvorkehrungen im Westen.

Bemerkenswert ist, daß schon in den sechziger Jahren Bürger

von Nowoworonesch und Umgebung gegen das geplante Kernkraftwerk Bedenken anmeldeten, wie uns Gesprächspartner dort einräumten. Die sowjetischen Publikationen haben noch nie Meldungen über Atomunfälle veröffentlicht. Selbst die überraschenden Eingeständnisse, die Moskaus Energieminister Pjotr Neporoshnij im Frühjahr 1979 nach dem Unfall von Harrisburg gegenüber dem amerikanischen Kongreßabgeordneten Robert Michel machte, sind in den Moskauer Medien nicht erwähnt worden. Neporoshnij hatte zugegeben, daß es auch in der UdSSR schon zu kleineren Atomunfällen gekommen sei. In einem Fall habe ein Kühlsystem versagt; doch gelang es nach Darstellung des Ministers rechtzeitig, den betreffenden Reaktor stillzulegen. Bis heute ist die Öffentlichkeit nicht aufgeklärt worden über die mysteriösen Veränderungen der Pflanzen- und Tierwelt, zu denen es 1957/58 im Tscheljabinsker Distrikt (Südural) kam. Der Bruder von Roy Medwedjew, der heute in London lebende Biologe Shores Medwedjew, hat Details über diese Erscheinungen zusammengetragen und daraus auf eine Atomkatastrophe geschlossen, bei der möglicherweise Hunderte von Menschen den Tod fanden. Medwedjews Schlußfolgerungen sind in der Fachwelt allerdings nicht unumstritten geblieben. Unerwähnt blieben in den sowjetischen Medien die Unfälle, zu denen es 1973 und 1974 im *Schnellen Brüter* von Schewtschenko auf der Halbinsel Mangyschlak (Kaspisches Meer) kam. Selbst die Warnungen, die der Physiker und Nobelpreisträger Pjotr Kapiza im Oktober 1975 zum 250. Jubiläum der Akademie der Wissenschaften aussprach, fielen der Zensur zum Opfer. Unter dem Beifall des Auditoriums hatte Kapiza erklärt, ein Atomkraftwerk von 1000 Megawatt besitze das tödliche Potential einer Atombombe von zwanzig Kilotonnen Sprengstoff. Bei einem Unglück oder bei Sabotage würde die entweichende Radioaktivität alles Leben auf vielen Quadratkilometern vernichten, ähnlich den Auswirkungen der Hiroshima-Bombe. Kernkraftwerke sollten deshalb, so führte der angesehene sowjetische Wissenschaftler aus, nur auf unbewohnten Atollen im Nordmeer erbaut werden. Weil dies aber wegen des Stromtransports nicht praktikabel sei, plädiere er für ein Moratorium, um die bisher vorhandene Technik besser zu entwickeln, schloß der Nobelpreisträger.

Es dauerte genau vier Jahre, bis im Herbst 1979 auch in der Öffentlichkeit kritische Fragen über Sicherheitsvorkehrungen, Umweltgefährdung und langfristige Lagerung strahlender Abfälle aufgeworfen wurden. In der theoretischen Zeitschrift *Kommunist* erläuterten der Atomwissenschaftler N. Dollejal und der Ökonom J. Korjakin, daß die Prognosen für den Gewinn von Kernenergie inzwischen überall bescheidener aussähen. Die ursprüngliche Erwartung sei gewesen, daß von 1985 bis zur Jahrtausendwende durch Kernenergie zusätzlich bis zu fünf Milliarden Kilowattstunden pro Jahr erzeugt werden könnten. Die jüngsten Berechnungen gingen aber davon aus, daß weltweit nur ein Drittel des früher angenommenen Zuwachses zu erreichen sei. Auch die sowjetische Kernenergie-Wirtschaft müsse von verringerten Perspektiven ausgehen. Das Wachstumstempo werde unter anderem durch unvorhergesehene Komplikationen bei der Entwicklung der *Schnellen Brüter* gedrosselt. Zu den «größten Sorgen bei der Absicherung des normalen Betriebes von Kernkraftwerken» zählten die beiden Autoren des *Kommunist* die «Strahlungsgefahr in allen unvorhersehbaren Situationen» und die Lagerung des Atommülls.

Dollejal und Korjakin verwiesen auch zum erstenmal in aller Deutlichkeit auf das Problem der Standorte. 60 Prozent der Atomenergie würden zur Zeit in dem verhältnismäßig dicht besiedelten Raum südlich von Moskau erzeugt. Durch hohe Abwärme habe man dort zum erstenmal die Umweltbelastung voll zu spüren bekommen. Die beiden Fachautoren zogen daraus mehrere Schlußfolgerungen: Als Standorte für Atommeiler sollten nur dünnbesiedelte Gebiete ausgewählt werden. Die Kernkraftwerke müßten die Langzeitlagerung des atomaren Mülls miteinschließen und deshalb Großprojekte sein. Da sie aber aus Gründen des Stromtransports nicht allzu weit vom Abnehmer entfernt liegen dürften, sei die Erzeugung von Atomenergie in den Norden und Nordwesten der europäischen Sowjetunion zu verlagern. Welchen Stellenwert der Beitrag des *Kommunist* für die weitere Planung hat, ist schwer abzuschätzen. Er bestätigt aber, daß die sowjetische Energiepolitik in Fachkreisen viel umstrittener ist, als es jene Medien im Westen darstellen, die die Atomindustrie einseitig unterstützen.

III. Ein Reaktor verschwindet: Wie die eigenen Investitionen und die westliche Technologie fehlgeleitet werden

In Harrisburg drohte ein Reaktor zu schmelzen – in der Sowjetunion ging einer verloren. Zwar war dieser Reaktor nur ein 150 Tonnen schweres Aggregat für die Verarbeitung von Erdölprodukten, knapp fünf Meter im Durchmesser. Doch er war immer noch groß genug, um bei seinem Transport über Monate und über Hunderte von Kilometern eine breite Spur zu hinterlassen. Sie endete nahe der Stadt Tschastje, zu deutsch: *Glück,* im Winkel eines Werkgeländes. Als der Reaktor vor einigen Jahren vom Wolgograder Werk für Erdölmaschinenbau fertiggestellt worden war, mußten die Grundpfeiler der Halle verrückt und das Werktor erweitert werden, um den Koloß auf die weite Reise zu schicken zu seinem vermeintlichen Bestimmungsort. Die Straßen zum Wolgaufer wurden begradigt, die Stromleitungen eingeholt und am Fluß neue Anlegestellen gebaut. Dann schwamm der Gigant durch die Wolga, den Wolga-Don-Kanal, vorbei am Lenin-Denkmal, das fast die Größe eines Reaktorblocks hat, bis in den Simljanskajer See. Den Don ging es mühelos entlang, auf dem Fluß *Sjewerskij donjetsk* mußte ein Saugbagger voranziehen, damit der Reaktor nicht steckenblieb. Vom Wasser – wiederum über einen neugebauten Anleger aus Eisenbetonplatten – ging die Tour auf Spezialwagen einen Monat lang über Landstraßen bis zu einem Bahnanschluß. Drei Monate rollte die Fracht dann per Zug dem Ziel entgegen. Dazu mußten Schienen niedriger gelegt, ein Stellwerk demontiert und bei der Station Rodakowo eine Eisenbeton-Überführung gesprengt werden. Die Transportkosten betrugen am Ende umgerechnet fast eine Million Mark.

Einem der Helfer bei diesem abenteuerlichen Unternehmen, über das die lokale Presse seinerzeit ausführlich berichtet hatte, war nach Jahr und Tag aufgefallen, daß über den Reaktor nie wieder etwas verlautete. Er bat die *Komsomoljskaja prawda* um Aufklärung. Diese durchforstete in fast detektivischer Kleinarbeit Werksarchive, interviewte Direktoren, bis sie nach langem Puzzle Auftraggeber, Hersteller und Empfänger des Aggregats herausfand. Nachdem sich alle Gedächtnislücken unter der Beweislast geschlossen hatten, standen die Reporter im letzten Winkel des Erdölverarbeitungsbetriebes von Lisitschansk vor der rostenden Reaktor-Ruine. «Als das Aggregat ankam», so einer der Werksleiter zur Erklärung, «da stellte sich heraus, daß man es nicht bei uns, sondern in Omsk brauchte. Aber der Rücktransport wäre viel zu teuer gewesen – das Volk hätte uns nicht verstanden.»

Fehlinvestitionen von diesem Ausmaß, Tonnenideologie und Gigantonomie, Schwerfälligkeit im Umgang mit der modernen Technik werden zumeist alleine der sozialistischen Planwirtschaft angelastet. Doch sie haben eine ebenso bombastische Vorgeschichte.

Moskau-Touristen können heute im Kreml eine Kutsche bewundern. Sie ist 1757 in Frankreich gebaut worden, im Auftrag des Zaren, so wie alle Kutschen jener Zeit von Handwerkern in Westeuropa angefertigt wurden. Das Prunkstück im Kreml ist nie restauriert worden, da es sich als unbenutzbar erwies: das Gefährt war zu verziert und zu pompös. «Während meines Aufenthalts in Moskau», so berichtete der österreichische Gesandte Sigismund zu Herberstein über das Jahr 1526, «lebten hier verschiedene Geschützmeister aus Welschland. Sie gossen Feldschlangen, Büchsen und Eisenkugeln. In der Schlacht nützen diese Waffen den Russen aber doch nichts, weil sie alle Unternehmungen ohne die nötigen Überlegungen ausführen... Fehlplanungen sind oft vorgekommen. Einmal erhob sich das Gerücht, die Tataren wollten Moskau angreifen. Sofort ließ der Statthalter das größte Geschütz unter dem Festungstor auffahren und wunderte sich, als die Geschützmeister darüber zu lachen anfingen. Hätte er es abfeuern lassen, dann wäre nämlich das ganze Festungstor unter der Gewalt des Schusses zusammengestürzt.»

Die Tataren hat Rußland dennoch überwunden, obwohl die Furcht vor Asien fortlebt, vor Chinas Massen, vor Japans Technologie. Ihre Rückständigkeit ist den Moskowitern erst beim Zusammenprall mit westlichen Kriegsausrüstungen bewußt geworden. Deshalb leitete Peter I. die Ära des technologischen Transfers ein: «Wir brauchen Europa für einige Jahrzehnte, dann müssen wir ihm aber den Hintern zukehren.» Aus dem kurzen Durchmarsch zum technischen Weltniveau wurde nichts. Karl Marx definierte die Grenzen des petrinischen Westimports mit der ihm eigenen Deftigkeit: «Indem er die baltischen Provinzen an sich riß, erfaßte er mit einem Griff die zu diesem Prozeß notwendigen Werkzeuge. Sie lieferten ihm nicht nur die Diplomaten und Generäle, also die Köpfe, die er zur Ausführung seines Systems der politischen und militärischen Ausrichtung nach Westen nötig hatte, sie verschafften ihm auch zugleich ein Heer von Bürokraten, Schullehrern und Gamaschenknöpfen, die den Russen jenen Firnis von Zivilisation anzudrehen hatten, der sie zu den technischen Errungenschaften der Völker des Westens befähigt, ohne sie jedoch mit deren Ideen zu füllen.»

Die Legende, daß im 19. Jahrhundert westlicher Handelsgeist und kräftiger Kapitalismus aufblühten – woran heute auch manche Sowjetbürger glauben – hat keine Bezüge zur Wirklichkeit. Erst nach dem Ende der Leibeigenschaft 1861 traten Handelsbanken in Erscheinung, die diesen Namen verdienten, wurden die

Schreibkundigen unter den russischen Kaufleuten auf Buchführung aufmerksam. Was dann folgte, war Industrialisierung, stimuliert durch den Eisenbahnbau mit westlichem Kapital – aber kein rasanter Kapitalismus der freien Konkurrenz. Die junge Sowjetmacht prophezeite, wie Marx, die revolutionäre Transformation des Westens und proklamierte, wie Peter, den Transfer aus dem Westen. Lenin erhob 1921 die Forderung, «den Staatskapitalismus der Deutschen zu lernen, ihn aus aller Kraft zu übernehmen, keine diktatorischen Methoden zu scheuen, um diese Übertragung der westlichen Kultur auf das barbarische Rußland zu beschleunigen, ohne dabei vor barbarischen Methoden des Kampfes gegen die Barbarei zurückzuschrecken».

Seit Lenin ist Rußland, schneller als je zuvor irgendein anderes Imperium, vom rückständigen Agrarland zum Industriestaat aufgestiegen. Unter den Bedingungen eines schmalen Produktionsprogramms, wie es Stalin vorfand, war es noch möglich, mit rücksichtslosem Dirigismus dem Lande simple ökonomische Prioritäten einzuhämmern. Zuvor schon hatten die Bolschewiki die Utopie der klassenlosen Gesellschaft – das Ziel des Roten Oktober – Zug um Zug den konkreten Geboten der Staats- und Machterhaltung untergeordnet. Noch unter Lenin schalteten sie die Industrialisierung Rußlands als pragmatische Etappe ein. Nach der Utopie wurde auch die Strategie den Realitäten angepaßt: Trotzkij und seine Anhänger, die an Marx und seiner Theorie von der Revolution in den fortgeschrittenen Ländern festhalten wollten, scheiterten an den Praktikern der Diktatur. Stalin proklamierte seinen *Sozialismus in einem Land.* Dieses Programm wartete nicht mehr auf den revolutionären Umschwung in den Industriestaaten und verlangte unausgesprochen, daß sich die Sowjetunion wieder in das außenpolitische und weltwirtschaftliche Beziehungssystem einfügte. Das Ziel, die alte Welt zu stürzen, reduzierte sich auf den Zwang, den weiterexistierenden Kapitalismus ökonomisch zu überrunden, schrumpfte auf Stalins «Einholen und Überholen». Der Westen war wieder, wie seit Peter, die Orientierungsmarke.

Und so wie die Gebieter des alten Moskowiter-Reiches nur die größten, uneingeschränktesten Herrscher wie den türkischen Sultan als gleichrangig ansahen – so sah die erstarkte Sowjetunion nur noch Amerika als maßstabgerecht an. Auf dem 21. Parteitag Anfang 1959 verkündete Chruschtschow seinen Siebenjahresplan, um «in historisch kürzester Frist die am meisten entwickelten kapitalistischen Länder in der Produktion pro Kopf der Bevölkerung einzuholen und zu überholen». Ein Jahr später, im Februar

1960, verkündete er: «Die USA laufen zwar immer noch vor uns her, weil sie auch vor uns gestartet sind, doch sie rennen schon unter großem Druck, und der Atem wird schwer. Als jüngerer und stärkerer Läufer holt die sozialistische Sowjetunion allmählich auf und wird die USA bald hinter sich lassen.» Sowjetische LKW-Fahrer in Moskau sahen die Lage schon damals realistischer. Auf ihre Lastwagen, die den nachfolgenden Verkehr mit dem Aufdruck mahnen: «Bist du nicht sicher, dann überhol' nicht», fügten sie mit Kreide hinzu: «... die USA».

Zu Beginn der siebziger Jahre setzte Ministerpräsident Kossygin das Ziel, 1975 die amerikanische Produktion von 1971 zu erreichen – ein Verfolgungsrennen, das in den leeren Strohballen zweier Mißernten endete. Im Herbst 1976 verkündete der Vorsitzende der sowjetischen Plankommission (GOSPLAN), Nikolaj Baibakow, vor dem Obersten Sowjet neue Daten für eine Aufholjagd mit schon gedrosseltem Tempo. Danach sollte im Jahre 1980 das sowjetische Nationaleinkommen 85 Prozent des amerikanischen Nationaleinkommens von 1975 betragen. Die sowjetische Industrieproduktion werde 1980, so prophezeite der Planungschef, 109 Prozent der amerikanischen Industrieproduktion von 1975 ausmachen. Schließlich sollte die sowjetische Landwirtschaft 1980 nach Baibakows Prognose 100 Prozent der amerikanischen Agrarproduktion des Jahres 1975 erzeugen. Trotz ihrer größeren Bescheidenheit waren auch Baibakows Kalkulationen nicht mehr als eine kindliche Zahlenspielerei zu Propagandazwecken. Absolute Vergleiche von Daten und Nationaleinkommen sind durch die Strukturschwäche der Sowjetwirtschaft unrealistisch. Die im Bruttosozialprodukt der USA zugrunde gelegten Abschreibungsfristen sind aufgrund der schnelleren technischen Entwicklung unvergleichlich kürzer. Aus längerer Abschreibungsdauer folgt wiederum eine geringere Neigung zu Modernisierung. Auf derselben Tagung des Obersten Sowjet, auf der Baibakow seine Vergleiche zog, beklagte Leonid Breschnew, daß der Traktor vom Typ *DT 54* schon seit dreißig Jahren produziert werde – also seit den ersten Nachkriegstagen. Gleichzeitig forderte der sowjetische Parteichef die «Anwendung ökonomisch effektiver Austauschstoffe für Metall» – in Amerika regierte zu diesem Zeitpunkt schon längst der Kunststoff. Für die sowjetischen Vergleichsrechnungen gelten also immer wieder Produktionen als wichtige Indikatoren, die die Amerikaner schon seit längerem gezielt gedrosselt haben. Schließlich machte Breschnew auf jener Tagung des Obersten Sowjet im Herbst 1976 auch die stolze Ankündigung, daß die Erzeugung von

Elektroenergie im angelaufenen Fünfjahrplan um 341,4 Milliarden Kilowattstunden ansteigen werde. Diese Zahl klingt gigantisch. Doch besäßen die Wohnungen der sowjetischen Metropole das elektrische Gerät eines amerikanischen Provinzhaushaltes, dann würde das Moskauer Stromnetz zusammenbrechen, weil die Leitungen nicht belastbar genug sind. Viktor Grischin, der 65jährige Moskauer Parteichef, der als einer der Nachfolgekandidaten Breschnews gilt, räumte nach dem arktischen Kälteeinbruch Anfang 1979 ein, daß einige elektrische Leitungen in der sowjetischen Hauptstadt noch aus der Zarenzeit stammten. Nun mögen manche im Zwangssparen, das von vernachlässigter Infrastruktur und mangelhaften Dienstleistungen diktiert wird, auch Vorzüge entdecken angesichts der weltweiten Wachstums- und Energiekrise. Die Nachteile freilich gehen weiter und sind gleichfalls am Beispiel des Sowjetsystems abzulesen: wo die Ansprüche niedriggehalten werden, fehlt auch der Druck in Richtung Innovation und Ersatzlösungen.

Da der strikte Zentralismus zugleich politisches Herrschaftsinstrument geblieben ist, hat die Sowjetmacht trotz ihres Aufstiegs nicht aus dem klassischen Dilemma herausgefunden: zuviel Tonnenideologie, zu wenig Systemeffizienz. Die UdSSR erzeugt fast ein Fünftel der Weltindustrieproduktion. Doch nach dem Pro-Kopf-Einkommen liegt sie noch immer an zwanzigster Stelle – wie vor der Revolution. Die Forschung bleibt zurück – und am allerwenigsten kommt ihre Integration und Nutzung durch die Volkswirtschaft voran. Die Weltmacht ist inzwischen fast unlösbar an westliche Technologie gebunden – und dennoch können diese Importe dem Wirtschaftswachstum keine entscheidenden Impulse geben. Der starre Zentralismus einer hierarchisch gegliederten Bürokratie läßt keinen Bewegungsspielraum. Das soll später noch etwas detaillierter belegt werden. Im Westen wird oft darauf verwiesen, daß die sowjetische Führung vor allem deshalb vor der Dezentralisierung des planwirtschaftlichen Lenkungssystems zurückschreckt, weil die Delegierung von Entscheidungsbefugnissen die Eigeninitiative so stimulieren würde, daß sich die ökonomische Reform zu politischer Veränderung ausweiten müßte. Gegen eine solche Entwicklung fühlt die Sowjetbürokratie sich in der Tat nicht gewappnet. Moskaus Verständnis für divergierende Interessen und zentrifugale Tendenzen ist traditionell schwach entwikkelt. Jahrhundertelang war die Mißachtung von Initiativen und Unternehmergeist ein Zeichen souveräner Machtausübung. Die westliche Trennung zwischen Privateigentum und Herrschaftsgewalt ist in Rußland nie fest verankert worden. «Die Krone verwehrte dem moskowitischen Kaufmann», so hat Richard Pipes in *Rußland vor der Revolution* festgestellt, «permanent den Handel mit den lukrativsten Gütern. Kaum hatte er irgendeine neue Einnahmequelle entdeckt, nahm sie ihm diese mit Sicherheit weg.» Herberstein notierte 1526, daß ausländische Kaufleute durch den Zoll über Gebühr hingehalten wurden, weil der Moskauer Großfürst das Vorrecht hatte, als erster alle Waren auf ihren Erwerb hin zu prüfen.

Neben der Mißachtung des privaten Unternehmergeistes hat auch die mangelnde Fähigkeit des Sowjetsystems, sich auf westliche Märkte einzustellen, Marketing zu betreiben, weiter zurückreichende Tradition. Die russischen Kaufleute haben es nie ganz geschafft, sich vom Handel mit Asien und dem Orient auf die späteren Kontakte zum Westen umzustellen. Ausländische Vermittler lotsten den Warenverkehr durch die unbegreiflichen Strömungen des europäischen Marktsystems. Wie heute kamen viel weniger russische Handlungsreisende nach Westeuropa, überwog die Zahl der Ausländer, die ihre Waren in Rußland absetzten. Nur wenn es dringend war, kauften sich Moskau bzw. Petersburg in fremde Unternehmen ein.

Heute versucht die Sowjetunion, durch Firmengründungen und -beteiligungen im Ausland vor allem in den westlichen Güterverkehr und in die Elektronik einzusteigen. In Hamburg wurde in den siebziger Jahren eine GmbH gegründet, die sich *Transglob* nennt und eine hundertprozentige Tochter der Schiffahrtsagentur *Transnautik* ist, an der die Sowjets 51 Prozent Anteil haben. Aufgabe der *Transglob* ist es, mit Hilfe von IBM-Computern den Verbleib der sowjetischen Container in aller Welt zu überwachen. Der Standort Hamburg bietet den Vorteil, daß von hier aus weit mehr Informationen über den westlichen Güterverkehr gespeichert werden können als etwa in Leningrad oder Odessa. In fast allen wichtigen Ländern Westeuropas und in Amerika hat die UdSSR Schiffahrts- und Transportgesellschaften mit sowjetischer Mehrheitsbeteiligung aufgezogen. In Holland wurde die sowjetische Beteiligung an einer Computerfirma durch Regierungsbeschluß annulliert, weil die Unternehmung sensible Zonen der Sicherheitspolitik tangierte. Auch gegenüber den sowjetischen Beteiligungen im Verkehrsbereich wächst die westliche Empfindlichkeit. So geriet vor einiger Zeit eine spezielle amerikanische Waffenladung über den ganz legalen Speditionsweg auf ein sowjetisches Schiff. Ausländischen Firmenvertretern in der UdSSR fällt häufig auf, daß sowjetische LKW mit plombierten westlichen Zivilgütern von der Westgrenze bis nach Moskau oder auch in umgekehrter Richtung eine Woche länger brauchen als die bundesdeutschen oder osteuropäischen Transporter. Die Firmenvertreter gehen davon aus, daß diese Fuhren Umwege zwecks «Warenkontrolle» machen.

Bei der Gründung gemischter Firmen im westlichen Ausland haben die Sowjets inzwischen gelernt, mit den Instrumenten des Kapitalismus umzugehen. Sie kaufen sich zumeist in schwache Unternehmen ein und werben dann der Konkurrenz die besten Experten mit verlockenden finanziellen Angeboten ab. So sichern sie sich das Know-how frei nach Marx über einen «Firnis ... der sie zu den technischen Errungenschaften der Völker des Westens befähigt». Die westlichen Fachkräfte in den gemischten Gesellschaften werden zu strikter Geheimhaltung angehalten. Auf die übrigen Posten in diesen Unternehmen setzt Moskau nach Möglichkeit sowjetische Staatsbürger, bis hin zu den Sekretärinnen. Die meisten UdSSR-Bürger werden allerdings sehr schnell ausgewechselt. Ausländischen Unternehmen sind ähnlich umfangreiche Operationen auf sowjetischem Boden nicht gestattet; westliche Gesellschaften haben keinerlei Möglichkeiten, sich in sowjetische Firmen einzukaufen.

Wenn die Sowjets westliche Anlagen erwerben, bleiben diese zumeist so stehen wie sie sind und werden nicht weiterentwickelt. Wenn Moskau, um Devisen zu sparen, westliche Modelle durch Werkspionage und Blaupausen «importiert», kommen gewöhnlich nur halbe Sachen heraus, weil die sowjetische Technik zumeist den Schritt vom Nachbau zur Funktionsfähigkeit nicht schafft. Ein bezeichnender Fall ist der Krebsgang der Überschall-Passagiermaschine *TU 144*. Sie ist eine reine Kopie der französischen *Concorde;* hochrangigen Vertretern der sowjetischen Luftfahrt, die früher in Paris residierten, ist bis heute die Wiedereinreise in Frankreich untersagt. Aber die *TU 144* ist stillgelegt, weil die sowjetischen Ingenieure mit den Problemen der Aerodynamik und des Brennstoffverbrauchs nicht fertig werden.

Die Computertechnik ist ein anderes aktuelles Beispiel für die Grenzen der technologischen Inspiration durch den Westen. Moskau besitzt hochqualifizierte Computer, wie die Raumfahrt zeigt. Aber die können nicht in Serien produziert und für herkömmliche Aufgaben genutzt werden. Die theoretische Arbeit der sowjetischen Mathematiker hat einen guten Ruf. Doch die EDV-Industrie fällt immer weiter zurück. Im Bereich der *software* ist die Sowjetunion heute etwa auf dem Stand, den IBM Mitte der sechziger Jahre erreichen konnte. IBM hat weniger Zeit für die *Entwicklung* des Repertoires gebraucht als Moskau für dessen *Adaption.* Jene sowjetischen Computer, die in Architektur und Instruktionsrepertoire fast reine Kopien westlicher Modelle sind (Moskaus M 6000 entspricht z. B. der 2100-Serie von Hewlett Packard) bleiben durch ihre Unzuverlässigkeit erheblich unter dem westlichen Nutzwert. Auf Ersatzteile muß zumeist monatelang gewartet werden.

Der technologische Transfer aus dem Westen kann der Sowjetwirtschaft auch deshalb keine entscheidenden Impulse geben, weil die Importe nur in Schwerpunktbereiche fließen. In derselben Branche wird ein bestimmter Betrieb mit der eingeführten Technologie ausgestattet, ein anderer erfährt nicht einmal von dem Transfer. Bekannt ist, daß es zwischen dem militär-industriellen Komplex und der zivilen Wirtschaft keinen Austausch gibt; die letztere profitiert nicht einmal von Forschungsergebnissen und Nebenprodukten der bevorzugten Rüstungsindustrie. Aber auch die zivile Wirtschaft ist im Konsum- und Produktionsgüterbereich noch einmal strikt unterteilt in die Sektoren A, B und C. Die Erzeugnisse des Sektors A sind für den Westen bestimmt und in der Qualität am Weltmarkt orientiert. Die Produkte der Sektoren B und C werden für den RGW-Bereich und das Inland erzeugt. Für jene Waren, die aus dem Sektor B in die RGW-Länder gehen, werden Standard und Normen mit den sozialistischen Bruderländern genau ausgehandelt. Diese Lieferungen haben zwar nicht die Qualität des Sektors A, der vom Weltmarkt abhängig ist, sie sind in der Regel aber immer noch besser als der Ausstoß des Sektors C, der für das Inland bestimmt ist. Dennoch gibt es in Osteuropa viele Klagen über die Warenbezüge aus der UdSSR, die Qualitätsansprüche der sozialistischen Bruderländer sind höher – was erklärt, daß die Sowjetbürger auch nach vielen Produkten aus dem RGW Schlange stehen.

Was die Sowjetunion bis heute nicht vom Kapitalismus gelernt hat, ist die Modernisierung von Industrieanlagen, ohne daß dabei der Produktionsmittelsektor (im westlichen Sprachgebrauch: der Investitionsgüterbereich) den Konsumgüterbereich erdrückt. Nach Gomulkas Sturz als Folge der polnischen Versorgungskrise hatte Breschnew auf dem 24. Parteitag 1971 versprochen, die Konsumgüterindustrie solle – zum erstenmal in der sowjetischen Geschichte – schneller wachsen als die Schwerindustrie. 1971 war dies auch der Fall. Doch schon 1972 hatte die Schwerindustrie wieder das Übergewicht. Das hat inzwischen zu einer Lage geführt, die – marxistisch gesprochen – die Produktivkräfte in bedrohlichen Konflikt mit den Produktionsmitteln treten läßt.

Obwohl sich der Zuwachs des Bruttosozialprodukts verringert hat, sind die Investitionen unverändert hoch geblieben. So steigt der Anteil des Kapitals, das in Maschinen, Anlagen und Produktionsstätten gesteckt wird, während der Prozentsatz der Gelder zurückgeht, die der Erzeugung von Gütern und Konsumartikeln zufließen. Der Anteil der Investitionen am Bruttosozialprodukt liegt in der UdSSR doppelt so hoch wie in den Vereinigten Staaten. Darin spiegelt sich die geringe Produktivität und die hohe Zahl der unvollendeten Projekte, die trotz nachgeschobener Investitionsspritzen kaum von der Stelle kommen. Die Vernachlässigung des *nicht-produktiven* Sektors ist bereits im Abschnitt über Service und Einzelhandel beschrieben worden.

In dieser Umgebung bleiben Anlagen aus dem Westen Fremdkörper. Zwar pokern die Sowjets bei den großen Verträgen über den Fiat-Lizenzbau, über das LKW-Werk an der Kama oder über Kursk um jedes Komma. Doch dann folgen so viele Vergeudungen und Verzögerungen, Nachlässigkeiten und Zuliefererprobleme, daß alle guten Geister der Rentabilität die Anlage schon vor Produktionsbeginn verlassen haben. Neben den organisatorischen Mängeln verhindern Betriebsklima und die Begrenzung der Kommunikation auf das allernotwendigste Minimum, daß der technologische Transfer systematisch genutzt wird. Die sowjetischen Wissenschaftler und Techniker erhalten nur bruchstückhafte Informationen über die weltweiten Forschungen und Innovationen in ihren Fachbereichen und Branchen. Westliche Studien und Fachlektüre werden unsystematisch und oft mit langjähriger Verzögerung übersetzt und zur Kenntnis genommen. Forscher und Fachleute dürfen nur selten internationale Konferenzen besuchen; statt ihrer fahren Funktionäre, die nur die Manuskripte der zu Hause gebliebenen Experten verlesen.

Die Einschließung der Bürger in den eigenen Staat hat ebenso alte Wurzeln wie das Mißtrauen gegenüber den Fremden, die zu Hilfe geholt werden. Für einen Russen, der das Land verlassen hatte ohne Eingabe beim Zaren und der nach seiner Rückkehr den Behörden angezeigt wurde, sah das Rechtsbuch von 1649 die Hinrichtung vor, wenn er des Verrates bezichtigt wurde, oder die Knute, wenn er draußen nur Geld hatte verdienen wollen. Mitte des 17. Jahrhunderts brachte der russische Staat ausländische Fachleute, auf deren Leistungen er angewiesen war, zum ersten Mal in geschlossenen Siedlungen unter – in der *deutschen Vorstadt,* der *njemezkaja sloboda.* Da die ersten Ausländer in Rußland vor allem aus Deutschland kamen, wurde das Wort *njemzy* (die «Stummen» – die Russisch nicht beherrschten) zur Bezeichnung für die Deutschen. Dabei ist es bis heute geblieben. Beschränkungen für die Bewegungsfreiheit und die Wahl des Aufenthaltsortes, Überwachungen und Begrenzungen im Umgang mit den Einheimischen wurden freilich nicht nur den Deutschen auferlegt. «Russische Leute dürfen nicht zusammen mit königlichen (polnischen) Leuten dienen wegen deren Arglist», so sorgte sich im 17. Jahrhundert ein Mitglied des Fürstengeschlechts Golizyn. «Verbringen sie einen Sommer im Dienst mit ihnen, so werden uns im folgenden Sommer nicht einmal die Hälfte von den besseren Leuten Rußlands bleiben.»

Heute müssen sich russische Arbeiter, die mit westlichen Monteuren Berührung haben (wie zum Beispiel im LKW-Werk an der Kama), durch ihre Unterschrift dazu verpflichten, nicht zu fraternisieren und die Fremden nicht zu sich einzuladen. Wenn Sowjetbürger dennoch mit ihren westlichen Arbeitskollegen – etwa in einer Ausländerbar der Stadt Zelnyj am Kama-Werk – ein paar Gläser trinken, dann werden sie gelegentlich von der Miliz herausgeholt. Allerdings haben sie auch in einem solchen Fall nicht mehr die Repressalien der Stalin-Ära zu fürchten. Westliche Monteure genießen gegenüber ihren sowjetischen Kollegen zahlreiche Privilegien, von der Unterbringung bis zum Lebensmittelbezug (die Versorgung ist dennoch dürftig genug). Doch sie bekommen – vor allem in der Provinz – die Zwänge des Überwachungsstaates in oft grotesker Form zu spüren. Sie dürfen sich von ihrer Wohnstätte bisweilen nur ein, zwei Kilometer nach rechts und nach links bewegen; sie müssen die Genehmigung für eine Fahrt in die nächste Großstadt wie ein Visum beantragen. Ihre Briefe sind vier Wochen lang unterwegs; eine Telefonverbindung von der sowjetischen Provinz ins Ausland erhalten sie nach drei Tagen Wartezeit – bisweilen kommt sie überhaupt nicht zustande.

Diese Sonderbehandlung ist nicht nur der Ausdruck kommunistischer Wachsamkeit gegenüber dem Klassenfeind, sondern auch das Produkt des alten russischen Mißtrauens gegenüber allen Fremden. Diplomaten, Repräsentanten und Gäste aus den sozialistischen Bruderländern werden in der UdSSR ebenso scharf und noch diskriminierender kontrolliert. Aus der Sicht sowjetischer Staatsschützer sind auch die Deutschen nur ein einig Volk von Ausländern. Auf einer Fahrt zu sowjetischen Kohlengruben stießen bundesdeutsche Bergwerks-Experten im Zug auf Betriebsdirektoren der Leuna-Werke in der DDR. Mitglieder der beiden Delegationen kamen vor und in den Zugabteilen ins Gespräch. Schon bald mischten sich die sowjetischen Dolmetscher ein, baten einen ihrer Gäste auf den Gang und verlangten die Beendigung der harmlosen Unterhaltung. Als die Leuna-Direktoren sich dadurch nicht einschüchtern ließen, patroullierten die sowjetischen Begleiter demonstrativ auf dem Gang vor den Abteilen. Dies ist nur einer von zahllosen Fällen ähnlicher Art, über die westliche Wirtschaftsvertreter und osteuropäische Diplomaten in Moskau zu berichten wissen. Die Sowjetbürger werden von der «großen Familie» des sozialistischen Lagers mit ebenso strengen Kontrollen ferngehalten wie von westlichen Ausländern.

Zu den entscheidenden Ursachen für die mangelhafte Integration des westlichen Know-how zählen auch die Arbeitsplatzbedingungen. In einem Land, in dem Grundeigentum bis über die Mitte des vergangenen Jahrhunderts hinaus noch den Besitz an Boden *und* Seelen bedeuten konnte, in dem die Menschen ein «Annex» des Bodens waren (wie es Haxthausen 1847 ausdrückte), in dem Stalin für die Phase des industriellen Aufbaus eine zweite Leibeigenschaft errichtete – in einem solchen Land kann die kümmerliche Entwicklung von Arbeitsrecht und Arbeitsschutz nicht überraschen. Neben der allgemeinen Unterprivilegierung der Arbeiterklasse und ihrer Ausbeutung durch Niedriglöhne im besonderen sind heute die Rhythmusstörungen im Produktionsprozeß eine Hauptquelle für die Deklassierung der Werktätigen. Der Wechsel zwischen Zeitverschwendung und Zeitdruck, der das Klima und die Fehlleistungen fast aller Betriebe prägt, wird auch in der sowjetischen Presse oft beklagt. «Die Hetzerei hat uns buchstäblich erstickt», so schrieben Bestarbeiterinnen eines Betriebes für die Herstellung von Landwirtschafts-Maschinen im sibirischen Krasnojarsk 1978 an die Gewerkschaftszeitung *Trud*. «Am Tage stehen wir herum und kurz vor Feierabend fangen wir an. Zu Beginn der Woche und am Anfang eines jeden Monats schlafen wir, dann aber ... sind wir gezwungen, den monatlichen Plan in 18 Tagen zu erfüllen. Im August und September haben wir gut gearbeitet, im Oktober und November sind wir völlig eingebrochen, im Dezember haben wir den Jahresplan gerade noch durchgebracht. Durch die schlechte Ausrüstung der Zuliefererbetriebe erhalten wir bereits minderwertige Werkzeuge und darunter leiden wieder die Montagearbeiten ... Wir haben keine Angst davor, jeden Tag angestrengt zuzupacken – aber wir brauchen Ordnung in der Produktion. Es reichen die Finger beider Hände, um die Samstage zu zählen, die wir im vergangenen Jahr nicht im Werk, sondern im Kreise der Familie verbrachten. Im November und Dezember haben wir keinen Sonntag gehabt... Das Resultat: Im vorigen Jahr hat in unserer Abteilung jeder zweite gekündigt.»

Die Arbeiter müssen auch für den Stillstand, den nicht sie, sondern die Zuliefererbetriebe verschuldet haben, durch Lohnausfall zahlen. Nicht die ständige Überarbeitung, sondern die hektische Endphase der Planerfüllung führt zu zahllosen Verstößen gegen das Arbeitsrecht: durch unbezahlte Überstunden, verbotene Nachtschichten für Jugendliche, Verletzungen der Arbeitsschutzbestimmungen. Arbeiter, die sich gegen Mißstände und Organisationsmängel wenden – wozu sie von der Propaganda ermuntert werden –, setzen sich in der Praxis durch ihren Widerspruch sehr schnell Repressalien aus. Die Gewerkschaftsvertreter drücken dann, wie die *Trud* einräumte, «oft beide Augen zu». Die Arbeitnehmerorganisation, so berichtete das Gewerkschaftsblatt zum Beispiel aus dem Gebiet Odessa, halte «häufig mit den Betriebsdirektoren zusammen, wenn diese kritische Arbeiter schikanieren». Im Gebiet von Tscheljabinsk (Südural) seien 1976, so meldete *Trud*, 166 rechtswidrig entlassene Arbeiter erst nach Anrufung des Volksgerichts wieder eingestellt worden. Die Gewerkschaftskomitees der Fabriken dort ließen oft zu, daß «die Rechte der Werktätigen beschnitten werden, am häufigsten die Rechte der arbeitenden Frauen».

Weil sie in der Gewerkschaft nur den verlängerten Arm der Partei sahen, gründeten 43 Arbeiter am 1. Februar 1978 in Moskau eine «Vereinigung freier Gewerkschaften von Arbeitern in der Sowjetunion». Die erste organisierte Arbeiteropposition seit vielen Jahrzehnten setzte sich zum Ziel, Beschwerden zu sammeln und Dokumentationen herauszugeben über Verletzungen der Sicherheitsbestimmungen am Arbeitsplatz, über zu niedrige Löhne und korrupte Vorgesetzte. In den Statuten, die sich die Gruppe gab, nannte sie als eine ihrer Aufgaben, die Mitglieder der Vereinigung zu unversöhnlicher Einstellung zu erziehen «gegenüber Bürokratismus, Augenwischerei, Mißwirtschaft, Verschwendung und nachlässiger Einstellung zum Volkseigentum». Das kleine Fähnlein der Arbeiter-Rechtler bekam sogleich die Repressionen der Staatsmacht zu spüren, die im Namen des Proletariats zu handeln vorgibt. Mehrere Gründungsmitglieder wurden in Untersuchungsgefängnisse bzw. in psychiatrische Kliniken gesteckt. Dabei hatte die Gruppe kaum Chancen auf großen Zulauf und ein weiterreichendes Echo. Die soziale Unzufriedenheit ist landesweit, aber für eine organisierte Arbeiteropposition ist dieser Staat zu groß und zu gut überwacht. Interessenlagen und Bewußtsein sind zu gespalten. Der Druck eines verarmten, ländlichen Halbproletariats, das am Ende der Zarenzeit mit riesigem Geburtenüberschuß und ohne Ernährungsgrundlage für viele Familien das revolutionäre Potential bildete, war eine ganz andere Gewalt. So haben die Arbeiter-Rechtler von 1978 denn auch im eigenen Lande vorerst weniger Resonanz erzeugen können als bei den westlichen Gewerkschaften – einschließlich der kommunistisch geführten CGT in Frankreich. Die *Internationale Arbeitsorganisation (ILO),* die Unterorganisation der Vereinten Nationen in Genf, hat die Anerkennung der oppositionellen Gruppe allerdings unter Hinweis auf ihre Satzung abgelehnt. Die «Freie Gewerkschaft» ist auch nicht zum vierten Rad der sowjetischen Dissidenten-Bewegung geworden. Sie ist nicht an die Seite der intellektuellen Bürgerrechtler, des nationalen Widerstandes und der religiösen Opposition getreten. «Sie sind zu gebildet und den Arbeitern zu fern», erklärte der Führer der Gewerkschaftsbewegung, der frühere Bergmann Wladimir Klebanow, über die Moskauer Regimekritiker, bei denen er sich zuvor umgesehen hatte. Inzwischen sind führende Mitglieder der Gruppe abgeurteilt (Lew Wolochonskij zu zwei Jahren Gefängnis wegen Verleumdung der Sowjetunion), in die Verbannung geschickt (Wladimir Swirskij für fünf Jahre) oder in psychiatrische Kliniken gesteckt worden (Walerija Nowodworskaja und Wladimir Klebanow).

So groß der Beschwerdekatalog der sowjetischen Werktätigen auch ist, permanente Arbeitsüberlastung gehört nicht dazu. Das Dogma der Vollbeschäftigung steht den arbeitssparenden Technologien aus dem Westen entgegen. Mehr als die Hälfte der sowjetischen Industriearbeiter leisten noch immer rein manuelle Arbeit; dieser Anteil verringert sich pro Jahr höchstens um ein halbes Prozent. Es gibt heute keine Reformansätze in Richtung Rationalisierung, Rentabilität, echter Kostenrechnung, verstärkter Bindung der Leistung an das betriebliche Eigeninteresse, Befreiung der Unternehmen von der externen Planung und Kontrolle. All dies sind alte Ideen des polnischen Ökonomen Oskar Lange, die der sowjetische Professor Liberman aufgriff und die schon verwässert in Kossygins Wirtschaftsreform von 1965 einflossen. Sie wurden und sie werden zurückgehalten durch das Monopol der Partei, die Regierungsbürokratie, die Rüstungsindustrie und durch die Furcht der herrschenden Oligarchie vor einer Systemauflösung durch Dezentralisierung. Auch die Nachfolger Breschnews werden – bedingt durch die Machtkonstellationen im Kreml – vorerst nicht auf Dezentralisierung setzen, sondern auf die Perfektionierung der Planungstechnik, auf verstärkte Kontrolle und Disziplin. Mit diesen Mitteln können sie allerdings weder die Arbeitsproduktivität steigern noch die Impulse durch den technologischen Transfer.

Die sowjetische Führung verkennt nicht, daß ihr System nur sehr begrenzt fähig ist zur Adaption westlicher Technologie. Diese Einsicht hat das Interesse des Kreml verstärkt, sich mit Amerika und Europa zu arrangieren. Einer der Gründe für Moskaus China-Phobie ist die Sorge, daß sich Peking eines Tages das kapitalistische Know-how schneller und umfangreicher aneignet. Ein angesehener ZK-Funktionär hat mir das in einem Informationsgespräch ganz unverblümt bestätigt. Den Sowjets steht dabei das Beispiel der Japaner vor Augen, die den Kulturschock der Berührung mit dem entwickelten Westen durch eine geradezu besessene Übernahme der Technologie kompensiert haben. Rußland, das schon zwei Jahrhunderte früher vom Schock der Westberührung getroffen wurde, ist zwar zur Weltmacht aufgestiegen, aber es hat die technologische Lücke nie schließen können. Bisher konnte Moskau das Defizit an ökonomischer Rationalität durch seine Naturschätze verringern. Doch die rohstoffarmen Verbündeten in Osteuropa haben nichts mehr zuzusetzen. Und die Prognosen für die sowjetischen Ressourcen sehen zur Zeit – wie die vorangegangenen Abschnitte gezeigt haben – ungünstiger aus, als noch vor wenigen Jahren erwartet.

9. Kapitel

Innenwelt und Außenbeziehungen

I. Der Klimasturz durch Afghanistan

Er möge «den fatalen Fehler» vermeiden, «den Kommunismus in diesem Lande künstlich einzupflanzen». So riet der sowjetische Außenkommissar G. W. Tschitscherin 1921 dem nach Afghanistan entsandten Vertreter Moskaus, F. F. Raskolnikow. Die Anweisung erfolgte mit Rücksicht auf die Beziehungen der jungen, noch schwachen Sowjetmacht zum britischen Empire. Fast sechzig Jahre später, im Dezember 1979, fühlte sich der Kreml stark genug, um in Afghanistan einzumarschieren – ohne Respekt vor der geschwächten Supermacht Amerika, ohne Rücksicht auf die Entspannungspartner in Europa und ohne Skrupel gegenüber der Dritten Welt. Zum ersten Mal seit dem Zweiten Weltkrieg besetzten die Divisionen der Roten Armee ein Land außerhalb des Warschauer Paktes und damit außerhalb des sowjetischen Hegemonialbereiches. «Selten hat die Welt einen so jähen politischen Klimasturz, eine so abrupte, radikale Veränderung der Szenerie erlebt wie über den Jahreswechsel 1979/1980», urteilte die *Neue Zürcher Zeitung*. Und noch in keiner internationalen Krise der Nachkriegsgeschichte unterschieden sich die Vereinigten Staaten und Europa so sehr in der Wahl der Mittel, die sie zur Eindämmung des Gefahrenherdes einzusetzen bereit waren. Anhänger einer Politik der Stärke beschuldigten die Protagonisten der Entspannung sogleich, sie hätten den Westen seit Jahren in eine Welt der Illusionen geführt. In Wirklichkeit hatte es nur eine große Illusion gegeben: die Illusion des westlichen Bündnisses, ein gemeinsames Verständnis dafür zu besitzen, was Entspannung bedeutete.

Dieses Verständnis hatte sich vor allem deshalb nicht entwikkeln können, weil der Westen nach dem Ende der Nixon-Kissinger-Administration kein gemeinsames analytisches und diplomatisches Instrumentarium fand, um die sowjetische Interessenlage zwischen regionaler Koexistenzpolitik und geostrategischem Opportunismus auszuloten. Selbst der Einmarsch der Roten Armee in Afghanistan einte den Westen nicht in der Beurteilung der sowjetischen Motive. Offenkundig war zunächst nur eines: die Sowjetunion – seit langem zu der Überzeugung gekommen, daß das Entspannungsgeschäft zu wenig Dividende abwarf – nutzte die Fesselung der Vereinigten Staaten im Iran und die antiamerikanische Orientierung des islamischen Aufbruchs, um in das Machtvakuum zwischen Orient und Asien vorzustoßen. Doch welches Motiv hatte den Ausschlag gegeben für diesen Schritt, der zum ersten Mal während der Breschnew-Ära dicht an die Risikoschwelle führte? War es das Hauptziel, einen entscheidenden Schritt näher an die Quellen der westlichen Ölversorgung heranzurücken? Wollte der Kreml die beste Ausgangsposition schaffen für ein mögliches Auseinanderbrechen des Iran oder für den Fall einer Volksfront-Bildung in Teheran? Oder handelte Moskau doch vor allem deswegen, weil in Afghanistan ein neutralistischer bis feindlicher Nachbarstaat zu entstehen drohte – entweder unter dem nationalkommunistischen Diktator Amin oder (beim Zusammenbruch des Amin-Regimes) unter militant islamischer Führung? War wieder einmal das traditionelle Bestreben der Russen ausschlaggebend, die Vorfelder ihres überbordenden Landbesitzes zu schützen, – eine Phobie also, die sich endgültige Sicherheit offenbar nur von der «Finnlandisierung» der restlichen Welt verspricht?

So undurchsichtig die Rangfolge der sowjetischen Motive für den Einmarsch in der Hindukusch-Republik zunächst auch blieb – eines hatte der Kreml schon in den Jahren vor der Besetzung Afghanistans nie verhüllt: Er strebte nach Übergewichten an allen Schwachstellen des Westens. Deshalb hatte Moskaus Bereitschaft, sich regional an Entspannungsabsprachen zu halten – zum Beispiel in Berlin – auch in den Jahren vor dem Afghanistan-Konflikt nur bedingte Erfolge gezeitigt. Die Furcht vor einer langfristigen sowjetischen Bedrohung nahm in geringerem Maße ab, als es sich der Kreml zu Beginn der siebziger Jahre erhofft hatte.

In der Widerspiegelung durch die westlichen Medien zeigte sich der bedrohliche Charakter der Sowjetunion vor allem an drei Merkmalen: Überrüstung und strategische Geiselnahme Europas;

Expansionsdrang und Domino-Taktik in der Außenpolitik; konservativer Immobilismus im Innern, der keine Gewähr gegen die Rückkehr eines stalinistischen Terrorsystems bietet. Wir wollen diese Merkmale vor dem Hintergrund der vorangegangenen Kapitel etwas genauer betrachten. Dabei drängt sich die Frage auf, wie weit die UdSSR mit ihrer Überrüstung und mit dem fortdauernden imperialen Drang den schleichenden Zerfall der Macht im Innern kompensiert. Doch zuvor empfiehlt sich, mit Blick auf die bisher angeführten Beispiele, zu klären, worin eigentlich der Schwund an totalitärer Macht besteht und ob ein Rückgewinn dieser Macht durch den Ausbau eines neuen stalinistischen Terrorsystems ohne weiteres möglich ist.

II. Wie tot ist Stalin?

Wir haben schon auf die Mythen hingewiesen, die sich um Stalin ranken und die – wie in anderen Ländern auch – den Wunsch nach *Law and Order,* nach dem starken Mann bezeugen. Da ist die Legende, daß Stalin alle Wirtschaftsprobleme lösen würde – als hätte es die furchtbaren Menschenopfer auf dem Altar der Industrialisierung nie gegeben. Da blüht unter Militärs wieder der Mythos vom großen Soldatenkaiser – obwohl kein Offiziercorps im Krieg je so zur Ader gelassen wurde wie das sowjetische im Frieden durch Stalins Säuberungen; obwohl der Diktator in den ersten Kriegstagen die Nerven verlor; obwohl er immer ein militärischer Laie blieb. Doch für manche «Eisenfresser» gilt Stalin heute noch – oder wieder – als der große Heerführer und Stratege, der die Sowjetunion nicht lange hinter Cruise Missiles und MX-Systemen hinterherhinken lassen würde. Für nationalistische Zirkel, die bis zum extremen Flügel russisch-konservativer Dissidenten reichen, war Stalin das Werkzeug der Geschichte, um mit den westlich denkenden Marxisten und Juden aufzuräumen und die angestammte russische Machtposition in Europa wiederherzustellen. Irrational ist auch der nationale Kult, der sich in Stalins Heimat Georgien um den toten Diktator rankt. Denn gerade Stalin war es, der die im Mai 1918 entstandene, unabhängige, von menschewistischen Sozialdemokraten geführte Republik Georgien in das Sowjetimperium einbringen half. Heute steht Stalins Geburtshütte in Gori unter einem Tempelbau. Fliegende Händler bieten in den Vorortzügen von Tiflis Postkarten und Kalender mit Stalin-Fotos an – zum gleichen Preis wie jene Druckerzeugnisse, die Pin-up-Girls zeigen. Die Kaukasier verehren nicht die politischen Methoden ihres Landsmannes; sie halten Stalin hoch, weil der Georgier mit seinem strikten Regime «auch die Russen kräftig gebeutelt hat». (Bereits Ende des 19. Jahrhunderts hatten georgische Intellektuelle im Marxismus ihr Heil gegen den russischen Einfluß gesucht).

Doch Stalin bleibt nicht auf Mythen begrenzt. Wie sehr sein Erbe selbst jene Bereiche belastet, die der aktuellen Politik besonders fern zu liegen scheinen, zeigt ein Beispiel aus der Wissenschaft. Ein junger Ethnologe aus unserem Bekanntenkreis widmete sich in Moskau der Erforschung eines entfernten sibirischen Volksstammes. Er sichtete die Materialien, die er in den Universitätsbibliotheken fand, und erledigte die Vorarbeit zur großen Zufriedenheit seiner wissenschaftlichen Betreuer. Dann machte er sich auf die noch immer lange und umständliche Reise zu der kleinen ethnischen Gruppe aus dem Bevölkerungsteil der sibirischen Ureinwohner. Schon bald ergaben seine Beobachtungen und die Berichte der ältesten Bewohner, daß ihm die bisherige Lektüre völlig falsche Informationen vermittelt hatte. Die angeblichen Untersuchungen, die der Ethnologe mit seinen Betreuern durchgesprochen und ohne politische Skepsis gelesen hatte – schließlich war dieser Stamm eine winzige und nahezu unbekannte Minderheit – stammten aus der Stalin-Zeit. Sie waren völlig umgebogen worden auf die Linie der damaligen Nationalitätenpolitik.

Von Zeit zu Zeit durchbrechen höchste Funktionäre das offizielle Schweigen um Stalin. Das sind Konzessionen der gemäßigten Mehrheit im Kreml an jene dogmatischen Kreise, die den Tyrannen als große nationale Führerfigur sehen wollen. Ende Februar 1978, wenige Tage vor dem 25. Todestag des Diktators, fiel sein Name auf der 60-Jahrfeier der Roten Armee. Spontan brauste Riesenbeifall durch den Kongreßpalast des Kreml. Dabei hatte Verteidigungsminister Ustinow in seiner Festansprache Stalin nicht einmal unter die großen Heerführer eingereiht, sondern ihn nur in einen sehr formalen Rahmen gestellt: «Um alle Kräfte für die Abwehr und die Zerschlagung des Feindes zu mobilisieren, bildete man das Staatliche Verteidigungskomitee, zu dessen Vorsitzenden Genosse J. W. Stalin berufen wurde.» Applaus schnitt Ustinow das Wort ab, erst nach mehrfachen Ansätzen konnte er weitersprechen. Die *Prawda* ließ am nächsten Tag aus Ustinows Bericht die Anrede «Genosse» verschwinden. So vorsichtig müssen die Sowjetführer auch heute, mehr als ein Vierteljahrhundert nach der Ablösung des Terrorregimes im Kreml, mit dem noch im Tode mächtigen Diktator paktieren und taktieren. Warum wagen diese Männer, deren Aufstieg unter Stalin begann, die sich aber durch ihr eigenes Regime deutlich von ihm abgegrenzt haben, noch immer nicht die Bewältigung der Vergangenheit?

Hitler führte Krieg gegen andere Völker, Stalin gegen die eigenen. Weil dem sowjetischen Despoten aber gerade der Wahnwitz der Unmenschlichkeit und die Katastrophen, die er schuf, immer wieder zum Sieg verhalfen, hat er nicht nur seine Handlanger, sondern auch die folgenden Führungsgenerationen in Komplizenschaft gebunden. Sollte der *große vaterländische* Sieg mit dem terroristischen Tollhaus konfrontiert werden – unter dessen Dach er dennoch zustandekam? Sollten die grenzenlosen Selbstverdächtigungen, Selbstbezichtigungen und Selbsterniedrigungen der Partei unter Stalin diese für alle Zeiten der tödlichen Lächerlichkeit preisgeben? Eine solche Selbstreinigung konnte der Staats- und Machträson des absolutistischen Erbreiches mit seiner eingefleischten Furcht vor Anarchie nur als ein abnormes Risiko erscheinen. Denn daß dieses Purgatorium zu neuer Autorität und gewachsenem Ansehen der Partei hätte führen können, das ist eine westliche Vorstellung, die im tradierten Bild moskowitischer Herrschaftsnormen und Führungsansprüche keinen Platz hat. Auch der Entstalinisierung durch Chruschtschow lag ja – trotz aller Verdienste des Ukrainers – nicht der unbedingte Drang zur Selbstreinigung zugrunde, sondern der großangelegte Versuch, über die Gegenspieler zu triumphieren. Doch bedeutet die Furcht der heutigen Oligarchie vor der Vergangenheitsbewältigung, daß Stalin weiterlebt, daß jederzeit (und besonders bei Beschleunigung der hier beschriebenen Auflösungserscheinungen und Autoritätsverluste) ein neuer Stalin erscheinen kann?

Schon zu Lebzeiten Stalins, als das Regime des monströsen Despoten noch als Prototyp eines unwandelbaren Terrorsystems galt, hat ein unverdächtiger Kronzeuge des Totalitarismus prophezeit: es sei sonnenklar, daß der Stalinismus unvermeidlich enden werde. Der Mann, der das schrieb (in einem Aufsatz über James Burnham), war George Orwell, der Autor von *1984*. Er hat bis heute recht behalten. Der Abstand zwischen dem Superdespoten und der despotischen Supermacht hat sich relativ schnell vergrößert – gemessen am moskowitischen Entwicklungstempo, das vor allem deshalb so niedrig war, weil der Staat stets ungleich stärker zu sein trachtete als die Gesellschaft. Auch heute wächst der Abstand zur Stalin-Ära nicht durch Gesellschaftsreformen und strukturelle Pluralisierung – was viele Analytiker mit westlichem Demokratieverständnis so skeptisch stimmt –, sondern vor allem durch materielles Interesse, das Bürokratie und Bürger verbindet. Kennzeichnend für Stalins Tyrannis war, daß auch die herrschende Klasse, die Partei, nicht von diesem System *lebte,* sondern verschlungen wurde wie von einem Saturn. Der Verfolgungswahn lief am Ende auf die Logik hinaus, daß sich gerade hinter dem loyalen Parteigänger der raffinierteste Verräter verbarg. Unter dem georgischen Diktator saß auch der kleinste Provinzfunktionär auf einem Schleudersitz. Jene Parteikader, die das unmittelbar erlebt haben, neigen in der überwiegenden Mehrheit nicht dazu, ihre heutigen Privilegien gegen einen neuen, starken Mann zu tauschen. Doch der nachwachsenden Generation fehlt die Erfahrung des Schreckens. Stalins Regime berührte jeden Sowjetbürger bis an die Wurzel seiner Existenz. Breschnews Machtausübung geht nur wenigen unter die Haut. Wenn aber die unmittelbare Erinnerung an Stalins Schrecken dank Breschnews milderer Herrschaftspraxis verblaßt, schließt sich die Frage an: Reichen die Veränderungen eines Vierteljahrhunderts aus, um auch die Nachfolge Breschnews langfristig und verläßlich abzusichern gegen den neuerlichen Aufstieg einer tyrannischen Führerfigur? Was hat sich wirklich gewandelt, und was ist seit Stalins Tagen unverändert geblieben? An Veränderungen ragt heraus:

1. Die persönliche, absolute Prinziplosigkeit Stalins dient keinem seiner heutigen Nachfolger als Vorbild für entschiedenes Handeln. – 2. Es gibt keinen Massenterror mehr; die Repressionen der Breschnew-Ära treffen den einzelnen und die exponierten Gruppen, werden sehr unterschiedlich dosiert und oft von Kompromiß-Angeboten begleitet. – 3. Die Partei herrscht über den Geheimdienst KGB – und nicht umgekehrt, wie in den letzten 15 Lebensjahren Stalins, als NKWD und (seit 1949) KGB die Partei in der Gewalt hatten. – 4. Die Sowjetunion ist von der erbarmungslosen Rechtlosigkeit des Stalin-Regimes zu jener Tradition zurückgekehrt, die der Publizist Nowikow schon im 18. Jahrhundert umriß: «Rußlands Glück ist die schlechte Anwendung schlechter Gesetze.» – 5. Die kurzfristige Propagierung utopischer Ziele aus volkswirtschaftlicher Unkenntnis und ihre rücksichtslose Umsetzung in eine schreckliche Wirklichkeit für Millionen gehören der Vergangenheit an. – 6. In das Sowjetsystem sind dialogische Formen eingebrochen; offizielle Alibi-Institutionen – Leserbriefe, Jugenddiskussionen, die öffentliche Erörterung des Verfassungsentwurfs 1977 – entwickeln eine begrenzte Eigendy-

namik. (Hingegen setzen Politiker und Fernsehen den Stil der monotonen und monologisierenden Massenansprachen wie in der Stalin-Ära fort.) – 7. Geschickter und zäher Widerspruch von Gruppen zwingt das System zu taktischem Lavieren: die Herausgabe des unzensierten Literaturalmanachs *Metropol,* die Weigerung der Akademie der Wissenschaften, Breschnews Schützling Trapesnikow aufzunehmen, die Auswanderungsbewegungen, die Streiks der abchasischen Minorität gegen die Georgier etc.

Zum unbewältigten Erbe der Vergangenheit, das noch immer düstere Schatten wirft, ohne die gespenstischen Umrisse der Stalin-Ära anzunehmen, zählen folgende Beispiele: 1. Die zentralistische Struktur der Partei, der Räte, des Apparats hat sich nicht verändert. – 2. Der Kult um den großen Lenker, der alles entscheidet, existiert weiter und kann die Herausbildung einer totalitären Ein-Mann-Diktatur begünstigen. – 3. Die Sowjetunion ist ein Überwachungsstaat geblieben, der jedem mündigen Bürger mißtraut. – 4. Auch das Mißtrauen gegenüber den Massen hat die heutige Führung aus der Stalin-Ära übernommen. – 5. Stalins Zynismus spiegelt sich noch vielfach in der Verachtung, mit der die Obrigkeit den kleinen Leuten begegnet. – 6. Die politische Zensur existiert weiter. – 7. Die Geschichte wird fortlaufend gefälscht, vor allem die Geschichte der Partei; die Gesellschaftswissenschaften unterliegen besonders strenger Kontrolle. – 8. Zum Erbe der Stalin-Zeit gehört auch das Insistieren auf konstruierten Schuldbeweisen (wie im Prozeß gegen Scharanskij) und die Suche nach Sündenböcken, die für die Fehler des Systems einstehen müssen. – 9. Hartnäckig halten sich Intoleranz und Überheblichkeit gegenüber anderen Ansichten und freier Meinungsäußerung. In dieser Einstellung trifft sich die Sowjetführung mit manchen Dissidenten. – 10. Die Privilegienordnung, die Stalin schuf, hat sich zu einem weitgefächerten Beziehungs- und Bestechungssystem ausgewachsen.

Wer Strukturen und nicht den allgemeinen Klimawandel als entscheidendes Kriterium ansieht, der wird in der Regel zu dem Urteil gelangen, daß es der Breschnew-Ära nicht gelungen ist, die Sowjetunion verläßlich gegen die Rückkehr zu einem stalinistischen System abzusichern – zu einem System zum Beispiel, dem russischer Nationalismus die neuen Mythen liefern könnte. Andererseits reichen politische Strukturanalysen nicht aus, um ein Land zu bewerten, das sich rationalen Kriterien und westlichem Demokratieverständnis nicht erst seit der Oktoberrevolution entzogen hat. Der Drang nach privatem Nutzen und persönlichen Vorteilen, der heute der neuerlichen Umsetzung von totalitären Mythen in eine furchtbare Realität entgegensteht, ist auch eine Form der Pluralisierung. Sie bezieht die Parteibürokratie ein, für die persönliche Pfründe längst über ungreifbare Utopien gehen. Am besten kennzeichnet diesen Zustand das Wort von der «stillen Sozialpartnerschaft» (tacito patto sociale), das der langjährige Moskauer Korrespondent der italienischen KP-Zeitung *Unita* geprägt hat (vgl. Giuseppe Boffa: *Storia dell' Unione Sovietica,* Band II, Rom–Mailand 1979).

Das Problem liegt freilich darin, daß diese Partnerschaft ein Produkt des quantitativen Wirtschaftswachstums ist und nicht der substantiellen Reformen. Das Wachstum aber, von dem die ökonomischen Fachleute mehr als die ideologischen Dogmatiker profitierten, fällt rapide ab. Gleichzeitig schwindet die Autorität der Führung – was unter anderem aus den pragmatischen Lösungen und Kompromissen resultiert. Dieser Zustand ist jedermann offenbar. Doch welche innenpolitischen Konsequenzen er haben wird, kann am Ende der Breschnew-Ära nicht einmal die Kreml-Führung übersehen. So bleibt die Frage nach den äußeren Folgen der inneren Stagnation. Wie sehr beeinflussen das sozio-ökonomische Defizit dieser Weltmacht und der Autoritätsschwund ihrer Führung die Außenpolitik und die Rüstung der Sowjetunion? In welchem Maße sind die weltweiten Aktivitäten der UdSSR eine Kompensation der inneren Schwächen? Und wie weit ist die Supermacht durch diese Schwächen partiell und regional doch an die Koexistenzpolitik gebunden?

III. Die Überrüstung – ein konventioneller Panzer der inneren Schwäche?

Zwischen imperialem Drang und innerem Entwicklungsrückstand bestanden schon im Zarenreich kausale Zusammenhänge. Noch um 1300 hatte das Fürstentum Moskau eine Ausdehnung von nur 20 000 Quadratkilometern. In den folgenden 150 Jahren weitete es sich zu Lasten der benachbarten Fürstentümer um mehr als das Zwanzigfache aus. Um 1600, unmittelbar vor der Eroberung Sibiriens, war das Moskowiterreich bereits so groß wie das restliche Europa. Durch die Einverleibung Sibiriens wurde das zaristische Imperium Mitte des 17. Jahrhunderts zum größten Staat der Welt. Die russischen Herrscher, so hat es Richard Pipes beschrieben, «hörten mit Wohlgefallen von Besuchern aus Westeuropa, daß ihr Patrimonium an Größe die Oberfläche des Vollmondes übertreffe ... Da sie durch die Ansammlung von Grundbesitz erfolgreich zur Macht gelangt waren, neigten sie dazu, politische Macht mit dem Anwachsen des Staatsgebiets und das Wachstum des Territoriums mit absoluter Herrschaft des Grundherrn gleichzusetzen. Die Idee eines internationalen Staatensystems mit der sich daraus ergebenden Folge des Gleichgewichts der Kräfte, im 17. Jahrhundert in Westeuropa formuliert, blieb ihrem Denken fremd.»

Auch im 19. Jahrhundert setzte sich die Ausdehnung Rußlands fort. Insbesondere Alexander II., der Friedensbringer und Befreier der Leibeigenen, weitete das Imperium nach Süden und Osten, ziemlich genau um 2,5 Millionen Quadratkilometer. Doch je mehr die absolutistischen Herrscher vom 18. Jahrhundert an zu spüren begannen, wie wirkungslos ihre Einflußnahme auf die innenpolitischen Zustände des Riesenlandes blieb (es ging ja über den Horizont der Monarchen, daß der ungeschmälerte Machtanspruch der Krone gegenüber der Gesellschaft dabei die verhängnisvollste Rolle spielte), desto stärker unterstrichen sie ihr Ansehen durch das Engagement außerhalb der Grenzen. Alexander I. verfolgte Napoleons Armee gegen den Rat seiner Generäle bis nach Westeuropa und zog im März 1814 in Paris ein. Er ließ sich als Befreier Europas von der Despotie feiern, hielt Hof auf dem Wiener Kongreß, schlug dem Kaiser von Österreich und dem König von Preußen die Heilige Allianz der europäischen Monarchien vor. Den Wortlaut des Dokuments, mit allen Beschwörungen der brüderlichen Liebe und der Gerechtigkeit, setzten er und seine Kanzleibeamten selber auf. Doch dieses Rußland, das dem Abendland Rat und Rettung anbot, dessen Monarch sich (in den Briefen an La Harpe) zu einer Selbstregierung der Völker bekannte – es war das Rußland, das seiner Bevölkerung jede Selbständigkeit durch Leibeigenschaft vorenthielt. Es war das absolutistische Reich, dessen Massen in menschenunwürdigen Zuständen lebten, dessen Finanzreform (zur Besteuerung der Grundbesitzer und zur Aufstellung eines geregelten öffentlichen Haushaltsplans) kläglich steckenblieb. Und so war es folgerichtig, daß die russischen Offiziere, die den französischen Tyrannen verfolgt hatten und dabei zum ersten Male mit den liberalen Ideen der westlichen Welt Bekanntschaft machten, die Zustände in ihrem eigenen Vaterland als eine Verspottung dessen ansehen mußten, wofür sie gekämpft hatten. Der Aufstand der Dekabristen vom Dezember 1825 (*djekabr* ist das russische Wort für Dezember) beim Regierungsantritt Nikolaus I. war die Folge. Doch der Zar zog aus der Revolte nur die Lehre, daß die Forderungen nach geistiger Freiheit und Mündigkeit der Bürger durch staatliche Reglementierung erledigt werden müßten. «Nicht durch freche Träume, die immer zerstörende Wirkung haben», so hatte er in seinem Krönungsmanifest verkündet, «sondern von oben her werden die vaterländischen Einrichtungen allmählich vervollkommnet, werden Mängel beseitigt und Mißbräuche abgeschafft.» Diese Devise, die der Breschnew-Ära entstammen könnte, brachte weder industriellen Aufschwung noch soziale Verbesserungen oder die Lösung des Leibeigenen-Problems. Nikolaus kompensierte die innenpolitische Ohnmacht der Autokratie durch seine Rolle als *Gendarm Europas,* durch Kaukasus- und Türkenkriege, durch seine Drohung, bis Brüssel zu marschieren und das Haus Oranien gegen die Revolte der national-liberalen Belgier zu verteidigen, durch die Beendigung der polnischen Selbstverwaltung und durch die Erstickung des ungarischen Freiheitskampfes von 1848/49.

Alexander II., die widersprüchlichste Gestalt unter den letzten Zaren, Reformer und Befreier der Leibeigenen, erkannte wie kein anderer der Romanows im 19. Jahrhundert die Rückständigkeit Rußlands – und er glich die inneren Schwächen mit noch mehr Imperialismus, mit riesigen Gebietsgewinnen im Osten und Süden, mit brutaler Gleichschaltungspolitik im Westen (Polen, Ukraine) aus. Als nach seiner Ermordung 1881 die Ohnmacht des Absolutismus ihren ersten Höhepunkt erreichte, ließ der Nachfolger Alexander III. den mächtigen Staat als Inbegriff russischer Politik proklamieren, um seine eigene Rolle zu stärken. Das aber setzte wiederum die Außenpolitik des Reiches unter Beweiszwang. In seiner eindrucksvollen Analyse des russischen Imperialismus zwischen 1860 und 1914 – wir haben sie bereits in anderem Zusammenhang angeführt – stellt Dietrich Geyer fest: «Was den russischen Imperialismus von dem der großen Handels- und Industriemächte unterschied, wog ... nicht gering: Anders als in den USA klafften Anspruch und Vermögen in Rußland weit auseinander; Expansion war Ausdruck ökonomischer Schwäche, nicht überschießender Kraft. Dieser kompensatorische Zug, der Potenz zu simulieren hatte, sollte der Abschätzung des ‹realpolitisch› Möglichen nicht dienlich sein.»

Als der inneren Macht und der Ausdehnung des Moskowiterreiches noch keine Grenzen gesetzt schienen, war es die militärische Konfrontation mit dem Westen, die den absolutistischen

Herrschern zum ersten Mal die Rückständigkeit ihres Landes vor Augen führte. Geschützmeister aus Westeuropa halfen den Großfürsten gegen die letzten Wellen der Tatarenstürme. «Im Kampf», so bemerkte der Österreicher Herberstein zu Beginn des 16. Jahrhundert, «verlassen sich die Russen lieber auf ihre zahlenmäßige Stärke als auf ihre Ausrüstung... Die Russen (sind) im Zweikampf unterlegen, weil sie sich mit zu schweren Waffen beladen.» Der Schock, zu dem die Erkenntnis der Rückständigkeit führte, löste neue Formen der Überrüstung durch Peter den Großen aus. Militärisches Aufholen und Überholen war das Motiv zur Westöffnung; die Anforderungen der Ballistik und Logistik wurden zum Volksbildungsimpuls; der Wunsch nach Waffenkundigen führte zur Einführung des öffentlichen Unterrichtswesens. Die Unwissenheit der Massen war der absolutistischen Ignoranz bis dahin als der gebührende Ausdruck des Abstands erschienen, den die Gemeinen von der hoheitlichen Vollkommenheit zu halten hatten – nun trug dieser Rückstand dazu bei, die Militärausgaben Peters pro Jahr auf 80 bis 85 Prozent der Staatseinkünfte zu treiben. Bei Peters Tod im Jahre 1725 besaß Rußland eine Streitmacht, die – gemessen an der Bevölkerungsdichte – den damals üblichen Umfang europäischer Heere um das Dreifache übertraf.

Alexander I. versuchte rund hundert Jahre später – anstelle der erbarmungslosen Dienstverpflichtung von 25 Jahren – geschlossene Armeedörfer auf dem Lande einzurichten und damit das System der österreichischen Militärgrenze zu übernehmen. Wien hatte Soldatenbauern entlang der Donau gegen die Türken angesiedelt. Doch Drill und Disziplin, Überrüstung und imperiales Imponiergehabe schlossen die Entwicklungslücken nicht. Leo Tolstoj, der im Krimkrieg Mitte des 19. Jahrhunderts seine Kanonade von Valmy erlebte, schrieb über die russischen Infanteristen in sein Tagebuch: «Sinnlose Übungen, nutzlose Waffen, schlechte Behandlung, allgemeine Verzögerung, Unwissen, erschreckende hygienische Zustände und erbärmliche Verpflegung ersticken den letzten Funken von Stolz in einem Mann und geben ihm sogar eine vergleichsweise zu hohe Meinung vom Feind.»

Gehört die «zu hohe Meinung vom Feind», genauer gesagt: gehört die Furcht vor dem eigenen technologischen Rückstand, vor den infrastrukturellen, organisatorischen, logistischen Mängeln bis heute zu den Antriebsmomenten der Überrüstung? Dafür sprechen: die schlechte Moral unter sowjetischen Truppeneinheiten, für die Augenzeugen unter unseren Moskauer Bekannten immer wieder Beispiele anführten; die Unzuverlässigkeit und mangelhafte Qualität der quantitativ überlegenen konventionellen Rüstung; die tief eingedrungenen Erfahrungen der jüngeren Geschichte – vom anfänglichen Zusammenbruch nach Hitlers Überfall zurück bis zur ökonomischen Scheinblüte, die zu Beginn des Jahrhunderts dem Ende der Zarenzeit vorausging. Damals verdeckten Industrialisierung und Rüstungsexpansion (mit Hilfe westlicher Kredite und Technologien), daß der Rückstand des Zarenreiches gegenüber der europäischen Entwicklung zunahm. Das russische Pro-Kopf-Einkommen war zu Beginn des Ersten Weltkriegs auf ein Drittel des europäischen Durchschnitts gesunken, während es Mitte des 19. Jahrhunderts noch die Hälfte betragen hatte. «Der überproportional hohe Kosteneinsatz, der der Rüstung zugewendet wurde», so hat Dietrich Geyer in seiner Imperialismus-Analyse festgestellt, «drängte in den Vorkriegsjahren alle anderen Entwicklungsprogramme ins zweite Glied zurück. In einer Zeit relativer Ruhe im Innern wurde die eingeschliffene Revolutionsfurcht der Machteliten von der Vorstellung überwölbt, daß die eigentliche Bedrohung von außen komme ... Insofern hatte Großmachtpolitik einen durchaus antirevolutionären Zug, konnte Aufrüstung zugleich als Unterpfand der Systemerhaltung verstanden werden.»

Das sowjetische Entwicklungsdefizit und die damit verbundenen Unsicherheiten und Ängste tragen bis heute zur Aufrüstung bei. Die Rüstungsexpansion ist nicht nur der einzige Trumpf der Sowjetunion in der Weltarena, sondern auch ein innenpolitischer Garant der Systemerhaltung. Der Ausbau des Militärapparats stützt das planwirtschaftliche Lenkungsprinzip gegen die Verlagerung produktionspolitischer Entscheidungskompetenzen auf die Betriebsebene, gegen noch stärkere Forderungen nach Dezentralisierung – Entwicklungen, von denen die Kremlführung wiederum systemverändernde Folgen befürchtet. Durch forcierte Rüstungsanstrengungen, die ausschließlich als erzwungene Antwort auf neue westliche Waffensysteme hingestellt werden, versucht der Sowjetstaat außerdem eine verselbständigte Liberalisierung der Gesellschaft zu verhindern, nachdem das ideologische und politische Feindbild vom Westen verblaßt ist. Beim Rückzug der Bürger vom System bildet die Armee das einzige Auffangbecken: eine russische Schule der Nationalitäten für die Minderheiten, eine letzte Inkarnation solider Macht und nationalen Stolzes für die Russen selbst. Das Militär der UdSSR verfügt über rund 60 Universitäten und 25 Akademien. Seit einem Jahrzehnt gibt es in jeder zivilen Institution der höheren Bildung eine Militärabteilung. Alle Jungen der 9. und 10. Klassen erhalten militärische Grundausbildung. Jede Mittelschule hat einen militärischen Aufsichtsbeamten, oft einen pensionierten Offizier, der von der örtlichen Armeekommission bestellt wird. Auch hier folgt Moskau Traditionen, die schon Peter I. gründete, als er für seine militärischen Ziele, denen die Rückständigkeit im Wege stand, öffentliche Schulen für die Söhne des Dienstadels schuf. Mitte des vergangenen Jahrhunderts besuchte fast jedes dritte Kind im Grundschulalter eine reine Militärschule. Die Militarisierung der Sowjetgesellschaft sprengt denn auch heute nicht den traditionellen Rahmen. Sie ist, so der amerikanische Experte William E. Odom, keine ungewöhnliche oder abweichende Erscheinung, sondern ein klassisches Syndrom, das inzwischen nur mit marxistisch-leninistischen Formeln gerechtfertigt wird.

In der Breschnew-Ära haben sich Aufwand und Potential der Rüstung verdoppelt. Eine solche Expansion ist selbstverständlich nicht allein mit dem kompensatorischen Zug der klassischen russischen Rüstungspolitik zu erklären. Die Fehler Chruschtschows, der auf Raketen setzte, verschiedene Waffengattungen völlig vernachlässigte und damit seine Machtposition untergrub, waren seinen Nachfolgern eine Lehre. Sie stärkten die Partizipation des Militärs am Entscheidungsprozeß (und damit allerdings auch dessen Bindung an die führende Rolle der Partei) und gaben allen Disziplinen soviel wie möglich. Vor allem durch den Ausbau der Flotte schufen die spätgeborenen Tirpitze unter Admiral Sergej Gorschkow jene Präsenz auf den Weltmeeren, die den Machteliten des eurasischen Landkolosses seit Generationen schmerzhaft gefehlt hatte und als Lücke zur Weltmacht erschienen war. Karl Marx sprach noch von der «antimaritimen Eigenart der slawischen Rasse». Doch bereits in den Jahren vor dem Ersten Weltkrieg war «das Navalismussyndrom ... das eigentlich progressierende Element der Rüstungspolitik» (Geyer). Auch Stalin hatte große Pläne mit der Flotte. Rußland sollte unter seiner Führung zum ersten Mal in der Geschichte zu den führenden Seemächten der Welt aufsteigen. Doch der Diktator säuberte die Marine in einem Ausmaß, daß es 1938 «buchstäblich keinen Offizier mehr gab, der genügend Format gehabt hätte, um das Marinekommissariat zu übernehmen» (Adam B. Ulam).

Doch selbst die Art, in der die sowjetische Führung um Breschnew das Arsenal der Weltmacht vervollständigt und inzwischen überfüllt hat, verrät die Rückversicherungsstrategie des überforderten Riesenlandes, das seine Grenzen nicht ringsum abdecken kann. Die militärische Geiselnahme Europas macht diese Strategie besonders deutlich. Hier hat das Imperium seine in bitteren Erfahrungen wurzelnde Invasionsfurcht umgemünzt. Der Weg von Magdeburg nach Moskau, das Tor der westlichen Eindringlinge vom Unternehmen Barbarossa über Napoleon bis zu König Sigismund von Polen, ist durch die sowjetische Überrüstung zur Einbahnstraße in die entgegengesetzte Richtung geworden. Mit diesem Druckmittel gegen die Weichstelle der westlichen Industriestaaten hat der Kreml zugleich ein Unterpfand zu schaffen versucht gegen die südliche und östliche Umklammerung des Imperiums durch amerikanisch-asiatische Koalitionen. Neben der globalen Rückversicherung strebt Moskau auch die regionale Abschottung an: Die strategische Einschüchterung Europas soll die Neutralisierung der westlichen Nachbarn für den Fall eines politischen Flächenbrandes im osteuropäischen Hegemonialbereich garantieren. Doch die Nachfahren der letzten multinationalen Reichsbildung kommen durch ihre bedrohlich erscheinende Überversicherung nicht aus dem Teufelskreis. Ihr Imperium bleibt an seinen Rändern durch die zentrifugalen Kräfte der nichtrussischen Nationen geschwächt. Um das Vorfeld zu sichern, hatte Stalin den Koloß – nach Hitlers schrecklicher Umwälzung des europäischen Mächtegleichgewichts – mit zusätzlicher Landmasse überladen. Die politische Hegemonie über das osteuropäische Terrain ist nur durch retardierenden Zentralismus zu halten. Dieser Zentralismus aber droht im Verbund mit der Ölverknappung zum Kolbenfresser des ökonomischen Systems zu werden. Die daraus resultierende Furcht trägt weiter zur Überrüstung bei, die auch noch zum magischen Ersatz wird für die schwindende Macht der Planung und Lenkung.

Das strategische Plus der Sowjetunion in Europa, das konventionelle Übergewicht des Warschauer Pakts muß der Westen als bedrohlich empfinden. Dennoch ist der Streit um die Disparitäten zu einem beträchtlichen Maß hypothetisch, weil die Rechnung eine Reihe von Unbekannten hat, die beide Seiten – aus unterschiedlichen Motiven – nicht offen präsentieren. Wieviel Militär wird die Sowjetunion im Ernstfall einer großen Kriegshandlung brauchen, um Volksaufstände in Osteuropa zu verhindern? Wie sehr und wie lange kann sich Moskau auf die osteuropäischen Divisionen verlassen? Muß der Kreml nicht sogar Situationen einkalkulieren, in der diese Einheiten zur potentiellen Bedrohung werden? Diese Schwächen machen das Streben der Sowjets nach Überlegenheit in Europa nicht sympathischer, aber erklärlicher.

Und sie erlauben Zweifel an der These des *Internationalen Instituts für Strategische Studien* in London («Das militärische Gleichgewicht 1979/80»), wonach sich die Fähigkeit der östlichen Seite zu einem längeren Krieg dadurch erheblich verbessert hat, daß sie neben den neueingeführten Waffensystemen das alte Gerät beibehält, während die NATO die alten Systeme aus Personalmangel und Kostengründen ausrangiert. Generell nennt das Londoner Institut folgende Zahlen für die gravierende Unterlegenheit der NATO bei konventioneller Artillerie und Panzern: 2700 Kanonen, Mörsern und Raketenwerfern der westlichen Welt stehen in Nord- und Mitteleuropa rund 10 000 entsprechende Geschütze der östlichen Seite gegenüber. Im selben Raum verfügt die NATO über 7000 Panzer, der Warschauer Pakt über 20 500. Allein die Zahl der sowjetischen Panzer übertrifft mit 13 500 das NATO-Aufgebot nahezu um das Doppelte. In Südeuropa stehen 4000 Panzer des westlichen Bündnisses gegen 6700 der östlichen Seite.

Jüngste Prognosen der Amerikaner gehen davon aus, daß die Sowjets trotz ihres Rückfalls an die Grenze des Nullwachstums den Rüstungshaushalt bis 1985 um jährlich drei bis fünf Prozent aufstocken werden. Die realen sowjetischen Militärausgaben liegen mindestens dreieinhalb mal so hoch wie von Moskau offiziell angegeben. Sie betragen zur Zeit etwa elf bis zwölf Prozent des Bruttosozialprodukts. Nach Schätzungen in Washington wird dieser Anteil bis 1985 auf 15 Prozent steigen. Die historischen Erfahrungen sprechen nicht gegen diese Annahme: Wir haben gesehen, daß Moskau immer wieder die inneren Schwachen durch Demonstrationen der Stärke oder durch imperialen Zugriff auszugleichen versucht hat.

IV. Moskaus Niederlage in der Dritten Welt – Afghanistan war nur der letzte Anstoß

Das Ausmaß der Niederlage, die sich die Sowjetunion nach ihrer Besetzung Afghanistans in den Vereinten Nationen einhandelte, löste im Westen Erstaunen aus. 104 Länder stimmten der Resolution zu, die einen sofortigen Abzug aller ausländischen Truppen aus der Hindukusch-Republik verlangte. Alleine von den blockfreien Ländern befürworteten 56 die Entschließung, nur neun waren dagegen, 17 enthielten sich der Stimme oder blieben der Abstimmung fern. «Afghanistan hat die Blockfreiheit in ihrer klassischen Form wiederbelebt», meinte ein europäischer Diplomat nach der Abstimmung in New York mit etwas übertriebenem Optimismus. Immerhin: Von den 49 afrikanischen Ländern stellten sich 27 hinter die Resolution, nur drei sprachen sich gegen sie aus, zwölf enthielten sich, sieben gaben keine Stimme ab. Am meisten überraschte die Haltung der islamischen Welt. Nur zwei Staaten, das unterworfene Afghanistan und der Südjemen, unterstützten das sowjetische Lager, das insgesamt überhaupt nur 17 Nein-Stimmen zusammenbrachte. Nur vier islamische Staaten enthielten sich der Stimme oder blieben der Abstimmung fern, darunter Libyen und Syrien. Alle anderen beteiligten sich an der Verurteilung Moskaus.

Die Niederlage der Sowjetunion in der Dritten Welt kam nicht so unerwartet, wie sie dem Westen erschien. Stalin verachtete einst die unzuverlässige «nationale Bourgeoisie» der Entwicklungsländer. Chruschtschow setzte auf sie, auf Nehru, Sekou-Touré, Sukarno, Ben Bella und andere. Aber Chruschtschows Umarmungen führten nicht zu bleibenden Freundschaften und dauerhaften Bündnissen. In den siebziger Jahren änderte der Kreml seine Strategie erneut. Er bemühte sich vor allem, ergebene Gefolgsleute und dogmatische Parteien in den Sattel zu heben. Seit 1975 half Moskau sieben prosowjetischen Parteien in Asien und Afrika an die Macht: In Südvietnam und Laos (1975), in Angola (1975/76), in Äthiopien (1977), in Afghanistan (1978), im Südjemen (1978) und in Kambodscha (1979). Bei der Aufzählung dieser Erfolge werden im Westen aber zumeist die Schlappen der Sowjetunion vergessen. In Ägypten und im Sudan, in Guinea und Somalia mußte der Kreml schwere Rückschläge hinnehmen. Insgesamt hat Moskau auch in den siebziger Jahren weder in Afrika noch in den übrigen Teilen der Dritten und Vierten Welt aus dem Ende des westlichen Kolonialismus das erhoffte Kapital und das ersehnte Ansehen gewinnen können. In vielen Ländern war der Kreml längst vor Afghanistan auf dem besten Wege, die USA einzuholen – an Unbeliebtheit. Arrogantes Auftreten sowjetischer Repräsentanten, ökonomische Knebelverträge und mangelnde Hilfsbereitschaft führten dazu, daß an die Seite des «häßlichen Amerikaner» immer häufiger der «häßliche Russe» trat. Bezeichnend für Moskaus wirkliche Haltung gegenüber der Dritten Welt ist die sowjetische Entwicklungshilfe.

Die UdSSR und ihre Verbündeten führen stets ins Feld, daß nur die kapitalistischen Länder zur Entwicklungshilfe verpflichtet seien, weil die koloniale Ausbeutung Wiedergutmachung verlange, weil das westliche Währungs- und Handelssystem die Dritte Welt systematisch benachteilige und weil die transnationalen Unternehmen (Multis) neokolonialistisch operierten. Von den meisten Entwicklungsländern werden solche Argumente inzwischen als Platitüden bezeichnet. Diese Staaten wissen längst, daß wichtige westliche Träger der Entwicklungshilfe wie Schweden, Dänemark, Kanada, Australien und auch die Bundesrepublik entweder niemals oder nur zeitweilig Kolonien besessen haben, daß Skandinavien keine Multis innerhalb seiner Grenzen kennt, daß Planwirtschaftsländer wie China und Rumänien einen erheblichen Teil ihres Volkseinkommens zu günstigen Bedingungen an die Dritte Welt geben. Die 5. Welthandels- und Entwicklungskonferenz in Manila (UNCTAD V) im Mai 1979 hat gezeigt, daß die Sowjetunion und ihre Verbündeten heute mit der gleichen Elle wie die westlichen Industrieländer gemessen werden. Auch an sie war der Katalog der Forderungen adressiert: Ausweitung und Verbesserung von Präferenzsystemen; Maßnahmen zur Nachfragesteigerung für Güter aus der Dritten Welt; Erhöhung der technischen Hilfe; Beschleunigung der Finanzhilfe mit der Zielsetzung, daß diese Hilfe 0,7 Prozent vom Sozialprodukt der Industrieländer betragen soll. Durch ihre kompromißlose Haltung, mit der sie in Manila die Verabschiedung einer Resolution verhinderten, haben die Ostblock-Länder weiter an Ansehen eingebüßt.

Die Sowjetunion hat Entwicklungshilfe bisher fast nur bilateral vergeben, gebunden an Projekte und an den Kauf sowjetischer Ausrüstungen (Moskaus multilaterale Leistungen im Rahmen der Vereinten Nationen betrugen zwischen 1970 und 1978 lediglich 50 Millionen Dollar). Drei Viertel der sowjetischen Hilfe sind auf große Projekte der Schwerindustrie und der Infrastruktur konzentriert. Die Programme orientieren sich weitgehend nach außenpolitischen, geographischen und versorgungswirtschaftlichen Interessen. Grenznachbarn haben Vorrang. Die regionale Aufteilung der sowjetischen Kredite (zwölf Milliarden Dollar seit 1954, ohne Kuba) gibt deutliche Hinweise auf die Motive, die der Vergabe zugrunde liegen. So wurden den Ländern des Nahen Ostens und Südostasiens bis 1977 rund drei Viertel aller Kredite zugesagt. Neben den Nachbarstaaten Indien, Pakistan, Afghanistan und dem Iran erhielten Vietnamesen, Ägypter und das NATO-Land Türkei den Löwenanteil. Mit der Aufkündigung des Freundschaftsabkommens durch Ägypten und mit den verstärkten westlichen Stützungsaktionen für die Türkei seit 1979 hat sich die sowjetische Begeisterung für die entwicklungspolitische Zusammenarbeit mit diesen Ländern wieder abgekühlt. Daß die sowjetische Hilfe nur wenig an den inzwischen international akzeptierten Kriterien der Bedürftigkeit eines Landes orientiert ist, zeigt sich in Afrika. Obwohl 20 der (weltweit 30) am wenigsten entwickelten Länder auf diesem Kontinent liegen, erhält er lediglich 15 Prozent der sowjetischen Kredite. (Zum Vergleich: die Bundesrepublik gab im Jahre 1978 über 30 Prozent ihrer Entwicklungshilfe an Schwarzafrika.)

Wollte die UdSSR den Forderungen der Dritten Welt entgegenkommen, müßte sie das geschlossene Handelssystem des östlichen Rats für gegenseitige Wirtschaftshilfe (RGW) und damit den sozialistischen Integrationsprozeß wieder lockern. Die starre Wirtschaftsplanung ist einer der Gründe dafür, daß der Anteil der Entwicklungsländer am sowjetischen Außenhandel in den siebziger Jahren nicht zugenommen hat. Selbst bei der Rückzahlung von Entwicklungskrediten, die traditionell in Waren zu erfolgen hat, ist es den Ländern der Dritten Welt häufig nicht möglich, die Exporte ihrer eigenen Produkte in die Sowjetunion zu steigern. So bestand die UdSSR 1977 gegenüber Indien darauf, daß lediglich ein Sechstel der für Kreditrückzahlungen vereinbarten Getreidelieferungen aus indischer Ernte kommen dürften. Moskau verlangte australisches und amerikanisches Getreide, das sich die Inder gegen harte Devisen zu Weltmarktpreisen besorgen mußten. Angesichts der indischen Rekordernte im gleichen Jahr kann diese sowjetische Entwicklungspolitik wohl kaum als «Hilfe von Freunden und Verbündeten im Kampf gegen den gemeinsamen Feind – gegen den Imperialismus, Kolonialismus, Neokolonialismus» (aus Moskaus Erklärung vor den Vereinten Nationen im Herbst 1976) bezeichnet werden.

Die finanziellen Bedingungen sowjetischer Entwicklungskredite sind ungünstiger als die der westlichen Industriestaaten und der OPEC-Länder. Allerdings hat es hier in jüngerer Zeit einige Ausnahmen gegeben, zum Beispiel zinslose Kredite für die Türkei, Laos und Guinea-Bissau – aber dabei waren auch wieder politische Interessen im Spiel. Die üblichen sowjetischen Zinssätze betragen 2,5 bis drei Prozent und entsprechen im Durchschnitt denen der westlichen Industrieländer, wobei aber Kredit-Laufzeiten und -rückzahlungsfristen wesentlich ungünstiger sind. Eine weitere qualitative Verschlechterung sowjetischer Entwicklungskredite ergibt sich aus der Bindung der Darlehen an eigene Lieferungen. (Bundesdeutsche Kredite waren zum Beispiel 1978 nur zu

18 Prozent liefergebunden.) Das Volumen der Hilfe aus Moskau ist in den siebziger Jahren gering geblieben: 1978 zum Beispiel vergab die Bundesrepublik siebenmal soviel öffentliche Entwicklungshilfe wie die UdSSR. Während die westlichen Länder 1978 im Durchschnitt 0,35 Prozent ihres Sozialprodukts abführten, ließ sich die Sowjetunion (0,04 Prozent) sogar von China übertreffen, das 0,06 Prozent seines Sozialprodukts zur Verfügung stellte. Und Peking bemüht sich zugleich nach Kräften, unter den Entwicklungsländern die Parole zu verbreiten, die Sowjetunion blähe sich nur als Weltmacht auf, tue aber nichts für die Ärmsten dieser Erde.

V. Der Pufferstaat am Hindukusch – Die Unfähigkeit des Kreml, nicht-abhängige Nachbarn zu ertragen

Die Entwicklungshilfe der kapitalistischen Länder setzt noch immer zu einem beträchtlichen Teil ökonomische Ausbeutung mit anderen Mitteln fort. Die sowjetische Entwicklungshilfe verfolgt ihre machtpolitischen Ziele noch direkter. Das wird gerade am Beispiel Afghanistans besonders deutlich. Wie hat sich das Verhältnis zwischen der spätkolonialen Supermacht und dem benachbarten Bergland, das zu den ärmsten Regionen der Welt gehört, entwickelt? Als im 19. Jahrhundert die imperiale Ruhmsucht der zaristischen Machteliten auf die kolonialen Interessen des britischen Empires stieß, geriet das unzugängliche Afghanistan in die Rolle eines Pufferstaates. Schon in den dreißiger Jahren des vergangenen Jahrhunderts hatte sich die russisch-britische Rivalität vom Transkaukasus zum wilden Land am Hindukusch verlagert. Da für London – nach dem Verlust der nordamerikanischen Kolonien – Indien die tragende Rolle im britischen Imperialsystem spielte, war Afghanistan aus Sicht der Engländer ein Einfallstor für das russische Vordringen in die Kronkolonie. So bemühten sich damals die Briten mehr als die Russen, das unwirtliche Land als Vorfeld zur Sicherung ihrer Interessen in die Hand zu bekommen.

Die englische Regierung fürchtete mehrfach, daß Rußland Afghanistan zum Protektorat machen und von dieser Position aus Indien bedrohen würde. In Wirklichkeit gab es in Petersburg keine konkreten Pläne für die Eroberung Indiens; Rußland sah im Ausbau seiner Position aber ein willkommenes Druckmittel gegen das britische Empire. So führte London von Indien aus drei Kriege gegen die afghanischen Bergstämme, von denen der erste mit einer fatalen Niederlage der Engländer endete. 1885 einigten sich London und Petersburg schließlich auf eine russisch-afghanische Trennungslinie, 1895 kam es zur Festlegung der Pamir-Grenze. Doch die traditionelle Rivalität zwischen den mittelasiatischen Interessen Rußlands und der britischen Position in Indien dauerte auch nach der Oktoberrevolution an. Daß der Pufferstaat am Hindukusch dennoch unabhängig blieb, hatte er seiner Balancepolitik zwischen der Sowjetunion und Großbritannien zu danken, für die der afghanische Herrscher Amanullah Khan in den zwanziger Jahren den Grundstein legte.

Nach dem Zweiten Weltkrieg gelang es dem Westen, die großen muslimischen Staaten an der südlichen Peripherie der Sowjetunion in sein Bündnissystem bzw. in seine Einflußsphäre aufzunehmen. Afghanistan bildete die einzige Lücke im südlichen Ring um die UdSSR. Der Kreml tat seit Mitte der fünfziger Jahre alles, um diesen Nachbarn wirtschaftlich und militärisch an sich zu binden. Afghanistan war das erste Land, das aus dem sowjetischen Entwicklungshilfe-Programm umfangreich gefördert wurde. Der größte Anteil der sowjetischen Investitionen kam dem Ausbau des Straßennetzes zugute, über das dann seit Ende Dezember 1979 die Panzer in das Land rollten. Moskau baute unter anderem den Salang-Paß, der zum ersten Mal die nördliche und südliche Hälfte Afghanistans durch eine Straße verband. Sowjetische Techniker förderten Öl und Erdgas, sowjetische Militärausbilder schulten die afghanische Armee. So schuf sich Moskau in einem knappen Vierteljahrhundert einen wohlwollenden Nachbarn. Doch der Kreml blieb der Gefangene eines Erbes, das George F. Kennan in seinen Memoiren 1967 so umschrieben hat: «Das eifersüchtige Auge des Kreml kann nur zwischen Vasallen und Feinden unterscheiden, und Rußlands Nachbarn müssen, wenn sie das eine nicht sein wollen, sich damit abfinden, für das andere zu gelten.»

Als der afghanische Ministerpräsident Daud in der zweiten Hälfte der siebziger Jahre den sowjetischen Einfluß bremste – zugunsten der traditionellen afghanischen Balancepolitik –, siegte in Moskau wieder einmal die Versuchung, den Nachbarn zum Vasallen zu machen. Im April 1978 stürzten die in der Sowjetunion ausgebildeten Armeeoffiziere in Zusammenarbeit mit den kommunistischen Zwergparteien *Khalq* und *Parcham* den um Unabhängigkeit bemühten Ministerpräsidenten. Der afghanische Staat wurde zum Vasallen, der größte Teil seiner Bevölkerung zum

Feind der Sowjetunion. Das neue Regime versuchte, mit radikalen Reformen und in kürzester Frist eine Gesellschaft nach dem Vorbild Sowjetisch-Mittelasiens aus dem Boden zu stampfen. Doch die heutige Prosperität der mittelasiatischen Sowjetrepubliken wurde – wie wir im Abschnitt *Kraftwerke, Kommunismus, Koran* gesehen haben – erst nach Jahrzehnten rücksichtsloser Umwälzungen und riesiger Investitionen erreicht. Die afghanische Bevölkerung begehrte gegen die ebenso brutalen wie dilettantischen Umgestaltungen auf, mit denen sie aus Rückstand und Ritualen, aus Tradition und Religion gerissen und in ein völlig inadäquates, sozialrevolutionäres Klassenkampf-Schema gepreßt werden sollte. Die verschärften Repressionen des Regimes fachten die Stammesrevolten an. China und die CIA kamen über die afghanischen Moslem-Rebellen von der pakistanischen Grenze aus ins Geschäft. Der Kreml stand vor einem regionalen Scherbenhaufen des «proletarischen Internationalismus». Ihm blieb die Wahl zwischen einem selbst herangezogenen Feindesland an seiner Südflanke und einem mit Panzern gesicherten Vasallenstaat. Von einem Afghanistan unter militant-islamischer Führung mußte Moskau zwar keine unmittelbar folgenreiche Ausstrahlung auf die fast 50 Millionen muslimischer Sowjetbürger befürchten. Denn die Bevölkerung in Sowjetisch-Mittelasien sucht – wie wir im Kapitel über die Nationalitätenpolitik in der UdSSR aufgezeigt haben – seine Identität vorerst nicht im Widerstand gegen den Kreml. Aber Moskau rechnet in seinem Vielvölkerstaat mit anderen Zeiträumen – das ist schon deshalb erforderlich, weil die Bevölkerungsexplosion in Mittelasien der Zukunft des Islam heute noch unbekannte Kräfte verleihen kann.

VI. Die geteilte Entspannung

Leonid Breschnew hat während seiner langen Amtsperiode die Sowjetunion militärisch überproportional gestärkt. Er baute, wo er konnte, sowjetische Vormachtstellungen aus, aber er machte die Gegenwart bis zum Ende der siebziger Jahre dennoch sicherer, berechenbarer. Chruschtschow hatte weniger exzessiv gerüstet, die Welt jedoch mit seinen heftigen Ost-West-Umarmungen an den Rand des Krieges gebracht. Aus diesem Vergleich bezog der alternde Breschnew bis zum Einmarsch in Afghanistan seine Reputation als Entspannungspolitiker. Aber der sowjetische Parteichef hatte den Westen nie im unklaren darüber gelassen, daß er sich an Lenins Konzept hielt, Kooperation mit Konfrontation unterhalb der Risikoschwelle zu verbinden. Selbstverständlich, so verkündete Breschnew auf dem 25. Parteitag 1976, werde Moskau fortfahren, die Befreiungsbewegungen zu unterstützen: «Wir stehen an der Seite des Fortschritts – als Freunde und Kampfgenossen.» Die Sowjetunion hat das abstrakte Dogma von der weltweit unteilbaren Entspannung stets mit unmißverständlicher Deutlichkeit abgelehnt. Sie hat sich an dieses Konzept auch gehalten – wir haben darauf schon in unserer Einleitung verwiesen –, als Frankreich im Kongo und im zentralafrikanischen Kaiserreich intervenierte. Moskau unterließ es, darauf mit Gegendruck, etwa in Berlin, zu antworten.

Wechselspiel und Widersprüche zwischen Koexistenzpolitik und dem Streben nach weltweitem Triumph des Sowjetsystems sind so alt wie die UdSSR selbst. Da die Vorstellungen der Bolschewiki im Oktober 1917 ganz auf die Revolution im Weltmaßstab gerichtet waren, stand an der Wiege der Sowjetrepublik weder die Idee noch die leiseste Ahnung, daß die Außenpolitik des Staates und die Strategie der internationalen Revolution jemals auseinanderklaffen könnten. Bei seinem Amtsantritt erklärte der erste Außenkommissar des jungen Sowjetstaates, Leo Trotzkij, über das Volkskommissariat für Auswärtige Angelegenheiten: Er werde «einige revolutionäre Proklamationen an die Völker erlassen und dann die Bude schließen». Der Gegensatz zwischen angestrebter Weltrevolution und dann sehr schnell praktizierter Selbsterhaltung führte zum schamhaften Dualismus: Um dem eigenen Anspruch Genüge zu tun, hatte die Partei lautstark für die weltweite Umwälzung zu werben – die klassische Diplomatie hingegen mußte in aller Stille für die zwischenstaatliche Koexistenz sorgen. Dieses kontinuierliche Schwanken zwischen Erkenntnis und Interesse einerseits und Tradition und Dogma andererseits hat die sowjetische Außenpolitik immerhin berechenbar, greifbar gemacht – zumindest für Politiker mit Konzeptionen, mit einem Sinn für klassische Diplomatie, mit einem Weitblick für wandelnde Konstellationen.

Zu Beginn der siebziger Jahre hatte Moskaus Entspannungsoffensive fünf konkrete Hauptziele: 1. die vertragliche Festschreibung und historische Verankerung einer sowjetischen Expansionspolitik, zu der Hitlers Umsturz des europäischen Mächtegleichgewichts den Anstoß gegeben hatte; 2. die Aufweichung der Fronten zugunsten einer großen Europa-Konzeption mit der Sowjetunion als führender Macht des Kontinents; 3. die Eindämmung Chinas; 4. die Gleichrangigkeit mit Amerika in der gesamten Weltarena – von der Rüstungsbegrenzung bis zum gemeinsamen Vorsitz bei der Genfer Nahost-Konferenz; 5. die Schließung der technologischen Lücken durch erweiterte Handelsbeziehungen vor allem mit den Vereinigten Staaten. Das waren die Hauptziele. Der Katalog zeigt, daß die Sowjetunion ihre Illusionen zum Teil noch früher begraben mußte als der Westen.

Anfangs freilich schien das russische Interesse mit Henry Kissingers klassischer Diplomatie übereinzustimmen. Der amerikanische Außenminister wollte das globale Vormachtstreben der Sowjetunion durch wachsende Einbindungen Moskaus in solide Beziehungen mit den kapitalistischen Ländern eindämmen. Doch der große Entwurf, von Kissinger propagandistisch aufgebauscht, weckte in Amerika bald falsche Hoffnungen auf der einen und Widerstände auf der anderen Seite. Moskau entdeckte schnell «Abweichungen vom realistischen Herangehen», der amerikanische Politologe Seyom Brown prägte die Formel von der «ideologischen Verseuchung der klassischen Diplomatie». Der Kongreß verknüpfte die Gewährung der Meistbegünstigten-Klausel mit der Forderung nach mehr Ausreisegenehmigungen für Sowjetbürger. Die amerikanische Öffentlichkeit, auf dem Weg zur Selbstreinigung von den Vietnam-Verbrechen, begann die sowjetische Vergewaltigung Osteuropas anzuprangern. Noch überwog in der Reaktion Moskaus allerdings die Befriedigung darüber, daß Nixon und Kissinger der Sowjetunion zum erstenmal die Bestätigung gegeben hatten, ein ebenbürtiger Partner Amerikas zu sein. Das gesteigerte Selbstwertgefühl ließ den Kreml sogar bittere Pillen schlucken: 1. Moskau hielt sich mit Störfeuer gegen die amerikanisch-chinesische Ping-Pong-Diplomatie zurück, obwohl die Eindämmung des asiatischen Nachbarn eines der Hauptziele der sowjetischen Entspannungsoffensive war, obwohl Moskaus Phobie vor einer chinesisch-japanisch-amerikanisch-europäischen Achse nach Nixons Peking-Reise wuchs. 2. Kissinger konnte die Sowjets im Nahen Osten im Windschatten der Entspannung abkoppeln. (Die Retourkutsche in Angola folgte freilich bald.)

Doch die besondere Partnerschaft der Supermächte kündigte in den Augen der prestigefixierten Kreml-Führung erst Präsident Carter auf, als er seinen Amtsantritt mit Menschenrechtskampagne und eigenwilligen Abrüstungsvorschlägen verband. In Unkenntnis der nicht mehr vorhandenen Voraussetzungen für eine Politik der Stärke, im frommen Glauben an Amerikas Fähigkeit, die Sowjetunion einschüchtern und moralisch unter Druck setzen zu können, machte der neue Präsident seine in Vietnam diskreditierte Nation zum Anwalt des Weltgewissens. Die Sowjetunion, unter Breschnew von einer kontinentaleuropäischen Hegemonialmacht zur Supermacht aufgestiegen, antwortete entsprechend, sie forcierte die spätkoloniale Selbstbedienung in Afrika und Asien. Die ohnehin dünne Grundlage des großen Entspannungsgeschäftes – globale sowjetische Zurückhaltung gegen die Anerkennung des Kreml als gleichrangiger Partner bei der Gewährleistung der Weltordnung – war zerstört. Je deutlicher der Kreml erkannte, daß Carter mit starken Worten einen militanten Überbau schuf, weil seiner Politik die feste Basis fehlte, desto unverfrorener setzte Moskau seine Lehre aus der Chruschtschow-Ära in die Praxis um. Sie lautet: Überrüstung ist der beste Weg, um Zugriffe bis zur Risikoschwelle gegen eine Ausweitung zum globalen und nuklearen Konflikt abzusichern. Aus Moskauer Sicht war Carters Ostpolitik schließlich auf einen einfachen Nenner zu bringen: Der Kreml verband mit ihr weder positive Erwartungen noch Ängste vor Vergeltung. Als die Sowjetunion schließlich auch den Beschluß der NATO zur «Nachrüstung» (im Dezember 1979) nicht aufhalten konnte, ergab die Kosten-Nutzen-Rechnung für den Einmarsch in Afghanistan, daß die langfristigen Gewinnchancen und die Aussichten auf militärische Zukunftsoptionen die aktuellen Nachteile überwogen. Ob sich Moskau mit dieser Kalkulation verrechnet hat, ist eine Frage, die schon über unsere Bestandsaufnahme hinausreicht.

Diese Bestandsaufnahme sollte zeigen, wieviele besondere Umstände zum Einmarsch der Roten Armee in Afghanistan beitrugen. Sie sollte damit gleichzeitig unterstreichen, daß Europa mit permanenter Konzentration die Aufgabe fortsetzen muß, die Präsident Carter seit seinem Amtsantritt versäumt hat. Diese Aufgabe besteht darin, der Sowjetunion durch solide und kontinuierliche Beziehungen die Gewißheit zu vermitteln, daß ihr auch Zurückhaltung wichtige Vorzüge und Sicherheiten verschaffen kann. Der bevorstehende Generationswechsel im Kreml macht diese Aufgabe noch dringlicher.

Trotz aller unüberbrückbaren Gegensätze haben Bonn und Moskau bilateral bisher noch am meisten aus der Entspannungspolitik gemacht. Berlin ist ein neuralgischer Punkt geblieben, aber in den siebziger Jahren nicht wieder zum Krisenherd geworden. Bei der Aussiedlung deutschstämmiger Bürger hat Moskau sein Entgegenkommen gehalten. Die wirtschaftliche Zusammenarbeit wuchs weiter und mit ihr die Gewöhnung aneinander. Das wechselseitige Mißtrauen ist trotz der fortdauernden Bedenken mit erstaunlichem Realitätssinn verringert worden. Nach dem furchtbaren Leid, das die Deutschen der russischen, weißrussischen, ukrainischen Bevölkerung und so vielen anderen Nationen und Minderheiten der Sowjetunion zugefügt haben, ist die Normalisierung der Beziehungen eine der großen Leistungen und Verdienste der Breschnew-Ära. Diesen Schritt haben der sowjetische Parteichef und seine Anhänger durchaus zu ihrem eigenen Nutzen getan, aber doch auch mit persönlichem Engagement und nicht ohne den Gegendruck der stalinistischen und nationalistischen Rechten. Sie hat seit dem Ende der sechziger Jahre mehrmals offen Stellung bezogen gegen die Westorientierung als Wurzel allen Übels.

Russen und Deutsche – ein Kapitel, dessen ausführliche Behandlung den Rahmen dieses Buches gesprengt hätte. Hier sollte berichtet werden von Leben und Alltag, von Sorgen, Enttäuschungen und Hoffnungen der Sowjetbürger. Einer von ihnen hat mir geschrieben, in den letzten Tagen der Arbeit an diesem Buch. Es ist ein Brief in deutscher Sprache, den Bekannte übermittelten. Er stammt von Lew Kopelew, dem Moskauer Germanisten und russischen Juden, dem unbeirrbaren Streiter für Bürgerrechte *und* sozial engagierte Demokratie, dem Autor von «Aufbewahren für alle Zeit». Es sind Zeilen, die nicht für die Veröffentlichung ausgefeilt sind, und die gerade deshalb mehr vermitteln als bemühte Worte:

«Die Preise steigen, viele Waren verschwinden jetzt auch in Moskau. Daran kann man keine Gesetzmäßigkeiten erkennen: Warum gerade Waschmittel, Seife, allerlei ‹persilartige› Flüssigkeiten und Pulver plötzlich nicht mehr da sind. Viele Medikamente, die meisten wurden früher aus Ungarn und der DDR importiert, sind nicht aufzutreiben. Um Milch muß man anstehen, und nachmittags gibt's meistens überhaupt keine. Jetzt ist sogar der Wodka an manchen Tagen nirgendwo zu haben. Die gewöhnlichen ‹Alkaschi› (Trinker) finden sich mit den billigen Süßweinen, parodiertem Portwein und ähnlichem ab. Die Optimisten sagen: Es ist alles so, weil man die Waren für die Olympia-Zeit spart. Doch mein Optimismus, der seit vielen Jahrzehnten gewohnt ist, sich mit Warenmangel abzufinden, versagt da, wo es um immer größere moralische und soziale Zersetzung geht. Ein Witzereißer sagte: ‹Die Mafiasierung hat die Bürokratisierung weit überholt.› Doch genug der Meckerei! Es muß ja einst wieder aufwärts gehen, auch wenn ich es nicht mehr erlebe. Mir bleibt, genau wie vor dreißig Jahren, der sichere Trost: Mein liebes Rußland hat ja schlimmere Zeiten erlebt und überstanden und trotz schlimmeren Unrats dann wieder große Werke geschaffen und große Menschen geboren. So gilt auch heute wie vor 150 und vor 70 und vor 40 Jahren: ‹Rußland ist mit Vernunft nicht zu fassen ... man kann an Rußland nur glauben.› So tue ich's eben trotz alledem und alledem ...».

Register

JORGE SEMPRUN

Federico Sanchez

Eine Autobiographie
Deutsch von Heide Mahler-Knirsch
398 Seiten

«Diese Memoiren haben viel dazu beigetragen, das wohlstilisierte Selbstporträt der «eurokommunistischen» KP-Führerschicht zu korrigieren. Indem Semprun manche der heute noch gepflegten Geschichtsfälschungen aufdeckt, nährt er Zweifel an der intellektuellen wie an der charakterlichen Sauberkeit jener Neo-Demokraten. Semprun hat zweifellos gute Gründe zu solcher Skepsis.»
F. R. Allemann, Deutsche Zeitung

«Zwischen den Extremen des nüchternen Dokuments und der lyrischen Verklärung schlägt Semprun Töne an, die innerhalb Spaniens nur eine Parallele in den jüngsten Romanen von Juan Goytisolo oder in den Memoiren von Carlos Barral finden. Die Autobiographie von Federico Sanchez ist kein vollkommenes oder abgerundetes Buch. Es ist ein Fragment. Als solches besitzt es eine fast unheimliche, medusenhafte Faszination.»
Genoveva Dieterich, Die Presse

«Die orthodoxe Linke wird das Buch totschweigen oder begreifen – die neue Linke könnte es benutzen, um ihren Organisationsfetischismus mal detailkonkret zu reflektieren. Und bevor man auf den Eurokommunismus reinfällt, sollte man es schon gelesen haben.»
Yaak Karsunke, Frankfurter Rundschau

ALBRECHT KNAUS VERLAG